Kolonialismus denken

Reihe »Globalgeschichte«
Band 2

Herausgegeben von Sebastian Conrad, Andreas Eckert und Ulrike Freitag

Frederick Cooper ist Professor für Afrikanische Geschichte an der New York University. Er gilt als einer der wichtigsten Vertreter der postkolonialen Theorie und Geschichte. 2012 erscheint im Campus Verlag sein zusammen mit Jane Burbank verfasstes Buch *Imperien der Weltgeschichte. Das Repertoire der Macht vom alten Rom und China bis heute.*

Frederick Cooper

Kolonialismus denken

Konzepte und Theorien in kritischer Perspektive

Aus dem Englischen von Reinhart Kößler und Rohland Schuknecht

Campus Verlag
Frankfurt/New York

Die Originalausgabe erschien 2007 unter dem Titel Colonialism in Question. Theory, Knowledge, History bei der University of California Press.
© 2005 The Regents of the University of California
Published by arrangement with University of California Press

Bibliografische Information der Deutschen Nationalbibliothek:
Die Deutsche Nationalbibliothek verzeichnet diese Publikation in der Deutschen Nationalbibliografie. Detaillierte bibliografische Daten sind im Internet unter http://dnb.d-nb.de abrufbar.
ISBN 978-3-593-38576-1

www.campus.de

Inhalt

Vorwort

Andreas Eckert

Selbst hierzulande, wo Kolonien lange als etwas galten, was vor allem andere europäische Mächte wie Großbritannien und Frankreich betraf, hat das Thema »Kolonialismus« inzwischen beträchtliche Konjunktur. Die Gründe für dieses Interesse sind vielfältig und berühren politische wie wissenschaftliche Aspekte. »Postkoloniale« Ansätze, wie sie sich im Gefolge von Edward Saids inzwischen klassischer Studie *Orientalism* entwickelt haben, betonen etwa, dass eine Vielzahl von Beziehungsmustern und Effekten kolonialer Herrschaft bis heute nachwirkt. Sie sehen die heutige Welt nach wie vor geprägt von imperialen und neokolonialen Herrschaftsverhältnissen und kulturellen Beziehungen, welche die alten, oft rassistisch konnotierten Ungleichheiten reproduzieren und verfestigen. Überdies setzt sich zunehmend die Einsicht durch, dass das koloniale Projekt keine Einbahnstraße war und nicht nur die Kolonisierten, sondern ebenso die Kolonisierenden prägte und veränderte.

Folglich geraten die Rückwirkungen der kolonialen Erfahrungen auf die »Metropolen« verstärkt in das Blickfeld der Forschung. Eine Geschichte Europas unter Ausblendung von Imperialismus und Kolonialismus zu schreiben, muss heute als antiquiert gelten. Die gegenwärtig prominenten »zentrumsorientierten« Studien zur Kolonialgeschichte interessieren sich aller-dings wenig für die Gegebenheiten in den Kolonien selbst und schon gar nicht für die Kolonisierten. Auf der anderen Seite zeichnen viele Studien etwa zur afrikanischen oder asiatischen Geschichte immer noch ein recht plakatives Bild von den europäischen Kolonialherren.

In einem zusammen mit Ann Laura Stoler verfassten programmatischen Aufsatz hat Frederick Cooper vor einigen Jahren hingegen betont, die Geschichte von Kolonisierten und Kolonisierenden müsse in ein gemeinsames analytisches Feld integriert werden. Dieser Aufruf ist anschließend immer wieder zustimmend zitiert, bisher jedoch nur recht selten empirisch eingelöst worden. Auch Cooper geht es im vorliegenden Buch, das 2005 in englischer Sprache erschien, weniger um eine empirisch belastbare Darstellung der Wechselwirkungen der kolonialen Begegnung. Diese Essaysammlung ist vielmehr eine ebenso originelle wie anspruchsvolle *tour d'horizon*, auf der grundlegende theoretische, methodische und epistemologische Fragen und Probleme bei der Beschäftigung mit dem Thema Kolonialismus diskutiert werden.

Cooper unterzieht die Kolonialismusforschung einer kritischen Musterung. In diesem Zusammenhang beklagt er etwa den Konformitätsdruck in den Sozial- und Kulturwissenschaften durch akademische Hierarchien, vermeintlich »unbedingt erforderliche« Methodologien und theoretischen Konservatismus. Einst provokative Konstrukte oder Schlüsselkategorien wie Identität, Globalisierung und Moderne hätten sich – nicht nur in der Kolonialismusforschung – allzu oft in Klischees verwandelt.

Die originelle Reflektion von Begriffen und Theorien, verknüpft mit intensiven Quellenstudien, ist charakteristisch für das umfangreiche Œuvre von Cooper, ohne Zweifel einer der produktivsten Historiker seiner Generation, in Deutschland jedoch bislang weitgehend nur Spezialisten bekannt. Begonnen hat Cooper, nach Stationen in Harvard und Ann Arbor heute Professor an der New York University, seine Karriere mit innovativen Studien zur Sklaverei und dem komplexen und nie geradlinigen Übergang von unfreier zu freier Arbeit in Afrika. In der 1980 publizierten Monographie *From Slaves to Squatters* stellte er etwa am Beispiel Kenias und Sansibars heraus, dass Sklaven keineswegs immer nur passive Opfer der Geschichte gewesen sind. Sklaven, so Cooper, bestimmten ihren Alltag besonders in kultureller und religiöser Hinsicht weitaus stärker, als damals gängige Forschungsansichten konzedieren wollten.

In einer anschließenden Studie zur kenianischen Hafenstadt Mombasa sowie in seinem vor fünfzehn Jahren publizierten Opus Magnum *Decolonization and African Society* betonte Cooper die große Bedeutung von Arbeitskämpfen, militanten Arbeiterbewegungen und der Bildung von Gewerkschaften für das Ende der Kolonialherrschaft südlich der Sahara. Diese Thematik wird im vorliegenden Band ebenfalls aufgegriffen. Cooper interpretierte die Entscheidung der europäischen Kolonialherren nach dem Zweiten Weltkrieg, dem Druck afrikanischer Gewerkschaften nachzugeben und afrikanische Arbeiter auf derselben Grundlage wie deren europäische Kollegen zu behandeln, als folgenreiche Fehleinschätzung der sozialen Realität Afrikas. Weder die kolonialen noch die nachkolonialen Regime vermochten unter den gegebenen wirtschaftlichen Bedingungen die hohen

Kosten des an Europa orientierten Lohnniveaus und entsprechender Sozialleistungen selbst für einen nur geringen Teil der Arbeiterschaft zu tragen. Dies bestärkte die europäischen Regierungen rasch, ihre formale Herrschaft in Afrika aufzugeben.

Die große Bedeutung von Imperien in der Weltgeschichte, die in *Kolonialismus denken* an mehreren Stellen diskutiert wird, ist Gegenstand von Coopers letztem, zusammen mit Jane Burbank verfassten Buch *Imperien der Weltgeschichte* (auf Deutsch 2012 erschienen). Gegenüber der Dauerhaftigkeit der Staatsform des Imperiums erscheine, so die Autoren, der Nationalstaat als ein kaum vernehmbares Blinken am historischen Horizont, als eine Staatsform, die erst vor nicht allzu langer Zeit im Kontext von Imperien entstand und deren Bedeutung für die politischen Vorstellungen und Praktiken sich als begrenzt und transitorisch erweisen könnte.

Wie gingen Imperien mit Vielfalt um? Diese zentrale Frage der Monographie von Cooper und Burbank wird auch in *Kolonialismus denken* diskutiert. Vor allem in Kapitel 6 legt Cooper dar, dass Imperien ihre menschlichen Ressourcen auf sehr unterschiedliche Weise mobilisierten und kontrollierten, sie ein- oder ausschlossen, belohnten oder ausbeuteten, die Macht teilten oder sie zu zentralisieren suchten. Imperien ermöglichten Verbindungen und Kontakte und trachteten danach, diese zugleich zu überwachen. Imperien konnten Räume von politischen und ethischen Debatten sein, in denen über die Bedeutung von Rechten, Pflichten und Verantwortlichkeiten für unterschiedliche Kategorien von Menschen gestritten wurde. Im britischen Fall etwa bildete der abolitionistische Angriff auf die »Sklaverei unter britischer Flagge« die Grundlage vieler Argumentationslinien über Missbräuche und Verantwortlichkeiten innerhalb des Imperiums.

Um diese Kontexte zu analysieren, brauchen wir, schreibt Cooper im vorliegenden Buch, wissenschaftliche Kategorien, die in der Lage sind, die Probleme sozialer Verknüpfungen, grenzüberschreitender Interaktionen und langfristiger Wandlungsprozesse zu erhellen und nicht zu verdecken. Nötig sind, so seine Forderung, differenzierende Begrifflichkeiten, die das Nachdenken über Verbindungen im Raum sowie über ihre Grenzen fördern und die Spielräume der historischen Akteure stärker reflektieren. Man mag Coopers diesbezügliche Vorschläge noch etwas vage finden oder weiterhin davon überzeugt sein, dass die von ihm als problematisch, gar nutzlos erachteten Begriffe wie »Identität« oder »Moderne« sinnvolle analytische Kategorien darstellen. In jedem Fall aber bietet *Kolonialismus denken* diverse fundierte methodische und inhaltliche Anregungen für die stetig wachsende Zahl von Personen, die sich intensiver mit Fragen des Kolonialismus auseinandersetzen.

Berlin, Dezember 2011

Danksagung

Am meisten Dank schulde ich denen, die in den Anmerkungen erwähnt sind: Autorinnen und Autoren, die viel und intensiv über das Problem des Kolonialismus in der Weltgeschichte nachgedacht haben. Die größte Anerkennung, die ein Gelehrter einem oder einer anderen Gelehrten zollen kann, besteht in der kritischen Auseinandersetzung mit ihren Ideen, und dieses Buch ist in diesem Geiste geschrieben. Die folgenden Seiten widmen sich Themen, die in den letzten Jahrzehnten große Aufmerksamkeit gefunden haben. Ich hatte das Glück, an diesen Auseinandersetzungen nicht nur in gedruckter Form beteiligt zu sein und sie zu verfolgen, sondern auch an einigen der Konferenzen teilzunehmen, auf denen Fragen des Kolonialismus behandelt wurden, und Vorträge von Besuchern an der University of Michigan und der New York University zu hören, den beiden Institutionen, an denen ich während dieser Jahrzehnte gelehrt habe. Ich kann nicht mehr nachvollziehen, was ich wo im Einzelnen gelernt habe, aber die Kurse an der University of Michigan in »Anthropology and History« sowie »Comparative Studies of Social Transformations« und »Postemancipation Societies« haben wesentlich dazu beigetragen, mich auf neue Perspektiven aufmerksam zu machen. Wie sehr ich auch gewissen Argumentationsweisen und Begriffen kritisch gegenüberstehe, so haben mir die dort vorgetragenen Überlegungen doch erhebliche Denkanstöße gegeben. Die Anmerkungen in diesem Buch beziehen sich auf viele meiner ehemaligen Kolleginnen und Kollegen an der University of Michigan: Sie bringen eine besonders aktive akademische Kultur zum Ausdruck, an der ich mehr als 18 Jahre teilhaben durfte. Indem ich mich auf Personen beschränke, deren Werke im Folgenden tatsächlich zitiert werden (begleitet von der Gefahr, einige zu vergessen), möchte ich die Arbeiten und den Einfluss von Rebecca Scott, Tom Holt, Nancy Hunt, Mamadou Diouf, Bill Sewell, David Hollinger, Geoff Eley, Ron Suny, Julia Adams, Müge Göçek, Ann Stoler, Simon Gikandi, Fernando Coronil, Nick Dirks, Jane Burbank,

Matthew Connelly, Juan Cole, Sue Alcock und George Steinmetz ausdrücklich erwähnen. Die lange Reihe von Wissenschaftlern, die in Michigan zu Gast waren und die ich hören konnte – so Partha Chatterjee, Gyan
Pandey, Gyan Prakash und Dipesh Chakrabarty –, eröffneten mir und anderen ein ganz neues Forschungsfeld und neue Perspektiven. Ein besonderer Dank geht an Partha Chatterjee und Gyan Pandey für ihre Gast-
freundschaft bei meinem Besuch in Kalkutta und Delhi 1996 und an
Mamadou Diouf für seine Großzügigkeit, als wir uns das erste Mal 1986 in
Dakar trafen, sowie für den häufigen Austausch seither. Bei denjenigen
Teilen dieses Buches (und frühere Veröffentlichungen), die sich vor allem
auf das frankophone Afrika beziehen, profitierte ich auch von der
Anleitung durch Mohamed Mbodj, Boubacar Barry und Babacar Fall. Die
afrikanischen Aspekte der Arbeit gewannen weiter durch Gespräche mit
meinen Kollegen in Michigan, besonders mit David Cohen.

Das Imperium von Michigan – in dem die Sonne nie untergeht – wird
auf den folgenden Seiten auch in den vielen Hinweisen zu jenen Graduierten aufscheinen, die ich betreute und von denen ich eine Menge gelernt
habe, als sie begannen, einflussreiche Beiträge zur Geschichtswissenschaft
in der Schlüsselphase ihrer akademischen Entwicklung zu leisten, unter
ihnen Susan Thorne, Lora Wildenthal, Christopher Schmidt-Nowara, Ada
Ferret, Lisa Lindsay, Pamela Scully, Lynn Thomas, Tim Scarnecchia, Steven Pierce, Dorothy Hodgson, Aims McGuiness, Andy Ivaska, Sarah
Womack, Moses Ochonu, Vukile Khumalo und Kerry Ward. Seit meinem
Wechsel an die New York University 2002 habe ich neue intellektuelle
Heimstätten am History Department, am Institute of French Studies und
am Center for Middle Eastern Studies gefunden; sie alle begrüßten und
förderten das Nachdenken und Forschen über Fragen des Kolonialismus.
Ich traf hier auf eine weitere Gruppe von Gelehrten, deren Forschungen
und Schriften über ein breites Spektrum von Imperien mich bei der Nie-
derschrift dieses Buches angeregt und beeinflusst haben, etwa Linda Benton, Mike Gomez, Manu Goswami, Emmanuelle Saada, Harry Harootunian, Rebecca Karl, Khaled Fahmy, Antonio Feros, Tim Mitchell, Louise
Young und wie immer Jane Burbank. Ich habe besonders von ausgiebigen
Gesprächen mit Manu, Emmanuelle, Antonio und Jane profitiert. Die
Graduiertenkurse, die ich an der New York University über Imperien und
Dekolonisierung abhielt, veranlassten mich, Abschnitte des Buches neu zu
überdenken und umzuschreiben; ich bin vor allem für die kritische Lektüre
dankbar, die mein Dekolonialisierungs-Seminar im Herbst 2003 einer älte-

ren Fassung der Einleitung widmete. Dank sage ich hier auch Marc Goulding für die akribische Überprüfung der Anmerkungen.

Ann Stoler bemerkte, dass ich mich mit kolonialen Fragen befasste, bevor ich selbst mir darüber im Klaren war. Unsere Zusammenarbeit bei der Organisation einer von der Wenner-Gren Foundation geförderten internationalen Konferenz 1988 und später bei der Herausgabe von *Tensions of Empire: Colonial Cultures in a Bourgeois World* sollte entscheidende Bedeutung für die Forschungsstrategie haben, die nun zu diesem Buch geführt hat. Während dieser Zeit machte Jane Burbank mich darauf aufmerksam, dass meine Perspektive auf Fragen des Kolonialismus durch die Konzentration auf die von Westeuropa ausgehenden Imperien des 19. und 20. Jahrhunderts eine eingeschränkte war. Diese Botschaft erreichte schließlich ihr Ziel und führte zu unserer Zusammenarbeit im Rahmen eines Graduiertenseminars über »Empires, States and Political Imagination«, das wir sowohl an der University of Michigan wie an der New York University durchführten, sowie zu Konferenzen in Michigan und Istanbul, an denen wir gemeinsam teilnahmen. Der prägende Einfluss dieser Kurse, Treffen und zahlreicher Gespräche kommt im Titel eines der Kapitel dieses Buches und in der dort sowie in der Einleitung entwickelten Argumentation zum Ausdruck.

Ich hatte das große Glück, zu einem Zeitpunkt über den französischen Kolonialismus zu arbeiten, als – nachdem die Frankreich-Historiker lange an einer »nationalen« Sicht auf ihren Gegenstand festgehalten hatten – eine Gruppe jüngerer Gelehrter damit begonnen hatte, dieses Forschungsfeld zu erschließen. Emmanuelle Saada, Emmanuelle Sibeud, Benoît de l'Estoile, Isabelle Merle, Alice Conklin, Jim LeSeur und Todd Sheperd haben mich freundlicherweise in die laufende Diskussion einbezogen. Dank auch an Didier Fassin und Jean-Pierre Dozon für die Einladung, Vorträge an der École des Hautes Études en Sciences Sociales während der Abschlussphase des vorliegenden Buches zu halten, sowie an José Kagabo und Jean-Claude Penrad für viele, in einer gewissen Geistesverwandtschaft geführte anregende Gespräche. Und schließlich geht mein Dank an Cathérine Coquery-Vidrovitch, dass sie mich in der Gemeinschaft der französischen Afrikawissenschaftler willkommen geheißen hat.

Von besonderem Wert für die kritische Lektüre meiner Arbeit und den Kontakt mit den Überlegungen anderer während der Niederschrift von Teilen dieses Buches waren Konferenzen über Kolonialforschung und ähnliche Themen in Neu-Delhi 1996 (organisiert von SEPHIS mit Gyan Pandey und einigen seiner Kollegen als Gastgebern), an der New York

University (organisiert von Emmanuelle Saada), der University of Illinois in Urbana-Champagne (ausgerichtet von Ania Loomba und Suvir Kaul) und der School of American Research in Santa Fe (geleitet von Ann Stoler und Carol McGranahan). Zwei Besuche an der Bosporus-Universität sowie eine Konferenz über das Osmanische und Russische Reich sowie die Habsburger-Monarchie an der University of Michigan – wodurch wiederholte Diskussionen mit Selim Deringil und Faruk Birtek sowie meiner Kollegin Müge Göçek aus Michigan möglich wurden – beeinflussten meine Vorstellungen von diesen Imperien. Eine von Jürgen Osterhammel und Philippe Burrin am Institut des Hautes Études Internationales in Genf organisierte Konferenz über »Empires in Modern Times« erweiterte meinen Horizont noch mehr. Eine von Susan Pedersen und Caroline Elkins ausgerichtete Konferenz über Siedlerkolonialismus an der Harvard University erbrachte einen nützlichen Kontrast zwischen afrikanischen und ostasiatischen Perspektiven. Mini-Konferenzen über »Globalisierung« am Centre d'Études et de Recherches International in Paris und an der University of California in Irvine regten mich zu einem Aufsatz an, der als Kapitel in dieses Buch eingegangen ist.

Ich danke den Herausgebern von *Theory and Society* für die Erlaubnis, den ursprünglich »Beyond Identity« betitelten Aufsatz (Bd. 29, 2000, S. 1–47) als Kapitel 3 wieder abzudrucken, ebenso wie ich meinem Co-Autor Rogers Brubaker für die Zustimmung danke, den Beitrag in diesen Band aufzunehmen. Ich kann mich nur revanchieren, indem ich auf Rogers' neuen Aufsatzband *Ethnicity without Groups* (Harvard University Press 2004) hinweise. Dank geht an *African Affairs* und Oxford University Press für die Erlaubnis, als Kapitel 4 den Aufsatz mit dem ursprünglichen Titel »What Is the Concept of Globalization Good For? An African Historian's Perspective« (Bd. 100, 2001, S. 189–213) abzudrucken. Schließlich sage ich Dank an *French Politics, Culture, and Society* für die Erlaubnis, als Kapitel 2 einen Artikel abzudrucken, der ursprünglich unter dem Titel »Decolonizing Situations: The Rise, Fall and Rise of Colonial Studies, 1951–2001« (Bd. 20, 2002, S. 47–76) erschienen ist. Ich habe in diesen Aufsätzen ein wenig gestrichen und Anmerkungen verbessert. Abgesehen vom Auffüllen einiger ernstlicher Lücken habe ich aber der Versuchung widerstanden, neues Material einzuarbeiten, das in den wenigen Jahren seit ihrer Veröffentlichung erschienen ist – dem einfachen Umstand geschuldet, weil die Literatur über diese Fragen in einer solchen Geschwindigkeit erscheint, dass das Neue bereits vom noch Neueren überschattet werden wird, während dieses Buch sich im Druck befindet.

Die meisten der bislang nicht erschienenen, hier enthaltenen Texte wurden in den Jahren 2002 und 2003 niedergeschrieben, als ich Fellow am Center for Advanced Study in the Behavioral Sciences war, das seinen Gästen eine Atmosphäre bietet, wie sie für wissenschaftliches Schreiben günstiger nicht vorstellbar wäre. Mein besonderer Dank richtet sich an die Mellon Foundation, die meinen Aufenthalt gefördert hat, an Doug McAdam, den Direktor des Zentrums, und an Kathleen Much, die scharfsinnige editorische Anmerkungen zu Kapitel 5 beisteuerte.

Die neuen Kapitel des Manuskripts haben insgesamt auch von der Kritik von Bin Wong, Lynn Thomas, Mamadou Diouf, Steven Pierce, Jane Burbank, Emmanuelle Saada, Jane Guyer, Michael Watts und James Clifford profitiert. Monica McCormick von der University of California Press ist weitgehend dafür verantwortlich, dass ich mich entschlossen habe, dieses Buch zu schreiben. Sie beriet mich darüber hinaus in ausgezeichneter Manier beim Aufbau des Buches und sorgte für dessen kontinuierliche Betreuung während des Produktionsprozesses. Die Arbeit mit Monica hat mir verdeutlicht, warum Autoren gerne die mit einem Possessivpronomen versehene Wendung »meine Lektorin« benutzen. Inzwischen hat Monica sich des Pronomens entledigt und verfolgt nun Vorhaben außerhalb des Verlagswesens. So können ihre Autoren ihr nur alles Gute wünschen und hoffen, dass ihre Schriften sich des Vertrauens würdig erweisen werden, das sie über die Jahre hinweg in uns gesetzt hat. Jane Burbank hat von diesem Manuskript mehr und öfter gelesen als alle anderen und nützlichen Rat zu allem erteilt, vom Titel bis zu den Anmerkungen, und zudem den Reichtum ihrer eigenen Gedanken über Imperien und eine Menge anderes mit mir geteilt.

New York City, April 2004

Teil I
Kolonialismusforschung und interdisziplinäre Wissenschaft

1 Einleitung: Koloniale Fragen, historische Entwicklungslinien

In den letzten beiden Jahrzehnten ist es zu einer wahren Flut wissenschaftlicher Veröffentlichungen zum Thema Kolonialismus gekommen, welche die Grenzen der Disziplinen Literaturwissenschaft, Ethnologie und Geschichte immer wieder überschreitet. Dadurch wurde eine der gravierendsten Blindstellen offengelegt, die in der Auseinandersetzung des Westens mit seiner Geschichte bestand. Mit dem Zeitpunkt hat es aber eine eigenartige Bewandtnis: Das wissenschaftliche Interesse am Kolonialismus regte sich, als die Kolonialimperien ihre internationale Legitimität bereits verloren hatten und keine lebensfähigen Formen politischer Organisation mehr darstellten. Zuvor, als der Kolonialismus noch Gegenstand politischer und persönlicher Mobilisierung war, ließen sich Gelehrte und Intellektuelle vor allem vom Drama der Befreiungsbewegungen in ihren Bann ziehen, von den sich nun auftuenden Verheißungen von »Modernisierung« und »Entwicklung« für jene Menschen, die durch Kolonialismus und Rassismus bislang von der Teilhabe am Fortschritt ausgeschlossen gewesen waren.

Teilweise waren die neueren Forschungen und Veröffentlichungen über den Kolonialismus von dem Bestreben motiviert, dafür Sorge zu tragen, diese Vergangenheit nicht dem Vergessen anheim fallen zu lassen. Die koloniale Vergangenheit wird jedoch auch in Erinnerung gerufen, um der Gegenwart eine Lektion zu erteilen – indem nämlich Verbindungslinien zwischen der Geschichte des Imperialismus und der hinter dem Anspruch Europas stehenden Heuchelei gezogen werden, Modelle demokratischer Politik und effizienter Wirtschaftssysteme sowie einen rationalen Ansatz zum Verständnis und zur Veränderung der Welt bereitzustellen. Dieses Anliegen hat einige Gelehrte dazu veranlasst, den komplexen Mechanismen sorgfältig nachzugehen, durch die Europa von seinen Kolonien her geschaffen wurde, und dabei zu erforschen, wie sich jene Kategorien, mit deren Hilfe wir die Vergangenheit der Kolonien und die Zukunft der ehemaligen Kolonien verstehen wollen, durch den Prozess der Kolonisierung im Einzelnen herausbildeten. Ein bedeutender Teil dieser Arbeiten hat die Forschung zum Kolonialismus jedoch aus jener Geschichte herausgelöst, deren Bedeutung wir gerade unterstrichen haben, und den Kolonialismus abstrakt und im Sinne eines Gattungsbegriffs als etwas behandelt, was einer ebenso schlichten Vorstellung von europäischer »Moderne« entgegengesetzt werden könne. Diese Forschungsrichtung hat sich stärker auf *Standpunkte* konzentriert – also auf die kritische Untersuchung der Subjektposition von Gelehrten und Verfechtern politischer Positionen – und weniger auf Prozesse, also darauf, wie die Entwicklungsbahnen eines kolonisierenden Europa und eines kolonisierten Afrika und Asien einander im Zeitverlauf gegenseitig bestimmten. Dieser Ansatz verdeckt nicht nur den Blick auf die Details der Kolonialgeschichte und auf die Erfahrungen der Menschen in den Kolonien. Auch die Bestrebungen der politischen Bewegungen und die damit verbundenen Herausforderungen, die im Laufe der Geschichte in den Kolonien auf den Plan traten, verschwinden hinter dem ironischen Blick, mit dem die Kritik die Ansprüche auf Fortschritt und Demokratie bedacht hat.

Die Weigerung, das »Koloniale« als säuberlich abgegrenzte Dimension der europäischen Geschichte zu belassen, bedeutet eine wesentliche Herausforderung für die historische Analyse. Doch mit der Entgrenzung des Kolonialismus ist das Risiko verbunden, dass wir einem Kolonialprojekt gegenüberstehen, welches vage zwischen 1492 und den 1970er Jahren verortet ist, dessen Kontext und Tragweite schwanken und das neben der Entwicklung eines ebenso zeitlosen »post-aufklärerischen« Europas steht. Dabei werden die Kämpfe nicht berücksichtigt, durch die im Verlauf dieser Epoche Möglichkeiten und Begrenztheiten immer wieder neu konfiguriert wurden. Aus diesem Grund sollte sich eine Neubestimmung des historischen Ortes des Kolonialismus sowohl gründlich mit der kritischen Forschung der letzten beiden Jahrzehnte auseinandersetzen als auch darauf bestehen, über die Beschränkungen hinauszukommen, die im Rahmen dieser Forschungsrichtung offenkundig geworden sind.

Die ambivalenten Eroberungen und Errungenschaften Europas oszillieren zwischen Versuchen, sein eigenes Verständnis der Welt nach außen zu propagieren, und den Anstrengungen, Kolonisatoren und Kolonisierte, Zivilisierte und Primitive, Zentrum und Peripherie voneinander abzugrenzen. Dadurch wurde der Raum der Imperien zu einem Feld, in dem Begriffe nicht nur aufgezwungen, sondern auch infrage gestellt und leidenschaftlich debattiert wurden. Vom Augenblick der Französischen Revolution an warfen die Rebellen in der Plantagenkolonie Saint Domingue die Frage auf, ob sich die Erklärung der Menschen- und Bürgerrechte auf das französische Kolonialreich ebenso wie auf die französische Nation beziehe. Damit »universalisierten« sie die Idee der Rechte«, wie Laurent Dubois es formuliert.[1] Seither hat der politische Aktivismus, der sich innerhalb der Imperien und um die Frage der Kolonialherrschaft herausbildete, immer wieder nicht nur nach den Möglichkeiten gefragt, inwieweit die von Europa in Anspruch genommenen Ideen und Strukturen in den Kolonialwelten zu übernehmen oder zurückzuweisen sind, sondern sich auch an die Aufgabe gemacht, die Bedeutung der Grundbegriffe selbst zu verändern – wie schwierig das auch immer sein mochte.

Methodische und begriffliche Fragen stehen im Zentrum dieses Buches. Wie kann man Kolonialgesellschaften untersuchen und dabei die Tatsache im Auge behalten – ohne sich davon lähmen zu lassen –, dass die Werkzeuge der Analyse, die wir benutzen und die wir zu befragen versuchen, aus der Geschichte stammen?

Interdisziplinarität und der Konformismus der Avantgarde

Das jüngst gewachsene Interesse von Historikern an kolonialen Situationen verdankt viel dem Einfluss der Literaturwissenschaft und der Ethnologie; wissenschaftliche Arbeiten über Fragen des Kolonialismus haben ein ambitioniertes, interdisziplinäres Forschungsgebiet entstehen lassen. Doch das Grundproblem von interdisziplinärer Wissenschaft ist das gleiche wie innerhalb von Disziplinen: Konformismus, Ausgrenzung und Konventionen, etwa dass man in den »richtigen« Zeitschriften publizieren – ob in der *American Political Science Review* oder in *Social Text* – und die »richtigen« Leute zitieren soll, sei es nun Gary Becker oder Homi Bhabha. Wirtschaftswissenschaftler – um die in theoretischer Hinsicht am stärksten monolithisch aufgebaute Disziplin in der amerikanischen akademischen Landschaft zu nehmen – müssen für gewöhnlich innerhalb der Grenzen der neoklassischen Theorie arbeiten und abstrakte Modelle entwickeln und

---

1 Laurent Dubois, »*La République métissée:* Citizenship, Colonialism, and the Borders of French History«, in: *Cultural Studies* 14 (2000): 22.

testen. Ihnen wird wenig Anerkennung zuteil für Feldforschung, die sich den wirklichen Erfahrungen komplexer wirtschaftlicher Beziehungen zuwendet. In den *cultural studies* wird von Assistenzprofessoren erwartet, dass sie sozial konstruierte Kategorien dezentrieren, destabilisieren und aufsprengen, um zum *empowerment* subalterner Diskurse beizutragen. Wer die Norm der Transgression selbst zu überschreiten versucht, setzt sich dem Vorwurf aus, sich der eigenen Position nicht vergewissert zu haben. Die Kulturkritikerin mag Genuss aus ihrer disziplinären Hybridposition ziehen und doch eine Menge mit dem Ökonomen gemeinsam haben, der glaubt, die fortgesetzte Arbeit innerhalb der neoklassischen Modelle habe einen höheren Grenznutzen als ein Ausflug in die Ethnologie. Interdisziplinäre Forschung kann durch einstmals provokative Konstrukte verelenden, die zu Klischees verkommen sind, genauso wie eine Disziplin Gefahr läuft, durch professionelle Hierarchien, festgelegte Methodologien oder theoretischen Konservatismus verengt zu werden.

Der Drang zum Konformismus manifestiert sich in Lieblingswörtern von Wissenschaftlern, die Trends bestimmen: der *cultural turn*, der *linguistic turn* und der *historical turn*. Diese Ausdrücke bedeuten, dass Gelehrte in der Geschichtswissenschaft sowie in den Kultur- oder Sozialwissenschaften ihre intellektuellen Anliegen in einem Gleis zusammenlaufen lassen, und alle, die das nicht tun, sich auf einem Nebengleis oder in einer Sackgasse wiederfinden. Die Hinwendung zur Kultur in den 1980er und 1990er Jahren korrigierte in hohem Maße die Auswüchse der in den 1970er Jahren vorherrschenden Orientierung an der Sozialgeschichte und der politischen Ökonomie. Nach einer gewissen Zeit wurde den Wissenschaftlern jedoch gesagt, dass wir uns »jenseits der Wende zur Kultur« befänden, was – in den offenen Worten von einigen der nachdenklicheren Teilnehmer dieser Debatten – bedeutete, die Fragestellungen der Sozial- und Wirtschaftsgeschichte wieder aufzunehmen. Der *cultural turn* brachte ausgezeichnete Forschungen und wertvolle methodische Überlegungen hervor, was auch für frühere und diesen folgende Richtungsumschwünge gilt.[2] Mittlerweile

---

2 Vgl. die Überlegungen zu den Einsichten und blinden Flecken der unterschiedlichen Wenden bei Victoria E. Bonnell/Lynn Hunt (Hg.), *Beyond the Cultural Turn: New Directions in the Study of Society and Culture*, Berkeley 1999, besonders die nachdenkliche Einleitung der Herausgeberinnen, und William H. Sewell, »Whatever Happened to the ›Social‹ in Social History?«, in: Joan W. Scott/Debra Keates (Hg.), *Schools of Thought: Twenty-Five Years of Interpretative Social Science*, Princeton (NJ) 2001: 209–226. Zu weiteren Wenden vgl. Terrence J. Donald (Hg.), *The Historic Turn in the Human Sciences*, Ann Arbor 1996;

hat aber eine Generation von Graduierten den Druck ihrer Mentorinnen und Kollegen erlebt, ihre Arbeit in eine bestimmte Richtung zu konzentrieren, ebenso wie die vorangegangene Generation Einflüssen unterlag, sich einem anderen Trend anzupassen. In der afrikanischen Geschichte vermied es meine Generation, sich mit Kolonialgeschichte zu befassen, aus Furcht, man werde meinen, wir betrieben »weiße Geschichte« – und trugen damit zur Flaute der *imperial history* bei, die später viele beklagten. Heute dagegen wird die Geschichte Afrikas vor den europäischen Eroberungen vernachlässigt. Die Offenheit von Gelehrten für neue Ideen und Forschungsrichtungen ist eines, »Wendungen« gemeinsam zu vollziehen etwas anderes.[3]

Die Interdisziplinarität hält ihre eigenen Fallstricke bereit. Dazu gehört besonders die Leichtgläubigkeit gegenüber anderen Wissensgebieten, auf die man sich im Falle des eigenen Terrains niemals begeben würde – etwa der Glaube eines Historikers, ein Zitat von Geertz bedeute schon, Ethnologie zu betreiben, oder ein Verweis auf Bakhtin sei gleichbedeutend mit dem Beherrschen von Literaturkritik. In einer anderen Disziplin geht man leicht Allerweltsweisheiten auf den Leim, versäumt interne Debatten und liest Leckerbissen auf, ohne sich über ihren Kontext klar zu werden. Das Heilmittel für diese Schwierigkeiten interdisziplinärer Arbeit besteht jedoch nicht in disziplinärer Enge, sondern in Disziplin: Eine gründlichere und kritischere Auseinandersetzung mit anderen Wissensgebieten, eine genauere und weiter ausgreifende Lektüre von Gesellschaftstheorie ist es, die unser methodologisches Verständnis sowohl neu konfigurieren als auch vertiefen kann.

Das Schreiben über den Kolonialismus hat während der letzten beiden Jahrzehnte eine doppelte – und positive – Wirkung auf scheinbar zementierte Wahrheiten gehabt: Erstens wurde die Erzählung vom Fortschritt, die von Europa ausstrahlte und dabei ignorierte, wie fundamental diese Geschichte mit den überseeischen Eroberungen verbunden war, infrage gestellt. Zweitens wurde die Verbannung von »Nicht-Europa« in den Hin-

Fredric Jameson, *The Cultural Turn: Selected Writings on the Postmodern, 1983–1998*, London 1998.

3 Antoinette Burton schreibt über einen *imperial turn* in der Geschichtswissenschaft, der mit dem zusammenhänge, was sie als »engstirniges« Bestehen auf dem »nationalen« Charakter Großbritanniens betrachtet. *After the Imperial Turn: Thinking With and Through the Nation*, Durham (NC) 2003: 9. Ich stimme ihr in vielem zu (siehe Kap. 6), doch die Kontrastierung zwischen den Engstirnigen und den Wendehälsen erscheint mir nicht als die wirkungsvollste Argumentationsweise.

terhof einer statischen Rückständigkeit zurückgewiesen und damit eine Sichtweise kritisiert, die nicht beachtete, wie das Schicksal dieser Regionen durch die Interaktion mit Europa geprägt worden war, und dabei andere Formen des Wandels und der Interaktion übersah. Der Sog der Trends ist in der Kolonialismusforschung und der postkolonialen Theorie wahrscheinlich nicht schwerwiegender als in anderen Bereichen wissenschaftlicher Forschung, sondern illustriert eher ein breiteres Problem des intellektuellen Lebens. Wie andere neue Wissensbereiche war auch die Kolonialismusforschung einer abfälligen Gegenreaktion ausgesetzt, die sich um die Einsichten und die fundierten Debatten in diesem Bereich nicht kümmerte – und auch nicht um die erhebliche Heterogenität, durch die sich die Arbeiten über koloniale Themen auszeichnen.[4] Ich hoffe, auf den folgenden Seiten zwischen dem Konformismus der Avantgarde und der hochnäsigen Verachtung des *ancien régime* im Bereich von Kolonisierung, Kolonialgeschichte und Entkolonialisierung hindurchsteuern zu können, indem ich mich auf spezifische begriffliche und methodologische Fragen konzentriere.

Das Einprügeln auf die Aufklärung und die Kritik an der Moderne sind in der Kolonial- und Postkolonialismus-Forschung zu regelrechten Lieblingsbeschäftigungen geworden. Deren Protagonisten wollen in ihren Positionen die Verteidigung von Moderne und Aufklärung gegen die anstürmenden Barbaren erblicken, welche die universellen Prinzipien gefährdeten, auf denen die demokratischen Gesellschaften beruhen.[5] Eine Debatte auf einem solchen Abstraktionsniveau ist wenig erbaulich, nicht zuletzt deswegen, weil beide Seiten sich damit begnügen, die Rationalität der Aufklärung als Symbol zu behandeln, das von seiner historischen Bedeutung abgelöst ist. Darin liegt eine köstliche Ironie, denn die Europäer werden so zu den »Leuten ohne Geschichte«, während diese Wendung einst für die

---

4 Stephen Howe beschreibt die gegenseitige Verachtung, die Leute einander entgegenbringen, die sich als postkoloniale Theoretiker oder *imperial historians* bezeichnen. »The Slow Death and Strange Rebirths of Imperial History«, in: *Journal of Imperial and Commonwealth History* 29 (2001): 131–141.

5 Als Einstieg zur Kritik an der Moderne eignet sich Dipesh Chakrabarty, *Provincializing Europe: Postcolonial Thought and Historical Difference*, Princeton (NJ) 2000, während der angebliche Zusammenprall zwischen denen, die die Moderne erreicht haben (dem Westen), und jenen, die dazu unfähig sind (vor allem die Moslems), das Thema von Samuel Huntington, *Kampf der Kulturen: die Neugestaltung der Weltpolitik im 21. Jahrhundert*, aus dem Amerikanischen von Holger Fliessbach, München/Wien 1996 (Originalausgabe: *The Clash of Civilizations and the Remaking of World Order*, New York 1996) ist.

Kolonisierten reserviert war. Beide Seiten sind damit zufrieden, dass unveränderliche und unvermittelte Bilder von Vernunft, Liberalismus und Universalität als Platzhalter für eine viel verwobenere Entwicklung dienen, in deren Verlauf Status und Bedeutung dieser Begriffe sehr kontrovers diskutiert worden sind.[6] Weniger amüsant ist die Ironie, dass die Kritik der Moderne, die einst ausgezogen war, eine selbstzufriedene, Europa-zentrierte Fortschrittserzählung aufzuweichen, am Ende diese Kategorie als das bestimmende Charakteristikum der europäischen Geschichte konserviert hat, auf das alle anderen zu reagieren haben. Nur eine präzisere historiographische Praxis kann uns aus dieser verworrenen Diskussion heraushelfen.

In Kapitel 2 greife ich das eingangs erwähnte Paradox auf, nämlich dass das wissenschaftliche Interesse an der Analyse des Kolonialismus gerade dann seinen Höhepunkt erreichte, als der Kolonialismus kein politisches Problem mehr darstellte. Der Ausgangspunkt ist Georges Balandiers Aufsatz über die »koloniale Situation« von 1951. Es handelt sich dabei um einen Aufruf zur Analyse der Kolonialherrschaft, bei der die Werkzeuge, die bei der Erforschung indigener Gruppen perfektioniert worden waren, nun auf die »Totalität« der Zwangsmittel sowie die strukturellen und ideologischen Mechanismen der Kolonialmacht übertragen werden sollten. Dieser Aufruf kam zwar zur rechten Zeit, blieb aber weitgehend ohne Echo, weil die Gelehrten (einschließlich Balandier selbst) stärker von den Möglichkeiten fasziniert waren, jene Gesellschaften zu modernisieren, denen dies bislang verwehrt geblieben war. Zudem waren sie aber auch fasziniert von den Befreiungsbewegungen selbst. Mein Beitrag nimmt die wechselnden Schwerpunktsetzungen der Wissenschaft bei der Analyse kolonialer Gesellschaften während des halben Jahrhunderts seit der Intervention Balandiers in den Blick. Er tut dies jedoch nicht als Abfolge von Paradigmenwechseln, sondern als einander überlappende und einander widerstreitende Perspektiven, die sämtlich in Beziehung zur wechselhaften Politik der Entkolonialisierung stehen.

Teil II dieses Buches wendet sich den Schlüsselbegriffen zu, in denen die aktuelle Hauptrichtung der Wissenschaft besonders verdichtet zum Ausdruck kommt, und zwar in der Kolonialismusforschung ebenso wie in

---

6 Vgl. Eric R. Wolf, *Die Völker ohne Geschichte: Europa und die andere Welt seit 1400*, aus dem Amerikanischen von Niels Kadritzke, Frankfurt am Main/New York 1986 (Originalausgabe: *Europe and the People without History*, Berkeley 1982); Bezug im Text auf den amerikanischen Originaltitel.

anderen interdisziplinären Unternehmungen. Die Verwendung dieser Begriffe hat neue Denkrichtungen und wichtige Forschungen hervorgebracht, sie verdienen aber eine genauere Betrachtung, die vom Sog der mit ihnen verbundenen wissenschaftlichen Trends bisher weitgehend unterdrückt worden ist. Ich werde mich detailliert mit drei Begriffen befassen – Identität, Globalisierung und Moderne – und im weiteren Verlauf dieser Einleitung Fragen nach Begriffen wie Kolonialität, Postkolonialität und Rationalität nach der Aufklärung aufwerfen. Wenn ich dem analytischen Wert dieser Begriffe auf den Grund gehe, will ich nicht von den Forschungsgegenständen abrücken, die jene im Auge haben, die diese Begriffe benutzen. Ich möchte vielmehr danach fragen, ob sie den anstehenden Aufgaben genügen.

Identität, Globalisierung und Moderne nehmen in den wissenschaftlichen Moden einen großen und sich weiter ausdehnenden Platz ein, während Modebegriffe einer früheren Wissenschaftsära wie *Industrialisierung*, *Urbanisierung* und *Modernisierung* auf niedrigerem Niveau stagnierten.[7] *Identity* hat dabei das Rennen gemacht, und auch wenn *modernity* nicht so »in« ist wie *identity*, so hat sie doch *modernization* – einen verwandten Begriff mit anderer Valenz – im Jahr 1995 überholt.

Die Benutzung dieser Begriffe ruft wichtige Themen auf den Plan: Subjektivität und Partikularität im Selbstbild der Menschen; die augenscheinlich zunehmende Bedeutung grenzüberschreitender Interaktion in der heutigen Welt; und die Macht zum Guten oder Schlechten, die anscheinend vom Bild des historischen Wandels als einer Bewegung nach vorne ausgeht. Alle drei Begriffe sind nach meiner Überzeugung wichtig als Akteurskategorien, als Termini, die in Politik und Kultur der Gegenwart verwendet werden. Sie müssen hinsichtlich ihrer häufig einander widersprechenden Formen verstanden werden, in denen sie zum Einsatz kommen. Das Problem entsteht aus der verbreiteten Benutzung dieser Begriffe als Instrumente wissenschaftlicher Beschreibung und Analyse. Diese Praxis führt dazu, die Probleme von sozialem Zusammenhang, grenzüberschreitender Interaktion und langfristigem Wandel, auf die sich die fraglichen Begriffe beziehen sollen, eher zu vernebeln als sie zu erhellen. Es ist an sich nichts Verkehrtes daran, einen Terminus sowohl als analytische und zugleich als Akteurs-Kategorie zu verwenden; doch wenn man dies tut,

---

7 Vgl. Daten der Datenbank ArticleFirst von OCLC. Daten über Bücher aus dem Katalog der Stanford University deuten in eine ähnliche Richtung: Der Begriff *modernity*, der in Buchtiteln um 1980 fast nie vorkam, überholte 1991 den Begriff *modernization*.

muss man sich mit zwei Problemen auseinandersetzen. Erstens ergibt sich die Nützlichkeit einer analytischen Kategorie nicht aus der Häufigkeit ihrer Verwendung als Akteurs-Kategorie: Diese Begriffe müssen analytische Arbeit leisten, Phänomene unterscheiden und auf wichtige Fragen aufmerksam machen. Zweitens kann das Bestreben der Wissenschaft, analytische Kategorien auszuarbeiten und zu schärfen, die Art und Weise verdecken, wie historische Akteure ähnliche Termini benutzt haben. Es kann so die Aufgabe noch komplizierter machen, die Formen von Diskursen in ihrem jeweils eigenen Zusammenhang zu verstehen.

In diesen Kapiteln geht es beileibe nicht einfach um Worte – obwohl in allen drei Fällen die Wissenschaftssprache den gewöhnlichen englischen Sprachgebrauch zusätzlich verwirrt. Es handelt sich vielmehr um begriffliche Probleme, die von der Literatur über diese Termini aufgeworfen werden. Wer etwa den analytischen Nutzen der Kategorie *Identität* infrage stellt, unterstellt damit nicht, dass die partikularen oder subjektiven Anliegen von Menschen – im Hinblick auf Geschlecht, Ethnizität oder jegliche andere Form der Affinität – zugunsten der großen Universalismen kleingeredet werden sollten: ob es sich also nun um die liberale Idee der Staatsbürgerschaft gleichwertiger Individuen handelt oder um die marxistische Vorstellung der Klasse. Will man aber verstehen, welche Vorstellungen Menschen von Gemeinsamkeit, Zugehörigkeit und Nähe haben, so erfordert dies einen Apparat präziser und differenzierter Begriffe.

Ein Großteil der neueren wissenschaftlichen Arbeiten über Identität benutzt das gleiche Wort für etwas, von dem behauptet wird, es sei allgemein, aber weich – was bedeutet, dass alle nach Identität suchen, Identität aber flüssig, konstruiert und umkämpft ist –, und zugleich für etwas, das spezifisch und hart ist. Letzteres bedeutet, die Behauptung, »serbisch«, »jüdisch« oder »lesbisch« zu sein hieße, dass andere Unterschiede innerhalb dieser Kategorie im Interesse des Gruppenzusammenhalts zu vernachlässigen seien. Dieser widersprüchliche Sprachgebrauch macht uns hilflos, wenn wir das untersuchen sollen, was Gelehrte am vordringlichsten verstehen und erklären müssen: warum manche Affinitäten in manchen Kontexten eben zur Entstehung von solchen Gruppen führen, die ein hartes Gefühl der Einmaligkeit und des Antagonismus gegenüber anderen Gruppen aufweisen, während Menschen in anderen Fällen mit Abstufungen von Nähe und Verbindung arbeiten, mit Graustufen anstelle von schwarz und weiß leben und flexible Netzwerke anstelle schroff abgegrenzter Gruppen ausbilden. In dem gemeinsam von Rogers Brubaker und mir verfassten Kapitel 3 plädieren wir nicht für ein weiter ausgefeiltes oder präziseres Wort für *Identität*, sondern für ein Spektrum begrifflicher Werkzeuge, die geeignet sind, ein Spektrum von Praktiken und Prozessen zu verstehen.

Mit den Begriffen der Globalisierung und der Moderne begegnen wir erneut zwei Wörtern und zwei wissenschaftlichen Arbeitsfeldern, die normative und analytische Kategorien vermengen und jene Meta-Erzählungen verstärken, die sie angeblich verabschieden wollen. Jemand, der die Modernisierungsdebatten der 1970er Jahre erlebt hat, kann die Debatten über Globalisierung und Moderne kaum wahrnehmen, ohne ein Gefühl des *déjà vu* zu verspüren. Die Vorstellung, die Menschen würden aus dem lähmenden Gehäuse des Kolonialismus und der rückständigen Traditionen befreit – wobei eine Konvergenz hin zu den gesellschaftlichen Praktiken und Lebensstilen des Westens entstehe –, war das Markenzeichen der Modernisierungstheorie in den 1950er und 1960er Jahren. In neuerer Zeit bestehen Experten und Gelehrte nun darauf, die Globalisierung sei ebenso unausweichlich wie erstrebenswert. Kritiker hingegen beklagen das als schädlich, was die Befürworter wiederum beharrlich als Wohltat preisen, während manche Gelehrte die Erzählung einer beständig zunehmenden Interaktion zwar akzeptieren, jedoch die daran geknüpfte Vorhersage bestreiten, dies führe zur Konvergenz. Ich argumentiere weder für noch gegen Globalisierung, sondern versuche vielmehr, das Problem sowie die damit verbundenen Fragen neu anzugehen. Ich möchte darauf hinweisen, dass das, von dem die Globalisierungs-Saga behauptet, es sei neu, überhaupt nicht neu ist, dass sie »große Entfernung« mit »global« verwechselt und es versäumt, die Untersuchung der Verbindung über Räume hinweg durch die Analyse ihrer Beschränkungen zu ergänzen. Schließlich verdreht sie auch die Geschichte der Imperien und der Kolonisierung, um sie einer Geschichtserzählung einzupassen, die auf ein vorbestimmtes Ziel zuläuft.[8] Die Alternative zum Begriff der Globalisierung besteht nicht in der Verdinglichung des Staates oder irgendeines anderen Rahmens von Interaktionen. Sie ist vielmehr darin zu suchen, die Mechanismen von Verbundenheiten von der

---

8 A. G. Hopkins und Niall Ferguson unterscheiden sich erheblich in ihrer Interpretation der Wirtschaftsgeschichte des britischen *Empire*, doch beide versuchen ihre Positionen zu beglaubigen, indem sie diese mit Globalisierung in Zusammenhang bringen, was eher teleologisch als historisch ist. Hopkins (Hg.), *Globalization and World History*, London 2002; Ferguson, *Empire: The Rise and Demise of the British World Order and the Lessons for Global Power*, London 2002.

künstlichen Vorstellung der Globalisierung abzulösen und die Markierung von Territorien sowie die Überschreitung territorialer Grenzen auf spezifischere Weise zu untersuchen, als der lineare Begriff der Globalisierung dies nahelegt.

Die Kritik an der Modernisierungstheorie, die in den 1970er Jahren aufkam, hat den teleologischen und eurozentrischen Charakter dieser Theorie aufgezeigt. Doch wenn die Teleologie auch fortgeschwemmt ist, so ist das *telos* in Form einer blühenden Literatur über Moderne, koloniale Moderne und alternative Modernen geblieben, wobei die beiden ersten negativ statt positiv besetzt sind, während die dritte als positive nicht-europäische Spiegelung der anderen auftritt. In Kapitel 5 zeige ich, dass die heute diskutierte Moderne hoffnungslos durch die widersprüchlichen Bedeutungen verworren ist, die ihr zugeschrieben werden, und dass jeder Versuch, den analytischen Begriff zu schärfen, zum Verlust der Fähigkeit führen würde, die Bedeutungen von *modern* als indigene Kategorie zu verstehen – als die *modern* tatsächlich benutzt wurde. Die Anziehungskraft des Modernisierungsbegriffes speiste sich in den 1970er Jahren vor allem aus dem Umstand, dass er ein Paket bildete, in dem Veränderungen wie Urbanisierung, Wachstum von Marktökonomien und meritokratische Statussysteme zusammengefasst waren. Die Moderne der 1990er Jahre war durchaus immer noch ein Paket. Manchmal eher beklagt als gefeiert, manchmal als »alternative Modernen« neu zusammengesetzt, basierte es dennoch weiter auf der Annahme, die Alternativen müssten Modernen sein. Wenn Partha Chatterjee von der »bitteren Wahrheit« spricht, dass niemand in Europa glaubt, Inder »könnten Produzenten von Moderne sein«, dann gesteht er zu, dass Moderne das ist, was Europa hervorgebracht hat.[9] Das Paket befindet sich noch immer auf seinem Sockel, und die Debatte über ein breites Spektrum von Problemen – von der Gleichheit der Frau in der Gesellschaft bis zur Wünschbarkeit freier Märkte – wird in Bezug auf die vorweggenommene Unterscheidung zwischen modern und rückständig geführt werden und nicht auf eine spezifischere und weniger teleologische Weise.

Als Wissenschaftler müssen wir verstehen, was Menschen meinen, wenn sie sich mit Identitätspolitik befassen, wenn sie der Unvermeidlichkeit und Wünschbarkeit des globalen Marktes das Wort reden oder wenn sie Bestrebungen nach sauberem Wasser und besserer Bildung zum Ausdruck bringen. Wir müssen auch ein präzises und prägnantes Vokabular

---

9 Partha Chatterjee, *Our Modernity*, Amsterdam/Dakar 1997: 20. Internet: www.sephis. org/pdf/partha1.pdf.

entwickeln, um Affinität, Verbindungen und Wandel zu analysieren. Wir sollten versuchen zu erklären, warum diese Vorstellungen in bestimmten Augenblicken Leidenschaften aufgerührt haben, in anderen aber nicht. Koloniale Eliten haben – manchmal – den Anspruch auf Legitimität erhoben, weil sie asiatische oder afrikanische Gesellschaften nach dem Bilde von Europas selbst erklärter Moderne neu gestalteten. Zugleich bestanden sie zu anderen Zeiten darauf, dass die Kolonien niemals modern sein könnten und sie nur in die Irre gingen, wenn ihre Statushierarchie untergraben würde, und dass die europäische Herrschaft notwendig sei, um diese konservative Ordnung zu bewahren. Diese Auseinandersetzungen lassen sich eher als Debatten *innerhalb* der Geschichte der Kolonisierung analysieren denn als »koloniale Modernität«, die vage zwischen der Aufklärung und der Gegenwart verortet ist. Das Verständnis lokaler Kategorien – ob sie nun einem französischen Kolonialminister, einem afrikanischen Gewerkschafter oder einem islamischen Religionsführer nahe sind – erfordert es zu fragen, wie die Menschen ihre Gedanken zusammengefügt haben. Mit anderen Worten: Die Gelehrten müssen sich der Anstrengung unterziehen, von ihren eigenen Kategorien zu abstrahieren.

Teil III entwickelt Alternativen zur Einebnung von Zeit, Raum und Interaktion, wie die soeben betrachteten Begriffe sie implizieren. Dabei stelle ich zuerst allgemeine Überlegungen an und wende mich dann einem Fallbeispiel zu. Kapitel 6 zeigt, dass man, anstatt eine Geschichte vom unausweichlichen Aufstieg des Nationalstaates und der Vorstellung von der Nation während der letzten beiden Jahrhunderte zu entfalten, eine viel aufschlussreichere Geschichte erzählen kann, wenn man eine längere Zeitperiode und eine vielfältigere Reihe politischer Formen betrachtet. Denn für imperiale Herrscher – angefangen vom Römischen Reich über das Osmanische und Österreichisch-Ungarische Reich bis zur Communauté Française und zum Britischen Commonwealth – brachte das Regieren einer imperialen politischen Einheit ein anderes Bündel von Strukturen und eine andere Vorstellung vom politischen Raum hervor als der Nationalstaat. Diese Herrscher waren immer gezwungen, die Inkorporierung von Menschen und Territorien gegen die Differenzierung auszubalancieren, durch die die Macht und das Zusammengehörigkeitsgefühl der herrschenden Elite aufrechterhalten wurden. In diesem Kapitel werden kontinentale und See-Imperien, »moderne« und »vormoderne«, europäische und nicht-europäische Reiche in einen einzigen Bezugsrahmen gestellt. Sie alle hatten nämlich teil am Kalkül des Ausbalancierens von Inkorporation und

Differenzierung und interagierten und konkurrierten miteinander um Ressourcen – doch taten sie das auf unterschiedliche Art und Weise.

Auf eine ähnliche Weise lässt sich viel lernen, wenn man politische Mobilisierungen innerhalb und gegen Imperien nicht einfach in der Art betrachtet, dass eine Gemeinschaft oder Nation sich gegen das Eindringen einer fernen Macht auflehnt. Politische Bewegungen haben vielfältigere Handlungsrepertoires entwickelt, auch entterritorialisierte Formen der Affinität – Pan-Afrikanismus, Pan-Slavismus, Islamismus, christlichen Humanismus, proletarischen Internationalismus – und ebenso Versuche, die imperiale Einheit selbst zu reformieren und umzustrukturieren. Dabei wurde häufig die imperiale Ideologie zur Grundlage für Ansprüche gegenüber den Herrschern des Imperiums gemacht. Erst mit dem Zusammenbruch der letzten Imperien in den 1960er Jahren wurde der Nationalstaat zur allgemeinen Form der Souveränität. Bis zum Ende dieser Imperien hatten manche ihrer Akteure versucht, die Bedürfnisse der Imperien nach Inkorporierung in Ansprüche auf imperiale Ressourcen und politische Artikulationsmöglichkeiten umzumünzen. Es besteht aber kein Grund zum Bedauern, dass das Imperium aus dem politischen Repertoire verschwunden ist. Ein präziseres Verständnis für die durchaus jüngeren Wurzeln des Nationalstaates kann jedoch eine differenzierte Diskussion über unterschiedliche Formen politischer Organisation und ihre Konsequenzen anregen, ohne der Teleologie des *nation-building* oder der pauschalen Verurteilung jeglicher Staatsmacht zu verfallen. Unter jener Voraussetzung kann es eine solche Diskussion auch vermeiden, das Imperiale als Attribut jeglicher Spielart von Macht zu begreifen oder die sentimentale Vorstellung zu hegen, vergangene Imperien seien Modelle strengen und verantwortungsvollen Regierens der Fähigen über die Unfähigen.

Kapitel 7 beruht auf meinen Forschungen im Senegal und in Frankreich. Es zeigt an einem Beispiel, wie die Schöpfer eines Imperiums und die Führer sozialer Bewegungen innerhalb eines imperialen Rahmens agierten und diesen Aktionsraum dadurch veränderten, indem sie ihn benutzten. Die Arbeiter- und politischen Bewegungen in Französisch-Westafrika bemächtigten sich in den 1940er und 1950er Jahren der Sprache des französischen Nachkriegs-Imperialismus – und zwar in einem Augenblick, als es für Frankreich wichtiger denn je war, über geordnete, produktive und legitime Kolonien zu verfügen. Sie verwandelten diese Sprache in Forderungen nach Gleichheit von Löhnen, Zuwendungen und letztlich auch des Lebensstandards aller Menschen, von denen die Regierung behauptete, sie seien Franzosen. Diese makellose Logik der Gleichwertigkeit wurde durch wohlorganisierte Protestbewegungen unterstützt und war Bestandteil der weltweiten Debatten über Selbstbestimmung und antikoloniale Bewegungen von Vietnam bis Nordafrika. Die französische Regierung sah sich dabei vor das Dilemma gestellt, entweder die Idee eines Größeren Frankreich aufzugeben oder ihre Bürger in der Metropole mit endlosen Forderungen und einer unbezahlbaren Rechnung zu konfrontieren. Die nationale Vorstellung von Frankreich wurde in demselben Prozess konsolidiert, der zur Entstehung von Nationalstaaten in Nord- und Subsahara-Afrika führte.

Kritische Geschichte und ahistorische Geschichte

Die hier vorgetragenen Argumente sind historischer Natur. Damit ist jedoch keine Polarisierung gemeint zwischen einem Bereich, den man als Kolonialforschung – oder allgemeiner als Interdisziplinarität – bezeichnen könnte, sowie einem anderen namens Geschichte. Eine derartige Einteilung würde ebenso die erheblichen Unterschiede und Kontroversen verdecken, die innerhalb all dieser Zusammenhänge bestehen, wie die gegenseitige Befruchtung, die über jene Linien hinwegreicht, mit denen Gelehrte ihre Territorien markieren. Mir geht es nicht darum, irgendein Forschungsgebiet insgesamt zu kritisieren oder genau zu bestimmen, was die einzelnen Bezeichnungen nun bedeuten. Vielmehr möchte ich mich auf die Schlüsselbegriffe selbst konzentrieren: Ihre Leistungen und ihre blinden Flecken sind einzuschätzen, ebenso wie schließlich die Einsichten, die sie vermitteln, und die Schwierigkeiten, die sich ergeben, wenn man sie benutzt, um Wandel im Zeitverlauf zu untersuchen.[10]

Die Historikerzunft ist zweifellos durch jene Impulse neu belebt worden, die von Neulingen im Wissenschaftsbetrieb und nicht zuletzt von Gelehrten aus Afrika und Asien ausgingen. Weitere Anregungen erfuhr sie

---

10 Andere haben versucht, unterschiedliche Richtungen innerhalb der postkolonialen Theorie zu bestimmen und zu untersuchen, zuletzt Suvir Kaul/Ania Loomba (Hg.), *Postcolonial Studies and Beyond*, Durham (NC) 2005. Die *subaltern studies* standen im Mittelpunkt einer Analyse, die sowohl ihre Leistungen anerkannt als auch einige ihrer Voraussetzungen und Tendenzen kritisiert hat. Siehe das Forum in *American Historical Review* 99 (1994): 1475–1545, sowie David Ludden (Hg.), *Reading Subaltern Studies: Critical History, Contested Meaning and the Globalization of South Asia*, London 2002.

durch die in anderen Disziplinen geführten Debatten sowie durch die zwar sichtbare, aber häufig überschrittene Grenze zwischen der akademischen Geschichtsschreibung und dem heterogenen geschichtsinteressierten Publikum. Nach meiner eigenen Erfahrung und jener von vielen weiteren professionellen Historikern meiner Generation war die Forschung über Kolonialimperien in den 1970er Jahren zu einem der toten Felder innerhalb der Geschichtsschreibung geworden. Wer die Grenzen der historischen Forschung erweitern wollte, wandte sich Afrika, Asien oder Lateinamerika zu oder versuchte, Europa und Nordamerika »von unten« zu betrachten. Die Wiederbelebung des Interesses an der kolonialen Welt in der folgenden Generation ist Ausdruck des Einflusses der Literaturwissenschaft und Ethnologie. Hinzu kommen vor allem breitere intellektuelle Strömungen, die die grundlegenden Erzählungen und Formen in Frage stellten, in denen Wissen konfiguriert wird. Die Historiker mussten sich damit auseinandersetzen, dass die neuen Herausforderungen nicht einfach darin bestanden, dem zuvor auf Europa bezogenen Kanon eine afrikanische oder asiatische Komponente hinzuzufügen, sondern darüber nachzudenken, was wir mit Europa, Afrika und Asien meinen und wie sie einander im Laufe der Zeit geformt haben (siehe Kapitel 2).

Inzwischen sind es aber die interdisziplinären Bereiche der *colonial* und *postcolonial studies*, denen eine neue Ausrichtung gut täte, insbesondere eine striktere historiographische Praxis. Diese Forschungsgebiete haben einer großen und transkontinentalen Öffentlichkeit den welthistorischen Ort des Kolonialismus vermittelt. Doch in weiten Teilen dieses Forschungsfeldes wurde einem generischen Kolonialismus – zeitlich angesiedelt irgendwo zwischen 1492 und den 1970er Jahren – die entscheidende Rolle bei der Bestimmung des postkolonialen Moments zugeschrieben, in dem bösartige Hierarchien und Ausbeutung sich verurteilen lassen sowie die Ausbreitung kultureller Hybridität und das Aufbrechen kultureller Grenzen gefeiert werden kann.

Gewiss lässt sich Historikern zuweilen der Vorwurf machen, sie betrachteten ihre eigene Beschäftigung mit Quellen als unproblematisch gegenüber Ort und Zeit, so als ob die Quellen für sich selbst sprächen. Das unter Laien verbreitete Bild von der akademischen Geschichtsschreibung als einer Aneinanderreihung von reinen Fakten enthält sicherlich ein Körnchen Wahrheit. Die Erzählungen der Historiker beruhen auf Konventionen des Erzählens, die nicht immer reflektiert werden. Dennoch bringt die zeitliche Selbstverortung der Historiker eine Gegenbewegung gegen die

Homogenisierung ihrer Kategorien mit sich: Zwar erzählen manche Historiker die Vergangenheit, als habe sie unvermeidlich zur Gegenwart geführt, doch unterscheiden sie immerhin Vergangenheit und Gegenwart, während eine andere Historikerin in derselben Gegenwart die Vergangenheit anders interpretieren mag. Die historische Praxis zeigt, dass bei allen Unterschieden des Antriebs und des Kontextes der Handlungen von Männern und Frauen ihre Interaktionen sich doch im Zeitverlauf entwickeln; Kontexte werden neu konfiguriert und prägen künftige Möglichkeiten und Schlüsse.

Wenigstens ein Teil der Kritik hat mittlerweile zu positiven Resultaten geführt. Auf dem im Juni 2004 abgehaltenen Kongress der einst etwas betulich-altbackenen und aufs Nationale konzentrierten *Society for French Historical Studies* gab es 17 Sektionen mit nahezu vier Dutzend Vorträgen vorwiegend von jungen Historikerinnen und Historikern, die sich mit Fragen der Kolonialgeschichte beschäftigten und in denen neues Quellenmaterial aus Archiven und anderen Zusammenhängen präsentiert wurde. Dabei wurde aus kolonialer Perspektive die Bedeutung von Staatsbürgerschaft, Recht, sozialer Wohlfahrt und von »Frankreich« selbst erweitert. Im Folgenden werde ich sowohl auf die Bedeutung der Kritik an der Historikerzunft hinweisen wie auf deren Grenzen, die vor allem dort zu suchen sind, wo ahistorische Methodologien eingesetzt werden, um Fragen zu beantworten, die unvermeidlich historischer Natur sind.

Ashis Nandy argumentiert, die Geschichtswissenschaft sei von ihren imperialistischen Ursprüngen nicht abzulösen; sie setze notwendig das Verständnis der Imperialisten über die Vergangenheit der Menschen über deren eigene Vorstellungen. Für manche Historiker verengt die Geschichtswissenschaft den Zickzacklauf der Zeit auf lineare Pfade, privilegiert den Staatsaufbau gegenüber anderen Formen menschlichen Zusammenlebens und erzählt eine Geschichte des Fortschritts, die Afrikaner oder Asiaten unvermeidlich beiseite lässt. Damit fehlen ihr einige entscheidende Merkmale, um universell zu sein.[11] Diese Argumente stellen eine durchaus triftige Kritik an vielen Geschichtskonzeptionen dar: Laufen sie aber auf eine Anklage der Geschichtswissenschaft selbst hinaus? Nun ist die Anklage gegen die Geschichte selbst historisch. Leitet man die Geschichtswissenschaft aus dem Imperialismus ab, so stattet man ein Phänomen mit Macht aus, das selbst historisch verortet ist. Das lässt die Frage unbeantwortet, ob es ausreicht, den Imperialismus als Schattenseite der Moderne

---

11 Ashis Nandy, »History's Forgotten Doubles«, in: *History and Theory* 34 (1995): 44–66.

zu *benennen*, oder ob zu seinem Verständnis eine eingehendere Untersuchung erforderlich ist, die dann in der einen oder anderen Form historisch zu sein hätte. Dabei mag die Praxis vieler Historiker sehr wohl eine »unwiderrufliche Verknüpfung zwischen Geschichtswissenschaft und Nationalstaat« nahelegen, aber die Belege dafür, dass der Nationalstaat so universal nicht ist, sind eine andere Art von Geschichte, die eine größere Bandbreite politischer Phantasie dokumentiert.[12] Die akademische Geschichtsschreibung hat wie alle anderen Wissenschaftsdisziplinen ihre Eigenheiten, und das Argument, andere Sichtweisen auf die Vergangenheit seien vielfältiger und lebendiger, trifft nur zu, wenn man sie zusammenfasst – und das wiederum gehört nun seinerseits zum Kerngeschäft der Wissenschaft.

Die Selbstzufriedenheit der Historiker mit den europäischen Grenzen ihres Faches wurde dann durch Edward Saids *Orientalismus* (1978) erschüttert. Said zeigte, wie bestimmte Vorstellungen über asiatische Gesellschaften tief mit dem literarischen Kanon Europas verwoben sind. Said wurde bald dafür kritisiert, dass er ein so geschlossenes Bild vom kolonisierten »Anderen« zeichne, dass kein Raum bleibe für alternative Konstrukte, auch nicht von Arabern, Afrikanern oder Südasiaten. In seinem darauffolgenden Buch *Kultur und Imperialismus* suchte Said die Balance wiederherzustellen, indem er nicht die scharfe Unterscheidung zwischen europäischen und indigenen Diskursen betonte, sondern vielmehr die Anstrengungen kolonisierter Intellektueller hervorhob, zwischen diesen beiden Polen zu arbeiten und gegenläufige Sprachen der Befreiung zu entwickeln.[13] Auch solche Überlegungen sind historisch.

Die auf Said zurückgehende Sicht eines Europa, das sich selbst und seine Anderen in Bezug aufeinander konstruiert, hat einen nachhaltigen Einfluss auf viele Disziplinen ausgeübt und zu deren kritischer Revision

---

12 Nicholas Dirks, »History as a Sign of the Modern«, *Public Culture* 2, Nr. 2 (1990): 25. Reflektierte Überlegungen zu Kritiken an der Geschichtswissenschaft und ihrer Beziehung zum Staat bietet Mamadou Diouf, »Des historiens et des histoires, pour quoi faire? L'histoire africaine entre l'état et les communautés«, in: *Revue Cannadienne des Études Africaines* 34 (2000): 337–374.

13 Edward W. Said, *Orientalismus*, übersetzt von Liliane Weissberg, Frankfurt am Main/Berlin (West)/Wien 1981 (Originalausgabe: *Orientalism*, New York 1982) und *Kultur und Imperialismus: Einbildungskraft und Politik im Zeitalter der Macht*, übersetzt von Hans-Horst Henschen, Frankfurt am Main 1994 (Originalausgabe: *Culture and Imperialism*, New York 1993). Zu einer neueren Einschätzung des Einflusses von Said auf Historiker vgl. die Beiträge von Andrew Rotter, K. I. Fleming und Kathleen Biddick zu einem Forum über »Orientalism Twenty Years On«, in: *American Historical Review* 105 (2000): 1204–1249.

geführt. Es wurde aufgezeigt, dass es sich bei den Kategorien, die von Sozialwissenschaftlern vom 19. bis ins 21. Jahrhundert zur Untersuchung kolonisierter Gesellschaften benutzt worden waren, weniger um neutrale Instrumente zur Analyse anderswo angesiedelter Gesellschaften handelte, als vielmehr um die Bestandteile eines Prozesses der intellektuellen Befriedung und Ordnung der Welt. Das Vokabular und die Methoden, durch die die Eliten die Unterscheidung von sozialem Geschlecht, Klasse und Rasse kontrollieren konnten – der Achtbaren und Zivilisierten gegenüber den Ungebärdigen und Gefährlichen – wurden in den Metropolen wie in den Kolonien entwickelt. Ästhetik und Wissenschaft leisteten Beiträge zur Ordnung einer imperialen Welt. Die wissenschaftliche Forschung, die im letzten Vierteljahrhundert hierzu geleistet wurde, ging insgesamt mit einer eindrucksvollen Neubewertung der Geistes- und Kulturgeschichte einher. Sie lässt freilich die gleiche Frage offen, der sich Said nach dem Erscheinen seines Orientalismus-Buches gegenüber sah: nämlich ob diese Arbeiten so gelesen werden, als habe es ein kompaktes, von Europa aus verordnetes Gebäude kolonialer Moderne und Gouvernementalität gegeben, oder ob dies als Bezugsrahmen des Streits und der Debatte über den Charakter sozialer Unterscheidungen und sozialen Wissens quer über die Trennlinie zwischen Kolonie und Metropole hinweg verstanden wird.[14]

Manche Theoretiker des Postkolonialen haben sich nichts weniger zum Ziel gesetzt, als Vernunft und Fortschritt als Leuchtfeuer der Menschheit vom Sockel zu stoßen. Sie bestehen darauf, dass die Ansprüche universeller Gültigkeit, die mit der Aufklärung auftraten, nicht nur die Art und Weise verdecken, wie der Kolonialismus seine Macht zur Ausbeutung der Kolonisierten errichtete, sondern zugleich seine Fähigkeit, Begriffe wie Demokratie, Liberalismus und Rationalität zu definieren, nach denen von nun an das weltweite politische Leben abzulaufen habe. Indem sie diese universalisierende Moderne der hässlichen Partikularität des Kolonialismus entgegenhalten, reiten die postkolonialen Theoretiker eine frontale Attacke gegen die historische Meta-Erzählung, nach der Europa Schritt für Schritt

---

14 Diese Ansätze sind stark von Michel Foucault beeinflusst, den Said sowohl benutzt wie kritisiert hat (siehe Kapitel 2). Afrikawissenschaftler sind von Valentin Mudimbe aufgefordert worden zu prüfen, ob die »koloniale Bibliothek« die Art und Weise geprägt hat, in der der Begriff Afrika konstruiert wurde, während Gaurav Desai möchte, dass wir uns »die koloniale Bibliothek neu als Raum des Widerstreits vorstellen«. V. Y. Mudimbe, *The Invention of Africa. Gnosis, Philosophy, and the Other of Knowledge*, Bloomington (IN) 1988; Gaurav Desai, *Subject to Colonialism: African Self-Fashioning and the Colonial Library*, Durham (NC) 2001: 4.

die despotischen Aspekte seiner eigenen Vergangenheit zurückweist und ablegt und sich selbst zum Modell für den Rest der Welt macht. Einige unter ihnen hoffen, uns davon zu überzeugen, »die scheinbar mächtige, daraus folgende *Anmaßung* aufzugeben, Liberalismus und auch Demokratie (selbst die angeblich radikale) hätten Anspruch auf irgendein *besonderes* Privileg unter den Arten, die politische Form unseres kollektiven Lebens zu organisieren«.[15]

Bevor wir solche Vorstellungen aufgeben, tun wir gut daran, nicht nur sorgfältig zu überprüfen, was genau diese Vorstellungen sind, sondern auch, wie sie benutzt wurden – und wie sie vielleicht dadurch, dass sie von Menschen in den Kolonien benutzt wurden, eine neue Bedeutung erhalten haben. Wir sollten sorgfältig prüfen, was wir sonst noch aufgeben: vielleicht die Instrumente, mit denen wir verschiedene Formen der Unterdrückung analysieren und kritisieren, angefangen beim lokalen Patriarchat bis hin zum globalen Kapitalismus?[16]

Mir geht es vor allem um die doppelte Fehlinterpretation, die dadurch entsteht, dass die Jahrhunderte europäischer überseeischer Kolonisierung in eine Kritik von Aufklärung, Demokratie oder Moderne einmünden. Zunächst ist da die Vernebelung der europäischen Geschichte: Denn dass die nicht-westliche Geschichte auf das Fehlen dessen reduziert wird, was der Westen hatte, impliziert unausgesprochen, dass der Westen es tatsächlich besaß. Alle Debatten und Konflikte innerhalb der europäischen Geschichte seit 1789 werden von der nach-aufklärerischen Kritik auf ein Wesen der Moderne reduziert. So entsteht ein Etikett für eine gesamte Epoche, wobei dieser Abstraktion kausale Bedeutung für die Prägung dessen zugeschrieben wird, was während des 19. und 20. Jahrhunderts in den Kolonien geschah. Zweitens wird die Geschichte der in den Kolonien lebenden Menschen ausgeklammert. Die Unterstellung einer kolonialen

---

15 David Scott, *Refashioning Futures: Criticism after Postcoloniality*, Princeton (NJ) 1999: 156 (Hervorhebung im Original).

16 Sympathisierende, doch kritische Ansichten zu den politischen Implikationen der *postcolonial studies* äußern Gayatri Chakravorty Spivak, *A Critique of Postcolonial Reason: Toward a History of the Vanishing Present*, Cambridge (MA) 1999, und Nicholas B. Dirks, »Postcolonialism and Its Discontents: History, Anthropology and Postcolonial Critique«, in: Scott/Keates, *Schools of Thought*, 244, 246; zu gegnerischen Positionen vgl. Sumit Sarkar, »The fascism of Sangh Parivar«, *Economic and Political Weekly*, 20.1.1993: 164 f.; ders., »The Decline of the Subaltern in Subaltern Studies«, in: *Writing Social History*, Delhi 1997: 81–108; Arif Dirlik, »The Postcolonial Aura: Third World Criticism in the Age of Global Capitalism«, in: *Critical Inquiry* 20 (1994): 328–356.

Moderne (siehe Kapitel 5) reduziert die einander widerstreitenden Strategien der Kolonisierung auf eine Moderne, die jene, die kolonisiert wurden,
vielleicht nie erfahren haben. Damit wird nicht ausreichend berücksichtigt,
wie die kolonisierten Menschen – nicht ganz erfolglos – versuchten, ihr
Leben in den Zwischenräumen des kolonialen Machtgefüges aufzubauen
und dabei die auf sie niedergehenden Lehren und Schlagwörter abzulen-
ken, sie sich anzueignen und sie umzudeuten. Diese Argumentationsweise
erlaubt es vielleicht, Widerstand zu würdigen oder subalternem Handeln
zuzustimmen, wohingegen die Vorstellung, derartige Kämpfe hätten wirklich Konsequenzen für den Verlauf der Kolonisierung gezeitigt, in der
Zeitlosigkeit der kolonialen Moderne verlorengeht. Die Haitische Revolution – und insbesondere die Möglichkeit, dass die Haitische Revolution
tatsächlich Auswirkungen auf die Bedeutung von Staatsbürgerschaft oder
Freiheit in Europa und Amerika gehabt haben könnte – bildet eine frappie-
rende Leerstelle in wichtigen postkolonialen Texten ebenso wie in konventionellen Erzählungen über den Fortschritt Europas.[17] Im Ergebnis
wird Europa das Eigentumsrecht an Begriffen wie Menschenrechten und
Staatsbürgerschaft eingeräumt – allerdings nur, um zum Gegenstand ironi-
scher Herablassung angesichts ihrer Verbindung mit dem europäischen
Imperialismus zu werden.

Das »Koloniale« in den *postcolonial studies* ist oft generisch: das, was Stuart Hall in einer einzigen Wendung zusammenfegt – »europäische und
danach westliche Moderne nach 1492«. Diese Vorstellung ist räumlich
diffus und erstreckt sich zeitlich über fünf Jahrhunderte; ihre Kraft zur
Bestimmung der Gegenwart lässt sich behaupten, selbst wenn ihre Kontu-
ren unüberprüft bleiben.[18] Könnte aber diese generische koloniale Ge-

---

17 Das Interesse, das Chakrabarty (*Provincializing Europe*) an der »Nach-Aufklärung« zeigt,
veranlasst ihn nicht, die Nach-Aufklärung der Haitischen Revolutionäre zu erwähnen;
auch Scott erwähnt Haiti nicht (*Refashioning Futures*); Robert C. Young erwähnt in *Postcolonialism: An Historical Introduction*, Oxford 2001, Haiti als Sklavenrevolte, nicht aber als
Revolte, welche die Forderungen nach Emanzipation geprägt hat. Es war C. L. R. James,
der die Bedeutung dieses Ereignisses gewürdigt hat. *Die schwarzen Jakobiner: Toussaint
L'Ouverture und die Unabhängigkeitsrevolution in Haiti*, übersetzt von Günter Löffler, Köln
1984 (Originalausgabe: *The Black Jacobins. Toussaint L'Ouverture and the San Domingo Revolution*, London 1938).

18 Stuart Hall, »When Was the ›Post-Colonial‹? Thinking at the Limit,« in: Iain Chambers/
Lidia Curti (Hg.), *The Post-Colonial Question: Common Skies, Divided Horizons*, London 1996:
249. Merkwürdig ist die Formulierung von Young in seinem Buch über Postkolonialismus: »Das Postkoloniale privilegiert nicht das Koloniale. Es interessiert sich für
Kolonialgeschichte nur soweit, wie diese Geschichte die Konfigurationen und Macht-

schichte nicht eine ebenso generische postkoloniale Gegenwart zur Folge haben?[19]

Ich stimme den postkolonialen Kritikern darin zu, dass die Übel des Kolonialismus des 19. und 20. Jahrhunderts eindeutig in den politischen Strukturen, Werten und Vorstellungen seines ihn umgebenden Zeitalters verankert sind. Der Kolonialismus war kein atavistisches Überbleibsel der Vergangenheit. Weniger überzeugend ist dagegen die isolierte Gegenüberstellung von nach-aufklärerischer Universalität und kolonialer Partikularität, die jene Dynamik ignoriert, die sich aus den Spannungen innerhalb einer jeden ideologischen Formation ergeben sowie aus jenen, die aus den Bestrebungen der Imperien resultierten, reale Verwaltungen über wirkliche Menschen einzurichten. Ein solcher Ansatz privilegiert den Standpunkt des Kritikers, der diese überhistorische Erscheinung entschlüsselt; daher das Etikett, das Gyan Prakash und andere ihrem Projekt angeheftet haben: das der »kolonialen Kritik«.[20]

Eine derartige Kritik hat ihren Wert, vor allem weil sie Historiker – wie auch Ethnologen und andere Sozialwissenschaftler – dazu zwingt, ihre eigene epistemologische Position zu hinterfragen. Die Frage lautet, wie man die Grenzen versteht, die dem Standpunkt des Kritikers innewohnen, und wie darüber hinausgelangt. Ich möchte nun zu einer kurzen Analyse von einigen Spielarten des Schreibens übergehen, die man ahistorische Geschichtsschreibung nennen könnte und die für sich in Anspruch nehmen, sich mit der Beziehung zwischen Vergangenheit und Gegenwart auseinanderzusetzen, dies aber tun, ohne danach zu fragen, wie Prozesse sich im Zeitverlauf entfalten. Ich werde vier Arten erwähnen, Geschichte ahistorisch zu betrachten: Geschichten sammeln, chronologische Sprünge,

---

strukturen der Gegenwart bestimmt hat, soweit, wie ein Großteil der Welt noch immer in der gewaltsamen Zerrissenheit lebt, die sie nach sich gezogen hat, und soweit, wie die antikolonialen Befreiungsbewegungen die Quelle und Inspiration seiner Politik bleiben.« Sein Postkolonialismus setzt »einen gemeinsamen politischen und moralischen Konsens gegenüber der Geschichte und dem Erbe des westlichen Kolonialismus« voraus. Wie man in der Lage sein soll, einzuschätzen, wie »weit« man hier gehen muss, ohne die Geschichte zu studieren, liegt nicht auf der Hand, aber worauf es für Young ankommt, ist der *Standpunkt*, der aus dem Zusammenhang dessen herausgelöst ist, wogegen auch immer dieser Standpunkt gerichtet ist. *Postcolonialism*, 4 f.

19 Achille Mbembes aufschlussreiches und provokatives Buch *On the Postcolony*, Berkeley 2001, tendiert ebenfalls zu einer generalisierten Konzeption sowohl der Postkolonie als auch ihres kolonialen Vorgängers.

20 Gyan Prakash, »Subaltern Studies and Colonial Criticism«, in: *American Historical Review* 99 (1994): 1475–1490.

rückwärts blickende Geschichtskonstruktionen und den Epochen-Trugschluss. Mir geht es nicht darum, ein Fach zu verteidigen und ein anderes zu verdammen, denn einige der eindringlichsten historischen Fragen wurden von Literaturkritikerinnen oder Ethnologen gestellt. Historiker sind mit vielen Arten vertraut, Geschichte auf eine ahistorische Weise zu betreiben, und zwar nicht nur wegen der von ihnen geübten Kritik an den Unzulänglichkeiten anderer Disziplinen, sondern auch weil sie dies selbst praktizieren. Dennoch sind theoretische Perspektiven, die in vage definierten Zeiträumen operieren und Abstraktionen ohne Akteure – wie Kolonialität und Moderne – einen Erklärungswert zuschreiben, sowohl von den methodologischen Unzulänglichkeiten abhängig, die ich unten erläutern werde, als auch von dem Umstand, dass sie diese ihrerseits weiter verstärken.

Geschichten sammeln

Das »Koloniale« ist selbst zum Studienobjekt geworden, in literarischer und anderer Form. Dieses Phänomen ist häufig und an vielen Orten zu beobachten. Die schwergewichtige »-ität« in so weit verbreiteten Wörtern wie *Kolonialität* und *Postkolonialität* impliziert, dass es einen Wesenskern des Kolonisiertseins gibt, der unabhängig davon ist, was jemand in einer Kolonie getan hat.[21] Man kann einen Text aus Spanisch-Amerika im 16. Jahrhundert nehmen, eine Erzählung über die westindischen Sklavenkolonien im 18. Jahrhundert oder eine Beschreibung der mäßig wohlhabenden afrikanischen Kakaopflanzer an der Goldküste im 20. Jahrhundert und ihn mit anderen Texten vergleichen. Das wirft die Frage auf, wie weit wir bei der Diskussion über Kolonialität gehen können, wenn der Tatsache, kolonisiert worden zu sein, das Übergewicht gegenüber dem Kontext, den

---

21 Walter Mignolo sieht »Kolonialität« als Teil einer einzigartigen westlichen Geschichte, die auf das 16. Jahrhundert zurückgeht: »Kolonialität ist mit anderen Worten das verborgene Gesicht der Moderne und geradezu die Bedingung ihrer Möglichkeit.« »The Many Faces of Cosmo-polis: Border Thinking and Critical Cosmopolitanism«, in: *Public Culture* 12 (2000): 722. Für weitere Beispiele, die das Phämomen Kolonialismus von Ort und Zeit abstrahieren, vgl. Homi Bhaba, »Of Mimicry and Man: The Ambivalence of Colonial Discourse«, in Frederick Cooper/Ann Stoler (Hg.), *Tensions of Empire: Colonial Cultures in a Bourgeois World*, Berkeley 1997: 152–160; Walter Mignolo, *Local Histories/Global Designs: Coloniality, Subaltern Knowledges, and Border Thinking*, Princeton (NJ) 2000.

Kämpfen und der Lebenserfahrung in den Kolonien zugestanden wird. Koloniale Macht war, wie jede andere Macht auch, Gegenstand von Auseinandersetzungen und abhängig von den materiellen, sozialen und kulturellen Ressourcen, über die die Beteiligten verfügen konnten. Kolonisatoren und Kolonisierte selbst sind weit davon entfernt, unwandelbare Konstrukte zu sein, und diese Kategorien mussten durch spezifische Handlungen reproduziert werden.

Chronologische Sprünge

Ich beziehe mich hier auf Behauptungen der Art, dass etwas zum Zeitpunkt A jenes zum Zeitpunkt C verursacht hat, ohne Zeitpunkt B zu berücksichtigen, der dazwischen liegt. Der afrikanische Politikwissenschaftler Mahmood Mamdani stellt in seinem Buch *Citizen and Subject: Contemporary Africa and the Legacy of Colonialism*[22] einen unmittelbaren Kausalzusammenhang her zwischen der für die 1920er und 1930er Jahre charakteristischen kolonialen Politik, durch afrikanische Häuptlingstümer zu herrschen, denen unter kolonialen Bedingungen Autorität verliehen wurde, und den brüchigen politischen Strategien des Autoritarismus und der Ethnizität, die im Afrika der 1980er und 1990er Jahre zu beobachten waren. Mamdani hat Anhaltspunkte für seine Argumentation an beiden Enden seines Sprungs durch die Zeit gefunden, aber verpasst das, was dazwischen liegt. Sein Buch enthält nahezu nichts über die 1950er und 1960er Jahre und vernachlässigt daher eine andere Dimension der Malaise Afrikas: dass es während dieser Jahre tatsächlich effektive Bewegungen gegeben hat, die sich über ethnische Trennlinien und die Unterscheidung zwischen Stadt und Land hinwegsetzten. Durch diese Bewegungen erhoben Afrikaner einen entschiedenen Anspruch auf staatsbürgerliche Rechte. Afrikanische Politiker forderten die Kolonialregime mit dieser Machtgrundlage heraus – entweder die impliziten Versprechen der imperialen Staatsbürgerschaft einzulösen oder solchen Regierungen zu weichen, die ihre Staatsbürger wahrhaft vertreten konnten (siehe Kapitel 7). Doch einmal an der Macht, verstanden diese Führer nur allzu gut, wie gefährlich diese Ansprüche waren. Die Explosivität der Staatsbürgerschaft während der letzten Jahre der Kolonialherrschaft kommt in Mamdanis Buch nirgends vor. Ihm ent-

---

22 Mahmood Mamdani, *Citizen and Subject: Contemporary Africa and the Legacy of Colonialism*, Princeton (NJ) 1996.

geht daher nicht nur die Abfolge der Prozesse während der Ära der Dekolonisierung, sondern auch die Tragödie der neueren afrikanischen Geschichte, das gewachsene Bewusstsein der Menschen von ihren Möglichkeiten und die schließliche Enttäuschung ihrer Hoffnungen.[23]

Rückwärts blickende Geschichtskonstruktionen

Der Versuch, Probleme der Gegenwart zu erhellen, ist ein gutes Motiv zur
Erforschung der Vergangenheit. Doch beim Blick zurück läuft man Gefahr, einem Anachronismus zu verfallen: der Vermengung der analytischen
Kategorien der Gegenwart mit den Akteurskategorien der Vergangenheit,
als hätten Menschen sich auf der Suche nach Identität befunden oder sich
gezielt darum bemüht, eine Nation zu schaffen, als solche Denkweisen
ihnen womöglich überhaupt nicht zur Verfügung standen. Noch wichtiger
ist jedoch das, was nicht zu sehen ist: die Wege, die nicht beschritten wurden, die Sackgassen historischer Prozesse, die Alternativen, die sich den
Menschen zu ihrer Zeit zu eröffnen schienen. Zwei verbreitete und in
vielerlei Hinsicht verdienstvolle Ansätze der historischen Analyse geraten
dabei leicht in die Falle einer rückwärts blickenden Geschichtsbetrachtung.
Ein Ansatz ist die Idee *sozialer Konstruktion*, ein nützliches Mittel gegen
Behauptungen, Rasse, Ethnizität oder Nationalität seien genuine Eigen-

---

23 Ein anderes Beispiel für die Falle der Sprunghaftigkeit ist Richard Price, *The Convict and
the Colonel: A Story of Colonialism and Resistance in the Carribean*, Boston 1998. Dieses Buch
ist als ironische Gegenüberstellung einer gewaltsamen Konfrontation zwischen Polizei
und Demonstranten auf der französischen Insel Martinique 1925 und der Trivialisierung
der Erinnerung an die Kolonisierung während der Feldforschung konstruiert, die Price
in einer Zeit durchführte, als die Menschen von Martinique durch das Tourismusge-
schäft und den französischen Wohlfahrtsstaat absorbiert waren. Indem er die Geschichte zwischen diesen Zeitpunkten auslässt, verdeckt Price die Ernsthaftigkeit der
politischen Mobilisierung in den 1930er und 1940er Jahren, als eine starke karibische
Bewegung die französische Regierung unter Druck setzte, um dieser Kolonie den Status
eines französischen Departements zu verleihen und damit darauf hinarbeitete, den gleichen Anspruch auf die Bildungs- und Sozialressourcen Frankreichs zu erheben wie andere französische Bürgerinnen und Bürger auch. Aus der Darstellung von Price erfährt
man nicht, dass diese Bewegung 1946 erfolgreich war – dass die Opfer des Konfliktes
von 1925 nicht umsonst gestorben sind –, und man erfährt auch nicht, dass der bekannte Schriftsteller und Aktivist, auf dessen Autorität Price sich zur Anklage gegen den
französischen Kolonialismus beruft, Aimé Césaire, der wichtigste Anführer der Bewegung zur Departementalisierung war. In diesem fehlenden Mittelstück ist die Politik enthalten.

schaften bestimmter Gruppen. Dies ist auch hilfreich bei der Einsicht, dass Rasse oder jede andere Kategorie um keinen Deut weniger wichtig zu sein braucht, nur weil sie historisch konstruiert wurde. Das Problematische am Konstruktivismus und der Art und und Weise, wie er am häufigsten praktiziert wird, besteht darin, dass er zu kurz greift: Wir reden von der sozialen Konstruktion rassischer Kategorien, doch nur selten fragen wir nach Kategorien, die heute nicht mehr wichtig sind. Wir verlieren die Bemühungen der Menschen in der Vergangenheit aus den Augen, Zusammenhänge oder Denkweisen zu entwickeln, die für sie selbst wichtig waren, es für uns aber nicht sind.[24] Das gilt etwa für die Erforschung des Nationalismus in kolonialen Gesellschaften: Weil wir wissen, dass die Politik der 1940er und 1950er Jahre tatsächlich am Ende zur Bildung von Nationalstaaten führte, neigen wir dazu, alle Formen der Opposition gegen die Taten des Kolonialismus in eine Erzählung zunehmender nationalistischer Stimmungen und wachsender nationalistischer Organisationen einzuflechten. Der Umstand, dass die Motive und selbst die Folgen politischen Handelns in verschiedenen Situationen ganz anders gewesen sein könnten, gerät dabei leicht aus dem Blick.[25]

Auf höherem Abstraktionsniveau wird auch das Bemühen um die *Genealogie* von Begriffen oder Ideen leicht zu einem rückwärts gewandten historischen Ansatz. Genau wie eine gewöhnliche Genealogie mit »Ego« beginnt – also der Person, die zurückblickt – und einen Baum mit Beziehungen hervorbringt, blicken auch genealogische Herangehensweisen auf Ideen zurück, um ihre Wurzeln zu finden, manchmal in einer diskreditierten kolonialen Vergangenheit. Dabei geht der historische Kontext verloren, in dem die Begriffe aufgetreten sind, die Debatten, aus denen sie stammen, die Art und Weise, wie sie abgewandelt und angeeignet wurden. Werden genealogische und konstruktivistische Ansätze auf historisch fundierte

---

24 Die neuere Flut von Büchern über die soziale Konstruktion der Weißheit ist ein Beispiel sowohl für den Wert dieses Ansatzes als auch für die damit verbundenen Probleme. Siehe Eric Arnesen, »Whiteness and the Historians' Imagination«, sowie die dadurch ausgelöste Debatte in *International Labor and Working Class History* 60 (2001): 3–92.

25 Ich habe mich mit der Beziehung zwischen nationalistischer Politik und Gewerkschaftsbewegungen auseinandergesetzt in »Dialectics of decolonization: Nationalism and Labor Movements in Postwar French Africa«, in: Cooper/Stoler, *Tensions of Empire*, 406–435. Michel-Rolph Trouillot argumentiert ähnlich zum Konstruktivismus: Wir können zeigen, dass Erzählungen produziert werden, aber »die Gründe, aus denen eine bestimmte Geschichte für eine bestimmte Population wichtig ist, sind ihrerseits historisch.« *Silencing the Past: Power and the Production of History*, Boston 1995: 13.

Weise verfolgt – also, indem man nach vorne arbeitet – so werden sie andere Ausdrücke für das Betreiben von […] Geschichte. In dem Maße, wie diese Ansätze sowohl auf die keineswegs neutrale Position des heutigen Beobachters aufmerksam machen als auch dessen begriffliche Perspektive auf historische Weise erkennen, sind sie wertvoll, auch wenn sie nur schwerlich als etwas Neues anzusehen sind.[26] Gute historische Praxis sollte sich gegenüber den Brüchen zwischen den Bezugsrahmen vergangener Akteure und gegenwärtiger Interpreten sensibel verhalten.

Epochen-Trugschluss

Historische Analysen können auf Augenblicke der Ungewissheit – wenn die stabilisierenden Institutionen geschwächt sind und Erwartungen nach Veränderungen steigen – sowie auf Augenblicke der Stabilität aufmerksam machen. Sie können auch auf Wandel hinweisen. Doch Geschichte als Abfolge von Epochen zu schreiben, bedeutet, eine Kohärenz zu unterstellen, die von komplexen Interaktionen nur selten hervorgebracht wird. Das, was eine Ära besonders auszeichnet, sollte – was immer es auch sei – nicht nur in der Darstellung gegenwärtig, sondern das bestimmende Merkmal dieser Ära sein. Es ist eine Ironie, dass gerade die Postmodernisten, die sich durch die Ablehnung von hoher Theorie und Meistererzählungen auszeichnen, die Moderne in eine epochale Zwangsjacke pressen müssen, damit sie den Anspruch erheben können, sie seien über sie hinaus gekommen.[27] Ein stärker nuancierter Ansatz erfordert es jedoch, Wandel in sämtlichen Dimensionen abzuschätzen, in denen er vorkommt, und die Bedeutung wie die Grenzen derjenigen Konstellationen zu analysieren, in denen multidimensionale Veränderungen möglich wurden.

Der Terminus *Nach-Krieg* hat eine klare Bedeutung dahingehend, dass der betreffende Krieg beendet wurde, und der Begriff *postkolonial* ist sinnvoll, wenn man – so wie ich – annimmt, dass die Dekolonisierungen der Nachkriegs-Ära dafür gesorgt haben, die Kategorie des kolonialen Imperiums als legitime und in der internationalen Politik übliche Herrschaftsform

---

26 Karl Mannheim, *Ideologie und Utopie*, 7. Aufl., Frankfurt am Main 1997 (Originalausgabe 1929).

27 Siehe Kapitel 5 ausführlicher zu den Verwirrungen über den Terminus *modern* in seinen epochenbezogenen und anderen Varianten. Siehe auch Bernard Yack, *The Fetishism of Modernities: Epochal Self-Consciousness in Contemporary Social and Political Thought*, Notre Dame (IN) 1997.

aus dem Repertoire der politischen Ordnungen zu beseitigen.[28] Das *post-* ist nützlich, soweit es die Bedeutung der kolonialen Vergangenheit für die Prägung der Möglichkeiten und Zwänge der Gegenwart unterstreicht. Dieser Prozess lässt sich jedoch weder auf die Folgen des Kolonialismus reduzieren, noch kann man eine koloniale oder eine postkoloniale Periode als zusammenhängendes Ganzes verstehen, als hätten die unterschiedlichen Anstrengungen und Kämpfe der Menschen in verschiedenen Situationen stets zu dem gleichen Resultat geführt. Wir sind nicht gezwungen, uns einerseits zwischen der Vorstellung von Dekolonisierung als Umlegen eines Schalters – war die Unabhängigkeit erst erklärt, wurde das politische System »afrikanisch« – und andererseits einem Kontinuitätsansatz (d.h. der Kolonialismus kam eigentlich nie an ein Ende) entscheiden zu müssen. Vielmehr könnten wir den Fragen nachspüren, für welche Bereiche man sich im Verlauf der Auseinandersetzungen vor und nach diesem Augenblick eine Neugestaltung vorstellen konnte und für welche eben nicht, welche strukturellen Zwänge weiter bestanden, welche neuen Formen politischer und wirtschaftlicher Macht auf die ehemals kolonialen Staaten einwirkten und wie Menschen inmitten kolonialer Autoritätssysteme ihre Verbindungen innerhalb und außerhalb eines nationalen politischen Raumes neu ordneten.[29]

Skepsis ist vor allem im Hinblick auf die moderne Epoche angebracht. Die Modernisierungstheorie wurde zu Recht dafür kritisiert, dass sie behauptete, eine bestimmte gesellschaftliche Form definiere die moderne

---

28 Hall, »When Was ›the Post-colonial‹?«: 246 plädiert ebenfalls dafür, einen Bruch zum Zeitpunkt der Dekolonisierung anzunehmen. Ich ziehe es vor, dies als Wandel im politischen Repertoire aufzufassen, anstatt generalisierende Behauptungen über jede Epoche aufzustellen, die etwa zwischen einer manichäischen Kolonialität und einer hybriden Postkolonialität unterscheiden.

29 Wenn Simon Gikandi sagt, dass »postkoloniale Theorie ein Weg ist anzuerkennen, wie entkolonisierte Situationen durch die Spuren kolonialer Vergangenheiten gezeichnet sind, die sie zu verleugnen suchen«, so öffnet er den Weg für eine substantielle Analyse, wo diese Spuren liegen und wie sie sich im Zeitverlauf verändern. Wenn er später schreibt: »Meine Annahme hier besteht darin, dass die ›Gründer‹ der neuen postkolonialen Nationen ihre Autorität legitimierten, indem sie sich zu Vollstreckern der reinen Moderne erklärten (selbst wenn sie das Loblied vorkolonialer Traditionen sangen), und zwar nicht, weil sie sich zum imperialen Projekt als solchem hingezogen fühlten, sondern weil sie keinen wirklichen Zugang zu Wissensformen jenseits des vom Imperium geschaffenen Erwartungshorizontes hatten«, so nimmt er die Ergebnisse einer solchen Untersuchung vorweg. *Maps of Englishness. Writing Identity in the Culture of Colonialism*, New York 1996: 15, 18.

Ära.[30] Das Etikettieren von Zeitaltern wurde interdisziplinär zum Teil durch das Werk von Michel Foucault neu belebt, mit dem die moderne Gouvernementalität in einem Raum angesiedelt wird, der in der Zeit ebenso amorph ist wie im Hinblick auf Handelnde und Kausalität. Foucault stellt einem breiten Spektrum von Wissenschaftlern eine Blaupause zur Verfügung, nach der sie Praktiken und Diskurse dem Phänomen der Moderne zuordnen können, die oft mit nach-aufklärerischem Rationalismus, bürgerlicher Gleichheit und Liberalismus verschmolzen wird.[31]

Dipesh Chakrabarty kritisiert zum Beispiel (und dies mit Recht) die kolonialistischen, nationalistischen oder marxistischen Lesarten der indischen Geschichte. Diese würden die Kolonisierten daran messen, wie gut sie bei der Klassen- und Staatenbildung waren – wo Europa angeblich die Richtung wies –, und ihre Misserfolge spezifischen, ihnen zugeschriebenen Unzulänglichkeiten anlasten, also etwa keine klassische Arbeiterklasse oder Bourgeoisie zu sein. Er fordert stattdessen die »Provinzialisierung« Europas, wobei dessen Geschichte als Besonderheit und nicht als universales Modell zu betrachten wäre.[32]

Doch tut er dann das genaue Gegenteil: Nach-aufklärerische Rationalität, bürgerliche Gleichheit, Moderne und Liberalismus erscheinen bei ihm nicht als provinzielle Ideologien, sondern als ein Raster von Wissen und Macht, das Menschen dazu zwingt, ihre unterschiedlichen Vorstellungen von Gemeinschaft zugunsten einer Eins-zu-Eins-Beziehung zwischen dem unspezifischen Individuum und dem Nationalstaat aufzugeben. Bestenfalls können sie nach »Alternativen« zu einer Moderne streben, die entschieden einzigartig und entschieden europäisch ist. Die europäische Geschichte wird zu einer einzigen nach-aufklärerischen Ära eingeebnet. Ein Verweis auf Hegel steht für eine auf den Fortschrittsanspruch reduzierte europäische Geschichte.[33]

---

30 Eine reflektierte Behandlung der Vermengung zwischen Gesellschaftstypus und historischer Ära in der Beschwörung des Modernen findet sich bei James Ferguson, *Expectations of Modernity: Myths and Meanings of Urban Life in the Zambian Copperbelt*, Berkeley 1999: 42 f.

31 Diese Bemerkungen sollen nicht die Einsichten schmälern, die manche Wissenschaftler mittels der Foucault'schen Begriffe gewonnen haben. Siehe besonders die wertvollen Überlegungen von Ann Stoler, *Race and the Education of Desire: Foucault's History of Sexuality and the Colonial Order of Things*, Durham (NC) 1995.

32 Chakrabarty, *Provincializing Europe*.

33 Ebd., 237. Hegel übernimmt die gleiche Rolle für Gyan Prakash, *Another Reason: Science and the Imagination of Modern India*, Princeton (NJ) 1999: 8, 118; und Nicholas Dirks, *Castes of Mind: Colonialism and the Making of Modern India*, Princeton (NJ) 2001: 52.

Doch das Europa des 19. Jahrhunderts war voller Auseiandersetzungen innerhalb zahlreicher Partikularismen und Universalismen sowie zwischen diesen Strömungen. Der Säkularismus stand häufiger unter Druck, als dass er triumphierte; die *anciens régimes* und Aristokraten waren unter der Guillotine keineswegs ausgestorben.[34] Das Ausbalancieren zwischen dem universalisierten Individuum als Träger von Rechten und den Problemen der »Differenz« war Gegenstand einer zentralen Debatte *innerhalb* der Aufklärung und danach. Intellektuelle der Jahrzehnte zwischen 1890 und 1930, die sich selbst als Modernisten bezeichneten,»revoltierten gegen Positivismus, Rationalismus, Realismus und Liberalismus« – etwas, das bei der schroffen Gegenüberstellung zwischen aufklärerischer Vernunft und den diversen »posts«, die heutzutage *en vogue* sind, verloren geht.[35]

Sankar Muthu hat die Debatte erforscht, die zwischen den Denkern der Aufklärung über das Problem des Imperiums geführt wurde. Am bemerkenswertesten ist dabei, dass für Diderot die Einsicht in das Menschsein nicht-europäischer Völker zugleich bedeutete, sich mit ihrer Unterwerfungssituation auseinanderzusetzen. Anstatt zu meinen, universelle Werte zerstörten Differenz, bestand Diderot vielmehr auf dem fundamental kulturellen Charakter des Menschseins. Andere, wie der Abbé Grégoire, waren voller Mitleid für die Sklaven und andere Opfer imperialer Unterdrückung, nahmen aber an, die Menschen würden, wenn sie einmal befreit seien, ihre Besonderheiten aufgeben. Wieder andere – die von den Kritikern aufklärerischer Vernunft bevorzugt hervorgehoben werden – entwickelten taxonomische Strukturen, die in einigen (aber nicht allen) Fällen Unterscheidungen formulierten, die manche Menschen außerhalb der Späre des mit Rechten ausgestatteten Individuums stellten und sie zu potentiellen Opfern der Kolonisierung machten. »Die« Aufklärung implizierte keineswegs eine einzige Sicht auf Rasse oder Differenz. Sie lieferte keine eindeutige Grundlage, und zwar weder zur Legitimation der Unterordnung bestimmter nicht-europäischer Gesellschaften auf Basis universalistischer Kriterien noch für die Behauptung, kulturelle Differenz schließe Kritik an

---

34 Arno Mayer, *Adelsmacht und Bürgertum: Die Krise der europäischen Gesellschaft 1848–1914*, übersetzt von Karl Heinz Silber, München 1984 (Originalausgabe 1981).

35 David Hollinger,»The Enlightenment and the Genealogy of Cultural Conflict in the United States«, und Dena Goodman,»Difference: An Enlightenment Concept«, beide in: Keith Michael Baker/Peter Hans Reill (Hg.), *What's Enlightenment? A Postmodern Question*, Stanford (CA) 2001: 7–18 (das Zitat 11) und 129–147.

unterschiedlichen politischen Praktiken in Europa oder anderswo aus.[36] Was die Aufklärung in ihrer Zeit – und seither – bedeutete, war die Notwendigkeit der Debatte. Der Beitrag des Historikers besteht nicht darin zu entscheiden, welche Aufklärung nun die authentische war, sondern auf die Verantwortung derer hinzuweisen, die bestimmte Argumente vortrugen, sowie auf die Folgen ihrer Interventionen.

Die allzu eilfertige Gleichsetzung eines wirklichen Europa mit nachaufklärerischer Rationalität spart nicht nur die Konflikte und die Ungewissheit innerhalb der Geschichte dieses Kontinents aus, sondern auch das Ausmaß, in dem selbst Konstrukte wie die bürgerliche Gleichheit nicht Ausfluss eines wie auch immer gearteten Wesens des Westens waren, sondern Produkte von Auseinandersetzungen. Der Sieg der liberalen Vorstellung eines mit Rechten ausgestatteten Individuums über die ebenfalls liberale Vorstellung von Rechten, die durch zivilisiertes Betragen eines Kollektivs erworben wurden, ist Ausdruck der Anstrengungen nicht nur eines Toussaint de l'Ouverture oder Frederick Douglass, sondern auch von namenlosen Ex-Sklaven, abhängigen Arbeitern und kolonisierten Bauern, die die Grenzen kolonialer Macht offenlegten und alternative Lebens- und Arbeitsformen in den Zwischenräumen des Herrschaftssystems entwickelten.[37]

Geschichte historisch zu betreiben stellt die angeblich vorherrschende Erzählung vom durch den Westen angeführten Fortschritt, von *nationbuilding* und Entwicklung, entschiedener in Frage als ein Ansatz, der die Vergangenheit mittels Geschichtensammelns, chronologischen Sprüngen, rückwärts blickenden Geschichtskonstruktionen oder dem Epochen-Trugschluss zu verstehen sucht. Die Kritik, dass Historiker alles in eine lineare Geschichte menschlichen Fortschritts einfügen, trifft sicherlich häufig zu, doch das Verständnis für unterschiedliche Formen der Zeitlichkeit wird nicht dadurch gefördert, dass eine eingeebnete moderne Ära der Linearität einer Geschichtsbetrachtung vom beständigen, auf den Westen ausgerich-

---

36 Sankar Muthu, *Enlightenment against Empire*, Princeton (NJ) 2003; Alyssa Goldstein Sepinwall, »Eliminating Race, Eliminating Difference: Blacks, Jews, and the Abbé Grégoire«, in: Sue Peabody/Tyler Stovall (Hg.), *The Color of Liberty: Histories of Race in France*, Durham (NC) 2003: 28–41.

37 Zur Rolle von Sklaven bei der Neubestimmung der Bedeutung von Freiheit vgl. Robin Blackburn, *The Overthrow of Colonial Slavery, 1776–1848*, London 1988; George Frederickson, *Black Liberation: A Comparative History of Black Ideologies in the United States and South Africa*, New York 1995; Thomas Holt, *The Problem of Freedom: Race, Labor, and Politics in Jamaica and Britain, 1832–1938*, Baltimore (MD) 1992.

teten Fortschritt entgegengestellt wird. Die historische Zeitlichkeit ist, wie
William Sewell es formuliert, »klumpig«: Die Tendenz, dass Innovationen
und Brüche in bestehende diskursive und organisatorische Strukturen integriert werden, wird zuweilen durch eine Kaskade von Ereignissen unterbrochen, die das Vorstellbare und begrifflich Fassbare neu sortieren und
ordnen.[38] Die Zeit der Geschichte ist noch in einem anderen Sinn klumpig
– und zwar quer zu unterschiedlichen Vorstellungen von Zeitlichkeit, die
unterschiedliche Menschen in demselben Augenblick haben. Doch wenn
die Zeit etwas Plurales darstellt, so ist sie nicht in Abteilungen gegliedert,
die sich etwa selbst genügten. Damit schließt sich der Kreis zu dem Problem, dass ein Verständnis jener Art und Weise, wie Geschichtsvorstellun-
gen den Kolonialismus prägten, voraussetzt, die Kolonisierung und die auf
diese erfolgenden Gegenbewegungen im Zeitverlauf zu verstehen. Das
Bestehen darauf, dass die Historiker ihre eigenen Begriffe von Zeit kritisch
überprüfen, hat seine Berechtigung, aber das Gleiche gilt für das Insistieren
der Historiker, dass auf Prozesse geachtet wird, also darauf, wie das, was in
einem Augenblick geschieht, die Möglichkeiten und Zwänge dessen neu
konfiguriert, was im nächsten Augenblick geschehen kann.[39]

---

38 William Sewell, Jr., »Historical Events as Transformations of Structures: Inventing
   Revolution at the Bastille«, in: *Theory and Society* 25 (1996) 841–881 (das Zitat 843). Ich
   benutze das Konzept des Klumpens, um – ähnlich wie Sewell im Hinblick auf Zeit –
   über den Raum zu argumentieren (siehe Kapitel 4).
39 Eine der wichtigsten Leistungen der auf Afrika bezogenen Geschichtsforschung besteht
   darin, dass sie nicht nur die Vielfalt der in Afrika vor und nach der Kolonisierung vorzu-
   findenden historischen Entwicklungslinien herausgearbeitet hat, sondern auch die Vielfalt der Arten, wie Afrikaner darüber gedacht haben. Die schwierige Aufgabe besteht
   darin zu erkennen, wie Menschen zwischen verschiedenen Vorstellungen von Zeit und
   Prozess operiert haben, während sie sich über die Perspektiven klar wurden, mit denen
   koloniale Schulen und Missionen sie konfrontierten. Menschen in der »Mitte« erlebten
   weder eine glatte Vermischung oder Hybridität noch eine radikale Unvergleichbarkeit
   unterschiedlicher Geschichtlichkeiten. Beispiele dafür, wie Menschen inmitten kolonialer
   Beziehungsgeflechte Texte nutzten, um Geschichte neu zu begreifen, bieten Nancy Rose
   Hunt, *A Colonial Lexicon: Of Birth Ritual, Medicalization, and Mobility in the Congo*, Durham
   (NC) 1999; Desai, *Subject to Colonialism*; und Meredith McKittrick, *To Dwell Secure: Generation, Christianity, and Colonialism in Ovamboland*, Portsmouth (NH) 2002.

Imperialer Raum

Lässt Europa sich wirklich provinzialisieren? Eine Möglichkeit dazu besteht im tieferen Nachgraben in der Geschichte Europas selbst. Und es gibt keinen zentraleren Mythos zu sezieren als jenen, den die europäische Geschichte um den Triumph des Nationalstaates herum aufbaut. Ein Großteil der neueren Forschung hat die zentrale Bedeutung des Nationalstaates im »modernen« Zeitalter übertrieben, nur um dann auch seinen Niedergang in der Gegenwart zu überzeichnen.[40] Wie ich in Kapitel 6 erläutern werde, lässt sich das nachrevolutionäre Frankreich nicht als Nationalstaat verstehen, der in Kolonien vordrang, die nicht dazu gehörten. Die Haitische Revolution von 1791 zeigte, in welchem Ausmaß Probleme wie Sklaverei und Staatsbürgerschaft, kulturelle Differenz und universelle Rechte Teil von Debatten und Kämpfen waren, die den imperialen Raum überspannten.[41] Dieses komplexe und differenzierte Imperium, das von Napoleon in Europa ausgeweitet wurde, brachte keinen klaren und stabilen Dualismus von Metropole und Kolonie, Selbst und Anderem, Bürger und Untertan hervor. Die politischen Aktivisten in den Kolonien waren bis weit in die 1950er Jahre hinein nicht durchweg darauf aus, das Recht auf nationale Unabhängigkeit einzufordern; viele bemühten sich um eine politische Stimme in den Institutionen des französischen Imperiums und erhoben dabei Anspruch auf dieselben Löhne und sozialen Dienstleistungen sowie den gleichen Lebensstandard, wie dies anderen Franzosen zukam. Will man Frankreich von seinen Kolonien her neu denken, so könnte man behaupten, dass Frankreich erst 1962 zum Nationalstaat wurde, als es den Versuch aufgab, Algerien als französischen Besitz zu halten und sich als alleinige Bürgerschaft in einem einzelnen Territorium zu definieren.

Eine substantiellere Version der Geschichte von den europäischen Kolonialreichen im 19. und 20. Jahrhundert ergibt sich auch dann, wenn

---

40 Die zentrale Rolle des Nationalismus in der Geschichte der letzten 200 Jahre wird betont von Benedict Anderson, *Die Erfindung der Nation: Zur Karriere eines folgenreichen Konzepts*, 2., um ein Nachwort erweiterte Aufl., übersetzt von Benedikt Burkard und Christoph Münz, Frankfurt am Main/New York 2005 (Originalausgabe: *Imagined Communities: Reflections on the Origin and Spread of Nationalism*, London 1983); dagegen wird das Ende des Nationalstaates verkündet in Arjun Appadurai, *Modernity at Large: Cultural Dimensions of Globalization*, Minneapolis 1996: 19.

41 James, *Black Jacobins*; Laurent Dubois, *Avengers of the New World: The Story of the Haitian Revolution*, Cambridge (MA) 2004; ders., *Les esclaves de la République: L'histoire oubliée de la première émancipation 1789–1794*, Paris 1998.

man sie neben der Geschichte der kontinentalen Imperien erzählt. Mit diesen, dem Russischen, dem Osmanischen und dem Habsburger-Reich, sowie denen außerhalb Europas, zumal des japanischen und chinesischen Imperiums, hatten sie Zeit und Raum gemein, ganz abgesehen von jenen zwei Mächten, die weit ausgriffen, jedoch ambivalente Vorstellungen von sich als imperiale Mächte besaßen – den Vereinigten Staaten und nach 1917 der Sowjetunion. Zuweilen war der Kolonialismus vielfältiger Natur: Der Sudan etwa wurde im späten 19. Jahrhundert von Ägypten kolonisiert, das Teil des Osmanischen Reiches war, aber seinerzeit eine massive britische Intervention zu erdulden hatte.[42] Die scharfe Unterscheidung zwischen bestimmten Spielarten von Imperien – was koloniale und postkoloniale Folgen zeitigt – verhindert nicht nur, dass wichtige Fragen zu kritischen historischen Augenblicken und miteinander verflochtenen Prozessen aufgeworfen werden, sondern reproduziert eine Form des Eurozentrismus. Den zentralasiatischen Muslimen, deren Gebiet von den Zaren erobert wurde und die dann dem gewalttätigen Modernisierungsprojekt der Sowjets unterworfen wurden, ist nicht die Aufmerksamkeit zuteil geworden, welche die nordafrikanischen, von den Franzosen unterworfenen Muslime erfuhren. Das Jahr 1989 gilt in postkolonialen Kreisen nicht als Meilenstein der Dekolonisierung.[43]

Die Einengung des Forschungsrahmens beruht auf bestimmten Grundannahmen: dass diese Imperien nicht wirklich kolonial und, vor allem, dass sie mit Ausnahme des sowjetischen Falles nicht »modern« gewesen seien. Das letztgenannte Argument projiziert den Zusammenbruch des Osmanischen, Russischen und Habsburger-Reiches 1917–1923 nach hinten, um auf diese Weise zu der These eines unausweichlichen Übergangs vom Imperium zum Nationalstaat gelangen zu können. Doch einige vorzügliche historische Forschungsarbeiten zeigen, dass dies keineswegs bedrängte Rückzugspositionen gegenüber den Ansprüchen auf nationale Existenz waren, sondern diese Imperien eine starke, am Imperium orientierte Gedankenwelt hervorbrachten, die vor dem Ersten Weltkrieg die Köpfe vieler selbstbewusster Aktivisten aus den Minderheiten innerhalb ihrer Territorien ergriff. Darauf gehe ich in Kapitel 6 näher ein.

---

42 Eve M. Troutt Powell, *A Different Shade of Colonialism: Egypt, Great Britain, and the Mastery of Sudan*, Berkeley (CA) 2003.

43 Die Möglichkeiten, Zentralasien in imperialer Perspektive zu sehen, werden illustriert in Adeeb Khalid, *The Politics of Muslim Cultural Reform: Jadidism in Central Asia*, Berkeley (CA) 1998.

Den Kern des Kolonialismus macht für Partha Chatterjee die Herrschaft der Differenz aus.[44] Es könnte nützlicher sein, die *Politik* der Differenz zu betonen, denn die Bedeutung von Differenz war immer umkämpft und nur selten stabil. Breit angelegte komparative Studien zeigen, dass alle Imperien auf die eine oder andere Weise Differenz mit Inkorporierung verknüpfen mussten. Differenz musste in Institutionen und Diskursen verankert werden, und das erforderte Arbeit. »Moderne« Imperien waren in mancher Hinsicht expliziter in der Kodifizierung von Differenz – und vor allem von Rasse – als aristokratische Imperien: Denn als die Statushierarchien der Partizipation einem aus Trägern von Rechten bestehenden politischen Gemeinwesen wichen, stieg der mit Inklusion und Exklusion verbundene Einsatz. Wo genau die Exklusionslinien gezogen wurden – aufgrund von Territorium, Rasse, Sprache, sozialem Geschlecht oder der Achtbarkeit persönlichen oder kollektiven Wohlverhaltens – war im »modernen Staat« nicht von vorneherein gegeben, sondern vielmehr der Mittelpunkt einer umfassenden und vielgestaltigen Debatte im Europa des 19. und 20. Jahrhunderts. Wie und worüber solche Debatten begannen und mit welchen Ergebnissen und Schlussfolgerungen sie wieder ausliefen, verdient sorgfältige Prüfung.[45]

Neue Bestrebungen zur Bildung von Imperien sahen sich den Dilemmata früherer Versuche gegenüber: geographische Verstreutheit, überdehnte Befehlsketten sowie die Notwendigkeit, regionale Wirtschaftskreisläufe sowie lokale Autoritäts- und Patronagesysteme zu nutzen. Die technologisch raffiniertesten, am stärksten bürokratisierten, selbstbewusst rationalen Imperien sahen sich dennoch gezwungen, den Eliten der unterworfenen Bevölkerung einen gewissen Anteil am imperialen System zuzugestehen und Untergebene und Mittelsleute heranzuziehen, die ebenfalls ein Interesse an diesem Herrschaftssystem hatten. Mit diesem Problem mussten sich auch bereits die Römer und Osmanen auseinandersetzen. Die

---

44 Partha Chatterjee, *The Nation and Its Fragments: Colonial and Postcolonial Histories*, Princeton (NJ) 1993: 16.

45 Edmund S. Morgans Pionierstudie zum kolonialen Virginia förderte die zunehmende rassische Polarisierung zutage, die sich entwickelte, als Virginias Elite versuchte, eine republikanische Koalition zu schmieden, deren Klassen-Inklusivität Rassen-Exklusivität erforderte. *American Slavery, American Freedom: The Ordeal of Colonial Virginia*, New York 1975. Dagegen entwickelte das zaristische Russland keine derartigen Dichotomien, denn alle Russen gehörten zu wohldefinierten sozialen Kategorien, und alle waren Untertanen des Zaren. Siehe Jane Burbank/Mark van Hagen/Anatolyi Remnev (Hg.), *Russian Empire: Space, People, Power, 1700–1930*, Bloomington (IN) 2007.

mächtigsten Imperien befanden sich oft in Gefahr, von ihren eigenen
Funktionsträgern, von Siedlern oder indigenen Gruppen übernommen zu
werden, die sich auf der Suche nach Alternativen zur bestehenden Kooperation mit dem imperialen Zentrum befanden. Innerhalb der Imperien
waren aufklärerisches Denken, Liberalismus und Republikanimus für sich
genommen weder kolonial oder antikolonial, noch rassistisch oder antiras-
sistisch, sondern stellten vielmehr Ideengerüste bereit, in denen sich Ansprüche und Gegenansprüche geltend machen ließen. Und deren Wirkung
war weniger durch großartige Abstraktionen geprägt als durch komplexe
Auseinandersetzungen in spezifischen Kontexten, die im Verlauf der Zeit
ausgetragen wurden.

Ideologien imperialer Inklusion und Differenzierung wurden von Menschen in Frage gestellt, die sich innerhalb der ideologischen und politischen
Strukturen des Imperiums bewegten, aber auch von solchen, die versuchten, einen politischen Raum zu schaffen und zu verteidigen, der vollständig
außerhalb des betreffenden Imperiums lag. In bestimmten Situationen
standen die Imperien vor der Notwendigkeit, die Differenzierung aufzuweichen und die Politik der Inkorporierung zu verstärken. Dazu kam es
etwa, wenn der Bedarf an kolonialen Soldaten anstieg – in der französischen Karibik in den 1790er Jahren oder bei den europäischen Feldzügen
nach 1914 –, oder in vielen anderen Situationen, wenn die Akteure in den
Machtzentren sich als überaus wichtig erwiesen, um die Kolonien am Laufen zu halten, und sie sich der tatsächlichen Zweideutigkeiten der kolonialen Gesellschaften allzu bewusst waren. In anderen Situationen orientierten
sich die Herrscher, manchmal in Reaktion auf den Aktivismus in den Kolonien, stärker daran, einen Dualismus zwischen Kolonisator und Kolonisierten geltend zu machen, also an einer eher nationalen Konzeption des
politischen Systems. Doch diese Vorstellungen in der Praxis dauerhaft zu
vertreten war ebenso schwierig wie die Fiktion der Zugehörigkeit zu einer
einheitlichen politischen Gemeinschaft aufrechtzuerhalten. Und die kolonialen Eliten waren sich durchaus nicht immer einig, in welche Richtung
sie steuern sollten. Unter den kolonisierenden Eliten brachen – selbst
wenn sie die Überzeugung von ihrer Überlegenheit teilten – oft Spannungen zwischen denen auf, die Seelen retten oder »Eingeborene« zivilisieren
wollten, und jenen, die in den Kolonisierten Objekte sahen, die man nach
Gutdünken benutzen oder wegwerfen konnte. In der metropolitanen Bevölkerung riefen die kolonisierten Völker manchmal Sympathie und Mitleid hervor, manchmal Furcht – sowie all jene komplexeren Gefühle, die

dann während der wirklichen Konfrontationen und Kämpfe in den Kolonien selbst auftraten.

Imperialer Raum und die Vielfalt politischer Imagination

Die Projektion der Welt der Nationalstaaten aus den 1960er Jahren nach hinten auf einen zwei Jahrhunderte langen Pfad der Unvermeidlichkeit hat Konsequenzen für unser Verständnis der Beziehung zwischen nationalen und imperialen Regimen, aber auch der Vielfalt der Opposition gegen diese Regime. Die pan-arabische, pan-slavistische und pan-afrikanische Bewegung rückten politische Affinität in einen nicht-territorialen Kontext. Die heutige, territoriale Grenzen überschreitende Politik ist keineswegs eine gänzlich neue Antwort auf eine neue »Globalisierung«, sondern hat einen langen Stammbaum – und angefangen mit der Anti-Sklavereibewegung blickt sie auf einige Erfolge zurück.

Wie ich im Schlussbeitrag dieses Bandes zeigen werde, besteht die Gefahr, dass ahistorische Geschichtsschreibung ahistorische Politik ermutigt. Zu schreiben, »nach-aufklärerische Rationalität« oder »die List der Vernunft« oder die »Einpflanzung der Moderne« hätten politische Optionen in kolonialen Situationen determiniert, bedeutet, der Bestimmungsmacht subjektloser Abstraktionen übermäßige Macht zuzuschreiben. Der Betrachter gewinnt dabei kaum Erkenntnisse darüber, wie Menschen handelten, als sie sich den Möglichkeiten und Zwängen bestimmter kolonialer Situationen gegenüber sahen. Uns geht damit die Eindrücklichkeit ihres Beispiels verloren, das uns daran gemahnen sollte, dass unsere eigenen moralischen und politischen Entscheidungen, die wir angesichts von Zweideutigkeiten und Komplikationen in der Gegenwart treffen, Konsequenzen für die Zukunft haben.

Die Sicht auf einen zeitlosen modernen Kolonialismus geht einher mit der Vorstellung eines heroischem, aber fruchtlosen Widerstandes. Lediglich am Ende konnte er, wenigstens in den Augen einiger, größere Folgen zeitigen – und zwar in einem antikolonialen Moment, in dem Symbolgestalten wie Nkrumah und Fanon für eine ganze Epoche stehen. Doch der heroische Augenblick erwies sich als vergänglich, und ein Großteil des Antriebs hinter der postkolonialen Theorie speiste sich aus dem Versagen der postkolonialen Staaten bei der Einlösung ihres Emanzipationsprojektes

– eine Desillusionierung, die ihre Kritik dann gegen das Emanzipations-
projekt selbst kehren sollte, das nun auf fatale Weise mit seiner kolonialen
Genealogie verknüpft erscheint.[46] Eine derartige Lesart erkennt die Motivation für diese Version postkolonialer Theorie an, nimmt aber eine andere
Perspektive auf die Geschichte ein. Ich behaupte, dass die kolonialen
Regime und die gegen sie gerichteten Oppositionsbewegungen den begrifflichen Bezugsrahmen veränderten, in dem beide sich bewegten. Die
Kämpfe erfolgten nie unter gleichen Bedingungen, doch waren auch die
Machtstrukturen nicht monolithischer Natur. Die Überschneidungen lokal
oder regional verwurzelter Bewegungen mit solchen, die sich einer liberal-
demokratischen Ideologie bedienten, mit Versuchen, einem christlichen
Universalismus Ausdruck zu geben, mit islamischen Netzwerken, mit den
antiimperialistischen Bewegungen verschiedenen Kontinenten oder mit
dem Gewerkschaftsinternationalismus trugen dazu bei, das Feld dieser
Auseinandersetzungen zu formen und umzugestalten. Kollaborateure und
Verbündete der Imperien – oder einfach Menschen, die innerhalb des
Imperiums ihren Weg zu gehen versuchten – drängten die Herrscher der
Imperien ebenfalls dazu, ihre Herrschaftspraktiken zu verändern. Kaum
merkliche ebenso wie dramatische Veränderungen an kritischen Wendepunkten sind Bestandteile dieser Geschichte.

Die Konstellation der Jahrzehnte nach dem Zweiten Weltkrieg schuf in
der Tat eine Lage, in der sich längerfristige politische Prozesse mit eigentlich unterschiedlichen Zielen auf die grundlegende Transformation des
kolonialen Staates konzentrierten. Die revolutionären Bewegungen vor
allem in Indonesien und Vietnam sowie die indische Nationalbewegung auf
ihrem Höhepunkt hatten Auswirkungen, die weit über die unmittelbar
betroffenen Territorien hinausreichten. Doch Versuche zur Veränderung
innerhalb von Imperien hatten ebenfalls tiefgreifende Konsequenzen (siehe
Kapitel 7). Die Gefahr, dass soziale Bewegungen, die innerhalb eines imperialen Bezugsrahmens operierten, von den kolonialen Staaten in erfolgver-
sprechender Weise den gleichen Zugang zu den wirtschaftlichen Ressourcen fordern könnten, wie ihn die anderen – metropolitanen – Mitglieder

---

46 David Scott fügt seiner heroischen Sicht des Antikolonialismus und der folgenden postkolonialen Desillusionierung ein drittes Stadium hinzu, nämlich »nach dem Postkolonialismus«. Dessen Wahrzeichen ist die Offenbarung, dass alles Vorhergegangene die
Gewalt der Moderne war. *Refashioning Futures*, 10–14, 16 f., 45, 199. In Kapitel 7 zeige ich
eine andere Möglichkeit auf, sich eröffnende und sich wieder verschließende Optionen
im Prozess der Dekolonisierung zu behandeln.

der imperialen politischen Ordnung genossen, warf nämlich die Frage auf, ob ein Nachkriegs-Imperium nach Legitimität streben könne, ohne sich eine untragbare Last an sozialen und wirtschaftlichen Ausgaben aufzubürden. Dies umso mehr, als diese Forderungen noch durch die Drohung mit Gewalt verstärkt wurden. Der Umstand, dass diese Forderungen in den Kategorien von Staatsbürgerschaft, Fortschritt, Demokratie und Recht formuliert waren, brachte die ernsthafte Auseinandersetzung der sozialen Bewegungen mit den Ideenwelten der Kolonisatoren zum Ausdruck und bewirkte einen tiefen Wandel dieser Kategorien selbst – allein schon aufgrund dessen, wer hier sprach. Zugleich erhöhten Bewegungen, die außerhalb dieser Bezugsordnungen agierten – und von den kolonialen Herrschern daher zuweilen als atavistisch, demagogisch oder antimodern verdammt wurden – den Einsatz, der für die Kolonialregime aus der Herausforderung bestand, die Spannungen auf einen Handlungsraum innerhalb der vertrauten Institutionen zu begrenzen. Zudem verschafften sie den afrikanischen politischen Bewegungen Spielräume, in denen sie zwischen unterschiedlichen Zukunftsvisionen manövrieren konnten. Man muss sich über das Gefühl für Möglichkeiten in diesen Jahren klarwerden und das, was dann kam, nicht als Ausfluss einer bedrohlichen Logik der Kolonialgeschichte, sondern als dynamischen Prozess mit tragischem Ende verstehen.

Imperien, Kolonien und die Politik des Benennens

Für viele postkoloniale Theoretiker gewinnt die Benennung des Kolonialen eine Bedeutung, die über die Besonderheiten vergangener Regime hinausgeht. Dadurch werden die Geschichte des Westens und seine Identifikation mit Zivilisation und Fortschritt mit ihrer kolonialen Genealogie verbunden. Das Koloniale bezeichnet vor allem die Etikettierung bestimmter Menschen als besonders, als spezieller Formen der Überwachung und der Aufsicht bedürftig und als unfähig, an den Projekten einer sich modernisierenden Gesellschaft vollständig teilzunehmen. Das koloniale Phänomen ist damit in einem erweiterten Sinne verortet – dem Anschein nach womöglich innerhalb eines »nationalen« Territoriums als auch in den Institutionen des Imperiums.[47] Die Verwendung eines so allgemeinen Begriffs hat aller-

---

47 Manche Autoren erblicken sowohl Chancen als auch Gefahren in der Tatsache, dass postkoloniale Theorie »sich anscheinend überall und nirgends« verortet. Ato Quayson/

dings ihren Preis: eine verminderte Fähigkeit zur Unterscheidung zwischen den verschiedenen Formen der Diskriminierung und Exklusion und eine Tendenz, die wirklichen Geschichtsverläufe der Kolonisierung zu ignorieren und stattdessen eine homogenisierte Kolonialität in den Blick zu nehmen. In politischer ebenso wie in analytischer Hinsicht könnte jedoch eine präzisere Benutzung der Kategorien nützlich sein.

Daraus folgt, dass es sinnvoll wäre, von einem diffusen Gebrauch des Begriffs des Kolonialen wieder Abstand zu nehmen. Stattdessen sollten wir den Blick auf die Institutionalisierung einer Reihe von Praktiken richten, die im Zeitverlauf die Ausgrenzung und Unterordnung bestimmter Menschen in einem differenzierten Raum sowohl definierten als auch reproduzierten.[48] Daraus ergibt sich die große Bedeutung von Begriffen, die ein ganzes Spektrum politischer Systeme konstituieren, welche über die Grenzen von Zeit und Raum hinweg grundlegende Eigenschaften gemein haben, wobei stets die Unterschiede zwischen ihnen und die Veränderungen im Zeitverlauf zu betonen sind. Wir können eine Beschreibung von *Imperium* für den Hausgebrauch vornehmen, wenn auch keine genaue Definition entwerfen: eine politische Einheit, die groß und expansionistisch ist (oder die die Erinnerung an eine expansionistische Vergangenheit bewahrt) und die Differenzierung und Ungleichheit unter den durch sie inkorporierten Menschen reproduziert. Das Ausmaß, in dem die Differenz im Raum institutionalisiert wird, ist für die Konstituierung eines Imperiums von erheblicher Bedeutung. Das Imperium kann für ein politisches System eine Phase sein. Denn wenn Inkorporierung keine Differenzierung mehr nach sich zieht, könnte das Ergebnis eine relativ homogene politische Struktur sein, die einer Nation ähnlicher wird und sich vom Imperium

---

David Theo Goldberg, »Introduction: Scale and Sensibility«, in: Dies. (Hg.), *Relocating Postcolonialism*, Oxford 2002: xvi.

48 Die räumliche Dimension der Kolonisierung wird durch die Benutzung des Konzepts des inneren Kolonialismus durch einige Gelehrte sowohl unterstrichen als auch weiter kompliziert. Diese Bezeichnung wird manchmal wörtlich verwendet und meint dann die Einordnung bestimmter Kategorien von Menschen in spezifische Räume innerhalb selbstverwalteter Territorien wie den Indianerreservaten in den Vereinigten Staaten oder den afrikanischen *homelands* in Südafrika nach seiner Unabhängigkeit von Großbritannien 1910. Manchmal wird sie auch metaphorisch benutzt, um Extreme der Kategorisierung und Diskriminierung von Menschen in einem politischen Gemeinwesen zu bezeichnen, welches der Form nach national ist. Der metaphorische Gebrauch erfordert Vorsicht, denn er geht mit dem Risiko einher, die wirkliche Erfahrung der Menschen in wirklichen Kolonien zu verflachen und zugleich die Besonderheiten der Kategorisierung und Differenzierung in nationalen politischen Systemen falsch zu analysieren.

zusehends unterscheidet – manchmal als Resultat äußerst brutaler Praktiken wie Zwangsassimilation oder Ausrottung, möglicherweise als Folge eines graduelleren (wenn auch asymmetrischen und zuweilen gewaltsamen) Prozesses der Vermischung.[49] Nationalstaaten und imperiale Staaten sind zuvorderst Staaten, und Macht ist in allen Arten von Staaten ungleichmäßig verteilt.[50] In Imperien hängt die Macht nicht notwendig an einem Kernkollektiv oder einem »Volk«, weil alle Mitglieder des politischen Gemeinwesens in größerem oder geringerem Maße einem Monarchen, einem Diktator, einer Oligarchie oder einem Herrschergeschlecht untergeordnet sein können. Ein imperialer Staat ist eine Struktur, die Unterscheidungen zwischen Kollektiven reproduziert und sie dabei in unterschiedlichem Maß der Herrschaftsinstanz unterordnet.[51]

Wie scharf sollten *koloniale* Imperien von anderen Typen des Imperiums abgegrenzt werden? Es geht bei dieser Frage darum, wie man über eine Institutionalisierung von Unterscheidungen denkt, die kollektiv, diskriminierend und räumlich ist, über die Markierung bestimmter Personen als Gegenstand spezifischer Regime der Disziplin und Ausbeutung. Doch halten wir einen Moment inne. Der Raumbezug von Kolonisierung geht zurück auf die Bedeutungen des Wortes in Griechenland und Rom – also die Ur- und Nutzbarmachung neuer Territorien durch eine expandierende Gesellschaft einschließlich von Siedlungen für Handel und Landwirtschaft. Dieser Bezug blieb bis ins 20. Jahrhundert Teil der Bedeutung des Wortes,

---

49 Australien und die westlichen Vereinigten Staaten im 19. Jahrhundert sind Beispiele für die Assimilierung von Individuen und die Zerstörung von Kulturen, für Vernichtung und extreme Marginalisierung. Mit Bezug auf Spanisch-Amerika diskutieren Wissenschaftler seit dem 19. Jahrhundert darüber, in welchem Ausmaß die *mestisaje* Mythos oder Realität ist; manche China-Spezialisten sehen China als Imperium mit starker Tendenz zur Homogenisierung – eine Bewegung zur Ausbildung eines sehr großen Nationalstaates –, doch andere betonen eher nicht nur die Bedeutung von Grenzgebieten wie Tibet oder Innerasien, sondern auch die ethnische Abgrenzung der herrschenden Dynastie während der langen Qing-Periode vom 17. bis zum 20. Jahrhundert. Siehe Kapitel 6.

50 Michael Mann, *Geschichte der Macht*, Bd. 3 in 2 Teilbänden: *Die Entstehung von Klassen und Nationalstaaten*, übersetzt von Hanne Herkommer, Frankfurt am Main / New York 1998 und 2001 (Originalausgabe: *The Sources of Social Power. Vol. II: The Rise of Classes and Nation-States, 1760–1914*, Cambridge 1993).

51 Hier liegt die Problematik von Michael Doyles Definition des Imperiums als Kontrolle »einer untergeordneten Gesellschaft durch eine imperiale Gesellschaft«: Gesellschaften sind nicht notwendig diejenigen, die Unterordnung vollziehen; sie können im Verlauf des Aufbaus und der Evolution von Imperien produziert werden. *Empires*, Ithaca (NY) 1986: 30.

so dass etwa französische Beamte – ohne dass sie damit ein Oxymoron benutzt hätten – von der indigenen Kolonisierung in Afrika als der Ansiedlung afrikanischer Bauern auf neuem Land berichten konnten.[52] Doch bei der Hauptbedeutung von Kolonisierung geht es inzwischen um Menschen und nicht um Land: erzwungene Inkorporierung in einen expansionistischen Staat und Hierarchisierung. Die herausragende politische Bedeutung des Kolonialen wurde durch die Hinzufügung des »-ismus« noch verschärft: entweder Anklage – gerichtet auf die Alternative eines inklusiveren, mehr konsensuellen politischen Systems – oder aber Verteidigung der Legitimation eines politischen Systems, in dem einige Menschen über viele andere herrschten. Die Wirkungsmacht der Anklage wie der Verteidigung beruhte darauf, dass sie das koloniale Phänomen in einer Weise abgrenzten, die es als außergewöhnliche Form politischer Organisation erscheinen ließ. An dieser Stelle haben definitorische Operationen ihren historischen Auftritt. Um das Koloniale aufrechtzuerhalten, bedurfte es administrativer Arbeit und kultureller Praxis – und zwar zur Definition von Hierarchien und zur Überwachung gesellschaftlicher Grenzziehungen. Auf derartige Praktiken richtete sich immer der Einspruch derjenigen, die den Versuch unternahmen, sich dem kolonialen politischen System zu entziehen oder das politische System weniger kolonial zu gestalten.[53]

Waren Imperien im 19. und 20. Jahrhundert in einem höheren Maße kolonial als ihre Vorgänger? Brutalität, Versklavung, Landraub, die Abwertung indigener Kulturen und religiöse Zwangskonvertierung sind keine spezifischen Merkmale irgendeines Zeitalters oder Ortes. Die tiefergehende Debatte bezieht sich zum einen auf die Annahme eines Hangs der Nach-Aufklärung zur Klassifizierung – und damit zur diskriminierenden Unterscheidung, die nicht auf dem Geben und Nehmen der Beziehungen zwischen Ungleichen beruht, sondern auf der Einordnung von Menschen in eine systemische Rangfolge. Auch nahm sie, und dies in durchaus überzeugender Manier, Bezug auf jene These, dass europäische Öffentlichkeiten, als sie für sich selbst Persönlichkeits- und Staatsbürgerschaftsrechte in Anspruch nahmen, eine schärfere Trennlinie zwischen einem politischen Gemeinwesen in der Metropole zogen, auf welches diese Forderungen gerichtet waren, sowie einem solchen in einer außerhalb davon gelegenen

---

52 Robert L. Delavignette, »Action colonisatrice et paysannat indigène«, in: *Afrique Française* 45 (1935): 526–530.

53 Stoler/Cooper, »Between Colony and Metropole: Toward a Research Agenda«, in: Dies., *Tensions of Empire*, 1–57.

Sphäre, die für sie keine Bedeutung hatte. Unterordnung war nun nicht mehr ein Schicksal, das jeden treffen konnte, sondern ein Status, der bestimmten Menschen zugedacht war. Deshalb wurde deren Markierung zu einem Problem. Diese Markierungen zu überwinden, erforderte Belege dafür, dass man die Voraussetzungen zur Inklusion erworben hatte. Genau daraus leitet sich die große Bedeutung sowohl von Zivilisierungsmissionen als auch der strikten Kontrolle des Übergangs von einem Status in den anderen ab. Es spricht einiges für diese langfristige Perspektive eines Wechsels zu schärferen Unterscheidungen zwischen einem potentiell demokratischen, in Europa lagernden imperialen Kern und einer kolonialen Peripherie, in der der Zugang zu Rechten, soweit diese überhaupt erreichbar waren, den Nachweis persönlicher Transformation erforderte. Selbst einige der alten Imperien wie das Russische und Osmanische Reich begannen zum Ende des 19. Jahrhunderts, sich stärker kolonial zu benehmen. Sie versuchten, an den Rändern ihrer Reiche eine zwangsweise imperiale Zivilisation einzuführen, auch wenn dies durch die praktische Notwendigkeit einer Zusammenarbeit mit den lokalen Eliten nur eingeschränkt möglich war.[54]

Doch wenn die Imperien nun stärker kolonial werden konnten, waren sie dazu in der Lage, die Dilemmata zu überwinden, die sich daraus ergaben, dass sie noch immer Imperien waren? Ich werde aufzeigen, dass sie das nicht konnten, und zwar sowohl wegen des *alten* Problems – administrative und politische Zwänge, die sich aus der gewaltigen Ausdehnung und der Vielfalt der imperialen Räume ergaben – als auch aufgrund der Zweideutigkeiten der Raumbezüge in den *neuen* Ideologien von Menschenrechten und Staatsbürgerschaft. Das alte Problem wollte nicht weichen: Die Kolonialherren mussten alte Eliten kooptieren und neue Kollaborateure heranziehen, doch solche Verbindungen waren geeignet, die Unterscheidung zwischen Kolonisatoren und Kolonisierten aufzuweichen und die indigenen sozialen und kulturellen Praktiken zu stärken, welche die Kolonialideologie eigentlich abzuwerten suchte. Die Herrscher hofften zuweilen,

---

54 Selim Derigil, »»They Live in a State of Nomadism and Savagery«: The Late Ottoman Empire and the Post-Colonial Debate«, in: *Comparative Studies in Society and History* 45 (2003): 311–342; Jane Burbank, »The Rights of Difference: Law and Citizenship in the Russian Empire«, Beitrag für die Konferenz »Beyond Europe«, School of American Research, Santa Fe, New Mexico, 25.-30.10.2003. Die Zivilisatoren erzwangen in diesen Fällen eine imperiale anstatt einer nationalen Vorstellung von geleitetem Wandel: osmanischer, nicht türkischer Imperialismus im ersten Fall und Zwang gegenüber russischen Bauern genauso wie gegenüber Zentralasiaten im zweiten Fall.

von indigenen Handelsnetzwerken und Produktionssystemen zu profitieren, ohne Zugeständnisse hinsichtlich einer größeren Autonomie der einheimischen Eliten zu machen; auch mussten sie das Ausbeutungsniveau steigern, ohne Rebellionen zu begünstigen oder die lokalen Autoritätsstrukturen zu untergraben, die für die Aufrechterhaltung der Ordnung von entscheidender Bedeutung waren. Bei dem neuen Problem ging es nicht nur um die Zweideutigkeiten des Diskurses über Rechte, sondern auch um Kämpfe. Ließen sich Begriffe wie Rechte, Menschenwürde und Partizipation auf nationale Einheiten begrenzen und ließ es sich verhindern, dass sie, die imperialen Termini »infizierten«?[55] Die Haitische Revolution im französischen Imperium, die Kombination von Sklavenrevolten und der Massenbewegung gegen die Sklaverei im britischen Weltreich sowie die Spannungen zwischen kreolischen Eliten, Bauern und Sklaven während der Revolutionsära in Spanisch-Amerika verweisen sämtlich auf die Möglichkeit, dass die politischen Entwicklungen in der Metropole sich nicht fein säuberlich von den Kolonien trennen ließen. Als britische oder französische Herrscher verlangten, Afrikaner oder Asiaten sollten genauso Soldaten werden wie sie Arbeiter und Erzeuger von landwirtschaftlichen Marktprodukten waren, beriefen sie sich auf die Vorstellung, dass alle Untertanen Mitglieder mit Interessen im imperialen politischen Gemeinwesen seien. Ich werde in Kapitel 7 erläutern, dass die französische Regierung nach 1946 angesichts der Gefahren für die Legitimität und Sicherheit ihrer Kolonien ausdrücklich den kolonialen Charakter des Regimes zugunsten der Vision eines »Größeren Frankreich« als differenziertere Einheit der Zugehörigkeit aufgegeben hatte. In dieser wurden alle Menschen nun als Staatsbürger und Träger von Rechten betrachtet, ausgestattet freilich mit einer Bandbreite abgestufter Beziehungen zum Staat. Derartige Initiativen von oben kanalisierten weitergehende Forderungen von unten nach wirtschaftlicher und sozialer ebenso wie nach politischer Gleichwertigkeit.

Die Perspektive der Imperien erlaubt es uns, nicht nur die Bedeutung der neuen gesellschaftlichen Kategorisierung nach Rassemerkmalen innerhalb der imperialen politischen Systeme des 19. Jahrhunderts einzuschätzen, sondern auch die Instabilität dieser Neuordnung. Sie erschließt uns eine größere Zahl von Optionen, um die Vielfalt politischer Formen in

---

55 Dubois, *Avengers of the New World*, 3.

Vergangenheit und Gegenwart zu verstehen, als es die Perspektiven der Kolonie, des Nationalstaates und der amorphen Globalität tun.[56]

Die Benennung als Imperium hat in den ersten Jahren des 21. Jahrhunderts eine politische Prominenz erlangt, die sie während der letzten Hälfte des 20. Jahrhunderts verloren zu haben schien, und einmal mehr ist es nötig, die politische Bedeutung von Benennungen zu verstehen. Eine zeitgenössische Verwendung von *Empire* ist eine Metapher für extreme staatliche Macht. Die Bush-Administration in den Vereinigten Staaten wurde von der Linken beschuldigt, sich wie ein *Empire* zu verhalten, und von der Rechten ermuntert, wie ein *Empire* zu handeln, um die Welt in Ordnung zu bringen.[57] Es ist nicht Sache eines Historikers, sich darüber zu äußern, ob und in welchem der beiden Argumentationsstränge der Begriff wirkungsvoll benutzt worden ist. Aber man kann auf die Risiken hinweisen, die mit dem Sprachgebrauch in beiden Fällen für das Verständnis politischer Prozesse verbunden sind: Wenn jede Form asymmetrischer Macht als Imperium bezeichnet wird, haben wir keine Möglichkeit mehr, zwischen den Optionen zu unterscheiden, die wir tatsächlich besitzen. Liberale könnten in eine Verurteilung der Macht abgleiten, die es versäumt, zwischen unterschiedlichen Motiven und Mechanismen bei ihrer Anwendung zu unterscheiden. Konservative, die sich auf die Analogie zum Imperium berufen, scheinen wenig Interesse an einer wesentlichen Dimension historischer Imperien zu haben: der langfristigen Inkorporierung von Territorien und Menschen *in* ein politisches Gemeinwesen. Iraker und Afghanen sind nicht dabei, amerikanische Untertanen zu werden. Selbst Verfechter der Analogie zum Imperium bezweifeln, ob die Vereinigten Staaten gewieft genug sind, imperiale Verantwortung zu übernehmen – aber um solche Verantwortung geht es in Wirklichkeit überhaupt nicht.[58] Die Analogie zum Imperium wird benutzt, um die Souveränität bestimmter Regime zu dele-

---

56 Globalität ist besonders amorph – und ihre Beziehung zum Nationalstaat und zu kolonialen Imperien besonders trübe – in Michael Hardt/Antonio Negri, *Empire. Die neue Weltordnung*, Frankfurt am Main/New York 2003 (Originalausgabe: *Empire*, Cambridge/Mass. 2000). Zur Kritik vgl. Frederick Cooper, »Empire Multiplied«, in: *Comparative Studies in Society and History* 46 (2004): 247–272.

57 Zur Linken vgl. Ellen Meiksins Wood, *Empire of Capital*, London 2003; David Harvey, *The New Imperialism*, Oxford 2003; und Michael Mann, *Die ohnmächtige Supermacht: Warum die USA die Welt nicht regieren können*, übersetzt von Thomas Atzert, Frankfurt am Main/New York 2003 (Originalausgabe: *Incoherent Empire*, New York 2003); zur Rechten Ferguson, *Empire*.

58 Niall Ferguson, »The Empire Slinks Back: Why Americans Don't Really Have What it Takes to Rule the World«, in: *The New York Times Magazine*, 27.4.2003: 52–57.

gitimieren, um »Schurkenstaaten« zu kennzeichnen, um die Welt in Taugliche und Untaugliche, in Moderne und Rückständige einzuteilen. Beim konservativen Sprechen über *Empire* geht es um das Beherrschen, nicht um Inkorporierung, und sein Zweck besteht zuvorderst in der Markierung der Ausgeschlossenen.[59]

Imperien spielen in der Geschichte eine große Rolle, doch die Ausübung von Macht über territoriale Grenzen hinweg nahm auch andere Formen an und lässt sich mit anderen Begriffen beschreiben: Hegemonie im Sinne der Theorie der internationalen Beziehungen, die Kanonenboot-Diplomatie, die Bestandteil der amerikanischen Außenpolitik war, oder der »Freihandels-Imperialismus« Großbritanniens im 19. Jahrhundert.[60] Wir müssen uns sowohl mit der gesamten Bandbreite von Formen der Macht befassen wie auch mit den Konsequenzen, die eine jede nach sich zieht. Manche Gelehrte meinen, das Adjektiv *imperial* sollte, wenn es auf Macht angewandt wird, vom Substantiv *Imperium* unterschieden werden, um die Unterschiede in den Methoden herausarbeiten zu können, mit denen Macht im großen Maßstab ausgeübt wird: von Großbritannien im frühen 19. und von den Vereinigten Staaten im 21. Jahrhundert. Man kann das akzeptieren, ohne die Besonderheit tatsächlicher Imperien aus dem Auge

---

59 Die Neubelebung des Imperiums und die Durchsetzung der Exklusion sind zentral für das Denken Niall Fergusons. Er vergleicht die angeblichen Gefahren, die mit der Einwanderung von Muslimen nach Europa verbunden sind, mit dem Niedergang und Fall des Römischen Reiches, zitiert Gibbon und beschwört die Gefahren »einer jugendlichen muslimischen Gesellschaft […] auf dem Sprung, ein vergreistes Europa zu kolonisieren – der Ausdruck ist nicht zu stark.« »Eurabia?«, in: *New York Times Magazine*, 4.4.2004: 13 f.

60 P. J. Cain und A. G. Hopkins plädieren im britischen Fall einleuchtend dafür, eine ganze Reihe imperialer Strategien zu untersuchen, unter die das Imperium als politischer und administrativer Ansatz als Subeinheit fällt, wobei es nicht immer die wichtigste ist. Sie verstehen Zwang, diplomatische Initiativen und die Schaffung enger Netzwerke – von »Freunden und Verwandten«, die Großbritannien mit den Siedlerkolonien verbinden, von Banken, die Bande von Kredit und Informationsaustausch aufbauen, von Kaufleuten, die Schnittstellen mit Produzenten in unterschiedlichen Gegenden entwickeln – als Teil des imperialen Projekts. Man kann über die Stärke dieser Netzwerke und die herausgehobene Rolle der »Gentleman-Kapitalisten« streiten, die sie in ihrem Zentrum erblicken, aber die breite Sicht britischer Seemacht, politischer, wirtschaftlicher und kultureller Macht ist nützlich. Sie erfordert jedoch die Spezifizierung der Folgen einzelner Strategien, einschließlich der Schaffung von Institutionen in einem Großteil Afrikas und Asiens sowie der selektiven Transformation kolonialer Institutionen in andere politische Erscheinungsformen an Orten wie Kanada und Australien. *British Imperialism, 1688–2000*, 2. Aufl., London 2002.

zu verlieren. Wenn wir unsere Aufmerksamkeit nicht darauf richten, was Imperien taten – die Markierung und Überwachung der Grenzen, die Schaffung von Systemen von Strafe und Disziplin, den Versuch, unterschiedlichen Bevölkerungen sowohl Furcht als auch ein Gefühl der Zugehörigkeit einzuflößen –, werden wir auch die anderen Formen, in denen mächtige Staaten handeln, sowie deren Beschränkungen um keinen Deut besser verstehen. Noch können wir es uns leisten, wenn wir Macht »von unten« (oder aus einer Zwischenlage) untersuchen möchten, die Bedeutung des Erhebens von Ansprüchen auf Ressourcen, Recht oder Zugänge gegenüber einem Imperium auf der Grundlage von *Zugehörigkeit* zu verfehlen – Ansprüche, die Herrscher von Imperien unter bestimmten Umständen ernst nehmen mussten. Kurz, die Notwendigkeit, die Bandbreite der Formen imperialer Macht zu verstehen, erfordert es, sowohl den allgemeinen Zustand als auch seine spezifischen Formen einschließlich Imperien und Kolonien zur Kenntnis zu nehmen. Diese Analyse sollte dynamisch sein: Staaten konnten in die Kolonisierung hineingezogen werden, wenn andere Mittel zur Ausübung imperialer Macht versagten, und sie konnten dekolonisieren, ohne indirekte Mittel der Einflussnahme aufzugeben.[61] Wenn man diese Unterscheidungen unter historischen Gesichtspunkten sorgfältig bedenkt, so wird der irreführende Charakter der gegenwärtigen Diskussionen über »Empire« umso deutlicher.

Man sollte die spezifischen Entwicklungslinien westeuropäischer Expansion weder leugnen noch fetischisieren. Den Begriff »Imperium« zu erweitern, um nicht-westliche oder antike Imperien einzubeziehen, bedeutet nicht, die Verantwortung für das zu verwässern, was europäische Imperien mit sich gebracht haben. Es ermöglicht vielmehr eine spezifische Debatte über Wahlmöglichkeiten, Verantwortlichkeit und Konsequenzen. Die Geschichte von der europäischen Kolonisierung aus den Meta-Erzählungen über Globalisierung, den Triumph des Nationalstaates, koloniale Modernität oder nach-aufklärerische Vernunft herauszulösen, bedeutet in Wirklichkeit, Europa zu provinzialisieren.

---

61 Spezialisten für internationale Beziehungen unterscheiden »hegemonial« (Bestimmung der Spielregeln, denen andere zu folgen haben) von »imperial« (Intervention in ein anderes politisches Gemeinwesen, ohne es wirklich zu regieren) und »kolonial« (Regierung über die inneren Angelegenheiten eines subordinierten politischen Gemeinwesens). Die Bedeutung dieser Unterscheidungen – aber auch die Möglichkeit des Wechsels von einer Kategorie zu einer anderen – gehören zu den Problemen, die aufgeworfen werden in Craig Calhoun/Frederick Cooper/Kevin Moore (Hg.), *Lessons of Empire: Imperial Histories and American Power*, New York 2006.

Chakrabarty und andere haben ganz recht, wenn sie darauf hinweisen, dass in der Praxis der Historiker historische Asymmetrien reproduziert werden: Gelehrte, die Asien oder Afrika untersuchen, beziehen sich beständig auf europäische Modelle und europäische Stile der Geschichtsschreibung, während diejenigen, die über Europa forschen, die Freiheit haben, die Erfahrungen von Afrikanern und Asiaten zu ignorieren oder abzusondern und sich nicht auf jene Formen der Erfassung der Vergangenheit beziehen müssen, die außerhalb ihrer eigenen Vorstellungswelt liegen.[62] Im imperialen Maßstab standen Zulu oder Bengali unabhängig von ihren künftigen politischen Strategien vor einer viel größeren Notwendigkeit, die englische Sprache zu erlernen und ihre Projekte mit Bezug auf europäische Modelle zu konzipieren, als umgekehrt Europäer darauf angewiesen waren, Zulu oder Bengali zu lernen oder sich diejenigen Vorstellungswelten vor Augen zu führen, mit denen sich Zulu oder Bengali ihrer Geschichte näherten.[63] Doch Gelehrte haben enorme Schwierigkeiten dabei, Machtasymmetrien von einer Totalität abzutrennen. Sie können zeigen, dass erfolgreiche Gegenpole von Macht wie Anti-Sklaverei, antikoloniale oder Anti-Apartheidbewegungen die Ungleichheiten, gegen die sie sich wandten, nicht völlig beseitigten, noch in der Lage waren, den Bezugssystemen der gesellschaftlichen Ordnung, die durch die imperiale Expansion geschaffen worden waren, zu entfliehen. Gelehrte sind weniger bereit zuzugestehen, in welchem Ausmaß asymmetrische Macht auch angreifbare Macht ist oder dass das Feld, das als »Europa« etikettiert ist, sich tatsächlich ändern könnte, wenn doch andere Menschen offenbar ihre Schlachten darum schlagen, nach »europäischen« Maßstäben anerkannt zu werden. Chakrabarty trägt letztlich zu dieser Asymmetrie bei, die er zu Recht beklagt, wenn er seine Aufmerksamkeit auf das konzentriert, was er als »hyperreales« Europa bezeichnet, anstatt es mit einem eher historischen, provinziellen Europa aufzunehmen.[64]

Es gibt keine simple Formel, nach der sich Machtstrukturen analysieren ließen, die weder symmetrisch noch dichotomisch sind. Die Arbeit, die unter der Bezeichnung *colonial studies* und postkoloniale Theorie geleistet

---

62 Dipesh Chakrabarty, »Postcoloniality and the Artifice of History: Who Speaks for ›Indian‹ Pasts?«, in: *Representations* 37 (1992): 2 f.

63 Dies aber nicht gänzlich, denn koloniale Regime, die bestimmte Territorien zu regieren versuchten, konnten durch die historischen Diskurse ihrer Gesprächspartner eingefangen werden. Siehe Carolyn Hamilton, *Terrific Majesty: The Powers of Shaka Zulu and the Limits of Historical Invention*, Cambridge (MA) 1998.

64 Chakrabarty, »Postcoloniality«, 17.

wurde, ist sowohl von entscheidender Bedeutung als auch unzureichend für eine solche Aufgabe. Sie ist bedeutsam wegen der grundlegenden Rolle des Imperialismus und Kolonialismus für die Ausformung der Geographie der Macht. Sie ist jedoch ungenügend, weil die Diskussion auf der allgemeinen Ebene des Kolonialen uns nicht genug darüber sagt, wie Konflikt und Interaktion die Möglichkeiten von politischer Imagination und Praxis neu konfiguriert haben. Wenn wir uns mit den Formen befassen, in denen Menschen unterschiedlichen Ursprungs innerhalb von Staaten oder auf dem internationalen Parkett miteinander umgehen können, dann wird unsere Aufgabe sehr viel schwieriger, wenn wir einsehen, dass es nicht um Differenz als solche geht, sondern vielmehr um eine Geschichte, die Differenz in eine zutiefst ungleiche Beziehung eingefügt hat.[65] Aber derartige Beziehungen sind auch nicht statisch. Wir stehen nicht vor einer dichotomischen Wahlentscheidung zwischen einer *Universalität*, die wirklich europäisch ist, und einer *Alternative*, die in einer unreduzierbaren »Gemeinschaft« zu verorten wäre. Anstatt die Spannungen zugunsten eines Pols aufzulösen, ist es für uns das Beste, wenn wir die Probleme und Konflikte in ihrer schmerzlichen Konkretheit durchdenken.

Die Wissenschaft hat während der 1980er Jahre und danach die französische, britische, spanische und amerikanische Geschichte neu geschrieben, um zu zeigen, wie Europa in den Kolonien umgeformt wurde, obwohl sich die Menschen in Asien, Afrika, dem Pazifik und in Amerika mit den Kategorien der Kolonisatoren konfrontiert sahen. Diese Arbeiten haben die betreffenden Geschichtsbilder mit moralischer Leidenschaft gefüllt und ihnen auch einen erweiterten Forschungshorizont eröffnet. Wir sollten diese Leidenschaft nicht verlieren, gerade wenn wir uns von ihr inspirieren lassen, um die historischen Entwicklungslinien kolonialer Situationen zu erkunden. Wir können die Zwänge untersuchen, die dadurch entstanden sind, dass sich westliche soziale Kategorien in unterworfenen Räumen in

---

65 Seyla Benhabib weist bei ihrem Bestreben zu verstehen, wie Menschen sich mit schwierigen Problemen über die Linien kultureller Unterschiede hinweg auseinandersetzen können, eine »radikale Inkommensurabilität« zurück und plädiert für »einen pluralistisch aufgeklärten ethischen Universalismus«. Es spricht einiges für ihre Position, aber sie ist allzu abstrakt, denn die pluralen Einheiten, von denen sie hofft, sie könnten miteinander ins »Gespräch« kommen, bleiben generisch und einander äquivalent. Das ist der Grund – und hier stimme ich mit den postkolonialen Theoretikern überein –, weshalb die Geschichte des Kolonialismus für solche Debatten so wichtig ist, denn sie arbeitet die grundlegende Asymmetrie in der globalen Interaktion heraus. *The Claims of Culture: Euqality and Diversity in the Global Era*, Princeton (NJ) 2002: 35–39.

das Alltagsleben und die politische Ideologie eingeschlichen haben. Dazu brauchen wir nicht zu unterstellen, dass die derartigen Kategorien innewohnende Logik die künftige Politik determiniert habe. Wir können die Instabilität der kolonisierenden Ideologien und das Ausmaß erkennen, in dem sie umkämpft sind, und fragen, wie politische Führer in den Kolonien sich mühten, die politischen Ideen, die sie von kolonialen Herrschern, aus ihren eigenen Erfahrungen und ihren Verbindungen jenseits der kolonialen Grenzen zusammentrugen, neu zu interpretieren, sich anzueignen, umzubiegen und ihnen Widerstand entgegenzusetzen.

Wir brauchen die antikolonialen Bewegungen im Augenblick ihres Triumphes nicht zu romantisieren, noch müssen wir die Kolonialgeschichte behandeln, als hätten die Handlungen der Kolonisierenden bis zu ihrer finalen Krise niemals ihren Lauf geändert; der Kolonialismus war ebenso durch die Risse innerhalb seiner Erscheinungsformen von Handlung und Repräsentation gefährdet wie durch die Drohung, die Letzten könnten die Ersten werden.[66] Wir können den auch heute noch aufzufindenden Spuren der kolonialen Geschichten nachgehen und doch zur Kenntnis nehmen, dass diese Geschichten sich nicht auf die Folgen der Kolonisierung reduzieren lassen. Weit davon entfernt, vor der Wahl zu stehen, entweder die Komplexitäten kolonialer Vergangenheit zu untersuchen oder unser Gespür für die Chancen und Zwänge der Zukunft zu erweitern, kann eine kritische und sensible historische Praxis uns helfen, die Möglichkeiten politischer Phantasie und die Bedeutung der Verantwortung für die Konsequenzen unseres Tuns fest im Auge zu behalten.

---

66 Um die berühmte Formulierung von Frantz Fanon, *Die Verdammten dieser Erde*, übersetzt von Traugott König, Frankfurt am Main 1967 (Originalausgabe: *Les damnés de la terre*, Paris 1961), zu zitieren.

2 Aufstieg, Niedergang und Wiederaufstieg der *colonial studies*, 1951–2001

Als Georges Balandier 1951 »La situation coloniale« veröffentlichte, befanden sich die Kolonialreiche im Zentrum tiefgreifender Debatten und Kämpfe. In den 1970er Jahren war der Kolonialismus aus dem Bereich der legitimen Formen politischer Ordnung bereits verbannt. Was in der Weltpolitik »kolonial« blieb, segelte unter anderer Flagge. Die in den 1980er und 1990er Jahren explodierende wissenschaftliche Forschung zu kolonialen Gesellschaften erscheint daher paradox. Gleiches gilt für die ausbleibende Resonanz auf Balandiers brillanten und provokativen Aufsatz sowie für das Ausbleiben daran anschließender Arbeiten während der folgenden beiden Jahrzehnte.

Der Kolonialismus, zu dem sich die europäischen Öffentlichkeiten – einschließlich ihrer linksorientierten Teilöffentlichkeiten – jahrzehntelang ambivalent verhalten hatten, war in den 1950er und 1960er Jahren Gegenstand von polemischen Attacken gewesen, nicht aber von sorgfältiger Untersuchung. Vor allem Französisch-Algerien zog die Aufmerksamkeit französischer Gelehrter und Intellektueller auf sich. Sie stritten intensiv über das *Unrecht*, das Frankreich als brutale, repressive Kolonialmacht beging. Einige unter ihnen eröffneten eine von vielen Seiten aus geführte Debatte über die Chancen und Gefahren einer Reform innerhalb des französischen Systems bzw. über die Chancen und Gefahren der Unabhängigkeit.[1] Doch könnte es sein, dass Balandier analytisch einen allzu leichten

---

1 Zu den französischen Nordafrika-Wissenschaftlern, die am meisten zum Kampf gegen die französische Unterdrückung in Nordafrika beitrugen, gehörten Charles-André Julien, Jean Dresch und Jean Berque. Die Zeitschrift *Les Temps Modernes* war für die antikoloniale Politik besonders wichtig, *L'Esprit* war mehr reformistisch, und *Présence Africaine* hielt kulturelle Fragen und pan-afrikanische Perspektiven im öffentlichen Bewusstsein. Es ist interessant, dass sich das schubartige Interesse am Ort Algeriens in der französischen Geschichte und Politik, zu dem es 2000–2001 kam, exakt auf dieselbe Frage konzentrierte, die die öffentliche Meinung 1957–1958 erregt hatte: Folter. Siehe u.a. die Berichte in *Le Monde*, 15., 20.–21.5., 29.6.2001; *Le Novel Observateur*, 31.5.-6.6.2001. So wichtig die-

Sieg errungen hatte: Einmal identifiziert wurde die koloniale Situation zu einem erkennbaren, eingeordneten und – nach nicht allzu vielen Jahren – überwundenen Problemfeld.

Afrika südlich der Sahara hatte in den 1950er Jahren für jene Seite der fortschrittlichen öffentlichen Meinung in Frankreich besonders herausragende Bedeutung, die glaubte, eine aus Europa stammende humanistische, sozialistische oder revolutionäre Tradition könne zum Fortschritt in der kolonialen Welt beitragen. Teile der Linken kämpften tapfer darum, den Ideen von französischer Staatsbürgerschaft, von Bildung und Entwicklung einen sinnvollen Inhalt zu geben, und antikoloniale Kräfte innerhalb Afrikas versuchten zuweilen, derartige Ideen für ihre eigenen Zwecke zu nutzen anstatt zu glauben, die nationale Souveränität sei die einzige Alternative zum Imperium. Afrikanische und europäische Intellektuelle stellten sich der in Senghors berühmter Formulierung enthaltenen Herausforderung – dass die Afrikaner sich aneignen sollten, was Europa zu bieten habe, ohne doch assimiliert zu werden – und debattierten darüber, in welchem Ausmaß die universellen Werte von Freiheit und sozialem Fortschritt mit den Besonderheiten afrikanischer Kultur vereinbar seien.

Während der 1950er und 1960er Jahre waren die großen Gegenstände, die die Aufmerksamkeit der Gelehrten in der Ethnologie und vor allem in der Soziologie auf sich zogen, die »-sierungen«: Modernisierung, Urbanisierung, Industrialisierung. Balandier selbst verlagerte seinen Interessenschwerpunkt in diese Richtung, freilich nicht, um diesen Prozessen zu applaudieren, sondern um sich kritisch mit ihnen auseinanderzusetzen. Was der Wissenschaft aus dem Blick geriet, war der Kolonialismus in dem Sinne, wie Balandier ihn beschrieben hatte: als Machtverhältnis, das sich aus einer bestimmten Geschichte herleitete und grundlegende, aber komplexe soziale, wirtschaftliche, politische und kulturelle Bedeutungen hatte.[2]

---

ses Problem auch war, so macht die entschiedene Konzentration darauf die algerisch-französische Geschichte doch zu einem »franko-französischen« (Selbst-)Gespräch.

2 Pierre Bourdieu ist sowohl eine bemerkenswerte Ausnahme wie ein Paradebeispiel für den Rückzug von der Analyse der kolonialen Situation. Seine Forschung in Algerien während der späten 1950er Jahre (nach seinem dort abgeleisteten Militärdienst) konzentrierte sich auf die wirtschaftlichen und gesellschaftlichen Verhältnisse im Kontext eines Entkolonisierungskrieges, und seine Ergebnisse prägten seine Ansätze über viele Jahre hinweg, man kann sagen: während seiner gesamten Laufbahn. Das Eingangskapitel seiner Studie über algerische Arbeiter bezieht sich auf Balandiers Begriff der »kolonialen Situation« und behandelt eindrucksvoll die methodologischen, politischen und ethischen Dilemmata einer Forschung in dieser Situation, erst recht inmitten eines Kolonialkrieges. Der empirische Schwerpunkt des Buches verengt sich dann auf seine Interpretation eth-

Auf dem Höhepunkt der Entkolonisierungskämpfe und zumal während des Algerienkrieges verstanden Intellektuelle den Kolonialismus am ehesten als massives Hindernis, das beseitigt werden sollte und konnte. Das Aufregende entsprang dem Prozess und den Folgen der Beseitigung, nicht aber dem Objekt, das den Weg versperrte. Viele Forscher glaubten, alles, was sie über den Kolonialismus wissen müssten, seien seine Schrecken, und ein Text von Fanon würde ausreichen, um diese zu vermitteln. Die Historiker begannen während der 1960er Jahre auch, ihren Blick von der Kolonialgeschichte abzuwenden, denn sich allzu viel mit ihr zu beschäftigen konnte bedeuten, den alten Trugschluss neu zu verstärken, die wirkliche Geschichte Afrikas bestehe in der Geschichte von Weißen in Afrika. Die neue Geschichte, die neue Nationen benötigten, war eine Geschichte entweder der vorkolonialen oder der antikolonialen Vergangenheit; die Kolonialgeschichte ließ sich als eine nur allzu gut bekannte Voraussetzung behandeln.

Das plötzliche Interesse an *colonial studies* in den 1980er Jahren ist erklärungsbedürftig. Es bringt wohl sicherlich den Fehlschlag der Modernisierungsprojekte in ihren liberalen und radikalen Erscheinungsformen zum Ausdruck. Für einige zeugt der Trend, der sich dann als postkoloniale Theorie bezeichnete, von einem zunehmenden Bewusstsein davon, dass koloniale Gesellschaften nicht als etwas angesehen werden konnten, das als Folge des europäischen Expansionismus »da draußen« lag und sich klar markieren und schließlich ausschneiden ließ. Vielmehr hat die mit der Kolonisierung vollzogene Inkorporierung eines großen Teils der Weltbevölkerung in ein auf Europa zentriertes System physischer, politischer und kultureller Macht die europäische ebenso wie die afro-asiatische Geschichte in ihren Grundlagen geformt. In steigendem Maße hat in den letzten Jahrzehnten die Anwesenheit von Intellektuellen aus den Ex-Kolonien in angesehenen wissenschaftlichen und literarischen Institutionen in Europa, den Vereinigten Staaten und Australien die Diskussion über den weltgeschichtlich zentralen Stellenwert der kolonialen Erfahrung befördert. Und die zunehmende Sichtbarkeit kolonialer Immigranten in Europa – die freilich eine viel längere Geschichte hat, als gemeinhin wahrgenommen

---

nographischer und statistischer Studien über Arbeiter, während der Kontext sich auf wirtschaftliche Entwurzelung und Entwicklungsfragen erweiterte. In den Folgejahren führte Bourdieus Forscherleben weg von Algerien und weg von Erscheinungen, die spezifisch kolonial waren. Siehe *Sociologie de l'Algérie*, Paris 1958, und »Étude Sociologique«, Teil 2 von *Travail et travailleurs en Algérie*, Paris 1963: beS. 257–267.

wird – machte die Überlegung plausibel erscheinen, dass koloniale Situationen sich nicht nach Zeit oder Ort abgrenzen lassen, sondern sie für sämtliche Geschichten der Gegenwart in London genauso wie in Kalkutta von fundamentaler Bedeutung sind.

Mit einem etwas zynischeren Zungenschlag könnte man behaupten, die zunehmende Aufmerksamkeit für *colonial studies* sei zu einem Zeitpunkt eingetreten, an dem Intellektuelle von ihren eigenen Möglichkeiten, gesellschaftlichen Wandel zu beeinflussen, zutiefst desillusioniert waren. Die Verortung des Prinzips rassischer und kultureller Hierarchie und Exklusion im Herzen der »nach-aufklärerischen Rationalität« ist eine so durchschlagend umfassende Aussage, dass man legitimiert ist, nichts dagegen zu tun. Dieser Schachzug privilegiert einen Bereich des gesellschaftlichen Ortes des Intellektuellen, nämlich den des Kritikers.

Ich setze mir in diesem Kapitel nicht zum Ziel, diejenigen Probleme zu lösen, die es aufwirft. Es ist möglich, eine ernsthafte intellektuelle Geschichte der Literatur über den Kolonialismus zu schreiben, was aber nicht hier und nicht durch mich geschieht; diese Geschichte auf nicht-reduktionistische Weise mit den politischen Tendenzen der Jahrzehnte nach 1945 in Verbindung zu bringen, ist noch schwieriger. Das, was Intellektuelle dazu bringt, das zu denken, was sie denken, ist immer nur schwer zu fassen – der fragliche Intellektuelle ist vielleicht der letzte, der es weiß. Und herauszubekommen, was eine Resonanz in der breiteren Öffentlichkeit erzielt, entzieht sich noch mehr einer genauen Analyse. Die Absicht dieses Kapitels ist es, Diskussionen und Reflektionen darüber auszulösen, wie die »koloniale Situation« sich in das zentrale Blickfeld der Intellektuellen hinein und wieder hinaus bewegt hat. Mir geht es vor allem um Probleme der Rahmung: wie es dazu kommt, dass Fragen gestellt werden, die nicht formulierbar schienen, und wie Blickwinkel sich verschieben.

Das Ende der Imperien und die Marginalisierung der Kolonialforschung

Der Aufsatz von Balandier von 1951 ist bemerkenswert, weil er die soziologische Tradition in eine neue Richtung gelenkt hat. Seine Betonung lag auf dem kolonialen Problem in der Nachkriegs-Ära als »Totalität«. Das Neue war vor allem die Analyseeinheit: nicht der Fokus auf die ethnische

Gruppe, die von den Ethnologen seiner Zeit bevorzugt wurde,[3] sondern eine Einheit, in der Macht tatsächlich ausgeübt wurde und die dennoch in jener umfassenden Weise analysiert werden musste, deren Bedeutung von der Ethnologie hervorgehoben worden war. Hier würde es nicht in erster Linie um Verwandtschaft und Hexerei gehen, sondern um militärische Eroberung, wirtschaftlichen Ertrag und rassistische Ideologie. Ebenso wichtig war die historische Einsichtigkeit Balandiers: Kolonisierung war ein historisch spezifischer Prozess, und die Krise des Nachkriegs-Augenblicks legte »die Totalität der Beziehungen zwischen den Kolonialvölkern und den Kolonialmächten und zwischen ihren einzelnen Kulturen [offen] [...], als der Antagonismus und die Kluft zwischen einem Kolonialvolk und einer Kolonialmacht ihren Höhepunkt erreichten«.[4] Balandier wies später darauf hin, dass sein neuer Ansatz auf Diskussionen zurückging, die vor dem Krieg über das Anliegen von Marcel Mauss geführt worden waren, die Gesellschaft nicht anhand festgelegter Formen zu analysieren, sondern als ein »totales soziales Phänomen«, das lebendig und in Bewegung war; die Richtung dieser Überlegungen wurde dann grundlegend durch die Kriegserfahrung und die Unmittelbarkeit einer historischen »Situation« beeinflusst.[5]

Der wichtigste Vorläufer und ein Pendant zu Balandiers Aufsatz war Max Gluckmans Buch »Analysis of a Social Situation in Modern Zululand«,[6] zuerst 1940 veröffentlicht und von Balandier gelobt und zitiert. Gluckman brach mit der Vorstellung von einer abgegrenzten ethnischen

---

3 Balandier schrieb später davon, wie er bei seiner Feldforschung in Afrika nach dem Krieg zunächst bei den Intellektuellen in Dakar, dann bei den städtischen unteren Klassen ein Afrika entdeckte, »das sich von dem unterschied, das mir von den *maîtres des sociétés primitives* gelehrt worden war«. Georges Balandier, *Histoire d'autres*, Paris 1977: 52. Auch der politische Kontext dieser Ära war wichtig. Der Krieg in Indochina, das Massaker in Sétif 1945 und die Unterdrückung der Revolte in Madagaskar 1947 waren wichtige Ereignisse, die französische Intellektuelle dazu anregten, die selbstgefälligen, fortschrittsorientierten Ansprüche des französischen Staates zu hinterfragen. Doch die Möglichkeit eines Fortschritts im Rahmen eines »Größeren Frankreichs« zog wegen der neuen Entwicklungsprogramme und besonders wegen der Erfolge von Afrikanern, die Forderungen innerhalb der Institutionen der Vierten Republik stellten, ebenfalls Aufmerksamkeit auf sich.

4 Georges Balandier, »La situation coloniale: Approche théorique«, *Cahiers Internationaux de Sociologie* 11 (1951): 44–79. Gekürzte deutsche Übersetzung von Günter Herterich in: Rudolf von Albertini (Hg.), *Moderne Kolonialgeschichte*, Köln/Berlin 1970: 105–125.

5 Georges Balandier, »La situation coloniale: Ancien concept, nouvelle réalité«, in: *French Politics, Culture, and Society* 20 (2002): 4–10.

6 Max Gluckman, *Analysis of a Social Situation in Modern Zululand*, Manchester 1958.

Gruppe und schrieb über Weiße und Schwarze, Beamte und Untertanen innerhalb ein und desselben Bezugsrahmens. Er schrieb über die Mikropolitik *einer* kolonialen Situation ebenso wie Balandier über die Makropolitik *der* kolonialen Situation. Bei der neuerlichen Lektüre der beiden Essays ein halbes Jahrhundert später bin ich voll Erstaunen über die Möglichkeiten, die sie für eine Analyse der Machtverhältnisse innerhalb kolonialer Gesellschaften eröffneten, wobei die Einheiten der Analyse mit den Beziehungen und Netzwerken variieren, die über Räume hinweg und durch Interaktion hergestellt wurden. In wesentlicher Hinsicht nehmen sie einige der besten Arbeiten der letzten 20 Jahre aus der Ethnologie und der Geschichtswissenschaft vorweg, und sie widersprechen eindeutig der Idee, die Ethnologie als Fach zu entlarven, das der Faszination durch den »Abgrund des Wilden« einfach nicht entgehen kann.[7] Im Vergleich zu neueren ethnologischen Arbeiten, in denen von einer vage bestimmten gegenseitigen Konstituierung »des Lokalen« und »des Globalen« die Rede ist, eröffneten Begriffe wie die Situation, das soziale Feld und das Netzwerk in der Ethnologie der 1950er Jahre Chancen zur wirklichen Analyse von Mustern von Bewegungen und Verbindungen, die Territorien durchkreuzen (siehe Kapitel 5). Balandier bestand in seinem Aufsatz entschieden darauf, dass derartige Prozesse nicht sinnvoll als »Kulturkontakt« (Malinowski) zu bezeichnen seien, sondern in erster Linie als System der Machtausübung verstanden werden sollten.

Die situationelle Ethnologie wurde besonders gründlich in den Arbeiten der Copperbelt-Ethnologen der 1950er Jahre entwickelt, zumal von A. L. Epstein, J. Clyde Mitchell und Gluckman selbst. Bei ihnen stand die von Gluckman analysierte Situation im Mittelpunkt, nicht die von Balandier: also Analysen, wie die städtischen Migranten in der Bergbaustadt sich von ihren Herkunftsdörfern unterscheidende, spezifische, vor allem auf Klassenverhältnissen gründende Ebenen sozialer Beziehungen schufen.[8] Sie eröffneten neue Felder ethnologischer Analyse, aber wichen auch dem Zentralproblem aus, das Balandier angesprochen hatte. Die Analyse der

---

7 Michel-Rolph Trouillot, »Anthropology and the Savage Slot: The Poetics and Politics of Otherness«, in: Richard G. Fox (Hg.), *Recapturing Anthropology: working in the Present*, Santa Fe (NM) 1991: 17–44.

8 Das Fehlen einer systematischen Analyse des Kolonialregimes ist der Punkt, an dem die harsche Kritik von Bernard Magubane an diesen Gelehrten zutrifft. »A Critical Look at Indices Used in the Study of Social Change in Colonial Africa«, in: *Current Anthropology* 12, 4–5 (1971): 419–445; siehe auch A. L. Epstein, *Politics in an Urban African Community*, Manchester 1958.

kolonialen Situation wurde übertrumpft von dem sozioökonomischen Veränderungsprozess, der sie zu überwältigen schien.

Das Modernisieren der kolonialen Situation

1955 rückte nun auch Balandier selbst die Urbanisierung ins Zentrum seiner Vorstellungen von sozialem Wandel. In einer Reihe von Studien, deren Höhepunkt seine *Sociologie des Brazzavilles noires* (1955)[9] darstellte, zeichnete er ein Bild prekärer Lebensverhältnisse, schneller Mobilität, des Zusammenbruchs von Verwandtschaftsstrukturen und der Individualisierung, jedoch mit andauernden Verbindungen zur Herkunftsregion. Das, was Balandier in den Städten vorfand, entsprach nicht den Träumen des Kolonialplaners. Vielmehr gab es »Improvisationen« und »Unruhe«, Afrikaner mühten sich ab, neue Gemeinschaften auf ihre Weise aufzubauen. Balandier benutzte eine evolutionäre Sprache: Soziale Klassen waren »embryonal« und »was als Geist der Mittelklasse bezeichnet werden kann«, machte in gewissen Gruppen »Fortschritte«. Doch gegen-evolutionäre Tendenzen waren ebenfalls deutlich, und die tiefere Verwurzelung der Arbeiterklasse in einigen Quartieren minderte schließlich nicht deren Verbindungen aufs Land oder die Beziehungen zwischen anderen Vierteln und dem Dorfleben oder die harten Lebensbedingungen aufgrund von Unsicherheit und Instabilität.[10] Das Modernisierungsprojekt des Spätkolonialismus wurde nicht nur unvollständig, sondern vor allem schlecht verwirklicht.

Man kann die Faszination, die Anfang der 1950er Jahre die Dynamik sozialen Wandels auf die Sozialwissenschaftler ausübte, nicht begreifen, ohne sich das verstärkte Gefühl für die während dieser Zeit bestehenden Möglichkeiten klar zu machen. Grundlegende Vorstellungen von der Ord-

---

9 Georges Balandier, *Sociologie des Brazzavilles noires*, Paris 1955. Siehe auch den Aufsatz, den er in der gleichen Zeitschrift wie »La situation coloniale« veröffentlicht hat und der ein Forschungsprogramm zum Studium der Modernisierung skizziert: »Déséquilibres socio-culturelles et modernisation des pays ›sous-développés‹«, in: *Cahiers Internationaux de Sociologie* 16 (1956): 30–44. Balandier schließt mit einer Warnung vor einem »voreiligen Urteil über die Zukunft« durch die Annahme, man kenne den Endpunkt der Modernisierung. Doch hatte er die Komplexitäten dieser Zukunft klar im Auge und nicht mehr die koloniale Situation.

10 Georges Balandier, »Urbanism in West and Central Africa: The Scope and Aims of Research«, in: UNESCO, *Social Implications of Industrialization and Urbanization in Africa South of the Sahara*, Paris 1956: 506, 509, 510; *Sociologie des Brazzavilles noires*.

nung der Welt standen in Frage: die saubere Arbeitsteilung zwischen dynamischen, auf Europa konzentrierten Sozialwissenschaften – Soziologie, Ökonomie, Politikwissenschaft, Geschichte – und einer Ethnologie, die sich auf das statische, primitive Afrika konzentrierte, das in abgegrenzte tribale Einheiten eingeteilt war.[11] Für Soziologen und Ökonomen eröffnete sich ein neues Gebiet für intellektuelle Eroberungen; für Ethnologen waren die Einheiten ihrer Analyse ebenso wie die Forschungsgegenstände nicht mehr selbstverständlich.

Das Gefühl, es gebe neue Möglichkeiten, ordnete sich nicht in eine klare Frontbildung zwischen »pro-« und »anti-«kolonial ein. Mit dem britischen Colonial Development and Welfare Act von 1940 und ihrem französischen Gegenstück, dem Fond d'Investissement pour le Développement Économique et Social (FIDES) von 1946, sowie mit der Neuorganisation wissenschaftlicher Forschung innerhalb ihrer Kolonialapparate signalisierten die führenden Kolonialmächte eine Neuorientierung hin zu einem modernisierten Imperialismus und ihren Bedarf nach neuen Arten von Expertise.[12] Sowohl die französischen Sozialisten als auch die britische Labour Party waren in der Frage gespalten, ob die alten kolonialen Regime in Kräfte des wirtschaftlichen und gesellschaftlichen Fortschritts verwandelt werden könnten, ohne die »traditionellen« Gesellschaften zu einer rückständigen und konkurrenzunfähigen Existenz zu verurteilen.[13]

Die Kolonialregime waren in den 1950er Jahren dankbare Zielscheiben der Kritik, denn sie versuchten sich in einer am Fortschritt orientierten Welt neu zu positionieren. Der Kolonialbeamte, der »seine Eingeborenen kannte« – in der Zwischenkriegszeit eminent bedeutsam für die französische und die britische Verwaltung und für die etablierte Ethnologie beider Länder – verlor seinen Status an neue Gruppen von Experten, nicht nur im Hinblick auf technische Fragen der Gesundheit, des Ingenieurwesens

---

11 Carl E. Pletsch, »The Three Worlds, or the Division of Social Scientific Labor, Circa 1950–1975«, in: *Comparative Studies in Society and History* 23 (1981): 565–590.

12 Zu den Autoren, die sich in den 1950er Jahren am explizitesten mit kolonialen Gesellschaften auseinandersetzten, gehörte eine Gruppe französischer Kolonialbeamter, die sich selbstbewusst »progressiv« nannten; siehe besonders Henri Labouret, *Colonisation, colonialisme, décolonisation*, Paris 1952, und Robert Delavignette, *Christianisme et colonialisme*, Paris 1960.

13 Zu den Intellektuellen, die vor den wirtschaftlichen Risiken der Unabhängigkeit warnten – den Gefahren, neuen Formen des Imperialismus zum Opfer zu fallen oder auch der »taudification« oder »clochardisation« –, gehörte Germaine Tillion, *L'Algérie en 1957*, Paris 1957.

und der Medizin, sondern auch auf die Vorstellung, dass soziale Probleme, vor allem Arbeitsbeziehungen, ebenfalls auf rationale Weise zu bewältigen seien. Auch sozialistische und kommunistische Ansätze zu Fragen der Kolonialwelt waren dezidiert modernisierend. Nationalistische Parteien behaupteten häufig, sie allein seien in der Lage, eine wirkliche Modernisierung im Interesse der Afrikaner zu leisten. Soziale Bewegungen in Afrika – unter ihnen ragte die Arbeiterbewegung hervor – verwendeten die Rhetorik der Modernisierung, um ihren Anspruch auf jene Ressourcen zu begründen, die sie für ihr Vorwärtskommen benötigten.[14]

Die Position Balandiers – und die seiner Kollegen – ist Ausdruck einer ambivalenten Auseinandersetzung mit dem wechselhaften Projekt des *social engineering* in den 1950er Jahren. Seine Möglichkeiten, Forschungsgelder zu bekommen, waren durch den Bedarf der Verwaltung nach unterschiedlichen Arten von Wissen bestimmt, und Balandier verstand seinen Beitrag als einen zugleich praktischen und theoretischen. Die Gelegenheit, den sozialen Wandel in Afrika zu beeinflussen, ergab sich aus seiner Fähigkeit, zugunsten spezifischer Politikansätze auf der Grundlage seines Ansehens als Sozialwissenschaftler zu argumentieren. Das war keine Position der Unschuld – einer selbstbewussten Distanzierung von jeglichem Anflug des Kolonialismus. Noch war seine Haltung ganz unkritisch. Ab 1949 führte Balandier Forschungsprojekte durch, die seiner Meinung nach zur Lösung administrativer Probleme beitrugen, die Soziologie in Afrika förderten und die Entscheidungsträger mit den sozialen Konsequenzen ihres Handelns konfrontierten.

Insgesamt waren die Sozialwissenschaftler, die in den 1950er Jahren in Afrika südlich der Sahara arbeiteten, eher darauf aus, herauszubekommen, was Afrikaner mit den Chancen einer Welt im Prozess der Dekolonisierung anfangen konnten, als sich mit der Besonderheit der kolonialen Situation aufzuhalten. Es lohnt sich, auf die Diskrepanz zwischen dem politischen und sozialen Wandel der 1950er Jahre südlich der Sahara einerseits und in Algerien andererseits hinzuweisen. 1954, zu dem Zeitpunkt, als der Algerienkrieg begann, hatten die afrikanischen sozialen und politischen

---

14 Frederick Cooper, *Decolonization and African Society: The Labor Question in French and British Africa*, Cambridge 1996; Paul Clay Sorum, *Intellectuals and Decolonization in France*, Chapel Hill (NC) 1977. Wissenschaftler, die sich für die nationalistische Mobilisierung engagierten, sahen häufig das Spektrum von religiösen, ethnischen und klassenspezifischen Assoziationen als Grundlage für politisches Handeln. Siehe beispielsweise Thomas Hodgkin, *Nationalism in Colonial Africa*, New York 1957.

Bewegungen im Kampf für ein nicht-rassistisches Arbeitsrecht einen bedeutenden Sieg errungen und fuhren nun damit fort, eine Form der Gleichberechtigung nach der anderen einzufordern.[15] 1956 waren die französischen Beamten so frustriert über die mehr und mehr um sich greifende Inanspruchnahme französischer Ressourcen, dass sie nun dafür eintraten, ein substantielles Budgetrecht an gewählte territoriale Legislativorgane abzugeben, die durch die Bereitschaft ihrer eigenen Wähler im Zaum gehalten würden, den notwendigen Steuern zuzustimmen. Die afrikanischen Städte waren bevorzugte Orte für koloniale Planungsanstrengungen, für afrikanische Assoziationen, die ihre Forderungen nach »modernen« Ressourcen artikulierten, und für eine breite Vielfalt von Strategien, mit denen die Stadtbewohner ihren Lebensunterhalt verdienten. Balandier, Paul Mercier und andere legten die Komplexität dieser urbanen Situation offen: Sie ließen einiges an Luft aus den Projekten der Planer, die Welt nach ihrem Bilde neu zu schaffen, lieferten ihnen aber dennoch nützliche Informationen.[16] Ihre Ergebnisse halfen afrikanischen Führern zu dokumentieren, wie prekär und ungesund die Lebensverhältnisse, waren, mit denen es die meisten Afrikaner zu tun hatten. Sie verstanden die Bedeutung der Theorien des Übergangs von der Tradition zur Moderne und machten zugleich deren Fehlleistungen deutlich.

Die Politik der Dekolonisierung in Afrika südlich der Sahara in den 1950er Jahren schien das zu bieten, was der Algerienkrieg verweigerte: die Chance, die politische Debatte und die sozialwissenschaftliche Forschung auf die Möglichkeiten gesellschaftlicher und wirtschaftlicher Transformation und nicht auf das Faktum der Herrschaft selbst auszurichten. Am Ende sollte die französische Regierung beschließen, dass sie nicht bereit war, für die Kosten eines Imperiums von fordernden Staatsbürgern aufzukommen, während die afrikanischen Führer feststellen sollten, dass die Wünsche nach kultureller und politischer Autonomie mit dem Streben

---

15 Balandier und eine kleine Anzahl einflussreicher afrikanischer Intellektueller gehörten zu den Autoren einer 1952 erschienenen Sonderausgabe der *Présence Africaine* zur Frage der Arbeit. Das Heft verband ein Bewusstsein des Anrechts von Afrikanern auf die Vorteile der modernen Arbeitsgesetzgebung mit der Einsicht, dass Arbeit überall in kulturellen Praktiken verwurzelt ist.

16 Paul Mercier, »Aspects de la société africaine dans l'agglomération dakaroise: groupes familiaux et unité de voisinage«, in: *Études Sénégalaises* 5 (1954): 11–40; ders., »La vie politique dans les centres urbaines du Sénégal: étude d'une période de transition«, in: *Cahiers Internationaux de Sociologie* 27 (1959): 55–84.

nach materiellen Verbesserungen in Einklang gebracht werden mussten.[17] Währenddessen öffnete der Algerienkrieg eine koloniale Wundstelle, die sich noch Jahre später als allzu schmerzhaft erweisen würde, als dass sie auf so komplexe und nuancierte Weise zu erforschen gewesen wäre.[18]

Die sozialwissenschaftliche Forschung erwies sich bald als nicht allein für koloniale Regime interessant, die sich Gedanken über die Kosten und den möglichen Nutzen einer Modernisierung des Imperialismus machten, sondern auch für afrikanische Führer, die eine zunehmend wichtige Rolle bei der Selbstverwaltung der afrikanischen Territorien und am Ende bei deren Autonomie spielten.[19] Das am weitesten verbreitete Thema sozialwissenschaftlicher Forschung in Afrika südlich der Sahara war in den 1950er Jahren die »Anpassung« (*adaptation*), und dabei vor allem die Anpassung an die Stadt. Die Forschung erbrachte Hinweise auf neue Formen der Vergesellschaftung, die sich mit ethnischen Linien überschnitten – von Berufsgruppen zu Gesellschaften zur gegenseitigen Hilfe –, aber auch auf »tribale« Vereinigungen, die sich unter aus einem bestimmten Ort stammenden Migranten entwickelten und städtischer Ethnizität neue Bedeutung verliehen.[20] Als die UNESCO 1954 in Zusammenarbeit mit der französischen Regierung in Abidjan eine Konferenz mit dem Titel »Social Impact of Industrialization and Urban Conditions in Africa« abhielt, war die Stadtforschung so weit herangereift, dass es zu einem ausführlichen Informationsaustausch kam und zwei Jahre später ein 743 Seiten starkes Buch zu dem Thema erscheinen konnte. Die meisten Beiträge zu dem UNESCO-Band hatten eine progressive Ausrichtung: Die Zahl der Erwerbstätigen und der Umfang der städtischen Bevölkerung stiegen; Frauen kamen in die Städte; Kinder wuchsen im städtischen Milieu auf. Es schien,

---

17 Cooper, *Decolonization and African Society.*

18 Benjamin Stora, *La gangrène et l'oublie: La mémoire de la guerre d'Algérie*, Paris 1991.

19 Eine wesentliche Frage betrifft das Ausmaß, in dem Sozialwissenschaftler der Dekolonisierungs-Ära die Ausbildung und Unterstützung von Sozialwissenschaftlern in Afrika förderten und neue Denkanstöße akzeptierten, die von afrikanischen Gelehrten und Institutionen ausgingen.

20 Michael Banton, *West African City: A Study of Tribal Life in Freetown*, London 1957, ist ein gutes Beispiel für dieses Genre. Einen kritischen bibliographischen Überblick gibt Kenneth Little, *West African Urbanization: A Study of Voluntary Associations in Social Change*, Cambridge 1965. Der Sammelband von Immanuel Wallerstein (Hg.), *Social Change: The Colonial Situation*, New York 1966, enthält zahlreiche Beiträge zu Anpassung, städtischer Ethnizität, Klasse, Bildung, Arbeitsmigration und Nationalismus, aber neben dem berühmten Aufsatz von Balandier zur kolonialen Situation nur zwei weitere mit einem kolonialen Schwerpunkt.

als wolle niemand die Phantasie vom primitiven Afrika zu neuem Leben erwecken. Auch wenn Klassen häufig als »embryonal« bezeichnet wurden, so implizierte die Metapher doch, dass sie eines Tages das Licht der Welt erblicken würden. Zugleich schilderten die meisten Beiträge unerbittliche Armut und Unsicherheit in afrikanischen Städten; sie legten Belege für Arbeitslosigkeit vor, die die Kolonialbeamten nur mit großer Verspätung zur Kenntnis nahmen; sie berichteten vom niedrigen Qualifikationsniveau der Arbeiter und von der anhaltenden Präsenz »großer fluktuierender Bevölkerungsteile« in den Städten. Nicht nur das Gefühl einer gemeinsamen Sprache und einer gemeinsamen Vergangenheit, sondern auch die Ungewissheiten des städtischen Lebens legten es nahe, die Verbindungen zum Land aufrechtzuerhalten. Das Bestreben, die afrikanische Urbanisierung und Industrialisierung in ein universelles Modell einzupassen, war unter den Stadtspezialisten stark, aber das Gleiche galt auch für die Bereitschaft, die Gegentendenzen und Komplexitäten des Urbanisierungsprozesses herauszuarbeiten, und schließlich auch die Verwerfungen, die er mit sich brachte.[21]

Unter den Sozialwissenschaftlern war der einflussreichste Konkurrent für diese empiriegestützte Form der Forschung eine mehr teleologische, theoriegeleitete Vision der Modernisierung. Sie erhielt schließlich den Namen Modernisierungstheorie. Die Modernisierungstheorie hatte zwei Lehrsätze, die über andere fortschrittsorientierte Theorien sozialen Wandels hinausgingen: Erstens waren »Tradition« und »Moderne« dichotom, weil Modernisierung »aufgrund der Ziele, auf die sie hinstrebt«, definiert wurde; zweitens war Modernisierung wie Tradition ein Paket, und Modernisierung bezeichnete schließlich eine Reihe untereinander variierender Veränderungen – von Subsistenz- zu Marktwirtschaften, vom Untertan zur partizipatorischen politischen Kultur, von askriptiven Statussystemen zu meritokratischen Statussystemen, von der erweiterten zur Kernfamilie, von der religiösen zur säkularen Ideologie.[22] Für einige führende amerikanische Exponenten der Modernisierungstheorie war diese Konzeption des Wan-

---

21 Siehe den UNESCO-Band, bes. Daryll Forde, »Introductory Survey«, 36, 38, 39, und Balandier, »Déséquilibres socio-culturelles et modernisation«, 44.

22 Dean C. Tipps, »Modernization Theory and the Comparative Study of Societies: A Critical Perspective«, in: *Comparative Studies in Society and History* 15 (1973): 204.

dels ausdrücklich eine Alternative zur kommunistischen Fortschrittsvision.[23]

Die Unterschiede hinsichtlich politischer Orientierung und Perspektive, die zwischen jenen Sozialwissenschaftlern bestanden, die sich in den 1950er und 1960er Jahren auf Modernisierung konzentrierten, waren beträchtlich. Manche – etwa W. W. Rostow – glaubten, alle Menschen auf der ganzen Welt müssten denselben Pfad beschreiten, auf dem Europa vorangegangen war, und wenn sie davon abwichen, war dies zu ihrem Schaden.

Andere argumentierten, der Kapitalismus, wie er damals strukturiert war, halte die Armen davon ab, einem solchen Pfad zu folgen, und hielten Ausschau nach einem anderen Pfad, der – auf der Grundlage europäischer Modelle – zum Sozialismus führen würde. Es gab pessimistische Varianten, die die Hindernisse und Gefahren beschworen, die auf jedem Pfad lauerten, den man wählte; und es gab Wissenschaftler – besonders Ethnologen wie Balandier –, die die Komplexitäten und Probleme des sozialen Wandels sahen und die Existenz eines a priori feststehenden Endpunktes ebenso in Frage stellten wie den Dualismus zwischen Tradition und Moderne, die aber dennoch von den Aussichten auf neue Lebensformen und bessere Lebensbedingungen überzeugt waren, die sich in der Ära der Dekolonisierung für Menschen jeglichen Ursprungs eröffneten.

Intellektuelle und Gelehrte ebenso wie politische Führer aus den früheren Kolonien wurden von der Idee der Modernisierung angezogen. Unter ihnen ist W. Arthur Lewis zu nennen, der in der britischen Karibik geboren war und am Anfang seiner Karriere Broschüren schrieb, in denen er die Kolonialherrschaft und die Pflanzer-Klasse Westindiens verurteilte, der später aber zum Gründervater der Entwicklungsökonomie werden sollte. Er legte nie seine Verachtung für koloniale Regime ab, die das Voranschreiten des modernen Sektors abbremsten, aber seine Anstrengungen richteten sich nun auf die Analyse der Grundlagen und Implikationen des Wachstums dieses Sektors. Er hoffte auf eine Befreiung in einem doppelten Sinn: von der Rückständigkeit des kolonialen Kapitalismus hin zu einer dynamischeren Variante und von der Rückständigkeit der Tradition zu einer Welt, die offen für alle wäre.[24]

23 W. W. Rostow, *Stadien wirtschaftlichen Wachstums. Eine Alternative zur marxistischen Entwicklungstheorie*, übersetzt von Elisabeth Müller, Göttingen 1960 (Originalausgabe: *The Stages of Economic Growth: A Non-Communist Manifesto*, Cambridge 1960).

24 W. Arthur Lewis, »Economic Development with Unlimited Supplies of Labour«, in: *Manchester School* 22 (1954): 139–191; ders., *Labour in the West Indies*, London 1939; ders.,

Die Fehlleistungen der Modernisierungstheorie, die angesichts des tatsächlichen Entwicklungsprozesses eingetretene Desillusionierung und eine erhöhte Sensibilität für das imperiale Gehabe der westlichen Sozialwissenschaft sollten den heutigen Beobachter nicht dazu verführen, die markante Ironie der Entwicklungs-Ära zu verkennen, als ein junger und begabter Wissenschaftler aus Britisch-Westindien ein Lehrbuch darüber schrieb, wie eine akademische Disziplin sich umstrukturieren sollte und auf welche Art und Weise die Beziehungen zwischen Reichen und Armen umgestaltet werden sollten.

Im Rahmen dieser Ansätze wurden koloniale Ökonomien und koloniale Gesellschaften untersucht, aber auf eine spezifische Weise: als Ausgangspunkte, an denen Fortschritt zu messen war, oder als Markierungen für die Starrheit der Verhältnisse, die dynamische Nationalisten, aufopferungsvolle Revolutionäre oder vorwärts blickende Experten dabei waren zu überwinden. Die Formen und Strategien der Modernisierung wurden so heiß diskutiert, gerade weil der Niedergang der Kolonialimperien derartige Chancen der Befreiung zu eröffnen schien, aber auch Gefahren mit sich brachte, die aus der Neuordnung der Macht in der Welt resultierten.

Das Psychologisieren der kolonialen Situation

Balandier kritisierte auf den ersten Seiten seines Aufsatzes O. Mannonis *Psychologie de la colonisation* (1950), weil er die Kolonisierung aus einer »rein psychologischen oder psychoanalytischen Perspektive« behandelt habe; er beschuldigte Mannoni, sich auf einen schlecht definierten Aspekt der kolonialen Situation zu konzentrieren anstatt auf die koloniale Situation als Totalität. Die Verschmelzung des Psychologischen mit dem Soziologischen muss bei einem in der Tradition Durkheims aufgewachsenen Sozialwissenschaftler die Alarmglocken haben schrillen lassen.

Balandiers Abneigung gegen Mannonis Psychologisieren wurde von Aimé Césaire geteilt, genauso wie seine Kritik an den Vorstellungen vom primitiven Afrika und vom Kulturkontakt. Césaires *Discours sur le colonia-*

Politics in West Africa, New York 1965. Ausführlicher zu diesen Themen siehe Frederick Cooper/Randall Packard (Hg.), *International Development in the Social Sciences: Essays in the History and Politics of Knowledge*, Berkeley 1997; und C. Coquet/O. Dollfus/E. Le Roy/M. Vernières (Hg.), *État des savoirs sur le développement: Trois décennies de sciences sociales en langue française*, Paris 1993.

lisme (1950) war ebenso leidenschaftlich wie Balandiers Aufsatz gemäßigt war. In den meisten Kommentaren wird Césaires flammende Verurteilung der Macht des Kolonialismus hervorgehoben, den Kolonisator ebenso wie den Kolonisierten zu »entzivilisieren« und zu »verrohen«. Seltener wird bemerkt, dass Antikolonialismus für Césaire nicht allein die Form einer Bewegung für nationale Unabhängigkeit annahm. Sein Buch endet mit einem Aufruf zur »Rettung Europas«, sowohl durch »eine neue Politik, die sich auf die Achtung vor den Völkern und Kulturen gründet«, wie durch – kursiviert – »*Revolution*«, die in Europa eine klassenlose Gesellschaft schaffen würde. Césaire war seit 1945 Abgeordneter für Martinique im französischen Parlament (und wurde auch noch Bürgermeister von Fort-de-France); er war einer der Hauptakteure in dem Bestreben, für Martinique den Status eines französischen Departements zu erreichen.[25]

Césaire balancierte sein Anliegen einer spezifischen afrikanischen Kultur – die in seinen Schriften der Verbindung mit einer Rassenmystik entkleidet war – gegen die unverhohlene Thematisierung der Frage sozialer und politischer Macht aus. Wie Balandier passte er nicht ganz in die Trends der späten 1950er Jahre und vor allem nicht in die Art, wie schließlich die Bewegung für territoriale Unabhängigkeit soziale Fragen in den Hintergrund abschob.[26] Doch als Balandier 1955 dabei war, seine Argumentation auf sozialen Wandel umzustellen, blieb Césaires zentrale Frage der Kolonialismus – als Machtverhältnis zwischen Menschen und zwischen Klassen anstatt als Beziehung zwischen Nationen.

Die psychologisierende Version der kolonialen Situation erfuhr jedoch weitere Resonanz bei einflussreichen Autoren, wenn auch in zusehends kritischer Form. Albert Memmis *Der Kolonisator und der Kolonisierte* (1957) hob auf die psychologischen Folgen ab, die das Leben in der kolonialen Situation für beide Teile zeitigte. Es ist ein oft einsichtsvolles und sogar einschneidendes Buch – vor allem bei der Behandlung des Dilemmas der linken Intellektuellen angesichts der Kämpfe um den Kolonialismus –, aber die beiden Titelfiguren bleiben bar jeder Geschichte, sozialer Beziehungen oder Bestrebungen außer jener der Kolonisierung. Für Memmi war Kolonialismus eine »Krankheit des Europäers«, und jene unter den Kolonisier-

---

25 Aimé Césaire, *Über den Kolonialismus*, übersetzt von Monika Kind, Berlin (West) 1968 (Originalausgabe: *Discours sur le colonialisme*, Paris 1958): 10, 75.

26 Darüber, wie nationalistische Tendenzen in Französisch-Westafrika um 1955–1957 die Bestrebungen afrikanischer Gewerkschaften nach den gleichen Löhnen und Sozialleistungen wie jene der französischen Arbeiter marginalisierten, siehe Kapitel 7.

ten, die mit den Europäern zusammenarbeiteten, ließen sich nur unter pathologischen Gesichtspunkten betrachten. Die Dekolonisierung konnte dann nur noch anhand des Modells von Krankheit und Behandlung verstanden werden. »Wenn er [der Kolonisierte] aufhört, kolonisiert zu sein – wird er etwas anderes […] ein Mensch wie jeder andere.«[27]

Die langlebigste unter den psychologisierenden Analysen ist natürlich Frantz Fanons *Die Verdammten dieser Erde*.[28] Noch einschneidender als der Text selbst war sein Einfluss. Viele Wissenschaftler begnügen sich noch heute damit, diesen Text als die beste Beschreibung dessen zu benutzen, wie der französische Kolonialismus wirklich war. Doch Fanons Bestehen auf dem manichäischen Charakter der kolonialen Gesellschaft war eher ein Versuch, eine Politik zu bestimmen, die einen mittleren Bereich ausschließen sollte, als eine beobachtbare Wirklichkeit zu beschreiben. Vor allem anderen richtete er seine Angriffe auf die Behauptung anderer französischsprachiger Intellektueller, ein »colonialisme de progrès« sei noch immer eine Möglichkeit; daher sein Bestehen auf der totalen Umkehrung des Kolonialismus: »Die Letzten werden die Ersten sein.«[29] Fanon versuchte, die Optionen zu zerstören, die modernisierende imperiale Regierungen, modernisierende Sozialwissenschaftler und modernisierende Nationalisten zu entwickeln suchten. Die Sprache der mentalen Pathologie diente ihm als Anklage nicht nur gegen die koloniale Brutalität, sondern auch gegen rivalisierende Positionen unter seinen Kritikern.

Fanon verstand den Nationalismus als kleinbürgerliche Ideologie, die von jenen vertreten wurde, die beabsichtigten, in die koloniale Struktur einzusteigen anstatt sie umzukehren. Er hatte wenig Interesse an der Geschichte Algeriens oder Afrikas und keine Sympathien für Négritude oder jegliche andere Betonung rassischer oder kultureller Besonderheiten, außer sie schufen Symbole für antikoloniale Entschlossenheit. Die einzige Geschichte, die er zu erkennen glaubte, war eine Geschichte der Unterdrückung. Seine Soziologie des Kampfes war deterministisch: Die algerische Kleinbourgeoisie war pathologisch und allein dazu fähig, den Kolonisator nachzuahmen; die Arbeiterklasse war zu einer Aristokratie geworden, die

---

27 Albert Memmi, *Der Kolonisator und der Kolonisierte*, übersetzt von Udo Rennert, Frankfurt am Main 1980 (Originalausgabe: *Portrait du colonisé, précédé de portrait du colonisateur*, Corrêa 1957): 153

28 Fanon, *Die Verdammten dieser Erde*. Zu Fanon im Kontext der kolonialen Psychiatrie siehe Jock McCulloch, *Colonial Psychiatry and the »African Mind«*, Cambridge 1995.

29 Fanon, *Die Verdammten dieser Erde*, 30.

darauf aus war, sich der Privilegien der weißen Arbeiter zu bemächtigen. Im Gegensatz dazu waren die Bauernschaft und das Lumpenproletariat die wahren Anti-Kolonialisten.

Ungeachtet der Position Fanons war die algerische Revolution eine hoch differenzierte Bewegung. Sie erwuchs aus einer komplexen kolonialen Situation und bewegte sich zwischen einander überschneidenden Bewegungen und inneren Kämpfen. Der Kampf gegen die Ausbeutung und Erniedrigung durch den französischen Kolonialismus in Algerien war langwierig, und die Bedeutung der abgewiesenen Forderungen nach einer annehmbaren Form französischer Staatsbürgerschaft, der kommunistischen Verbindungen von Hunderttausenden Algeriern, die in Frankreich ebenso wie in Algerien gearbeitet hatten, der islamischen politischen Bewegungen innerhalb der algerischen Bevölkerung, der regionalen Spannungen innerhalb Algeriens und der Bündnisse mit dem Ägypten Nassers und anderen externen Kräften lässt sich nicht so leicht auf die Unterscheidung zwischen wahren Anti-Kolonialisten und pathologisierten sozialen Kategorien reduzieren. Das Bemerkenswerte daran ist, dass Fanons Versuch, dem Kampf in Algerien eine andere Richtung zu geben, als Ersatz für eine soziale Analyse des Kolonialismus und der algerischen Revolution diente.[30]

Historisieren der kolonialen Situation

Es wäre vielleicht zutreffender, diesen Abschnitt, in dem es hauptsächlich um die 1950er und 1960er Jahre geht, mit »Die Historisierung Afrikas, abgesehen von der kolonialen Situation« zu überschreiben. Die afrikanische Geschichte bildete sich als eigene Disziplin vor allem in der anglophonen Wissenschaft durch ihre Ausdifferenzierung aus der Kolonialgeschichte heraus. K. Onwuka Dikes *Trade and Politics in the Niger Delta* (1956)[31] war der Gründungstext, geschrieben von einem von britischen *Empire*-Historikern ausgebildeten Nigerianer, der ein neues Gebiet absteckte, indem er über die Interaktion zwischen europäischen und afrikanischen Händlern schrieb und die Struktur und Aktivitäten afrikanischer

---

30 Stora, *La gangrène et l'oubli*; Matthew Connelly, *A Diplomatic Revolution: Algeria's Fight for Independence and the Origins of the Post-Cold War Era*, New York 2002; Sorum, *Intellectuals and Decolonization*.

31 K. O. Dike, *Trade and Politics in the Niger Delta*, Oxford 1956. Eine gleichwertige, ebenfalls die Interaktionen betonende frankophone Studie ist Abdoulaye Ly, *La compagnie du Sénégal*, Paris 1958.

Handelshäuser in den Mittelpunkt rückte. Dikes Vorwort war militanter als sein Text: Er forderte eine afrikanische Perspektive unter Benutzung afrikanischer Quellen beim Schreiben afrikanischer Geschichte. Was folgte, war eine nüchtern-sachliche Studie über Interaktion unter Benutzung eines breiten Spektrums von Quellen. Aber die Distanzierung von der *imperial history* war eindeutig.

Seine Nachfolger gingen weiter: Das wichtigste Ziel bestand für einen afrikanischen Historiker in den 1960er Jahren darin zu zeigen, dass Afrika wirklich eine Geschichte hatte und vor allem eine Geschichte, in der afrikanische Initiative eine wichtige Rolle spielte. J. F. Ade Ajayi forderte, den Kolonialismus als »Episode in der afrikanischen Geschichte« zu betrachten. Er sei nicht wichtiger als irgendeine andere Episode auch. Vor allem behaupteten Ajayi und seine Kollegen, es bestehe eine unmittelbare Verbindung zwischen der vorkolonialen und der postkolonialen Geschichte. Beides seien Fälle von eigenständiger Herrschaft, und die erste legitimiere die zweite. Das andere akzeptable Thema war der afrikanische Widerstand, und Terence Ranger verknüpfte dieses Thema direkt mit den nationalistischen Bewegungen, die die afrikanischen Staaten in die Unabhängigkeit geführt hatten: Widerstand gegen die Unterwerfung schuf Traditionen und schmiedete Verbindungen, die ethnische Grenzen überwölbten und später eine Basis zur Mobilisierung bilden würden.[32]

Die Vorherrschaft der vorkolonialen Geschichte und des Widerstandes war nie vollständig; allein schon die Tatsache, dass afrikanische Geschichte in den 1960er Jahren zu einem legitimen Fach wurde, schuf Spielräume für ein weites Spektrum von Unternehmen jenseits der Norm. Die ältere Schule einer Geschichtsschreibung, die von den Taten der europäischen Staaten und weißen Kolonisten geprägt war, starb nicht aus, wurde aber ihrer einer versunkenen Ära angehörenden rassistischen Annahmen ent-

---

32 J. F. Ade Ajayi, »The Conitnuity of African Institutions under Colonialism«, in: Terence O. Ranger (Hg.), *Emerging Themes in African History*, London 1968: 189–200; Terence Ranger, »Connexions between ›Primary Resistance‹ Movements and Modern Mass Nationalism in East and Central Africa«, in: *Journal of African History* 9 (1968): 437–453, 631–641. Die Vorherrschaft der vorkolonialen und der Widerstands-Geschichte war in der amerikanischen Wissenschaft vermutlich am stärksten, aber die französische Schule mit dem Pionier Yves Person zeigte ähnliche Tendenzen, und viele Ethnologen in Frankreich, Großbritannien und den Vereinigten Staaten wollten ihre Afrikaner sehr afrikanisch belassen. Zu weiteren Überlegungen über die Historiographie Afrikas siehe meinen Aufsatz »Africa's Pasts and Africa's Historians«, in: *Canadian Journal of African Studies* 34 (2000): 298–336.

kleidet und durch verfeinerte historische Methodologien gefestigt.[33] Aber die Afrikanisierung der afrikanischen Geschichte war dennoch das zentrale Thema der 1960er Jahre.

Die Ethnologie schien in diesen Jahren unsicher über ihren weiteren Weg, da ihre hegemoniale Stellung innerhalb der Afrika-Forschung nun durch Historiker, Politikwissenschaftler und Soziologen herausgefordert wurde. Ihre Stärke blieb ihre Tradition der Feldforschung, das Bestehen darauf, dass detaillierte empirische Arbeit die Grundlage für alles darstellte, was man tat: Die Stadt-Ethnologie blieb die wichtigste Teildisziplin, die sich ausdrücklich auf eine dynamische Gegenwart konzentrierte, während eine Menge Arbeiten über Religion, Besessenheit, Konfliktregelung und andere klassische Themen weitergeführt wurden, wenn auch vielleicht mit einem dezidierteren Bewusstsein davon, dass die Forschung im Zeitverlauf verortet werden musste. Weniger häufig fanden sich spezifische Anstrengungen zur Untersuchung der kolonialen Vergangenheit.[34]

Ökonomisieren der kolonialen Situation

Der Anstoß zur neuerlichen Befassung mit der kolonialen Situation ergab sich vor allem aus der Feststellung, dass sie sich nicht so leicht bannen ließ. Das wurde zuerst im wirtschaftlichen Bereich klar – der Aufbau einer »nationalen Ökonomie« erwies sich als schwierig und Zwänge des internationalen Kapitalismus als ernstes Problem. Die Einsicht, dass der Bruch mit der Vergangenheit weniger eindeutig und komplexer war als gedacht, er-

---

33 Siehe die monumentale, vom Haupt-Herausgeber Wm. Roger Louis zusammengestellte *The Oxford History of the British Empire*, 5 Bde., Oxford 1997–1999, und verschiedene, wenn auch nicht ganz so grandiose frankophone Gegenstücke, etwa Jean Meyer u.a. (Hg.), *Histoire de la France coloniale*, Paris 1990–1991. Innovative Forschung über die Ökonomien der Imperien leisteten Jacques Marseille, *Empire coloniale et capitalisme français: Histoire d'un divorce*, Paris 1984, sowie Cain/Hopkins, *British Imperialism*.

34 Einige der wegweisenden Arbeiten in der Historischen Anthropologie, etwa das Buch von M. G. Smith, *Government in Zazzau, 1800–1950*, London 1960, stellten ihren Gegenstand in Beziehung zu einer langen Sicht auf die afrikanische Geschichte dar, die vorkoloniale, koloniale und postkoloniale Perioden umfasste. Zu einer historisch verorteten Ethnologie einer afrikanischen Gesellschaft siehe Georges Balandier, *La vie quotidienne au royaume de Kongo: du XVIe au XVIIIe siècle*, Paris 1965. Einen Überblick über afrikanistische Ethnologie gibt Sally Falk Moore, *Anthropology and Africa: Changing Perspectives on a Changing Scene*, Charlottesville (VA) 1994.

hielt zunehmend politische Akzente, vor allem nach dem Putsch, mit dem Nkrumah gestützt wurde, und nach dem Biafra-Krieg.

Das Wort *neokolonial* brachte diese Desillusionierung zum Ausdruck und bedeutete in gewisser Hinsicht eine Verurteilung der afrikanischen Regime, die allzu freundlich mit den ehemaligen Kolonialmächten und den Vereinigten Staaten umgegangen waren. Grundsätzlicher ging es um eine Kritik der Weltwirtschaft, die der afrikanischen Wirtschaftspolitik enge Grenzen setzte, oder der Westmächte, die unabhängige Staaten abstraften, wenn sie zu weit von gewissen Erwartungen abwichen. Problematisch war der Begriff »neokolonial«, weil der durch ihn vorgegebene Bezugsrahmen allzu einfach war, um präzise zu analysieren, was genau sich geändert hatte und was nicht.

Die einflussreichste theoretische Arbeit der 1970er Jahre schenkte der kolonialen Situation jedoch keine besondere Aufmerksamkeit. In seinem Buch *Afrika: Die Geschichte einer Unterentwicklung* nahm Walter Rodney Anregungen lateinamerikanischer Theoretiker der Unterentwicklung und Abhängigkeit auf und baute diese Theorie zu einer umfassenden und durchdringenden Analyse der Geschichte der wirtschaftlichen Beziehungen Afrikas mit dem europäischen Kapitalismus um. Obwohl Rodney sich speziell mit der Kolonialzeit befasste, trat der Fluchtpunkt seiner Analyse vorher in Erscheinung, und zwar mit dem Sklavenhandel und der Einbeziehung Afrikas in eine ungleiche und ausbeuterische Weltwirtschaft. Auch die Schriften von Immanuel Wallerstein über das Weltsystem behandeln schwerpunktmäßig eine frühere Ära. Sehr viel befriedigender waren detaillierte Arbeiten über einzelne koloniale Institutionen, Situationen und Zeitperioden.[35]

Ein theoretisch anspruchsvollerer Ansatz stammte von der französischen Schule der marxistischen Ethnologie. Dabei ging es noch immer nicht um den Kolonialismus als solchen, sondern um die »Verflechtung von Produktionsweisen«. Doch indem sie ein solches Gewicht auf die Verflechtung und nicht einfach auf die Produktion legten, rechtfertigten es derartige Theorien, genauer zu untersuchen, wie diese Verbindung funkti-

---

35 Walter Rodney, *Afrika: Die Geschichte einer Unterentwicklung*, übersetzt von Gisela Walther, Berlin (West) 1975 (Originalausgabe: *How Europe Underdeveloped Africa*, London 1972); Immanuel Wallerstein, *The Modern World System*, 3 Bde., New York 1974, 1980, 1989; Cathérine Coquery-Vidrvitch, *Le Congo au temps des grandes compagnies concessionaires, 1898–1930*, Paris 1972; und dies. (Hg.), »L'Afrique et la crise de 1930«. Sonderheft von *Revue Française d'Histoire d'Outre-Mer* 63 (1976).

onierte. Indem sie auf Marx' Begriff der ursprünglichen Akkumulation – die Trennung der Produzenten von den Produktionsmitteln – als Definitionsmerkmal des Kapitalismus verwies, bahnte die marxistische Ethnologie der Fragestellung den Weg, wie die spezifischen Formen zu analysieren seien, durch die der Zugang zu Ressourcen vermittelt wurde. Sie ermöglichte damit die Frage nach der Rolle von Staaten bei der Regulierung und Durchsetzung dieses Zugangs und bei der Regulierung der unterschiedlichen Formen der Arbeit.

Auf einem bestimmten Abstraktionsniveau tendierte diese Schule zu einer funktionalistischen Antwort auf die komplexe Frage, warum der Kapitalismus nicht-kapitalistische Produktionsweisen konserviert hatte: damit sie einen Teil der Reproduktionskosten bezahlen und damit die vom Kapital zu zahlenden Löhne senken konnten. Wenn diese Antwort auch zu einfach war, so regte die theoretische Debatte doch interessante, und zwar sowohl empirische als auch theoretische Fragestellungen an: Was genau war die Beziehung zwischen unterschiedlichen Formen der Kontrolle über Ressourcen? Worin bestanden die unterschiedlichen Möglichkeiten und Unzulänglichkeiten wechselnder Arbeitsregime in unterschiedlichen landwirtschaftlichen Organisationsformen? Wie ließen sich die Stärken und Schwächen kolonialer Staaten bei der Regulierung, Stimulierung oder Unterdrückung derartiger Prozesse analysieren? Wie funktionierten und veränderten sich die Versuche von Afrikanern, Familien- und Verwandtschaftsverbindungen zu nutzen, um eine Balance unterschiedlicher ökonomischer Strategien innerhalb der Zwänge der Kolonialherrschaft zu erreichen?[36]

Die theoretischen Debatten der 1970er und frühen 1980er Jahre verstärkten die Tradition der empirischen Forschung, die stets eine Stärke der Afrika-Studien gewesen war. Das nützte gerade der Wirtschaftsgeschichte,

---

36 Für einen breiten Literaturüberblick siehe Frederick Cooper, »Africa and the World Economy« (1981), wieder abgedruckt in: Frederick Cooper/Steve Stern/Florencia Mallon/Allan Isaacman/William Roseberry (Hg.), *Confronting Historical Paradigms: Peasants, Labor, and the Capitalist World System in Africa and Latin America*, Madison 1993. Zu den einflussreichen Texten in der französischen marxistischen Tradition gehörten Claude Meillassoux, *Die wilden Früchte der Frau: Über häusliche Produktion und kapitalistische Wirtschaft*, übersetzt von Eva Moldenhauer, Franfurt am Main 1976 (Originalausgabe: *Femmes, greniers et capitaux*, Paris 1975); Maurice Godelier, *Perspectives in Marxist Anthropology*, übersetzt von Robert Brain, Cambridge 1977; und Emmanuel Terray, *Zur politischen Ökonomie der »primitiven« Gesellschaften: Zwei Studien*, übersetzt von Eva Szabó, Frankfurt am Main 1974 (Originalausgabe: *Le marxisme devant les sociétés »primitives«: deux études*, Paris 1969).

und die durch sie aufgedeckten Komplexitäten riefen ernsthafte Rückfragen gegenüber den starren theoretischen Behauptungen der Weltsystem-Theorie sowie zur Verflechtung von Produktionsweisen auf den Plan.[37] Dass die wirtschaftlichen Muster den theoretischen Annahmen und Vorhersagen nicht so ganz entsprachen, legte ein stärkeres Gewicht auf die Handlungsebene und auf die sozialen und kulturellen Dimensionen wirtschaftlichen Verhaltens: also darauf, was Minenbesitzer oder Import-Export-Firmen über ihre Organisationsprozesse denken und was sie tatsächlich erreichen konnten, wie afrikanische Händler Netzwerke in der Diaspora aufbauen konnten, wie Arbeiter zwischen der Dorfproduktion, befristeter Beschäftigung und längerfristigen Aktivitäten in der Stadt manövrieren konnten und was Staatsbeamte sich ausdenken und was sie tun konnten.[38]

Ein neu erwachtes Interesse an kolonialen Staaten und Gesellschaften war Ausdruck des Unbehagens an theoretisch bestimmten Forschungskonzepten, die sich auf den wirtschaftlichen und sozialen Prozess konzentrierten. Die Modernisierungstheorie hatte das Modell eines angeblich idealtypisch ablaufenden Prozesses bereitgestellt, doch machte die Forschung klar – soweit sie integer durchgeführt wurde –, dass Wandel ein sehr viel verwickelterer Vorgang war. Ökonomische Modelle behaupteten, bestimmte Verhältnisse seien dauerhaft, weil sie funktional für den Kapitalismus seien, aber es war nicht immer klar, dass auch das Kapital seinen Willen bekam. Und die wichtigste Einsicht lautete, dass der Prozess, der den Sozialwissenschaften neue Perspektiven beschert hatte – der Zusammenbruch einer Weltordnung, die auf der Beziehung eines imperialen Zentrums zu den Kolonien beruht hatte –, sich nicht in der Schaffung neuer internationaler Ordnungsprinzipien auflöste. Die Übergangsgesellschaften vollzogen keine Übergänge, und drei Jahrzehnte, nachdem Balandier eine integrierte Analyse der kolonialen Situation gefordert hatte, stan-

---

37 Die neoklassische Schule »favorisierte« den Markt gegenüber spezifisch kolonialen Wirtschaftsmechanismen, hatte aber eine Menge über koloniale Institutionen und politische Strategien sowie über Trends während der Kolonialära zu sagen. Das ausgereifteste und einflussreichste Werk in diesem Genre war A. G. Hopkins, *An Eocnomic History of West Africa*, London 1973.

38 Beispiele für solche Ansätze sind Sara Berry, *Cocoa, Customs and Socio-Economic Change in Rural Western Nigeria*, Oxford 1975; Abner Cohen, *Custom and Politics in Urban Africa: A Study of Hausa Migrants in Yoruba Towns*, Berkeley (CA) 1969; und Frederick Cooper, *From Slaves to Squatters: Plantation Labor and Agriculture in Zanzibar and Coastal Kenya*, New Haven 1980.

den der Ausgangspunkt des Wandels, der Endpunkt und alles dazwischen in hohem Maße in Frage.

Und wieder die koloniale Situation

Am Ende der 1970er Jahre war die koloniale Frage kein politischer Streitpunkt mehr. Die Reste weißer Herrschaft in Afrika kämpften darum, ihren Platz in der Weltpolitik zu behalten, indem sie von sich behaupteten, sie seien Nationalstaaten. Inzwischen hatte das erneute Interesse von Wissenschaftlern an der kolonialen Frage viel damit zu tun, dass sie sich in intellektuellen Sackgassen wiederfanden und in den vorangegangenen Jahrzehnten Enttäuschungen erlebt hatten. Das Koloniale erwies sich eben nicht als ein zeitlich abgegrenztes, gleichsam säuberlich auszuschneidendes Element der Weltgeschichte.

Die Ethnologie trägt sich ins Bild ein

Talal Asads Sammelband *Anthropology and the Colonial Encounter* (1973) war ein wichtiger Durchbruch – nicht, weil es sich um die Selbstanklage einer Disziplin handelte, in der die facettenreiche Komplizenschaft der Ethnologie in kolonialen Projekten bekannt wurde, sondern weil dieser Band die Aufmerksamkeit auf die Zweideutigkeit dieser Beziehung richtete.[39] Ethnologen hatten den Kolonialregimen sowohl gedient als diese auch kritisiert; sie waren oft in der Position gewesen, Handlungen zu bezeugen, welche die Regimes lieber unbeachtet gelassen hätten.[40] In der Zwischenkriegszeit mussten die Ethnologen im Rahmen der Strukturen der *indirect rule* oder *association* arbeiten, und ihre Arbeiten verstärkten die historisch problematische Annahme, dass der »Stamm« die Grundeinheit der afrikanischen Gesellschaft sei. Doch die Informationen, die die Ethnologen sammelten, verkomplizierten gerade dieses Bild häufig. In den 1960er Jahren

---

39 Talal Asad, *Anthropology and the Colonial Encounter*, London 1973. Ein frankophones Gegenstück ist Gérard Leclerc, *Anthropologie und Kolonialismus*, übersetzt von Hanns Zischler, München 1973 (Originalausgabe: *Anthropologie et colonialisme*, Paris 1972).

40 Emmanuelle Sibeud, *Une science impériale pour l'Afrique ? La construction des savoirs africanistes en France 1878–1930*, Paris 2002.

konnten Historiker, welche die Vorstellung uralter kultureller Solidarität durch ein Bild von regionaler Interaktion, Anpassung und Wandel ersetzen wollten, ältere ethnographische Daten neu interpretieren und verstanden die regionale Verteilung kultureller Merkmale als Belege für das Überschreiten von Grenzen, nicht jedoch als Nachweis der Integrität abgegrenzter Einheiten. Und sie konnten auf frühere Einwände gegen die tribale Schule der afrikanischen Ethnologie zurückgreifen, etwa auf jene von Gluckman oder Godfrey Wilson.[41]

Das Bemühen, die Sozial- und Naturwissenschaften als Teil der Geschichte und nicht einfach als neutrale Beobachter zu sehen, war einer der anregendsten Trends in der historischen und ethnologischen Forschung der letzten Jahrzehnte: Botanik, Geographie, Medizin und Ökologie ebenso wie Geschichte, Ethnologie und Entwicklungsforschung wurden zu Forschungsgegenständen.[42] Auch von solchen Analysen gibt es Einfachversionen, vor allem die Tendenz, alle analytischen Schemata in das Bild einer aufgezwungenen »Moderne« hineinzulesen. Man verliert leicht die Möglichkeit aus dem Auge, dass Sozial- und Naturwissenschaften auch neu interpretiert und selektiv genutzt werden können, also nicht immer verordnet sein müssen.[43]

41 Godfrey Wilson, »An Essay on the Economics of Detribalization in Northern Rhodesia«, Livingstone 1941 (*Rhodes-Livingstone Papers* 5).

42 Megan Vaughan, *Curing Their Ills: Colonial Power and African Illness*, Cambridge 1991; Richard Grove, *Green Imperialism: Colonial Expansion, Tropical Island Edens and the Origins of Environmentalism, 1600–1860*, Cambridge 1995; Gwendolyn Wright, *The Politics of Design in French Colonial Urbanism*, Chicago 1991; Prakash, *Another Reason*; Hunt, *A Colonial Lexicon*; Marie-Noëlle Bourguet/Christophe Bonneuil (Hg.), »De l'inventaire du monde à la mise en valeur du globe: Botanique et colonisation (fin du XVIIe siècle-debut Xxe siècle)«, in: *Revue Française d'Histoire d'Outre-Mer* 322–323 (1999); Anne Godlewska/Neil Smith (Hg.), *Geography and Empire*, Oxford 1994; Benoît de l'Estoile/Frederico Neiburg/Lygia Sigaud, »Anthropologies, états et populations«, in: *Revue de synthèse* 4, 3–4 (2000); Frederick Cooper, »Africa's pasts and Africa's Historians«, *Canadian Journal of African Studies* 34 (2000): 198–336, und Mamadou Diouf, »Des historiens et des histories«.

43 Es überrascht nicht, dass die Erforschung von Projekten sozialen Wandels besonders stark betroffen war. Manche Gelehrte sehen in dem Begriff »Entwicklung« nicht mehr als das Aufzwingen einer nicht gewollten Moderne oder meinen, wenn man sein Vokabular als »modernistisch« identifiziere, so sei das schon Beweis genug für seinen abwertenden Zwangscharakter. Ich habe an anderer Stelle darauf hingewiesen, dass das Konzept der Entwicklung, wie es während der letzten 50 Jahre formuliert wurde, ein zweischneidiges Schwert ist, eine Grundlage zur Beanspruchung von Macht, um komplexe Prozesse im Namen wissenschaftlicher Kenntnisse zu handhaben, aber auch eine Grundlage für Forderungen nach Umverteilung, für die Eröffnung von Debatten über die Folgen der Ungleichheit von Reichtum und Macht über kulturelle und territoriale

Die Verortung der kolonialen Situation in der europäischen Zivilisation

Edward Saids 1978 erschienenes Buch *Orientalismus* wies nach, wie tief gewisse Vorstellungen über asiatische Gesellschaften in die kanonische europäische Literatur eingewoben sind. Die Kolonisierung fand nicht mehr an exotischen Orten statt, sondern im Herzen der europäischen Kultur.[44] Said übte einen tiefgreifenden Einfluss aus, der sich nicht auf die Literaturwissenschaft beschränkte: Sein Ansatz bereitete den Weg zur Analyse eines breiten Spektrums kultureller Produktionen und der Art, wie diese Differenz, Macht und Fortschritt darstellten (siehe Kapitel 1). Die Untersuchung der gegenseitigen Konstituierung eines »Okzidents« und eines »Orients« hat dazu beigetragen zu erklären, auf welche Weise unterschiedliche Arten von politischen Prozessen denkbar, aber auch unvorstellbar wurden. Manche Gelehrte haben darauf insistiert, dass selbst die Bedeutung eines Terminus wie *Afrika* seziert werden müsse.[45]

Der Sog der *colonial studies* hat zu vielen Wiederholungen und Verdrehungen geführt. Die Wendung vom Anderen oder von der Alterität ist in der Literaturwissenschaft zum Klischee geworden. Ihre Problematik liegt nicht allein in ihrer zunehmenden Banalität, sondern auch darin, dass sie davon abschreckt, sich um nicht-dualistische Formen von quer durch Kulturen verlaufenden Zusammenhängen zu kümmern. Sucht man nach »textueller Kolonisierung« oder nach »metaphorischer Kolonisierung« unabhängig von den Institutionen, durch die koloniale Macht ausgeübt wird, so läuft man Gefahr, den Kolonialismus überall in Erscheinung treten zu lassen – und damit nirgends (siehe Kapitel 1). Selbst die faszinierendsten dieser Texte, wie Homi Bhabhas eleganter kurzer Essay über Mimikry, hinterlassen die beiden Holzpuppen des Kolonisators und des Kolonisierten, die miteinander unabhängig von allem außer ihrer gegenseitigen Beziehung interagieren.[46] Bhabhas Betonung der Hybridität proble-

---

Abgrenzungen hinweg, für untergeordnete Gruppen in einzelnen politischen Systemen, die nach externen Bündnispartnern im Kampf gegen lokale Unterdrücker suchen, und für Forderungen, dass »Fortschritt« anhand des Zugangs zu Ressourcen des Grundbedarfs gemessen werde – Wasser und Elektrizität. Diese unterschiedlichen Perspektiven sind herausgearbeitet in Cooper/Packard, *International Development and the Social Sciences.*

44 Said, *Orientalismus.*

45 Fernando Coronil, »Beyond Occidentalism: Toward Non-Imperial Geohistorical Categories«, in: *Cultural Anthropology* 11 (1995): 51–87; Mudimbe, *Invention of Africa.*

46 Homi Bhabha, »Of Mimicry and Man: The Ambivalence of Colonial Discourse«, in: *October* 28 (1984): 125–133, Wiederabdruck in Cooper/Stoler, *Tensions of Empire: Colonial,* 152–162.

matisiert den Dualismus, wie er früheren Argumentationsweisen über Kultur in kolonialen Kontexten zu eigen war. Doch gerade das Abstrahierende seiner Figuren erschwert es, dieser Hybridität Inhalt zu verleihen oder zu erkennen, wie sich Formen der Interaktion oder der Auseinandersetzung voneinander unterscheiden könnten.

Die Re-Historisierung der kolonialen Situation

In der Ethnologie lässt sich seit den 1980er Jahren wenigstens eine Rückkehr zu dem Programm erkennen, das Balandier dreißig Jahre zuvor auf dem Tisch hatte liegen lassen. Die ethnologische Perspektive ist für diesen wiederbelebten Forschungsgegenstand in doppelter Hinsicht wichtig: dadurch, dass sich die ethnologische Analyse auf eine andere Art von Gesellschaft richtet, nämlich jene, die von einer Missionsgemeinschaft oder einem Kolonialregime definiert wurde, sowie als Ausweitung der Methode der Feldforschung auf Archivquellen, die mit dem gleichen Anliegen geprüft wurden, nämlich nach der Beziehung zwischen unterschiedlichen Teilen der Gesellschaft zu suchen. Thomas Beidelmanns *Colonial Evangelism* (1982) war hier ein Pioniertext, unter anderem deshalb, weil der Autor darauf verwies, dass es sich um die Neulektüre von Feldnotizen aus einer früheren Forschung handelte, was Ausdruck seiner neuen Einsicht war, dass die Missionare eine für seine Untersuchung ebenso interessante Gemeinschaft darstellten wie die indigene Bevölkerung.[47]

Ein einflussreiches Programm für eine Anthropologie des Kolonialismus stammte von John und Jean Comaroff, deren Untersuchung des Missionsprojektes unter den Tswana die Missionare in ihrem Verhältnis zu den Spannungen in der englischen Gesellschaft verortet, aus der sie stammten, als auch innerhalb des südafrikanischen Spannungsfeldes – zwischen Regierung, Siedlern und Missionaren –, mit dem sie zu tun hatten. Es geht den Comaroffs nicht einfach um die Mission als soziales Gebilde, sondern um die Langzeitwirkung der Erfahrung, besonders um das Einsickern neuer Diskurse und Praktiken in das Alltagsleben. Dadurch wurden Vorstellungen wie Alter und Verwandtschaft für Tswana weniger nützlich als Anleitungen zur alltäglichen Interaktion, und neuartige Beziehungen zwischen Individuen und den Institutionen der Mission, zwischen Menschen

---

47 Thomas O. Beidelmann, *Colonial Evangelism: A Socio-historical Study of an East African Mission at the Grassroots*, Bloomington (IN) 1982.

und Waren, zwischen Menschen und dem Arbeitsmarkt wurden Teil des normalen Lebens. Die Comaroffs haben größere Schwierigkeiten, historische Quellen zu nutzen, um zu zeigen, wie Tswana-Formen der Selbstdarstellung sich tatsächlich änderten, als die Absichten und Wahrnehmungen der Missionare zu dokumentieren; es ist nicht klar, wie weit die »Kolonisierung des Kopfes« jenseits der Köpfe der Missionare reichte.[48] Doch die Verwurzelung dieses Projektes in vielfältigen Kontexten und Interaktionen – die alle mit Machtbeziehungen, mit Konflikten über rassische und kulturelle Unterscheidungen aufgeladen sind – verweist auf Schlüsselthemen im Zuge des Wiederauflebens einer Ethnologie des Kolonialismus.[49]

Dieses Forschungsfeld wurde stark von Michel Foucault beeinflusst, und viele Diskussionen drehten sich um die Frage, wie und in welchem Ausmaß die Formen der »Gouvernementalität«, die er als charakteristisch für das moderne Europa betrachtete, auf einem Feld der Macht ausgearbeitet wurden, das sowohl Metropolen wie auch Kolonien einschloss. Das Verständnismuster, mit dem die kolonisierenden Regime ihre Untertanen zählten und beschrieben, schloss an Institutionen wie die Volkszählung an und perfektionierte sie, entwickelte aber auch spezifisch koloniale Klassifikationsweisen – den Stamm, die Kaste. Foucault und seine Nachfolger haben zu einer weitreichenden Diskussion darüber beigetragen, was Macht bedeutet, aber wie weit man mit diesem Ansatz gehen will, ist eine offene Frage geblieben. Wenn Foucault Macht als »kapillarisch« betrachtete, so lässt sich wohl sagen, dass sie in den meisten kolonialen Kontexten arteriell war – stark in der Nähe der Knotenpunkte kolonialer Autorität, weniger fähig, ihr diskursives Raster anderswo durchzusetzen, oft wenig daran interessiert, allzu viel Wissen über ihre Untertanen zu erhalten oder weiterzugeben. Die Kolonialherrschaft hing in vielen Kontexten _nicht_ davon ab, den individuellen Untertan im Rahmen der Kategorien des Staates versteh-

---

48 Jean Comaroff/John Comaroff, _Of Revelation and Revolution_, 2 Bde., Chicago 1991, 1997; siehe auch den von ihnen herausgegebenen Sammelband _Ethnography and the Historical Imagination_, Boulder (CO) 1992. Eine wichtige Rezension ist Paul Landau, »Hegemony and History in Jean and John Comaroff's _Of Revelation and Revolution_«, in: _Africa_ 70 (2000): 501–519.

49 Sammelbände, die die neue koloniale Ethnologie und Geschichtsschreibung erschließen, sind: Nicholas Dirks (Hg.), _Colonialism and Culture_, Ann Arbor 1992; und Cooper/Stoler, _Tensions of Empire_; nützliche Rezensionsartikel sind Peter Pels, »Anthropology of Colonialism: Culture, History, and the Emergence of Western Governmentality«, in: _Annual Review of Anthropology_ 26 (1997): 163–183; und Andrew Apter, »Africa, Empire, and Anthropology: A Philological Exploration of Anthropology's Heart of Darkness«, in: _Annual Review of Anthropology_ 28 (1999): 577–598.

bar zu machen, sondern von einer kollektivierten und verdinglichten Vorstellung von traditionaler Autorität. Als französische und britische Beamte nach dem Zweiten Weltkrieg beschlossen, in Umkehr der früheren Politik eine afrikanische Arbeiterklasse zu schaffen, und dazu die in Europa entwickelten Mechanismen der industriellen Beziehungen und des Sozialstaates einsetzten, hatten sie mit einem großen Hindernis in Gestalt des Fehlens von Einwohnerregistern und anderer Instrumente zu kämpfen, die Spur des individuellen Körpers zu verfolgen und den sozialen Körper zu verstehen. Bestrebungen, den Bereich abzustecken, in dem sich das »moderne Subjekt« tatsächlich auffinden ließ, erweiterten die Bruchstellen innerhalb der kolonialen Gesellschaften – zwischen Arbeitern und Nicht-Arbeitern, zwischen Stadt und Land. Soweit die an Foucault anschließenden Ansätze eine Debatte über solche Fragen erlauben, haben sie sich als nützlich erwiesen, aber wenn die gesamte Erfahrung der Kolonisatoren des 19. und 20. Jahrhunderts in ein Konzept von »kolonialer Gouvernementalität« oder »kolonialer Moderne« gestopft werden soll, dann verschleiert dieser Versuch mehr als er offen legt. Ebenso wichtig ist es zu bedenken, ob der Foucault'sche Ansatz angemessene Instrumente bereitstellt, um die Ablenkungsmanöver, Uminterpretationen und Neukonfigurationen zu verstehen, zu denen einheimische Völker die kolonialen Machtsysteme zwangen.[50]

Wenn das, was an kolonialen Gesellschaften kolonial war, einer älteren Generation von Wissenschaftlern selbstverständlich zu sein schien, so ist es für die neue Generation zum zentralen Problem geworden. Ann Stoler hat gezeigt, dass die gesellschaftliche Reproduktion sowohl das Kernproblem kolonialer Gesellschaften als auch einen Schlüsselindikator für die Variabilität kolonialer Regime darstellte. Die Unterscheidung zwischen Kolonisator und Kolonisiertem war keineswegs selbstverständlich, sondern

---

50 Ein Beispiel für die Benutzung des Begriffs der Gouvernementalität in einer Weise, die die historische Besonderheit der unterschiedlichen Kolonisierungsregime verfehlt, ist David Scott, »Colonial Governementality«, in: *Social Text* 43 (1995): 191–220. Zur weiteren Diskussion und Anwendung Foucault'scher Ansätze siehe Pels, »Anthropology of Colonialism«; Bernard Cohn, *An Anthropologist among Historians and Other Essays*, Delhi 1987; Vicente Rafael, *Contracting Colonialism: Translation and Christian Conversion in Tagalog Society under Early Spanish Rule*, Ithaca (NY) 1988; Timothy Mitchell, *Colonizing Egypt*, Berkeley (CA) 1991. Stoler, *Race and the Education of Desire*, enthält eine besonders ausführliche und besonnene Auseinandersetzung, während Vaughan, *Curing Their Ills*, besonders kritisch ist. Zu den Grenzen kolonialen Wissens über soziale Fragen siehe Cooper, *Decolonization and African Society*.

musste beständig reproduziert werden. Das veranlasste die Kolonialregime, relativ kleinen Personengruppen an den entscheidenden Bruchstellen außerordentliche Aufmerksamkeit zu widmen:»rassisch gemischten« Kindern, Kolonisatoren, den»Verbuschten«. In manchen Situationen konnte ein männlicher Siedler, Händler, Militär oder Beamter in der kolonialen Gesellschaft einen Bereich erblicken, wo er seine männlichen Privilegien ausleben konnte, ohne auf die Folgen achten zu müssen. Doch im späten 19. Jahrhundert unterwarfen Bewegungen in den europäischen Kolonien, die sich für einen stärker regulierten Kolonialismus aussprachen, im Einklang mit den bürgerlichen Tugenden die sexuellen und reproduktiven Dimensionen der Kolonisierung einer Reihe von Kontrollen und Sanktionen.[51]

Wie ich an anderer Stelle gezeigt habe, verwandelte sich im weiteren Verlauf des 20. Jahrhunderts die französische und britische Gleichgültigkeit gegenüber der Frage, wie die Arbeitskraft reproduziert wurde – eine Aufgabe, die sich in die ländlichen Dörfer abschieben ließ, die von ihren spezifischen und wenig verstandenen kulturellen Mustern geprägt waren –, in eine regelrechte Besessenheit davon, eine Arbeiterklasse»der richtigen Sorte« zu reproduzieren. Zu diesem Zweck mussten die Familien der männlichen Lohnarbeiter aus ihren vermeintlich primitiven Kontexten herausgeholt und in Örtlichkeiten in der Nähe der Arbeitsplätze gebracht werden, wo die Arbeiter und ihre Kinder gezielt akkulturiert und überwacht werden konnten. Diese Wendung konnte Fragen darüber aufwerfen, warum ein spezifisch koloniales Kontrollsystem nötig war, wenn afrikanische Männer, Frauen und Kinder derselben Art von regulatorischem Regime unterworfen wurden wie jene in Frankreich und Großbritannien – und diese Frage traf in dem Jahrzehnt nach dem Zweiten Weltkrieg ins Herz der kolonialen Frage überhaupt.[52]

---

51 Ann Stoler,»Sexual Affronts and Racial Frontiers: European Identities and the Cultural Politics of Exclusion in Colonial Southeast Asia«, in: Cooper/Stoler, *Tensions of Empire*, 198–237. Einige der zahlreichen Beispiele für Studien über soziales Geschlecht und Reproduktion in kolonialen Situationen sind Lora Wildenthal,»Race, Gender, and Citizenship in the German Colonial Empire«, in: Cooper/Stoler, *Tensions of Empire*, 283–286; Julia Clancy-Smith/Frances Gouda (Hg.), *Domesticating the Empire: Race, Gender, and Family Life in French and Dutch Colonialism*, Charlottesville (VA) 1998.

52 Cooper, *Decolonization and African Society*. Andere Arbeiten im Bereich der neuen kolonialen Geschichte speziell zu Frankreich sind Isabelle Merle, *Expériences coloniales: La Nouvelle-Calédonie. 1853–1920*, Paris 1995; Alice Conklin, *A Mission to Civilize: The Republican Idea of Empire in France and West Africa, 1895–1930*, Stanford (CA) 1997; und Elizabeth

Wenn eine Zeit lang die Erforschung des Widerstandes die Erforschung dessen überschattete, gegen das sich der Widerstand richtete, so konzentrieren sich einflussreiche Strömungen jetzt auf die Komplexität und gegenseitige Konstituierung beider Phänomene. Die einflussreichsten Arbeiten stammen von dem Kollektiv der *Subaltern Studies* indischer Historiker. Unter dem Einfluss von Foucault und Gramsci und in Auflehnung sowohl gegen die nationalistische wie die marxistische Tradition in der indischen Geschichtsschreibung haben sie erforscht, wie die Einführung einer bestimmten Spielart von kolonialer Gouvernementalität in Indien bereits die Bedingungen geprägt hat, unter denen Wissen erworben und organisiert werden konnte. Sie haben auch versucht aufzuzeigen, dass es ein sehr viel reichhaltigeres Spektrum oppositioneller Bewegungen und Denkströmungen gegeben hat, als die kolonialen, aber auch die nationalistischen Eliten zu sehen und anzuerkennen in der Lage waren. In den Worten von Ranajit Guha hat die besondere Form der Macht in kolonialen Situationen – er bezeichnet dies als Herrschaft ohne Hegemonie – zur Entstehung einer besonderen Form subalterner Politik geführt, in der gerade der nicht-hegemoniale Charakter des Staates subalternen Gruppen ein erhebliches Maß an Autonomie ermöglichte. Derartige Argumente sind anregend, aber nicht überzeugend: Die Kolonialregime des 19. und 20. Jahrhunderts besaßen weder die Fähigkeit zur Zwangsherrschaft, die Guha ihnen zuschreibt, noch waren sie desinteressiert an hegemonialen Strategien, wie inkonsistent diese auch gewesen sein mögen. Die Geschichte der antikolonialen Politik lässt sich nicht so leicht in autonome Subalterne und kolonisierte Eliten aufspalten, die dann in gegensätzliche, durch die Kategorien der imperialen Herrscher abgegrenzte Bereiche geleitet worden wären; die Politik dieser Auseinandersetzung war komplexer. Die Vorstellung, dass eine nach-aufklärerische Rationalität den Rahmen definierte, in dem sich sowohl die Kolonialmacht wie die Opposition bewegen konnten, ist Ausdruck einer verengenden Lesart sowohl der europäischen wie der afro-asiatischen Geschichte und vor allem der Art und Weise, wie sie sich gegenseitig geprägt haben. Dennoch haben die von den Wissenschaftlern der Gruppe der *Subaltern Studies* ausgelösten Debatten – die unter indischen Historikern so dicht wie nach außen einflussreich waren – der Forschung

---

Thompson, *Colonial Citizens: Republican Rights, Paternal Privilege, and Gender in French Syria and Lebanon*, New York 2000.

über koloniale Gesellschaften eine Lebendigkeit beschert, die ihr vor 15 Jahren noch gefehlt hat.[53]

In erheblichem Ausmaß ist der frühere Schwerpunkt auf der politischen Struktur des kolonialen Staates und der Ökonomie der Imperien neuerdings in den Hintergrund gedrängt worden und einer Betonung kultureller Vorstellungen von Politik gewichen. Doch ist der koloniale Staat als Konstrukt und Gegenstand empirischer Forschung nicht verschwunden. Er bleibt Gegenstand beträchtlicher Aufmerksamkeit, aber noch immer auch der Verwunderung und Irritation. Einen Durchbruch stellte 1979 ein Aufsatz von John Lonsdale und Bruce Berman mit dem Titel »Coping with the Contradictions« dar.[54] Ihr Ausgangspunkt war die damals in der marxistischen Staatstheorie einflussreiche These, der Staat sei nicht bloß ein Instrument des Kapitals, sondern »halbautonom«. Nur ein Staat, der in der Lage sei, sich von den unmittelbaren Kapitalimperativen zu distanzieren, könne paradoxerweise die Bedingungen für eine geordnete Reproduktion des Kapitalismus schaffen. Er habe als Schiedsrichter bei Streitigkeiten zwischen den Fraktionen der kapitalistischen Klasse zu agieren und dafür zu sorgen, dass nicht allzu rüde Ausbeutung zu Konflikten führe, die bedrohlich für das System werden könnten. Ausgeweitet auf koloniale Situationen machte die Halbautonomie-These auf die Trennung zwischen dem imperialen Staat mit seinen Zentren in der Metropole und den kolonialen Staaten aufmerksam, die seine Ableger waren. Weder der Staat noch das Kapital waren demnach feste Einheiten; imperiale und koloniale Interessen konnten divergieren, und es konnte beträchtliche Spannungen geben. Und das Wichtigste war, dass der koloniale Staat in Beziehung zu unterschiedlichen Produktionsweisen stand, die jeweils von Menschen mit Leben erfüllt wurde, die sich voneinander unterschieden. Diese Unterscheidungen waren von zentraler Bedeutung, wenn eine klare Ordnung aufrechterhalten bleiben und das Kapital die Arbeitskräfte ausbeuten sollte, die es in den Kolonien vorfand. Diese Arbeitskraft war nicht einfach da, um genutzt zu werden; der Staat musste sich vielmehr bei den Interessen der einheimischen

---

53 Ranajit Guha/Gayatri Chakravorty Spivak (Hg.), *Selected Subaltern Studies*, New York 1988; Ranajit Guha, »Dominance without Hegemony and Its Historiography«, in: Ders. (Hg.), *Subaltern Studies VI: Writings on South Asian History and Society*, Delhi 1989: 210–309; Chakrabarty, *Provincializing Europe*. Zur Kritik an den *Subaltern Studies* aus afrikanistischer Perspektive siehe Frederick Cooper, »Conflict and Connection: Rethinking Colonial African History«, in: *American Historical Review* 99 (1994): 1516–1545.

54 John Lonsdale/Bruce Berman, »Coping with the Contradictions: The Development of the Colonial State in Kenya«, in: *Journal of African History* 20 (1979): 487–506.

Eliten einklinken, um Zugang zu der Arbeitskraft zu gewinnen, die das imperiale Kapital benötigte. Jeder koloniale Staat musste mit einem besonders komplexen System von Widersprüchen zurechtkommen, wenn dieser Staat den Interessen »seiner« wirtschaftlichen Akteure in einer durch Konkurrenz geprägten Weltwirtschaft gerecht werden wollte. Es wäre vereinfachend anzunehmen, dass koloniale Staaten diese Widersprüche wirklich sehr gut gehandhabt oder dass die Imperien ihre unterschiedlichen Teile effektiv integriert hätten. Dieser Ansatz eröffnet die Möglichkeit zur Erkundung einer Reihe von Strukturen, Strategien und Fähigkeiten solcher Staaten ebenso wie eines entsprechenden Spektrums von möglichen Resultaten.

Lonsdale und Berman haben dazu beigetragen, die politische Ökonomie aus der Sackgasse ihres bei der Staatsanalyse bis dahin vorherrschenden reduktionistischen Ansatzes herauszuführen. Ihr Ansatz ist mit eher Weberianischen und Foucault'schen Konzepten vereinbar und offen für das Nachdenken über kulturelle Idiome, in denen Macht ausgedrückt wird und umkämpft ist. Doch die Forschung über koloniale Staaten bringt noch immer eigentümlich holzschnittartige Ergebnisse hervor. Das belegen zwei der wichtigeren Überblicke aus der Feder von Politikwissenschaftlern. Crawford Young betrachtet in *The African State in Comparative Perspective* (1994) die kongolesische Bezeichnung für den brutalen Staat, *bula matari*, als exemplarisch für koloniale Staaten quer durch Zeit und Raum. Er verfehlt so grundlegende Formen, in denen koloniale Staaten ihre Regierungen und ihre Herrschaftsideologien in Auseinanderstzung mit ihren Untertanen neu konstituiert haben. Mahmood Mamdani meint in *Citizen and Subject* (1996), koloniale Regime hätten vor allem in den 1920er und 1930er Jahren durch »dezentralisierte Despotismen« geherrscht. Diese Strukturen hätten die Rahmenbedingungen dargestellt, innerhalb derer die Opposition zu agieren gezwungen war, so dass die Dekolonisierung zwar eine Entrassifizierung, nicht aber eine Detribalisierung mit sich brachte. Er hat gute Argumente für die Zwischenkriegszeit, aber er verfehlt das Ausmaß, in dem Afrikaner Netzwerke entwickelten, die diese Trennlinien durchschnitten, und vor allem unterschätzt er die Stärke der Forderungen nach Staatsbürgerschaft, die in den späten 1940er und 1950er Jahren geradezu explodierten. Anstelle eines kolonialen Erbes, das postkoloniale Strukturen determiniert, ist es aussagekräftiger – und tragischer –, den offenen Charakter jener historischen Situation zu betonen, ebenso wie die Schlüsse, die aus ihr gezogen wurden.[55] Doch die Problematik innerhalb der *colonial studies* ist grundlegender als diese Teilanalyse. Die Explosion der *colonial studies* in den 1980er und 1990er Jahren und besonders ihre Popularität in der Literaturwissenschaft waren sowohl irreführend als auch aufschlussreich, denn das Feld hat sich von der Analyse von Prozessen, die sich im Zeitverlauf entfalten, abgekoppelt. Eine noch größere Abstraktion – die Wendung von Balandiers Analyse der kolonialen Situation in eine »Kritik der Moderne« oder eine »Ethnographie der Moderne« – ist eine deutliche Abweichung, die die Identifizierung von Strukturen, Handlungsformen und Kausalitäten aus dem Blick verschwinden lässt (siehe Kapitel 1 und 5).

Koloniale Situationen: Erweiterung der Sicht auf das Imperium

Die Verknüpfung des Kolonialismus mit Moderne, nach-aufklärerischer Rationalität oder Liberalismus ist teilweise eine Konsequenz aus der Überbetonung, die innerhalb der *colonial/postcolonial studies* während der letzten beiden Jahrzehnte den Imperien des westlichen Europa im 19. und 20. Jahrhundert zuteil wurde. Britisch-Indien und Britisch- und Französisch-Afrika nehmen in dieser Literatur die privilegierten Plätze ein. Es gibt eine sehr reichhaltige Literatur über die iberischen Imperien seit dem 16. Jahrhundert, aber wie sie mit der Forschung über neuere Perioden zusammengeführt werden kann, ist weniger deutlich erkennbar. Imperien reproduzierten notwendig Differenz, aber sie reproduzierten nicht notwendig eine Unterscheidung in Selbst und Anderes. Imperiale Herrschaft bedeutete immer Befehlsgewalt, aber patrimoniale Autoritätsformen, Herrschaftssysteme, die korporative Strukturen innerhalb von Imperien anerkannten, Herrschaft durch ethnische Netzwerke und Gruppenstrukturen sowie die Rekrutierung von hochrangigem Verwaltungspersonal aus den unterworfenen Provinzen machen die Beziehung zwischen Herrschern und Beherrschten, Zugehörigen und Außenseitern durchaus komplizierter. Selbst die Geschichte des 19. und 20. Jahrhunderts lässt sich neu konfigurieren, wenn das Spektrum über die gängige Vorstellung des Imperialismus als

---

55 Crawford Young, *The African State in Comparative Perspective*, New Haven (Conn.) 1994; Mamdani, *Citizen and Subject*. Siehe die Debatte über Mamdanis Buch in *Politique Africaine* 73 (1999): 193–211.

Projektion des europäischen Staates hinaus ausgeweitet wird. Dass die Haitische Revolution neben der Französischen stehen sollte, weil sie sofort die Frage des Universums aufwarf, auf das die universellen Rechte anzuwenden waren – im metropolitanen Frankreich wie in Übersee –, bedeutet, eine radikalere Revision der Historiographie vorzuschlagen (siehe Kapitel 6).

Imperialismen bestanden in Beziehung zueinander. Die Interaktion war nicht nur eine Angelegenheit der hohen Diplomatie, sondern auch eine Frage, wie verbindende Ideologien und gesellschaftliche Normen transportiert wurden. Die Möglichkeiten, koloniale Gesellschaften zu organisieren, konnten in bestimmten Konstellationen scharfen Wendungen unterliegen. Nehmen wir das Ende des 19. Jahrhunderts als Beispiel. Man kann untersuchen, wie sich unterschiedliche imperiale Entwicklungslinien beim *scramble for Africa* gegenseitig überschnitten, oder aber die amerikanische Re-Kolonisierung der Philippinen und Puerto Ricos, die unabgeschlossenen Reformbestrebungen in den Reichen der Osmanen, Romanows und Habsburger, den Zusammenstoß des aufstrebenden japanischen Imperialismus mit der ins Stocken geratenen russischen Expansion und die Krisen des Chinesischen Reiches, das von außen bedrängt und von innen herausgefordert wurde. In ähnlicher Weise kann die Geschwindigkeit der Dekolonisierung in den 15 Jahren nach dem Zweiten Weltkrieg nur verstanden werden, wenn man dieses Phänomen in eine interaktive Konstellation auf breiter Stufenleiter einordnet.

Schließlich schufen Imperien Kreisläufe, in denen sich Personal, Waren und Ideen bewegten. Sie waren aber auch verwundbar, wenn Händler oder untergeordnete Beamte diese Ströme umlenkten. Imperien wurden von Kreisläufen durchschnitten, die sie nicht unbedingt kontrollieren konnten – etwa die ethnische Diaspora chinesischer Händler in Südostasien oder die Diasporen, die durch Imperialismus und Sklaverei gegründet wurden wie die Verbindungen, die Afro-Amerikaner quer durch die atlantische Welt geschaffen hatten. Benedict Anderson hat die Idee des Kreislaufs benutzt, um die Ursprünge kreolischer Nationalismen zu erklären, aber dies war nur eine Form der politischen Phantasie, die innerhalb der kolonialen Systeme und quer zu ihnen heranwuchs.[56] Die Meta-Erzählung des langfristigen Wechsels vom Imperium zur Nation unterliegt der Gefahr,

---

56 Anderson, *Die Erfindung der Nation.*

diese vielfältigen Formen politischer Phantasie zu einer Entwicklung mit einer einzigen Teleologie zu verfälschen.

Schlussfolgerung

Die koloniale Geschichte in der Ära der Dekolonisierung litt unter einer doppelten Blockade. Von den 1950er bis in die 1970er Jahre schloss die Idee der Modernisierung das Koloniale aus. In den 1980er und 1990er Jahren schloss die Idee der Moderne die Geschichte aus. Es waren die Hoffnungen auf die Schaffung einer neuen Zukunft, in der die Spezifizität von Balandiers Projekt von 1951 für eine Weile verschwunden ist. Der bittere Ausgang des französischen Kolonialismus in Algerien ebenso wie der Übergang eines modernisierenden Imperialismus in abhängige Souveränität in Afrika südlich der Sahara begünstigte die Nicht-Betrachtung, die das Ende der Imperien begleitete und die auf jenes folgte. Später verlagerte die Behandlung der Kolonisierung als hässlicher Widerschein der Moderne die Uneinheitlichkeit des Kolonisierungsprozesses und die kleinen, tiefgreifenden Folgen des Ausweichens, Ablenkens und Kämpfens innerhalb der kolonialen Territorien in eine vage bestimmte Meta-Geschichte. Die Situationen, in denen Menschen wirklich handelten, kamen nicht in den Blick.

Am meisten zu denken geben muss die folgende Dimension im Verhältnis der »neuen« wissenschaftlichen Literatur über koloniale Situationen zur »alten«: die Art, wie die neuen Ansätze die Position des Beobachters hinterfragen. Dabei geht es nicht einfach um soziale Befangenheit, sondern um die Art und Weise, wie Formen des Wissens und Vorstellungen von Wandel ihrerseits durch eine Geschichte geformt sind, in der der Imperialismus ein zentrales Element darstellt. Doch wer auf die wissenschaftliche Literatur der 1950er Jahre zurückblickt, kann nicht ihr politisches Engagement übersehen, das Gefühl unter Intellektuellen, dass das, was sie sagten, etwas ausmachte. Sie konnten versuchen, Diskurse neu zu gestalten, bestimmte Arten der Intervention kritisieren, Unterdrückung und Indifferenz dort, wo sie ihrer gewahr wurden, kennzeichnen, wo dies möglich war, politische und ökonomische Strukturen reformieren, auf die unbeabsichtigten Konsequenzen von Interventionen hinweisen und vor allem darauf beharren, dass die Organisation der Macht weltweit neu überdacht und überholt werden musste. Eine derartige Wissenschaft – ob Modernisierungstheorie oder Balandiers Konzept der kolonialen Situation – war ein Aufruf zum Handeln, und sie unterlag der Überprüfung und dem Widerspruch auf der Grundlage ihrer Einflüsse auf die wirkliche Welt und ihrer Konsequenzen. Heute ist es nicht so klar, was irgendjemand als nächstes tun soll, wenn man zunächst den Kolonialismus als den bösen Zwilling der nach-aufklärerischen Rationalität ausgemacht hat.

Auf den Aufsatz Balandiers von 1951 zurückzublicken, bedeutet, eine Ära wieder zu betreten, in der sich die Definition des Möglichen in der Weltpolitik fundamental veränderte. Kolonialimperien waren 1940 eine Tatsache des politischen Lebens. 1951 gab es vermehrt Zweifel an ihrer Normalität und ihrer Zukunft, und Kämpfe, die kolonialen Systeme zu bewahren, zu reformieren und zu beseitigen, waren vielerorts im Gange. Mit Beginn der 1960er Jahre hatte weltweit eine normative Transformation stattgefunden; das Kolonialimperium war keine legitime oder lebensfähige Form politischer Organisation mehr. Dieser Transformationsprozess erfasste nicht nur die politischen Strukturen, sondern gerade auch die Art und Weise, in der man über Menschen und Rollen sprechen und sie verstehen konnte. Extreme Formen der Definition von Menschen als hoffnungslos »Andere« tauchen immer noch auf, und sie liegen unter der Oberfläche eines Großteils der Berichterstattung von Medien wie auch wissenschaftlicher Diskussionen. Sie sind auch innerhalb Europas und der Vereinigten Staaten ebenso wie in den einstigen Kolonien hart umkämpft. Afrikaner sehen sich derweil der entgegengesetzten Gefahr gegenüber: sich der Sogwirkung von Konzepten eines generalisierten wirtschaftlichen und sozialen Verhaltens nicht entziehen zu können; dass von der individuellen Person oder dem individuellen Territorium erwartet wird, in einem offenen Weltmarkt und einem generalisierten System der Souveränität zu funktionieren, dessen Grundzüge als gegeben betrachtet werden und in dem Menschen und Regierungen entweder untergehen oder schwimmen müssen.[57] Aimé Césaire war dies schon 1956 klar geworden: »Es gibt zwei Wege, sich zu verlieren: durch ummauerte Segregation im Partikularen oder durch die Auflösung ins ›Universale‹«.[58]

---

57 Der bekannteste jüngere Versuch, Andersartigkeit zu einem Prinzip der internationalen Organisation zu machen, ist Samuel Huntington, *Kampf der Kulturen*. Dieser Text ist weniger bemerkenswert als Beschreibung eines Zusammenstoßes denn als Versuch, einen solchen herbeizuführen.

58 Aimé Césaire, *Lettre à Maurice Thorez*, Paris 1956: 15.

Balandiers Aufsatz von 1951 war ein Versuch, auf die Ungewissheit und Komplexität einer dynamischen Periode einzugehen. Afrikaner, so insistierte er, lebten nicht in tribalen Käfigen, aus denen sie sich nur zeitweilig und unter großen Risiken herauswagten. Sie lebten in einem System der Macht, die auf einer breiten territorialen Stufenleiter ausgeübt wurde und auf noch weiter reichende symbolische Ressourcen zugreifen konnte, aber sie manövrierten innerhalb dieses Systems und forderten es heraus. 50 Jahre später bewahrt Balandiers Beitrag die Lebenskraft einer Schrift, die sowohl engagiert als auch genau ist.

Teil II
Problematische Begriffe

3 Identität

(mit Rogers Brubaker)

»Das Schlimmste, was man mit Wörtern machen kann«, schrieb George Orwell vor einem halben Jahrhundert, »ist, vor ihnen zu kapitulieren.« Wenn Sprache »ein Instrument« sein soll, »dem Denken Ausdruck zu verleihen und es nicht zu verbergen oder zu verhindern«, so fuhr er fort, »dann sollte der Sinn sich das Wort suchen und nicht umgekehrt«.[1] Die These dieses Kapitels lautet, dass die Sozial- und Geisteswissenschaften vor dem Wort *Identität* kapituliert haben, dass dies intellektuell wie politisch kostspielig ist und dass wir es besser können. Wir argumentieren, dass *Identität* dazu tendiert, entweder (im starken Sinn) zu viel, dann (im schwachen Sinn) zu wenig und schließlich (einfach aufgrund ihrer Zweideutigkeit) überhaupt nichts zu bedeuten. Wir bilanzieren, was *Identität* begrifflich und theoretisch leisten soll, und behaupten, dass diese Arbeit von Begriffen übernommen werden könnte, die weniger zweideutig und nicht von den verdinglichenden Konnotationen belastet sind, die *Identität* aufruft.

Wir argumentieren, dass die vorherrschende konstruktivistische Position zu *Identität* – der Versuch, den Terminus aufzuweichen, ihn vom Vorwurf des Essentialismus durch die Festlegung zu befreien, dass Identitäten konstruiert, flüssig und vielfach sind – uns keinen Grund mehr lässt, überhaupt über Identitäten zu sprechen. Darüber hinaus sind wir dann schlecht ausgerüstet, um die »harte« Dynamik und die essentialistischen Forderungen der zeitgenössischen Identitätspolitik zu prüfen. Der »weiche« Konstruktivismus lässt es zu, dass mutmaßliche Identitäten sich vervielfachen. Doch mit ihrer Ausbreitung verliert der Terminus sein analytisches Gewicht. Wenn es Identität überall gibt, gibt es sie nirgends. Wenn sie flüssig ist – wie sollen wir verstehen, auf welchen Wegen Selbst-Verständnisse sich härten, gerinnen und auskristallisieren? Wenn sie konstruiert ist – wie sollen wir die manchmal zwingende Kraft externer Identifikationen verste-

---

1 George Orwell, »Politics and the English Language«, in: *Collected Essays*, New York 1953: 169 f.

hen? Wenn sie vielfach ist – wie sollen wir die schreckliche Singularität verstehen, die häufig von Politikern angestrebt und manchmal verwirklicht wird, die bloße Kategorien in einheitliche und exklusive Gruppen verwandeln? Wie können wir die Macht und das Pathos der Identitätspolitik verstehen?

Identität ist ein Schlüsselwort in der Alltagssprache der zeitgenössischen Politik, und die Gesellschaftsanalyse muss sich mit dieser Tatsache auseinandersetzen. Das ist aber kein Grund, der uns etwa dazu zwänge, »Identität« als analytische Kategorie zu benutzen oder Identitäten als etwas begrifflich zu fassen, was alle Menschen haben, konstruieren und aushandeln. Wenn wir alle Affinitäten und Mitgliedschaften, alle Formen der Zugehörigkeit, alle Erfahrungen von Gemeinschaftlichkeit, Verbundenheit und Zusammenhalt, alle Selbst-Verständnisse und Selbst-Identifikationen begrifflich in der Sprache der Identität fassen, dann belasten wir uns mit einem stumpfen, flachen und undifferenzierten Vokabular.

Es geht uns hier aber nicht darum, zu der laufenden Debatte über Identitätspolitik beizutragen.[2] Wir konzentrieren uns vielmehr auf Identität als analytische Kategorie. Dabei geht es nicht nur um Semantik und Terminologie. Wir meinen, dass Gebrauch und Missbrauch von *Identität* nicht nur die Sprache der Sozialanalyse betrifft, sondern – untrennbar davon – ihre Substanz. Sozialanalyse – einschließlich der Analyse von Identitätspolitik – erfordert relativ unzweideutige analytische Kategorien. Unabhängig von ihrer Überzeugungskraft, unabhängig von ihrer Unverzichtbarkeit in bestimmten praktischen Zusammenhängen ist *Identität* allzu zweideutig, allzu sehr zwischen »harten« und »weichen« Bedeutungen, essentialistischen Konnotationen und konstruktivistischen Einschränkungen hin und her gerissen, als dass sie den Anforderungen der Sozialanalyse genügen könnte.

---

2 Eine ausgewogene Kritik der Identitätspolitik leistet Todd Gitlin, *The Twighlight of Common Dreams: Why America Is Wracked by Culture Wars*, New York 1995, und eine ausgefeilte Verteidigung Robin D. G. Kelley, *Yo' Mama's Disfunktional!: Fighting the Culture Wars in Urban America*, Boston 1997. Ross Posnock, »Before and After Identity Politics«, in: *Raritan* 15 (Sommer 1995): 95–115, und David A. Hollinger, »Nationalism, Cosmopolitanism, and the United States«, in: Noah Pickus (Hg.), *Immigration and Citizenship in the Twenty-First Century*, Lanham (MD) 1998, meinen, die Identitätspolitik habe ihren Zenit überschritten.

Die »Identitäts«-Krise der Sozialwissenschaften

Identität und verwandte Termini in anderen Sprachen haben in der westlichen Philosophie eine lange Geschichte als technische Termini, die von den alten Griechen bis zur zeitgenössischen analytischen Philosophie reicht. Sie wurden benutzt, um die zeitlosen philosophischen Probleme der Dauer inmitten manifester Veränderung und der Einheit inmitten manifester Unterschiedlichkeit zu behandeln.[3] Der weit verbreitete umgangssprachliche und sozialanalytische Gebrauch von *Identität* ist jedoch sehr viel jünger und eher lokalen Ursprungs.

Zur Einführung von *Identität* in die Sozialanalyse und ihrer anfänglichen Verbreitung in den Sozialwissenschaften und im öffentlichen Diskurs kam es in den Vereinigten Staaten während der 1960er Jahre (mit einigen Vorläufern in der zweiten Hälfte der 1950er Jahre).[4] Die wichtigste und am besten bekannte Einfallsroute verlief über die Aneignung und Popularisierung des Werkes von Erik Erikson (der unter anderem auch dafür verantwortlich war, den Terminus *Identitätskrise* zu prägen).[5] Wie Philip Gleason jedoch gezeigt hat,[6] gab es auch andere Diffusionswege. Das Konzept der Identifikation wurde aus seinem ursprünglichen, spezifisch psychoanalytischen Kontext (wo der Terminus ursprünglich von Freud eingeführt wor-

---

3 Avrum Stroll, »Identity«, in: *Encyclopedia of Philosophy*, Bd. 4, New York 1967: 121–124. Eine zeitgenössische philosophische Darstellung ist Bartholomäus Böhm, *Identität und Identifikation: Zur Persistenz physikalischer Gegenstände*, Frankfurt am Main 1989. Zur wechselhaften Geschichte von »Identität« und verwandten Termini siehe W. J. M. Mackenzie, *Political Identity*, New York 1978: 19–27, und John D. Ely, »Community and the Politics of Identity: Toward the Genealogy of the Nation-State Concept«, in: *Stanford Humanities Review* 5 (1997): 76 ff.

4 Siehe Philip Gleason, »Identifying Identity: A Semantic History«, in: *Journal of American History* 69 (1983): 910–931. Die *Encyclopedia of the Social Sciences* aus den 1930er Jahren (New York 1930–1935) enthält keinen Eintrag zu »identity«, jedoch einen zu »identification«, der hauptsächlich Fingerabdrücke und andere Methoden der Markierung von Personen durch die Justiz behandelt (Thorstein Sellin, Bd. 7: 573–575). Die 1968 (New York) erschienene *International Encyclopedia of the Social Sciences* enthält einen Eintrag zu »identification, political«, von William Buchanan (Bd. 7: 57–61), der sich vorwiegend auf »die Identifikation einer Person mit einer Gruppe« bezieht – wozu Klasse, Partei, Religion zählen –, sowie einen weiteren zu »identity, personal« von Erik Erikson (Bd. 7: 61–65), dessen Schwerpunkt auf der »Rollenintegration« eines Individuums »in seine Gruppe« liegt.

5 Gleason, »Identifying Identity«, 914 ff.; zur Aneignung der Arbeiten von Erikson in der Politikwissenschaft siehe Mackenzie, *Political Identity*.

6 Gleason, »Identifying Identity«, 915–918.

den war) herausgelöst und einerseits mit Ethnizität verknüpft (durch Gordon Allports einflussreiches, 1954 erschienenes Buch *The Nature of Prejudice*), andererseits mit der soziologischen Rollentheorie und Referenzgruppentheorie (durch Leute wie Nelson Foote und Robert Merton). Die symbolisch-interaktionistische Soziologie, die sich von Beginn an mit dem »Selbst« befasste, sprach dann zunehmend von »Identität«, teilweise unter dem Einfluss von Anselm Strauss.[7] Einflussreicher bei der Popularisierung des Konzeptes waren Erving Goffman, der sich am Rande der symbolisch-interaktionistischen Tradition bewegte, und Peter Berger, der in den Traditionen des Sozialkonstruktivismus und der Phänomenologie stand.[8]

Aus verschiedenen Gründen stieß der Terminus *Identität* in den 1960er Jahren auf große Resonanz[9] und verbreitete sich schnell über die Grenzen von Disziplinen und Staaten hinweg. Er etablierte sich besonders im Vokabular von Journalismus und Wissenschaft und durchdrang die Sprache sowohl der gesellschaftlichen und politischen Praxis als auch der Gesellschafts- und Politik-Analyse. In Nordamerika bescherte das vorherrschende individualistische Ethos und Idiom der Auseinandersetzung mit Identitätsfragen eine besondere Prominenz und Resonanz, zumal im Kontext der Thematisierung der »Massengesellschaft« in den 1950er Jahren und der Generations-Rebellionen der 1960er Jahre. Und beginnend mit den späten 1960er Jahren – mit dem Aufkommen der Black Power-Bewegung und in der Folge anderer ethnischer Bewegungen, denen sie als Muster diente – wurden mit persönlicher Identität verknüpfte Anliegen und

---

7 Anselm Strauss, *Mirrors and Masks: The Search for an Identity*, Glencoe (IL.) 1959.

8 Erving Goffman, *Stigma: Notes on the Management of Spoiled Identity*, Englewood Cliffs (NJ) 1963; Peter Berger/Thomas Luckmann, *Die gesellschaftliche Konstruktion der Wirklichkeit: Eine Theorie der Wissenssoziologie*, übersetzt von Monika Plessner, Frankfurt am Main 1994 (Originalausgabe: *The Social Construction of Reality*, Garden City, NY 1966); Peter Berger/Brigitte Berger/Hansfried Kellner, *Das Unbehagen in der Modernität*, übersetzt von G. H. Müller, Frankfurt am Main/New York 1986 (Originalausgabe: *The Homeless Mind: Modernization and Consciousness*, New York 1973); Peter Berger, »Modern Identity: Crisis and Continuity«, in: Wilton S. Dillon (Hg.), *The Cultural Drama: Modern Identities and Social Ferment*, Washington 1974.

9 Wie Philip Gleason gezeigt hat, begann die Popularisierung des Terminus ein ganzes Stück vor den Turbulenzen Mitte und Ende der 1960er Jahre. Gleason führt diese anfängliche Popularisierung auf das Prestige und die kognitive Autorität zurück, die die Sozialwissenschaften Mitte des Jahrhunderts besaßen, zudem auf die Welle von Studien zu Nationalcharakteren während und nach dem Krieg und schließlich auf die Kritik an der Massengesellschaft während der Nachkriegszeit, wodurch die »Beziehung des Individuums zur Gesellschaft« neu problematisiert worden sei (»Identifying Identity«, 922 ff.).

Ansprüche, von Erikson bereits mit »kommunaler Kultur« verknüpft,[10] schnell, wenn auch etwas leichtfertig auf das Niveau von Gruppen übertragen. Die Ausweitung der auf Identität bezogenen Ansprüche, die in den Vereinigten Staaten erhoben wurden, wurde durch die vergleichsweise schwache institutionelle Position linker Politik in diesem Land und die damit einhergehende Schwäche auf Klassen bezogener Idiome sozialer und politischer Analyse wesentlich befördert. Wie zahlreiche Autoren bemerkt haben, kann Klasse selbst als Identität verstanden werden.[11] Wir möchten hier nur festhalten, dass die Schwäche der Klassen-Politik in den Vereinigten Staaten (im Vergleich zu Westeuropa) der Ausbreitung von Identitätsansprüchen ein besonders weites Feld bot. Bereits Mitte der 1970er Jahre hatte W. J. M. Mackenzie Anlass, Identität als ein Wort zu bezeichnen, dass »durch Überbeanspruchung in den Wahnsinn getrieben« worden sei, und Robert Coles konnte bemerken, dass die Konzepte Identität und Identitätskrise »die reinsten Klischees« geworden seien.[12] Das war aber nur der Anfang. Mit dem Aufstieg von Rasse, Klasse und sozialem Geschlecht zur »heiligen Dreifaltigkeit« der Literaturkritik und der *cultural studies*[13] stiegen die Geisteswissenschaften in den 1980er Jahren voll in dieses Metier ein. Und das »Reden über Identität« breitet sich – innerhalb wie außerhalb der Wissenschaft – bis heute weiter aus. Es gibt keine Anzeichen, dass die »Identitäts«-Krise – eine Krise der Überproduktion und damit der Entwertung von Sinn – etwa abflauen würde.[14]

---

10 Erikson charakterisierte Identität als »Prozeß [...], der *im Kern des Individuums* ›lokalisiert‹ ist und doch auch *im Kern seiner gemeinschaftlichen Kultur*, ein Prozeß, der [...] die Identität dieser beiden Identitäten begründet«. Siehe *Jugend und Krise: Die Psychodynamik im sozialen Wandel,* übersetzt von Marianne von Eckardt-Jaffé, Stuttgart 1974 (Originalausgabe: *Identity: Youth and Crisis,* New York 1968): 18 (Hervorhebung im Original). Dies war zwar eine relativ späte Formulierung, doch war die Verbindung bereits in Eriksons unmittelbar nach dem Krieg entstandenen Schriften hergestellt worden.

11 Siehe etwa Craig Calhoun, »New Social Movements in the Early Nineteenth Century«, in: *Social Science History* 17 (1993): 385–447.

12 Mackenzie, *Political Identity,* 11, zitiert ein Seminarpapier von 1974. Coles zit. nach Gleason, »Identifying Identity«, 913. Gleason bemerkt, dass das Problem bereits früher aufgefallen war: »Ende der 1960er Jahre war die terminologische Lage völlig außer Kontrolle geraten« (ebd.: 915). Erikson selbst beklagte die »wahllose« Verwendung von *Identität* und *Identitätskrise* in *Jugend und Krise,* 12.

13 Kwame Anthony Appiah/Henry Louis Gates, Jr., »Editors' Introduction: Multiplying Identities«, in: Dies. (Hg.), *Identities,* Chicago 1995: 1.

14 Man könnte auch von einer enger gefassten »Identitätskrisen-Krise« sprechen. Geprägt von Erikson und angewandt auf gesellschaftliche und politische Kollektive von Lucian

Qualitative ebenso wie quantitative Indikatoren weisen auf den zentralen Platz – und sogar die Unausweichlichkeit – von Identität als Topos hin. In den letzten Jahren wurden zwei neue interdisziplinäre Zeitschriften einschließlich Herausgebergremien mit Starbesetzung gegründet.[15] Und ganz abgesehen von der durchgängigen Beschäftigung mit Identität in Arbeiten über soziales Geschlecht, Sexualität, Rasse, Religion, Ethnizität, Nationalismus, Immigration, neue soziale Bewegungen, Kultur und »Identitätspolitik« sehen sich selbst diejenigen, deren Arbeiten sich *nicht* in erster Linie mit diesen Themen befassen, dazu veranlasst, die Frage der Identität zu behandeln. Eine Auswahl wichtiger Sozialtheoretiker und Sozialwissenschaftler, deren Hauptarbeitsgebiet *außerhalb* der traditionellen Heimatländer des Theoretisierens über Identität liegt, die aber dennoch in den letzten Jahren explizit über Identität geschrieben haben, umfasst Zygmunt Bauman, Pierre Bourdieu, Fernand Braudel, Craig Calhoun, S. N. Eisenstadt, Anthony Giddens, Bernhard Giesen, Jürgen Habermas, Claude Lévi-Strauss, Paul Ricoeur, Amartya Sen, Margaret Somers, Charles Taylor, Charles Tilly und Harrison White.[16]

Pye und anderen, hatte das Konzept der »Identitätskrise« seinen Start in den 1960er Jahren (zu Eriksons eigenen rückblickenden Überlegungen über die Ursprünge und Wechselfälle des Ausdrucks siehe das erste Kapitel von *Jugend und Krise*, 16 ff.). Krisen sind – ein Oxymoron – chronisch geworden; und die vermeintlichen Krisen der Identität haben sich so weit vervielfältigt, dass jegliche Bedeutung, die der Begriff einmal gehabt haben mag, zerstört wurde. Schon 1968 musste Erikson beklagen, der Ausdruck werde auf »ritualisierte« Weise verwendet (ebd.: 12).

15 *Identities: Global Studies in Culture and Power* erschien 1994 und »erkundet die Beziehung zwischen rassischen, ethnischen und nationalen Identitäten und den Machthierarchien in nationalen und globalen Arenen [...] [Die Zeitschrift] reagiert auf das Paradox unserer Zeit: das Wachstum einer globalen Ökonomie und transnationale Bevölkerungsbewegungen bringen kulturelle Praktiken der Unterscheidung und differenzierte Identitäten hervor oder perpetuieren sie« (Erklärung zu »Zielen und Reichweite« auf der zweiten Umschlagseite): *Social Identities: Journal for the Study of Race, Nation and Culture*, dessen erste Ausgabe 1995 erschienen ist, befasst sich mit »der Formation und den Transformationen sozial signifikanter Identitäten, den damit zusammenhängenden Formen materieller Exklusion und Macht sowie den politischen und kulturellen Möglichkeiten, die diese Identifikationen eröffnen« (Erklärung auf der zweiten Umschlagseite).

16 Zygmunt Bauman, »Soil, Blood and Identity«, in: *Sociological Review* 40 (1992): 675–701; Pierre Bourdieu, »L'Identité et la représentation: Éléments pour une réflexion critique sur l'idée de région«, in: *Actes de la recherche en sciences sociales* 35 (1980): 63–72; Fernand Braudel, *Frankreich*, 3 Bde., Stuttgart 1989–1990 (Originalausgabe: *L'identité de la France*, Paris 1980, 1986); Craig Calhoun, »Social Theory and the Politics of Identity«, in: Ders. (Hg.), *Social Theory and the Politics of Identity*, Oxford 1994: 9–36; S. N. Eisenstadt/ Bernhard Giesen, »The Construction of Collective Identity«, in: *Archives européennes de*

Kategorien der Praxis und Kategorien der Analyse

Viele Schlüsselwörter in den verstehenden Sozialwissenschaften und der Geschichte – etwa *Rasse*, *Nation*, *Ethnizität*, *Staatsbürgerschaft*, *Demokratie*, *Klasse*, *Gemeinschaft* und *Tradition* – sind gleichzeitig Kategorien sozialer und politischer *Praxis* und Kategorien sozialer und politischer *Analyse*. Unter *Kategorien der Praxis* verstehen wir im Anschluss an Bourdieu etwas Ähnliches wie das, was andere als *eingeborene* oder *Volks-* oder *Laien*-Kategorien bezeichnet haben. Es sind dies Kategorien der alltäglichen sozialen Erfahrung, die von gewöhnlichen sozialen Akteuren entwickelt wurden und angewandt werden, im Unterschied zu den erfahrungsfernen Kategorien aus dem Repertoire von Sozialanalytikern. Wir bevorzugen den Ausdruck *Kategorie der Praxis* gegenüber den genannten Alternativen, denn letztere implizieren eine relativ scharfe Unterscheidung zwischen eingeborenen, Volks- oder Laien-Kategorien auf der einen und wissenschaftlichen Kategorien auf der anderen Seite, während Konzepte wie Rasse, Ethnizität oder Nation sich durch eine enge reziproke Beziehung und gegenseitige Beeinflussung der praktischen und der analytischen Verwendungen auszeichnen.[17]

Auch Identität ist sowohl eine Kategorie der Praxis als auch eine Kategorie der Analyse. Als Kategorie der Praxis wird sie von »Laien«-Akteuren in manchen (nicht allen!) Alltagssituationen benutzt, um sich selbst und

---

sociologie 36, 1 (1995): 72–102; Anthony Giddens, *Modernity and Self-Identity: Self and Society in the Late Modern Age*, Cambridge/Oxford 1991; Jürgen Habermas, *Staatsbürgerschaft und rationale Identität: Überlegungen zur europäischen Zukunft*, St. Gallen 1991; Claude Lévi-Strauss (Hg.), Identität, Stuttgart 1980 (Originalausgabe: *L'identité*, Paris 1977); Paul Ricoeur, *Oneself as Another*, Chicago 1992; Amartya Sen, »Goals, Commitment and Identity«, in: *Journal of Law, Economics, and Organization* 2 (1985): 341–355; Margaret Somers, »The Narrative Constitution of Identity: A Relational and Network Approach«, in: *Theory and Society* 23 (1994): 605–649; Charles Taylor, *Multikulturalismus und die Politik der Anerkennung*, übersetzt von Reinhard Kaiser, Frankfurt am Main 1993 (Originalausgabe: *Multiculturalism and »The Poltics of Recognition«*, Princeton, NJ 1992); Charles Tilly, »Citizenship, Identity and Social History«, in: Ders. (Hg.), *Citizenship, Identity and Social History*, Cambridge 1996; Harrison White, *Identity and Control: A Structural Theory of Social Action*, Princeton (NJ) 1992: 1–17.

17 Wie Loïc Wacquant zu Rasse bemerkt, ist »der beständige Austausch zwischen Volks- und analytischen Konzepten, die unkontrollierte Vermischung des sozialen und des soziologischen Verständnisses von ›Rasse‹« »der Kategorie inhärent. Von Beginn an vermischte die kollektive Fiktion, die als ›Rasse‹ bezeichnet wird […] immer Wissenschaft mit Alltagsverstand und spielte mit der Komplizenschaft zwischen diesen beiden« (»For an Analytic of Racial Domination«, in: *Political Power and Social Theory* 11 [1997]: 222 f.).

ihre Aktivitäten zu verstehen sowie das zu bezeichnen, was sie mit anderen gemeinsam haben oder worin sie sich von ihnen unterschieden. Sie wird auch von politischen Akteuren benutzt, um Menschen dazu zu bringen, sich selbst, ihre Interessen und Nöte auf bestimmte Weise zu verstehen, um bestimmte Menschen davon zu überzeugen, dass sie (in bestimmter Hinsicht) »identisch« miteinander sind und sich zugleich von anderen unterscheiden, und um auf dieser Grundlage kollektives Handeln zu organisieren und zu rechtfertigen.[18] So ist der Terminus *Identität* in verschiedenen Formen sowohl mit dem Alltagsleben als auch mit der Identitätspolitik verwoben.

Das alltägliche Reden über Identität und Identitätspolitik ist ein reales und wichtiges Phänomen. Doch die große gegenwärtige Bedeutung von Identität als Kategorie der Praxis erfordert nicht ihre Benutzung als Kategorie der Analyse. Bedenken wir eine Analogie. *Nation* ist eine weithin benutzte Kategorie sozialer und politischer Praxis. Appelle und Forderungen namens vermeintlicher Nationen – etwa Forderungen nach Selbstbestimmung – sind ein zentraler Bestandteil der Politik seit 150 Jahren. Aber man braucht *Nation* nicht als politische Kategorie zu benutzen, um solche Appelle und Forderungen zu verstehen. Man muss nicht eine Kategorie, die der *Praxis* des Nationalismus innewohnt – die realistische, verdinglichende Vorstellung von Nationen als wirklichen Gemeinschaften – aufnehmen und daraus eine zentrale Kategorie der *Theorie* des Nationalismus machen.[19] Und man ist auch nicht gezwungen, *Rasse* als Kategorie der Analyse zu verwenden – was das Risiko enthält, als selbstverständlich zu unterstellen, dass es Rasse wirklich gibt –, um soziale und politische Praktiken zu verstehen und zu analysieren, die sich an der Annahme der Existenz vermeintlicher Rassen orientieren.[20] Genau so, wie man »Reden über die Nation« und nationalistische Politik analysieren kann, ohne die Exis-

---

18 Zu ethnischen Identitäts-Unternehmern siehe Barbara Lal, »Ethnic Identity Entrepreneurs: Their Role in Transracial and Intercountry Adoptions«, in: *Asian Pacific Migration Journal* 6 (1997): 385–413.

19 Das ist weiter ausgeführt bei Rogers Brubaker, *Nationalism Reframed*, Cambridge 1996: Kap. 1.

20 Mara Loveman, »Is ›Race‹ Essential? A Comment on Bonilla-Ailva«, in: *American Sociological Review* 64 (1999): 891–898; siehe auch Wacquant, »For an Analytic of Racial Domination«; Rupert Taylor, »Racial Terminology and the Question of ›race‹ in South Africa«, unveröff. Ms., 7; und Max Weber, *Wirtschaft und Gesellschaft*, 5. Aufl., Tübingen 1985: 236 ff., für eine frappierend moderne Argumentation, die den analytischen Nutzen von Konzepten wie Rasse, ethnische Gruppe und Nation hinterfragt.

tenz von Nationen zu behaupten, oder »Reden über Rasse« und rassenorientierte Politik, ohne die Existenz von Rassen zu unterstellen, kann man auch »Reden über Identität« und Identitätspolitik analysieren, ohne als Analytiker die Existenz von Identitäten vorauszusetzen. Verdinglichung ist ein sozialer Prozess, nicht einfach eine intellektuelle Praxis. Als solcher spielt sie für die Politik von Ethnizität, Rasse, Nation und anderer vermeintlicher Identitäten eine zentrale Rolle. Will man diese Art von Politik analysieren, so sollte man versuchen, diesen Prozess der Verdinglichung zu *erklären*. Wir sollten bestrebt sein, die Prozesse und Mechanismen zu erklären, durch die das, was als »politische Fiktion« der Nation – oder der ethnischen Gruppe, Rasse oder einer anderen vermeintlichen Identität – bezeichnet worden ist, sich in bestimmten Momenten zu einer mächtigen, Zwang ausübenden Realität auskristallisieren kann.[21] Aber wir sollten es vermeiden, unabsichtlich derartige Verdinglichungen dadurch zu *reproduzieren* und zu *verstärken*, dass wir die Kategorien der Praxis als Kategorien der Analyse übernehmen.

Gewiss disqualifiziert allein der Gebrauch eines Terminus als Kategorie der Praxis diesen noch nicht als Kategorie der Analyse.[22] Sonst wäre der Wortschatz der Sozialanalyse sehr viel ärmer und künstlicher als er ist. Das Problem liegt nicht darin, *dass* ein bestimmter Terminus benutzt wird, sondern *wie* er benutzt wird. Wie Wacquant im Hinblick auf *Rasse* argumentiert hat, liegt das Problem in der »unkontrollierten Vermengung von sozialen und soziologischen [...] [oder] Volks- und analytischen Verstehensweisen«.[23] Das Problem besteht darin, dass *Nation, Rasse* und *Identität* analytisch recht häufig mehr oder weniger so benutzt werden, wie sie auch in der Praxis Verwendung finden – also auf eine mehr oder weniger verdinglichende Art und Weise, die impliziert oder behauptet, dass Nationen,

---

21 Zur Nation als politische Fiktion siehe Louis Pinto, »Une fiction politique: La nation«, in: *Actes de la recherche en scoences sociales* 64 (Sept. 1986): 45–50, eine an Bourdieu orientierte Würdigung der Forschungen des bedeutenden ungarischen Historikers Jeno Szucs zum Nationalismus. Über Rasse als kollektive Fiktion siehe Wacquant, »For an Analytic of Racial Domination«, 222°f. Das Schlüsselwerk von Bourdieu in diesem Bereich ist »L'identité et la répresentation«, teilweise auf Englisch übersetzt in: Bourdieu, *Language and Symbolic Power*, übersetzt von John B. Thompson, Cambridge (MA) 1991.

22 Selbst Durkheims kompromisslos objektivistisches soziologisches Manifest schreckt vor dieser extremen Position zurück, siehe *Die Regeln der soziologischen Methode*, Kap. 2.

23 Wacquant, »For an Analytic of Racial Domination«, 222. Siehe auch Wacquants Kritik am Begriff der Unterklasse in »L'*underclass* urbaine dans l'imaginaire social et scientifique américain«, in: Serge Paugam (Hg.), *L'exclusion: L'état des savoirs*, Paris 1996: 248–262.

Rassen und Identitäten existieren und dass Menschen eine Nationalität, Rasse, Identität »haben«.

Man mag einwenden, dass wir neuere Bemühungen übersehen, die Verdinglichung von Identität dadurch zu vermeiden, dass Identitäten theoretisch als vielfältig, fragmentiert und flüssig gefasst werden.[24] Der Essentialismus wurde in der Tat vehement kritisiert, und konstruktivistische Gesten begleiten jetzt die meisten Diskussionen über Identität.[25] Wir treffen jedoch häufig auf ein unglückliches Amalgam zwischen konstruktivistischer Sprache und essentialistischer Argumentation.[26] Es geht hier nicht um intellektuelle Nachlässigkeit. Vielmehr kommt hier die doppelte Orien-

---

24 Ein konsequentes und einflussreiches Beispiel ist Judith Butler, *Das Unbehagen der Geschlechter*, übersetzt von Kathrina Menke, Frankfurt am Main 1991 (Originalausgabe: *Gender Trouble: Feminism and the Subversion of Identity*, New York 1990).

25 Calhoun, »Social Theory and the Politics of Identity«.

26 Eduardo Bonilla-Silva geht beispielsweise von einer tadellos konstruktivistischen Charakteristik rassifizierter sozialer Systeme als »Gesellschaften […], die teilweise dadurch strukturiert sind, dass Akteure in rassische Kategorien eingeordnet werden«, zu der Behauptung über, dass eine solche Einordnung »bestimmte soziale Beziehungen zwischen den Rassen bewirkt«, wobei »die Rassen« als wirkliche soziale Gruppen mit unterschiedlichen objektiven Interessen charakterisiert werden (»Rethinking Racism: Toward a Structural Interpretation«, in: *American Sociological Review* 62 [1996]: 469 f.). In ihrem einflussreichen Buch *Racial Formation in the United States*, 2. Aufl., New York 1994, bemühen sich Michael Omi und Howard Winant darum, konstruktivistischer zu sein. Aber auch sie bleiben ihrer konstruktivistischen Definition von Rasse als ein »instabiler und ›dezentrierter‹ sozialer Bedeutungskomplex, der beständig durch politische Kämpfe transformiert wird […] [und als] ein Konzept, das soziale Konflikte und Interessen *bezeichnet* und symbolisiert, indem es auf unterschiedliche Typen menschlicher Körper verweist« (55), nicht treu. Die historischen Erfahrungen »weißer europäischer« Einwanderer, so argumentieren sie, waren und bleiben grundlegend unterschieden von jenen »rassischer Minderheitengruppen« (dazu gehören Latinos und asiatische Amerikaner ebenso wie Afro-Amerikaner und Indianer); das »Ethnizitäts-Paradigma« ist auf erstere anwendbar, jedoch – wegen seiner »Vernachlässigung von Rasse *per se*« – nicht auf letztere (14–23). Diese scharfe Unterscheidung zwischen ethnischen und rassischen Gruppen übersieht die – inzwischen in der historischen Literatur gut belegte – Tatsache, dass die Weißheit verschiedener europäischer Einwanderergruppen erst nach einer Anfangsperiode erreicht wurde, während derer sie häufig in rassischen oder rassenähnlichen Kategorien als nicht-weiß eingeordnet wurden; sie vernachlässigt auch das, was man als Entrassifizierungsprozess bei manchen Gruppen bezeichnen könnte, die Omi und Winant als grundlegend rassisch betrachten. Zu ersteren siehe James R. Barnett/David Roediger, »In-between Peoples: Race, nationality and the ›New Immigrant‹ Working Class«, in: *Journal of American Ethnic History* 16 (1997): 3–44; zu letzteren siehe Joel Perlman/Roger Waldinger, »Second Generation Decline? Children of Immigrants, Past and Present – a Reconsideration«, in: *International Migration Review* 31 (Winter 1997): 903 ff.

tierung vieler wissenschaftlicher Identitätsapostel sowohl als *Analytiker* als auch als *Praktiker* von Identitätspolitik zum Ausdruck. Hier zeigt sich die Spannung zwischen der konstruktivistischen Sprache, die von der akademischen Korrektheit gefordert wird, und der fundamentalistischen oder essentialistischen Botschaft, die erforderlich ist, damit die Appelle an Identität praktische Wirkung zeitigen.[27] Und die Lösung liegt auch nicht in einem verstärkten Konstruktivismus, denn es ist nicht einzusehen, warum das, was routinemäßig als »vielfältig, fragmentiert und flüssig« charkterisiert wird, überhaupt als Identität aufgefasst werden soll.

Der Gebrauch von Identität

Was meinen Wissenschaftler, wenn sie über Identität reden? Welche begriffliche Leistung wird von dem Terminus erwartet, und was soll er erklären? Das ist abhängig vom Kontext seines Gebrauchs und der theoretischen Tradition, von dem sich die jeweilige Anwendung ableitet. Der Terminus ist reichlich – für einen analytischen Begriff geradezu hoffnungslos – zweideutig:

1. Verstanden als Boden oder Basis sozialen oder politischen Handelns, wird *Identität* häufig *Interesse* gegenübergestellt, um so *nichtinstrumentelle* Formen sozialen und politischen Handelns hervorzuheben und begrifflich zu fassen.[28] Mit etwas anderer analytischer Betonung wird sie benutzt, um diejenige Art und Weise zu unterstreichen, in der – individu-

---

27 Walter Benn Michaels hat argumentiert: »Es gibt keine anti-essentialistischen Analysen von Identität [...] [D]er Essentialismus steckt nicht in der Beschreibung der Identität, sondern in dem Versuch, die Praxis aus der Identität abzuleiten – *wir tun dies, weil wir dies sind*. Der Anti-Essentialismus muss daher die Form annehmen, nicht verfeinerte Analysen der Identität hervorzubringen (das hieße verfeinerte Essentialismen), sondern damit aufzuhören, das, was Menschen tun oder tun sollen, unter Rückgriff auf das zu erklären, was sie sind und/oder zu welcher Kultur sie gehören (»Race into Culture: A Critical Genealogy of Cultural Identity«, in: Appiah/Gates, *Identities*, 61n). Man beachte jedoch die wesentliche Vermischung zwischen »tun« und »tun sollen« am Ende des Zitats. Der Essentialismus steckt, ohne Michaels komplett zu verwerfen, weniger in dem »Versuch, [im Erklärungsmodus] die Praxis aus der Identität abzuleiten«, als vielmehr in dem Versuch, die Praxis auf der Grundlage *askriptiver* Identität *vorzuschreiben*: Du *musst dies tun, weil du dies bist*.

28 Siehe beispielsweise Jean L. Cohen, »Strategy or Identity: New Theoretical Paradigms and Contemporary Social Movements«, in: *Social Reserach* 52 (1985): 663–716.

elles oder kollektives – Handeln durch *partikularistisches Selbstverständnis* anstelle eines *vermeintlich universellen Eigeninteresses* bestimmt wird.[29] Dies ist vermutlich der am weitesten verbreitete Gebrauch des Terminus; er tritt häufig mit anderen Verwendungsarten auf. Er verbindet drei verwandte, aber unterschiedliche Kontrastierungen bei der begrifflichen Fassung und Erklärung von Handlungen: die erste zwischen Selbstverständnis und (eng verstandenem) Eigeninteresse;[30] die zweite zwischen Partikularität und (vermeintlicher) Universalität; die dritte zwischen zwei Arten, soziale Orte zu konstruieren. Viele (aber nicht alle) Stränge des identitären Theoretisierens verstehen soziales und politisches Handeln als entscheidend geprägt durch die Positionierung im sozialen Raum. Darin sind sie sich mit vielen (aber wiederum nicht allen) Strängen der universalistischen, instrumentalistischen Theorieansätze einig. *Sozialer Ort* bedeutet jedoch in beiden Fällen etwas recht Unterschiedliches. Für das identitäre Theoretisieren bedeutet dies die Position in einem multidimensionalen Raum, der durch *partikularistische kategoriale Attribute* (Rasse, Ethnizität, soziales Geschlecht, sexuelle Orientierung) definiert ist. Für instrumentalistisches Theoretisieren bedeutet es die Position in einer *universalistisch konzipierten Sozialstruktur* (etwa Position im Markt, in der Berufswelt oder die Produktionsweise).

2. Im Verständnis als ein spezifisch *kollektives* Phänomen bezeichnet *Identität* eine grundlegende und folgerichtige *Gleichartigkeit* zwischen den Mitgliedern der Gruppe oder Kategorie. Das lässt sich objektiv verstehen (als Gleichartigkeit »an sich«) oder in subjektiver Hinsicht (als erfahrene, gefühlte oder wahrgenommene Gleichartigkeit). Von dieser Gleichartigkeit wird erwartet, dass sie sich in Solidarität niederschlägt, in gemeinsamen Stimmungen oder Bewusstseinsinhalten oder in kollektivem Handeln. Dieser Gebrauch findet sich besonders in der Lite-

---

29 Somers, »The Narrative Constitution of Identity«.

30 Diese Gegenüberstellung ist abhängig von einer engen Fassung der Kategorie des »Interesses«, einem Fokus, der auf Interessen beschränkt ist, die sich unmittelbar aus der Sozialstruktur ableiten lassen (siehe etwa ebd.: 624). Wenn Interesse dagegen als kulturell oder diskursiv konstituiert aufgefasst wird, also abhängig von der diskursiven *Identifikation* von Interessen und (grundlegender) von Einheiten als Trägerinnen dieser Interessen, die »*in* der Zeit und *über* die Zeit hinweg konstituiert und neu konstituiert« werden, wie im Fall der narrativen Identitäten in Somers' Analyse, so verliert diese Gegenüberstellung viel von ihrer Überzeugungskraft.

ratur über soziale Bewegungen,[31] soziales Geschlecht[32] sowie Rasse, Ethnizität und Nationalismus.[33] In diesem Sprachgebrauch wird die Trennlinie zwischen Identität als Kategorie der Analyse und als Kategorie der Praxis häufig verwischt.

3. Im Verständnis als Kernaspekt (individueller oder kollektiver) Persönlichkeit (*selfhood*) oder als fundamentale Bedingung sozialer Existenz wird Identität beschworen, um auf etwas angeblich *Tiefes, Elementares, Bleibendes* oder *Fundamentales* zu verweisen. Dies wird von mehr oberflächlichen, zufälligen, flüchtigen oder kontingenten Aspekten des Selbst unterschieden und als etwas verstanden, das wertgeschätzt, kultiviert, unterstützt, anerkannt und bewahrt werden sollte.[34] Dieser Sprachgebrauch ist für bestimmte Stränge der psychologischen (oder psychologisierenden) Literatur charakteristisch, besonders soweit sie von Erikson beeinflusst ist.[35] Er taucht aber auch in der Literatur über Rasse, Ethnizität und Nationalismus auf. Auch hier verschmelzen der praktische und der analytische Gebrauch von Identität häufig miteinander.

4. Im Verständnis als Produkt sozialen oder politischen Handelns wird Identität benutzt, um die *prozessorientierte, interaktive* Entwicklung der Art kollektiven Selbstverständnisses, von Solidarität oder Gruppenzusammenhalt hervorzuheben, die kollektives Handeln möglich machen. In diesem Sprachgebrauch, der in gewissen Strängen der Literatur über soziale Bewegungen vorkommt, wird Identität sowohl als *kontingentes*

---

31 Alberto Melucci, »The Process of Collective Identity«, in: Hank Johnston/Bert Klandermans (Hg.), *Social Movements and Culture*, Minneapolis 1993.

32 Ein Großteil der neueren Arbeiten über soziales Geschlecht hat natürlich die Vorstellung, Frauen teilten eine grundlegende Gleichartigkeit, als essentialistisch kritisiert. Manche Stränge in der Gruppe der neueren Arbeiten gehen aber dennoch von der Gleichartigkeit einer Gruppe aus, die durch die *Überschneidung* zwischen sozialem Geschlecht und anderen kategorialen Attributen (Rasse, Ethnizität, Klasse, sexuelle Orientierung) definiert sind. Siehe beispielsweise Patricia Hill Collins, *Black Feminist Thought: Knowledge, Consciousness, and the Politics of Empowerment*, Boston 1990.

33 Siehe etwa Harold R. Isaacs, *Idols of the Tribe: Group Identity and Political Change*, New York 1975; Walker Connor, »Beyond Reason: The Nature of the Ethnonational Bond«, in: *Ethnonationalism: The Quest for Understanding*, Princeton (NJ) 1994.

34 Eine ausgefeilte historische und philosophische Analyse bietet Charles Taylor, *Sources of the Self: The Making of the Modern Identity*, Cambridge (MA) 1989.

35 Eine Kernaussage von Erikson selbst in *Jugend und Krise*, 12.

Produkt sozialen oder politischen Handelns als auch als Grundlage für weiteres Handeln verstanden.[36]

5. Im Verständnis des verschwindenden Produktes multipler und konkurrierender Diskurse wird auf Identität verwiesen, um den *instabilen, multiplen, fluktuierenden* und *fragmentierten* Charakter des zeitgenössischen »Selbst« hervorzuheben. Dieser Sprachgebrauch findet sich besonders in der von Foucault beeinflussten Literatur, im Poststrukturalismus und im Postmodernismus.[37] In etwas anderer Form und ohne den poststrukturalistischen Aufputz findet er sich auch in gewissen Strängen der Literatur über Ethnizität – zumal in situationistischen oder kontextualistischen Analysen zu Ethnizität.[38]

Es ist klar: Dem Terminus *Identität* wird eine Menge Arbeit zugewiesen. Er wird benutzt, um nicht-instrumentelle Handlungsformen hervorzuheben; den Blick auf Selbstverständnis anstelle von Eigeninteresse zu lenken; Gleichartigkeit unter Personen oder über den Zeitverlauf hinweg zu bezeichnen; angeblich fundamentale Aspekte im Kern der Individualität zu erfassen; zu verleugnen, dass solche fundamentalen Kernaspekte existieren; die prozessorientierte, interaktive Entwicklung von Solidarität und kollektivem Selbstverständnis hervorzuheben; und die fragmentierte Qualität der gegenwärtigen Erfahrung des Selbst zu betonen, eines Selbst, das mit diversen Diskursbröckchen auf instabile Weise zusammengestückelt ist und in unterschiedlichen Kontexten beliebig aktiviert wird.

Diese Verwendungen des Terminus sind nicht einfach nur heterogen; sie weisen in gänzlich unterschiedliche Richtungen. Sicherlich gibt es zwischen einigen unter ihnen Affinitäten, zumal zwischen der zweiten und der dritten und zwischen der vierten und fünften. Und die erste Verwendung ist allgemein genug, um mit allen anderen vereinbar zu sein. Aber es bestehen auch starke Spannungen. Die zweite und die dritte Version heben beide *fundamentale Gleichartigkeit* hervor – Gleichartigkeit unter Personen und Gleichartigkeit über den Zeitverlauf hinweg –, während sowohl die

---

36 Siehe etwa Calhoun, »The Problem of Identity in Collective Action«; Melucci, »The Process of Collective Identity«; Roger Gould, *Insurgent Identities: Class, Community and Protest in Paris from 1848 to the Commune*, Chicago 1995.

37 Siehe etwa Stuart Hall, »Introduction: Who Needs ›Identity‹?«, in: Stuart Hall/Paul du Gay (Hg.), *Questions of Cultural Identity*, London 1996.

38 Siehe etwa Richard Werbner, »Multiple Identities, Plural Arenas«, in: Ders./Terence Ranger (Hg.), *Postcolonial Identities in Africa*, London 1996): 1–26.

vierte als auch die fünfte Version Vorstellungen von fundamentaler und bleibender Gleichheit *ablehnen.*

Benötigen wir diesen schwer belasteten, zutiefst zweideutigen Terminus denn wirklich? Die überwältigende Mehrheit der Gelehrten meint, dem sei so.[39] Selbst die ausgefuchstesten Theoretiker gestehen zwar bereitwillig zu, dass Identität schwer zu fassen und problematisch sei, behaupten jedoch zugleich, sie sei unverzichtbar. Die kritische Debatte über Identität hat sich daher nicht bemüht, den Terminus loszuwerden, sondern ihn dadurch zu retten, dass man ihn in einer Weise umformulierte, die ihn gegen gewisse Einwände, vor allem gegen den gefürchteten Vorwurf des Essentialismus, immunisierte. So charakterisiert Stuart Hall Identität als »eine Idee, die sich nicht auf die alte Weise denken lässt, aber ohne die sich gewisse Schlüsselfragen überhaupt nicht denken lassen«. Was diese Fragen sind und warum man sie ohne Identität nicht stellen kann, geht aus Halls raffinierter, aber undurchsichtiger Argumentation nicht hervor.[40] Halls Bemerkung ähnelt

---

39 Zwei wichtige, wenn auch partielle Ausnahmen verdienen es, erwähnt zu werden. Walter Benn Michaels hat in »Race into Culture« eine brillante und provokative Kritik am Begriff der kulturellen Identität formuliert. Aber dieser Aufsatz interessiert sich weniger für die Arten, wie das Konzept der Identität analytisch gebraucht wird, als für die Schwierigkeit zu spezifizieren, was »unsere« Kultur und »unsere« Vergangenheit zu unserer eigenen macht – wo der Bezugspunkt nicht jemandes *tatsächliche* kulturelle Praxis oder jemandes *tatsächliche* persönliche Vergangenheit ist, sondern eine vermeintliche Gruppenkultur oder Vergangenheit einer Gruppe –, ohne implizit auf das Konzept der Rasse zu rekurrieren. Er schließt, »unser Kulturgefühl soll charakteristischerweise Rasse verdrängen, aber [...] Kultur hat sich als eine Methode erwiesen, rassisches Denken fortzusetzen anstatt zurückzuweisen. Nur die Berufung auf Rasse [...] verleiht Vorstellungen wie dem Verlust unserer Kultur, ihrer Bewahrung [oder] [...] der Rückgabe ihrer Kultur an Menschen [...] ihr Pathos« (61 f.). Richard Handler argumentiert, dass »wir gegenüber ›Identität‹ so misstrauisch sein sollten, wie wir gelernt haben, es gegenüber ›Kultur‹, ›Tradition‹, ›Nation‹ und ›ethnische Gruppe‹ zu sein« (27), doch dann verliert er seine kritische Stoßkraft. Sein zentrales Argument – dass die herausragende Bedeutung von Identität in der gegenwärtigen westlichen und besonders der amerikanischen Gesellschaft »nicht bedeutet, der Begriff könne gedankenlos auf andere Orte und Zeiten angewendet werden« (27) – trifft gewiss zu, aber es impliziert, dass der Begriff in der Tat fruchtbringend auf gegenwärtige westliche Situationen angewendet werden *kann*, was wiederum andere Passagen in demselben Aufsatz sowie seine eigenen Arbeiten über den Québécois-Nationalismus eher in Zweifel ziehen. »Is ›Identity‹ a Useful Cross-Cultural Concept?«, in: John Gillis (Hg.), *Commemorations: the Politics of National Identity*, Princeton (NJ) 1994: 27. Siehe auch Richard Handler, *Nationalism and the Politics of Culture in Quebec*, Madison 1988.

40 Hall, »Who Needs ›Identity‹?«: 2. Er fährt fort: »Ich benutze Identität, um mich auf den Punkt des Zusammentreffens, die *Nahtstelle* zwischen einerseits den Diskursen und Praktiken zu beziehen, die versuchen zu ›interpellieren‹, zu uns zu sprechen oder uns

einer früheren Formulierung von Claude Lévi-Strauss, der Identität als
»eine Art von virtuellem Zentrum« charakterisierte, »auf das wir gewisse
Dinge beziehen müssen, ohne dass es jedoch je eine reale Existenz be-
säße«.[41] Lawrence Grossberg äußert sich zwar besorgt über die einschrän-
kende Konzentration der *cultural studies* auf »Theorie und Politik der Identität«, versichert seiner Leserschaft aber dennoch wiederholt, dass er »nicht
beabsichtigt, den Begriff der Identität abzulehnen oder seine Bedeutung in
gewissen Kämpfen zu leugnen«, und dass sein »Vorhaben nicht darin besteht, dem Identitätsdiskurs zu entkommen, sondern ihn neu zu verorten,
in neue Zusammenhänge zu stellen«.[42] Alberto Melucci, ein führender
Vertreter identitätsorientierter Analysen sozialer Bewegungen, räumt ein,
dass »das Wort *Identität* […] semantisch von der Idee der Dauerhaftigkeit
nicht zu trennen und vielleicht aus eben diesem Grund wenig geeignet für
Prozessanalysen ist, die ich befürworte«.[43] Wenig geeignet oder nicht: Nach
wie vor nimmt *Identität* in Meluccis Schriften eine zentrale Stelle ein.

Wir sind nicht davon überzeugt, dass Identität unverzichtbar ist. Wir
werden weiter unten einige alternative Idiome umreißen, die die erforderliche Arbeit ohne die damit einhergehende Konfusion leisten können. Für
den Augenblick mag folgender Hinweis genügen: Wenn man ausdrücken
möchte, dass partikularistisches Selbstverständnis soziales und politisches
Handeln auf nicht-instrumentelle Weise bestimmt, kann man das einfach
so sagen. Möchte man den Prozess nachzeichnen, durch den Personen mit
einem gemeinsamen kategorialen Attribut zu gemeinsamen Definitionen
ihrer Schwierigkeiten, zu einem Verständnis ihrer Interessen und zu der
Bereitschaft kommen, kollektiv zu handeln, dann tut man dies am besten
in einer Weise, in der die kontingente und variable Beziehung zwischen
bloßen Kategorien und abgegrenzten, solidarischen Gruppen hervorgehoben wird. Möchte man den Sinn und die Bedeutung erforschen, die Menschen Konstrukten wie Rasse, Ethnizität oder Nationalität zuschreiben, so
muss man sich bereits durch begriffliche Dickichte hindurchwinden, und

---

unseren Platz als soziale Subjekte bestimmter Diskurse anzuweisen, und andererseits
den Prozessen, die Subjektivitäten hervorbringen, die uns als Subjekte konstruieren, die
›gesprochen‹ werden können. Identitäten sind also Punkte zeitweiliger Bindung an die
Subjektpositionen, die diskursive Praktiken für uns konstruieren.« (5 f.)

41 Claude Lévi-Strauss, abschließende Bemerkungen zu Lévi-Strauss (Hg.), L'*Identité*, 332
(auf Deutsch erschienen unter dem Titel *Identität*, Stuttgart 1980..

42 Lawrence Grossberg, »Identity and Cultural Studies: Is That All There Is«, in: Hall/du
Gay, *Questions of Cultural Identity*, 87 f.

43 Melucci, »The Process of Collective Identity«: 46.

es ist nicht erkennbar, was damit gewonnen ist, wenn man sie unter der einebnenden Rubrik der Identität zusammenfasst. Und wenn man das Gefühl eines Selbst vermitteln will, das aus einer Vielzahl unterschiedlicher Diskurse konstruiert und beständig neu konstruiert wird – und dabei fragil, fluktuierend und fragmentiert bleibt –, liegt es nicht auf der Hand, wie das Wort *Identität* den gemeinten Sinn erfassen soll.

Starke und schwache Identitätskonzepte

Unser Überblick über den Gebrauch von *Identität* hat nicht nur eine große Heterogenität offengelegt, sondern einen starken Gegensatz aufgezeigt zwischen Positionen, die fundamentale oder bleibende Gleichartigkeit hervorheben, und solchen, die Vorstellungen von einer grundlegenden Gleichartigkeit ausdrücklich zurückweisen. Die ersten können als starke oder harte Identitätskonzepte bezeichnet werden, die letzteren als weiche.

Starke Identitätskonzepte bewahren das Alltagsverständnis des Terminus – die Betonung der Gleichartigkeit über die Zeit hinweg und unter Personen. Und sie passen gut zu der Art, wie der Terminus in den meisten Formen der Identitätspolitik benutzt wird. Aber genau weil sie eine Kategorie der alltäglichen Erfahrung und politischen Praxis zu analytischen Zwecken übernehmen, müssen sie eine Reihe zutiefst problematischer Annahmen machen:

1. Identität ist etwas, das alle Menschen haben oder haben sollten oder wonach sie suchen.
2. Identität ist etwas, das alle Gruppen (mindestens Gruppen einer bestimmten Art – etwa ethnische, rassische oder nationale) haben oder haben sollten.
3. Identität ist etwas, das Menschen (und Gruppen) haben können, ohne sich dessen bewusst zu sein. Aus dieser Perspektive ist Identität etwas, das es zu *entdecken* gilt, und etwas, worüber man sich *irren* kann. Die starke Konzeption von Identität entspricht also der marxistischen Epistemologie der Klasse.
4. Starke Identitätskonzepte implizieren starke Vorstellungen über die Abgrenzung und Homogenität von Gruppen. Sie implizieren ein hohes Maß an Gruppenzusammenhalt, eine Identität oder Gleichartigkeit unter den Mitgliedern der Gruppe, eine scharfe Abgrenzung gegenüber

Nicht-Mitgliedern, eine eindeutige Grenze zwischen Innen und Außen.[44]

Angesichts der energischen (und aus vielen Richtungen vorgetragenen) Einsprüche gegen substantialistische Auffassungen von Gruppen und essentialistischen Identitätskonzepten könnte man meinen, wir hätten hier einen Pappkameraden aufgebaut. In Wirklichkeit aber bestimmen starke Identitätskonzepte nach wie vor wichtige Stränge der Literatur über soziales Geschlecht, Rasse, Ethnizität und Nationalismus.[45] Schwache Identitätskonzepte brechen dagegen bewusst mit der Alltagsbedeutung des Terminus. Es sind diese schwachen oder weichen Konzepte, die in den theoretischen Diskussionen über Identität während der letzten Jahre stark favorisiert wurden, weil die Theoretiker sich zunehmend über die starken und harten Implikationen der Alltagsbedeutungen von Identität klar geworden sind und Unbehagen demgegenüber empfinden. Doch dieser neue theoretische *common sense* hat seine eigenen Probleme. Wir umreißen drei davon.

Das erste nennen wir »klischeehaften Konstruktivismus«. Schwache oder weiche Identitätskonzepte stecken gewöhnlich voller Standardkautelen, die darauf verweisen, dass Identität multipel, instabil, im Fluss, kontingent, fragmentiert, konstruiert, ausgehandelt usw. ist. Diese Kautelen sind in den letzten Jahren so vertraut – und wirklich obligatorisch – geworden, dass man sie geradezu automatisch liest (oder schreibt). Sie laufen Gefahr, zu bloßen Platzhaltern zu werden, zu Gesten, die eine Position signalisieren, anstatt Wörter zu sein, die Sinn vermitteln.

Zweitens ist nicht klar, warum schwache Identitätskonzeptionen Konzeptionen *von Identität* sind. Das Alltagsverständnis von Identität verweist entschieden auf eine zumindest gewisse Gleichartigkeit des Selbst über den Zeitverlauf, eine gewisse Dauerhaftigkeit, etwas, das identisch bleibt, während andere Dinge sich verändern. Was soll es, wenn man den Terminus *Identität* gebraucht, wenn man seine Kernbedeutung zurückweist?

---

44 Hier ist die Verwischung zwischen Kategorien der Analyse und Kategorien der Praxis besonders frappierend. Wie Richard Handler gezeigt hat, haben wissenschaftliche Konzeptionen von Nation und nationaler Identität die Neigung gezeigt, Schlüsselmerkmale nationalistischer Ideologie, zumal die axiomatische Vorstellung der Abgegrenztheit und Homogenität der mutmaßlichen Nation zu wiederholen (*Nationalism and the Politics of Culture in Quebec*). Genauso lässt sich über Rasse oder Ethnizität argumentieren.

45 Siehe etwa Isaacs, *Idols of the Tribe*, und Connor, »Beyond Reason: The Nature of the Ethnonational Bond«.

Drittens besteht das wichtigste Problem darin, dass schwache Identitätskonzeptionen *allzu* schwach sein können, um nützliche theoretische Arbeit zu leisten. Bei ihrem Bemühen, den Terminus von harten Konnotationen zu säubern, die theoretisch verrufen sind, in ihrem Bestehen darauf, dass Identitäten vielfach, formbar, flüssig usw. sind, lassen uns Vertreter von weichen Identitätskonzepten mit einem Terminus zurück, der so unendlich elastisch ist, dass er sich als unfähig erweist, ernsthafte theoretische Arbeit zu leisten.

Wir behaupten nicht, die hier umrissenen starken und schwachen Versionen seien in der Lage, die möglichen Bedeutungen und Gebrauchsweisen von *Identität* erschöpfend abzudecken. Und wir behaupten auch nicht, reflektierte konstruktivistische Theoretiker hätten unter Benutzung weicher Identitätskonstruktionen keine interessante und wichtige Arbeit geleistet. Wir werden aber zeigen, dass das, was an diesen Arbeiten interessant und wichtig ist, häufig nicht von der Benutzung von Identität als analytischer Kategorie abhängig ist. Sehen wir uns drei Beispiele dafür an.

Margaret Somers kritisiert wissenschaftliche Diskussionen über Identität, weil sie sich auf kategoriale Gemeinsamkeit und nicht auf historisch variable, relationale Einbettung konzentrieren. Sie schlägt dann vor, »die Identitätsforschung durch das Konzept der Erzählung neu (zu) konfigurieren« und »in den Kern der Identitätskonzeption die kategorial destabilisierenden Dimensionen der Zeit, des Raumes und der Relationalität einzubeziehen«. Somers argumentiert zwingend für die Bedeutung des Narrativs im sozialen Leben und für die Sozialanalyse und plädiert überzeugend dafür, gesellschaftliche Erzählungen in historisch spezifische Zusammenhänge einzuordnen. Sie befasst sich mit den ontologischen Dimensionen von Narrativen, mit der Art und Weise, wie Narrative soziale Akteure und die soziale Welt, in der sie handeln, nicht nur repräsentieren, sondern in einem wichtigen Sinn auch konstituieren. Was aus ihrer Analyse nicht klar wird, ist, warum – und in welchem Sinn – es *Identitäten* sind, die durch Narrative konstituiert und in spezifischen relationalen Situationen ausgeformt werden. Das soziale Leben ist in der Tat durchgängig von »Geschichten« erfüllt und geprägt; doch ist es nicht klar, warum diese Anfüllung mit und die Strukturierung durch Geschichten (*storiedness*) axiomatisch mit Identität verknüpft sein soll. Menschen erzählen überall und immer Geschichten über sich selbst und andere und verorten sich innerhalb von kulturell verfügbaren Repertoires von Geschichten. In welchem Sinn aber folgt daraus, dass diese »narrative Verortung soziale Akteure mit Identitäten ausstattet – wie vielfach, zweideutig, ephemer oder miteinander konfligierend sie auch sein mögen?« Die analytische Hauptarbeit in Somers' Aufsatz verrichtet der Begriff der Narrativität, ergänzt durch jenen der relationalen Situation; welche Arbeit der Begriff der Identität leistet, ist viel weniger deutlich.[46]

In seiner Einleitung zu *Citizenship, Identity, and Social History* bezeichnet Charles Tilly Identität als »verwaschenen, aber unverzichtbaren« Begriff und definiert sie als »Akteurserfahrung einer Kategorie, einer Bindung, einer Rolle, eines Netzwerkes, einer Gruppe oder Organisation, verbunden mit einer öffentlichen Darstellung dieser Erfahrung; die öffentliche Darstellung nimmt häufig die Form einer gemeinsamen Geschichte, eines Narrativs an«. Was aber ist die Beziehung zwischen dieser umfassenden, zum Ende hin offenen Definition und der Leistung, die Tilly von dem Begriff erwartet? Was ist der analytische Ertrag davon, *jegliche* Erfahrung und öffentliche Darstellung *jeglicher* Bindung oder Rolle *jeglichen* Netzwerkes als eine *Identität* auszuzeichnen? Im Hinblick auf Beispiele verhaftet Tilly die üblichen Verdächtigen: Rasse, soziales Geschlecht, Beruf, religiöse Zugehörigkeit, nationale Herkunft. Doch es ist nicht klar, welche analytische Hebelkraft im Hinblick auf diese Phänomene der außerordentlich weiträumige, flexible Begriff von Identität, wie er ihn vorschlägt, denn bieten kann. Tilly, der zu Recht dafür bekannt ist, scharf fokussierte, leistungsfähige Begriffe zu skizzieren, steht hier vor der Schwierigkeit, der sich die meisten Sozialwissenschaftler gegenüber sehen, die derzeit über Identität schreiben: einen Begriff zu ersinnen, der weich und flexibel genug ist, die Anforderungen der relationalen, konstruktivistischen Sozialtheorie zu befriedigen, und doch robust genug, um etwas bei den Phänomenen auszurichten, die nach Erklärungen schreien und von denen einige ziemlich hart sind.[47]

Craig Calhoun benutzt die chinesische Studentenbewegung von 1989 als Vehikel für eine subtile und aufschlussreiche Untersuchung der Begriffe Identität, Interesse und kollektives Handeln. Calhoun erklärt die Bereitschaft der Studenten, auf dem Platz des Himmlischen Friedens in der Nacht des 3. Juni 1989 »bewusst den Tod zu riskieren«, durch eine an Ehre gebundene Identität oder ein Selbstgefühl, das im Verlauf der Bewegung

---

46 Somers, »The Narrative Constitution of Identity«: 605, 606, 614, 618. Siehe auch Somer, »Narrativity, Narrative Identity, and Social Action: Rethinking English Working-Class Formation«, in: *Social Science History* 16 (1992): 591–630.
47 Tilly, »Citizenship, Identity, and Social History«: 7.

selbst geformt wurde und dem sich die Studenten zunehmend und am Ende unwiderruflich verpflichtet fühlten. Seine Darstellung der Verschiebungen im gelebten Selbstgefühl der Studenten – als diese in der Dynamik ihres Kampfes und durch diese Dynamik von einem ursprünglich »positionellen«, klassenbasierten Selbstverständnis als Studenten und Intellektuelle zu einer breiteren, emotional aufgeladenen Identifikation mit nationalen und sogar universellen Idealen hingezogen wurden – ist überzeugend. Doch auch hier sieht es so aus, dass die entscheidende analytische Arbeit von einem anderen Begriff geleistet wird als Identität – in diesem Fall dem der Ehre. Ehre, so bemerkt Calhoun, ist »gebieterisch auf eine Weise, wie Interessen es nicht sind«. Aber sie ist auch gebieterisch, wie *Identität* im schwachen Sinn es nicht ist. Calhoun subsumiert Ehre unter der Rubrik Identität und beansprucht für seine Überlegungen allgemeine Relevanz für die »Konstituierung und Transformation von Identität«. Im Grunde scheint es in seinem Aufsatz jedoch nicht um Identität im Allgemeinen, sondern darum zu gehen, wie ein gebieterisches Gefühl der Ehre Menschen unter außergewöhnlichen Umständen zu außergewöhnlichen Handlungen veranlassen kann, weil sonst der Kern ihres Selbstgefühls radikal untergraben würde.[48]

In dem von ihm herausgegebenen Band *Social Theory and the Politics of Identity* arbeitet Calhoun mit einem allgemeineren Identitätskonzept. »Anliegen individueller und kollektiver Identität«, bemerkt er, »sind allgegenwärtig«. Es trifft sicherlich zu, dass wir »nicht von Menschen ohne Namen, ohne Sprachen oder Kulturen wissen, in denen nicht auf irgend eine Art Unterschiede zwischen Selbst und Anderen, uns und ihnen gemacht würden«.[49] Es ist aber überhaupt nicht klar, warum daraus die Allgegenwärtigkeit von Identität folgen soll, wenn wir nicht Identität so weit verwässern, dass sie *alle* Praktiken des Benennens und der Selbst-Unterscheidung bezeichnet. Calhoun trägt – wie Somers und Tilly – darüber hinaus aufschlussreiche Überlegungen zu einer Reihe von Fragen vor, die Ansprüche auf Gemeinsamkeit und Differenz in zeitgenössischen sozialen Bewegungen betreffen. Während solche Ansprüche jedoch heute in der Tat häufig in ein Idiom der Identität gefasst werden, ist unklar, ob die Übernahme dieses Idioms für *analytische* Zwecke notwendig oder gar hilfreich ist.

---

48 Calhoun, »The Problem of Identity in Collective Action«, 53, 64–68.
49 Calhoun, »Social Theory and the Politics of Identity«, 9.

Mit anderen Worten

Welche alternativen Termini könnten *Identität* ersetzen und die theoretische Arbeit, die *Identität* tun soll, leisten, ohne deren verwirrende, widersprüchliche Konnotationen übernehmen? Angesichts des großen Spektrums und der Heterogenität der von *Identität* verrichteten Arbeit wäre es nutzlos, nach einem *einzigen* Ersatz zu suchen, denn ein solcher Terminus wäre ebenso überlastet wie *Identität* selbst. Unsere Strategie bestand vielmehr darin, das dichte Gestrüpp von Bedeutungen, die sich um den Terminus *Identität* herum aufgehäuft haben, zu entwirren und die Arbeit auf eine Anzahl weniger überladener Termini zu verteilen. Wir umreißen hier drei dieser Bedeutungskomplexe.

Identifikation und Kategorisierung

Als prozessorientierter, aktiver, von einem Verb abgeleiteter Terminus weist *Identifikation* die verdinglichenden Konnotationen von *Identität* nicht auf.[50] Sie lädt uns ein, die Handelnden zu spezifizieren, die das Identifizieren übernehmen. Und sie setzt nicht voraus, dass solches Identifizieren (selbst durch machtvolle Instanzen wie den Staat) notwendig zu der inneren Gleichartigkeit, der Differenz, der abgegrenzten Gruppenexistenz führt, die politische Akteure zuweilen anstreben. Die Identifikation der eigenen Person und anderer ist dem sozialen Leben inhärent; Identität ist es nicht.

Die Aufforderung, sich zu identifizieren – sich zu charakterisieren, sich gegenüber bekannten Anderen zu verorten, sich in einer Erzählung zu situieren, sich in eine Kategorie einzuordnen – kann in unterschiedlichen Kontexten beliebiger Zahl erfolgen. In modernen Zusammenhängen, die Interaktionen mit anderen vervielfachen, die man nicht persönlich kennt, sind diese Gelegenheiten zur Identifikation besonders reichlich vorhanden. Dazu gehören zahllose Situationen des Alltagslebens ebenso wie formellere, eher offizielle Anlässe. Wie man sich identifiziert – und wie man von anderen identifiziert wird –, kann je nach Kontext überaus unterschiedlich sein. Die Identifikation durch Selbst und Andere ist grundsätzlich situations- und kontextabhängig.

---

50 Zu den Vorzügen von *Identifikation* siehe Hall, »Who Needs ›Identity‹?«.

Eine Schlüsselunterscheidung ist diejenige zwischen *relationalen* und *kategorialen* Modi der Identifikation. Man kann sich selbst (oder eine andere Person) durch die Position in einem Beziehungsnetzwerk (etwa ein Verwandtschafts- oder Freundschaftsnetzwerk, Beziehungen zwischen Patron und Klient oder zwischen Lehrer und Schüler) identifizieren. Andererseits kann man sich selbst (oder eine andere Person) durch die Mitgliedschaft in einer Klasse von Personen identifizieren, die ein bestimmtes kategoriales Attribut gemeinsam haben (wie etwa Rasse, Ethnizität, Sprache, Nationalität, Staatsbürgerschaft, soziales Geschlecht, sexuelle Orientierung usw.). Craig Calhoun meint, dass relationale Identifikationsweisen zwar auch heute noch in vielen Zusammenhängen wichtig sind, die kategoriale Identifizierung in modernen Situationen jedoch eine immer größere Bedeutung angenommen hat.[51]

Eine weitere grundlegende Unterscheidung ist jene zwischen Selbst-Identifikation und der Identifikation und Kategorisierung, der man durch andere unterliegt.[52] Selbst-Identifikation erfolgt in dialektischem Wechselspiel mit äußerer Identifikation, und beide müssen nicht konvergieren.[53] Äußere Identifikation ist ihrerseits ein variabler Prozess. Im gewöhnlichen Gezeitenwechsel des gesellschaftlichen Lebens identifizieren und kategorisieren die Menschen andere, ebenso wie sie sich selbst identifizieren und kategorisieren. Es gibt aber einen anderen Schlüsseltypus der äußeren Identifikation, der kein Gegenstück im Bereich der Selbst-Identifikation besitzt: die formalisierten, objektivierten Systeme der Kategorisierung, die von mächtigen, mit Amtsgewalt ausgestatteten Institutionen entwickelt wurden.

Der moderne Staat war eine der wichtigsten Instanzen der Identifikation und Kategorisierung in diesem letzteren Sinn. Kulturalistischen Erweiterungen der Weber'schen Staatssoziologie zufolge, insbesondere solchen unter dem Einfluss von Foucault und Bourdieu, monopolisiert der Staat nicht nur die legitime physische Gewalt, sondern auch die legitime symbolische Gewalt, wie Bourdieu es formuliert, oder unternimmt doch den Versuch dazu. Dazu gehört die Macht zu benennen, zu identifizieren,

---

51 Craig Calhoun, *Nationalism*, Minneapolis 1997: 36 ff.

52 Zu einer ethnologischen Perspektive, die in nützlicher Weise das Modell von Fredrik Barth erweitert, siehe Richard Jenkins, »Rethinking Ethnicity: Identity, Categorization and Power«, in: *Ethnic and Racial Studies* 17 (1994): 197–223; und ders., *Social Identity*, London 1996.

53 Peter Berger, »Modern Identity«: 163 f., argumentiert ähnlich, formuliert freilich als Dialektik – und möglicher Konflikt – zwischen subjektiver und objektiver Identität.

zu kategorisieren und festzulegen, was was ist und wer wer ist. Es gibt eine wachsende soziologische und historische Literatur darüber. Manche Wissenschaftler haben Identifikation in ganz wörtlichem Sinne betrachtet: als die Anheftung definitiver Markierungen an ein Individuum durch Pass, Fingerabdrücke, Foto und Unterschrift sowie als die Ansammlung solcher identifizierender Dokumente in staatlichen Magazinen. Herauszufinden, wann, warum und mit welchen Beschränkungen sich derartige Systeme entwickelt haben, erweist sich als ein keinesfalls leicht zu bewältigendes Problem.[54] Andere Wissenschaftler betonen die Anstrengungen des Staates, seine Untertanen in ein klassifikatorisches Muster einzuschreiben: Menschen in Bezug auf Religion, Eigentum, Ethnizität, Lese- und Schreibfähigkeit, Kriminalität oder Geisteszustand zu identifizieren und zu kategorisieren. Volkszählungen teilen Menschen allen diesen Kategorien zu, und Institutionen – von der Schule bis zum Gefängnis – sortieren die Individuen in Bezug auf diese Kriterien. Besonders für Anhänger von Foucault sind diese individualisierenden und aggregierenden Identifikations- und Klassifikationsweisen Kernbestand dessen, was Gouvernementalität im modernen Staat definiert.[55]

Der Staat ist demnach ein machtvoller Identifizierer, nicht weil er in der Lage wäre, Identitäten im starken Sinne zu schaffen – das kann er im Allgemeinen nicht –, sondern weil er über die materiellen und symbolischen Ressourcen verfügt, die Kategorien, Klassifikationsschemata und Arten des sozialen Zählens und Buchhaltens zu erzwingen, mit denen Bürokraten, Richter, Lehrer und Ärzte arbeiten müssen und auf die nicht-

---

54 Gérard Noiriel, *Die Tyrannei des Nationalen: Sozialgeschichte des Asylrechts in Europa*, übersetzt von Jutta Lossos und Rolf Johannes, Lüneburg 1994 (Originalausgabe: *La tyrannie du national*, Paris 1991); ders.,»L'identification des citoyens: Naissance de l'état civil Républicain«, in: *Genèses* 13 (Herbst 1993): 3, 28; ders.,»Surveiller les déplacements ou identifier les personnes? Contribution à l'histoire du passeport en France de la 1er à la III République«, in : *Genèses* 30 (1998): 77–100; Béatrice Fraenkel, *La signature: Genèse d'un signe*, Paris 1992); Jane Caplan/John Torpey (Hg.), *Documenting Individual Identity: The Development of State Practices in the Modern World*, Princeton (NJ) 2001.

55 Michel Foucault,»Die Gouvernementalität«, in: Ulrich Bröckling/Susanne Krasmann/Thomas Lemke (Hg.), *Gouvernementalität der Gegenwart*, Frankfurt am Main 2000 (Originalausgabe 1978): 41–67. Ähnliche Konzeptionen wurden auf koloniale Gesellschaften angewendet, vor allem hinsichtlich der Art und Weise, wie die Schemata der Kolonisatoren für Klassifikation und Zählung die klassifizierten sozialen Phänomene (wie Stamm und Kaste in Indien) formen und sogar konstituieren. Siehe besonders Bernard Cohn, *Colonialism and Its Forms of Knowledge: The British in India*, Princeton (NJ) 1996.

staatliche Akteure sich zu beziehen haben.[56] Wie Charles Tilly gezeigt hat, leistet die Kategorisierung in allen möglichen gesellschaftlichen Zusammenhängen wie Familien, Firmen, Schulen, sozialen Bewegungen und Bürokratien aller Art eine Organisationsarbeit von entscheidender Bedeutung.[57] Selbst der mächtigste Staat monopolisiert nicht die Produktion und Diffusion von Identifikationen und Kategorien; und diejenigen, die er produziert, können umstritten sein. Die Literatur über soziale Bewegungen – »alte« wie »neue« – ist reich an Belegen dafür, wie Führer solcher Bewegungen die offiziellen Identifikationen hinterfragen und Alternativen vorbringen.[58] Sie hebt die Anstrengungen dieser Führer hervor, Mitglieder ihrer mutmaßlichen Anhängerschaft dazu zu bewegen, sich in einer bestimmten Weise zu identifizieren, sich – für eine bestimmte Reihe von Zwecken – als identisch miteinander zu sehen, sich sowohl emotional wie auch kognitiv miteinander zu identifizieren.[59]

Es ist ein Verdienst der Literatur über soziale Bewegungen, dass sie die interaktiven, diskursiv vermittelten Prozesse betont hat, durch die sich kollektive Solidaritäten und Selbstverständnisse entwickeln. Unsere Bedenken betreffen den Übergang von der Betrachtung der Arbeit der Identifikation – die Anstrengungen zum Aufbau eines kollektiven Selbstbewusstseins – zu der These, Identität sei ihr notwendiges Resultat. Wenn man amtliche, institutionalisierte Identifikationsweisen zusammen mit alternativen Modi betrachtet, die in den Alltagspraktiken und den Projekten sozialer Bewegungen auftreten, so lassen sich die harte Arbeit und die langen Kämpfe über Identifikation ebenso betonen wie deren ungewisses Ergebnis. Wenn jedoch angenommen wird, das Resultat sei immer eine Identität – wie provisorisch, fragmentiert, vielfach, umstritten und flüssig sie auch sein mag –, dann geht die Fähigkeit verloren, grundlegende Unterscheidungen vorzunehmen.

Identifikation, so haben wir oben bemerkt, lädt dazu ein, die Instanzen zu spezifizieren, die das Identifizieren übernehmen. Identifikation *erfordert*

56 Zu den Dilemmata, Schwierigkeiten und Ironien, die damit verbunden sind, »Identität zu verwalten«, indem bei der Durchführung »rassen-bewussten« Rechts autoritativ festgelegt wird, wer in welche Kategorie gehört, siehe Christopher A. Ford, »Administering Identity: The Determination of ›Race‹ in Race-Conscious Law«, in: *California Law Review* 82 (1994): 1231–1285.

57 Charles Tilly, *Durable Inequality*, Berkeley (CA) 1998.

58 Melissa Nobles, »Responding with Good Sense: The Politics of Race and Censuses in Contemporary Brazil,« PhD.diss. Yale University 1995.

59 Siehe etwa Melucci, »The Process of Identity«; und Martin, »The Choices of Identity«.

jedoch keinen spezifizierbaren Identifizierer; sie kann durchgängig und
einflussreich sein, ohne dass sie von eigens bestimmten, spezifizierten
Personen oder Institutionen erledigt werden müsste. Identifikation kann
mehr oder weniger anonym durch Diskurse und öffentliche Narrative
erfolgen.[60]

Es gibt eine weitere, oben kurz angesprochene Bedeutung von *Identifikation*, die von den bisher behandelten kognitiven, charakterisierenden,
klassifikatorischen Bedeutungen weitgehend unabhängig ist. Das ist die
psychodynamische Bedeutung, die ursprünglich von Freud stammt.[61] Während es bei den klassifikatorischen Bedeutungen darum geht, sich (oder
jemand anderen) *als* jemanden zu identifizieren, der zu einer bestimmten
Beschreibung passt oder zu einer bestimmten Kategorie gehört, geht es bei
der psychodynamischen Bedeutung darum, sich emotional *mit* einer anderen Person, Kategorie oder Kollektivität zu identifizieren. Auch in diesem
Fall macht *Identifikation* auf komplexe (und häufig ambivalente) *Prozesse*
aufmerksam, während der Terminus *Identität*, der eher einen *Zustand* denn
einen *Prozess* bezeichnet, eine allzu leichte Passgenauigkeit zwischen dem
Individuellen und dem Gesellschaftlichen impliziert.

Selbst-Verständnis und sozialer Ort

Identifikation und *Kategorisierung* sind aktive, prozessorientierte Termini, die
von Verben abgeleitet sind und auf bestimmte Akte der Identifikation und
Kategorisierung verweisen, die von bestimmten Identifizierern und Kate-
gorisierern übernommen werden. Doch benötigen wir für die vielfältige
Arbeit, die von *Identität* geleistet wird, noch andere Arten von Termini.
Erinnern wir uns, dass sich eine zentrale Gebrauchsweise von *Identität* auf
das Handeln in nicht-instrumenteller, nicht-mechanischer Weise bezogen
hat. In dieser Bedeutung verweist der Terminus auf Möglichkeiten, dass
individuelles und kollektives Handeln durch partikularistisches Verständnis
des Selbst und des sozialen Ortes anstelle von vermeintlich universellen,
strukturell determinierten Interessen regiert wird. *Selbst-Verständnis* ist daher
der zweite Terminus, den wir als Alternative zu *Identität* vorschlagen. Der
Terminus bezieht sich auf Dispositionen oder das, was man situierte Sub-

---

60 Hall, »Who Needs ›Identity‹?«; Somers, »The Narrative Constitution of Identity«.
61 Hall, »Who Needs ›Identity‹?«: 2 ff.; und Alan Finlayson, »Psychology, psychoanalysis
   and theories of nationalism«, in: *Nations and Nationalism* 4 (1998): 157 ff.

jektivität nennen könnte: jemandes Gefühl davon, wer man ist, vom eigenen sozialen Ort und davon, wie man (unter der Voraussetzung der ersten
beiden) bereit ist zu handeln. Mit seinem Bezug auf Dispositionen gehört
der Terminus zu jenem Bereich, den Bourdieu als *sens pratique* bezeichnet
hat, die zugleich kognitive und emotionale praktische Vorstellung, die
Menschen von sich selbst und ihrer sozialen Welt haben.[62]

Der Terminus *Selbst-Verständnis*, so muss betont werden, impliziert
nicht ein spezifisch modernes oder westliches Verständnis des Selbst als
homogenes, abgegrenztes, einheitliches Wesen. Das Gefühl davon, wer
man ist, kann viele Formen annehmen. Der soziale Prozess, durch den
Personen sich selbst verstehen und verorten, kann in manchen Fällen über
die Couch des Psychoanalytikers führen und in andern über die Teilnahme
an Besessenheitskulten.[63] In manchen Situationen können Menschen sich
im Rahmen eines Rasters von einander überschneidenden Kategorien
verstehen und erfahren; in anderen im Rahmen eines Netzwerkes von
Verbindungen unterschiedlicher Nähe und Intensität. Daher ist es wichtig,
Selbst-Verständnis und soziale Verortung in Beziehung zueinander zu
sehen und zu betonen, dass sowohl das abgegrenzte Selbst als auch die
abgegrenzte Gruppe kulturell spezifische und keine universellen Formen
sind.

Wie bei dem Terminus *Identifikation* fehlen auch bei *Selbst-Verständnis* die
verdinglichenden Konnotationen von *Identität*. Es ist jedoch nicht auf Situationen des Fließens und der Instabilität begrenzt. Selbst-Verständnisse
mögen im Zeitverlauf und bei unterschiedlichen Personen variabel sein,
aber sie können auch stabil sein. Semantisch impliziert *Identität* Gleichartigkeit über den Zeitverlauf hinweg und unter Personen; daher die Misslich-
keit, weiter von Identität zu sprechen, während man die Implikation der

---

62 Pierre Bourdieu, *Sozialer Sinn: Kritik der theoretischen Vernunft*, übersetzt von Günter Seib,
Frankfurt am Main 1987 (Originalausgabe: *Le sens pratique*, Paris 1980).

63 Eine umfangreiche ethnologische Literatur über afrikanische und andere Gesellschaften
beschreibt beispielsweise Heilungsrituale, Besessenheitskulte, Bewegungen zur Ausmer-
zung der Hexerei und andere kollektive Phänomene, die dazu beitragen, bestimmte
Formen von Selbst-Verständnis zu konstituieren, bestimmte Weisen, in denen Individuen sich sozial situieren. Die Studien reichen von Klassikern wie Victor Turner, *Schism
and Continuity in an African Society: A Study of Ndemba Village Life*, Manchester 1957, und I.
M. Lewis, *Ecstatic Religion: An Anthroplogical Study of Spirit Possession and Shamanism*, Har-
mondsworth 1971, bis zu neueren Arbeiten von Paul Stoller, *Fusion of the Worlds: An
Ethnography of Possession among the Songhai of Niger*, Chicago 1989, und Janice Boddy,
Wombs and Alien Spirits: Women, Men and the Zar Cult in Northern Sudan, Madison 1989.

Gleichartigkeit zurückweist. *Selbst-Verständnis* hat demgegenüber keine privilegierte semantische Verbindung zu Gleichartigkeit oder Differenz. Zwei eng verwandte Termini sind *Selbst-Repräsentation* und *Selbst-Identifikation*. Angesichts der vorangegangenen Abhandlung von Identifikation bemerken wir nur, dass die Unterscheidung zwar nicht scharf ist, *Selbst-Verständnis* aber stillschweigend sein kann; selbst wenn die so bezeichneten Bewusstseinsformen, wie gewöhnlich, in und durch vorherrschende Diskurse entstehen, können sie bestehen und Handlungen bestimmen, ohne selbst diskursiv artikuliert zu werden. Selbst-Repräsentation und Selbst-Identifikation andererseits verweisen zumindest auf einen gewissen Grad an expliziter diskursiver Artikulation.

Selbst-Verständnis kann natürlich nicht *all* das leisten, was *Identität* verrichtet. Wir halten hier drei Beschränkungen des Terminus fest. Erstens ist dies ein subjektiver, autoreferentieller Terminus. Damit bezeichnet es das *eigene* Verständnis einer Person davon, was sie ist. Es kann nicht das Verständnis *anderer* erfassen, selbst wenn externe Kategorisierungen, Identifikationen und Repräsentationen entscheidend dafür sein mögen, wie man von anderen eingeschätzt und behandelt wird, und sie damit sogar das eigene Verständnis der Person von sich selbst formen können. Im Grenzfall kann Selbst-Verständnis durch überwältigend zwangsbewehrte Kategorisierungen zunichte gemacht werden.[64]

Zweitens dürfte *Selbst-Verständnis* kognitives Bewusstsein privilegieren. Deshalb könnte es scheinen, als erfasse es nicht die Prozesse affektiver Besetzung – oder akzentuiere sie wenigstens nicht –, die in einigen Versionen des Gebrauchs von *Identität* enthalten sind. *Selbst-Verständnis* ist jedoch niemals rein kognitiv; es ist immer affektiv gefärbt oder aufgeladen, und der Terminus kann zweifellos dieser affektiven Dimension Rechnung tragen. Es trifft jedoch zu, dass die emotionale *Dynamik* durch den Terminus *Identifikation* (in seiner psychoanalytischen Bedeutung) besser erfasst wird.

Schließlich erfasst *Selbst-Verständnis* als ein Terminus, der situierte Subjektivität betont, nicht die Objektivität, die von starken Identitätskonzepten in Anspruch genommen wird. Starke, objektivistische Identitätskonzepte erlauben es, »wahre« Identität (als tief, bleibend und objektiv charakterisiert) von »bloßem« Selbst-Verständnis (oberflächlich, fluktuierend und

---

64 Ein einschneidendes Beispiel ist Slavenka Drakulićs Bericht davon, im Ergebnis des Krieges im früheren Jugoslawien von »Nationalgefühl überwältigt« worden zu sein, siehe *The Balkan Express: Fragments from the Other Side of the War*, übersetzt von Maja Soljan, New York 1993: 50–52.

subjektiv) zu unterscheiden. Wenn Identität etwas ist, was es zu entdecken gibt, und etwas, über das man sich irren kann, dann ist es möglich, dass das augenblickliche Selbst-Verständnis von einer Person nicht mit der bleibenden, untergründigen Identität dieser Person übereinstimmt. Wie analytisch problematisch diese Vorstellungen von Tiefe, Konstanz und Objektivität auch sein mögen, so liefern sie doch wenigstens Gründe für den Gebrauch der Sprache der Identität anstelle jener des Selbst-Verständnisses. Schwache Identitätskonzepte liefern keine derartigen Gründe. Aus der konstruktivistischen Literatur geht deutlich hervor, warum schwache Identitätskonzepte *schwach* sind, aber es ist nicht klar, warum es sich um Konzepte von *Identität* handelt. In dieser Literatur sind es die verschiedenen *weichen Prädikate* der Identität – Konstruiertheit, Umstrittenheit, Kontingenz, Instabilität, Vielheit, Flüssigkeit –, die betont und ausgearbeitet werden, während das, *über dessen Eigenschaften* sie Aussagen machen – Identität selbst –, einfach unterstellt und selten erklärt wird. Wenn die Bedeutung von Identität beleuchtet wird, so wird sie häufig als etwas – ein Gefühl davon, was jemand ist,[65] ein Selbstbild[66] – dargestellt, das sich ganz einfach durch ein »sich selbst Verstehen« erfassen lässt. Diesem Terminus fehlen der Reiz, die Aufregung, die theoretische Anmaßung, die mit *Identität* verbunden sind, doch sollte das als Vorteil und nicht als Belastung betrachtet werden.

Gemeinsamkeit, Verbundenheit, Gruppenexistenz

Eine spezielle Form affektiv aufgeladenen Selbst-Verständnisses, die häufig – vor allem im Zusammenhang mit Rasse, Religion, Ethnizität, Nationalismus, sozialem Geschlecht, Sexualität, sozialen Bewegungen und anderen Phänomenen, von denen angenommen wird, sie hätten mit *kollektiven* Identitäten zu tun – als *Identität* bezeichnet wird, verdient hier eine eigene Erwähnung. Dies ist das emotional aufgeladene Gefühl, zu einer unverkennbaren, abgegrenzten Gruppe zu gehören. Es bedeutet sowohl gefühlte Solidarität oder das Einssein mit anderen Gruppenmitgliedern als auch gefühlte Differenz oder gar Antipathie gegenüber spezifizierten Außenstehenden.

---

65 Siehe etwa Berger, »Modern Identity: Crisis and Continuity«: 162.
66 Siehe etwa Calhoun, »›The Problem of Identity in Collective Action«: 68, der dort »gewöhnliche Identität« charakterisiert.

Das Problem besteht darin, dass *Identität* benutzt wird, um *sowohl* derartige stark gruppenorientierte, exklusive, affektiv aufgeladene Formen von Selbst-Verständnis zu bezeichnen *als auch* viel losere, offenere Arten von Selbst-Verständnis, zu denen zwar ein Gefühl der Affinität und Mitgliedschaft, der Gemeinsamkeit und Verbundenheit mit spezifischen anderen gehört, denen jedoch ein Gefühl überwältigenden Einsseins gegenüber einem konstitutiven »Anderen« fehlt.[67] Sowohl die eng gruppenorientierten wie die loseren Mitgliedschaftsformen von Selbst-Verständnis – und ebenso die Übergangsformen zwischen diesen polaren Typen – sind wichtig, aber sie formen die persönliche Erfahrung und konditionieren das soziale und politische Handeln auf scharf voneinander verschiedener Weise.

Anstatt alle Arten von Selbst-Verständnis auf der Grundlage von Rasse, Religion, Ethnizität usw. in einen großen begrifflichen Schmelztiegel der Identität zu rühren, täten wir besser daran, uns einer differenzierteren analytischen Sprache zu befleißigen. Termini wie *Gemeinsamkeit, Verbundenheit* und *Gruppenexistenz* ließen sich hier sinnvoll anstelle des Allzweckgerätes *Identität* einsetzen. Das ist die dritte Gruppe von Termini, die wir vorschlagen. *Gemeinsamkeit* bezeichnet die Teilhabe an einem gemeinsamen Attribut, *Verbundenheit* die relationalen Bindungen, die Menschen miteinander verknüpfen. Weder Gemeinsamkeit noch Verbundenheit allein führen zur Gruppenexistenz – dem Gefühl, einer unverwechselbaren, abgegrenzten, solidarischen Gruppe anzugehören. Aber Gemeinsamkeit und Verbundenheit zusammen können durchaus diese Folge haben. Dies war die Überlegung, die Charles Tilly vor einiger Zeit unter Rückgriff auf Harrison Whites Idee des *catnet* vorgetragen hat, einer Reihe von Personen, die sowohl eine *Kat*egorie ausmachen, weil sie ein gemeinsames Attribut haben, als auch ein *Netz*werk.[68] Tillys Überlegung, dass Gruppenexistenz ein gemeinsames Produkt von »catness« und »netness« ist – von kategorialer Gemeinsamkeit und relationaler Verbundenheit – ist interessant. Aber wir würden zwei Verbesserungen vorschlagen.

---

67 Ein gutes Beispiel für Letzteres bietet Mary Waters' Analyse der optionalen, außergewöhnlich wenig einengenden ethnischen »Identitäten« – oder was Herbert Gans die »symbolische Ethnizität« genannt hat – bei Nachfahren europäischer katholischer Einwanderer in die Vereinigten Staaten in der dritten und vierten Generation. *Ethnic Options: Choosing Identities in America*, Berkeley 1990.
68 Charles Tilly, *From Mobilization to Revolution*, Reading (MA) 1978: 62 ff.

Erstens müssen kategoriale Gemeinsamkeit und relationale Verbundenheit durch ein drittes Element ergänzt werden, das Max Weber Zusammengehörigkeitsgefühl genannt hat. Ein solches Gefühl kann tatsächlich teilweise von Graden und Formen der Gemeinsamkeit und Verbundenheit abhängig sein, aber es wird auch von anderen Faktoren abhängen, etwa bestimmten Ereignissen, ihrer Kodierung in unwiderstehlichen öffentlichen Narrativen, vorherrschenden Diskursrahmen usw. Zweitens ist relationale Verbundenheit oder das, was Tilly als »netness« bezeichnet, zwar von entscheidender Bedeutung, um die Art von kollektiver Aktion zu ermöglichen, für die Tilly sich interessiert hat; sie ist jedoch nicht immer nötig für Gruppenexistenz. Ein stark abgegrenztes Gefühl von Gruppenexistenz kann auf kategorialer Gemeinsamkeit und einem damit verbundenen Gefühl der Zusammengehörigkeit mit minimaler oder gar keiner relationaler Verbundenheit beruhen. Das gilt typischerweise für Kollektivitäten großen Maßstabs wie etwa »Nationen«: Kristallisiert sich ein diffuses Selbst-Verständnis als Mitglied einer bestimmten Nation zu einem stark abgegrenzten Gefühl der Gruppenexistenz, so wird dies wahrscheinlich nicht von relationaler Verbundenheit abhängen, sondern vielmehr von einer machtvoll imaginierten und stark empfundenen Gemeinsamkeit.[69]

Es geht nicht darum, wie dies manche Anhänger der Netzwerktheorie behauptet haben, von Gemeinsamkeit zu Verbundenheit, von Kategorien zu Netzwerken, von gemeinsamen Attributen zu sozialen Beziehungen überzugehen.[70] Noch sollen hier Flüssigkeit und Hybridität gegenüber Zugehörigkeit und Solidarität gefeiert werden. Wenn wir diese letzte Gruppe von Termini vorschlagen, so geht es uns vielmehr darum, ein analytisches Idiom zu entwickeln, das sensibel ist für die vielfachen Formen und Abstufungen von Gemeinsamkeit und Verbundenheit und ebenso für die variierenden Arten, wie Akteure (und kulturelle Idiome, öffentliche Narrative und vorherrschende Diskurse, auf die sie sich beziehen) diesen Sinn und Bedeutsamkeit zurechnen. Ein solcher Zugriff wird es uns ermöglichen, Fälle von stark bindender, vehement gefühlter Grup-

---

69 Zur zentralen Bedeutung der kategorialen Gemeinsamkeit für den modernen Nationalismus siehe Handler, *Nationalism and the Politics of Culture in Quebec*, und Calhoun, *Nationalism*, Kap. 2.

70 Siehe beispielsweise die Überlegungen zu den »anti-kategorialen Imperativen« bei Mustafa Emirbayer/Jeff Goodwin, »Network Analysis, Culture, and the Problem of Agency«, in: *American Journal of Sociology* 99 (1994): 1414.

penexistenz von lockerer strukturierten, schwach bindenden Formen der Affinität und Mitgliedschaft zu unterscheiden.

Drei Fallbeispiele: Identität und ihre Alternativen im Kontext

Nachdem wir nun die Arbeit, die *Identität* leistet, haben Revue passieren lassen und auf einige Beschränkungen und Passivposten des Terminus hingewiesen haben, möchten wir unsere Überlegungen nun durch die Betrachtung von drei Fallbeispielen illustrieren. Dabei geht es sowohl um die kritischen Einwände gegen *Identität* als auch um die konstruktiven Vorschläge zu alternativen Idiomen. Wir meinen, dass in jedem dieser Fälle die identitäre Fixierung auf abgegrenzte Gruppenexistenzen die soziologische – und politische – Phantasie einschränkt, während andere analytische Idiome dazu beitragen könnten, beide mehr zu öffnen und zu entfalten.

Ein Fall aus der afrikanischen Ethnologie: »*Die*« *Nuer*

Die Afrikaforschung hat unter ihrer Version des identitären Denkens zu leiden gehabt, am extremsten durch journalistische Darstellungen, die in erster Linie die »Stammesidentität« der Afrikaner für Gewalt und Niedergang von Nationalstaaten verantwortlich machen. Afrikawissenschaftler waren über diese reduzierte Sicht Afrikas mindestens seit den 1970er Jahren besorgt und fühlten sich zu einer Art Konstruktivismus hingezogen, lange bevor dieser Ansatz einen Namen hatte.[71] Die Überlegung, dass ethnische Gruppen keine primordialen Produkte der Geschichte sind – einschließlich der Verdinglichung kultureller Differenz durch aufgezwungene koloniale Identifizierungen –, gehört inzwischen zum Standardreper-

---

71 John Lonsdale, »When Did the Gusii or Any Other Group Become a Tribe«, in: *Kenya Historical Review* 5 (1977): 355–368; Abner Cohen, *Custom and Politics in Urban Africa*. Die Ethnologie wurde durch die Arbeiten von Fredrik Barth beeinflusst: *Ethnic Groups and Boundaries: The Social Origins of Cultural Difference*, London 1969), besonders Barths »Introduction«: 9–38. Neuere und systematisch konstruktivistische Analysen sind etwa Jean-Loup Amselle/Elikia M'Bokolo (Hg.) *Au cœur de l'ethnie: Ethnies, tribalisme et état en Afrique*, Paris 1985; Leroy Vail, *The Creation of Tribalism in Africa*, Berkeley (CA) 1988; Terence Ranger, »The Invention of Tradition in Africa«, in: Eric Hobsbawm/Terence Ranger (Hg.), *The Invention of Tradition*, Cambridge 1983: 211–262.

toire der Afrikaforschung. Dennoch wurde in der Wissenschaft stärker die Bildung von Grenzen als ihre Überschreitung betont, die Konstituierung von Gruppen eher als die Entwicklung von Netzwerken.[72] In diesem Zusammenhang lohnt es sich, auf einen der Klassiker der afrikanischen Ethnologie zurückzugreifen, E. E. Evans-Pritchards *The Nuer*.[73] Auf der Grundlage von während der 1930er Jahre in Nordost-Afrika durchgeführten Forschungen beschreibt *The Nuer* eine entschieden relationale Form der Identifikationsweise, des Selbst-Verständnisses und der sozialen Verortung. Sie konstruiert die Welt nach dem Grad der Qualität der Verbindung zwischen Menschen anstelle von Kategorien, Gruppen oder Grenzen. Der soziale Ort wird in erster Linie durch die Lineage[74] definiert, die aus den Nachkommen eines Ahnen oder einer Ahnin entlang einer Abstammungslinie entsprechend sozialer Konvention besteht: patrilinear, über die männliche Linie im Fall der Nuer, in weiblicher Linie oder selten über doppelte Abstammungssysteme in anderen Teilen Afrikas. Kinder gehören zur Lineage ihrer Väter, und die Beziehungen mit den Verwandten der Mutter werden zwar nicht ignoriert, doch sind sie nicht Teil des Abstammungssystems.

Man könnte nun sagen, die von den Vätern ausgehenden Abstammungslinien bei den Nuer bilden insgesamt eine Identität im Unterschied zu anderen Lineages. Doch Evans-Pritchard betont gerade, dass Segmentierung eine ganze soziale Ordnung ausmacht und dass die Lineages ihrerseits miteinander so verwandt sind wie männliche und weibliche Lineage-

---

72 Das Reden über Identität ist in afrikanistischen Kreisen in den letzten Jahren populär geworden, und auf das typische Insistieren, Identität sei multipel, folgt selten die Erklärung, warum das, was vervielfacht sei, als Identität zu gelten habe. Siehe Richard Werbner, »Multiple Identities, Plural Arenas«. Afrikanisten haben sich kritisch zu Konzepten wie Rasse und Ethnizität verhalten, benutzen aber noch immer auf ungeprüfte Weise *Identität*. Siehe beispielsweise das von Edwin N. Wilmsen, Saul Dubow und John Sharp koordinierte Sonderheft des *Journal of Southern African Studies* 20, 3 (1994), »Ethnicity and Identity in Southern Africa«. Ein reflektierterer Ansatz, der eine Reihe von Termini benutzt, um zu unterschiedliche Formen der Mitgliedschaft zu bezeichnen und um zu überprüfen, was *identisch* in unterschiedlichen Kontexten wirklich bedeutet, findet sich bei Claude Fay, »'Car nous ne faisons qu'un: Identités, équivalences, homologies au Maasina (Mali)«, in: *Cahiers en Sciences Humaines* 31 (1995): 427–456. Identitäre Positionen kritisiert vehement Jean-François Bayart, *L'illusion identitaire*, Paris 1996.

73 E. E. Evans-Pritchard, *The Nuer. A Description of the Modes of Livelihood and Political Institutions of a Nilotic People*, Oxford 1937).

74 Eine Lineage oder Abstammungsgruppe ist eine blutsverwandte Gruppe, deren Angehörige sich auf die Abstammung von einem gemeinsamen Ahnen oder einer gemeinsamen Ahnin berufen.

Mitglieder. Wie verhält es sich nun mit der Ehe? So gut wie alle segmentären Gesellschaften bestehen auf Exogamie; und in evolutionärer Perspektive könnte das Vorherrschen der Exogamie Ausdruck der Vorteile von Verbundenheit über Lineage-Grenzen hinweg sein. Demnach hat ein männer-zentriertes Lineage-Modell einen anderen Satz von Beziehungen zur Voraussetzung, nämlich jenen, der durch Frauen konstituiert wird, die in die Lineage ihrer Väter geboren wurden, deren Söhne und Töchter aber zu jener Lineage gehören, in die sie eingeheiratet haben.

Man könnte sagen, dass alle Lineages, die untereinander Heiratsbeziehungen haben, die »Nuer« als Identität konstituieren, die sich von »Dinka« oder irgendwelchen anderen Gruppen in der Region unterscheiden. Doch hier bieten neuere Arbeiten zur afrikanischen Geschichte einen differenzierteren Ansatz. Die genealogische Konstruktion des Beziehungssystems bietet Möglichkeiten der Erweiterung, die subtiler sind als die Tendenz der Gelehrten des 20. Jahrhunderts, Ausschau nach säuberlichen Grenzen zwischen innen und außen zu halten. Heiratsbeziehungen konnten über die Nuer hinaus ausgedehnt werden (sowohl durch Arrangements der Reziprozität wie durch die Praxis, gefangen genommene Frauen zur Heirat zu zwingen). Fremde, mit denen man durch Handel, Migration oder andere Formen der Bewegung zusammentraf, konnten als fiktive Verwandte oder loser durch Blutsbrüderschaft an die Lineage angeschlossen werden. Die Menschen des nordöstlichen Afrika unternahmen ausgedehnte Wanderungen auf der Suche nach besseren ökologischen Nischen oder dann, wenn Lineage-Mitglieder Beziehungen miteinander aufnahmen oder abbrachen. Händler spannten ihre Verwandtschaftsbeziehungen über den Raum, bildeten eine Vielzahl unterschiedlicher Beziehungen und entwickelten manchmal eine *lingua franca*, um die Kommunikation in großen räumlichen Netzwerken zu erleichtern.[75] In vielen Teilen Afrikas gibt es bestimmte Organisationen – religiöse Schreine, Initiationsgesellschaften –, die linguistische und kulturelle Unterschiede überschreiten und für ganze Regionen das bieten, was Paul Richards eine »gemeinsame ›Grammatik«« sozialer Erfahrung nennt, unabhängig von aller kulturellen Variation und politischen Differenzierung, die in diesen Regionen anzutreffen ist.[76]

---

75 Siehe die Pionierstudie von Abner Cohen, »Cultural Strategies in the Organization of Trading Diasporas«, in: Claude Meillassoux (Hg.), *The Development of Indigenous Trade and Markets*, London 1971: 266–284.

76 Paul Richards, *Fighting for the Rain Forest: War, Youth and Resources in Sierra Leone*, Oxford 1996: 79.

Es ist problematisch, diese Formen relationaler Verbundenheit unter der »sozialen Konstruktion von Identität« zu subsumieren, weil damit Verbindung und Trennung denselben Namen erhalten. So wird es schwieriger, die Prozesse, Ursachen und Folgen unterschiedlicher Muster sich auskristallisierender Unterschiede und entstehender Verbindungen zu erfassen. Afrika war alles andere als ein Paradies der Soziabilität, aber Krieg ging ebenso wie Frieden mit flexiblen Mustern der Mitgliedschaft wie der Differenzierung einher.

Man sollte nicht annehmen, die Prinzipien der gleitenden Skala der Verbundenheit seien einzig in kleinformatigen »Stammes«-Gesellschaften anzutreffen. Wir wissen aus Forschungen über größere Gesellschaften – mit gebieterischen Herrschern und ausgebauten Befehlshierarchien –, dass Verwandtschaftsnetzwerke auch hier ein konstantes Prinzip des gesellschaftlichen Lebens waren. Afrikanische Könige machten ihre Autorität dadurch geltend, dass sie Heiratsbeziehungen mit Menschen aus unterschiedlichen Lineages entwickelten. Auf diese Weise schufen sie sich eine Anhängerschaft quer zur Mitgliedschaft in den Lineages, doch benutzten sie auch Lineage-Prinzipien, um ihre Macht zu konsolidieren, Heiratsallianzen zu festigen und die königliche Lineage zu vergrößern.[77] In fast allen Gesellschaften stellen Verwandtschaftskonzepte symbolische und ideologische Ressourcen dar, doch während sie Normen, Selbst-Verständnisse und Wahrnehmungen prägen, bringen sie nicht notwendig Verwandtschafts-*Gruppen* hervor.[78]

In größerem Ausmaß als die Herrschaftsformen, die ihr vorausgegangen waren, versuchte die Kolonialherrschaft, Menschen mit einem mutmaßlich gemeinsamen Merkmal eins-zu-eins bestimmten Territorien zuzuordnen. Die so auferlegten Identifikationen konnten machtvoll sein, aber ihre Folgen waren von den wirklichen Beziehungen und symbolischen Systemen abhängig, mit denen die Kolonialbeamten – und auch die einheimischen kulturellen Akteure – arbeiten mussten, ebenso wie von den gegenläufigen Anstrengungen anderer Personen, davon abweichende Arten der Mitgliedschaft und des Selbst-Verständnisses aufrechtzuerhalten, zu entwickeln und zu artikulieren. Die koloniale Ära erlebte in der Tat komplexe Kämpfe um Identifikationen, aber es verflacht unser Verständnis

---

77 John Lonsdale, »States and Social Processes in Africa«, in: *African Studies Review* 24, 2/3 (1981): 139–225.

78 Jane Guyer, »Household and Community«, in: *African Studies Review* 24, 2/3 (1981): 87–137; Jean-Loup Amselle, *Logiques métisses: Anthropologie de l'identité, en Afrique et ailleurs*, Paris 1990.

dieser Auseinandersetzungen, wenn wir sie so betrachten, als hätten sie Identitäten hervorgebracht. Die Menschen konnten mit Abstufungen leben – und sie tun das auch heute noch Tag für Tag selbst dann, wenn politische Linien gezogen wurden.

Die bemerkenswerte Neuanalyse von Evans-Pritchards »Stamm« von Sharon Hutchinson transportiert diese Überlegungen in eine zeitgenössische Situation voller Konflikte. Ihr Ziel ist es, »die Grundidee von ›den Nuer‹ als einheitliche ethnische Identität zu hinterfragen«.[79] Sie verweist darauf, wie verschwommen die Grenzen der Menschen sind, die heute als Nuer bezeichnet werden: Kultur und Geschichte folgen diesen Linien nicht. Und sie meint, Evans-Pritchards segmentäres Schema schenke den männlichen Ältesten der 1930er Jahre übermäßig viel Aufmerksamkeit und beachte zu wenig Frauen, Männer in weniger mächtigen Lineages sowie jüngere Männer und Frauen. Diese Analyse macht es nicht nur schwierig, Nuer als Identität zu verstehen, sondern nachgerade notwendig, sehr genau zu prüfen, wie Menschen versuchten, Verbindungen sowohl auszuweiten als auch zu konsolidieren. Wo sie in ihrer Darstellung die Ära des Bürgerkriegs im südlichen Sudan während der 1990er Jahre berücksichtigt, weigert Hutchinson sich, den Konflikt auf kulturelle oder religiöse Differenz zwischen den kämpfenden Parteien zu reduzieren, und insistiert vielmehr auf einer tiefgehenden Analyse der politischen Beziehungen, der Kämpfe um wirtschaftliche Ressourcen und der räumlichen Verbindungen.

In einem Großteil des modernen Afrika ist es in Wirklichkeit zu einigen der bittersten Konflikte innerhalb von Kollektivitäten gekommen, die kulturell und sprachlich relativ einheitlich sind (Rwanda, Somalia), sowie zwischen losen wirtschaftlichen und sozialen Netzwerken, die eher auf Patron-Klient-Beziehungen denn auf ethnischer Mitgliedschaft beruhen (Angola, Sierra Leone); und schließlich in Situationen, in denen kulturelle Unterscheidungen zu einer politischen Waffe gemacht wurden (KwaZulu in Südafrika).[80] Wenn man gegenwärtige oder vergangene Konflikte unter der Prämisse beschreibt, dass Menschen ihre Identität konstruieren und dafür kämpfen, so läuft man Gefahr, eine vorgefertigte, präsentistische,

---

79 Sharon Hutchinson, *Nuer Dilemmas: Coping with Money, War, and the State*, Berkeley (CA) 1995: 29.

80 Gerard Prunier, *The Rwandan Crisis*, New York 1996; und Jean-Pierre Chrétien, *Le défi de l'ethnisme: Rwanda et Burundi: 1990–1996*, Paris 1997. In ähnlicher Weise ist Richards' Darstellung des Konfliktes in Sierra Leone bemerkenswert, weil er Netzwerke gegenüber Gruppen, Kreolisierung gegenüber Differenzierung und überschneidende moralische Vorstellungen gegenüber Konflikten zwischen »Kulturen« betont.

teleologische Erklärung zu liefern, die die Aufmerksamkeit von Fragen ablenkt, wie Hutchinson sie bearbeitet hat.

Osteuropäischer Nationalismus

Wir haben gezeigt, dass die Sprache der Identität mit ihren Konnotationen der Abgegrenztheit, Gruppenexistenz und Gleichartigkeit auffällig schlecht geeignet ist, um segmentäre Lineage-Gesellschaften zu analysieren – oder auch aktuelle Konflikte in Afrika. Es mag nun sein, dass man dies akzeptiert, aber argumentiert, die Sprache der Identität sei dennoch gut geeignet, um andere soziale Situationen einschließlich unserer eigenen zu analysieren, wo öffentliches und privates Reden über Identität weit verbreitet ist. Doch wir sind nicht nur der Ansicht, dass das Konzept der Identität schlecht übertragbar und nicht universell auf alle sozialen Situationen anwendbar sei. Wir vertreten eine stärkere These: Sie besagt, dass Identität als analytische Kategorie weder notwendig noch hilfreich ist, und zwar selbst da nicht, wo sie tatsächlich weithin als Kategorie der Praxis benutzt *wird*. Um das zu begründen, betrachten wir kurz den osteuropäischen Nationalismus und die Identitätspolitik in den Vereinigten Staaten.

Die historische und sozialwissenschaftliche Literatur über Nationalismus in Osteuropa ist – in weit höherem Maß als die Literatur über soziale Bewegungen und Ethnizität in Nordamerika – durch relativ starke oder harte Auffassungen von Gruppenidentität gekennzeichnet. Viele Kommentatoren haben die Ansicht vertreten, das Wiederaufleben des ethnischen Nationalismus in dieser Region sei Ausfluss robuster und tief verwurzelter nationaler Identitäten, die stark und belastbar genug gewesen seien, um Jahrzehnte der Unterdrückung durch rücksichtslos antinationale kommunistische Regimes zu überleben. Aber diese Sichtweise der »Rückkehr des Verdrängten« ist problematisch.[81]

Nehmen wir die ehemalige Sowjetunion. Die nationalen Konflikte als Kämpfe zu sehen, um Identitäten zu bestätigen und auszudrücken, die irgendwie die Versuche des Regimes überlebt hätten, sie zu zerschlagen, ist unberechtigt. Obwohl anti-*nationalistisch* und natürlich auf alle mögliche

---

81 Ausführlicher zu diesen Überlegungen siehe Rogers Brubaker, »Myths and Misconceptions in the Study of Nationalism«, in: John Hall (Hg.), *The State of the Nation: Ernest Gellner and the Study of Nationalism*, Cambridge 1998.

Weise brutal und repressiv, war das Sowjetregime doch nicht anti-*national*.[82] Weit entfernt davon, nationale Existenz rücksichtslos zu unterdrücken, hat das Regime noch nie dagewesene Anstrengungen unternommen, sie zu institutionalisieren und zu kodifizieren. Es teilte das sowjetische Territorium in über 50 vermeintlich autonome nationale Heimatländer auf, von denen jedes einer bestimmten ethno-nationalen Gruppe gehörte; es wies weiter jedem Bürger und jeder Bürgerin eine ethnische Nationalität zu, die ihnen bei der Geburt auf der Grundlage der Abstammung zugeschrieben, in persönlichen Identitätsdokumenten eingetragen und bei Kontakten mit der Bürokratie registriert und benutzt wurde, um den Zugang zu höherer Bildung und gehobenem Dienst zu kontrollieren. Damit tat das Regime mehr, als einen zuvor bestehenden Zustand *anzuerkennen* oder zu *ratifizieren*; es begab sich auf den Weg, sowohl Personen als auch Orte *als national neu zu konstituieren*.[83] In diesem Kontext ist die Annahme starker nationaler Identität, die tief in der vorkommunistischen Geschichte der Region verwurzelt und von einem rücksichtslos anti-nationalen Regime unterdrückt worden sei und nun nach dem Zusammenbruch des Kommunismus wiederkehre, im besten Fall anachronistisch und im schlimmsten Fall einfach eine wissenschaftliche Rationalisierung nationalistischer Rhetorik.

Wie steht es dann mit schwachen, konstruktivistischen Identitätskonzeptionen? Konstruktivisten mögen die Bedeutung des sowjetischen Systems institutionalisierter Multinationalität anerkennen und dies als das institutionelle Mittel interpretieren, mit dem die nationalen Identitäten konstruiert wurden. Doch warum sollten wir annehmen, es sei Identität, die auf diese Weise konstruiert wurde? Anzunehmen, dies sei der Fall, impliziert das Risiko, ein System der *Identifizierung* oder *Kategorisierung* mit

---

82 Eine vollständigere Fassung dieser Argumentation enthält Brubaker, *Nationalism Reframed*: Kap. 2. Parallel argumentieren zu Jugoslawien Veljko Vujacic/Victor Zaslavsky, »The Causes of Disintegration in the USSR and Yugoslavia«, in: *Telos* 88 (1991): 120–140.

83 Sicherlich hatten einige Randregionen der Sowjetunion während der letzten Jahre des Russischen Reiches (und während des folgenden Bürgerkrieges) bereits nationale Bewegungen erlebt. Doch war selbst in diesen Regionen die soziale Basis dieser Bewegungen schwach, und die Identifikation mit der Nation war auf einen relativ kleinen Teil der Bevölkerung begrenzt. In anderen Regionen war die Bedeutung des Regimes für die Konstituierung nationaler Trennlinien noch offenkundiger. Zur Herstellung von Nationen durch das Sowjetregime während der 1920er Jahre siehe Yuri Slezkine, »The USSR as a Communal Apartment, or How a Socialist State Promoted Ethnic Particularism«, in: *Slavic Review* 53 (1994): 414–452; Terry D. Martin, *The Affirmative Action Empire: Nations and Nationalism in the Soviet Union, 1929–39*, Ithaca (NY) 2001.

seinem unterstellten Resultat, nämlich *Identität*, zusammenzuwerfen. Kategoriale Gruppenbezeichnungen – wie autoritativ, wie durchgängig institutionalisiert auch immer – können nicht als Indikatoren für reale Gruppen oder robuste Identitäten dienen.

Die formale Institutionalisierung und Kodifizierung ethnischer und nationaler Kategorien sagt nichts über *Tiefe*, *Widerhall* oder *Macht* solcher Kategorien in der gelebten Erfahrung der so kategorisierten Menschen aus. Ein stark institutionalisiertes ethno-nationales Klassifikationssystem macht gewisse Kategorien leicht und legitim für die Repräsentation der gesellschaftlichen Realität, die Formulierung politischer Forderungen und die Organisation politischen Handelns verfügbar. Dies ist für sich schon eine bedeutungsvolle Tatsache, und das Auseinanderbrechen der Sowjetunion ist nicht zu verstehen, ohne sie zu berücksichtigen. Aber das heißt nicht, dass diese Kategorien eine signifikante Rolle bei der Rahmung der Wahrnehmung, der Orientierung von Handlungen oder der Formung von Selbst-Verständnis im Alltagsleben spielen. Eine solche Rolle wird aber gerade durch die konstruktivistischen Fassungen von Identität nahegelegt.

Das Ausmaß, in dem amtliche Kategorisierungen Selbst-Verständnis prägen, das Ausmaß, in dem die von Staaten oder politischen Akteuren konstituierten Bevölkerungskategorien annähernd wirkliche Gruppen sind – dies sind offene Fragen, die sich nur empirisch bearbeiten lassen. Die Sprache der Identität ist eher hinderlich als förderlich dafür, solche Fragen zu stellen, weil sie das, was unterschieden werden muss, gerade verwischt: externe Kategorisierung und Selbst-Verständnis, objektive Gemeinsamkeit und subjektive Gruppenexistenz.

Berücksichtigen wir ein letztes, nicht aus der ehemaligen Sowjetunion stammendes Beispiel. Die Grenze zwischen Ungarn und Rumänen in Siebenbürgen ist sicher schärfer als die zwischen Russen und Ukrainern in der Ukraine. Doch auch hier sind die Grenzen zwischen den Gruppen weit poröser und undeutlicher, als oft angenommen wird. Sicherlich ist die Sprache sowohl der Politik als auch des Alltagslebens rigoros eingezäunt und teilt die Bevölkerung in einander ausschließende ethno-nationale Kategorien. Dabei gibt es keinen Spielraum für gemischte oder zweideutige Formen. So wichtig dieser kategoriale Code aber als *konstitutives Element* der gesellschaftlichen Beziehungen ist, sollte er doch nicht als ihre *wirklichkeitsgetreue Beschreibung* aufgefasst werden. Von identitären Akteuren auf beiden Seiten verstärkt, verschleiert der identitäre Code mehr über Selbst-Verständnisse als er verdeutlicht. Er maskiert die Fluidität und Unbestimmt-

heit, die sich aus Mischehen, Zweisprachigkeit, Migration, dem Besuch
rumänischsprachiger Schulen durch ungarische Kinder, aus intergeneratio-
neller Assimilation (in beide Richtungen) und – vielleicht am wichtigsten –
aus der puren Indifferenz gegenüber den Ansprüchen ethno-kultureller
Identität ergeben.

Selbst in ihrem konstruktivistischen Gewand neigt die Sprache der
Identität dazu, in Kategorien der abgegrenzten Gruppenexistenz zu denken. Sie tut dies, weil sogar das konstruktivistische Nachdenken über Identität die *Existenz* von Identität axiomatisch voraussetzt. Identität ist immer
bereits »da« als etwas, was Individuen und Gruppen »haben«, selbst wenn
der Inhalt partikularer Identitäten und die Grenzen, die die Trennlinien
zwischen Gruppen markieren, als ständig im Fluss befindlich vorgestellt
werden.

Diese Tendenz zur Objektivierung von Identität beraubt uns analytischer Kraft. Sie erschwert es uns, Gruppenexistenz und Abgegrenztheit als
emergente Eigenschaften bestimmter struktureller und konjunktureller Konstellationen zu behandeln anstatt als etwas, das immer schon in irgendeiner
Form vorhanden war. Dies muss heute mehr denn je unterstrichen werden, denn die unreflektiert gruppenfixierte Sprache, die im Alltagsleben, im
Journalismus, der Politik und auch in einem Großteil der Forschung vor-
herrschend ist – die Angewohnheit, ohne Einschränkung beispielsweise
von Albanern und Serben zu sprechen, als seien dies scharf abgegrenzte,
intern homogene Gruppen –, schwächt nicht nur die Sozialanalyse, sondern engt die politischen Möglichkeiten in der Region ein.

Identitätsansprüche und die beständigen Dilemmata von »Rasse«
in den Vereinigten Staaten

Die Sprache der Identität war in den Vereinigten Staaten während der
letzten Jahre besonders machtvoll. Sie spielte eine herausragende Rolle
sowohl als Idiom der Analyse in den Sozial- und Geisteswissenschaften als
auch als Idiom, in welchem in der alltäglichen sozialen und politischen
Praxis Erfahrung artikuliert, Loyalität mobilisiert sowie symbolische und
materielle Ansprüche formuliert wurden.

Das Pathos und der Widerhall der mit Identität verknüpften Forderungen in den Vereinigten Staaten von heute haben viele Ursachen, aber eine
der wesentlichsten Gründe ist jenes zentrale Problem der amerikanischen
Geschichte – die Einfuhr von versklavten Afrikanern, die anhaltende ras-

sisch motivierte Unterdrückung und das Spektrum der afro-amerikanischen Reaktionen darauf. Die afro-amerikanische Erfahrung von »Rasse« sowohl als auferlegte Kategorisierung wie als Selbst-Identifikation war nicht allein für sich selbst bedeutsam, sondern diente seit den späten 1960er Jahren auch als Muster für mit Identität motivierte Forderungen aller Art. Dazu gehörten solche auf der Grundlage von sozialem Geschlecht und sexueller Orientierung sowie solche auf der Grundlage von Ethnizität oder Rasse.[84]

Als Folge der Flut identitärer Forderungen während der letzten drei Jahrzehnte wurden der öffentliche Diskurs, die Art und Weise der politischen Argumentation und die Forschung auf nahezu jedem Gebiet der Sozial- und Geisteswissenschaften transformiert. Es gibt in diesem Prozess viel Wertvolles. Geschichtslehrbücher und vorherrschende öffentliche Narrative erzählen eine viel reichhaltigere und inklusivere Geschichte als jene, die eine Generation zurückliegen. Trügerische Formen des Universalismus – die marxistische Kategorie des Arbeiters, der immer im männlichen Gewand auftritt, die liberale Kategorie des Staatsbürgers, der sich als weiß entpuppt – sind mit Macht entlarvt worden. Identitäre Forderungen der ersten Generation – und die durch sie geprägte wissenschaftliche Literatur – wurden ihrerseits für ihre Blindheit gegenüber einander überschneidenden Besonderheiten kritisiert: afro-amerikanische Bewegungen, weil sie agierten, als hätten afro-amerikanische Frauen keine geschlechtsspezifischen Anliegen, Feministinnen, weil sie annahmen, alle Frauen seien Weiße aus der Mittelklasse.

Konstruktivistische Überlegungen beeinflussten in besonderem Maße amerikanistische Zirkel. Sie ermöglichten es den Gelehrten, die gegenwartsbezogene Bedeutung der aufgezwungenen Identifikationen und der Formen von Selbst-Verständnis zu betonen, die sich in dialektischem Wechselspiel mit diesen entwickelt haben. Sie gestatteten es ihnen zugleich hervorzuheben, dass diese selbst- und fremddefinierten Gruppen nicht primordialer Natur, sondern Produkt der Geschichte sind. Die Behandlung des Problems der Rasse in der Geschichtsschreibung über die Vereinigten Staaten ist ein ausgezeichnetes Beispiel dafür.[85] Bereits bevor *soziale*

---

84 Gitlin, *The Twighlight of Common Dreams*, 134.

85 Eine der besten Einführungen zur konstruktivistischen Analyse in der amerikanischen Geschichte ist Earl Lews, »Race«, in: Stanley Kutler (Hg.), *Encyclopedia of the United States in the Twentieth Century*, New York 1996: 129–160. Siehe auch Barbara Fields, »Slavery,

Konstruktion zum Modewort wurde, zeigten Wissenschaftler auf, dass Rasse keineswegs eine gegebene Dimension der Vergangenheit Amerikas ist, sondern als politische Kategorie im gleichen Augenblick entstand wie die republikanischen und populistischen Impulse Amerikas. Edmund Morgan zeigte, dass im Virginia des frühen 18. Jahrhunderts weiße Vertragsknechte (*indentured servants*) und schwarze Sklaven eine Form der Unterordnung teilten, die nicht scharf differenziert war; sie agierten zuweilen gemeinsam. In dem Moment, als die Pflanzer-Eliten in Virginia begannen, sich gegen die Briten zu wenden, wurde es für die zur Notwendigkeit, eine scharfe Grenze zwischen den politisch Dazugehörenden und den Ausgeschlossenen zu ziehen. Die Tatsache, dass die schwarzen Sklaven zahlreicher waren und als Arbeiter mehr gebraucht wurden und es zudem weniger plausibel war, sie als politische Mobilisierungsbasis zu nutzen, führte dazu, dass eine Unterscheidung markiert wurde, die nun die *poor whites* ihrerseits nutzen konnten, um Forderungen zu erheben.[86] Von dieser Ausgangssituation startend haben die Historiker mehrere Schlüsselmomente identifiziert, in denen die rassischen Grenzen in den Vereinigten Staaten neu definiert wurden – und verschiedene Zeitpunkte, zu denen andere Arten von Bindungen die Möglichkeit deutlich werden ließen, andere Arten der politischen Zugehörigkeit aufkommen zu lassen. Weißheit und Schwarzsein sind sowohl historische Schöpfungen als auch historisch variable Kategorien. Die vergleichende Geschichtsschreibung hat inzwischen gezeigt, dass die Konstruktion von Rasse noch weiter variierende Formen annehmen kann, etwa weil viele Menschen, die nach nordamerikanischen Klassifikationssystemen schwarz waren, in anderen Teilen Amerikas etwas anderes gewesen wären.[87]

Race and Ideology in the United States of America«, in: *New Left Review* 181 (1990): 95–118.

86 Edmund Morgan, *American Slavery, American Freedom*. Neuere Arbeiten zu dieser formativen Periode sind u.a. im Sonderheft des *William and Mary Quarterly* 3. Folge, 54/1 (1997) (»Constructing Race: Differentiating Peoples in the Early Modern World«) enthalten, siehe auch Ira Berlin, *Many Thousands Gone: The First Two Centuries of Slavery in North America*, Cambridge (MA) 1998.

87 Die Analyse der unterschiedlichen Arten, in denen Rasse in verschiedenen Teilen Amerikas konfiguriert wurde, war eines der Themen, durch die die komparative Geschichtsschreibung entstanden ist, vor allem nach dem Erscheinen von Frank Tannenbaum, *Slave and Citizen: The Negro in the Americas*, New York 1946. Eine einflussreiche kurze Zusammenfassung ist Charles Wagley, »On the Concept of Social Race in the Americas«, in: D. B. Heath/R. N. Adams (Hg.), *Contemporary Cultures and Societies in Latin America*, New York 1965: 531–545. Für neuere konstruktivistische Überlegungen über

Die amerikanische Geschichte zeigt demnach die Macht von aufge-
zwungener Identifikation, legt aber auch die Komplexität der Formen von
Selbstverständnis jener Leute offen, die durch Umstände definiert wurden,
die sie nicht kontrollieren konnten. Kollektive Selbst-Definitionen aus der
Zeit vor dem Bürgerkrieg situierten schwarze Amerikaner auf besondere
Weise im Hinblick auf Afrika – oft in dem Sinne, dass eine Herkunft aus
Afrika (oder »Äthiopien«) sie in die Nähe des Herzlandes christlicher Zivilisation rückte. Doch frühe *back-to-Africa*-Bewegungen behandelten Afrika
häufig als kulturelle tabula rasa oder als verfallene Zivilisation, die von den
afro-amerikanischen Christen erlöst werden müsse.[88] Der Versuch, sich als
Volk in der Diaspora Geltung zu verschaffen, implizierte nicht notwendig,
kulturelle Gemeinsamkeit zu behaupten – beide Konzepte befanden sich
seither in einem beständigen Spannungszustand. Man kann die Geschichte
des afro-amerikanischen Selbst-Verständnisses als allmähliche Entstehung
einer schwarzen Nationalität schreiben, oder man kann das Wechselspiel
eines solchen Kollektivgefühls mit den Bestrebungen von afro-amerikanischen Aktivisten erforschen, unterschiedliche Spielarten politischer Ideologie zu artikulieren und Verbindungen mit anderen Radikalen zu entwickeln.
Am wichtigsten ist es dabei, die Bandbreite der Möglichkeiten und die
Ernsthaftigkeit zu berücksichtigen, mit denen diese diskutiert wurden.

Die Probleme liegen nicht bei der historischen Analyse sozialer Konstruktion als solcher, sondern bei den Vorannahmen darüber, was konstruiert wird. Als typischer Gegenstand der Konstruktion wird Weißheit
oder Rasse angesehen, nicht aber andere, losere Formen der Mitgliedschaft
und Gemeinsamkeit. Die Absicht, über *Identifikationen* zu schreiben, wie sie
unter spezifischen sozialen und politischen Umständen auftreten, sich

---

die historische Spezifizität, weiß zu sein, siehe exemplarisch David Roediger, *The Wages
of Whiteness: Race and the Making of the American Working Class*, London 1991).

88 Einer der Gründungstexte dessen, was manchmal als schwarzer Nationalismus bezeichnet wird, Martin Delanys Bericht über seine Reise nach Afrika, ist bemerkenswert für
den Mangel an Interesse für die kulturellen Praktiken der Afrikaner, auf die er traf. Für
ihn zählte, dass ein Christ afrikanischer Herkunft seine Bestimmung darin finden würde,
sich von der Unterdrückung in den Vereinigten Staaten zu befreien und die christliche
Zivilisation nach Afrika zu bringen. Siehe Martin R. Delany/Robert Campbell, *Search for
a Place: Black – separatism and Africa, 1860*, hg. von Howard H. Bell, Ann Arbor 1969
(Originalausgabe 1860). Ein aufschlussreiches neueres Buch über die afro-amerikanisch-
afrikanischen Verbindungen – und die unterschiedlichen Arten, mit denen die Verbindungen hergestellt wurden, während man doch kulturelle Unterscheidungen betonte –
ist James Campbell, *Songs of Zion: The African Methodist Episcopal Church in the United States
and South Africa*, New York 1995.

auskristallisieren und verschwinden, könnte sehr wohl eine ziemlich andere Geschichtsschreibung inspirieren, als wenn man den Versuch unternimmt, über *Identität* zu schreiben, die Vergangenheit, Gegenwart und Zukunft in einem einzigen Wort verknüpft.

Kosmopolitische Interpretationen der amerikanischen Geschichte wurden kritisiert, weil sie aus den unterschiedlichen Arten, wie diese Geschichte erfahren wurde, das Leid herausgeschnitten hätten: vor allem den Schmerz der Versklavung und Diskriminierung und des Kampfes gegen Versklavung und Diskriminierung, eine Geschichte, die Afro-Amerikaner in einer Weise auszeichnet, die sie mit weißen Amerikanern nicht gemeinsam haben.[89] An dieser Stelle erzielen die Forderungen nach einem Verständnis für die Partikularität von Erfahrungen einen machtvollen Widerhall, doch hier bestehen auch ernste Gefahren, diese Geschichten zu einer statischen und singulären Identität einzuebnen. Eine solche Einebnung mag Vor- ebenso wie Nachteile haben, wie nachdenkliche Teilnehmer an den Debatten über die Politik von Rasse konzediert haben.[90] Doch die historischen Erfahrungen und angeblich gemeinsamen Kulturen anderer Gruppen weiter unter der generischen Kategorie der Identität zu subsumieren, die so disparat sind wie Frauen und Alte, Indianer und Schwule, Arme und Behinderte, respektiert den Schmerz partikularer Geschichten keinesfalls mehr als die universalistische Rhetorik von Gerechtigkeit und Menschenrechten. Und die Zuweisung von Individuen zu solchen Identitäten führt dazu, dass sich viele – die die uneinheitlichen Entwicklungslinien der Abstammung und die Vielfalt der Innovationen und Anpassungen erlebt haben, die Kultur ausmachen – gefangen wiederfinden zwischen einer harten Identität, die nicht richtig passt, und einer weichen Rhetorik der Hybridität, Vielfältigkeit und Flüssigkeit, die weder Verständnis noch Trost bereithält.[91]

Es bleibt die Frage, ob wir die Komplexität der Geschichte – einschließlich der sich wandelnden Arten, mit denen externe Kategorisierungen Menschen sowohl stigmatisiert und gedemütigt haben und ihnen zugleich ein Gefühl kollektiven Selbstseins verschaffen konnten, das Fä-

---

89 Eric Lott, »The New Cosmopolitanism: Whose America?«, in: *Transition* 72 (Winter 1996): 108–135.

90 Ein derartiger Beitrag ist Kwame Anthony Apppiah, *In My Father's House: Africa in the Philosophy of Culture*, New York 1992.

91 Dies wird von Walter Benn Michaels (»Race into Culture«) unterstrichen: Die Zuweisung von Individuen zu kulturellen Identitäten ist sogar noch problematischer als die Definition dieser Identitäten.

higkeiten und Stärke vermittelt hat – in einer subtileren und differenzierteren Sprache behandeln können. Wenn der wirkliche Beitrag der konstruktivistischen Sozialanalyse – dass Affinitäten, Kategorien und Subjektivitäten sich im Zeitverlauf entwickeln und verändern – ernstgenommen und nicht auf eine präsentistische, teleologische Darstellung der Konstruktion aktuell bestehender Gruppen reduziert werden soll, dann muss abgegrenzte Gruppenexistenz als kontingente, emergente Eigenschaft verstanden werden und nicht als axiomatische Voraussetzung.

Die Darstellung der gegenwärtigen amerikanischen Gesellschaft stellt ein ähnliches Problem dar – flache, reduktionistische Analysen der sozialen Welt als vielfarbiges Mosaik einfarbiger Identitätsgruppen. Diese begrifflich verarmte identitäre Soziologie, in der die Überschneidungen zwischen Rasse, Klasse, sozialem Geschlecht, sexueller Orientierung und vielleicht ein oder zwei anderen Kategorien einen Satz von begrifflichen Allzweckbehältern generieren, ist während der 1990er Jahre im akademischen Leben Amerikas mächtig geworden – nicht nur in den Sozialwissenschaften, *cultural studies* und *ethnic studies*, sondern auch in der Literaturwissenschaft und in der politischen Philosophie. Im letzten Teil dieses Abschnitts verlagern wir unseren Blickwinkel und zeichnen nach, was der Gebrauch dieser identitären Soziologie im letztgenannten Bereich impliziert.

»Eine moralische Philosophie«, schrieb Alisdair MacIntyre, »hat eine Soziologie zur Voraussetzung«;[92] das gilt erst recht für die politische Theorie. Die Problematik eines Großteils der zeitgenössischen politischen Theorie besteht darin, dass sie auf fragwürdiger Soziologie aufbaut – nämlich genau auf der soeben angesprochenen gruppenzentrierten Darstellung der sozialen Welt. Wir ergreifen hier nicht Partei für Universalität gegen Partikularität. Vielmehr behaupten wir, dass die identitäre Sprache und die gruppenfixierte Sozialontologie, die die gegenwärtige politische Theorie bestimmt, den Blick auf den problematischen Charakter der Gruppenexistenz selbst verstellt und damit andere Wege zur Konzeptionalisierung partikularer Mitgliedschaften und Affinitäten versperrt.

Es gibt inzwischen eine beträchtlich angewachsene Literatur, die sich kritisch mit der Idee der universellen Staatsbürgerschaft auseinandersetzt. Iris Marion Young, eine der einflussreichsten unter diesen Kritikerinnen, schlägt stattdessen das Ideal einer gruppendifferenzierten Staatsbürgerschaft auf der Grundlage von Gruppenvertretung und Gruppenrechten

---

92 Alisdair MacIntyre, *After Virtue*, Notre Dame (IN) 1981: 22.

vor. Die Annahme einer »unparteiischen allgemeinen Perspektive«, argumentiert sie, »ist ein Mythos«, weil »unterschiedliche soziale Gruppen unterschiedliche Bedürfnisse, Kulturen, Geschichten, Erfahrungen und Wahrnehmungen der gesellschaftlichen Verhältnisse haben«. Staatsbürgerschaft solle diese Unterschiede möglichst transzendieren, solle aber anerkennen und zugestehen, dass sie »irreduzibel« seien.[93] Welche Arten von Unterschieden sollten durch spezielle Vertretungsrechte ratifiziert werden? Die fraglichen Unterschiede sind jene, die mit »sozialen Gruppen« in Zusammenhang stehen, die definiert sind als »umfassende Identitäten und Lebensweisen« und von bloßen Aggregaten einerseits – willkürlichen Klassifikationen von Personen nach einem Attribut – und freiwilligen Vereinigungen andererseits unterschieden werden. Spezielle Rechte und Vertretung würden nicht allen sozialen Gruppen gewährt, sondern jenen, die unter mindestens einer von fünf Formen der Unterdrückung leiden. Praktisch bedeutet dies »Frauen, Schwarze, Indianer, Chicanos, Puerto Ricaner und andere spanischsprachige Amerikaner, asiatische Amerikaner, Schwule, Lesben, Angehörige der Arbeiterklasse, Alte sowie geistig und körperlich behinderte Menschen«.[94]

Was konstituiert den Gruppencharakter dieser Gruppen? Was macht sie zu Gruppen anstatt zu Kategorien, um die herum sich Selbst- und Fremd-Identifikationen gewiss kristallisieren, aber dies eben nicht immer tun? Das wird von Young nicht behandelt. Sie unterstellt, dass unterschiedliche Geschichten, Erfahrungen und soziale Orte diese Gruppen mit unterschiedlichen »Fähigkeiten, Bedürfnissen Kulturen und kognitiven Stilen« sowie mit »unterschiedlichen Verständnissen aller Aspekte der Gesellschaft und einzigartigen Sichtweisen auf soziale Fragen« ausstatten.[95] Soziale und kulturelle Heterogenität wird hier als Gegenüberstellung von intern homogenen, nach außen abgegrenzten Blöcken konstruiert. Die »Prinzipien der Einheit«, die Young auf der Ebene des politischen Gemeinwesens als Ganzem zurückweist – weil sie »Differenz verbergen« –, werden auf der Ebene der konstitutiven Gruppen wieder eingeführt und fahren dort fort, Differenz zu verbergen.

---

93 Iris Marion Young, »Polity and Group Difference: A Critique of the Ideal of Universal Citizenship«, in: *Ethics* 99 (1989): 257, 258. Siehe auch dies., *Justice and the Politics of Difference*, Princeton (NJ) 1990.
94 Young, »Polity and Group Difference«: 267, 261.
95 Ebd.: 267 f.

Bei den Auseinandersetzungen um gruppendifferenzierte oder multikulturelle Staatsbürgerschaft stehen wichtige Fragen auf dem Spiel, über die innerhalb wie außerhalb der Wissenschaft lange debattiert worden ist. Sie alle haben auf die eine oder andere Weise mit dem relativen Gewicht und der Bewertung universalistischer und partikularistischer Thesen zu tun.[96] Die soziologische Analyse kann die Problematik dieser robusten Debatte nicht lösen und sollte dies auch nicht versuchen. Sie kann sich aber bemühen, ihre häufig wackeligen soziologischen Fundamente abzustützen. Sie kann ein reichhaltigeres Vokabular anbieten, um soziale und kulturelle Heterogenität und Partikularität zu konzeptionalisieren. Wenn wir uns von der identitären Sprache verabschieden, so eröffnen sich Möglichkeiten, andere Arten der Verbundenheit zu spezifizieren, andere Idiome der Identifikation, andere Stile des Selbst-Verständnisses, andere Arten der sozialen Verortung. Um zu paraphrasieren, was Adam Przeworski vor langer Zeit über Klasse gesagt hat: Kulturelle Kämpfe sind Kämpfe über Kultur, nicht Kämpfe zwischen Kulturen.[97] Aktivisten von Identitätspolitik setzen die Sprache der abgegrenzten Gruppenexistenz nicht ein, weil sie eine gesellschaftliche Realität zum Ausdruck bringt, sondern genau weil Gruppenexistenz diffus und umstritten ist. Ihre gruppenbezogene Rhetorik hat eine performative, konstitutive Dimension, die im Erfolgsfall zur Herstellung jener Gruppen beiträgt, die sie beschwört.[98]

Es besteht also eine Kluft zwischen, einerseits, normativen Argumenten und aktivistischen Idiomen, die abgegrenzte Gruppenexistenz axiomatisch setzen, und, andererseits, historischen und soziologischen Analysen, die Kontingenz, Fluidität und Variabilität betonen. Auf einer bestimmten Ebene ist dies ein Dilemma des wirklichen Lebens: Die Bewahrung kultureller Differenz ist wenigstens teilweise von der Aufrechterhaltung einer abgegrenzten Gruppenexistenz und daher von der Kontrolle über die »exit option« abhängig; und Beschuldigungen, jemand »brenne durch« oder verrate seine oder ihre Wurzeln, dienen als Formen der Disziplinierung.[99]

---

96 Siehe besonders die luziden und einflussreichen Bücher von Will Kymlicka: *Liberalism. Community, and Culture*, Oxford 1991, und *Multicultural Citizenship: A Liberal Theory of Minority Rights*, Oxford 1995.

97 Adam Przeworski, »Proletariat into a Class: The Process of Class Formation from Karl Kautsky's ›The Class Struggle‹ to Recent Controversies«, in: *Politics and Society* 7 (1977): 372.

98 Bourdieu, »L'identité«, 63–72.

99 David Laitin, »Marginality: A Microperspective«, in: *Rationality and Society* 7 (1995): 31–57.

Kritiker einer solchen Kontrolle würden dagegen sagen, dass ein liberales politisches System die Individuen gegen die Unterdrückung durch soziale Gruppen ebenso wie gegen die durch den Staat zu schützen habe. Auf der Ebene der Sozialanalyse handelt es sich jedoch nicht notwendig um ein Dilemma. Wir stehen nicht unausweichlich vor einer Wahl zwischen einem universalistischen analytischen und einem identitären gruppistischen Idiom. Wenn wir die Optionen so formulieren, verfehlen wir die Variationsbreite von Formen, die Affinität, Gemeinsamkeit und Verbundenheit annehmen können – deshalb betonen wir so sehr die Notwendigkeit eines subtileren Vokabulars. Wir plädieren nicht für irgendeine spezifische Position im Rahmen der politischen Auseinandersetzung um kulturelle Unterscheidung und individuelle Wahl, sondern vielmehr für ein Vokabular der Sozialanalyse, das helfen kann, das Spektrum der Optionen zu öffnen und zu erhellen. Die Politik der Gruppen-»Koalition« beispielsweise, wie Young und andere sie feiern, hat sicherlich ihren Platz, aber die kollektivistische Soziologie, die dieser spezifischen Form der Koalitionspolitik zugrunde liegt – mit ihren Annahme, dass abgegrenzte Gruppen die Grundbausteine politischer Bündnisse seien –, schnürt die politische Phantasie ein.[100]

In Wirklichkeit sind wir nicht gezwungen, uns zwischen einer amerikanischen Geschichte, die auf die Erfahrungen und Kulturen abgegrenzter Gruppen verengt und eingeebnet ist, und einer Geschichte zu entscheiden, die ebenfalls zu einer einzigen Nationalhistorie eingeebnet ist. Reduziert man die Heterogenität der amerikanischen Gesellschaft und Geschichte auf ein vielfarbiges Mosaik aus einfarbigen Identitätsgruppen, so behindert man die Arbeit am Verstehen der Vergangenheit und das Streben nach sozialer Gerechtigkeit in der Gegenwart, anstatt sie zu unterstützen.

---

100 In einer Debatte mit Young hat die Philosophin Nancy Fraser einer Politik der »Anerkennung« eine der »Verteilung« gegenübergestellt. Sie hat argumentiert, beide seien notwendig, weil manche Gruppen sowohl ausgebeutet als auch stigmatisiert oder nicht anerkannt werden. Es ist frappierend, wie beide Seiten dieser Debatte Gruppengrenzen als klar definiert behandeln, so dass beide davon ausgehen, progressive Politik gehe mit Gruppenkoalitionen einher. Beide vernachlässigen Formen politischen Handelns, die Gemeinsamkeit oder Gruppenexistenz nicht zur Voraussetzung haben. Nancy Fraser, »From Redistribution to Recognition? Dilemmas of Justice in a ›Post-Socialist‹ Age«, in: New Left Review 212 (1995): 68–93; Iris Marion Young, »Unruly Categories‹, A Critique of Nancy Fraser's Dual Systems Theory«, in: New Left Review 222 (1997): 147–160.

Schlussfolgerung: Partikularität und Identitätspolitik

Wir haben uns hier nicht mit Identitätspolitik befasst. Dennoch haben unsere Überlegungen nicht nur intellektuelle, sondern auch politische Bedeutung. Menschen davon zu überzeugen, dass sie eine Einheit sind, dass sie eine abgegrenzte, von anderen unterschiedene solidarische Gruppe ausmachen; dass ihre internen Unterschiede wenigstens für den aktuellen Zweck unerheblich sind – das ist ein normaler und notwendiger Bestandteil von Politik und nicht allein von dem, was gewöhnlich als Identitätspolitik bezeichnet wird. Politik erschöpft sich freilich nicht darin, und wir haben in der Tat Bedenken gegenüber der Art, wie der routinemäßige Rückgriff auf identitäre Rahmungen anderen, ebenso wichtigen Aspekten politischer Forderungen den Weg verstellen könnte. Wir möchten niemandem Identität als politisches Instrument rauben oder die Legitimität untergraben, mit der Forderungen in identitärer Sprache gefasst werden.

Uns ging es hier vielmehr um Identität als *analytischen* Begriff. Während des gesamten Kapitels haben wir danach gefragt, welche Arbeit der Begriff leistet und wie gut er dies tut. Wir haben konstatiert, dass der Begriff angewendet wird, um eine Menge analytische Arbeit zu erledigen – von der ein Großteil legitim und wichtig ist. Der Terminus *Identität* taugt jedoch wenig, diese Arbeit auszuführen, weil er mit Zweideutigkeit durchsetzt, von widersprüchlichen Bedeutungen zerrissen und durch verdinglichende Konnotationen eingeschränkt ist. Der Versuch, das Nomen mit einer Kette von Adjektiven – die spezifizieren, dass Identität vielfach, fluid, ständig in einem Prozess der Neuaushandlung befindlich usw. ist – näher zu bestimmen, löst nicht das von Orwell benannte Problem des Gefangenseins in einem Wort. Dabei kommt wenig mehr als ein spannendes Oxymoron heraus – eine multiple Singularität, eine flüssige Kristallisierung –, doch das trägt noch immer nichts zur Beantwortung der Frage bei, warum wir ein und denselben Terminus benutzen sollen, um all dies und noch mehr zu bezeichnen. Wir haben gezeigt, dass alternative analytische Idiome die notwendige Arbeit ohne die damit einhergehende Konfusion leisten können.

Es geht hier nicht um die Legitimität oder Bedeutung partikularistischer Forderungen und Ansprüche, sondern darum, wie wir sie am besten begrifflich fassen können. Menschen haben überall und immer partikulare Bindungen, Selbst-Verständnisse, Erzählungen, Entwicklungslinien, Vorgeschichten, Nöte, die in die von ihnen erhobenen Forderungen eingehen.

Eine derart durchgängige Partikularität unter der flachen, undifferenzierten Rubrik der *Identität* zu subsumieren, tut ihren widerspenstigen und facettenreichen Formen fast so viel Gewalt an wie ein Versuch, sie unter »universalistische« Kategorien wie etwa *Interesse* zu subsumieren. Die Konstruktion von Partikularität in identitärer Sprache engt zudem die politische ebenso wie die analytische Phantasie ein. Sie lenkt von einer ganzen Reihe von Möglichkeiten zum politischen Handeln ab, die nicht in einer vermeintlich gemeinsamen Identität wurzeln – und dazu gehören nicht nur jene, die als universalistisch gepriesen oder verdammt werden. So stellen sich Anwälte der Identitätspolitik etwa politische Kooperation als den Aufbau von Koalitionen zwischen abgegrenzten Identitätsgruppen vor. Das ist fraglos eine Form politischer Kooperation, aber beileibe nicht die einzige.

Kathryn Sikkink und Margaret Keck haben beispielsweise auf die Bedeutung von »transnational issue networks« hingewiesen, angefangen mit der Antisklaverei-Bewegung im frühen 19. Jahrhundert bis hin zu den internationalen Kampagnen der letzten Jahre um Menschenrechte, Ökologie und Frauenrechte. Diese Netzwerke überschreiten unweigerlich kulturelle ebenso wie staatliche Grenzen und verknüpfen besondere Orte und partikularistische Forderungen mit weiter gefassten Anliegen. So brachte etwa die Anti-Apartheidbewegung südafrikanische Organisationen, die untereinander selbst alles andere als einheitlich waren – manche teilten universalistische Ideologien, manche bezeichneten sich als afrikanisch, manche betonten ziemlich lokale, kulturell definierte Identitäten –, mit internationalen Kirchen-Gruppen, Gewerkschaften, pan-afrikanischen Bewegungen für Rassensolidarität, Menschenrechtsgruppen usw. zusammen. Die einzelnen Gruppen traten innerhalb des übergreifenden Netzwerkes in kooperative Arrangements ein oder zogen sich auch zurück; Konflikte unter den Gegnern des Apartheidsstaates waren bitter, und manchmal verliefen sie sogar tödlich. Mit Verschiebungen unter den Akteuren innerhalb des Netzwerkes wurden auch die anstehenden Probleme neu bestimmt. In bestimmten Augenblicken wurden beispielsweise Fragen hervorgehoben, die sich für die internationale Mobilisierung eigneten, während andere – die für manche potentiellen Teilnehmer sehr wichtig waren – marginalisiert wurden.[101]

101 Margaret E. Keck/Kathryn Sikkink, *Activists Beyond Borders: Advocacy Networks in International Politics*, Ithaca (NY) 1998; Audie Klotz, *Norms in International Relations: The Struggle*

Wir wollen hier nicht ein Loblied auf diese Netzwerke gegenüber stärker exklusiv-identitären sozialen Bewegungen oder auf Gruppen bezogenen Forderungen singen. Netzwerke sind in sich nicht besser als identitäre Bewegungen, und Gruppen sind in sich suspekt. Politik – im südlichen Afrika wie auch anderswo – besteht schwerlich in einer Konfrontation zwischen guten Universalisten oder guten Netzwerken und bösen Tribalisten. Flexible, auf Klientelbeziehungen aufgebaute und auf Plünderung und Schmuggel ausgerichtete Netzwerke haben eine Menge Verwüstung angerichtet; diese Netzwerke waren manchmal an »prinzipienfeste« Organisationen angeschlossen; und sie standen häufig mit Händlern von Waffen und illegalen Waren in Europa, Asien und Nordamerika in Verbindung. Vielfältige Partikularitäten sind hier im Spiel, und es ist notwendig, zwischen Situationen zu unterscheiden, in denen sie sich um besondere kulturelle Symbole zusammenschließen, und solchen, in denen sie flexibel, pragmatisch und leicht ausweitbar sind. Es trägt zur Genauigkeit der Analyse nichts bei, wenn man dieselben Wörter für die Extreme der Verdinglichung und der Fluidität und für alles dazwischen benutzt.

Die Kritik an dem Gebrauch von *Identität* in der Sozialanalyse muss uns nicht blind machen für Partikularität. Es geht vielmehr darum, die Ansprüche und Möglichkeiten differenzierter zu erfassen, die sich aus besonderen Affinitäten und Mitgliedschaften, aus besonderen Gemeinsamkeiten und Verbindungen, aus besonderen Erzählungen und Selbst-Verständnissen, aus besonderen Problemen und Nöten ergeben. Die Sozialanalyse wurde während der letzten Jahre massiv und dauerhaft für Partikularität sensibilisiert, und die Literatur über Identität hat dazu wertvolle Beiträge geleistet. Die Zeit ist jetzt gekommen, über Identität hinauszugehen – nicht im Namen eines imaginierten Universalismus, sondern im Namen der begrifflichen Klarheit, die für Sozialanalyse ebenso erforderlich ist wie für politisches Verständnis.

---

against *Apartheid*, Ithaca (NY) 1995. Siehe auch die klassische Studie von Jeremy Boissevain, *Friends of Friends: Networks, Manipulators and Coalitions*, Oxford 1974.

4 Was nützt der Begriff der Globalisierung? Aus der Perspektive eines Afrika-Historikers

Der Begriff der Globalisierung enthält zwei Probleme: erstens »global« und zweitens »-isierung«. Das erste impliziert, dass ein einziges System der Verknüpfung – vor allem durch Kapital und Warenmärkte, Informationsströme und imaginierte Landschaften – den gesamten Globus durchdrungen habe; und das zweite suggeriert, dass dies gegenwärtig geschehe, dass wir uns nun im globalen Zeitalter befänden. Sicherlich gibt es Personen, und nicht zuletzt sind dies die Befürworter ungehinderter Kapitalmärkte, die fordern, die Welt solle ihnen offenstehen, aber das bedeutet nicht, dass dieser Prozess so abläuft, wie sie es gerne hätten. Dennoch: Viele Kritiker der Markttyrannei, darunter Sozialdemokraten, die den vorgeblichen Niedergang des Nationalstaates beklagen, und diejenigen, die in den Ausbrüchen des Partikularismus die Gegenreaktion auf den Homogenisierungsdruck des Marktes sehen, reagieren allzu leichtgläubig auf die großsprecherischen Behauptungen der Globalisierer. Entscheidende Fragen werden nicht gestellt: über die Grenzen der wechselseitigen Verknüpfungen, über die Bereiche, in die das Kapital nicht hineinreichen kann, und über die Eigenheiten der spezifischen Strukturen, die notwendig sind, um die Verknüpfungen wirksam zu machen.

Hinter dem Globalisierungsgetue steckt ein wichtiges Anliegen. Es geht darum, die Zusammenhänge zu verstehen, die zwischen unterschiedlichen Teilen der Welt bestehen, die neuen Mechanismen zu erklären, die die Bewegungen von Kapital, Menschen und Kultur bestimmen, und Institutionen zu entwickeln, die in der Lage sind, eine derartige transnationale Bewegung zu regulieren. Was in den gegenwärtigen Diskussionen über Globalisierung fehlt, ist jedoch die historische Tiefendimension der Zusammenhänge und der genaue Blick darauf, welches eigentlich die Strukturen und Grenzen derjenigen Mechanismen sind, die diese Zusammenhänge schaffen. Es ist heilsam, die Tendenz zu vermeiden, gesellschaftliche, wirtschaftliche, politische und kulturelle Prozesse in einer Weise zu analysieren, als fänden sie in abgeschlossenen Räumen statt, die sich als Nationen oder Kontinente beschreiben ließen. Sich einer Sprache zu bedienen, die suggeriert, es gebe außer der globalen Ebene überhaupt keine räumlichen Einheiten, birgt dagegen die Gefahr, die Probleme in irreführender Weise zu bestimmen. Die Welt ist seit Langem – und in der Tat nach wie vor – von sehr ungleichmäßigen wirtschaftlichen und politischen Verhältnissen gekennzeichnet; sie ist voller Orte, an denen sich die Macht konzentriert. Diese Orte wiederum sind umgeben von anderen, an denen dies nicht der Fall ist. Strukturen und Netzwerke durchdringen bestimmte Plätze und zeitigen überaus dramatische Folgen, aber an anderen Stellen sind ihre Effekte nur noch schwach spürbar.

Afrika-Spezialisten wurden wie viele andere ebenfalls in das Globalisierungsparadigma einbezogen und haben »Globalisierung« als Herausforderung dargestellt, der Afrika sich stellen müsse, oder auch als ein Konstrukt, durch das sich die Rolle Afrikas in einer Welt verstehen lasse, deren Grenzen anscheinend mehr und mehr problematisch werden.[1] Mir geht es hier um Perspektiven, die Alternativen aufzeigen – und zwar gegenüber einem Ansatz, der zwar Veränderungen im Zeitverlauf betont, aber dennoch ahistorisch bleibt, und der scheinbar vom Raum redet, aber am Ende die Mechanismen und Begrenzungen räumlicher Beziehungen verwischt. Wer sich mit Afrika befasst, sollte im Hinblick auf die zeitliche Tiefe von Prozessen, die territoriale Grenzen überspannen, eine besondere Sensibilität an den Tag legen. Die Vorstellung von »Afrika« selbst wurde über Jahrhunderte durch Verbindungen geformt, die innerhalb des Kontinents sowie über Ozeane und Wüsten hinweg bestanden – durch den atlantischen Sklavenhandel, durch die Wanderungen von Pilgern, durch religiöse Netzwerke und Ideen im Kontext des Islam, durch kulturelle und wirtschaftliche Verbindungen über den Indischen Ozean. Ich behaupte ferner, dass

---

1 Beide Dimensionen waren auf einer Konferenz über »Social Sciences and the Challenges of Globalization in Africa« erkennbar, die im September 1998 in Johannesburg von dem einflussreichen afrikanischen Forschungsnetzwerk CODESRIA abgehalten wurde. Der Kongress der *Association of African Historians* in Bamako 2001 sollte sich ebenfalls mit dem Thema »African Historians and Globalization« befassen. Nach einer Mitteilung auf H-Africa beginnt die Konferenzankündigung mit den Worten »Globalisierung ist eine allgegenwärtige und unausweichliche Tatsache«. Ganz andere Beispiele für Globalisierung in der Forschungsliteratur über Afrika vermitteln Caroline Thomas/Peter Wilkin, *Globalization, Human Security, and the African Experience*, Boulder 1999, sowie Peter Geschiere/Birgit Meyer (Hg.), *Globalization and Identity. Dialectics of flow and closure*, Oxford 1999.

sich das Globalisierungsparadigma nicht dadurch retten lässt, dass man es zeitlich zurückverlegt, denn die Geschichte des Sklavenhandels, der Kolonisierung und Dekolonisierung ebenso wie die Qualen der Ära der Strukturanpassungen passen schlecht zu irgendeiner Globalisierungs-Erzählung – außer, man verwässert den Begriff bis zur Bedeutungslosigkeit. Wenn man sich mit Afrika auseinandersetzt, muss man notwendig die langfristige Bedeutung zur Kenntnis nehmen, die der Ausübung von Macht über den Raum zukommt, aber auch die Grenzen, denen sich eine derartige Macht gegenübersieht.[2] Die Bedeutung dieser Geschichte für die Gegenwart liegt nicht in der Annäherung zwischen alten (kolonialen) und neuen (globalen) Formen von Verflechtungen. Sie liegt vielmehr in den Lehren, die man daraus über die Bedeutung und Begrenztheit von Verknüpfungen über weite Entfernungen ziehen kann. Die historische Analyse stellt nicht einen Gegensatz dar zwischen einer Vergangenheit territorialer Begrenzungen und einer Gegenwart wechselseitiger Verknüpfungen und Fragmentierungen, sondern vielmehr eine stärker sich hin und her bewegende variable Verbindung territorialisierender und entterritorialisierender Tendenzen.

Heute debattieren Anhänger und Gegner der Globalisierung über »ihre« Folgen. Beide gehen davon aus, dieser Prozess sei real und könne entweder gepriesen oder beklagt, befördert oder bekämpft werden.[3] Stellen wir die klügsten Fragen über aktuell bedeutsame Probleme, wenn wir über Globa-

---

2 Studien zum Kolonialismus bieten inzwischen nicht nur Überlegungen darüber, wie europäische Gesellschaften und auch andere Imperien über den Raum hinweg konstituiert wurden, sondern auch über die Begrenzungen und die Inkohärenz kolonialer Systeme; siehe Stoler/Cooper, »Between Metropole and Colony«, in: Dies. (Hg.), *Tensions of Empire*, 1–56.

3 Anfangs war Globalisierung vor allem ein amerikanischer Trend, aber inzwischen ist sie »globaler« geworden. So wird etwa in Frankreich die *mondialisation* im politischen Bereich, zunehmend aber auch in wissenschaftlichen Kreisen weithin diskutiert. Beherrschen die Befürworter die amerikanische Debatte, so sind die Gegner in Frankreich einflussreich, und dort haben sie sogar einen öffentlichen Helden – José Bové, der verhaftet wurde, weil er McDonald's attackiert hat. Um 2000 argumentierte die sozialistische Regierung, die Globalisierung solle reguliert und kontrolliert werden, und dies sei auch möglich; sie bezweifelte aber nicht »deren« Realität. Unterschiedliche Anwendungen des Konzeptes der Globalisierung durch französische Wissenschaftler belegen GEMDEV (Groupe Économique Mondiale, Tiers Monde, Développement), *Mondialisation. Les mots et les choses*, Paris 1999; Serge Cordellier (Hg.), *La mondialisation au delà des mythes*, Paris 2000 (Originalausgabe 1997); Jean-Pierre Faugère/Guy Caire/Bertrand Bellon (Hg.), *Convergence et diversité à l'heure de la mondialisation*, Paris 1997; Philippe Chantpie u.a., *La nouvelle politique économique. L'état face à la mondialisation*, Paris 1997.

lisierung debattieren? Anstatt die zentrale Bedeutung eines mächtigen Götzen zu unterstellen, sollten wir nicht lieber genauer bestimmen, wovon wir eigentlich sprechen, um dann in der Lage zu sein, diejenigen Ressourcen einzuschätzen, über die Institutionen an unterschiedlichen Orten innerhalb der Interaktionsprozesse verfügen?

Für alle, die sich mit zeitgenössischer Politik befassen, ist »Globalisierung« ohne Zweifel eine bedeutsame lokale Kategorie. Wer immer etwas über die Erscheinungsweise bestimmter ideologischer und diskursiver Muster in der heutigen Situation wissen will, muss prüfen, wie diese benutzt werden. Handelt es sich aber auch um eine nützliche Kategorie für die Analyse? Ich behaupte hier, dass dies nicht der Fall ist. Wissenschaftler, die sie verwenden, laufen Gefahr, sich in genau jenen diskursiven Strukturen zu verfangen, die sie analysieren möchten. Wenn diese Bezeichnung gegenwärtig in wissenschaftlichen Kreisen so populär ist, so verweist dies vor allem auf die Unfähigkeit der gegenwärtigen Sozialwissenschaften, Prozesse angemessen zu analysieren, deren Dimensionen groß, aber nicht universal sind, und Zusammenhänge zu verstehen, die Staatsgrenzen und kulturelle Unterscheidungslinien überspannen, aber dessen ungeachtet auf spezifischen Mechanismen innerhalb bestimmter Grenzen beruhen. Dass das Globale mit dem Lokalen kontrastiert werden soll, auch wenn es darum geht, ihre gegenseitige Konstituierung zu analysieren, unterstreicht nur, wie unzureichend gegenwärtig die Werkzeuge sind, um das zu analysieren, was dazwischenliegt.

Lässt sich das besser machen? Ich möchte dies bedingt bejahen – hauptsächlich dann, wenn wir uns um Begriffe bemühen, die weniger allumfassend, sondern genauer sind und sowohl den Charakter räumlicher Verknüpfungen betonen wie auch deren Grenzen; Begriffe, die versuchen, Veränderungen historisch spezifisch zu untersuchen und nicht aus der Perspektive eines vage bestimmten und unerreichbaren Endpunktes.

Ansichten der Globalisierung

Die erste Form, in der häufig über Globalisierung gesprochen wird, lässt sich als »Prahlerei der Banker« (*Banker's Boast*) bezeichnen. Nach dem Zusammenbruch der Sowjetunion und der Marktorientierung des kommunistischen China können die Investitionen angeblich überall hingehen. Der

Druck, den die Vereinigten Staaten, der IWF und die transnationalen Konzerne ausüben, reißt die nationalen Schranken ein, die der Bewegung des Kapitals noch im Wege standen. Damit wird teilweise ein neues Regulationsregime gefordert, das die Beschränkungen für Kapital- ebenso wie für Handelsströme abbaut und auf globaler Ebene operiert. Damit wird auch die Forderung nach Disziplin begründet: Der Weltmarkt, der als Geflecht von Geschäftsvorgängen imaginiert wird, zwingt die Regierungen nun, sich seinem Diktat zu beugen. »Globalisierung« wird wieder und wieder beschworen, um den reichen Ländern zu sagen, sie sollten den Sozialstaat abbauen, und armen Ländern, sie sollten die Sozialausgaben senken – alles im Namen der Notwendigkeiten, die sich aus dem Wettbewerb in einer globalisierten Wirtschaft ergeben.[4]

Dazu kommt das sozialdemokratische Lamento. Es nimmt die Globalisierung, wie die Banker sie sehen, als gegeben hin; anstatt sie jedoch zum Segen für die Menschheit zu erklären, wird das Gegenteil postuliert. Die sozialdemokratische Linke hat viel Energie aufgewendet, um staatsbürgerliche Rechte dazu einzusetzen, der Brutalität des Kapitalismus etwas von ihrer Schärfe zu nehmen. Die sozialen Bewegungen beziehen sich deshalb auf den Nationalstaat als die institutionelle Grundlage, um soziale und politische Rechte durchzusetzen. Hatte die gestärkte Rolle des Nationalstaates die zunehmende Verankerung der Arbeiterbewegung im politischen System zum Ausdruck gebracht, so hat die »Globalisierung« das soziale Projekt angeblich dadurch untergraben, dass sie das politische marginalisierte. Laut manchen Spielarten dieser Ansicht muss die Globalisierung deshalb bekämpft werden. Andere hingegen sind überzeugt, die Globalisierung habe bereits triumphiert. So bleibe wenig mehr zu tun, als das Hinscheiden des Nationalstaates, der nationalen Gewerkschaftsbewegungen und der Macht der Staatsbürgerschaft zu beklagen.[5]

---

4 Das ist die Ansicht der Globalisierung, wie man sie täglich in der Zeitung liest; sie findet sich in verdichteter Form in dem Buch des Korrespondenten der *New York Times*, Thomas Friedman, *The Lexus and the Olive Tree*, New York 1999. Doch vertritt der wirtschaftsfreundliche *Economist* schon lange eine skeptischere Meinung und glaubt, die Wirtschaft sei nur unzureichend globalisiert. Unter den Vertretern der Wirtschaftswissenschaft gehören zu den Befürwortern der Globalisierung Paul Krugman, *Pop Internationalism*, Cambridge (Mass.) 1996, und Kenichi Ohmae, *The Borderless World. Power and strategy in the interlinked world economy*, New York 1990. Siehe auch Organization for Economic Co-operation and Development, *Toward a New Global Age. Challenges and opportunities* (Policy Report), Paris 1997.

5 Susan Strange übertreibt den Niedergang des Staates, leistet aber eine wertvolle Analyse »nicht-staatlicher Gewalten«. Das Wort »Globalisierung« findet sie hoffnungslos vage.

Zum Schluss der Tanz der Ströme und Fragmente: Diese Position übernimmt einen Großteil der Überlegungen, die in den beiden anderen enthalten sind – die Realität der Globalisierung in der Gegenwart und ihre destabilisierenden Folgen für die nationalen Gesellschaften; aber sie orientiert sich anders. Anstatt die Welt zu homogenisieren, konfiguriert die Globalisierung das Lokale neu. Dies geschehe aber nicht auf räumlich abgegrenzte Weise. Die Erfahrungen der Menschen mit den Medien – Kleider, Musik, Phantasien vom guten Leben – sind hochgradig fragmentiert; Bruchstücke der Bilderwelt werden aus ihrem Kontext herausgelöst und gewinnen umso mehr an Attraktivität, als sie entfernte Assoziationen auslösen. Bilder aus Hollywood beeinflussen Leute im afrikanischen Busch; tropischer Exotismus lässt sich im Pariser Faubourg St Honoré auf der Straße verkaufen. Diese Ablösung kultureller Symbolik von ihrer räumlichen Verortung veranlasst die Menschen paradoxerweise, ihre kulturelle Besonderheit wertzuschätzen. Daher die sentimentale Bindung von Migranten an ein »Zuhause«, wo sie nicht leben, aber mit Geld und Energie zur Identitätspolitik beitragen. Da die Ströme von Kapital, Menschen, Ideen und Symbolen unabhängig voneinander fließen, kommt es zum Tanz der Fragmente in einem globalisierten, nicht abgegrenzten Raum.[6]

Jede dieser Konzeptionen leistet einen analytischen Beitrag. Das Problem liegt in ihrem totalisierenden Anspruch und in ihrer auf die Gegenwart

---

Saskia Sassen akzeptiert »Globalisierung« und behandelt sie als verursachendes Agens (»Die Globalisierung hat die Bedeutung von x verändert«). Ihre Arbeiten bestehen jedoch großenteils aus nützlichen und aufschlussreichen Auseinandersetzungen mit den Überschneidungen zwischen transnationaler Migration und Finanzbewegungen in den großen, zentralen Städten sowie mit den Fragen der Regulierung zwischenstaatlicher Wirtschaftsaktivitäten. Auch sie hebt hervor, dass die Bedeutung der Staaten zurückgehe. Siehe Susan Strange, *The Retreat of the State*, Cambridge 1996; Saskia Sassen, *Globalization and Its Discontents*, New York 1998. Andere Versionen des Niedergangs des Staates vertreten David Held, *Democracy and the Global Order*, Cambridge 1995; Scott Lash/John Urry, *Economies of Signs and Space*, London 1994; Bertrand Badie, *Un monde sans souveraineté. Les états entre ruse et responsabilité*, Paris 1999. Eines der zahlreichen Beispiele für den denunziatorischen Modus der Globalisierungsliteratur ist Richard Falk, *Predatory Globalization. A critique*, Cambridge 1999.

6 Appadurai, *Modernity at Large*. Für einen Historiker ist an diesem Buch verblüffend, wie Appadurai die Novität des Phänomens ohne den geringsten Versuch behauptet, die Vergangenheit zu untersuchen, ferner seine Tendenz, neue Wörter (*ethnoscapes* usw.) zur Charakterisierung von Erscheinungen auf globaler Ebene zu kreieren, anstatt einen ernsthaften Versuch zu unternehmen, die Mechanismen zu beschreiben, durch die es zu den Verknüpfungen kommt. Ähnlich verfahren zwei Afrikanisten in Geschiere/Meyer, *Globalization and Identity*.

fixierten Periodisierung. Die Beziehung zwischen Territorium und Konnektivität ist viele Male neu konfiguriert worden; jedes verdient spezifische
Aufmerksamkeit.[7] Die Veränderungen, zu denen es in den letzten
Jahrzehnten auf den Kapitalmärkten, bei den transnationalen Konzernen
und im Kommunikationsbereich gekommen ist, verdienen gründliche
Beachtung, doch sollte man nicht das gewaltige Wirkungsfeld der Investiti-
ons- und Produktionsentscheidungen der Niederländischen Ostindien-
Kompanie vergessen, das im 16. Jahrhundert die Niederlande, Indonesien
und Südafrika miteinander verknüpfte und Anschluss an bestehende Handelsnetzwerke in ganz Südostasien besaß. Manche Wissenschaftler behaupten, der »eigentliche große Sprung zu stärker global integrierten Wa-
ren- und Faktorenmärkten« habe in der zweiten Hälfte des 19. Jahrhunderts stattgefunden, und »die Weltmärkte waren nahezu mit Sicherheit
in den 1890er Jahren ebenso gut integriert wie in den 1990er Jahren«. Diese
Überlegungen treffen auf die OECD-Länder eher zu als auf andere und
bringen die qualitativen Veränderungen nur unzureichend zum Ausdruck;
aber Wirtschaftshistoriker betonen dennoch, dass die große Expan-
sionsperiode des internationalen Handels und der Investitionen – sowie
ihrer Bedeutung für die Ausformung gegenseitiger wirtschaftlicher
Abhängigkeit – die Jahrzehnte vor 1913 waren, worauf dann ein drasti-
scher Rückgang wirtschaftlicher Integration folgte. Trotz des erheblichen
Wachstums des internationalen Handels in den letzten Jahrzehnten hat er,
gemessen an dem Prozentanteil am weltweiten Bruttoinlandsprodukt, erst
knapp wieder das Niveau der Zeit vor dem Ersten Weltkrieg erreicht. Paul
Bairoch beobachtet »schnelle Internationalisierung, die sich mit Phasen des
Rückzugs abwechselt«, und nicht Belege für »Globalisierung als unwiderrufliche Bewegung«. Die ausgedehnten Forschungen, die derzeit über spezifische Muster von Produktion, Handel und Konsum, über nationale und
internationale Institutionen sowie über bestehende und mögliche Formen
der Regulierung erfolgen, sind heilsam; das alles in ein »-isierungs«-Bezugs-
system einzupassen bedeutet jedoch, den Akzent dahin zu setzen, wo er
nicht hingehört.[8]

---

7 Manche Beobachter beschreiben das gegenwärtige Zeitalter als die »Vernichtung von
   Raum und Zeit«. Das ist natürlich eine Idee des 19. Jahrhunderts, und zwar von Marx;
   und die Verdichtung von Raum und Zeit hat viele Phasen durchlaufen. Siehe David
   Harvey, *The Condition of Postmodernity*, Oxford 1989.
8 Kevin H. O'Rourke/Jeffrey G. Williamson, *Globalization and History. The evolution of
   nineteenth-century Atlantic economy*, Cambridge (Mass.) 1999: 2, 4; Paul Bairoch, »Globalization myths and realities. One century of external trade and foreign Investment«, in:

Die Bewegungen von Menschen wie auch von Kapital belegen die Intensivierung von grenzüberschreitenden Verbindungen, repräsentieren aber nicht ein Muster stetig zunehmender Integration. Der Höhepunkt interkontinentaler Arbeitsmigration fiel in die hundert Jahre nach 1815. Heute müssen Arbeitsmigranten, weit entfernt davon, eine Welt zusammenbrechender Barrieren zu erleben, sehr ernst nehmen, was die Staaten zu tun vermögen. So erhöhte etwa Frankreich 1974 seine Barrieren erheblich, während in den angeblich weniger globalisierten 1950er Jahren Afrikaner aus den französischen Kolonien als Staatsbürger nach Frankreich einreisen konnten und dort auf dem Arbeitsmarkt sehr gefragt waren. Abgesehen vom Familiennachzug ist die Arbeitsmigration nach Frankreich zur »Restgröße« geworden. Die illegale Migration entwickelt sich geradezu zügellos, aber Migranten ohne Papiere können sich die Illusion nicht erlauben, Staaten und Institutionen seien weniger wichtig als »Ströme«. Illegale (wie auch legale) Migration ist von Netzwerken abhängig, die Menschen an bestimmte Orte und eben nicht an andere bringen. Andere Bewegungen von Menschen folgen ebenso spezifischen Pfaden. Die Bewegungen von Chinesen in der Diaspora innerhalb Südostasiens und darüber hinaus beruhen auf sozialen und kulturellen Strategien, die es mobilen Geschäftsmännern und migrierenden Arbeitern ermöglichen, sich unterschiedlichen souveränen Mächten anzupassen und dennoch Verbindungen untereinander aufrechtzuerhalten. Aihwa Ong betont zu Recht, dass diese Bewegungen nicht Ausdruck der schwindenden Macht der Staaten sind, deren Grenzen sie überschreiten oder deren Fundament sie untergraben; vielmehr haben diese Staaten neue Methoden gefunden, Macht über Menschen und Märkte auszuüben.[9] Wir müssen diese Institutionen verstehen; die Metapher des »Globalen« ist dafür jedoch ein schlechter Ausgangspunkt.

Die Nachrichten vom Tod des Nationalstaates und des Sozialstaates sind stark übertrieben. Die von staatlichen Instanzen kontrollierten Ressourcen waren niemals größer. In den OECD-Ländern betrugen die Einnahmen und Ausgaben der Staaten 1965 etwas mehr als 25 Prozent des Bruttoinlandsprodukts; dieser Anteil ist ständig gestiegen und hat Mitte der

---

Robert Boyer/Daniel Drache (Hg.), *States against Markets. The limits of globalization*, London 1996: 190. Siehe auch Paul Hirst/Grahame Thompson, *Globalization in Question*, Cambridge 1996, sowie Kevin R. Cox, *Spaces of Globalization. Reasserting the power of the local*, New York 1997.

9 Aihwa Ong, *Flexible Citizenship. The cultural logics of transnationality*, Durham 1999.

angeblich globalen 1990er Jahre fast 37 Prozent erreicht. Die Sozialausgaben halten sich in Frankreich und Deutschland auf einem nie dagewesenen Höchststand; dort treffen selbst marginale Einschränkungen auf den entschiedenen Widerstand der Gewerkschaften und sozialdemokratischen Parteien, und selbst die Konservativen betrachten die Grundlagen des Sozialstaates als gegeben. Der Grund dafür liegt im Gegensatz sowohl zum *Banker's Boast* wie auch zum sozialdemokratischen Lamento – in der Politik. Das ist im Hinblick auf Lateinamerika hervorgehoben worden: Frankreich und Brasilien sehen sich beide scharfer internationaler Konkurrenz gegenüber, aber in Frankreich lässt sich der Sozialstaat innerhalb des politischen Systems verteidigen, während in Brasilien »Globalisierung« zur Begründung herangezogen wird, um staatliche Dienstleistungen abzubauen und auf die offenkundige Alternative zu verzichten – die Reichen zu besteuern. In den weiter entwickelten Ländern Lateinamerikas betragen die Steuern in Prozent des Bruttoinlandsprodukts weniger als die Hälfte des in Westeuropa üblichen Niveaus.[10] Es gibt andere Möglichkeiten, als im Namen der Globalisierung zu handeln, und der brasilianische Staat hat entschieden, diese Optionen nicht zu verfolgen.

Man sollte jedoch nicht den entgegengesetzten Fehler machen und annehmen, in der Vergangenheit habe sich der Nationalstaat einer Periode erfreut, in der seine Stellung unangefochten und herausragend gewesen sei und er die unbezweifelte zentrale Instanz politischer Mobilisierung dargestellt habe. Bis zurück zu den Antisklaverei-Bewegungen des 18. und 19. Jahrhunderts waren politische Bewegungen transnational und konzentrierten sich manchmal auf das »Empire« als Bezugsgröße, manchmal auf die »Zivilisation«, manchmal auf die universalisierte Menschheit. Auch Vorstellungen von Diaspora reichen weit zurück; das gilt etwa für die Bedeutung enterritorialisierter Konzeptionen von »Afrika« für Afroamerikaner während der 1830er Jahre.

Den Argumenten für Globalisierung sollte also nicht mit dem Versuch entgegengetreten werden, die Geschichte wieder in nationale oder kontinentale Behälter zurückzustopfen. Es geht vielmehr darum zu fragen, ob die über den Lauf der Zeit hinweg wechselnde Bedeutung räumlicher Verknüpfungen sich auf bessere Weise verstehen lässt als im Sinne von Globalisierung.

---

10 Atilio Boron, *Globalization. A Latin American perspective*, unveröffentlichter Beitrag für die CODESRIA-Konferenz, Johannesburg, Südafrika 1998.

Globalisierung selbst ist ein Terminus, dessen Bedeutung unklar ist und über den auch unter denen, die ihn anwenden, erhebliche Uneinigkeit besteht. Er lässt sich in einem so weiten Verständnis benutzen, dass er alles einschließt und daher nichts bedeutet. Für die meisten Autoren transportiert er aber eine Reihe machtvoller Bilder, wenn es auch keine genaue Definition gibt. Die Rede von Globalisierung lässt sich vom Fall der Berliner Mauer inspirieren, der die Möglichkeit oder vielleicht die Illusion verdeutlichte, dass die Barrieren gegen (national-)staatliche Grenzen überschreitende Wirtschaftsbeziehungen im Einstürzen begriffen waren. Für Freund und Feind ist der ideologische Bezugsrahmen der Globalisierung gleichermaßen der Liberalismus – und dessen Argumente für Freihandel und freie Kapitalbewegungen. Die Bildersprache der Globalisierung stammt aus dem World Wide Web, aus der Idee, die gewebeartige Konnektivität eines jeden Ortes zu jedem anderen Ort stelle ein Modell für alle anderen Formen globaler Kommunikation dar. Die politisch Handelnden und die Wissenschaftler sind sich über »ihre« Folgen uneins: Ausbreitung der wohltätigen Folgen des Wachstums oder zunehmende Konzentration des Reichtums, Homogenisierung der Kultur oder Diversifizierung? Doch wenn das Wort irgendetwas bedeutet, so bedeutet es zunehmende Integration, und zwar Integration im globalen Maßstab. Selbst Differenzierung, so meinen die Globalisierer, muss in neuem Licht gesehen werden, denn die neue Betonung kultureller Besonderheit und ethnischer Identifizierung unterscheide sich von der alten darin, dass ihr nun die Gegenüberstellung und nicht mehr die Isolierung zugrunde liege.

Ungeachtet aller Betonung der Neuartigkeit des letzten Vierteljahrhunderts erinnert das gegenwärtige Interesse am Konzept der Globalisierung doch an eine ähnliche, fast irrationale Faszination während der 1950er und 1960er Jahre: die der Modernisierung.[11] In beiden Fällen handelt es sich um »-isierungs«-Wörter, die auf einen Prozess abheben, der nicht notwendig bereits vollständig realisiert, aber bereits in Gang und vermutlich unausweichlich ist. Beide bezeichnen den Prozess durch seinen angenommenen Endpunkt. Beide wurden durch eine eindeutige und zwingende Beobachtung angeregt: dass Veränderung schnell und durchgängig vor sich geht. Die Überzeugungsmacht beider ist davon abhängig, dass der Wandel keine Aneinanderreihung disparater Elemente, sondern deren Bewegung in eine gemeinsame Richtung darstellt. Die Modernisierung ist an der Anfor-

---

11 Tipps, »Modernization theory and the comparative study of societies«, S. 199–226.

derung gescheitert, die eine Theorie erfüllen sollte, und ihr Scheitern sollte auch für Wissenschaftler erhellend sein, die im Bezugsrahmen der Globalisierung arbeiten. Die zentrale Überlegung der Modernisierungstheorie besagte, dass zentrale Dimensionen der Gesellschaft zusammen variieren und dass die so konstituierten Komplexe eine Bewegung von der Tradition hin zur Moderne bewirkten: von Subsistenz- zu Industriewirtschaften, von Groß- zu Kernfamilien, von zugeschriebenem zu erworbenem Status, von religiösen zu säkularen Ideologien, von der Politik des Subjekts zur Politik des Teilhabers, von diffusen und facettenreichen zu vertraglichen Beziehungen.

Die Mängel der Modernisierungstheorie liegen parallel zu denen der Globalisierung. Die zentralen Aspekte der Transition veränderten sich nicht miteinander, wie eine Vielzahl von Arbeiten gezeigt hat. Vor allem erscheint Modernisierung ebenso wie Globalisierung in dieser Theorie als Prozess, der einfach passiert und auf Eigendynamik beruht. Die Rede von der Modernisierung verdeckte damals entscheidende Fragen: Waren ihre Kriterien eurozentrisch oder mehr noch, beruhten sie auf einer idealisierten Sicht davon, wie die amerikanische Gesellschaft sein sollte? Fanden Veränderungen in dieser Richtung einfach statt oder wurden sie bewirkt – durch die militärische Kraft Amerikas oder die wirtschaftliche Macht der kapitalistischen Konzerne?

Die Inhalte beider Ansätze unterscheiden sich natürlich, und ich will die Parallele nicht weiter führen als zu bemerken, dass Modernisierung und Globalisierung ähnliche Positionierungen gegenüber übergreifenden Prozessen darstellen. Beide definieren sich durch die Benennung einer Zukunft als scheinbare Projektion einer Gegenwart, die scharf von der Vergangenheit unterschieden wird. Für den Sozialwissenschaftler geht es darum, ob solche Theorien der Formulierung besserer, genauerer Fragen förderlich sind oder ob sie über die interessantesten und schwierigsten Probleme unserer Zeit hinweggleiten.

Der Kapitalismus im System des atlantischen Raumes – und darüber hinaus

Beginnen wir also woanders, mit C. L. R. James und Eric Williams.[12] Ihre Bücher sind jeweils solide erarbeitete Analysen und zugleich politische Texte. Ich möchte auf beide Dimensionen der Texte eingehen und so unterstreichen, dass ihre Lektüre es uns ermöglicht, auf kreative Weise Raum und Zeit einander gegenüberzustellen. James wurde 1901 in der britischen Kolonie Trinidad geboren. Er war Panafrikanist und Trotzkist, aktiv in antiimperialistischen Bewegungen der 1930er Jahre, die Afrika, Europa und die Karibik miteinander verknüpften. *Black Jacobins* (1938) war eine Geschichte der Revolution in Haiti von 1791 bis 1804 und zeigte, dass im 18. genauso wie im 20. Jahrhundert wirtschaftliche Prozesse ebenso wie politische Mobilisierung die Ozeane überquerten.

James verstand die Sklaverei in der Karibik nicht als archaisches System. Für die Organisationsformen, die für den modernen Industriekapitalismus charakteristisch wurden – massierte, unter Aufsicht arbeitende Arbeitskräfte, Zeitdisziplin bei Anbau und Verarbeitung, ganzjährige Planung der Arbeitsaufgaben, Kontrolle über den Wohn- wie auch den Produktionsbereich –, wurde auf den Zuckerplantagen der Karibik ebenso Pionierarbeit geleistet wie in den englischen Fabriken. Die Sklaven waren Afrikaner; das Kapital kam aus Frankreich; das Land lag in der Karibik. Eric Williams, der Historiker war und später Premierminister von Trinidad wurde, untersuchte genauer den Prozess, durch den die transatlantischen Verbindungen geschaffen wurden, und argumentierte, der Sklavenhandel habe zur Entstehung der kapitalistischen Entwicklung in England und schließlich zur industriellen Revolution beigetragen.

Die Sklaverei war weder in Afrika noch in Europa etwas Neues. Neu war die Wechselbeziehung zwischen Afrika, Europa und Amerika. Sie veränderte die Art und Weise, wie die Akteure an allen Orten handelten, erzwang eine Veränderung der Dimensionen und verlieh der Expansion des Systems bis ins 19. Jahrhundert hinein eine unerbittliche Logik. Als in Paris über die Erklärung der Menschen- und Bürgerrechte diskutiert wurde, kamen die meisten Teilnehmer nicht auf die Idee, diese

---

12 C. L. R. James, *The Black Jacobins. Toussaint L'Ouverture and the San Domingo revolution*, New York 1963 (Originalausgabe 1938); Eric Williams, *Capitalism and Slavery*, Chapel Hill 1944. Siehe auch Robin Blackburn, *The Making of New World Slavery. From the baroque to the modern*, London 1997.

Kategorien könnten auch die Menschen in den Kolonien einbeziehen. Die Kolonialisten aber meinten, dies sei der Fall: zuerst die Pflanzer, die sich als Franzosen und Eigentümer verstanden, die ein Recht hatten, ihren Interessen dem französischen Staat gegenüber Ausdruck zu verleihen; dann auch die *gens de couleur*, Menschen gemischter Herkunft, die über Eigentum verfügten und die sich ungeachtet ihrer Rassenzugehörigkeit ebenfalls als Bürger verstanden. Dann wurde den Sklaven sowohl der aus Paris kommende universalistische Diskurs über Rechte und Bürgerschaft wie auch die Schwächung des Staates bewusst, als Republikaner, Royalisten und verschiedene Pflanzer gegeneinander kämpften. James betont die »jakobinische« Seite der Rebellion: die ernsthafte Debatte in Paris darüber, ob der Geltungsbereich der universellen Erklärung der Menschenrechte begrenzt sei oder nicht, die Aneignung dieses Diskurses über Rechte durch die Sklaven, die Mischung von Idealen und Strategie, die einen französischen Gouverneur 1793 veranlasste, die Sklaverei abzuschaffen und die Sklaven für die Sache des republikanischen Frankreich zu mobilisieren, und den vielgestaltigen und wechselhaften, von Intrigen und Verrat angefüllten Kampf der von Sklaven geführten Armeen, der mit der Unabhängigkeit Haitis endete. Er erwähnte, dass zum Zeitpunkt der Revolution zwei Drittel der Sklaven in Afrika geboren waren, doch interessierte er sich nicht sonderlich für diese Tatsache oder ihre Bedeutung.

1938, im Erscheinungsjahr von *Black Jacobins,* jährte sich zum hundertsten Mal die Entscheidung Großbritanniens, den Zwischenstatus als Lehrlinge (»apprentices«) zu beenden, den die Sklaven durchliefen, nachdem sie befreit worden waren. Die britische Regierung, die jahrelang ihr historisches Engagement für die Emanzipation betont hatte, verbot nun alle Feiern zum hundertsten Jahrestag. Zwischen 1935 und 1938 war es in Westafrika und in Westindien zu einer Reihe von Streiks und Unruhen gekommen; das feierliche Begehen des Emanzipationsedikts hätte vielleicht darauf aufmerksam gemacht, wie spärlich seine Früchte waren. James macht das in seinem Text deutlich. Sein Eingriff verknüpft eine Geschichte der Befreiung, die 1804 erreicht wurde, mit der Befreiung, die er sich – im britischen wie im französischen Kolonialreich – in seiner eigenen Lebenszeit erhoffte.

Sein Text besaß eine weitere Bedeutung. Haiti ist nicht als Avantgarde der Emanzipation und Dekolonisierung in die Geschichte eingegangen; für die kolonialen Eliten war es der Inbegriff der Rückständigkeit und für die Abolitionisten des 19. Jahrhunderts ein Anlass der Peinlichkeit. James

wollte diese Sichtweise ändern und aus der haitianischen Revolution einen
modernen Aufstand gegen eine moderne Form der Ausbeutung machen,
die Avantgarde eines universellen Prozesses. Michel-Rolph Trouillot hat
darauf aufmerksam gemacht, was James zu diesem Zweck ausgelassen hat
und was er den »Krieg innerhalb des Krieges« nennt, eine weitere Schicht
der Rebellion von Sklaven afrikanischen Ursprungs, die die Kompromisse
ihrer Führer ablehnten – denn diese suchten die Plantagenproduktion
aufrechtzuerhalten, eine Art staatlicher Struktur zu bewahren und vielleicht
auch irgendeine Beziehung zu den Franzosen: etwas, was die Sklaven ablehnten. Trouillot weist darauf hin, dass die Oberschicht in Haiti sich gern
auf ihre direkte Abstammung von den Nationalisten von 1791 beruft; das
erfordert einen bewussten Akt des Verschweigens.[13]

Was immer auch James für seine Zielsetzungen von 1938 ausgelassen
hat, so erschüttert er doch die heutigen Vorstellungen von geschichtlicher
Zeit und historischem Raum in fruchtbarer Weise. Die Revolution kam zu
früh. Sie begann bereits zwei Jahre nach dem Sturm auf die Bastille. Der
Nationalstaat wurde während seiner Geburt schon überschritten; das Universum, auf das die Menschenrechte sich bezogen, wurde ausgeweitet,
während der Prozess, diese Rechte zu spezifizieren, noch nicht abgeschlos-
sen war; die Sklaven forderten einen Platz in der politischen Gemeinschaft
ein, noch bevor die politischen Philosophen entschieden hatten, ob sie
dazugehörten; und die die Ozeane überschreitenden Ideenbewegungen
zeitigten bereits Auswirkungen, als die territorial definierten sozialen Bewegungen sich erst noch herausbildeten. Viele der Fragen, die zu Lebzeiten
von James diskutiert wurden, waren auf kraftvolle Weise bereits zwischen
1791 und 1804 gestellt worden. Das gilt auch für einige Fragen, die James
lieber nicht stellen wollte und auf die Trouillot hinweist.

Wenn wir 1791 und 1938 zusammen betrachten, erlaubt uns dies, die
Politik aus einer kontinentübergreifenden räumlichen Perspektive zu sehen, nicht als binären Gegensatz zwischen lokaler Authentizität und globaler Herrschaft. Weiter können wir so den Kampf um die Bedeutung von
Ideen ebenso unterstreichen wie ihre Übertragung über räumliche Distanz.
Die Französische Revolution hat Freiheit und Staatsbürgerrechte im Wör-
terbuch der Politik verankert, aber sie hat nicht deren Bedeutung festgelegt
noch die räumlichen Grenzen dieser Konzepte oder die kulturellen Kriterien, die für ihre Anwendung erforderlich sind. Wenn manche politischen

---

13 Trouillot, *The Silences of the Past*; Carolyn E. Fick, *The Making of Haiti. The Saint Domingue
revolution from below*, Knoxville 1990.

Strömungen – 1791 ebenso wie 2001 – nach einer engen, territorial oder kulturell abgegrenzten Definition des Staatsbürgers als eines Trägers von Rechten strebten, so entwickelten andere – 1791 ebenso wie 2001 – entterritorialisierte politische Diskurse. Diese Dialektik von Territorialisierung und Entterritorialisierung erlebte seither immer wieder zahlreiche Akzentverschiebungen.

James argumentiert in einem »atlantischen« Bezugsrahmen, und dies gilt auch für Williams. Beide betonen einen spezifischen Komplex von Verknüpfungen, der gewiss weltweite Implikationen aufweist, dessen historische Wirklichkeit aber präziser verankert ist. Die Entwicklung des Kapitalismus bildet den zentralen Bezugspunkt aller dieser Überlegungen: Kapitalbildung durch den afrikanisch-europäisch-amerikanischen Sklavenhandel, die enge Verknüpfung von Angebot an Arbeitskräften, Produktion und Konsumtion und die Erfindung der Arbeitsdisziplin sowohl auf dem Feld als auch in der Fabrik. Der Kampf *gegen* diesen transozeanischen Kapitalismus war gleichermaßen transozeanisch.

Die atlantischen Perspektiven sind durch die Analyse von Sidney Mintz über die Auswirkungen des karibischen Zuckers auf die europäische Kultur, die Klassenverhältnisse und die Wirtschaft ebenso erheblich erweitert worden wie durch die Studien über die kulturellen Verbindungen der karibischen Welt von Richard Price. Diese Studien zeigen nicht allein die Übertragung von Kultur über räumliche Distanz auf – wie etwa die Suche anderer Wissenschaftler nach »afrikanischen Elementen« in karibischen Kulturen. Sie nehmen vielmehr eine internationale Zone in den Blick, in der es kulturellen Erfindungsreichtum, Synthese und Anpassung gibt, die Machtverhältnisse sowohl zum Ausdruck bringen als auch diese Verhältnisse verändern.[14]

Im Zentrum der atlantischen Perspektive liegt nicht notwendigerweise der Ozean. Es gab viele Küsten und Inseln, die das kolonisierende, versklavende, Handel treibende, produzierende, konsumierende System auch auf seinem Höhepunkt im 18. Jahrhundert nicht berührte. Und es gab Orte in anderen Weltmeeren wie die zuckerproduzierenden Inseln im Indischen Ozean, die ihrer Struktur nach »atlantisch« waren, auch wenn sie sich in einem anderen Ozean befanden. Ebenso machtvoll wie die Kräfte, über

---

14 Sidney Mintz, *Sweetness and Power*, New York 1985; Richard Price, *First-time. The historical vision of an Afro-American people*, Baltimore 1983. Eine neuere Perspektive bietet Michael A. Gomez, *Exchanging Our Country Marks. The transformation of African identities in the colonial and antebellum south*, Chapel Hill 1998.

die James und Williams schrieben, hatten sie ihre Geschichte, ihre Beschränkungen, ihre Schwächen. Wie diese Autoren zeigen, ist es möglich, über groß dimensionierte, langfristige Prozesse zu schreiben, ohne Spezifizität, Kontingenz und Widerstreit zu vernachlässigen.

Ozeane, Kontinente und verflochtene Geschichten

Doch reicht die Geschichte von Verknüpfungen über große Entfernungen hinweg weiter zurück als die Geschichte des Kapitalismus mit seinen Zentren im nordwestlichen Europa und dem Atlantik. Nehmen wir den folgenden Satz aus dem Aufsatz einer Historikerin: »Es gab wenige Zeitpunkte in der Geschichte, an denen die Welt so eng miteinander verbunden war – nicht nur wirtschaftlich, sondern auch im Hinblick auf Kultur und Tradition.«[15] Schreibt sie über die Ära der »Globalisierung« im späten 20. Jahrhundert? In Wirklichkeit geht es um die mongolischen Imperien des 14. Jahrhunderts: ein imperiales System, das sich von China bis nach Mitteleuropa erstreckte, von Handelsrouten durchzogen war und miteinander verknüpfte Glaubenssysteme aufwies – eine Verbindung von Verwandtschafts- und Kriegerideologie aus Ostasien mit islamischer Gelehrsamkeit und Rechtsauffassung aus dem westlichen Asien. Weiter bestanden ein Gleichgewicht zwischen nomadischem, agrarischem und städtischem Wirtschaften und ein Kommunikationssystem auf der Grundlage von Reiterstaffeln, die dafür sorgten, dass das imperiale Zentrum über alle Belange informiert war.

Analysiert man die regionalen Zusammenhänge und die Kultur in großen Imperien, Handelsnetzwerken sowie religiösen Verbindungen, so beginnt man die Zusammenballungen von Macht und wirtschaftlichen Beziehungen sowie die Art und Weise zu begreifen, wie diese Asymmetrien sich im Lauf der Zeit verlagert haben.[16] Versuche, einen Übergang von

---

15 B. A. F. Manz, »Temur and the problem of a conqueror's legacy«, in: *Journal of the Royal Asiatic Society* 8, Teil 1 (1988): 22.

16 Eine aufschlussreiche Studie über die Ungleichmäßigkeit innerhalb eines seegestützten Handelssystems in Südostasien – die unterschiedlichen Auswirkungen politischer Macht und die vielfältigen Formen von Verbindungen und Pilgerreisen ebenso sehr wie von Handel – präsentiert Sanjay Subrahmanyam, »Notes on circulation and asymmetry in two ›Mediterraneans‹, 1400–1800«, in: Claude Guillot/Denys Lombard/Roderick Ptak (Hg.), *From the Mediterranean to the China Sea*, Wiesbaden 1999: 21–43.

vielen verschiedenen Welten zu einem einzigen Weltsystem mit Zentrum und Peripherie zu behaupten, sind mechanistisch und reichen nicht aus, um die Uneinheitlichkeit und Dynamik derartiger Raumsysteme zu verstehen. Anstatt die Position zu vertreten, es habe im 16. oder 17. Jahrhundert ein Weltsystem gegeben – und dann der Logik eben dieses Systems kausale Bedeutung zuzuschreiben –, kann man die Aussage treffen, die Strukturen von Macht und Austausch seien so global und systematisch nicht gewesen und das Neue habe im Bereich der politischen Vorstellung gelegen.[17] Die weit ausgedehnten Reisen und Eroberungen der Portugiesen und Holländer machten es möglich, die Welt als die höchste Ebene politischer und wirtschaftlicher Ambitionen und Strategien zu denken. Es erforderte jedoch noch immer beträchtliche wissenschaftliche Fortschritte, etwa in der Kartographie, um solchen Vorstellungen Inhalt zu verleihen, ganz zu schweigen von der Möglichkeit, in einem solchen Rahmen zu handeln. Die Beziehung zwischen unterschiedlichen regionalen Handelssystemen, religiösen Netzwerken, Machtprojektionen und geographischen Verständnisweisen bietet ein komplexes und höchst uneinheitliches historisches Muster.

Imperien sind eine besondere Art von Raumsystem; sie überschreiten Grenzen und sind selbst abgegrenzt. Es gibt heute eine umfangreiche wissenschaftliche Literatur über ihre Doppeldeutigkeit: Ihre Struktur unterstreicht Differenz und Hierarchie, doch sie bilden zugleich eine einzige politische Einheit und daher potentiell auch eine Einheit des moralischen Diskurses. In Spanien haben die Juristen vom 16. bis zum 18. Jahrhundert über das moralische Recht eines Herrschers debattiert, bestimmte Untertanen zu unterwerfen und andere nicht, einigen ihr Land zu nehmen und anderen nicht. Imperiale Mächte haben zuvor bestehende Handelskreisläufe häufig anerkannt und von ihnen profitiert, aber sie konnten durch Netzwerke außerhalb ihrer Kontrolle oder durch das unberechenbare Zusammenspiel zwischen Vertretern des Imperiums sowie einheimischen kommerziellen und politischen Akteuren auch bedroht werden. Imperien brachten kreolische Gesellschaften hervor, die sich von der Metropole oft

---

17 Die Kritiken an der Weltsystem-Theorie laufen in mancher Hinsicht parallel zu denen an Modernisierung und Globalisierung. Siehe etwa Cooper/Isaacman/Mallon/Stern/Roseberry, *Confronting Historical Paradigms*.

distanzierten, selbst wenn sie aufgrund ihrer Verbindung mit ihr »zivilisatorische« Autorität beanspruchten.[18] Ein wegweisender Beitrag zu diesen Fragen – wobei in mancher Hinsicht die Argumentationslinie von James und Williams neu belebt wird – stammt von dem China-Historiker Kenneth Pomeranz. Er konstatiert, dass vor 1800 Europa und China wirtschaftlich auf recht unterschiedliche Weise funktionierten; man könne jedoch nicht sagen, dass eine der beiden Regionen besser, mächtiger oder eher fähig zu Investitionen und Innovationen gewesen sei als die andere. Es habe nicht nur ein einziges Zentrum der Weltwirtschaft gegeben, sondern mehrere Zentren mit ihren jeweils eigenen Peripherien. Die zentralen Regionen in China und im nordwestlichen Europa unterschieden sich nicht wesentlich, was ihren Zugang zu den Ressourcen angeht, die für eine Industrialisierung benötigt werden. Doch nach 1800 wiesen sie Unterschiede auf. Er meint, diese Unterschiede seien durch unterschiedliche Arten der Beziehung zu den regionalen Peripherien bestimmt gewesen. Die kommerziellen und politischen Beziehungen Chinas mit Südostasien setzten es in Verbindung mit einer Peripherie, die ihm in vielerlei Hinsicht zu ähnlich war: reisproduzierende, handelsorientierte Gemeinschaften. Die europäische Expansion dagegen basierte auf Differenzierung im Hinblick auf Ökologie und Arbeit – und trug zur weiteren Differenzierung bei. Die Sklavenplantage in den europäischen Kolonien entwickelte eine Komplementarität in der Ressourcenausstattung mit entscheidenden Regionen in Europa, der das Chinesische Reich nichts Vergleichbares entgegenzusetzen hatte. China war nicht in der Lage, die Ressourcenblockade bei Nahrungsmitteln und Energieträgern zu überwinden, welche die sich industrialisierenden Regionen des westlichen Europa zu meistern vermochten. Die unterschiedlichen Formen, in denen imperiale Macht ausgeübt wurde – ob bestimmte Blockaden überwunden wurden oder nicht –, bestimmten diese Divergenz.[19]

Die Position Afrikas innerhalb dieses Bildes ist von entscheidender Bedeutung: Die Möglichkeit, unter Anwendung von Gewalt Arbeitskraft aus Afrika nach Teilen Amerikas – wo die einheimische Bevölkerung marginalisiert oder umgebracht worden war – zu transportieren, ermöglichte es den europäischen Imperien, Komplementaritäten im Bereich der Arbeit zu

18 Anthony Padgen, *Spanish Imperialism and the Political Imagination*, New Haven 1990; Anderson, *Die Erfindung der Nation*.

19 Kenneth Pomeranz, *The Great Divergence. Europe, China, and the making of the modern world economy*, Princeton (NJ) 2000.

entwickeln und Komplementaritäten im Hinblick auf die Ressource Land auszunutzen. Afrikanische Sklaven bauten Zucker auf karibischen Inseln an, der englische Arbeiter mit Kalorien und stimulierenden Stoffen versorgte. Doch wie konnte es zu einer solchen schreckenerregenden Komplementarität kommen? Sie basierte auf machtvollen kommerziellen und seefahrerischen Systemen, welche die einzelnen Bestandteile des atlantischen Systems miteinander verbanden; Auch gründete sie auf einem institutionellen Apparat (dem Kolonialstaat), der in der Lage war, das Zwangspotential der einzelnen karibischen Sklaveneigentümer zu verstärken, ein zunehmend nach Rassekriterien ausgerichtetes Rechtssystem zu schaffen, das versklavte Afrikaner und ihre Nachkommen auf bestimmte Weise markierte, sowie Eigentumsrechte quer durch die verschiedenen Bestandteile des imperialen Systems durchzusetzen. Freilich war, wie James gezeigt hat, die Macht dieses Kolonialstaates verwundbar. Sie basierte daher auch auf Verbindungen mit afrikanischen Staaten, die zumeist nicht unterworfen waren, sowie zu afrikanischen Handelssystemen und dann auf der Beeinflussung dieser Beziehungen auf machtvolle – und abscheuliche – Weise.[20]

Um jedoch den Kontrast und die Wechselbeziehungen zwischen den westafrikanischen Küstengebieten und dem Herzland der kapitalistischen Landwirtschaft sowie der frühen Industrialisierung in England zu verstehen, muss man sich die Art und Weise anschauen, wie die Produktion organisiert war, und nicht nur fragen, wie sie in ein breites räumliches System eingepasst war. Marx unterstrich die Bedeutung, die im 17. und 18. Jahrhundert der »ursprünglichen Akkumulation« zukam, der Trennung der Produzenten von den Produktionsmitteln. Es war dieser Prozess, der die Besitzer von Land und die Besitzer von Arbeitskraft dazu zwang, sich tagtäglich mit der Notwendigkeit auseinanderzusetzen, ihre Güter mit einem gewissen Grad an Effizienz zu kombinieren. Feudale Grundherren, Sklaveneigentümer und Bauern konnten durchweg auf Marktanreize reagieren oder es sein lassen, aber Kapitalisten und Arbeiter saßen in der Falle und waren darauf angewiesen zu reagieren.

Es lässt sich einwenden, dass im größten Teil Afrikas das andere Extrem zutrifft und dass es Afrika aus diesem Grund zugedacht war, bei der Erforschung des Kapitalismus eine entscheidende Rolle zu spielen, wie

---

20 Diese Überlegung ist ausgeführt bei Cooper, *Confronting Historical Paradigms*. Ähnlich argumentiert unter Betonung der historischen Tiefe der zeitgenössischen Muster Jean-François Bayart, »Africa in the world. A history of extraversion«, in: *African Affairs* 99 (2000): 216–267.

paradox dies auch heute klingen mag. Wegen des Zusammentreffens gesellschaftlicher und geographischer Ursachen stand die Option, die Albert Hirschman mit »Abwanderung« (*exit*) bezeichnet, in Afrika in besonderem Maße offen.[21] Es gab ein paar Orte mit Ressourcen, die Wohlstand ermöglichten, aber viele Orte mit ausreichenden Ressourcen zum Überleben; die körperschaftlichen Verwandtschaftsstrukturen waren es dann, die Mobilität zu einem kollektiven Prozess machten. Afrikas Inseln der Ausbeutung waren durch Handelsdiasporen und andere Formen soziokultureller Verknüpfung miteinander verbunden, so dass Bewegung und das Jonglieren mit alternativen politischen und ökonomischen Möglichkeiten langfristig Schlüsselstrategien darstellten. Das bedeutet nicht, Afrika sei ein Kontinent dörflicher Ruhe gewesen, denn es wurden Anstrengungen unternommen, genau die Probleme zu überwinden, die sich aus der Verwandtschaftsstruktur und der physischen Zerstreuung ergaben. Der Möchtegern-König versuchte, Menschen unter seine Kontrolle zu bekommen, die abgewandert waren, weil sie sich mit den Ältesten der Verwandtschaftsgruppe überworfen hatten oder ihre ursprünglichen Gruppen auseinandergefallen waren. So bemühte er sich, eine patrimoniale Gefolgschaft aufzubauen. Doch wer immer Landressourcen zusammenbrachte, sah sich dem Problem gegenüber, dass die Arbeiter am Ende flohen oder ihre gemeinsame Stärke nutzten, um der Unterwerfung Widerstand entgegenzusetzen. Die Ausweitung der Produktion erforderte es oft, Menschen von außen zu rekrutieren, was häufig durch Versklavung geschah. Macht war davon abhängig, die Außensphäre zu kontrollieren.

Wir haben es hier mit einem Ineinandergreifen von Geschichtsabläufen zu tun, die sich nicht so einfach miteinander vergleichen lassen. Im 17. und 18. Jahrhundert war die britische Wirtschaft bereit und in der Lage, ihre überseeischen Verbindungen in dynamischerer Weise zu nutzen als die iberischen Imperialisten einer früheren Epoche. Die afrikanischen Könige waren zuhause verwundbar und zogen ihre Stärke aus ihren Außenverbindungen. Der Sklavenhandel hatte für unterschiedliche Partner unterschiedliche Bedeutung: Für den afrikanischen König bedeutete er den Erwerb von Ressourcen (Gewehre, Metalle, Stoffe und andere Güter, die sich redistributiv verwenden ließen) dadurch, dass er sich die menschlichen Ressourcen eines anderen aneignete und sich so nicht den Schwierigkeiten mit einer Unterwerfung seiner eigenen Bevölkerung zu stellen brauchte.

---

21 Albert O. Hirschman, *Abwanderung und Widerspruch. Reaktionen auf Leistungsabfall bei Unternehmungen, Organisationen und Staaten*, Tübingen 2005.

Die Jagd nach Sklaven aus einem anderen politischen Gemeinwesen und der Verkauf an einen von außen kommenden Käufer externalisierten sowohl das Problem der Aufsicht wie auch jenes der Rekrutierung. Mit der Zeit hatte der äußere Markt zunehmend Auswirkungen für Politik und Ökonomie in Teilen West- und Zentralafrikas, die für die Herrscher, die als Erste in dieses transatlantische System verwickelt wurden, nicht vorhersehbar waren. Es entstanden militarisierte Staaten und effizientere Mechanismen des Sklavenhandels. Das war aus Sicht der afrikanischen Teilnehmer die unbeabsichtigte Folge der fatalen Verflechtung: Die Absatzmöglichkeiten für Gefangene schufen eine neue, heimtückische Logik, die zur Triebkraft des gesamten Systems der Sklavenjagd und des Sklavenhandels wurde.

Während also ein bestimmter Komplex von Strukturen in Afrika durch den Sklavenhandel verstärkt wurde, wurde ein anderer Komplex – die »modernen« Institutionen von Produktion, Kommerzialisierung und Kapitalbewegung, wie sie von James und Williams beschrieben werden – zwischen der Karibik und Europa entwickelt. Das atlantische System war abhängig von dem Zusammenhang zwischen Produktions- und Machtsystemen, die sich gewaltig voneinander unterschieden und unterschiedliche Folgen zeitigten.

Als die Europäer Anfang des 19. Jahrhunderts schließlich beschlossen, der Sklavenhandel sei unmoralisch, wurde sein Odium den Afrikanern angehängt, die diese Praktiken fortsetzten, und die Afrikaner verwandelten sich aus den zu versklavenden Anderen in die versklavenden Anderen, Gegenstand humanitärer Verdammung und Intervention.[22] Am »globalsten« im 19. Jahrhundert war nicht die tatsächliche Struktur wirtschaftlicher und politischer Interaktion, sondern die Sprache, in der über Sklaverei von ihren Gegnern gesprochen und geschrieben wurde: eine Sprache der gemeinsamen Menschlichkeit und der Menschenrechte, die aufgerufen wurde von einer transatlantischen, euroamerikanischen und afroamerikanischen sozialen Bewegung. Diese Sprache wurde zuerst eingesetzt, um ein Übel in den europäischen Imperien und dem atlantischen System auszulöschen, und dann seit den 1870er Jahren, um die Afrikaner aus ihrer vorgeblich gegeneinander ausgeübten Tyrannei zu erretten. Die tatsächlichen Beweggründe und Mechanismen der europäischen Eroberungen waren natürlich spezifischerer Art. Die kolonialen Invasionen bedeuteten die Konzentra-

---

22 Frederick Cooper/Thomas Holt/Rebecca Scott, *Beyond Slavery. Explorations of race, labour, and citizenship in post-emancipation societies*, Chapel Hill 2000.

tion militärischer Macht auf engen Räumen, das Weiterziehen der Kolo-
nialarmeen und eine erstaunlich wenig Eindruck hinterlassende Fähigkeit,
über die unter europäischer Herrschaft stehenden Territorien systematisch
und routinemäßig Macht auszuüben. Eine »globalisierende« Sprache stand
neben einer Herrschafts- und Ausbeutungsstruktur, die in extremer Weise
bruchstückhaft war.

Dies ist wenig mehr als die Skizze einer komplexen Geschichte. Vom
Sklavenhandel des 16. Jahrhunderts bis zur Periode des Imperialismus im
Namen der Emanzipation im 19. Jahrhundert war die Wechselbeziehung
unterschiedlicher Teile der Welt für den Geschichtsverlauf in jedem Teil
dieses Systems von grundlegender Bedeutung. Aber die Mechanismen
dieser Wechselbeziehungen waren kontingent, und ihr Potential zur Transformation war begrenzt – und dies trifft noch heute zu. In diesem Sinne
war weder das atlantische System gänzlich systematisch, noch handelte es
sich um eine »Globalisierung« im 18. Jahrhundert.

Geschichte rückwärts schreiben:
Kolonisierung und die »Vorgänger« der Globalisierung

Wissenschaftler, die mit dem Globalisierungsparadigma arbeiten, unterscheiden sich in ihren Annahmen darüber, ob die Gegenwart als jüngste
einer ganzen Reihe von Globalisierungen aufgefasst werden sollte, von
denen eine jede inklusiver als die vorhergehende war; oder ob die Gegenwart als globales Zeitalter angesehen werden müsse, das sich von der Vergangenheit unterscheidet, in welcher die wirtschaftlichen und gesellschaftlichen Verhältnisse in Nationalstaaten oder Imperien eingeschlossen waren
und in der Interaktion zwischen diesen innerlich kohärenten Einheiten
stattfand. Beide Konzeptionen haben ein gemeinsames Problem: nämlich
Geschichte rückwärts zu schreiben, eine idealisierte Version der »globalisierten Gegenwart« zum Ausgangspunkt zu nehmen und sich dann zu-
rückzuarbeiten, um entweder zu zeigen, wie alles auf diese Gegenwart
zugeführt habe (»Proto-Globalisierung«) oder wie alles bis zum Anbruch
des eigentlichen globalen Zeitalters davon abgewichen sei. In keiner dieser
beiden Versionen jedoch wird die Geschichte beobachtet, wie sie sich im
Lauf der Zeit entfaltet und dabei Sackgassen ebenso hervorbringt wie
Pfade, die irgendwo hinführen, wie sie Bedingungen und Kontingenzen

schafft, in denen Akteure Entscheidungen trafen, andere Menschen mobilisierten und in einer Weise handelten, die künftige Optionen eröffnete
oder einschränkte.[23] Nehmen wir ein Beispiel dort auf, wo ich im vorigen Abschnitt geendet
hatte: die Kolonisierung Afrikas durch die europäischen Mächte zum Ende
des 19. Jahrhunderts. Auf den ersten Blick passt das in eine Meta-Geschichte der Integration – wie hässliche Formen sie auch zuweilen angenommen haben mag – von vermeintlich isolierten Regionen in das, was
scheinbar auf gerader Linie zu einer einzigen, europäisch beherrschten
»Globalität« wurde. Die Kolonialideologen nahmen für sich selbst in Anspruch, den afrikanischen Kontinent zu »öffnen«. Aber die Kolonisierung
passt nicht zu dem interaktiven Vorstellungsregister, das mit Globalisierung assoziiert wird. Die kolonialen Eroberungen zwangen den Fernhan-
delsnetzwerken innerhalb Afrikas, die damals einen wachsenden Außen-
handel betrieben, territoriale Grenzen und Monopole auf; sie beschädigten
oder zerstörten stärker verflochtene Handelssysteme über den Indischen
Ozean hinweg und durch die Sahara sowie entlang der westafrikanischen
Küste. Die Afrikaner wurden in imperiale Wirtschaftssysteme hineinge-
zwungen, die auf eine einzige europäische Metropole ausgerichtet waren.
Noch tiefgreifender war der Umstand, dass die kolonialen Territorien politisch, gesellschaftlich und wirtschaftlich in hohem Maße zerstückelt wurden: Die Kolonisatoren machten Geld, indem sie Investitionen und Infrastruktur auf äußerst eng konzipierte, weitgehend extraktive Formen der

---

23 Ein Beispiel aufsteigender Globalisierungen findet sich in dem GEMDEV-Band
(*Mondialisation*), in dem Michel Beaud über »verschiedene Globalisierungen« und über
»Archäo-Globalisierungen« und »Proto-Globalisierungen« schreibt (11). In demselben
Buch argumentiert Gérard Kébabdjian in die entgegengesetzte Richtung und unterscheidet zwischen der »globalisierten« Struktur von heute und kolonialen Wirtschaften,
die zu Austausch innerhalb abgegrenzter Regime führten (54 f.). Gleichfalls in diesem
Buch gibt es eine Variante zwischen diesen beiden von Louis Margolin, der nach »vor-
hergehenden Phasen der Globalisierung« sucht und dann über die »Verzerrungen zum
kolonialen Imperialismus der starken Globalisierungswelle« schreibt, »die Ausfluss der
industriellen und politischen Revolutionen war« (130), und dann vom »Quasi-Rückzug
aus der globalen Wirtschaft durch ein Drittel der Menschheit« (unter dem Kommunismus; 127, 130, 135). Er endet mit einem schillernden Gedankensprung: »All dies bereitete die Globalisierung ›im eigentlichen Sinne‹ von heute vor« (132). Alle drei Versionen
reduzieren Geschichte auf Teleologie und zeigen wenig Verständnis dafür, wie menschliche Wesen zu ihrer eigenen Zeit und in ihren eigenen Kontexten handeln.

Produktion und des Austauschs konzentrierten.[24] Sie lehrten die einheimischen Gesellschaften einiges von dem, was sie benötigten, um mit Europäern zu interagieren, und suchten sie dann von anderen zu isolieren, deren Einteilung in angeblich unterschiedliche kulturelle und politische Einheiten (»Stämme«) betont und institutionalisiert wurde. Es wäre eher zutreffend, die Kolonisierung als »Entglobalisierung« denn als Globalisierung zu bezeichnen, außer dass die vorherigen Systeme aus spezifischen Netzwerken mit ihren eigenen Mechanismen und Grenzen bestanden und die Kolonialökonomien in Wirklichkeit von zahlreichen Netzwerken des Austauschs und der soziokulturellen Interaktion durchzogen waren (die wiederum von spezifischen Mechanismen abhängig und in besonderer Weise abgegrenzt waren). Das Studium der Kolonisierung ist *gleichbedeutend* mit dem Studium der Neuorganisation des Raumes, des Schmiedens und Zerschlagens von Verbindungen; nennt man das Globalisierung, verzerrte Globalisierung oder Entglobalisierung, so legt man an die Kolonisierung einen abstrakten Maßstab an, der wenig mit den konkreten historischen Prozessen zu tun hat.

War dann die Dekolonisation ein Schritt hin zur Globalisierung? Sie war buchstäblich ein Schritt zur *Internationalisierung*, das heißt einer neuen Beziehung unter Nationalstaaten, was die Globalisierer mit einigem Recht von der Globalisierung zu unterscheiden trachten. Die gerade unabhängig gewordenen Staaten unternahmen große Anstrengungen, um ihre Eigenschaft als Nationen zu unterstreichen, und die Wirtschaftspolitik beruhte oft auf der Strategie der Industrialisierung durch Importsubstitution und auf anderen, dezidiert nationalen Strategien mit dem Ziel, eine solche nationale Einheit zu formen.

Stellte die Ära der Strukturanpassungsprogramme, die den nun ins Unglück geratenen afrikanischen Staaten von den internationalen Finanzinstitutionen wie dem IWF aufgezwungen wurden, endlich den Triumph der Globalisierung auf einem widerständigen Kontinent dar? Das war gewiss das Ziel: Die Politik des IWF entspricht dem *Banker's Boast*; sie umfasst eine erzwungene Senkung der Barrieren für Kapitalströme, die Reduzierung der Zollschranken und die Ausrichtung der Währungen am Weltmarkt.

---

24 Zur Landwirtschaft im kolonialen und postkolonialen Afrika – zumal zur Bedeutung der »Ausbeutung ohne Enteignung« – siehe Sara Berry, *No Condition is Permanent. The social dynamics of agrarian change in sub-Saharan Africa*, Madison 1993.

Was aber kam dabei heraus? Es bedarf eines großen Sprungs, will man vom *Banker's Boast* zu einem Bild wirklicher Integration kommen. In Wirklichkeit waren Afrikas Beitrag zum Welthandel und seine Aufnahme von Investitionsmitteln in den Tagen der nationalen Wirtschaftspolitik *umfangreicher* als in den Tagen der wirtschaftlichen Öffnung.[25] Sollen wir das als Zeitalter der globalisierenden Entglobalisierung in Afrika oder als verzerrte Globalisierung bezeichnen? Ist Afrika die Ausnahme, die die Regel bestätigt, der unglobalisierte Kontinent, und zahlt es einen hohen Preis für seine Widerspenstigkeit gegenüber einer allmächtigen, weltweiten Tendenz? Das Problematische daran, Integration zum Maßstab zu machen – und alles andere als Mangel, Fehlschlag und Verzerrung zu messen –, besteht in dem Umstand, dass man versäumt zu fragen, was in Afrika wirklich geschieht.

Die Verkleinerung der Staatsapparate und die Lockerung der Regulierung von Investitionen und Handel sind wichtige Tendenzen, aber sie bringen eher die Macht der *Argumente* für die Globalisierung innerhalb von Institutionen wie dem IWF zum Ausdruck als einen tatsächlich sich ereignenden *Prozess.* Das Verfertigen von Regeln ist nicht Produktion, Austausch und Konsumtion. Sie alle sind abhängig von spezifischen Strukturen, die es in all ihrer Komplexität und Besonderheit zu analysieren gilt. Afrika ist voll von Gegenden, in die sich internationale Investoren nicht hineinbegeben, auch wenn es dort Bodenschätze gibt, die die Bemühungen des Investors belohnen würden. Dorthin zu kommen, erfordert nicht Deregulierung, sondern tragfähige Institutionen und Netzwerke.

Man könnte auf ähnliche Weise über China räsonieren, wo die wirtschaftliche Rolle des Staates und seine Bedeutung bei der Vermittlung von Beziehungen zur Außenwelt bei Weitem zu stark für das Globalisierungsparadigma sind, oder über Russland, wo Oligarchien und Mafias auf ein Modell hindeuten, in dessen Mittelpunkt eher Netzwerke als integrative Weltmärkte stehen. Es ist jedoch besser, nicht ein »globalisierendes« (oder »entglobalisierendes«) Afrika (oder China oder Russland) herauszustellen, sondern vielmehr die sich verändernden *Beziehungen* zwischen von außen

---

25 Afrikas Anteil am Welthandel fiel von über 3 Prozent in den 1950er Jahren auf weniger als 2 Prozent in den 1990er Jahren und auf 1,2 Prozent ohne Südafrika. Afrikaner können eine Telefonleitung pro 100 Menschen nutzen (eine für 200 außerhalb Südafrikas), verglichen mit 50 auf der Welt insgesamt. In vielen ländlichen Gebieten gibt es keine Elektrizität, und in den Städten funktioniert sie nicht immer; der Postdienst hat sich verschlechtert, und das Radio ist häufig unbrauchbar, weil die Batterien zu teuer sind; Millionen kommen auf noch ältere Weise an ihre Informationen – von Mund zu Mund. World Bank, *Can Africa Claim the 21st Century?*, Washington 2000.

kommenden Unternehmen und Finanzorganisationen, einheimischen Regionalnetzwerken oder transkontinentalen Netzwerken, Staaten und internationalen Organisationen.[26] Einige Verbindungen, wie die Beziehungen transnationaler Ölgesellschaften zum Staat in Nigeria oder Angola, sind im engen Sinne ausbeuterisch in eine Richtung und bieten andererseits Belohnungen für die Eliten, die die Zugänge kontrollieren. Das hat mit Netzwerken nichts zu tun.

Am entgegengesetzten Ende stehen die illegalen Netzwerke, die Diamanten aus den unter der Kontrolle von Rebellen stehenden Gebieten in Sierra Leone und Angola ausführen und Waffen sowie Luxusgüter für die Kriegsherren und deren Gefolge hineinbringen. Diese Netzwerke bestehen aus jungen Leuten, die von ihren Heimatdörfern getrennt (oder gekidnappt) wurden. Sie gedeihen in Situationen, in denen junge Männer wenig andere Zukunftsperspektiven haben, als sich den Streitkräften anzuschließen, die ein regionaler Kriegsherr aufgestellt hat. Diese Systeme sind an Diamantenankäufer und Waffenhändler in Europa angeschlossen (manchmal über südafrikanische, russische oder serbische Piloten), sie sind aber von recht spezifischen Mechanismen und Verbindungen abhängig. Sie integrieren keineswegs ihre Operationsgebiete, sondern verstärken gerade die Fragmentierung und schränken das Spektrum der Handlungsmöglichkeiten für die meisten Menschen in den von Gewalt zerrissenen Regionen ein.[27] Die Verbindung von Diamanten und Waffen erinnert an den Sklavenhandel des 18. und frühen 19. Jahrhunderts, denn auch damals entfalteten sich, wie James und Williams sehr gut erkannten, in Afrika historische Prozesse, die nur durch ihre Beziehung zum atlantischen System einen Sinn bekamen. In ihrer modernen Fassung liefert diese Verbindung ein Produkt, das Menschen in fernen Ländern erfreuen soll, die sich nicht unbedingt fragen, wo die Diamanten herkommen – genauso wenig, wie die Konsumenten von Zucker im England des 19. Jahrhunderts von dem Blut wissen wollten, mit dem ihr Zucker getränkt war. Und jetzt entstehen im Umkreis dieses Themas internationale Netzwerke, um die Nutzer von Diamanten in Europa und Nordamerika über dieses Blut zu in-

---

26 Béatrice Hibou,»De la privatisation des économies à la privatisation des états«, in: Dies. (Hg.), *La privatisation des états*, Paris 1999.

27 Diese Mechanismen bilden keine Alternativen zum Staat, sondern interagieren viel eher mit staatlichen Institutionen und deren Vertretern. Siehe Janet Roitman,»The garrison-entrepôt«, in: *Cahiers d'Études Africaines* 150–152 (1998), S. 297–329; Karine Bennafla, »La fin des territoires nationaux?«, in: *Politique Africaine* 73 (1999), S. 24–49; Jean François Bayart/Stephen Ellis/Béatrice Hibou, *La criminalisation de l'état en Afrique*, Paris 1997.

formieren, und sie verwenden eine ähnlich universalistische Sprache wie die Antisklaverei-Bewegung des frühen 19. Jahrhunderts.

Mehr als lokal und weniger als global: Netzwerke, soziale Felder und Diasporagemeinschaften

Wie kann man über afrikanische Geschichte so nachdenken, dass räumliche Verbindungen betont werden, das »Globale« aber nicht von vornherein unterstellt wird? Die Vorstellung der Kolonialbeamten oder der Ethnologen der 1930er Jahre von einem Afrika, das fein säuberlich in kulturell unterschiedliche Einheiten eingeteilt war, hat trotz der Tendenz amtlicher Mythen, ihre eigene Wirklichkeit zu schaffen, nicht funktioniert. In den 1950er und 1960er Jahren wendeten die Ethnologen bereits andere Konzepte an: die »soziale Situation«, das »soziale Feld« und das »Netzwerk«. Die ersten beiden hoben hervor, dass Afrikaner unter unterschiedlichen Bedingungen unterschiedliche Muster der Zugehörigkeit und moralischen Sanktion schufen und sich zwischen diesen hin und her bewegten. Die Unterwerfung selbst schuf eine »koloniale Situation«, wie sie Georges Balandier 1951 in einem bahnbrechenden Aufsatz beschrieb. Sie ist bestimmt durch Zwang und eine auf Rassenunterschiede orientierte Ideologie innerhalb eines Raumes, der durch Grenzen markiert ist, die wiederum Folgen der Eroberung sind; Afrikaner mussten – weit davon entfernt, in abgegrenzten Stämmen zu leben – sich innerhalb dieser kolonialen Situation zurechtfinden oder versuchen, diese zu verändern. Das Netzwerk-Konzept unterstrich das Gewebe der Verbindungen, die die Menschen entwickelten, wenn sie den Raum durchquerten, und wandte sich so gegen die manchmal etwas künstliche Vorstellung von »Situationen«, als seien diese im Raum voneinander unterschieden.[28]

Diese Termini boten keine Leitlinie zur Analyse von Strukturen, aber sie verwiesen die Forscher auf die empirische Analyse der Entstehung von Verbindungen, und Einheiten waren dadurch zu definieren, dass man die Grenzen der Interaktion beobachtete. Sie begünstigten das Studium der

---

28 Balandier, »La situation coloniale«; Max Gluckman, »Anthropological problems arising from the African industrial revolution«, in: Aidan Southall (Hg.), *Social Change in Modern Africa*, London 1961: 67–82; J. Clyde Mitchell, *Social Networks in Urban Situations. Analysis of personal relationships in Central African towns*, Manchester 1969.

Kanäle, durch die Macht ausgeübt wurde. Diese Konzepte hatten also ihre eigenen Grenzen, und sie bezogen sich nicht auf die Art von Makroprozessen, wie sie die historischen Analysen von James und Williams thematisiert hatten. Dennoch kann man einen solchen Bezugsrahmen zum Studium der Handelsdiasporen in Westafrika benutzen, wo islamische Bruderschaften sowie ethnisch und verwandtschaftlich bestimmte Gruppen Vertrauen und Informationsströme über große Entfernungen hinweg und im Verlauf der Geschäfte mit kulturell unterschiedlichen Bevölkerungssegmenten aufrechterhielten. Ein anderes Beispiel sind die großräumigen Netzwerke von Wanderarbeitern im südlichen Afrika.[29] Das Konzept des Netzwerkes legt ebenso viel Gewicht auf Knoten und Blockaden wie auf Bewegung und macht daher auf Institutionen aufmerksam, einschließlich der polizeilichen Kontrollen der Migration, der Lizensierung und der Wohlfahrtssysteme. Es vermeidet damit die amorphen Merkmale einer Anthropologie der Ströme und Fragmente.

Diese Konzepte öffnen das Tor zur Analyse einer breiten Vielfalt von Einheiten der Affinität und Mobilisierung, der Arten subjektiver Bindungen, die Menschen entwickeln, und der Kollektive, die in der Lage sind, zu handeln. Man ist nicht durch vorgeblich primordiale Identifikationsformen eingeschränkt, etwa »Stamm« oder »Rasse«, oder durch einen bestimmten Raum. Man kann bei der Identifikation mit »Afrika« selbst anfangen und die Vorstellungswelt der Diaspora untersuchen, denn »Afrika« als Raum, den Menschen mit Sinn ausstatten, wurde weniger durch Prozesse innerhalb der Grenzen des Kontinents definiert als vielmehr durch seine Diaspora. Definierten die Sklavenhändler Afrika als einen Ort, wo sie auf legitime Weise Menschen versklaven konnten, so entdeckten ihre Opfer im eigenen Leid eine Gemeinsamkeit, die sie als Menschen mit einer Vergangenheit definierte, mit einem Ort, mit einer kollektiven Vorstellung.

Als afroamerikanische Aktivisten zu Beginn des 19. Jahrhunderts damit begannen, Bilder von »Afrika« oder »Äthiopien« zu beschwören, argumentierten sie eher innerhalb einer christlichen Vorstellung von Universalgeschichte denn unter Bezug auf spezifische kulturelle Affinitäten. Die Bedeutungen des Afrika-Bewusstseins waren wechselhaft, und noch mehr gilt dies für ihre Beziehung zu den einzelnen Regionen Afrikas. J. Lorand Matory hat argumentiert, dass bestimmte afrikanische »ethnische Gruppen« sich im Verlauf des afrikanisch-amerikanischen Dialogs unter dem Einfluss

---

29 Cohen, *Custom and Politics in Urban Africa.*

ehemaliger Sklaven definierten, die in die Region ihrer Väter zurückgekehrt waren und nun Formen der kollektiven Identifikation propagierten, die regional Trennendes überschritten und ebenso auf einer vorgestellten Zukunft beruhten wie auf Ansprüchen aus der Vergangenheit.[30] In dieser Hinsicht wiesen die räumlichen Vorstellungen der Intellektuellen, Missionare und politischen Aktivisten vom Anfang des 19. bis zur Mitte des 20. Jahrhunderts große Unterschiede auf. Sie waren weder global noch lokal, sondern waren aus spezifischen Verbindungslinien aufgebaut und postulierten regionale, kontinentale und transkontinentale Zugehörigkeit. Diese räumlichen Zugehörigkeiten konnten sich verengen, erweitern und erneut verengen. Der Panafrikanismus spielte in den 1930er und frühen 1940er Jahren eine größere Rolle als in den 1950er Jahren, als territoriale Einheiten besser zugängliche Bezugspunkte für Ansprüche wurden und als die politische Vorstellungswelt wenigstens zeitweise stärker nationalisiert war. Französische Beamte versuchten im Jahrzehnt nach dem Zweiten Weltkrieg, Afrikaner dazu zu bringen, sich auf andere Art zu imaginieren, und zwar als Bürger der *Union Française*; und afrikanische Politiker versuchten, diese imperiale Version von Staatsbürgerschaft zu nutzen, um Ansprüche gegenüber der Metropole zu erheben. Doch die imperiale Staatsbürgerschaft war mit zu vielen Widersprüchen und Heucheleien behaftet, als dass sie für die meisten Afrikaner plausible Gründe für eine übernationale Identifizierung geboten hätte. Als sie erkannten, wie viel es kosten würde, die imperiale Staatsbürgerschaft mit Sinn zu erfüllen, rückten die französischen Beamten wieder davon ab. Mitte der 1950er Jahre benutzten sie das Wort »Territorialisierung«, um zu betonen, dass die Regierung, wenn sie den Afrikanern Macht zugestand, sie auch die Verantwortung auf sie abwälzte, die Forderungen der Bürger mit den Ressourcen der einzelnen Territorien zu befriedigen.[31] Unter den verschiedenen Optionen – panafrikanische Visionen, große Föderationen und imperiale Staatsbürgerschaft – war die in Territorien eingegrenzte Staatsbürgerschaft, die die Afrikaner erhielten, das Produkt einer spezifischen Geschichte von Ansprüchen und Gegenansprüchen.

Daneben waren andere Kreisläufe wichtig: religiöse Pilgerfahrten nach Mekka und Ausbildungsnetzwerke, die seit dem 8. und intensiv seit dem

---

30 Campbell, *Songs of Zion*; J. Lorand Matory, »The English professors of Brazil. On diasporic roots of the Yoruba Nation«, in: *Comparative Studies in Society and History* 41 (1999): 72–103.

31 Cooper, *Decolonization and African Society*.

18. Jahrhundert in der gesamten Sahara muslimische Kleriker anzogen; regionale Systeme von Schreinen in Zentralafrika; religiöse Verbindungen zwischen Afrikanern und afroamerikanischen Missionaren. Die Verknüpfung zwischen Netzwerken innerhalb und außerhalb Afrikas ist alt: der Zusammenhang zwischen Brasilien, Angola und Portugal im Rahmen des Sklavenhandels; die Netzwerke von Klerikern, Händlern und Gelehrten, die innerhalb Westafrikas Hausa- und Mandinga-Systeme miteinander verbanden; ein Handelssystem, das von der Insel Madagaskar über das Rote Meer, Südarabien und den Persischen Golf bis nach Gujarat reichte; ein von holländischen Pionieren errichtetes System, das Indonesien, Südafrika und Europa miteinander verband und Fühler ins Innere des südlichen Afrika ausstreckte; das Netzwerk von Händlern und Angehörigen freier Berufe, das sich über ganz Westafrika erstreckte, Verbindungen nach Brasilien, Europa, in die Karibik und das Innere Westafrikas besaß und so rassisch und kulturell gemischte Gemeinschaften an der Küste formte; und in jüngerer Zeit das erschreckend effektive Netzwerk von Diamantenschmugglern, das Sierra Leone und Angola an Europa anschließt. Man kann nicht behaupten, Netzwerke seien weich und kuschelig, Strukturen dagegen hart und herrschsüchtig.[32]

Und man kann an die grenzüberschreitenden, »problemorientierten« Netzwerke denken, unter denen die Antisklaverei-Bewegung des frühen 19. Jahrhunderts der große Pionier war.[33] Die antikolonialen Bewegungen waren seit den 1930er Jahren in der Lage, aus der einstmals ganz gewöhnlichen Kategorie der »Kolonie« etwas im internationalen Diskurs nahezu gänzlich Inakzeptables zu machen. Das gelang weitgehend, weil sie Aktivisten in kleineren und größeren afrikanischen Städten mit prinzipientreuen Gruppen in den Metropolen verbanden, die ihrerseits diese Fragen im Selbstbild der Demokratien verankerten. Im Südafrika des frühen 20. Jahrhunderts haben Forscher in einem einzigen ländlichen Distrikt Verbindungen zu kirchlichen Gruppen gefunden, die die Brüderlichkeit der Christen hervorhoben, ferner zu städtischen liberalen Verfassungsrefor-

---

32 Die Vielfalt und zeitliche Tiefe von Erscheinungen der Diaspora sowie die Besonderheit der Mechanismen, nach denen sie organisiert waren, unterstreicht Emmanuel Akyeampong, »Africans in the diaspora. The diaspora in Africa«, in: *African Affairs* 99 (2000): 183–215. Eine detaillierte Studie transkontinentaler Wechselbeziehungen bietet Joseph Miller, *Way of Death. Merchant capitalism and the Angolan slave trade 1730–1820*, Madison 1988.

33 David Brion Davis, *The Problem of Slavery in the Age of Revolution 1770–1823*, Ithaca 1975; Keck/Sikkink, *Activists Beyond Borders*.

mern, zu afroamerikanischen Bewegungen und zu regionalen Organisationen von Arbeitspächtern.[34] Die wechselnden Formen, in denen lokale, regionale und internationale Bewegungen miteinander verknüpft wurden, schufen ein Reservoir politischer Handlungs- und Ausdrucksformen, das eine Vielzahl von Möglichkeiten aufrechterhielt und auf Wege verwies, auf denen sich in der afrikanischen Diaspora und in den europäischen problemorientierten Netzwerken Hilfe beschaffen ließ. Am Ende verloren die südafrikanischen Weißen, die so stolz auf ihre eigenen Verbindungen mit dem »christlichen« und »zivilisierten« Westen waren, die Schlacht der Verknüpfungen.

Vielleicht haben die Sozialdemokraten Besseres zu tun als zu lamentieren. Die gegenwärtigen Anstrengungen von Gewerkschaften und NGOs, dem »globalen« Kapitalismus auf dem Weg über »globale« soziale Bewegungen entgegenzutreten – wie die Bewegung gegen *sweat shops* und Kinderarbeit in der internationalen Bekleidungs- und Schuhindustrie oder die Bewegung zum Verbot von »Blutdiamanten« –, haben Vorgänger, die bis ins späte 18. Jahrhundert zurückreichen, und mittlerweile haben sie ein paar Siege errungen. Argumente, die sich auf die »Menschenrechte« berufen, können ebenso sehr »globale« Bedeutung für sich beanspruchen wie Argumente, die sich auf den Markt beziehen. Und in beiden Fällen war der Diskurs bei Weitem globaler als die Praxis.

Die Gegenwart neu denken

Mit diesen kurzen Ausführungen soll nicht behauptet werden, es gebe nichts Neues unter der Sonne. Offenkundig haben sich das System des Warentauschs, die Formen der Produktion, die Modalitäten staatlicher Intervention in Gesellschaften, die Systeme des Kapitalaustauschs, ganz zu schweigen von Kommunikationstechnologien, enorm verändert. Die Warenkreisläufe von Sklaven, Zucker und Manufakturgütern des 18. Jahrhunderts hatten für die kapitalistische Entwicklung in jener Ära eine ganz andere Bedeutung als heute der Kreislauf von Diamanten und Waffen. Mir geht es um Genauigkeit bei der Bestimmung, wie diese Warenkreisläufe konstituiert sind, wie die raumübergreifenden Verbindungen erweitert und

---

34 William Beinart/Colin Bundy, *Hidden Struggles in Rural South Africa*, Berkeley 1987.

begrenzt werden und wie große und langfristige Prozesse wie die Entwicklung des Kapitalismus so analysiert werden können, dass ihre Macht,
ihre Beschränkungen und die sie formenden Mechanismen angemessen
berücksichtigt werden. Man kann das alles natürlich als Globalisierung
bezeichnen, doch das sagt nicht viel mehr, als dass sich die Geschichte
innerhalb der Grenzen des Planeten ereignet und deshalb alle Geschichte
globale Geschichte ist. Will man jedoch den Begriff der Globalisierung im
Sinne der fortschreitenden Integration der unterschiedlichen Teile der Welt
in ein einziges Ganzes benutzen, so wird man zum Opfer von Linearität
und Teleologie. Die Globalisierer fordern uns zu Recht auf, nach Verbindungen über große Entfernungen zu suchen. Die Schwierigkeit besteht
darin, Begriffe zu entwickeln, die unterscheidungsfähig genug sind,
signifikante Aussagen darüber zu machen. Wie schon die Modernisierungstheorie bezieht die Rede von der Globalisierung ihre Macht aus der
Vereinigung unterschiedlicher Erscheinungen in einem einzigen begrifflichen Bezugsrahmen und einer einzigen Vorstellung von Veränderung. Und
an dieser Stelle verschleiern beide Ansätze historische Prozesse eher, als
dass sie diese erhellen.

Aber warum die Argumentation nicht umkehren? Oder eingestehen,
dass es wenig sinnvoll ist, die Rede von der Globalisierung durch eine
zusätzliche historische Dimension weiter auszubauen, sondern sich vielmehr der anderen Position zuwenden, die manche Globalisierer einnehmen: dass das globale Zeitalter hier und heute sei und sich klar von der
Vergangenheit unterscheide. An dieser Stelle habe ich mich nicht gegen die
Besonderheit der Gegenwart gewandt, sondern gefragt, ob ihre Charakterisierung als global wirklich das ist, was sie von der Vergangenheit unterscheidet. Kommunikationsrevolutionen, Kapitalbewegungen und Regulie-
rungsapparate müssen sämtlich untersucht werden, ebenso wie ihre – gegenseitig sich verstärkenden oder widersprüchlichen – Beziehungen zu
erforschen sind. Aber wir benötigen einen ausgefeilteren theoretischen
Apparat und eine weniger irreführende Rhetorik als die der Globalisierung,
sei es nun als *Banker's Boast*, als sozialdemokratisches Lamento oder als
Tanz der Ströme und Fragmente. Ich habe versucht, dies dadurch zu begründen, dass ich sowohl die Vielfalt und Besonderheit der über Territorien hinweggreifenden Mechanismen in Vergangenheit und Gegenwart
betrachtet habe als auch die irreführenden Konnotationen von »global«
und »-isierung«.

Dabei geht es um mehr als um das Bemühen eines Wissenschaftlers um ausgefeilte Begriffe: Mit den Fragen, die der begriffliche Apparat aufwirft, steht eine Menge auf dem Spiel. Internationale Finanzinstitutionen, die afrikanischen Entscheidungsträgern sagen, es werde zu Entwicklung kommen, wenn sie ihre Volkswirtschaften öffnen, werden den Problemen des Kontinents nicht auf den Grund gehen können, wenn sie sich nicht damit befassen, wie spezifische Strukturen innerhalb der afrikanischen Gesellschaften zu Chancen und Beschränkungen für Konsum und Austausch führen und wie spezifische Mechanismen auf den äußeren Warenmärkten Chancen und Blockaden für afrikanische Produkte bedeuten. Staatliche Institutionen, Oligarchien, Kriegsherren, regionale Mafias, Handelsdiasporen, oligopolistische ausländische Konzerne und vielgestaltige Netzwerke bestimmen den Charakter des Kapitalismus und seine in hohem Maße uneinheitlichen Folgen. Der Kapitalismus bleibt gleichsam klumpig.[35]

Es kann nicht überraschen, dass Journalisten und Wissenschaftler gleichermaßen mit Verwunderung auf die Vielfalt von Formen der Kommunikation reagieren, die sich eröffnet haben (aber nur für manche zugänglich sind), und ebenso auf die grenzüberschreitenden Strategien vieler (aber nicht aller) Firmen. Die Aufregung über die Globalisierung ist als Reaktion auf dieses Gefühl von Konnektivität und Chancen verständlich, ebenso wie die Modernisierungstheorie ihren Charme hatte als Antwort auf die zerbröselnden Gewissheiten der europäischen Gesellschaften in den 1950er Jahren und als Weg des Entkommens aus den Beschränkungen der Kolonialreiche. Auf Globalisierung kann man sich zur Begründung vielfältiger Behauptungen berufen, sie kann aber auch die politische Phantasie einschränken, den Blick auf die Macht und die Bedeutung der langen Geschichte transnationaler Mobilisierung verstellen und davon ablenken, sich um Institutionen und Netzwerke zu kümmern, die Chancen ebenso wie Beschränkungen bieten.

---

35 Wie Hibou (»De la privatisation«) zeigt, führte die Privatisierung nationalisierter Unternehmen in Afrika zu etwas, das sich deutlich von einem »Privatsektor« miteinander konkurrierender Firmen unterscheidet, die an die Weltmärkte angeschlossen sind: Beamte können im staatlichen Besitz befindliche Firmen im Grunde selbst privatisieren, was zu privater Akkumulation durch den Staatsapparat und zu schmalen Interaktionskanälen führt. In ähnlicher Weise ist die Gemeinschaft Unabhängiger Staaten noch immer überaus verschieden von den nach 1989 herrschenden Phantasien über Marktintegration. Markku Lonkila, »Post-Soviet Russia? A society of networks?«, in: Markku Kongaspuro (Hg.), *Russia. More different than most?*, Helsinki 1999: 98–112.

Natürlich lassen sich all die sich wandelnden Formen transkontinentaler Verbindungen, all die Formen der Integration und Differenzierung, der Ströme und Blockaden, der Vergangenheit und der Gegenwart als Aspekte eines einzigen, aber komplexen Prozesses sehen, dem wir das Etikett der Globalisierung anheften können. Aber das heißt, den Begriff dadurch zu verteidigen, dass man betont, wie wenig er bedeutet. Worte sind wichtig. Das unablässige Reden von Globalisierung – das Wort, die damit assoziierte Bilderwelt und die Argumente »dafür« und »dagegen« – ist sowohl Ausdruck der Faszination unbegrenzter Konnektivität als auch dessen, wie sie diese Faszination noch verstärkt. Doch sind die Wissenschaftler nicht zur Wahl zwischen einer Rhetorik der territorialen Einheiten und einer der Ströme gezwungen. Sie haben es nicht nötig zu entscheiden, ob Afrika Teil einer notwendigen und universalen Tendenz ist oder eine eigentümliche und frustrierende Ausnahme. Sie können vielmehr analysieren, wie und warum es ebenso wie andere Regionen verbunden *und* abgegrenzt ist und wie diese Verbindungen und Grenzen sich im Zeitverlauf verändern. Die Aktivisten müssen sich nicht mit einer einzigen Macht auseinandersetzen, die sie entweder bekämpfen oder aber unterstützen können. Vielmehr müssen sie wie ihre Vorgänger in der Antisklaverei- und in der antikolonialen Bewegung sehr genau die Muster der Wechselbeziehungen verstehen, die Wahlmöglichkeiten und Zwänge, die diese Muster nach sich ziehen, sowie die Folgen, die unterschiedliche Handlungsweisen und Aktionsformen im Kontext unterschiedlicher Formen der Überschneidung haben können. Nicht die unwichtigsten Fragen, die wir stellen sollten, beziehen sich auf die Gegenwart: Was eigentlich ist neu? Was sind die Mechanismen des Wandels, der sich unter unseren Augen vollzieht? Und vor allem, gelingt es uns, ein anderes Vokabular zu entwickeln, das dazu anhält, über Verbindungen und deren Grenzen nachzudenken?

5 Moderne

Das Wort *Moderne* wird heute benutzt, um so viele unterschiedliche Dinge auszusagen, dass seine weitere Verwendung mehr Verwirrung als Klarheit stiften könnte. Wissenschaftler, die den Terminus gebrauchen, wollen Probleme behandeln, die für Debatten über Vergangenheit, Gegenwart und Zukunft sehr wichtig sind. Die Moderne spielt eine Rolle in der öffentlichen Debatte, und dieser Sprachgebrauch erfordert Aufmerksamkeit. Doch Moderne ist nicht einfach nur eine »Akteurs-Kategorie«; sie wird auch als analytische Kategorie benutzt – zur Definition des Gegenstandes wissenschaftlicher Forschung –, und hier ist ihr Wert zweifelhaft. Vier Perspektiven auf Moderne sind durchgängig in einem Großteil der wissenschaftlichen Literatur zu finden:

1. Moderne bedeutet einen mächtigen Anspruch auf Einzigartigkeit: Sie ist ein langwieriges und andauerndes Projekt von zentraler Bedeutung für die Geschichte Westeuropas, das seinerseits das Ziel bestimmt, nach dem der Rest der Welt strebt. Diese Einzigartigkeit findet Zustimmung bei denen, die neue Chancen für persönliches, gesellschaftliches und politisches Weiterkommen als Befreiung von der Last der Rückständigkeit und Unterdrückung erblicken, die die vergangenen Formen des westlichen Imperialismus gekennzeichnet haben.
2. Moderne ist auch ein Bündel von sozialen, ideologischen und politischen Phänomenen, deren historische Ursprünge im Westen liegen. Doch wird sie in diesem Fall selbst als imperiales Konstrukt verurteilt, das westliche soziale, wirtschaftliche und politische Formen auf globaler Ebene erzwingt und die reiche Unterschiedlichkeit menschlicher Erfahrung sowie die Tragfähigkeit unterschiedlicher Formen der Gemeinschaft zähmt und sterilisiert.
3. Moderne ist weiterhin singulär; sie ist in der Tat ein europäisches Projekt und eine europäische Errungenschaft, die gegen all jene verteidigt

werden muss, die ans Tor pochen, deren kulturelles Gepäck es für sie aber unerreichbar macht, die Moderne zu meistern.
4. Moderne ist plural. Wir haben »multiple Modernen« oder »alternative Modernen«. Diese Überlegungen beziehen sich zum einen darauf, wie nicht-westliche Völker kulturelle Formen entwickeln, die nicht bloße Wiederholungen der Tradition sind, sondern ihre eigenen Perspektiven in den Fortschritt einbringen. Oder anders ausgedrückt rücken diese Interpretationen die kolonisierten Intellektuellen oder Führer in den Mittelpunkt, die ausdrücklich die Ansprüche von Vertretern des Westens angreifen – nach denen sie alles repräsentierten, was modern sei – und die sich dabei bemühen, Alternativen zu formulieren, die nach vorne blicken, dies aber auf eine selbstbewusst spezifische Weise tun.

Das Zentrum der drei ersten Versionen ist Europa, ob es nun positiv oder negativ besetzt ist. Die vierte ist pluralistischer, allerdings einer doppelten Kritik ausgesetzt. Zum einen ist nicht klar, warum eine alternative Moderne überhaupt als Moderne bezeichnet werden soll. Wenn jegliche Form der Innovation Moderne produziert, hat der Terminus wenig analytisches Gewicht. Wenn andererseits Alternativen zur Moderne sämtlich Alternativen zur europäischen Moderne darstellen, dann wird einem Paket kultureller Eigenschaften ein europäischer Stammbaum verliehen, während andere Pakete über Zeitunterschiede hinweg mit einem wie auch immer definierten Volk in Verbindung gebracht werden, etwa als chinesische oder islamische Moderne. Sowohl die Vorstellung des Paketeschnürens wie ihre zeitüberschreitende, essentialisierende Assoziierung mit einem bestimmten Volk erfordern eine gründliche Überprüfung.

Die umfangreiche Literatur vergrößert beständig eine weitere Verwirrung: Ist Moderne ein *Zustand* – etwas, was der Ausübung wirtschaftlicher und gesellschaftlicher Macht auf globaler Ebene eingeschrieben ist? Oder ist sie eine *Repräsentation*, eine Form, in der über die Welt geredet wird, indem man eine Sprache der zeitlichen Transformation benutzt und dabei die Gleichzeitigkeit der globalen Uneinheitlichkeit zum Ausdruck bringt – in der »Tradition« dadurch hervorgebracht wird, dass eine Geschichte darüber erzählt wird, wie manche Leute »modern« geworden sind? Sprechen wir über einen Zustand, dann fragt es sich, ob Moderne als analytische Kategorie uns anleitet, sinnvolle Fragen darüber zu stellen, um was für einen Zustand es sich handelt. Sprechen wir über eine Repräsentation, dann geht es darum, wer repräsentiert wird. Könnte die Überzeugung von Wissenschaftlern über die Bedeutung der Modernitätsproblematik dazu führen, dass eine Moderne oder jegliche Moderne auf die begrifflichen Schemata anderer Leute aufgepfropft wird? Manche bestehen darauf, Moderne sei sowohl ein Zustand als auch eine Repräsentation dieses Zustandes, sie sei sogar *der* Zustand, *das* Elend der Gegenwart: »Die Moderne ist ein globaler Zustand, der heute all unsere Handlungen, Interpretationen und Gewohnheiten betrifft, quer durch die Nationen, ungeachtet, welche zivilisatorischen Wurzeln wir auch beanspruchen mögen.«[1] Doch wenn Moderne alles und alles Moderne ist, hilft der Begriff uns dann, irgendetwas von irgendetwas anderem zu unterscheiden?

Ein paar tapfere Seelen haben sich aufgerafft und den Nutzen des Begriffs hinterfragt: John Kelly wünscht sich »keine alternativen Modernen, sondern Alternativen zur ›Moderne‹ als Chronotyp, der für die Sozialtheorie notwendig ist«.[2] Aber die meisten machen weiter, auf ihre eigene Weise und ohne aufeinander sonderlich zu achten. Ob die Moderne als heller, aber ferner Stern erscheint – die Hoffnung unterschiedlicher Menschen auf eine Welt mit weniger Armut und Tyrannei – oder als die Hybris derer, die die Welt nach dem Diktat ihrer eigenen Vorstellungen von Rationalität umkrempeln wollen, so sind dies jedenfalls überaus wichtige Angelegenheiten. Und es geht nicht darum, ob es denn wert sei, sie zu bedenken, sondern darum, ob der Terminus Moderne genug Klarheit bietet, um beim Nachdenken darüber voranzukommen.

Die übliche Antwort von Gelehrten, die sich der begrifflichen Konfusion gegenübersehen, die mit Moderne verbunden ist, besteht darin, sich noch gründlicher in den Gegenstand zu versenken: Sollen die Anwender des Terminus den Kampf ausfechten; möge die beste Moderne obsiegen.

---

1 Björn Wittrock, »Modernity: One, None, or Many? European Origins and Modernity as a Global Condition«, in: *Daedalus* 129, 1 (2000): 59. Oder was soll man von der Aussage halten, dass »die Moderne in China ebenso wie auf globaler Ebene ein umstrittenes Terrain ist, auf dem unterschiedliche Erfahrungen des Modernen nicht eine homogene Moderne hervorbringen, sondern eine kulturelle Politik, in der die Eroberung des Modernen die ultimative Trophäe darstellt«? Oder »Modernität ist die Illusion, die das Moderne definiert«? Arif Dirlik, »Modernity as History: Post-Revolutionary China, Globalization, and the Question of Modernity«, in: *Social History* 27 (2002): 33.

2 John D. Kelly, »Alternative Modernities or an Alternative to ›Modernity‹: Getting out of the Modernist Sublime«, in: Bruce M. Knauft (Hg.), *Critically Modern: Alternatives, Alterities, Anthropologies*, Bloomington (IN) 2002: 262. Dieses Buch ist bemerkenswert für seinen Skeptizismus gegenüber dem Terminus. Doch möchte der Herausgeber vielleicht anders als die meisten Beitragenden nicht so weit gehen wie Kelly und trägt ungeachtet all seiner kritischen Einsichten selbst zur weiteren Verbreitung des Terminus bei, siehe Knauft, »Critically Modern: An Introduction« bes. 32.

Ich plädiere für das umgekehrte Vorgehen: Wissenschaftler sollten nicht versuchen, eine ein klein wenig verbesserte Definition zu erarbeiten, damit sie klarer über Moderne sprechen können. Sie sollten vielmehr zuhören, was in der Welt geredet wird. Wenn sie Moderne hören, sollten sie fragen, wie und warum; ansonsten ist das gewaltsame Zurechtbiegen eines politischen Diskurses in moderne, antimoderne oder postmoderne Diskurse oder auch in »ihre« oder »unsere« Moderne eher verzerrend als erhellend. In den *colonial studies* hat Moderne eine besondere Wertigkeit bewiesen und sowohl eine nützliche Kritik als auch eine einschnürende Abstraktion hervorgebracht. Die Wirkungsmacht des Begriffs entspringt der These, die Moderne sei den kolonisierten Völkern als Modell präsentiert worden: eine Markierung für das Recht Europas zu herrschen, etwas, nach dem die Kolonisierten streben durften, das sie aber nie ganz verdienen würden. Die Kritik an der Moderne kocht vor Ressentiment und Sehnsucht. Durch das Zusammenführen von Moderne und Kolonialismus haben Kritiker versucht, ein neues Nachdenken nicht nur über den Kolonialismus zu erzwingen, sondern über eine ganze Vision von Wandel, die Afrikaner und Asiaten noch immer zur Rolle der »Aufholenden« verurteilt. Das ist eine wichtige und in mancher Hinsicht sogar unverzichtbare Kritik, die es gilt, zu durchdenken und im Auge zu behalten. Aber sowohl als Ansatz zur Erforschung der Geschichte wie als politisches Projekt schränkt sie auch ein. In beiderlei Hinsicht belässt die Kritik die Moderne selbst auf einem intellektuellen Sockel, und das Insistieren darauf, die Moderne solle der Bezugspunkt für die Suche nach Alternativen sein, erschwert es weiter, über hervorstechende Probleme in einem völlig anderen begrifflichen Rahmen zu sprechen.

Moderne war ein Begriff, der Ansprüche konstituierte – in gewissen historischen Augenblicken, nicht immer und überall zur gleichen Zeit. Imperiale Ideologen trugen verschiedentlich im 19. und 20. Jahrhundert ihre entweder auf Transformation oder aber auf Stagnation abzielenden Versionen des Argumentierens über Moderne vor: dass der Kolonialismus gerechtfertigt sei, weil die Rückständigen so in die moderne Welt gebracht würden, oder aber, dass Europas wesenhafte Fähigkeit zur Modernisierung im Vergleich zu Afrikas inhärenter Rückständigkeit langfristig das Recht begründe, über Afrika zu herrschen. Wenn man jedoch wie Partha Chatterjee behauptet, dass »die Frage, die die Debatte über soziale Transformation in der Kolonialperiode bestimmt, jene der Moderne ist«, so fasst man fälschlicherweise Argumente *innerhalb* der Kolonialgeschichtsforschung –

in der es auch andere Argumentationen und Tendenzen gibt – als das Wesen des Kolonialismus an sich auf.[3] Für politische Aktivisten ist Moderne nur eine der Bezugsgrößen, mit denen sich Forderungen stellen und begründen lassen. Löst man nun eine Forderung aus ihrem spezifischen Referenzrahmen heraus und formuliert sie in der Sprache der Moderne, so hat dies den Vorteil, sie mit anderen Forderungen zu verbinden, aber die Schwäche, den Einsatz zu verringern, über den Frauen und Männer in der spezifischen Frage verfügen. Ein in der Sprache der Moderne formuliertes Argument kann für Leute überzeugend sein, für die das Selbstbild, auf der Seite des Fortschritts zu stehen, wichtig ist, und es kann Leute abstoßen, die fürchten, vertraute Solidarbeziehungen zu verlieren. Es gehört zur guten Übung von Historikern, die diskursiven und materiellen Zwänge zur Kenntnis zu nehmen, innerhalb derer Kolonisierte sich behaupten mussten, und zu betrachten, wie im Verlauf von Kämpfen gewisse Optionen ausschieden. Wenn wir von der Annahme eines »inkommensurablen« Unterschieds zwischen einem Paket westlicher Moderne und alternativen Paketen ausgehen, die in afrikanischen oder asiatischen Gemeinschaften verwurzelt sind, so sind die politischen Handlungsperspektiven in Vergangenheit und Zukunft von vorneherein geschmälert.[4] Die Gewerkschafter in Französisch-Westafrika während der 1950er Jahre, über die ich geforscht habe (siehe Kapitel 7), konnten ihren Mitgliedern viel nützen, indem sie die Wünsche der Koloni-

---

3 Partha Chatterjee, »Two Poets and Death: On Civil and Political Society in the Non-Christian World«, in: Timothy Mitchell (Hg.), *Questions of Modernity*, Minneapolis 2000: 47. Nicholas Dirks kehrte die Reihenfolge um, freilich mit den gleichen enthistorisierenden Konsequenzen: »Colonialism is what modernity is all about«; ders., »History as a Sign of the Modern«: 29.

4 Dipesh Chakrabarty, *Provincializing Europe*, 254 unterstreicht die Unvergleichbarkeit. Simon Gikandi verweist auf seinen eigenen Weg zur Kulturanalyse und zitiert seine Eltern, christliche Kukuyu, die »beschlossen, mit den Traditionen ihres Volkes zu brechen und sich die moderne Kultur des Kolonialismus zu Eigen zu machen, eine Kultur, die ihnen neue Spielräume zu garantieren schien, um sich in die Erzählung der Moderne einzuschreiben.« Gikandi hat aufschlussreiche und einsichtsvolle Dinge über Kultur zu sagen, aber sein Ausgangspunkt erschwert sein Problem. Er lässt eine wichtige Komponente der Geschichte aus, die mindestens auf die 1930er Jahre zurückgeht, als viele Kikuyu sich bemühten, sowohl Kikuyu als auch Christen zu sein, unabhängige Kirchen und Schulen zu gründen, die weiterhin die Rituale und sozialen Praktiken der Kikuyu pflegen, zugleich die Erschließung neuer kultureller Ressourcen anstreben und eine Gemeinschaft aufbauen sollten, um gerade jene Dichtomie zu vermeiden, von der Gikandi – wie auch viele Missionare – anscheinend sagen will, dass sie das Einzige war, was ihnen offenstand. *Maps of Englishness*, 20.

albeamten, ihre Politik möge als progressiv betrachtet werden, in konkrete Forderungen nach Löhnen, Familienzulagen und anderen Leistungen übersetzten. Wenn die Gewerkschafter innerhalb der kolonialen Politik einen nützlichen Hebel fanden, so heißt das nicht, sie – ganz zu schweigen von ihrer Basis – hätten das Paket akzeptiert, das die französischen Beamten im Auge hatten, oder hätten Ressourcen genutzt, um die Art von Familie zu gründen, die die französischen Beamten für sie planten. Ihre Strategie verursachte auch politische, soziale und kulturelle Kosten und sie zu verstehen ist Teil der Geschichte der Dekolonisierung und ihrer Folgen.

Die koloniale Frage ist nicht die Frage nach der Moderne, selbst wenn die Probleme der Moderne innerhalb der Kolonialgeschichte auftreten. Und wenn wir das für die koloniale Vergangenheit anerkennen, können wir vielleicht Probleme der Zukunft genauer formulieren und vermeiden, die Polaritäten zu reproduzieren, die wir doch demontieren wollen. Auf den folgenden Seiten zeige ich sowohl die Vervielfachung von Bedeutungen der Moderne auf – daher auch die Verwirrung, wenn der Begriff im Singular benutzt wird – als auch die Vervielfachung der Modernen und den schwindenden analytischen Nutzen des Terminus im Plural. Die einschneidendste Position der Modernisierungstheorie, ihr Bestehen darauf, Modernisierung sei ein Paket, wurde in der neueren wissenschaftlichen Diskussion dahingehend modifiziert, dass Pakete sich voneinander unterscheiden können, ohne dass man sich auf das Problem des Zusammenpackens selbst bezogen hätte. Doch wie ich zeigen möchte, erhält das Konzept der Moderne, wenn die Problematik auf diesem Abstraktionsniveau angesiedelt wird, eine künstliche Kohärenz und wird von den Debatten und Kämpfen abgeschnitten, die mit dem Gebrauch derartiger Konstrukte in historischen Situationen verbunden waren. Der Gebrauch des Konzepts der kolonialen Moderne durch Historiker und andere Wissenschaftler ebnet Geschichte ein und hebt die ambivalenten Geschichten auf das Niveau eines konsistenten Projektes. Sie spielt dazu die Anstrengungen kolonisierter Menschen herunter, Elemente der politischen Strategien der Kolonisatoren umzulenken und sich anzueignen und so die Pakete auseinanderzunehmen, die die Kritiker der Moderne intakt lassen. Noch weniger hilfreich ist freilich die Sprache, in der die abstrakte Kategorie »Moderne« zum kausalen Akteur wird. Und die Moderne in der Kolonialgeschichte schlicht als den Schurken zu identifizieren bedeutet, die Debatte über die allerwichtigsten politischen und ethischen Fragen zu vermeiden, anstatt sie zu fördern.

Von Zuständen und Prozessen

Für einen Angehörigen meiner Generation, der während der 1970er Jahre intellektuell sozialisiert wurde, liegt in dem Hype über die Moderne während der 1990er Jahre und bis heute eine Ironie. Wir haben unseren Blick für Begriffe an der Modernisierung geschärft. Dies war die umfassendste aller »-isierungen«, die damals *en vogue* waren: Urbanisierung, Kommerzialisierung, Industrialisierung, Proletarisierung. Es schien, als saugten diese Wörter das Leben aus Politik und Geschichte, denn sie unterstellten Wandlungsbewegungen großen Maßstabs mit Selbstantrieb, die sich wissenschaftlich analysieren ließen, aber wenig Platz für menschliches Handeln oder für die Bedeutung der Auseinandersetzungen boten. Unter allen diesen Begriffen war Modernisierung derjenige, den wir mit ganzer Leidenschaft hassten. Ihre bekanntesten Texte, wie etwa die von W. W. Rostow, schienen unreflektiert zu unterstellen, dass die amerikanische Gesellschaft – im Sinne des Verständnisses der 1950er Jahre – das Telos darstelle, auf das hin sich die ganze Welt verwandle.[5] Die Modernisierungstheorie war sowohl analytisch als auch normativ, und ihr Insistieren auf der historischen Unausweichlichkeit der Modernisierung war das machtvollste Argument, sich diesem Sog anzuschließen.[6]

Es gab viele Spielarten der Kritik an der Modernisierungstheorie.[7] Manche waren empirisch: Die Theorie postulierte eine beobachtbare Tendenz zu globaler Homogenisierung anhand kritischer Sozialindikatoren, während die Forschung auf divergierende Pfade hinwies, die in unklare Richtungen verliefen. Andere meinten, die amerikanischen Modernisierungstheoretiker hätten die falsche Moderne im Auge; sie kehrten Rostows antikommunistisches Manifest um und behaupteten, der Marxismus definiere eine wün-

---

5 Rostow, *Stadien wirtschaftlichen Wachstums.*

6 Beispiele für das Argument der Unausweichlichkeit finden sich bei Wilbert E. Moore, *Industrialization and Labor: Social Aspects of Economic development*, Ithaca (NY) 1951, und Clark Kerr/John T. Dunlop/Frederick Harrison/Charles A. Myers, *Industrialism and Industrial Man: The Problems of Labor and Management in Industrial Growth*, Cambridge (MA) 1960.

7 Die einflussreichste Zusammenfassung stammt von Dean Tipps, »Modernization Theory and the Comparative Study of Societies«, S. 199–226. Es hat einige Neuauflagen einer weitgehend unrevidierten Modernisierungstheorie gegeben, etwa R. Inglehart, »Modernization, Sociological Theories of«, in: Neil Smelser/Paul Baltes (Hg.) *International Encyclopedia of the Behavioral Sciences*, Bd. 15, Amsterdam 2001: 9965–9971. Anders als Inglehart wiederholen die meisten anderen Autoren in dieser Neuausgabe nicht die Positionen der Version von 1968, die unten zitiert wird.

schenswertere Form der Modernisierung. Mitte der 1970er Jahre verwandelte die Weltsystem-Theorie die Modernisierungstheorie dann in einen globalen Dualismus: Zur Modernisierung kam es im »Kern« in Wirklichkeit, weil die »Peripherie« in ihrer Rückständigkeit eingeschlossen war. Aber die Hinzunahme der Peripherisierung zu den selbstgetriebenen »-isierungen« löste nicht das Problem, Ursachen und Grenzen der integrierenden Tendenzen zu verstehen.[8]

Eine Person meines Alters empfindet daher eine überraschende Ironie, wenn sie beim Aufschlagen von so gut wie jeder Zeitschrift von *International Organization* bis hin zu *Social Text* feststellen muss, dass die teleologischsten aller Teleologien noch immer lebendig und wohlauf sind und nicht nur von den Apologeten der Wirtschaftsstrategien der Weltbank vertreten werden, sondern von Leuten, die sich als Kritiker verstehen. Einige der Apologeten haben Modernisierung in der Form der Globalisierung wiederbelebt – genauso selbstgetrieben und homogenisierend, aber jetzt mit der Disziplin alles durchdringender, nahezu wimpernschlagschneller Markttransaktionen und kontinentüberspringender Medien anstelle der breiteren gesellschaftlichen Logik der Modernisierungstheorie. Einige ihrer Kritiker beklagen die Globalisierung, ohne in Frage zu stellen, dass »sie« unsere Ära definiert (siehe Kapitel 4).

Inzwischen wurde die Leserschaft wissenschaftlicher Literatur über die letzten paar Jahre hinweg mit zahllosen Büchern zugeschüttet, die sich mit Titeln schmückten wie »Wohnorte der Moderne«, »Freigesetzte Moderne«, »Andere Modernen«, »Moderne: Ein ethnographischer Ansatz, »Überwältigt von der Moderne«, »Kritisch Modern«, »Afrikanische Modernen« oder mit Untertiteln wie »Dorfmoderne in Westafrika« oder »Dialektik der Moderne an einer südafrikanischen Grenze«.[9]

---

8 Für einen kritischen, historischen Ansatz zur Analyse von Weltsystemen siehe Cooper/Isaacman/Mallon/Roseberry/Stern, *Confronting Historical Paradigms*.

9 Dipesh Chakrabarty, *Habitations of Modernity: Essays in the Wake of Subaltern Studies*, Chicago 2002; Appadurai, *Modernity at Large*; Lisa Rofel, *Other Modernities: Gendered Yearning in China after Socialism*, Berkeley 1999; Daniel Miller, *Modernity, An Ethnographic Approach: Dualism and Mass Consumption in Trinidad*, Oxford 1994; Carol Breckenridge (Hg.), *Consuming Modernity: Public Culture in a South Asian World*, Minneapolis 1995; Harry Harootunian, *Overcome by Modernity: History, Culture, and Community in Interwar Japan*, Princeton (NJ) 2000; Knauft, *Critically Modern*; Jan-Georg Deutsch/Peter Probst/Heike Schmidt (Hg.); *African Modernities: Entangled Meanings in Current Debate*, Portsmouth (NJ) 2002; Charles Piot, *Remotely Global: Village Modernity in West Africa*, Chicago 1999; Jean Comaroff/John Comaroff, *Of Revelation and Revolution*, Bd. 2. Zu verweisen ist auch auf die Zeitschrift *Modernism/Modernity*, die seit 1994 erscheint.

Impliziert der Übergang von der Modern*isierung* zur Modern*e*, dass die
»-isierungen« ihre Arbeit getan und einen Zustand hervorgebracht haben,
auf den der so bezeichnete Prozess hinführte? Hat all die Arbeit, die in
kritische Theorie investiert wurde, lediglich die amerikanische Soziologie
der 1950er Jahre reproduziert und dabei die Bewertung der Moderne von
positiv auf negativ umgekehrt, sie sonst aber intakt gelassen?

Zu ihrer Zeit konnte die Idee der Modernisierung attraktiv und inspirie-
rend sein, weil sie das Streben nach einem Leben beschwor, das man verstehen und zum Besseren verändern konnte. In den beiden Jahrzehnten
nach dem Zweiten Weltkrieg konnte eine jüngere Generation in Afrika,
Indien oder auch in Europa sich selbst von dem schwerfälligen Traditionalismus ihrer Vorfahren abgrenzen. Die Moderne konnte auch Befürchtungen und Ängste auslösen wegen des Verlustes von Intimität und Gemeinschaft, vor der zunehmenden Macht, die unpersönliche Institutionen über
das gesellschaftliche und kulturelle Leben ausübten, und vor der Gefahr,
dass Projekte gesellschaftlicher Transformation die individuelle Freiheit
zerstörten – eine Furcht, die nach dem Zweiten Weltkrieg in Europa besonders berechtigt erschien. Aber die Möglichkeit, die Moderne zu erreichen, waren für diejenigen am attraktivsten, die sie nicht hatten, und in den
1950er Jahren bestand die kolonisierte Bevölkerung der Welt zu ihrem
größten Teil darauf, dass ihren Wünschen Rechnung getragen würde. Behauptungen, für oder gegen die Moderne zu sein, sind nicht verschwunden,
noch wurden die Hoffnungen erfüllt, die solche Behauptungen angespornt
hatten.

Sowohl die Befürchtungen wie die Erwartungen müssen bedacht werden; es verwundert nicht, dass Diskussionen über die Moderne häufig
angespannt verlaufen. Für Gelehrte als auch für Aktivisten fragt sich, ob
die Auffassung von der Moderne als kohärentem Konstrukt jemanden in
die Lage versetzt, das Spektrum der Hoffnungen auf ein besseres Leben
auszudrücken, und ob ein solches Konstrukt auf die Wirklichkeit einer
gebieterischen totalisierenden Zwangssituation verweist. Wenn man die
Ironie unterstreicht, die darin liegt, dass selbst-proklamierte Anstrengungen, Sklaven zu befreien, Frauen zu emanzipieren und Wirtschaftsstruktu-
ren zu verbessern, zur Arroganz und Zerstörungswut des Kolonialismus
führten, so kann man wichtige Aspekte innerhalb einer breiteren Geschichte erfassen, wird aber andere verfehlen: etwa die Schärfe jener Forderungen, die von Menschen kommen, die einst von den materiellen und

kulturellen Ressourcen ausgeschlossen wurden, die Europa als die seinen
beanspruchte.

Die multiplen Modernen

Jetzt und Neu

Die gewöhnlichste Bedeutung von *modern* meint das, was neu ist, also das,
was sich von der Vergangenheit unterscheidet.[10] In diesem Sinne begleitet
uns die Moderne ständig, sie hat das getan und wird es immer tun. Dies
wurde vor kurzem sehr schön durch eine Debatte darüber illustriert, welche Arten von Kunst in das Museum of Modern Art gehören. Ein bedeutender Stifter wichtiger Kunstwerke behauptete, *moderne* Kunst bedeute
»neu«, und nach fünfzig Jahren sollte ein Gemälde aus dem MOMA in ein
Museum überführt werden, dessen Aufgabe es sei, das Alte zu bewahren.
Dagegen argumentierten Kritiker, dass moderne Kunst »einen erkennbaren
Stil hat, der sich von dem, was ihm im Westen vorausging, stark unterscheidet«. Daher »werden große Kunstwerke der Moderne immer modern
sein, wie auch Meistewerke der Renaissance immer Renaissancewerke sein
werden«. Hält man sich an die erste Vorstellung von moderner Kunst, so
handelt es sich um eine Kategorie in Bewegung: Was heute modern ist,
wird es morgen nicht mehr sein. Hält man sich an die zweite, muss man
sich zumindest der Aufgabe stellen zu definieren, was einen Stil von anderen unterscheidet. Hier hatten die Modernisierer der 1950er Jahre keine

---

10 In diesem Sinn benutzte Raymond Williams das Wort *modern*. Er zeigt, dass im Englischen der früheste Gebrauch von *modern* die Bedeutung zeitgenössisch im Gegensatz zu
alt hatte, dass *modern* vor dem 19. Jahrhundert im Allgemeinen negativ besetzt verwendet
wurde, im 19. und 20. Jahrhundert dagegen entschieden positiv. Modernismus hat, wie
er sagt, eine spezielle Bedeutung und bezieht sich »vor allem auf die experimentelle
Kunst und Literatur von etwa 1890–1940«, während die »unfraglich günstigen und wün-
schenswerten« Konnotationen von Modernisierung (in seiner Fassung von 1983) »der
Überprüfung bedürfen«. *Keywords: A Vocabulary of Culture and Society*, überarb. Ausgabe,
New York 1983: 208 f. Eine ausführlichere Liste der Gebrauchsweisen dieser Wörter
enthält die *Compact Edition of the Oxford English Dictionary*, Bd. 1, Oxford 1971: 1828 (M
573–574).

Zweifel: Sie erkannten die Moderne, wenn sie ihrer ansichtig wurden, und zögerten nicht, die Kriterien zu spezifizieren.[11] Die Vorstellung, modern sei »jetzt«, führt zu einem weiteren Problemkomplex: Ist alles, jede und jeder modern? Peter Geschiere zeigt in seiner Ethnographie über Hexerei im zeitgenössischen Kamerun aufgrund gründlicher Forschung und sorgfältiger Argumentation, dass Beschuldigungen wegen Hexerei ein integraler Bestandteil der gegenwärtig ablaufenden Auseinandersetzungen um materielle und politische Ressourcen sind und nicht ein Zeichen fortexistierender Tradition. Die Argumentation ist überzeugend, die Verknüpfung mit dem Staat und den regionalen Wirtschaftskomplexen zwingend, aber es ist nicht klar, ob irgendetwas im heutigen Kamerun anders sein kann als modern. Solche Argumente waren heilsame Gegenmittel gegen die typische Darstellung afrikanischer kultureller und religiöser Praxis als rückständig, doch wenn die Tradition von dieser Vorstellung losgelöst wurde, nimmt die Moderne den gesamten Raum ein. In zwanzig Jahren wird noch immer alles modern sein, aber es könnte doch sehr viel anders sein. Bei dem Versuch, der falschen Dichotomie von modern und traditional zu entrinnen, bleibt uns am Ende ein Begriff, dessen Wert hauptsächlich darin besteht, den früheren Missbrauch desselben Wortes zu korrigieren.[12]

Ein Satz von (guten) Attributen

Es ist darum wichtig, sorgfältig den entgegengesetzten Ansatz zu bedenken, der Moderne durch ihre Attribute definiert. Die klassische Modernisierungstheorie leitete ihre Vorstellung des Übergangs von der Tradition zur Moderne von dem Begriff der *pattern variables* von Talcott Parsons ab. Ihre Durchschlagskraft erhielt die Theorie durch die gegenseitigen Beziehungen zwischen diesen Attributen im Zeitverlauf. Daniel Lerners Formulierung von 1968 umfasste selbsttragendes Wirtschaftswachstum, öffentliche Teilhabe am politischen Leben, »Diffusion säkular-relationaler Nor-

---

11 Zitate aus Arthur C. Danto, »Too Old for MOMA?«, in: *New York Times*, 28.10.1998: A29. Zur Zweideutigkeit der Moderne im Bezug auf die Zeit siehe Jacques Le Goff, *Geschichte und Gedächtnis*, übersetzt von Elisabeth Hartfelder, Frankfurt am Main/New York/Paris 1992 (Originalausgabe: *Histoire et mémoire*, Paris 1988).

12 Peter Geschiere, *The Modernity of Witchcraft: Politics and the Occult in Postcolonial Africa*, übersetzt von Janet Roitman, Charlottesville (VA) 1997 (Originalausgabe: *Sorcellerie et politique en Afrique: la viande des autres*, Paris 1995).

men in der Kultur,« erhöhte Mobilität – wozu die persönliche Freiheit zu physischer, sozialer und psychischer Mobilität zählt – und die Transformation des »Persönlichkeitsmodells, das Individuen instand setzt, effektiv in der sozialen Ordnung zu funktionieren, die entsprechend den vorgenannten Charakteristika operiert«. Die moderne Persönlichkeit ist »wettbewerbsorientiert«.[13] Wilbert Moore stellte den Industrialismus in den Mittelpunkt und verstand ihn als formendes Moment einer ganzen Lebensweise: rationale Entscheidungskriterien, Anpassung an den Arbeitsmarkt, Arbeiten in hierarchischen Strukturen und Anpassung an neue soziale Situationen im Wohnbereich.[14] Manche Modernisierungstheoretiker glaubten, Bewegung bei einer Variablen – Wirtschaftswachstum wurde häufig als Antriebsfaktor gesehen – werde Veränderungen in vorhersagbarer Richtung auch bei anderen Variablen bewirken. Andere wie etwa Rostow meinten, das Überschreiten einer Minimalschwelle des Wandels sei notwendig, um Veränderungen auch in anderen Bereichen auszulösen. Wieder andere entwarfen Modernisierung als klar abgesteckten Pfad, wobei manche Menschen sich entschließen mochten, diesem nicht zu folgen – mit gewaltigen Folgekosten.[15] Dann kamen die pessimistischen und autoritären Modernisierer, die der Überzeugung waren, manche, wenn nicht die meisten nicht-westlichen Völker würden dem – noch immer singulären – Pfad nicht folgen, was zu politischen und gesellschaftlichen Pathologien führen werde, die diejenigen unter Kontrolle halten müssten, die den Übergang bereits vollzogen hatten.[16] Wenn die frühen Modernisierer ihren Schwerpunkt bei Gesellschaft, Wirtschaft und Politik sahen, so waren ihre kritischen Konzepte doch auch kulturbezogen. In späteren Überlegungen zum Projekt der Moderne, etwa in den Schriften von Daniel Bell, rückte dieses Element in den Vordergrund: Die Moderne zog einen »Gezeitenwechsel des Bewusstseins« nach

---

13 Daniel Lerner, »Modernization – Social Aspects«, in: David L. Shils (Hg.), *International Encyclopedia of the Social Sciences*, Bd. 10, New York 1968: 387.

14 Moore, *Industrialization and Labor*.

15 Rostow, *Stadien wirtschaftlichen Wachstums*. Die Arbeiten des 1953 gegründeten Committee on Comparative Politics des Social Science Research Council waren für die Anwendung der Modernisierungstheorie auf Entkolonialisierungssituationen von zentraler Bedeutung. Das berühmteste oder berüchtigtste Beispiel für diese Arbeiten sind die Studien von David Apter, vor allem *The Gold Coast in Transition*, Princeton (NJ) 1955, sowie die Ausgaben von 1963 und 1972 unter dem Titel *Ghana in Transition*.

16 Samuel P. Huntington, »Political Development and Political Decay«, in: *World Politics* 17 (1965): 386–430; ders., *Kampf der Kulturen*.

sich: »Was das Moderne definiert, ist ein Gefühl der Offenheit für Veränderung, der Distanzierung von Ort und Zeit, der sozialen und geographischen Mobilität und eine Bereitschaft, wenn nicht eine Begierde, das Neue selbst auf Kosten von Tradition und Vergangenheit zu begrüßen.« Die Moderne implizierte die Marktwirtschaft, einen antibürgerlichen Geist, die Ablehnung des Muffs der Vergangenheit, der selbstverständlichen Hinnahme sozialer Arrangements und Ausdrucksformen sowie der überkommenen Religion; sie führte zur »Ablehnung des Klassizismus; von Ordnung, Symmetrie, Proportion und Realismus«; sie stellte die »exakte Relation zwischen Zeichen und Objekt« in Frage; sie befürwortete eine »pragmatische Theorie, in der Gebrauch und Experiment Interpretation und Bedeutung diktieren«.[17]

Die empirische Kritik an der Modernisierungstheorie hat derartige Assoziationen zerpflückt; die Verknüpfung zwischen Marktwirtschaften und Säkularisierung funktioniert weder im klassischen Fall kapitalistischer Entwicklung in Großbritannien – wo Religion eine mächtige Kraft darstellte – noch in den Handelsdiasporas islamischer Gemeinschaftsgruppen in Westafrika; Eliten mit dem Anspruch auf geheiligte Autorität von Nord-Nigeria in den 1960er Jahren bis zum heutigen Iran benutzen aktuellste Medientechnologien, um ihren Status zu unterstreichen; das Europa des 19. Jahrhunderts reagierte auf die Lockerung der sozialen Beschränkungen ebenso stark mit einer Faszination durch das Okkulte, den Spiritualismus und neue religiöse Ausdrucksformen wie mit der Hinwendung zu individualistischem Realismus; landwirtschaftliche Innovatoren im Afrika des späten 19. Jahrhunderts nutzten ausgedehnte Verwandtschaftsnetzwerke, um Kapital und Arbeit zu mobilisieren; und Entwicklung war weit entfernt davon, erweiterte Familien in Kernfamilien zu verwandeln, sondern brachte vielmehr größeren Verwandtschaftsgruppen neue Ressourcen ein. Die Kovarianz von Kommerzialisierung, Säkularisierung, Erfolgsorientierung, Rationalismus und Individuation passte schlecht zur Geschichte des »modernen« Europa oder des sich »modernisierenden« Afrika oder Asien.[18]

17 Daniel Bell, »Resolving the Contradictions of Modernity and Modernism«, in: *Society* 27, 3 (1990): 43, 45 f. Siehe auch ders., *Die kulturellen Widersprüche des Kapitalismus*, übersetzt von Inge Presser, Frankfurt am Main/New York 1991 (Originalausgabe: *The Cultural Contradiction of Capitalism*, New York 1976).

18 Beispiele, wie schlecht der Bezugsrahmen des Übergangs von der Tradition zur Moderne auf den Fall Nigerias nach dem Zweiten Weltkrieg passt, bieten C. S. Whitaker, *The Politics of Tradition: Coninuity and Change in Northern Nigeria, 1946–1966*, Princeton (NJ) 1970, und Sara Berry, *Fathers Work for their Sons: Accumulation, Mobility, and Class Formation*

Ein Satz von (weniger guten) Attributen

Das entsprechende Paket in den meisten neueren Arbeiten sieht nicht grundlegend anders aus. Lesen wir Charles Taylor: »Unter *Moderne* verstehe ich jenes historisch nie dagewesene Amalgam neuer Praktiken und institutioneller Formen (Wissenschaft, Technologie, industrielle Produktion, Urbanisierung), neuer Lebensweisen (Individualismus, Säkularisierung, instrumentelle Rationalität) und neuer Formen der Malaise (Entfremdung, Sinnkrise, Gefühl drohender sozialer Auflösung).« Die Moderne lag demnach am Ende eines »langen Marsches«, der »vielleicht erst heute endet«.[19]

Für die Kritiker der Moderne ist das Paket das Problem: die Schaffung einer bestimmten Art von Politik und einer bestimmten Art von Subjekt. So meint Dipesh Chakrabarty:

»Das Phänomen der ›politischen Moderne‹ – nämlich die Herrschaft moderner staatlicher Institutionen, einer Bürokratie und kapitalistischer Unternehmen – lässt sich nirgendwo auf der Welt auch nur *denken*, ohne gewisse Kategorien und Begriffe aufzurufen, deren Genealogien tief in die intellektuellen und sogar theologischen Traditionen Europas zurückreichen. Begriffe wie Staatsbürgerschaft, Öffentlichkeit, Menschenrechte, Gleichheit vor dem Gesetz, das Individuum, Unterscheidung zwischen öffentlich und privat, die Idee des Subjekts, Demokratie, Volkssouveränität, soziale Gerechtigkeit, naturwissenschaftliche Rationalität usw. tragen alle die Last des europäischen Denkens und der europäischen Geschichte.«[20]

---

in an Extended Yoruba Community, Berkeley 1985. Oder man nehme eine neuere Studie, die eine Gemeinschaft mit starkem Gefühl für Tradition und Hierarchie erforscht, die sich aber auch schnell kommerziellen Chancen und neuester Technologie anpasst. Der Autor verbringt eine Menge Zeit mit dem Versuch zu entscheiden, ob sie wirklich modern sind, aber das Einpassen seines reichhaltigen Materials in den Bezugsrahmen der Moderne verläuft so misslich, dass er schließlich über Moderne sagt, »man erkennt sie, wenn man sie sieht«. Siehe Jonah Blank, *Mullahs on the Mainframe: Islam and Modernity among the Daud Bohras*, Chicago 2001, das Zitat 260.

19 Charles Taylor, »Modern Social Imaginaries«, in: *Public Culture* 14 (2002): 91, 98.

20 Chakrabarty, *Provincializing Europe*, 4. Oder nehmen wir die Beschreibung von Marilyn Ivy: »[S]tädtische Energien, kapitalistische Lebensstrukturen und mechanische und elektrische Formen der Reproduktion [...] das Problem des Nationalstaates und seine Korrelation mit dem kapitalistischen Kolonialismus [...] eine globale geopolitische Matrix seit dem 19. Jahrhundert [...] das Auftreten des Individualismus und neuer Formen der Innerlichkeit [...] bürokratische Rationalismen, taylorisierte Produktionsweisen, neuartige Formen der Bildrepräsentation, Massenmedien, wissenschaftliche Disziplinen.« *Discourses of the Vanishing: Modernity, Phantasm, Japan*, Chicago 1995: 4f., zit. bei Kelly, »Alternative Modernities or an Alternative to ›Modernity‹«: 266. Parsons wird im Grabe über

Wenn also Leute wie Bell die Moderne als Ausweitung der Denkmöglich-
keiten betrachten, so sieht Chakrabarty sie als Beschränkung. Denn die
Sicht des Menschen als abstrakte Figur und der Einsatz der Vernunft zur
Suche nach einem besseren Leben führte zum Verlust anderer Denkweisen
und anderer Formen, das Gemeinschaftsleben zusammenzufügen. Nicht
nur, dass die Begriffe, die die Moderne konstituierten, zusammenpassten,
ihr Auftreten lässt sich auch in der europäischen Geschichte verorten –
daher der Anspruch von Chakrabarty und anderen, sie produzierten eine
Kritik der »nach-aufklärerischen Rationalität«.

Eine Epoche

Die Kritik an der Moderne verschiebt sich von der Konzeption der Moderne als Paket von Begriffen und Institutionen zu jener von Modernität
als Epoche: einer »unterscheidbaren und diskontinuierlichen Periode der
menschlichen Geschichte«.[21] Die moderne Ära erstreckt sich von der
Aufklärung bis zu einer Zeit, in der die fraglichen Kategorien und Institutionen die Gewalt über die Vorstellungswelt der Menschen verloren haben
und die manchmal als Postmoderne bezeichnet wird. Wenn die Postmoderne noch nicht zustande gekommen ist, so ist sie doch das, was die Kritiker der Moderne gerne fördern würden, indem sie unsere vorgeblich
universalistischen, von Selbstvertrauen geprägten Annahmen über den
Gebrauch der Vernunft zum Verständnis und zur Veränderung der Welt
erschüttern.

Die Kritik an der Moderne ist von Foucault beeinflusst, dessen kritische Analyse sich mit der modernen Gouvernementalität befasst, die aus
der Ära der Aufklärung stammt. Manche Wissenschaftler verweisen auf
eine »koloniale Moderne« oder eine »koloniale Gouvernementalität« als
Ausdruck des von Foucault analysierten Prozesses der Schaffung einer
bestimmten Sorte von Subjekten (siehe unten). Soweit sich Moderne durch
Konzepte wie Gouvernementalität definieren lässt, gibt es wenigstens ein
paar Inhalte, durch die die Ära definiert ist.[22] Aber das ist teuer erkauft,

---

das Ausmaß grinsen, in dem er den Begriffsapparat der postmodernen Ethnologie geprägt hat.

21 Roger Friedland/Deidre Boden, »NowHere: An Introduction to Space, Time, and
Modernity«, in: Dies. (Hg.), *NowHere: Space, Time, and Modernity*, Berkeley (CA) 1994: 2.

22 Wie Anthony Giddens bemerkt, besteht das Problem mit der Definition der Moderne
als Ära darin, dass dies »ihre zentralen Charakteristika in einer Blackbox verschließt«.

denn so werden diese Begriffe auf eine zweihundertjährige Geschichte Europas projiziert, die weit ungeordneter ist. Der Säkularismus blieb in unterschiedlichem Ausmaß und auf unterschiedliche Weise in ganz Westeuropa umkämpft, die Beziehung zwischen Vernunft und Sujektivitäten unterschiedlicher Art war jahrhundertelang ein sich veränderndes, zutiefst aufwühlendes Thema und vor allen Dingen waren genau die Kritiken an Disziplinierungsprozessen, positivistischer Vernunft und regelgebundenen Ausdrucksformen, die manche als das »post-« des Postmodernismus verkünden, in Wirklichkeit grundlegend für die Debatten unter sich ihrer selbst bewussten Modernisten. Wenn Chakrabarty behauptet, dass das europäische Denken, besonders das von »linken Intellektuellen«, so vollgesogen mit Vorstellungen des Säkularismus war, dass es »dem Faschismus alle Momente der Poesie, des Mystizismus und des Religiösen und Mysteriösen preisgab« und dass »die Romantik sie jetzt nur noch an die Nazis erinnert«, dann macht er nur klar, wie weit entfernt das Europa, das er »provinzialisieren« möchte, von jeglichem Europa ist, das je existiert hat. Anstatt die miteinander in Konflikt stehenden Denkweisen der Bewohner dieser Provinz zu betrachten, hat er sich damit begnügt, die simplifizierteste Version der Aufklärung als Platzhalter für die viel verwickeltere Geschichte der europäischen Provinz zu nehmen.[23]

Das merkwürdige Schicksal des Wortes *Modernismus* verweist auf ein allgemeineres Problem. Modernismus wird heute benutzt, um die Ideologie zu bezeichnen, die nach der Moderne strebt. Doch dieser Gebrauch von Modernismus ist weitgehend eine Erfindung des Postmodernismus, der (im Widerspruch zu seinem eigenen Anspruch, Meta-Erzählungen zu vermeiden) einen klar abgegrenzten Modernismus benötigte, den er kritisieren, transzendieren und auf den er folgen konnte. Doch die Leute, die sich im späten 19. und frühen 20. Jahrhundert selbst Modernisten nannten, definierten sich »scharf«, wie ein Wissenschaftler es formuliert – *gegen* »die

---

Konsequenzen der Moderne, übersetzt von Joachim Schulte, Frankfurt am Main 1995 (Originalausgabe: *The Consequences of Modernity*, Stanford, CA 1990): 1. Ähnlich argumentiert Wittrock, »Modernity One, None, or many?«: 32.

23 Chakrabarty, *Habitations of Modernity*, 37. Der wichtige, jedoch wechselnde Platz von Poesie, Romantik, Subjektivismus und Religiosität in der europäischen Kultur – auf der Linken wie auf der Rechten – geht klar aus der klassischen Studie von H. Stuart Hughes hervor, *Consciousness and Society: The Reorientation of European Social Thought 1890–1930*, New York 1958; siehe auch die neuere und lebhafte Argumentation von David Hollinger, »The Knower and the Artificer, with Postscript 1993«, in: Dorothy Ross (Hg.), *Modernist Impulses in the Human Sciences, 1870–1930*, Baltimore (MD) 1994: 26–53.

Moderne unserer industriellen Zivilisation und ihre vorherrschenden Ideologien«.[24] Viele verstanden sich als Avantgarde im Gegensatz zum Muff der bürgerlichen Kultur, zum Formalismus in der Kunst und als Verfechter eines subjektivistischen, selbstkritischen Verständnisses der menschlichen Erfahrung. Sie waren Teil einer längeren, seit der Aufklärung selbst von vielen Seiten aus geführten Debatte über die Ungewissheiten von Formen des Wissens.[25] Wenn die Postmodernisten so tun, als seien alle modernistischen Sozialtheoretiker Inkarnationen von Talcott Parsons und alle modernistischen Architekten Spielarten von Le Corbusier gewesen, so war jedenfalls der Modernismus an der Wende vom 19. zum 20. Jahrhundert antipositivistisch, und seine Kunst förderte das Entstehen von Dada, Konstruktivismus und Surrealismus.[26] Kurz, der Modernismus führte zu einer Kritik dessen, was heute als – Modernismus bezeichnet wird.

Es geht hier um mehr als eine falsche Wahrnehmung der europäischen Geistes- und Kulturgeschichte. Das Bemühen zur Provinzialisierung Europas wäre sinnvoller, wenn die alles beherrschende nach-aufklärerische Rationalität in Beziehung gesetzt würde zu den Fragen, den Einsprüchen und der Kritik, die Teil der Geschichte sind und waren.

Wenn ein Großteil der Debatte über die Moderne die Zeit während der letzten zweihundert Jahre einebnet, so ignoriert sie vieles, was davor liegt, und zwar nicht allein in Europa, sondern auch anderswo. Die charakteristischen Technologien der europäischen Gouvernementalität des 19. Jahrhunderts – Volkszählungen und Kataster, eine Berufsbürokratie, die die Bevölkerung überwacht und klassifiziert, Mechanismen, um Fehlallokationen der Nahrungsmittelzufuhr festzustellen und zu korrigieren – waren im Chinesischen Reich schon Jahrhunderte alt. Ein führender Vertreter der komparativen Politikforschung verlegt Chinas »moderne Struktur« bis ins

---

24 Matei Calinescu, *Faces of Modernity: Avant-Garde, Decadence, Kitsch*, Bloomington (IN) 1977: 263. Wie J. G. A. Pocock es formuliert, »bedeutet modern sein, mit der Moderne in Streit zu liegen«. »Modernity and Anti-Modernity in the Anglophone Political Tradition«, in: S. N. Eisenstadt (Hg.), *Patterns of Modernity*, Bd. I: *The West*, London 1987: 57.

25 Wie Hughes bemerkt, war »Spott über die Aufklärung« Bestandteil der intellektuellen Mode im späten 19. Jahrhundert, ganz ähnlich wie hundert Jahre später: *Consciousness and Society*, 28 f.

26 David Hollinger erinnert an die Ironie, dass »Nietzsche nach einer langen Karriere als Begründer des Modernismus eine neue Laufbahn als Vorläufer, wenn nicht Begründer des Postmodernismus begann«. »The Enlightenment and the genealogy of Cultural Conflict in the United States«, in: Baker/Reill (Hg.), *What's Enlightenment?*, 11.

siebte Jahrhundert zurück.[27] Die Moderne muss vor langer Zeit begonnen haben.

Bernard Yack behandelt das dem zugrundeliegende Problem, wenn er gegen die Vermengung von Moderne als Substanz – also ein Satz spezifischer Attribute – und von Moderne als Epoche argumentiert. Soll Moderne eine Ära konstituieren, so zeigt er, muss das, was immer sie auszeichnet, nicht nur vorhanden sein, sondern auch ihr definierendes Merkmal ausmachen. Die Vorstellung einer modernen Epoche führt uns einmal mehr zurück zu den identifizierenden Merkmalen, die diese Epoche definieren, und also zu etwas wie dem Bündel an Charakterzügen, auf das die Modernisierungstheoretiker der 1960er Jahre hinweisen.[28] Die Idee einer modernen Periode – gewöhnlich ab 1789 – ist offenkundig attraktiv, nicht zuletzt für historische Seminare, die routinemäßig ihre Curricula in vormodern und modern einteilen – eine Unterscheidung, die im Hinblick auf Europa schon fragwürdig genug ist, oft aber sogar woandershin exportiert wird. Es gibt eine sozusagen »selbstverständliche« Dimension in dieser Unterscheidung, wenn man an einen französischen Bauern des 12. Jahrhunderts im Gegensatz zu einem Bewohner im Paris des 21. Jahrhunderts denkt; genauso, wie wenn man den Bewohner von Paris mit einem stereotypischen afrikanischen Hirten vergleicht. Vielleicht kann der Blick auf Europa aus der Perspektive seiner früheren Kolonien – unter Berücksichtigung der Konfusion von Zeitlichkeit und Gleichzeitigkeit, zu der die »Moderne« führt – auf die irreführende Kohärenz hinweisen, die mit der Annahme einer modernen Ära impliziert ist, sowie auf die Notwendigkeit, präzisere Wege des Denkens über Veränderung zu finden, und zwar über Wandel in allen Teilen der Welt.

---

27 Maurice Duverger, »Le concept d'empire«, in: Ders. (Hg.), *Le concept d'empire*, Paris 1980: 14. Für eine gründlichere komparative Untersuchung eines führenden Historikers Chinas siehe R. Bin Wong, *China Transformed: Historical Change and the Limits of European Experience*, Ithaca (NY) 1997. Auch innerhalb der europäischen Geschichte sollte man sich davor hüten, eine moderne Epoche mit der Idee des Fortschritts zu vermengen, denn über die ist seit dreitausend Jahren debattiert worden. Siehe Robert Nisbet, *History of the Idea of Progress*, New York 1980.

28 Yack, *The Fetishism of Modernities*, bes. 4 f., 19, 29. Ich bin mehr von Yacks Angriff auf die Idee einer modernen Epoche als von seiner These überzeugt, man könne substantielle Kriterien dafür aufstellen, was das Moderne ausmacht, die nicht mit einer einzigen Ära verknüpft sind. Es ist nicht die Frage, dass sich solche Kriterien finden lassen, der Sinn dieser Übung ist aber sehr wohl fraglich.

Ein Prozess (im Singular) oder »Kapitalismus plus«

Während die Markierung einer modernen Ära – mit künstlicher Kohärenz und unter Abzug ihrer Konflikte und Widersprüche – irreführend ist, bestand ein subtilerer Versuch darin, Moderne zu erzählen, sie als Entfaltung aufeinander bezogener Prozesse im Zeitverlauf zu sehen. Die Moderne ist die Folge des Aufstiegs des Kapitalismus, von Staaten und der Bürokratie. Der Ethnologe Charles Piot bezeichnet als Moderne »jene alltäglichen Formen der Kultur, Politik und Wirtschaft, die mit dem Aufstieg des Kapitalismus in Europa während des 16., 17. und 18. Jahrhunderts zusammenhängen und durch die imperiale Expansion Europas global verbreitet wurden – Formen jedoch, die keinen Wesenskern haben und deren Inhalt instabil und wechselhaft ist«.[29] Oder nehmen wir diese Definition der Soziologen Roger Friedland und Deidre Boden: »Wir behandeln die Moderne einfach als das miteinander verflochtene Auftreten des Kapitalismus, der bürokratischen Nationalstaaten und des Industrialismus, was beginnend im Westen, aber heute auf globaler Stufenleiter operierend, auch zu außerordentlichen Transformationen in Raum und Zeit geführt hat.«[30] Und schließlich diese von dem Politikwissenschaftler Timothy Mitchell: »Wir sollten die Einzigartigkeit und Universalität des Projektes der Moderne anerkennen, eines Universalismus, dessen machtvollster Ausdruck und effektivstes Mittel der Imperialismus ist; und gleichzeitig auf ein notwendiges Merkmal dieses Universalismus achten, das seine Realisierung wiederholt unvollständig bleiben lässt. […] Wenn Logik und Bewegung der Geschichte – oder des Kapitalismus, um einen gleichwertigen Ausdruck zu gebrauchen – nur hervorzubringen sind, indem das, was ihnen heterogen bleibt, verdrängt und abgetan wird, dann spielt letzteres die paradoxe, aber unvermeidbare Rolle des ›konstitutiven Außenstehenden‹.«[31]

Diese Autoren definieren Moderne durch ihre Ursache: Der Kapitalismus hat's getan, oder eine Kombination zwischen Kapitalismus, Imperialismus und Staatsaufbau. Sie äußern sich aber weit weniger deutlich darüber, was es ist, dessen Verursachung sie hier abstecken. Diese Konzeption *erscheint* nur historisch: Die von ihnen beschworene Geschichte ist eine Konserve, eine drei- oder vierhundert Jahre alte Saga, die wir nur benennen müssen. Es besteht eine bedeutsame Abweichung von der klassischen

---

29 Piot, *Remotely Global*, 179.
30 Friedland/Boden, »NowHere«: 2.
31 Timothy Mitchell, »Introduction«, in: Ders. (Hg.), *Questions of Modernity*, xii f.

Modernisierungstheorie: Diese Ansätze verweigern sich der Vorstellung von einem sicheren Pfad, dem andere auf ihren getrennten Wegen folgen werden. Die Moderne existiert nur auf globalem Niveau und kann nur dort existieren, und die Aufgabe der Wissenschaft ist es nicht, getrennte, unterschiedliche Fälle miteinander zu vergleichen, sondern die Beziehung der besonderen Fälle zur Totalität zu analysieren.[32] Die lange Geschichte der Moderne handelt noch immer vom Zusammenstellen eines Pakets, doch wir haben nur eine Beschwörung des Herstellungsprozesses und keine Spezifizierung des Inhalts.

Wir wollen diese Spielart, die Bewegung hin zur Moderne »Kapitalismus plus« nennen. Die Entwicklung des Kapitalismus in Europa und seine Ausdehnung auf den Rest der Welt über den Imperialismus und Weltmärkte (wobei es offenbar nichts ausmacht, dass Imperien, die weit entfernte Territorien miteinander verbanden, Jahrhunderte älter sind als der Kapitalismus) werden als Motor der Geschichte verstanden, doch um die ökonomistische Fassung der marxistischen Theorie zu vermeiden, beziehen solche Überlegungen Staatsaufbau und Bürokratisierung mit ein. Wenn solche Überlegungen auf der kausalen Priorität des Kapitalismus bestehen, während die anderen Variablen ihn begleiten, so gehen sie noch weiter als Talcott Parsons mit seinem Konzept der Kovarianz von sozialen, kulturellen und ökonomischen *pattern variables*.

Anthony Giddens hängt seine Sicht der Moderne ebenfalls an dem Argument des »Kapitalismus plus« auf. Er spezifiziert jedoch wie die Modernisierungstheoretiker der 1950er Jahre dessen Ergebnisse. Moderne ist die Homogenisierung von Raum und Zeit, der reichen und vielfältigen Arten, wie die Menschen sich in ihren Zusammenhängen hin zu einer unpersönlichen Austauschbarkeit einrichteten. Diese Argumentationslinie leitet sich von Marx' Analyse der Kommodifizierung her, also jener Art, wie die Entwicklung des Kapitalismus menschliche Arbeit wie die materiellen Gegenstände ebenfalls zu einem Gut transformiert, das an jedem Ort gegen jedes andere Gut austauschbar ist. Die Zeit der Arbeiter wird unab-

---

32 Piots *Remotely Global* lässt die methodologischen Schwierigkeiten solcher Ansätze erkennen. Er bricht mit der ethnologischen Tradition, ein Dorf als selbstgenügsame Einheit zu behandeln, und besteht darauf, dass das Dorf nur in Beziehung zur Außenwelt sowie zu einer Geschichte zu verstehen sei, die dreihundert Jahre zurückgeht. Aber seine Methoden verbleiben in der Tradition der Dorfethnographie – detaillierte, sensible Beobachtungen –, und seine Quellen tragen wenig dazu bei, dieses Dorf mit dem Auf und Ab der Geschichte zu verbinden. Eine synchrone Methodologie wird benutzt, um eine diachrone Argumentation zu stützen.

hängig vom sozialen Kontext stundenweise verkäuflich. Diese Überlegungen lassen sich über eine Analyse der Bürokratie oder der Beteiligung von Bürgern an Wahlprozessen zu einem Konzept der Entzauberung (Max Weber) ausweiten, der Entpersönlichung der sozialen Interaktion und der Transformation unterschiedlicher Formen persönlicher Affinität und emotional aufgeladener Verbindungen zwischen Individuen sowie zwischen individuellen Bürgern und dem Staat.[33]

Die beste historische Forschung über den Kapitalismus hat betont, dass die Geschichte auseinandergezogen anstatt zusammengerührt werden muss: Sie zeigt unterschiedliche Linien kapitalistischer Entwicklung auf; das Ausmaß, in dem unterschiedliche Formen der Produktion miteinander verflochten sind; die Bedeutung von staatlicher Protektion, Marktregulierung und Unterstützung für bestimmte kapitalistische Klassen; die variantenreichen Entwicklungslinien der kapitalistischen Volkswirtschaften; die Uneinheitlichkeit und Segmentierung der Arbeitsmärkte; die unterschiedliche Rolle des sozialen Geschlechts bei der Organisation der Produktion; und die Bedeutung territorial abgegrenzter Institutionen für die Eindämmung der Widersprüche und Gefahren des Kapitalismus und des entterritorialisierten Austauschs.[34] Wenn man im Gegenteil über die *spezifischen* Folgen der kapitalistischen Entwicklung (oder auch des Staatsaufbaus) hinausgeht, reproduziert man das Problem der Modernisierungstheorie, die Moderne als vollständig integriert und kohärent zu behandeln. Man verfehlt dabei die mit Händen zu greifende Wiederaneignung des Raums oder die Besonderheit der Zeitkonzeptionen von Manchester bis Madras. Die neue Moderne legt wie die alte Modernisierung so viel Gewicht auf die Säkularisierung, dass sie die akute Wichtigkeit der Religion während der dynamischsten Perioden der britischen und amerikanischen Geschichte im 19. Jahrhundert (oder der Vereinigten Staaten heute) verfehlt, ganz abgese-

---

33 Giddens, *Konsequenzen der Moderne*. Die Perspektive auf Raum und Zeit in der Moderne wird von Friedland und Boden betont, die Einebnung der Zeit von Chakrabarty. David Harvey verfällt in epochales Denken, wenn er versucht, eine Raum/Zeit-Konfiguration der Moderne von jener der Postmoderne zu unterscheiden. *The Condition of Postmodernity*.

34 Eine Modellanalyse kapitalistischer Entwicklungslinien ist Geoff Eleys und David Blackbourns Kritik an der These vom deutschen Sonderweg, der Vorstellung, die Geschichte vom Aufstieg des Kapitalismus in England bilde das Grundmodell, und andere Fälle wie etwa der deutsche stellten abweichende Pfade dar. *The Peculiarities of German History: Bourgeois Society and Politics in Nineteenth Century Germany*, Oxford 1984. Siehe auch Richard Biernacki, *The Fabrication of Labor: Germany and Britain. 1640–1914*, Berkeley (CA) 1992.

hen von der großen Vielfalt der Beziehungen zwischen Religion und sozialem Wandel in anderen Teilen der Welt.[35] Weil sie allzu leicht von der Einsicht in die Bedeutung des Kapitalismus als Produktionsweise zu weit ausgreifenden Behauptungen über das kulturelle und politische Leben übergeht, lässt uns die Schule des »Kapitalismus plus« mit einem generischen Bild eben jener Prozesse zurück, deren Bedeutung sie unterstrichen hat.

Die Reaktionen auf die Moderne sind diesen Argumentationen zufolge zuweilen unterschiedlich, und manche Analysen (siehe unten) heben auf diese Variationen mehr ab als andere. Doch kann die Moderne in allen diesen Fassungen nur singulär und universal sein.[36] »Sie« manifestiert sich in konkreter Weise, ist sichtbar in der Landschaft, lässt sich in ihren Ausprägungen in Regierungsinstitutionen beschreiben, ist greifbar in unseren als selbstverständlich unterstellten sozialen Beziehungen, in unseren Vorstellungen von Raum und Zeit, in dem Platz der Religion in unserem Leben, in unseren Annahmen über Privatsphäre und öffentliches Leben, in unseren ästhetischen Vorstellungen und in unserem Gefühl davon, wer wir sind.

Aber was halten wir von der Moderne als Darstellung, als Endpunkt einer gewissen Erzählung von Fortschritt, die ihren eigenen Ausgangspunkt (die Tradition) ebenso schafft wie sie ihren Endpunkt definiert? Die Moderne als eine Geschichte »davon« zu sehen – ohne notwendig die materielle Existenz des Erzählten zu akzeptieren – ist eine sinnvolle Sichtweise,

---

35 Die Unzulänglichkeit des Modells der Säkularisierung wird betont von Peter van der Ver, *Imperial Encounters: Religion and Modernity in India and Britain*, Princeton (NJ) 2001. Robert W. Hefner, »Multiple Modernities: Christianity, Islam, and Hinduism in a Globalizing Age«, in: *Annual Review of Anthropology* 27 (1998): 83–104, zeigt ebenfalls, dass die Säkularisierung weder auf Asien noch auf Europa passt, er geht aber nicht so weit zu prüfen, was diese Überlegung für das Konzept der Modernisierung bedeutet.

36 Siehe außer Mitchell auch Rebecca E. Karl, *Staging the World: Chinese Nationalism at the Turn of the Twentieth Century*, Durham (NC) 2002: 4. Joel Kahn (»Anthropology and Modernity«, in: *Current Anthropology* 42 [2001]: 646) meint, dass »das Insistieren des Ethnographen auf dem Primat des Kontexts uns durch die Relativierung und Pluralisierung der Moderne dazu führt, jegliches allgemeine und singuläre Verständnis der Moderne zurückzuweisen, und uns nahelegt, den hoffnungslos in Widersprüche verstrickten Begriff aufzugeben«. Aber er weicht vor dieser Einsicht wieder zurück. Malaysia als »Schauplatz der Moderne« lässt ihn den Begriff soweit auflockern, dass jeder Ort passt, siehe ebd., 655, 659, 663. Stärker historisch verankerte Überlegungen zur gegenseitigen Konstituierung der Moderne und ihrer Negation – die für mich jedoch das Problem noch immer nicht lösen – finden sich bei Michel-Rolph Trouillot, »The Otherwise Modern: Carribean Lessons from the Savage Slot«, in: Knauft (Hg.), *Critically Modern*, 220–237.

aber sie ist anspruchsvoll. Sie ist nämlich nur als empirisches Argument überzeugend: Erzählen die Leute eine Geschichte vom Fortschritt? Welche Leute? Ist es eine Geschichte über den Westen, über die Vereinigten Staaten, über England, über China, über die Welt insgesamt? Ist die Tradition die Erfindung ihrer Negation durch die Moderne in manchen oder aber in allen diesen Darstellungen? Wenn es uns um die Erzählung geht, wie schreiben wir dann über den Sachverhalt, dass an einem einzigen Ort manche Intellektuelle glauben mögen, die Moderne ließe sich wissenschaftlich definieren und ihre Gesellschaft erfülle die entsprechenden Kriterien, während andere vielleicht eine oder beide dieser Annahmen bestreiten? Manche glauben, die Moderne sei eine gute (und identifizierbare) Sache, andere halten sie für eine schlechte Sache, und manche finden, sie sei eine gute Geschichte oder aber eine schlechte Geschichte. Es könnte eine Geschichte sein, die von Intellektuellen oder aber von gewöhnlichen Leuten erzählt wird, von einer Person, die den fraglichen Text verfasst, oder von Leuten, um die es darin geht.

Ein Prozess (vielfach)

Während jedoch manche den globalen, einheitlichen Prozess der kapitalistischen Entwicklung und den europäischen Imperialismus herausstellen, so betonen andere, dass die Folgen vielfältig waren: Donald W. Nonini und Ahiwa Ong benutzen den Plural, um ihr zentrales Thema zu bestimmen:»der globale Kapitalismus und seine Modernen«.[37] Das Possessivpronomen macht die Modernen vollständig zu Derivaten des Kapitalismus, impliziert jedoch die Notwendigkeit eines anderen Terminus, um die Folgen des Kapitalismus zu bezeichnen. Es handelt sich also um die pluralisierende Version der Argumentation mit»Kapitalismus plus«.

Sogar manche Veteranen der Modernisierungstheorie wie Shmuel Eisenstadt haben sich der Schule der vielfachen Modernen angeschlossen. Sie räumen ein, dass die Konvergenztheorie nicht funktioniert, und fügen der älteren Modernisierungstheorie Thema und Variation hinzu. Dabei

---

37 Donald W. Nonini/Ahiwa Ong,»Chinese Traditionalism as an Alternative Modernity«, in: Dies., *Ungrounded Empires: The Cultural Politics of Modern Chinese Transnationalism*, New York 1997: 4 (Zitat), 15 f. Die größte begriffliche Arbeit in diesem Artikel leistet nicht die Moderne, sondern der Transnationalismus und besonders das Insistieren der Autoren darauf, dass die Bedeutung des Chinesisch-Seins in Relation zu einer Kreislaufbewegung und nicht zu einem essentialisierten Heimatland zu verstehen sei.

weichen sie die Vorstellung von zusammenhängenden soziokulturellen Merkmalen, die von der Tradition zu den Modernen führen, zwar auf, halten im Prinzip aber daran fest.[38] Andere heben sich von der »Kapitalismus plus«-Position ab und lassen ein höheres Maß an Variation zu. Lisa Rofel schreibt: »Die Moderne hüllt ein und sprengt mittels globaler kapitalistischer Herrschaftsformen zusammen mit staatlichen Techniken zur Normalisierung ihrer Bürger.« Jedoch, »wenn man die Moderne neu verortet, indem man sie aus der Perspektive derer sieht, die marginalisiert oder vom universalisierenden Zentrum ausgeschlossen wurden, dann wird sie zu einem veränderlichen Projekt, das in ungleichen, kulturüberschreitenden Dialogen und Auseinandersetzungen entwickelt wird«.[39] Eine andere China-Forscherin, Aiwah Ong, geht weiter. Sie unterstreicht, wie »nicht-westliche Gesellschaften selbst Modernen *auf ihre eigene Weise* durch die Neugestaltung der [sic] Rationalität, des Kapitalismus und der Nation auf Wegen herstellen, die bei westlichen universalisierenden Formen Anleihen machen, aber sie zugleich transformieren«.[40] Sie wendet sich gegen die These, die Moderne habe singulär und global zu sein, und betont, dass die Herstellung der Moderne (nicht nur die Reaktionen auf sie) plural sei.

Andere gehen noch weiter in Richtung von autonomen Modernen. Für Huri Islamoglu besteht das Ziel darin, »die Universalität der Erfahrung der Moderne über die engen Grenzen Westeuropas hinaus ins Blickfeld zu rücken«. Mit Peter Perdue definiert sie die Moderne als »die vielfachen institutionellen Formen oder Ordnungen der sozialen Wirklichkeit, die seit dem 16. Jahrhundert auf die Handelsexpansion und -konkurrenz zwischen unterschiedlichen politischen Einheiten reagiert oder sie ermöglicht haben«.[41] Das lässt so gut wie gar nichts aus. Der Begriff der Moderne umfasst daher die gesamte Skala von einer singulären Erzählung über den Kapitalismus, den Nationalstaat und den Individualismus – mit vielfachen Folgen und Reaktionen – bis zu einem Wort für alles, was in den letzten 500 Jahren passiert ist.

---

38 S. N. Eisenstadt, »Multiple Modernities«, in: *Daedalus* 129, 1 (2000): 1–29.
39 Rofel, *Other Modernities*, 12 f.
40 Aiwah Ong, »Anthropology, China and Modernities: The Geopolitics of Cultural Knowledge«, in: Henrietta Moore (Hg.), *The Future of Anthropological Knowledge*, London 1996: 12 f.
41 Huri Islamogly/Peter C. Perdue, »Introduction«, in: *Journal of Early Modern History* 5, 4 (2001): 274; und Huri Islamoglu, »Modernities Compared: State Transformations and Constitutions of Property in the Qing and Ottoman Empires«, in: Ebd.: 354.

Die Avantgarde, die Tradition der Moderne oder so gut wie alles

Im Extremfall sind wir wahrhaftig am Telos angelangt. Für Arjun Appadurai und Carol Breckenridge ist »die Moderne jetzt überall, sie ist überall zur gleichen Zeit und sie ist überall interaktiv«.[42] An anderer Stelle wird Moderne mit der gesamten menschlichen Geschichte der letzten paar Jahrhunderte zusammengeworfen. Marshall Berman nimmt die berühmte Wendung aus Marx' *Kommunistischem Manifest*, »Alles Feste verdampft«, und geht über Marx auf dem Weg hinaus, auf dem die Warenbeziehungen soziale Bindungen auflösen. Vom 16. bis zum 17. Jahrhundert »beginnen die Menschen erst mit der Erfahrung des modernen Lebens«; nach den 1790er Jahren »tritt abrupt und dramatisch eine große moderne Öffentlichkeit ins Leben;« im 20. Jahrhundert »expandiert der Prozess der Moderne und erfasst praktisch die gesamte Welt«. Für Berman wurde die Moderne als Abenteuer, Macht, Verflüssigung und Freude ebenso wie als Desintegration und angstvolle Qual erfahren. In seiner Version ist die Moderne ruhelos, avantgardistisch, ein Projekt ebenso sehr wie eine Verwirklichung. Er verknüpft eine marxistische Geschichtskonzeption mit der berühmten Formulierung Baudelaires: »Die Moderne ist das Vorübergehende, das Flüchtige, das Kontingente.« Und er nimmt vorweg, was Harry Harootunian über das Japan der Zwischenkriegszeit sagt: »Für die Japaner war die Moderne Geschwindigkeit, Schock und das Spektakel beständiger Sensation.«[43] Das sind große Themen der Geistes- und Kulturgeschichte, aber Bermans Schematisierung leistet nicht die notwendige historische Arbeit im Hinblick auf Europa, von anderen Weltregionen ganz zu schweigen. Das Wechselspiel von Wandel und Stabilität im sozialen Denken und sozialen Verhalten ist viel verwickelter als seine Rhetorik der Lobpreisung und der Verdammung.

Bernard Yacks Entgegnung ist sehr wohl berechtigt: »Nicht alles, was fest ist, verdampft«. Er verweist auf das Beispiel des angeblich modernsten der modernen politischen Systeme, das der Vereinigten Staaten, wo eine Einstellung vorherrsche, die einem »Ahnenkult« gegenüber der Verfassung nahekomme, und wo die politischen Institutionen von 2002 ebenso wie die

42 Arjun Appadurai/Carol Breckenridge, »Public Modernity in India«, in: Breckenridge, *Consuming Modernity*, 2.

43 Marshall Berman, *All That is Solid Melts Into Air: The Experience of Modernity*, New York 1988: 15 ff.; Baudelaire zit. in: Calinescu, *Faces of Modernity*, 4 f.; Harootunian, *Overcome by Modernity*, 18.

von 1802 ein hohes Maß von Trägheit aufweisen.[44] Manche britischen Historiker behaupten, der besondere Zug der britischen Moderne sei ihr hohes Maß an Kontinuität, das Vermeiden von zuviel Avantgardismus und Phantasie und die Sorgfalt, mit der die Tradition des Britischseins inmitten zunehmenden Wandels bewahrt werde.[45] Auch die Stabilität der Eigentumsregime in westlichen Demokratien ist bemerkenswert, und man muss mit Allgemeinplätzen vorsichtig sein, in denen (modern oder postmodern) Fluidität und Entwurzelung beschworen werden.

Jürgen Habermas verweist darauf, dass konservative Autoren wie Daniel Bell den avantgardistischen, ruhelosen und alles hinterfragenden Aspekt des kulturellen Modernismus gerne einer sozialen, politischen und ökonomischen Moderne entgegensetzen, die sie als rationalistisch, geordnet und diszipliniert betrachten. Von letzterer wird behauptet, sie sei die Errungenschaft der europäischen Geschichte; erstere wird für die Übel der Gegenwart verantwortlich gemacht: für Hedonismus, fehlende soziale Identifikation, eine Kultur der Sündhaftigkeit, für Narzissmus und Rückzug von den banalen weltlichen Angelegenheiten. Diese zweipolige Konzeption von der Moderne verdeckt, wie Habermas zeigt, die Komplexität der sozialen, politischen und ökonomischen Prozesse in einer kapitalistischen Welt – die zerstörerische Wirkung des Kapitalismus ebenso wie sein Nichterfüllen der Versprechen sozialer Verbesserungen. Die Postmodernismen feiern zwar die kulturelle Tendenz zur Übertretung, die Bell so alarmiert (und beanspruchen sie für sich selbst), tendieren aber ebenso dazu, die rauen Details des gesellschaftlichen und wirtschaftlichen Lebens zu übersehen, und befleißigen sich einer spöttischen Ironie gegenüber jenen (Modernisten!), die doch wirklich meinen, sie könnten etwas tun, das Leben ein wenig besser zu gestalten.

---

44 Yack, *Fetishism of Modernities*, 89, 105.
45 Bernard Rieger/Martin Daunton, »Introduction«, in: Dies. (Hg.), *Meanings of Modernity: Britain from the Late-Victorian Era to World War II*, Oxford 2001: 5 ff. Diese Autoren lassen sich von den Überlegungen zu den multiplen Modernen anregen, die gewöhnlich auf die reiche Vielfalt der Wandlungsprozesse außerhalb des Westens abheben, um plurale »Modernen« für England selbst zu behaupten. Sie betonen, Großbritannien sei nach dem Zweiten Weltkrieg modern geworden – eine Überlegung, die in sich selbst zwar keine terminologischen Probleme löst, aber darauf hinweist, dass die Analyse von Fortschrittsideologien in Europa wie sonst wo im Hinblick auf Zeit und Raum festgemacht werden muss und nicht in der metahistorischen Vorhölle von drei Jahrhunderten Kapitalismus und Staatsbildung belassen werden darf. Ebd.: 4, 14 f.

Mit der Vervielfachung der Modernen verringert sich die Fähigkeit, die Moderne von irgendetwas anderem zu unterscheiden. John und Jean Comaroff führen diese Tendenz an ihren logischen Endpunkt: »An sich hat ›Moderne‹ kein a priori bestehendes Telos noch einen Inhalt. Sie ist farb-, geruchs- und geschmacklos. [...] [D]ie Moderne ist keine analytische Kategorie. Sie ist eine ideologische Formation; eine instabile, häufig zusammenhanglose, aber dennoch ideologische Formation.« Aber wollen sie es tatsächlich so farblos haben, wie das Zitat es nahelegt? Nicht wirklich: »Die Moderne, selbst immer historisch konstruiert, wird hier als ideologische Formation verstanden, der entsprechend Gesellschaften ihre Praktiken im Gegensatz zum Gespenst der Barbarei und zu anderen Markierungen der Negation bewerten.« Diese Formulierung würde das alte Rom und China von vor zweitausend Jahren modern machen und macht den Beobachter, nicht den Akteur, zu demjenigen, der entscheidet, wann die Moderne erscheint. Und dann wird die Moderne der Comaroffs sogar noch weniger eine Akteurs-Kategorie, ob der Akteur nun Rostow oder ein Tswana-Ältester ist: »Die Moderne als ideologische Formation mag aus der Geschichte des europäischen Kapitalismus erwachsen sein. Aber wie der Kapitalismus ist sie dort nicht geblieben. Sie hat sich auf unterschiedliche und komplexe Weise über den Globus hin ausgesät.« Hier haben wir die »»vielfachen‹ und ›alternativen‹ Modernen««. Doch ist da eine »sie«, die ausgesät und vervielfacht wird, eine Geschichte vom westlichen Kapitalismus, diesmal mit dem Akzent auf seinen verschiedenartigen ideologischen Folgen, auf der Reichhaltigkeit und Vielfalt seiner Verkörperungen. Wir mögen im Vorhinein nicht wissen, welche diese Verkörperungen sind, doch wir wissen, wie es scheint, bereits, was verkörpert wird. Wenn Leute unterschiedliche Modernen haben, so ist der Grund, aus dem die Comaroffs diese Verkörperungen für Modernen halten, der, dass sie annehmen, dass die Erzählung einer jeden Person mit der ihren verknüpft sei: dass jede Person eine Geschichte vom Fortschritt erzähle, dessen Wurzeln Kapitalismus und Imperialismus seien – selbst wenn Ethnologen erforderlich sind, um dies aufzuzeigen.[46]

---

[46] Die Zitate stammen aus »Interview with Jean and John Comaroff«, in: *NAB: Newsletter of African Studies at Bayreuth University* 1, 1 (2002): 3 f., und Comaroff/Comaroff, *Of Revelation and Revolution*, Bd. 2: 4 ff. Siehe auch die Einleitung zu dem von ihnen herausgegebenen Band *Modernity and Its Malcontents: Ritual and Power in Postcolonial Africa*, Chicago 1993. Eine Kritik der Arbeiten der Comaroffs, die ebenfalls die übermäßige Kohärenz, die sie den kolonialen Transformationen zuschreiben, sowie die Verwendung von Abstraktionen als Akteure betont, siehe Donald L. Donham, »Thinking Temporally or Moderni-

Im zweiten Band ihrer reichhaltigen und eindrucksvollen Studie *Of Revelation and Revolution* mit dem Titel *The Dialectics of Modernity on a South African Frontier* ist die fragliche Moderne kohärenter und klarer zum Bestandteil einer großen Erzählung geworden. Ihr Interesse gilt dem »nach-aufklärerischen Selbst, das grundlegend für seinen Platz in der protestantischen Theologie, der Praxistheorie und der Geschichte der Moderne war«. Mit ihrer Forschung darüber, wie die protestantischen Missionare ein derartiges Selbst nach Afrika brachten, zeigen sie, wie die Botschaft und die Praxis der Missionare eine Reihe von Praktiken in das Leben der Tswana einschleusten: Sie beschreiben die Formen der Kleidung und Häuser sowie Sauberkeitsregeln – persönliche Angewohnheiten, die das Individuum auszeichnen –, und sie analysieren die Untergrabung kollektiver Angewohnheiten, vor allem im Bereich des Heilens und der Rituale. Sie enden mit dem »Kampf – der dem Kolonialismus im Allgemeinen und der zivilisierenden Mission im Besonderen endemisch ist – um die Schaffung des modernistischen [sic] Subjekts […]. All diese Dinge kamen zusammen in der Konstruktion des wohlgesinnten, mit Rechten und Besitz ausgestatteten Individuums; eines Wesens, das aus ›primitiven‹ Beziehungsgeflechten herausgelöst und frei war, Verträge zu schließen und Kirchenmitglied zu werden«. Was sie in den »Bruchlinien« dieser Diskurse finden, wird sich als die Wurzeln »schwarzen Widerstandes« erweisen, aber der Kampf – »Gespräch« nennen sie es zuweilen – zwischen Missionaren und Tswana hat wirklich eine Moderne hervorgebracht, aus der neue Phasen des Kampfes entstehen.[47] Es steckt in dieser wertvollen Ethnographie und komplexen Analyse viel Bedenkenswertes, doch am Ende – von welcher Moderne handelt sie?

Man *kann* für eine Moderne argumentieren, die sich als Alternative zu einer Moderne positioniert, wie sie von Missionaren und Kolonisatoren in der Absicht entworfen wurde, indigene Gesellschaften umzumodeln. Die

47 *Of Revelation and Revolution* 2, 33 f., 61. In den Antworten auf ihre Kritiker rückt die Moderne der Comaroffs noch näher an das Vokabular der Sozialwissenschaft der Nachkriegszeit heran. Die Moderne, so sagen sie, vereint »ein *telos* von Fortschritt und Rationalisierung, eine positivistische Art der Produktion von Wissen und Werten, eine Betonung des Primats des ›freien‹ Marktes, ein liberales Menschenbild, eine säkulare Gesellschaft, das politische Gemeinwesen und die Staatsbürger«. Jean Comaroff/John Comaroff, »Revelations upon *Revelation*: Aftershocks, Afterthoughts«, in: *Interventions* 3 (2001): 112.

diesbezüglich entschiedenste Position ist in den Essays von Dipesh Chakrabarty und anderen Vertretern der *subaltern studies* enthalten, besonders wenn sie die Position der Bengali-Moderne beleuchten. Chakrabarty belegt, dass sich eine Reihe bengalischer Intellektueller Ende des 19. Jahrhunderts sowohl gegen britische Ansprüche wandten, den Fortschritt zu repräsentieren, wie gegen Anklagen, die sich gegen Merkmale der Hindu-Kultur richteten. Er zeigt, dass diese Denker das Ziel hatten, einen fortschrittlichen Hinduismus zu entwerfen, der bestrebt war, sich Aspekte der Technologie, des Rechtssystems und der Sozialordnung der Briten zunutze zu machen. Diese Perspektive berücksichtigte aber auch den Umstand, dass die Hindu-Zivilisation nicht statisch war, und glaubte an die Möglichkeit, auf Elementen aus ihr aufzubauen, um ein wohlhabenderes und fortschrittliches Indien zu schaffen, das dennoch seinen kulturellen Werten treu bleiben würde. Die entscheidende Frage bei solchen Untersuchungen ist eine empirische: Fochten diese Denker ihren Kampf spezifisch auf dem Feld der Moderne aus und bezogen sie sich auf eine Vision, die sich als modernisierend und zugleich als Alternative zu ihr darstellte? Oder lässt sich ihre Position genauer in anderer Terminologie kennzeichnen, und kann man vor allem die Vermengung zwischen heutigen Bezugssystemen und jenen ihrer eigenen Zeit vermeiden?[48]

In Fällen, in denen das historische Material nicht so reichhaltig ist, besteht die Gefahr, dass jegliche Vorstellung von Verbesserung oder Fortschritt – von gesteuertem Wandel oder Wandel, der aus gesellschaftlichen Prozessen hervorquillt – zu einer weiteren Moderne wird.[49] Ob man nun die Auseinandersetzung nicht-europäischer Denker mit dem europäischen

---

48 Chakrabarty, *Provincializing Europe*; ders., *Habitations of Modernity*. Wenn Chakrabarty die Tiefe der kritischen Auseinandersetzung der bengalischen Denker mit den britischen Modernisierern betont, so stellen Nonini und Ong (»Transnationalism as Alternative to Modernity«: 15 f.) die Besonderheit der chinesischen »alternativen Modernen« heraus. Japan-Forscher unterstreichen das Ausmaß der Auseinandersetzung mit dem Westen, aber auch das Bemühen, eine spezifisch japanische Version der Moderne zu entwickeln – und die gefährlichen politischen Konsequenzen dieses Vorgehens. Sheldon Garon, »Rethinking Modernization and Modernity in Japanese History: A Focus on State-Society Relations«, in: *Journal of Asian Studies* 53 (1994): 346–366, und Harootunian, *Overcome by Modernity*.

49 Einen anderen Weg beschreitet J. D. Y. Peel, der das Yoruba-Wort *olaju* analysiert, um eine spezifische Fortschrittsvision unter Yoruba zu belegen, die Zugang zu Ressourcen außerhalb der Gemeinschaft betont, um das Wohlbefinden der Gemeinschaft zu erhöhen. »Olaju: A Yoruba Concept of Development«, in: *Journal of Development Studies* 14 (1978): 139–145.

Denken oder ihre Verwendung von Bezugssystemen betont, die man als
»ihre eigenen« bezeichnen kann – die Formulierung von einer alternativen
Moderne ist leer, wenn sie nicht sowohl die Alternative als auch die Moderne belegen kann. Das ist wiederum abhängig von einer Analyse dessen,
wie die Leute ihre Konzeptionen formulieren. Das kann, muss aber nicht
in einer Sprache oder Argumentationsweise erfolgen, die sich auf etwas
bezieht, das sie als Moderne verstehen.[50] Mit anderen Worten: Es ist keine
gute Forschungsstrategie, eine Ethnologie der Moderne zu erarbeiten. Das
Auffinden eines Diskurses über die Moderne würde auf eine aufschlussreiche Beweisführung hinauslaufen.

Die Argumentation von Chakrabarty oder Gyan Prakesh zur alternativen Moderne hat den Vorzug, die Vielfalt und Komplexität der Spielarten
zu verdeutlichen, mit denen sich südasiatische Denker einer Situation
stellten, in der sie nicht nur mit der materiellen Gewalt der Kolonialmacht
konfrontiert waren, sondern zudem mit deren Anspruch, den Fortschritt
zu repräsentieren. Die Durchschlagskraft ihrer Argumente ist abhängig von
ihrer Gegenüberstellung der Vielzahl von Formen der Vernunft in Südasien und der Singularität der nach-aufklärerischen Rationalität in Europa,
der Uniformität der europäischen Moderne während der gesamten Ära
nach der Aufklärung.[51] Das Vergnügen, die Europäer zu den Menschen
ohne Geschichte werden zu sehen, wird ausgeglichen durch die Schwierigkeit, die dieser auf Gegensätzen aufbauende Ansatz demjenigen Versuch in
den Weg stellt, zu prüfen, ob die Schriften und Aktionen der Menschen in
den Kolonien die Europäer auch dazu zwangen, ihre eigenen ideologischen
Konstrukte zu überdenken.

---

50 Ong unterscheidet für Asien staatliche von subalternen Modernen. Sie bringt gute
   Gründe für die staatlichen vor, denn es handelt sich um explizite Modernisierungsprojekte, die den Anspruch erheben, einen einzigartigen chinesischen oder asiatischen Weg
   zum Fortschritt zu repräsentieren, wobei Ong den eigennützigen Charakter dieser Behauptungen kritisiert. Es ist weniger deutlich, welchen Ertrag es zeitigt, das Modell der
   alternativen Moderne auf die Diaspora-Chinesen zu beziehen, die sie untersucht. Ihre
   Studie zeigt die Geschmeidigkeit und Flexibilität der Netzwerkstrategien und Selbstdarstellung der Menschen in der Diaspora, die sich in Asien und Nordamerika vollständig
   auf die staatliche und kapitalistische Machtkonstellation einlassen und zugleich auf ihr
   Chinesentum« zurückgreifen, um ihre Netzwerke zu stärken. Das Etikett der Moderne
   führt ein Kontinuum zwischen traditional/modern wieder ein, das Ongs reflektierte
   Analyse der Netzwerke gerade zu widerlegen scheint. »Chinese Modernities: narratives
   of Nation and Capitalism«, in: Nonini/Ong, *Ungrounded Empires*, 171–202.
51 Diese Gegenüberstellung eines singulären Europa und vielfacher kolonialer Alternativen
   ist besonders frappierend bei Prakash, *Another Reason*.

Forderungen aufstellen und Revolutionen machen

Die intellektuellen Kosten der sich vervielfachenden Modernen wurden eindrucksvoll von James Ferguson vorgerechnet, denn es ist gerade die Singularität und Universalität des Modernen, die es in einem bestimmten historischen Augenblick so zwingend haben werden lassen. Ferguson macht deutlich, dass die Attraktivität der Modernisierung – für afrikanische Bergarbeiter in den 1950er und 1960er Jahren ebenso sehr wie für die politischen Führer oder professionellen Entwicklungsexperten – in dem Anspruch bestand, die wirtschaftlichen und sozialen Standards *auf das Niveau der wohlhabendsten Gesellschaften* bringen zu können. Für die meisten Afrikaner bedeutet die Moderne, wie er nachdrücklich zeigt, sehr konkrete Dinge – Gesundheitseinrichtungen, Bildung, anständige Renten, Chancen zum Verkauf der Ernteerträge und zum Kauf nützlicher Waren von anderswoher –, und die Sprache der Modernisierung gab ihnen eine Grundlage, um ihren Ansprüchen Geltung zu verschaffen: Wenn Ihr findet, wir sollten modern sein, dann helft uns, die Mittel dafür zu bekommen. In seiner sensiblen Ethnographie der zambischen Bergarbeiter in einer Ära, als ihre hart erkämpften Löhne und Renten durch die Inflation erodierten, als Einrichtungen, die sich einmal zu verbessern schienen, zusammenbrachen, als die Kindersterblichkeit, die zurückzugehen schien, wieder anstieg, schreibt Ferguson die Geschichte der Modernisierung als eine Geschichte von erhobenen Forderungen, von Erwartungen, sie möchten wenigstens teilweise eingelöst werden, und bitterer Enttäuschung über die Modernisierung, zu der es nie kam.

Es geht hier nicht darum, ob die Moderne singulär oder plural *ist*, sondern wie der Begriff *benutzt* wird, um Forderungen zu formulieren. Die Modernisierung – als Politik so sehr wie als Theorie – verwies in ihrer Glanzzeit auf die Tiefe der globalen Hierarchie und versprach, dass die materiellen Standards am Ende nach oben konvergieren würden. Nicht nur wurden diese Hoffnungen zerstört – vor allem seit die Krisen der 1970er Jahre den größten Teil des bescheidenen, aber doch signifikanten Wirtschaftswachstums ausradierten, das viele afrikanische Länder zuvor erlebt hatten –, sondern (wie Ferguson meint) einflussreiche internationale Organisationen und viele Wissenschaftler haben die Modernisierung aus einem politischen Ziel in eine statische Hierarchie verwandelt. Eine neue Orthodoxie wies in den 1980er und 1990er Jahren politische Initiativen verächtlich ab, die Entwicklung fördern wollten, sondern klassifizierte Länder vielmehr danach, wie gut sich ihre Volkswirtschaften nach Maßgabe der

Marktkriterien verhielten. Demgegenüber verfehlen, wie Ferguson bemerkt, Ethnologen, die nach multiplen Modernen Ausschau halten, die Bedeutung und Tragik dieser Geschichte von Möglichkeiten, die sich in einer Welt der Entkolonisierung eröffneten und wieder geschlossen wurden.[52]

Donald Donham berichtet von einem anderen Fall, in dem ein Konzept einer singulären Moderne eingesetzt wurde, um während der äthiopischen Revolution eine Bevölkerung zu mobilisieren. Mit dem Blick auf eine ländliche Gegend weit ab vom Zentrum der alten äthiopischen Monarchie zeigt er, wie eine Ideologie, die sich durch die Ablehnung des Regimes – und der äthiopischen Vergangenheit – und die Betonung einer radikal neuen Zukunft auszeichnete, durch die Interaktion von Bauern, Missionskonvertiten, Studenten und Soldaten an Schubkraft gewann. Seine Analyse ist zwingend, weil er eine spezifische Konstellation in den 1970er Jahren identifiziert, in der Haile Selassies eigenes Projekt einer Modernisierung von oben scheiterte und marxistische Radikale den Status quo als Rückständigkeit charakterisierten. In den 1980er Jahren hatte sich diese nach vorne blickende Mobilisierungsideologie in eine neue Form staatlichen Zwangs verwandelt, und in den 1990er Jahren war der Impetus zur Modernisierung verloren gegangen.[53] Dieser historisch in Ort und Zeit verankerte Ansatz kontrastiert mit der metahistorischen Perspektive, bei der die Spezifität von Forderungen, Darstellungen und ideologischen Positionen in einer dreihundertjährigen Geschichte verschwindet, die benannt (als Kapitalismus, Bürokratisierung, Moderne), aber nicht analysiert wird.

---

52 James Ferguson, »Decomposing Modernity: History and Hierarchy after Development«, in: *Global Shadows: Africa in the Neoliberal World Order*, Durham (NC) 2006; ders., *Expectations of Modernity*. Siehe auch Steven Robins, »Whose Modernity? Indigenous Modernities and Land Claims after Apartheid«, in: *Development and Change* 34 (2003): 265–286, der argumentiert, die Kritik an der Moderne erfasse nicht die Art und Weise, wie Südafrikaner eine Sprache der Entwicklung benutzen, um zu verlangen, dass Armutsprobleme behandelt werden.

53 Donald Donham, *Marxist Modern: An Ethnographic History of the Ethiopian Revolution*, Berkeley 1999. Neben seiner Analyse der unzweideutig modernisierenden Ideologie der Revolutionäre identifiziert Donham eine spezifisch traditionalistische Fraktion sowie andere, die nicht in die Unterscheidung modernisierend/traditionalistisch hineinpassen, wie die Missionare, die glaubten, sie brächten einen fundamentalistischen Protestantismus alten Stils nach Äthiopien, aber so wahrgenommen wurden, dass sie Mittel zum Fortschritt lieferten, oder die elitistische Modernisierungsideologie von Haile Selassie vor seinem Sturz.

Der Geist von Talcott Parsons schwebt über aktuellen Arbeiten zur Moderne ebenso sehr, wie seine Persönlichkeit über der Modernisierungsdebatte schwebte.[54] Sobald man aber die Fixiertheit seines Paketes von *pattern variables* auseinander nimmt und von multiplen Entwicklungslinien ausgeht, die zu multiplen Modernen führen, wird die intuitiv herausragende Bedeutung des Etiketts *modern* problematischer. Alles ist gleichzeitig modern; die Moderne ist alles, was die Geschichte geschaffen hat; die Moderne ist überall die konstruierte Beziehung des Modernen zum Traditionalen. Solche Konzepte legen viele historische Fragen nahe, von denen nicht die unwichtigste jene ist, wann und warum die »Modernen« versuchten, alle andern modern zu machen, und wann und warum sie dies nicht taten.

Die Moderne packen, umpacken und entpacken

In der Modernisierungstheorie gab es die Vorstellung, alle Veränderungen im wirtschaftlichen, politischen, demographischen und kulturellen Leben erfolgten zusammen und addierten sich zu einer zwingenden Vision von einer ganzen Welt, die neu gestaltet würde. Die Kritiker der Modernisierungstheorie haben dieses Paket höchst wirkungsvoll auseinandergenommen und damit eine genauere Sichtung der unterschiedlichen Elemente in einem sich verändernden Gesellschaftsbild sowie der zwischen ihnen bestehenden Verbindungen erzwungen.

Die Kritik der Moderne stellt das Paket wieder her, beharrt aber nun darauf, es sei ein schlechtes. Das Plädoyer für eine alternative Moderne läuft auf die Forderung hinaus, das Paket umzupacken, denn es lässt die westliche Vorstellung von der Moderne unangetastet und schlägt dann alternative Pakete vor.[55] Solange man an der Vorstellung des Pakets fest-

---

54 Donald Donham formuliert es so: »Ist das Adjektiv erst zu einem Nomen umgeformt, gleitet die Moderne viel leichter über dem Boden ethnographischer und historischer Spezifikation dahin. Und im Gleiten hat sie die Tendenz, den theoretischen Raum zu kolonisieren und um sich herum alle Arten von Annahmen zu sammeln. In diesem Zusammenhang ist es vielleicht allzu leicht, innovativ zu erscheinen, wenn alles, was daraus folgt, eine gewisse Ungenauigkeit ist.« *On Being Modern in a Capitalist World. Some Conceptual and Comparative Issues*«, in: Knauft, *Critically Modern*, 241 f.
55 Debra Spitulnik verwendet eine andere Metapher, stößt sich jedoch an der gleichen Implikation der Überlegungen zu alternativen Modernen: »Wenn es so weit verbreitete

hält, enthält die Alternative eine Prämisse, die ebenso gefährliche politische Implikationen besitzt wie jene, die mit dem Modernen in den Augen seiner Kritiker verbunden sind. Man denke etwa an Japan in den 1920er und 1930er Jahren: Eine japanische Moderne beruhte auf der Voraussetzung einer abgegrenzten japanischen Einheit, die sich in der Zeit nach vorne bewegte und sich sowohl vom imperialistischen Westen als auch von den Modernen – oder schlimmer noch, den Nicht-Modernen – anderer Völker abhob. Harry Harootunian hat gezeigt, auf wie unterschiedliche Weise japanische Intellektuelle das kulturelle Paket, das sie als Konsequenz des westlichen Kapitalismus betrachteten, auseinandernahmen. Doch das Bemühen einiger dieser Leute, ein anderes Paket zusammenzustellen, schuf eine »verewigte« Ordnung mit einem verdinglichten Gefühl dafür, was es bedeutete, Japaner zu sein.[56] Ob solche Diskurse in anderen Fällen ebenfalls in diese Richtung verliefen – nämlich auf nationalen Chauvinismus zu –, ist eine Frage der historischen Analyse. Mir geht es hier jedoch um die Feststellung, dass man genauso vorsichtig sein muss, wenn man die multiplen Modernen feiert, als wenn man der singulären Moderne eine höhere Kohärenz zuschreibt, als sie eigentlich besitzt.

Interessiert man sich vor allem dafür, wie unterschiedliche Menschen auf Kolonisierung und Kapitalismus reagierten; so ist es wichtig, das Spektrum der Möglichkeiten offen zu gestalten: Die empirische Analyse mag sehr wohl eine singuläre Moderne aufzeigen, die die Menschen beanspruchten; oder ein Paket mag als singulär betrachtet, aber im Namen der »Tradition« abgelehnt worden sein; oder Menschen mögen in den ökonomischen Nischen und sozialen Netzwerken, die sich öffnen, sowohl Chancen als auch Zwänge erblickt haben, auf die sie mit unterschiedlichen Mischungen aus Instrumentalität und Enthusiasmus reagierten; oder sie haben sich vielleicht ihre Gedanken gemacht und ihre Forderungen gestellt,

kulturelle und historische Besonderheiten gibt, die alle unter dem weiten Schirm der Moderne gehören, was veranlasst dann überhaupt die Verwendung des Wortes als eines einzigen, dies alles abdeckenden Terminus?« »Assessing ›Local‹ Modernities: Reflections on the Place of Linguistic Evidence in Ethnography«, in: Knauft, *Critically Modern*, 198. Sie kommt zu einer Überlegung, die meiner Forderung ähnelt, zu hören, was die Leute sagen – im Falle, dass sie darüber sprechen, modern zu sein. Ebd.: 200.

56 Harootunian, *Overcome by Modernity*, bes. xxi ff., 150, 303, 414. Die Version von »unserer Moderne«, die in Japan in den 1930er Jahren propagiert wurde, lässt einen besorgt fragen, was die Implikationen von Chatterjees Forderung angeht, die Inder sollten »die Schöpfer unserer eigenen Moderne werden«, ohne dass er vollständig die Gefahren klärt, die in der Dichotomie zwischen Selbst und Anderen stecken, wie »unserer« sie impliziert. *Our Modernity*, 14.

ohne sich viel um die Polaritäten zwischen traditional/modern und intern/extern zu kümmern.[57] An dieser Stelle wird die Moderne der Gelehrten – also Moderne als analytische Kategorie – wahrscheinlich dem Verständnis dafür im Wege sein, welche indigenen Kategorien auch immer es zu erforschen gilt.

Was bedeutet es, in Europa und anderswo zu behaupten, man *sei* modern? Bruno Latour kehrt die europäischen Behauptungen, einen Durchbruch im wissenschaftlichen und gesellschaftlichen Denken vollzogen zu haben, um, wenn er insistiert: »Wir sind nie modern gewesen«. Um modern zu sein, so argumentiert er, mussten sich »die Modernen« von den Alten absetzen« und so die »gesamte Vermittlungsarbeit« zurückweisen. Doch die Modernen haben Formen der Analyse geschaffen, die Modi der Vermittlung und Hybridität möglich machen. Die moderne Vernunft ist davon abhängig, Unterscheidungen vorzunehmen, die bestimmen, wie Menschen handeln und ihre Welt verstehen werden. Diese Unterscheidungen verlaufen zwischen Natur und Gesellschaft, zwischen alt und modern, doch die Vernunft zeigt, dass diese Unterscheidungen unmöglich durchzuführen sind und dass es zur Vervielfachung von »Hybriden« kommt. Das Moderne, das die europäische Geschichte seit dem 18. Jahrhundert als eine der »Modernen« erzählt, tut dies, indem es mutwillig alles ausschließt, was nicht passt, und verletzt so die fundamentalen Gebote der Vernunft.[58]

Wenn man Latour darin folgen kann, dass er den Europäern die Moderne wegnimmt und auch vielen Gelehrten in Asien und Afrika folgt, die darauf bestehen, dass »wir immer modern gewesen sind«, so bleibt ein Begriff, der eine wichtige Rolle dabei gespielt hat, Forderungen zu erheben,

---

57 Sarah Witney Womack bemerkt in ihrer Studie über einen wichtigen Intellektuellen im kolonialen Vietnam: »Während manche Modernisierer dafür waren, alle verfaulenden Bande der engstirnigen Tradition zu kappen und einige Traditionalisten jeglichen Einbruch dessen, was sie als vulgäre und korrumpierende moderne Welt verstanden, verurteilten, bezogen die meisten Vietnamesen Positionen zwischen diesen beiden.« »Colonialism and the Collaborationist Agenda: Pham Quynh, Print Culture, and the Politics of Persuasion in Colonial Vietnam«, PhD diss., University of Michigan 2003. Das Auseinanderpacken kolonialer Vorstellungen von Arbeit und Familie durch Yoruba-Männer und -Frauen unterstreicht Lisa Lindsay, *Working with Gender: Wage Labor and Social Change in Southwest Nigeria*, Portsmouth (NH) 2003.

58 Bruno Latour, *Wir sind nie modern gewesen: Versuch einer symmetrischen Anthropologie*, übersetzt von Gustav Rossler, Berlin 1995 (Originalausgabe: *Nous n'avons jamais été modernes: essai d'anthropologie symétrique*, Paris 1991).

aber wenig analytische Arbeit verrichtet.[59] Das Allerproblematischste dabei ist, dass dem Paket der Moderne kausale Bedeutung verliehen wird. In dieser typischen Formulierung erscheint die Moderne als Handlungsträger: »Die Moderne veränderte die Repräsentation von Raum und Zeit.« Oder aber der Akteurscharakter der Moderne erscheint in der Forderung eines Wissenschaftlers nach »einer kritischen Befragung der Praktiken, Modalitäten und Projekte, durch die die Moderne sich in dem Leben der Kolonisierten festgesetzt und es verändert hat«.[60] Vielleicht handelt es sich hier um eine abgekürzte, ungenaue Phraseologie, und die Autoren wollten in Wirklichkeit sagen, dass die Menschen, die im Rahmen des von den Repräsentationen der Moderne bestimmten Bezugsrahmens operierten, das Handeln übernommen hatten. Doch die Schreibweise verweist auf ein tieferliegendes Problem: Das Paket der Moderne tritt als Substitut für die Analyse von Debatten, Handlungsweisen, Entwicklungslinien und Prozessen ein, die im Verlauf der Geschichte stattfanden.[61]

Was bedeutet es, die Moderne zum Handlungssubjekt zu machen? Der Kolonialismus ist ein Aspekt der Moderne in dem Sinne von Moderne als Hier und Jetzt, doch dann könnte er schwerlich etwas anderes sein. Die Leute, die für die mörderischen kolonialen Eroberungskriege, für die Grausamkeiten der kolonialen Arbeitsrekrutierung, für die mutwillige, unterdrückerische Gewalt von der Herero-Revolte 1904–1907 bis zur Revolte 1947 auf Madagaskar verantwortlich waren, waren »moderne« Menschen.

Der Kolonialismus war in hohem Maße Teil des 20. Jahrhunderts. Dasselbe gilt für den Antikolonialismus. Es gilt auch für Faschismus und Antifaschismus, Rassismus und Antirassismus. Die Menschen trafen ihre moralische und politische Wahl. Sie taten dies innerhalb von spezifischen, häufig miteinander in Konflikt liegenden ideologischen Konstrukten und historischen Kontexten. Manche mögen für sich in Anspruch genommen

---

59 Knauft bemerkt abschätzig über Piots *Remotely Global* (siehe oben), dort werde behauptet, sein Dorf in Nord-Togo sei »mindestens seit 300 Jahren modern gewesen« (*Critically Modern*, 19).

60 Friedland/Boden, »NowHere«: 2; Scott, *Refashioning Futures*, 17.

61 Diese Überlegungen sind denen zum Holocaust verwandt. Zygmunt Bauman etwa bewegt sich auf schmalem Grat zwischen der Aussage, dass der Holocaust sich innerhalb »unserer rationalen Gesellschaft« ereignete und dass er ein Produkt dieser Moderne und Rationalität war. *Dialektik der Ordnung: die Moderne und der Holocaust*, übersetzt von Uwe Ahrens, Hamburg 2002 (Originalausgabe: *Modernity and the Holocaust*, Ithaca, NY 1989).

haben, sie sprächen für die Moderne, wenn sie für oder gegen Rassendis-
kriminierung argumentierten, jedoch lassen sich weder diese Akteure noch
diese Bezugsrahmen auf »Moderne« reduzieren. Und der Kolonialismus
bezog sich wie der Nazismus entscheidend auf Vorstellungen, deren Geschichte – von Imperien mit einer langen kontinuierlichen Geschichte bis
hin zu Vorstellungen von Befehl und Status – zeitlich zurückreicht und
nicht auf eine nach-aufklärerische Rationalität, auf Liberalismus oder Wissenschaft reduziert werden kann. Es ist nicht hilfreicher, das Ende des
Kolonialismus in den 1960er Jahren dem Vordringen des Fortschritts zu-
gute zu halten als zu behaupten, die Moderne habe in den 1870er Jahren
die Zulu unterworfen. Dass die Fähigkeit von Menschen aus dem Norden
zur rationalen Organisation dazu benutzt wurde, um den Transport von
Deportierten nach Auschwitz zu organisieren oder die Migration von Afrikanern im Südafrika unter der Apartheid zu reglementieren, ist kein Argument gegen Eisenbahnen, und die mörderischen Folgen von »Ent-
wicklungs-Projekten« wie Stalins oder Maos Versionen der Zwangskollek-
tivierung sind keine überzeugenden Argumente gegen Bestrebungen, nationale Institutionen zur Gesundheitsvorsorge aufzubauen.[62] Gegen eine
selektiv fortschrittsgläubige Sicht, nach der das Böse vor der zunehmenden
Macht der menschlichen Rationalität zu Boden geht, lässt sich besser argumentieren durch das Bemühen, die ideologische und politische Verantwortung historisch festzumachen, als dadurch, dass man die Überlegungen
auf der Ebene von Abstraktionen ohne Akteure belässt.

Diese Probleme sind heute allzu real. Während einige (aber nicht alle)
islamische Mullahs die »westliche Moderne« als degenerierte, areligiöse
Totalität attackieren, greifen einige (aber nicht alle) amerikanische Mullahs
den Islam als »antimodern« an. Es wird über schwierige Probleme hinsichtlich der Optionen debattiert, die Gesellschaften des Nahen Ostens
und anderswo offen stehen, aber auch über die Zwänge, Grenzen und
Folgen der Macht Amerikas in unterschiedlichen Regionen, über die Bedeutung der »universellen« Konzepte der Rechte von Frauen und der »islamischen« Vorstellungen von Schamhaftigkeit und Status in unterschiedlichen Kontexten.[63] Die Historiker verfügen über keine privilegierte

---

62 Die Wichtigkeit solcher Unterscheidungen fehlt in der Auseinandersetzung über die
   Beziehung zwischen den Übeln des Kolonialismus und dem Holocaust zwischen Vinay
   Lal und Omer Bartov in *American Historical Review* 103 (1998): 1187–1194.
63 Zu den Schwierigkeiten, die Forschung über islamische Politik in die Bezugssysteme der
   Moderne einzupassen, siehe Ira Lapidus, »Islamic Revival and Modernity: The Contem-

Perspektive, um in diesen Fragen zu intervenieren, aber sie können an das Spektrum von Möglichkeiten erinnern, die Probleme zu fassen, sowie daran, dass jede Rahmung Konsequenzen zeitigt. Es hat sich gezeigt, dass die Rahmung von Debatten in der Sprache der Moderne, der Anti-Moderne und alternativer Modernen kein präzises und aussagekräftiges Vokabular zur Analyse der Beziehung zwischen unterschiedlichen Elementen des Wandels, der unterschiedlichen Möglichkeiten der Rahmung politischer Streitfragen sowie der miteinander in Konflikt stehenden Träume für die Zukunft hervorgebracht hat.

Die Kritik des Universalismus – und des Partikularismus

Der Wert wie auch die Grenzen des Nachdenkens über die Moderne in kolonialen Situationen lassen sich besser verstehen, wenn wir zwei Argumentationslinien miteinander kontrastieren: Die eine stammt von dem indischen Historiker Dipesh Chakrabarty, ist im amerikanischen Wissenschaftsbetrieb weit verbreitet und wurde wohlwollend aufgenommen; die andere, von der Journalistin Axelle Kabou aus Kamerun, ist außerhalb der Zirkel frankophoner Afrikanisten wenig bekannt und unter ihnen auch umstritten. Die Kontrastierung wird aufschlussreich sein. Beginnen wir mit Chakrabartys Beitrag zur Kritik der Moderne.[64]

Chaktabarty versucht in keiner Weise die durch Verbindungen zum Westen gefärbte sozialwissenschaftliche Theorie zu leugnen – er selbst hat zur marxistischen Theorie beigetragen und sie verwendet.[65] Er möchte nicht zulassen – wie viele Marxisten und Andere es getan haben –, dass eine stilisierte Interpretation der westlichen Geschichte zum Maßstab für

---

porary Movements and the Historical Paradigm«, in: *Journal of the Economic and Social History of the Orient* 40 (1997): 444 f.; und Roxane L. Euben,»Premodern, Antimodern or Postmodern? Islamic and Western Critiques of Modernity«, in: *Review of Politics* 59 (1997): 429–459.

64 Dipesh Chakrabarty,»Modernity and Ethnicity in India: A History for the Present«, in: *Economical and Political Weekly*, 20.12.1995: 3373–3380;»Radical Histories and Question of Enlightenment Rationalism«, in: *Economical and Political Weekly*, 8.4.1995: 751–759; und »Postcoloniality and the Artifice of History: Who Speaks for ›Indian‹ Pasts?«, in: *Representations* 37 (1992): 1–26.

65 Dipesh Chakrabarty, *Rethinking Working-Class History: Bengal 1890–1940*, Princeton (NJ) 1989.

alle anderen Geschichtsverläufe und auf diese Weise eine Moderne in den Raum gestellt wird, die andere niemals ganz erreichen können. Vielmehr insistiert er, »modernistische« Konzeptionen der Moderne verfehlten die Art und Weise, wie der Imperialismus Europa und Indien in ein und demselben Prozess als verkörperte Moderne und Rückständigkeit konstruiert habe. Für ihn ist die tödlichste Ausdrucksform der Rückständigkeit – ethnischer Chauvinismus und Intoleranz – selbst Teil des Modernisierungsprojektes. Dessen Impuls, die Bevölkerung zu klassifizieren und zu zählen, habe nämlich Abstufungen der Differenz in starre Einheiten verwandelt, die zu Kernen der Organisation von Macht und der Zuteilung von Ressourcen geworden seien. Die liberale Theorie sei unfähig, Gemeinschaftsgefühle oder religiöse Werte zu verstehen – und sicherlich nicht in der Lage, politische Mechanismen zu entwerfen, um damit umzugehen. Der Grund liege darin, dass sie darauf bestehe, die für das Verstehen relevante Einheit sei das universelle menschliche Wesen, das Individuum.[66] Eine Moderne der Aufklärung und des Säkularismus impliziere eine Tradition der Irrationalität und des Aberglaubens. Aber aus seiner Perspektive lässt sich gerade aus Einsicht in die Grenzen rationaler Analyse – in die Existenz von Welten, die sich der Klassifizierung und Aufzählung entziehen, von kulturellen Praktiken, die sich weder auf Irrationalität noch auf rationale Berechnung reduzieren lassen – durch eine Philosophie der »Differenz« und »Inkommensurabilität« besser verstehen, wie Indien produziert wurde. Damit ist es möglich, eine vollständigere Vorstellung davon zu gewinnen, wie sich unterschiedliche Menschen innerhalb dieser Grenzen selbst verstehen und ihre Zielvorstellungen artikulieren.[67]

---

66 »Who Speaks«: 21; »Modernity«: 3376, 3378, 3379; »Rationalism«: 752 f. Es sollte festgehalten werden, dass Universalitätsansprüche nichts sonderlich Modernes an sich haben. Alexander der Große schuf ein »Universalreich«, ebenso die Römer, die das, was außerhalb des Universums lag, als Barbarei definierten; die islamischen Imperien strebten nach Universalität in dem Maße, wie sich die Welt des Islam auf Kosten der Welt des Krieges ausbreitete. Siehe Kapitel 7.

67 »Rationalism«: 758. Eine entgegengesetzte Ansicht über die Inkommensurabilität unterschiedlicher und einander feindlicher Denkweisen bringt Roxanne Euben zum Ausdruck. In ihrer Studie über das Denken eines islamischen »Fundamentalisten« argumentiert sie, der Bezugsrahmen seines Denkens lasse sich nicht auf »rationalistische« Perspektiven reduzieren oder durch diese erklären. Zugleich bemerkt sie, dass er »sich tief mit eben jenen Kategorien und Ideen, die er ausdrücklich zurückweist, befasst und durch sie geprägt ist« und dass er »auch an einem Gespräch beteiligt ist, das wir als westliche Politikwissenschaftler nicht nur wiedererkennen, sondern an dem wir auch selbst beteiligt sind«. *Enemy in the Mirror: Islamic Fundamentalism and the Limits of Modern Rational-*

Chakrabarty bestreitet, es sei ihm um »eine einfache Ablehnung der Moderne« zu tun, »die in vielen Situationen politischen Selbstmord bedeuten würde«. Er akzeptiert »die immense praktische Nützlichkeit linksliberaler politischer Philosophien« und hofft, ein besseres Verständnis davon, was genau sie historisch bedeuten, werde dazu beitragen, »die Unterdrückten von heute zu lehren, wie sie das demokratische Subjekt von morgen sein können«.[68] Chakrabarty möchte seine Leserschaft weniger mit dem Gedanken der Ablehnung liberaler Ideen zurücklassen, als vielmehr mit einem Gefühl für den Verlust, der mit der Geschichte der Moderne verbunden ist.

Axelle Kabou fürchtet den Verlust, der mit Afrikas Versagen in der Auseinandersetzung mit der Moderne verbunden ist. Der französische Originaltitel ihres Buches ist eine Frage: »Und wenn Afrika die Entwicklung verweigert?«[69] Sie räumt ein, dass die meisten Leser die Frage absurd finden werden – die afrikanischen Regierungen haben die »Entwicklungsschlacht« zur Grundbedingung ihrer Existenz gemacht. Doch sie meint, dies sei ein Mythos, denn die Reaktion der afrikanischen Eliten auf die Idee der Entwicklung bestehe nicht darin, diese zu organisieren und zu fördern, ganz im Gegenteil: Die Eliten-Ideologie drehe sich einerseits um die Kultur der Schuldzuweisung – eine Geschichte der Versklavung und Kolonisierung sowie eine »neokoloniale Verschwörung« sind demnach verantwortlich für die Nöte Afrikas – und andererseits um den Anspruch, kulturelle Authentizität definiere einen höheren Wert, als ihn westlich orientierte Entwicklung zulasse. Entwicklung ist für die Eliten-Ideologie zentral, nicht weil sie ein Ziel bestimmt, nach dem die Menschen streben können (und an dem sich die Leistungen einer Elite daher messen lassen müssten), sondern genau weil sein Fehlschlagen den beständigen Machtanspruch der Elite als Wächter afrikanischer Authentizität gegenüber dem Neokolonia-

---

ism, Princeton (NJ) 1999: 155, 165. Siehe auch Seyla Benhabib, die die Annahme einer »radikalen Inkommensurabilität« nicht nur aus empirischen Gründen zurückweist – Kommensurablität ist Teil der Geschichte –, sondern auch aus epistemologischen, weil nämlich die Bestimmung zweier Kulturen als inkommensurabel das Übereinkommen über eine Reihe von Begriffen zur Voraussetzung hat, mit denen sich ihre Unterscheidung spezifizieren lässt, d.h. eine Übereinkunft über Kommensurablität. *The Claims of Culture: Equality and Diversity in the Global Era*, Princeton (NJ) 2002: 30.

68 »Rationalism«: 756; »Postcoloniality«: 22 f.

69 Axelle Kabou. *Et si l'Afrique refussait le développement?*, Paris 1991. (Deutsch : Weder arm noch ohnmächtig. Eine Streitschrift gegen schwarze Eliten und weiße Helfer, 3. Aufl., Basel 2009.

lismus stärkt. Wenn eine solche Elite von Entwicklung spricht, geht es daher um die Forderung nach Almosen aus dem Ausland – Reparationen, Hilfe – und nicht nach Anstrengungen im eigenen Land. Wie sie einräumt, liegen die Ursprünge für diese Denkweise in der Brutalität und Erniedrigung durch die Kolonisierung. Aber nun fördert die Eliten-Ideologie die Sichtweise, »Entwicklung [sei] ›etwas für Weiße‹«, während die Elite sich dem Exekutieren ihres beschränkten Eigeninteresses, der Extravaganz und der Verschwendung hingibt. Sie hegt keinen Wunsch, »Zusammenhang, Transparenz und Konsequenz« zu fördern, ganz zu schweigen von einer Analyse der Gründe für die Armut und der Möglichkeiten, ihr entgegenzutreten. Vielmehr beansprucht sie Autorität als Vertreterin »kultureller Selbstverteidigung«. Kabou besteht darauf, dass eine »Kultur des Partikularismus« von einer Elite beschworen werde, um »das allerrückständigste Verhalten und die Handlungen« zu rechtfertigen, »die der Freiheit und Würde der Afrikaner am abträglichsten sind«.[70]

Ihre Verachtung gilt dabei nicht nur einem diktatorischen und korrupten Führer wie Mobutu – ein Mann, der sein politisches Programm mit dem Namen »Authentizität« belegte –, sondern ihre kritische Sicht erstreckt sich auch auf intellektuell ernsthaftere Standpunkte, wie z. B. den von Cheikh Anta Diop, die sich auf einen afrikanischen Partikularismus als Gegengewicht zum Westen berufen. Kabou möchte allerdings keineswegs das eine aufgeben und durch das andere ersetzen, sondern vielmehr jene Aspekte afrikanischer Kulturen, die kreativ und positiv genutzt werden können, stärken und andere verwerfen. Tatsächlich vertritt sie die Ansicht, dass Chakrabartys These von der Inkommensurabilität westlicher und nichtwestlicher Kulturen überwunden werden müsse. Für Kabou dient die Vision einer authentischen afrikanischen Kultur, die sich einem neokolonialen Westen entgegenstellt, vor allem einer korrupten Elite und ist »selbstmörderisch« für Afrika als Ganzes.[71]

Während Chakrabarty die Kraft der Universalität in Frage stellt, wendet sich Kabou gegen die ideologische Macht der Partikularität. Und ihr Fazit richtet sich explizit gegen die für Chakrabartys These zentrale Kritik an der

---

70 Kabou, *Et si l'Afrique*, 19, 23, 26, 41, 118. Ihre Kritik an der eigennützigen Verwendung des Partikularismus ließe sich mit Ahwa Ongs Kritik an der »selbst-orientalisierenden« Ideologie gewisser herrschender Eliten in Asien vergleichen, die sich auf einen asiatischen oder konfuzianischen Weg berufen, um darauf zu bestehen, dass sie kapitalistische Entwicklung ohne Demokratie oder Anerkennung der Menschenrechte haben können. Ong, in: Nonini/Ong, *Ungrounded Empires*, 195.

71 Kabou, *Et si l'Afrique*, 23, 102.

von der Aufklärung herrührenden Rationalität: »Das Afrika des 21. Jahrhunderts wird entweder rational oder gar nicht sein.«[72] Innerhalb ihres geographischen Bezugsrahmens sind beide Thesen keineswegs unumstritten.[73] In gewisser Hinsicht könnten afrikanische Intellektuelle auf einen kolonialen Diskurs reagieren, der Afrika in Stämme unterteilte, während indische Intellektuelle auf das koloniale Konstrukt eines auf seine Grundbestandteile reduzierten, einzigartigen Indiens reagieren. In jedem Fall haben beide Regionen viel gemeinsam: nicht nur furchtbare Armut, gegen die weder nationale Entwicklungsbemühungen noch ausländische Entwicklungshilfe etwas ausrichten konnten, sondern auch das Versagen staatlicher Institutionen bei der Bereitstellung von Bildung und medizinischen Einrichtungen für alle und die weitverbreitete Diskriminierung von Frauen bei der Bildung, in der Ehe und beim Erbrecht.[74] In beiden Regionen liegen die Ursachen gesellschaftlicher Konflikte nicht in einem uralten kulturellen Partikularismus, sondern in einer kolonialen und postkolonialen Geschichte, die Differenzierungen zu institutionalisierten Abgrenzungen verhärtete. Den postkolonialen Staaten gelang es nicht, die von allen benötigten Ressourcen zu vermehren und fair zu verteilen. So wurden Akteure auf politischem und wirtschaftlichem Gebiet ermutigt, vorhandene Gefühle der Zugehörigkeit zur Mobilisierung von Interessengruppen zu nutzen, die sich gegenseitig bekämpften, um ihren Anteil vom Vorhandenen zu erhalten.[75]

Die Kritik am Universalismus, wie auch die am Partikularismus, bezieht sich auf verschiedene Sehnsüchte und Ängste, die wichtige Bestandteile der kolonialen und postkolonialen Erfahrung sind. Beides sind wohldurchdachte und wichtige Thesen, die uns helfen zu verstehen, dass die Art und Weise, in der Probleme im politischen Diskurs dargestellt werden, weder zwangsläufig ist, noch von der Machtausübung in kolonialen und postko-

---

72 Ebd.: 205.
73 Für Sichtweisen, die im Widerspruch zu Chakrabarty und anderen Subalternisten stehen, siehe Rajnarayan Chandavarkar, *Imperial Power and Popular Politics: Class, Resistance and the State in India, c. 1850-1950*, Cambridge 1998, und Javeed Alam, *India: Living with Modernity*, Delhi 1999. Für die Sicht eines Kameruners, der einige, aber nicht alle von Kabous Ansichten über die partikularistischen Strategien afrikanischer Eliten teilt, siehe Mbembe, *On the Postcolony*.
74 Für einen Vergleich siehe Jean Drèze/Amartya Sen, *India: Economic Development and Social Opportunity*, Delhi 1995.
75 Siehe z.B. Gyanendra Pandey, *The Construction of Communalism in Colonial North India*, Delhi 1990; und Mamdani, *Citizen and Subject*.

lonialen Situationen getrennt werden kann. Doch beide sind viel zu abstrakt, um erklären zu können, *wie* sich irgendeine Art der Darstellung im
Verlauf der Interaktion oder des Konfliktes entwickelte, und beide helfen
uns nicht, diese Probleme in der Zukunft anders darzustellen und die Verantwortung für bestimmte Handlungen zu erörtern.

Hier gibt es eine Reihe echter politischer Dilemmata, wie die lange wissenschaftliche Diskussion über die Beziehung zwischen Frauenrechten und
Gemeinschaftswerten in Vergangenheit und Gegenwart gezeigt hat.[76] Welches Recht hat dabei Vorrang: das einer Person – einer Frau –, ihren Ehe-
partner zu wählen oder sonst eine Entscheidung nach eigenem Gutdünken
zu treffen, oder das Recht eines Kollektivs auf seinen »eigenen« partikularistischen Glauben, wobei das Recht dieser Frau, solche Entscheidungen
zu treffen, dem anderer Mitglieder des Kollektivs, älterer Männer etwa,
untergeordnet wird? Einige würden hier der »liberalen« Position den Vorzug geben und der Frau das Recht zugestehen, frei zu wählen, auch wenn
sie sich für ihre eigene Unterordnung entscheidet, doch die Kritiker der
Moderne verweisen darauf, dass diese Antwort unzureichend ist. Eine
einzelne Frau mag diese Wahl treffen können, doch sie kann sich nur dann
dafür entscheiden, sich an die Werte der Gemeinschaft zu halten, wenn
diese bewahrt werden. Liberalistische und bürgerrechtliche Theorien gehen
jedoch kaum auf den Schutz von Gemeinschaften ein, außer diese als freiwillige Organisationen zu betrachten. Man könnte sagen, das Überleben
einer Gemeinschaft hängt davon ab, ob sie in der Lage ist, ihre Grenzen zu
überwachen, ihre Mitglieder auf ihre grundlegenden Werte einzustellen und
dafür zu sorgen, dass die Zugehörigkeit zur Gemeinschaft mehr ist als
etwas, das die Menschen je nach Gutdünken ab- oder anlegen können. Da
eine Frage wie die der Eheschließung nicht einfach eine Privatangelegen-
heit ist, sondern auch die Interessen des Staates und der Gemeinschaft
berührt, hilft uns die liberale Vorstellung von Religion oder Kultur als getrennten Bereichen nicht aus dem Dilemma heraus. Wenn man bei einer
solchen Verteidigung der Gemeinschaft jedoch zu weit geht, gelangen wir
am Ende zu einer Sichtweise, bei der Gemeinschaft und Kultur als autark
angesehen werden – eine Haltung, die historisch und soziologisch unrichtig
und politisch unvertretbar ist, da sie die Befragung jedes politischen System

---

76 Eine historische Analyse, die dazu beitrug, die Debatte zu eröffnen, ist Lata Mani, »Con-
tentious Traditions: The Debate on Sati in Colonial India«, in: Kumkum Sangari/Sudesh
Vaid (Hg.), *Recasting Women: Essays in Indian Colonial History*, New Brunswick (NJ) 1999:
88-126.

ausschließt, außer durch jene, die es dominieren. Diese Logik führt uns zu Kabous Ängsten zurück. Wie kommen wir aus diesem Dilemma heraus – oder wie können wir es wenigstens besser verstehen? Veena Das stellt eine sehr einfache, aber tiefsinnige Frage: Für wen steht am meisten auf dem Spiel? Wo kann eine Frau gegenüber der Zudringlichkeit ihrer Gemeinschaft wie auch gegenüber der Zudringlichkeit des Staates oder wohlmeinender Außenstehender Unterstützung finden? Wenn es um die ehelichen Rechte und Pflichten einer Frau geht, sollte die Frau selbst im Mittelpunkt stehen, denn ihr gesamtes Geflecht aus Beziehungen, aus individuellen und familiären Bindungen ist betroffen. Ebenso betonen Cathi Albertyn und Shireen Hassim in ihrer Auseinandersetzung mit den Thesen der Verfechter der Gleichberechtigung der Geschlechter und denjenigen der Verteidiger patriarchalischer Traditionen in Südafrika die Bedeutung von Aktivisten und die Berufung auf konstitutionelle Normen, wenn es darum geht, eine Debatte anzustoßen. Gleichzeitig bestehen sie darauf, dass diese Debatte pragmatisch und sachbezogen sein müsse und nicht zu einer Nullsummenrechnung zwischen Feminismus und Traditionalismus werden dürfe.[77] Solche Konfrontationen führen keineswegs zwangsläufig zu Kompromissen und gegenseitigem Verständnis, doch sowohl traditionelle als auch nationale Gemeinschaften sind ihrerseits Produkte von Jahrhunderten der Interaktion und Konfrontation. Ein Ergebnis ist vorhersehbar: In einer um Geschlechterbeziehungen kreisenden kulturellen Auseinandersetzung zwischen einer Partei, die von »universalen Menschenrechten« spricht, und einer anderen, die sich auf »Gemeinschaftswerte« beruft, ist es wahrscheinlich, dass die Probleme der Frauen aus dem Blick geraten.

---

77 Veena Das, »Communities as Political Actors: The Question of Cultural Rights«, in: Dies., *Critical Events: An Anthropological Perspective on Contemporary India*, Delhi 1995: 85–117, bes. 104–107; Cathi Albertyn/Shireen Hassim, »The Boundaries of Democracy: Gender, HIV/AIDS and Culture«, in: E. Everatt/V. Maphai (Hg.), *The Real State of the Nation. Sonderausgabe von Development Update*, Johannesburg 2003. Lynn Thomas schildert eine aufschlussreiche politische Debatte im Kenia der späten 1960er Jahre, in der es um die Aufhebung eines Gesetzes ging, das Frauen unter bestimmten Voraussetzungen Vaterschaftsklagen gestattete. Die Befürworter der Aufhebung betonten, dass das Gesetz Ausdruck »fremder« Vorstellungen von Frauenrechten sei, und präsentierten sich selbst als Verteidiger der in der »afrikanischen Tradition« verankerten »religiösen und gewohnheitsrechtlichen Praktiken«. Thomas interpretiert dies als eine Verteidigung des autoritären Patriarchats und als Versuch, eine beginnende Debatte über den Status von Frauen in Kenia abzuwürgen. *Politics of the Womb: Women, Reproduction, and the State in Kenya*, Berkeley 2003: 158 f.

Die gegenseitige Verbindung – und Kommensurabilität – verschiedener Teile der Welt ist nicht nur ein historisches Faktum, sondern auch eine Ressource, zum Guten, zum Schlechten und für vieles dazwischen. Über Rechte zu reden, ist insoweit wirkungsvoll, als es eine Ressource ist – beispielsweise für Frauen, die dem Patriarchat kritisch gegenüberstehen und so Verbündete und Argumente jenseits lokaler, regionaler oder nationaler Systeme von Geschlechterbeziehungen finden. Die Bedeutung dieser Argumentation liegt weniger in ihrer Zuordnung zur »Moderne« als in der Verbindung zu weiteren, jenseits der Gemeinschaft geführten Debatten.[78] Über die Gemeinschaft zu reden, ist ebenfalls eine Ressource, die dazu benutzt werden kann, übermächtigen Kräften entgegenzuwirken, die die Gefahr in sich bergen, dass Menschen von der Flut einer vermeintlich universalen Geschichte hinweggespült werden. Man kann Chakrabarty Recht geben, der behauptet, dass universelle Werte im Gepäck kolonialer Geschichte enthalten sind. Man kann auch Kabou zustimmen, die darauf verweist, dass die Berufung auf kulturelle Besonderheiten eigennützig und hemmend sein kann. Gleichzeitig ist es jedoch möglich anzuerkennen, dass Fremdbestimmung und die Verteidigung der eigenen Autonomie nicht die einzigen beiden Alternativen sind. Organisatorische und diskursive Ressourcen können Menschen über die Grenzen hinweg zusammenbringen – unvorhergesehen und im Bewusstsein der damit verbundenen asymmetrischen Machtbeziehungen. Wie sich derartige Konfrontationen auswirken, kann nicht vorherbestimmt werden: die Sanftmütigen und Guten triumphieren nicht notwendigerweise über die Brutalen und die Unterdrücker. Wenn wir, wie Sheldon Pollock beobachtet, jedoch über das Spannungsverhältnis zwischen Universalität und Partikularität nachdenken können, ohne die Partikularität als »unausweichlich« oder den Universalismus als

---

78 Siehe dazu eine neue Strömung in der politikwissenschaftlichen Literatur, die auf die Netzwerke verweist, die Aktivisten über Kontinente, kulturelle Unterschiede und Gemeinschaften hinweg miteinander verbinden, z.b. Sanjeev Khagram/James V. Riker/Kathryn Sikkink (Hg.), *Restructuring World Politics: Transnational Social Movements, Networks, and Norms*, Minneapolis 2002. Den historischen Beispielen für problembezogene transnationale Netzwerke, wie der Antisklaverei- und der antikolonialen Bewegung, könnte man noch die Tactical Action Campaign hinzufügen, die südafrikanische und internationale Aktivisten im Kampf gegen HIV/AIDS erfolgreich vereinte, als es darum ging, die südafrikanische Regierung zur Rücknahme ihrer Weigerung zur Bereitstellung antiretroviraler Medikamente und multinationale Pharmafirmen zur Änderung ihrer Preispolitik zu bewegen. Hier haben wir einen Fall, in dem der Staat und der internationale Kapitalismus durch grenzübergreifende Netzwerke gezwungen wurden, Dinge gegen ihren Willen zu tun.

»zwangsläufig« anzusehen, können wir die Vergangenheit historischer und die Zukunft konstruktiver betrachten.[79] Kritikern der Moderne wurde hin und wieder vorgeworfen, kommunitaristische Geisteshaltungen zu unterstützen und zu bestärken, die in der Praxis Intoleranz in sich bergen, und damit indirekt einem rechtsextremen Ansatz Glaubwürdigkeit zu verleihen, der von einem spezifisch hinduistischen Gesellschaftskonzept in Indien ausgeht. Das ist weit von der Intention und den Thesen von Kritikern wie Chatterjee und Chakrabarty entfernt. Das Problem besteht vielmehr darin, dass sie Europa nicht genügend provinzialisieren und damit die Gemeinschaft als Gegengift zu einer imperialistischen Universalität verstehen, bzw. »unsere Moderne« im Gegensatz zu »ihrer« sehen. Dieser Universalismus war in der Praxis weniger universell und weniger europäisch als in der Theorie. Er war nicht nur dann variabel, wenn er auf die Partikularitäten in den Kolonien reagieren musste, sondern auch in Bezug auf die Umgestaltung von Denk- und Verfahrensweisen, die viele Europäer als ihre eigenen betrachteten. Nachdem die Kritiker der Moderne offenbart haben, wie viel Moderne und Tradition im Prozess des Kolonialismus konstruiert wurde, fahren sie fort, diese Kategorien zu konstruieren, anstatt Wege zu finden, aus ihnen auszubrechen.[80] Es wird wenig dabei herauskommen zu behaupten, dass die Lösung der Probleme der Welt innerhalb oder außerhalb der Moderne liegt. Eine historische Vereinfachung führt zu einer falschen Darstellung aktueller Probleme.

Dies bringt mich zum zweiten wichtigen Beispiel dafür, wie das Konzept der Moderne die Debatte in einer weniger fruchtbaren Weise beeinflusst: James C. Scotts oft zitiertes Buch *Seeing Like a State*. Scotts Zielscheibe ist das, was er »Hochmodernismus« nennt. Damit meint er eine »muskelbepackte« Version des »rationalen Entwurfs einer sozialen Ordnung, die dem wissenschaftlichen Verständnis von Naturgesetzen entspricht«.[81] Wie viele andere auch, gebraucht Scott das Wort »Modernismus« falsch, vernachlässigt die Kritik, die Widersprüche, die Subjektivität

---

79 Sheldon Pollock, »Cosmopolitan and Vernacular in History«, in: *Public Culture* 12 (2000): 625. Pollock beurteilt Versuche zur Verteidigung der Rechte von solchen Kollektiven kritisch, die »unmissverständlich fordern, dass man sie genauso lässt, wie sie sind.« Ebd.: 622. Siehe auch Martha Nussbaum, *Women and Human Development: The Capabilities Approach*, Cambridge 2000; und Benhabib, *The Claims of Culture*.

80 Ong bringt eine ähnliche Kritik an diesen Arbeiten vor in *Flexible Citizenship*, 34.

81 James C. Scott, *Seeing Like a State: How Certain Schemes to Improve the Human Condition Have Failed*, New Haven (Conn.) 1998: 4.

und die wilde Kreativität, die wesentliche Elemente des Modernismus waren (siehe oben), so dass am Ende nur eine eindimensionale Sicht auf wissenschaftliche Rationalität bleibt. Davon ausgehend, schlussfolgert Scott weiter, dass Hochmodernismus sich mit dem verband, was er »staatliche Vereinfachungen« der administrativen Ordnung von Natur und Gesellschaft nennt, so dass sie »lesbar« für Planer wurden, die Natur und Gesellschaft neu ordnen wollten. Hochmodernismus verband sich zudem mit zwei weiteren Faktoren, einem autoritären Staat und einer schwachen Zivilgesellschaft, um zu einer verderblichen Kombination zu werden, die für die in seinem Buch geschilderten Fälle verantwortlich war. Scott präsentiert viele Beispiele dafür, wie das Bestreben des Staates, »Lesbarkeit« zu produzieren, zu sterilen, rasterartigen Stadtplanungsentwürfen und großangelegten Projekten zur Neuordnung von Produktionssystemen führte. Er konzentriert sich auf Extrembeispiele, wie die hochmodernistische Stadtplanung in der brasilianischen Hauptstadt Brasília, Lenins Partei revolutionären Typs und Stalins Kollektivierungspolitik, die Zwangsumsiedlungen im Zuge der Ujamaa-Politik in Tansania nach 1968 sowie verschiedene landwirtschaftliche Experimente. Das Beispiel der Nazis geistert dann und wann durch das Buch, wird als »hochmodernistischer Utopismus der Rechten«[82] erwähnt, aber nicht näher erläutert. Als Gegensatz zum Hochmodernismus, den Scott verurteilt, benutzt er das griechische Wort *mētis*, mit dem er eine idealisierte Form von lokal verwurzeltem Wissen beschreibt, die Verbindung von Visionen für den Wandel mit dem Akzeptieren der Unordnung des Lebens, eine persönlichere Idee menschlichen Zusammenlebens.

Das beste Beispiel für Hochmodernismus, das in Scotts Buch auftaucht, ist James C. Scott selbst. Er hat jedes seiner Fallbeispiele vereinfacht, um es »lesbar« zu machen. Er hat die Patronage- und Klientelbeziehungen sowie die Mechanismen persönlicher Herrschaft weggelassen, die in der Sowjetunion zur Denunziation von Feinden führten und dazu, dass sich Pläne in interne politische Machtkämpfe verwandelten, die Strategien, mit denen lokale Machthaber im ländlichen Tansania ihre lokalen und zentralen Verbindungen manipulierten, um eine sehr irrationale Art von Macht aufzubauen, die Netzwerke, die sich unter den Armen Brasílias oder in Tansania entwickelten, um Zugang zu Ressourcen jenseits offizieller Kanäle zu bekommen, die Art und Weise, in der Landbesitzer in Gebieten

---

82 Ebd.: 89.

mit vermeintlich modernistischer Landwirtschaft Anreize zur Marktratio-
nalität und zur praktischen Anwendung wissenschaftlicher Erkenntnisse in
partikularistischen Zugang zu Ressourcen ummünzten und damit Reform-
bemühungen aus Eigennutz unterwanderten. Die vereinfachende Logik
des Hochmodernismus in allen von Scott geschilderten Fällen erweist sich
als alles andere als vereinfachend, weniger weil es Widerstand gab, sondern
weil der angeblich moderne Machtapparat selbst mit partikularistischen
Mechanismen durchsetzt war. Scott erkennt zum Teil an, wie schwierig es
ist zu belegen, dass Modernismus jemals tatsächlich »hoch« war, indem er
sagt, dass die Schwierigkeiten bei der Verwirklichung hochmodernistischer
Pläne Verweise darauf seien, dass dies unmöglich war. Doch immer wieder
behauptet er in seinem Buch implizit das Gegenteil, von der Schilderung
von Projekten, die seine extremen Kriterien erfüllen, bis hin zur im Titel
enthaltenen Verurteilung staatlicher Sichtweisen.[83]

Was hier fehlt, ist eine Form der *mētis*, die als »Kontrollmechanismus«
fungiert, die klar vom Hochmodernismus zu unterscheiden ist und bessere
Ergebnisse erzielt. Ein mögliches Beispiel für »Hoch-mētis«, das sich
Scotts Hochmodernismus entgegensetzen lässt, ist das Zaire des Mobutu
Sésé-Séko. Mobutu war weder ein Modernist, noch glaubte er daran, dass
der Staat ein Instrument zur Verwirklichung eines sozialen Ideals sein
könne. Mobutu praktizierte die Politik des persönlichen Lehenswesens. Er
war dafür bekannt, sowohl über übernatürliche als auch irdische Macht
verfügen zu wollen; sein Wissen um die lokalen Verhältnisse war enorm.
Er regierte mit Hilfe von Handlangern, die durch sehr persönliche Beziehungen mit ihm und ihren eigenen Gefolgsleuten verbunden waren. Zudem kooperierte er sehr erfolgreich und pragmatisch mit internationalen
Banken, mit Architekten, die modern aussehende Bauten schufen, und mit
anderen. Das Ergebnis in Mobutus Zaire ist keine offensichtliche Verbesserung zu dem, was in Nyereres Tansania stattgefunden hat.

Damit sollen weder die unter Nyerere stattgefundenen Zwangsumsiedlungen oder gar der Stalinismus verteidigt werden, noch die Gefahren
geleugnet werden, die aus Planungsmanie oder auch aus übermäßigem
Vertrauen in den selbstregulierenden Markt oder aus der Vorstellung vom

---

83 Scott (*Seeing Like a State*, 224) behauptet, »über etwas generisches in den Projekten des
  modernen Entwicklungsstaates gestolpert« zu sein. Die Quellen, auf die er sich stützt,
  zeichnen oft ein nuancierteres Bild, z.B. James Houlstons Beitrag zur »Brazilianization
  of Brasília« in seinem Buch *The Modernist City: An Anthropological Critique of Brasilia*, Chicago 1989: 289–318.

»small is beautiful« resultieren. Was Scott nicht beweisen konnte, ist der Umstand, dass seine beiden zentralen Konzepte, der Staat und der Hochmodernismus, dazu beitragen können, größenwahnsinnige Exzesse von ausgewogenen sozialen Reformen zu trennen. Wie in der Vergangenheit wird es auch in der Zukunft Situationen geben, in denen Menschen behaupten werden, dass Wissen und Pläne die Verbesserung von Lebensbedingungen bewirken können. Einige Probleme könnten nur im Großen, andere sollten am Besten gar nicht angegangen werden. Das Bombastische ist tatsächlich in staatlichen Projekten aufgetaucht, ist jedoch nicht auf die moderne Welt beschränkt: Pyramiden, Straßennetze, Aquädukte und der Versuch zur Schaffung eines universalen Reiches waren Bestandteile antiker Reiche. Scott betont ausdrücklich, dass es ihm nicht darum geht, jedes reformerische Ideal in der Politik zu verurteilen, aber er kann seiner Anklage gegen die rationalistische gesellschaftliche Planung nur eine weitere Schicht rationalistischer Analyse – die Kritik am großen Plan – hinzufügen, wobei er den Geist der Kritik und des Skeptizismus, der dem Modernismus seit jeher innewohnt, außer Acht lässt.[84] Scotts nebenbei getroffene Behauptung, er wolle keineswegs der uneingeschränkten Herrschaft des kapitalistischen Marktes das Wort reden, wirft die Frage auf, welche Strukturen in der Lage sind, der Macht des Monopolkapitalismus entgegenzuwirken.[85] Wir müssen Unterscheidungen vornehmen, und weder die Verurteilung des systematischen noch die Verherrlichung des Ungeordneten werden uns dabei helfen können.

Koloniale Moderne?

Ich habe bereits angedeutet, dass die Betrachtung europäischer Geschichte aus dem Blickwinkel der Moderne die Gefahr mit sich bringt, die nach wie vor existierenden, ungelösten Konflikte in der europäischen Kultur und Politik zu verzerren. Dasselbe lässt sich über die Geschichte des Kolonialismus im 19. und 20. Jahrhundert sagen. Die Vorstellung von einer *kolonialen Moderne* hat in der Geschichtswissenschaft und in anderen Disziplinen

---

84 Als Beleg für Scotts modernistischen Antimodernismus vgl. die Liste seiner Grundsätze: *Seeing Like a State*, 345.

85 Ebd.: 8. Zu diesem Punkt siehe Fernando Coronils Kritik an Scott, »Smelling like a Market«, in: *American Historical Review* 106 (2001): 119–130.

ein gewisses Prestige erlangt. Das ging soweit, dass einige – der berühmteste unter ihnen ist Schumpeter – die These vertreten haben, dass der
Kolonialismus atavistisch war und in den Kolonien eine aristokratische,
militaristische Weltsicht vorherrschte, die in Europa nicht mehr vertretbar
war. Das unmoderne Wesen des Kolonialismus herauszustellen, ist durchaus angebracht.[86] Doch hinter der kolonialen Moderne steckt wesentlich mehr als die
Hier-und-Jetzt-Definition. »In der kolonialen Welt«, schreibt David Scott,
»wurde das Problem moderner Machtausübung zu einem politisch-ethi-
schen Projekt, in dem es darum ging, Untertanen zu schaffen und deren
Verhalten zu kontrollieren«. Die »Schaffung einer kolonialen Moderne«
stellte eine »Diskontinuität in der Organisation kolonialer Herrschaft dar,
die von der Entstehung einer spezifischen politischen Denkweise geprägt
war – einer kolonialen Gouvernementalität –, in der Macht dazu benutzt
wird, kolonialen Raum zu de- und zu rekonstruieren, weniger, um extrahie-
rend auf koloniale Körper einzuwirken, sondern vielmehr, um regierungs-
fördernde koloniale Verhaltensweisen hervorzubringen.«[87] Antoinette
Burton verweist auf »die Entschlossenheit des kolonialen Staates und seiner kulturellen Instanzen, koloniale Modernen durch die Regulierung kultureller, in die Körper kolonialer Männer und Frauen hineingelesener Unterschiede zu erzeugen – mit Hilfe naturwissenschaftlicher Methoden, des
Gesetzes, der Ethnographie, der Spiritualität, der Mutterschaft, der Ehe,
der Reiseliteratur und der Postkarte.« Achille Mbembe stellt fest: »Wie der
Islam und das Christentum ist auch die Kolonisierung ein universales Projekt. Ihr höchstes Ziel ist es, die Kolonisierten im modernen Raum zu
verorten.«[88]

Einige koloniale Initiativen des 19. und 20. Jahrhunderts lassen sich auf
diese Weise beschreiben.[89] Ergibt jedoch die Behauptung einen Sinn, dass

86 Joseph Schumpeter, *Imperialism and Social Classes*, übersetzt von Heinz Norden, New
York 1951 (Originalausgabe: *Zur Soziologie der Imperialismen*, Tübingen 1919).
87 D. Scott, *Refashioning Futures*, 40, 52.
88 Antoinette Burton, »Introduction: The Unfinished Business of Colonial Modernities«,
in: Dies. (Hg.), *Gender, Sexuality and Colonial Modernities*, London 1999: 2; Achille
Mbembe, »On the Power of the False«, in: *Public Culture* 14 (2002): 634. Für verwandte
Formulierungen siehe Dirks, »Postcolonialism and Its Discontents«: 246; Chatterjee,
»Two Poets and Death«: 47; Saurabh Dube, »Colonialism, Modernity, Colonial Modernities«, in: *Nepantla: Views from the South* 3, 2 (2002): 197-219; und Tani E. Barlow (Hg.),
Formations of Colonial Modernity in East Asia, Durham (NC) 1997.
89 Die Idee, dass moderne Völker eine koloniale Agenda entwickeln sollten, die zu ihrem
Zeitalter passt, wurde 1874 in einem langen Buch von Paul Leroy-Beaulieu formuliert.

die Summe dieser Bemühungen am Ende eine »koloniale Moderne« erzeugte oder dass koloniale Entscheidungsträger in diesem Bereich oder wenigstens in einem Teil dieses Bereiches die Absicht hatten, etwas Derartiges zu erzeugen? Die oben zitierten Passagen machen den Fehler, Sachverhalte, die *innerhalb* kolonialer Regime diskutiert wurden, als das Wesen kolonialer Herrschaft im Zeitalter der Moderne zu interpretieren.

Die erbittertsten Verfechter der These von der Oktroyierung moderner Gouvernementalität sind indische Historiker. Sie stützen sich dabei auf die Bedeutung, die britische Beamte jenen Institutionen beimaßen, die das Subjekt im Verhältnis zum Staat definierten: der Zensus, die Erstellung von Katastern und allgemeiner das Zusammentragen von Wissen, das eine »Bevölkerung« definiert und dazu verwendet werden kann, die Kontrolle zu behalten und gesellschaftlichen Wandel zu beaufsichtigen. Bernard Cohns wegweisende Analysen der Mechanismen zur Sammlung von Wissen haben überzeugend belegt, dass Indien für den Prozess der Ausarbeitung derartiger Systeme im 19. Jahrhundert ebenso wichtig war wie die britischen Inseln.[90] Doch wenn die Geschichte von Volkszählungen und Klassifizierungen das Wesen der kolonialen Moderne im 19. Jahrhundert enthüllen soll, wie soll man dann die Tatsache interpretieren, dass der erste

---

1908 erschien es bereits in sechster Auflage. Obwohl die Idee die Unterstützung führender Politiker der jungen Dritten Republik wie Jules Ferry fand, wurde sie von Republikanern abgelehnt, die Kolonialpolitik für zu abenteuerlich und zu antidemokratisch erachteten. Ferrys Standpunkt gewann genug Einfluss, um die kolonialen Eroberungen in Afrika und Südostasien zu ermöglichen, jedoch nicht genug, um eine beständige Zivilisierungsmission oder zumindest die Unterstützung des Staates für eine systematische Nutzbarmachung der Kolonien erlangen zu können. Einige vertreten die Auffassung, dass sich eine »Kolonialpartei« hat durchsetzen können, nicht weil sie in der Lage war, die Öffentlichkeit oder die Eliten von den Vorzügen eines nationalen Projektes zu überzeugen, sondern weil die Mehrheit gleichgültig war und der Kolonialpartei es gelang, ein Bündnis sehr vielfältiger, kolonial engagierter Interessengruppen zu schmieden. Siehe Paul Leroy-Beaulieu, *De la colonisation chez les peuples modernes*, 6. Aufl., Paris 1908; James R. Lehning, *To Be a Citizen: The Political Culture of the Early French Third Republic*, Ithaca (NY) 2001: 128–154; und Charles-Robert Ageron, *France Coloniale ou Parti Colonial?*, Paris 1978).

90 Cohn, *Colonialism and Its Forms of Knowledge*. In seiner Studie zum indischen Zensus verwirft Sumit Guha die Vorstellung von einem »warmen, kuscheligen Kontinuum vormodernen, kollektiven Lebens«, das »plötzlich und willkürlich von der kolonialen Moderne durchschnitten« worden sei, und bemerkt, dass vorkoloniale Gemeinwesen sowohl gespalten waren als auch fähig, ihre Spaltungen zu klassifizieren und zu spezifizieren. Er diagnostiziert einen erheblichen Wandel über die Zeiten, aber keinen Bruch. »The Politics of Identity and Enumeration in India c. 1600–1990«, in: *Comparative Studies in Society and History* 45 (2003): 162 (Zitat).

Zensus in Kenia erst 1948 erfolgte und Kolonialbeamte zuvor nie an einer derartigen Erhebung interessiert waren?[91] Koloniale Staaten waren nicht notwendigerweise bestrebt oder darauf angewiesen, individuelle Subjekte in ihrem Verhältnis zum Staat zu sehen oder sie zu klassifizieren und entlang verschiedener Achsen zu verorten; sie gehörten zu Stämmen und konnten durch das Kollektiv regiert werden. Während europäische Regierungen vielleicht bestrebt waren, Bevölkerungen in die Normalen und die Verrückten, die Kriminellen und die Anständigen zu unterteilen, und Institutionen schufen, um ihre Subjekte zu kennzeichnen, konzentrierten sich koloniale Institutionen weit mehr darauf, das Kollektiv statt das Individuum mehr schlecht als recht ihren Bedürfnissen anzupassen. Und das koloniale Strafrecht machte noch bis in die Zeit nach dem Zweiten Weltkrieg von jenen Strafen Gebrauch, die nach Foucault eigentlich durch moderne Gouvernementalität hätten ersetzt werden müssen – Prügeln, die kollektive Bestrafung von Dörfern und Verwandtschaftsgruppen, strafrechtliche Sanktionen bei Vertragsverletzungen.[92] Koloniale Regime in Afrika waren offensichtlich nicht in der Lage, die Ausübung von Macht auf eine routinemäßige Grundlage zu stellen und zu normalisieren, und sie waren ebenso inkohärent in ihren Bemühungen, »Tradition« und »traditionelle Herrscher« zu einem stabilen Herrschaftsmuster zusammenzufügen.[93]

Gewiss, einige Kolonialregime im 19. Jahrhundert hatten ihre Version von James Mill, der die Möglichkeiten für den Fortschritt in indigenen kulturellen Traditionen für begrenzt hielt und auf eine gründliche Umgestaltung Indiens hoffte.[94] Doch man sollte auch berücksichtigen, wie sehr sich die indische Regierung in Zurückhaltung übte: ihr Widerwille, sich auf die zur wirtschaftlichen Entwicklung nötigen Risiken und Investitionen einzulassen, die Beschränkungen, die sie angesichts ihrer delikaten Beziehungen zu indischen Eliten verspürte, ihre Vorsicht, wenn es darum ging,

---

91 Thomas, *Politics of the Womb*, 110.
92 Vaughan, *Curing Their Ills*; David Anderson,»Master and Servant in Colonial Kenya, 1895-1939«, in: *Journal of African History* 41 (2000): 459–485. Für eine nuancierte Diskussion der Erkenntnisse und toten Winkel Foucaults unter kolonialem Blickwinkel siehe Stoler, *Race and the Education of Desire*.
93 Thomas Spear,»Neo-Traditionalism and the Limits of Invention in British Colonial Africa«, in: *Journal of African History* 44 (2003): 3–27.
94 Siehe Thomas Trautmann, *Aryans and British India*, Berkeley 1997, für eine Analyse des Wandels britischer Sichtweisen von einem orientalisierenden Ansatz, der Indien eine gewisse zivilisatorische Leistung zugestand, hin zu einer härteren Sicht auf indische Rückständigkeit, die systematischer Reformierung bedürfe.

das Landrecht zu individualisieren oder eine verarbeitende Industrie aufzubauen, ihre miserable Bilanz im Bildungs- und Gesundheitswesen und
ihre Bereitschaft, in einem geradezu beschämenden Maß von Abgaben auf
die indigene Landwirtschaft und auf Handelsnetzwerke zu leben.[95] Wenn
viele Beamte glaubten, dass ein Mehr an Wissen um die indische Gesellschaft ein Mehr an Macht bedeuten würde, so war die Unwissenheit doch
ebenso charakteristisch für das Regime, und »panikartige Informations-
sammlung und ideologische Ekstasen [...] spiegelten die Schwäche des
quasi-bürokratischen Staates in seinem eigenen Hinterland wieder«.[96]

Im kolonialen Afrika waren Modernisierungsprojekte zu gewissen Zeitpunkten und in gewissen Kontexten von Bedeutung. Unterdessen lassen
sich einige der schlimmsten Beispiele kolonialer Gewalt mit der Unfähigkeit und dem Desinteresse der jeweiligen Regimes erklären, einen routinemäßigen Kontrollapparat aufzubauen; die Wirtschaftspolitik des frühen 20.
Jahrhunderts beinhaltete die brutale Zwangsausbeutung von Ressourcen
im Kongo König Leopolds oder die »altimperiale« Form der Konzessions-

---

95 Ranajit Guhas Vorstellung vom Kolonialismus als »Dominanz ohne Hegemonie« ist hier
von Bedeutung; auch er sieht die Grenzen kolonialer Bemühungen, einen Untertan zu
schaffen, der mit den Veränderungen in Europa selbst im Laufe des 19. Jahrhunderts
vereinbar wäre. Ich würde sowohl auf die Grenzen der Dominanz als auch auf die der
Hegemonie verweisen und behaupten, dass es in den Kolonialstaaten bisweilen hegemoniale Projekte gab. Es ist besser, sie zu ihrem historischen Zeitpunkt und innerhalb
ihrer historischen Grenzen zu betrachten, als sie entweder zu einer kolonialen Moderne
zu homogenisieren oder die Vorstellung von der Hegemonie ganz zu verwerfen. *Dominance without Hegemony: History and Power in Colonial India*, Cambridge (Mass.) 1997. Zu den
Ambivalenzen britischer wirtschaftlicher und politischer Strategien siehe David
Washbrook, »Law, State and Agrarian Society in Colonial India«, in: *Modern Asian Studies*
15 (1981): 649–721, und C. A. Bayly, *Rulers, Townsmen and Bazaars: Northern Indian Society
in the Age of British Expansion, 1770-1870*, Cambridge 1983. Zur staatlichen Förderung
von Gemeinschaft auf der Grundlage lokaler Hierachien, auf Verwandtschaft basieren-
der Verbindungen und der Stammessolidarität siehe David Gilmartin, *Empire and Islam:
Punjab and the Making of Pakistan*, Berkeley 1988.
96 C. A. Bayly, *Empire and Information: Intelligence Gathering and Social Communication in India,
1780-1870*, Cambridge 1996: 171. David Cannadine kehrt sowohl die Argumente als
auch die Mängel der Forschung zur kolonialen Moderne um. Er interpretiert die imperiale Strategie Großbritanniens als eine tiefsitzende hierarchische Tradition, die die Gemeinsamkeiten britischer und indischer Statusvorstellungen anerkannte und ein konser-
vatives Gemeinwesen auf der Grundlage dieser Gemeinsamkeiten aufbauen wollte. Das
Ergebnis ist eine Einnoten-Symphonie, und obwohl diese eine Note nicht falsch ist, ist
es eine Darstellung des kolonialen Traditionalismus, die ebenso flach ist wie die Darstellung der kolonialen Moderne der anderen Seite. *Ornamentalism: How the British Saw
Their Empire*, New York 2001.

gesellschaft im französischen Äquatorialafrika, und es gab weiterhin Konflikte zwischen Kolonialherren, die den »Nimm-was-du-kannst«-Ansatz verfochten, und jenen, die bestrebt waren, Strukturen zu schaffen, die auf langfristige Rentabilität und Wachstum abzielten. Die größten Erfolgsgeschichten kolonialer Wirtschaftssysteme, wie die Kakaoproduktion in der Goldküste (dem heutigen Ghana) oder in Nigeria, waren vor allem das Ergebnis der Initiativen afrikanischer Bauern; und koloniale Instanzen waren zu froh, von ihren Bemühungen zu profitieren, um zu viele Fragen zu stellen, etwa hinsichtlich der untergeordneten Stellung der Produzenten oder der Art und Weise, in der sie »traditionelle« Verwandtschaftssysteme den Erfordernissen landwirtschaftlicher Innovation anpassten.[97]

Wenn man die am Ende des 19. Jahrhunderts von der Dritten französischen Republik verkündete »Zivilisierungsmission« ernst nehmen will, dann sollte man den wichtigen Einwand J. P. Daughtons zur Kenntnis nehmen, nach dem die Kolonialherren kaum Ressourcen – Lehrer, Ärzte, Ingenieure – dafür einsetzten, während der hartnäckige Gegner des säkularen Republikanismus, die katholische Kirche, weit mehr Männer in das Kolonialreich entsandte, nicht um zu zivilisieren, sondern um zu konvertieren, zwecks Förderung einer sozialen Ordnung, die weit hierarchischer und traditionalistischer war als die daheim und in Übersee von republikanischen Modernisierern befürwortete. Man sollte auch zur Kenntnis nehmen, dass sogar die republikanische Regierung ihre Zivilisierungsmission nach dem Ersten Weltkrieg zurücknahm und stattdessen eine Politik der Retraditionalisierung betrieb.[98] Wenn britische Missionare danach strebten, Personen aus einem Netzwerk sozialer Beziehungen zu lösen und sie als Individuen in den Markt und in Herrschaftsinstitutionen zu integrieren, was macht man dann aus den Bemühungen des kolonialen Staates, jene als »detribalisierte Eingeborene« bezeichneten Menschen zu marginalisieren, die sich am entschiedensten von Brauchtum und Verwandtschaft gelöst hatten? Befürworter religiöser Bekehrung und Erziehung wollten den Geist der unterworfenen Völker kolonisieren, doch die Kolonialherren stellten nur wenige Mittel für derartige Bemühungen bereit, bis sie nach 1945 beinahe panikartig bemerkten, dass ihre Anstrengungen, die Kolonialreiche zu

---

97 Zu den Beschränkungen kolonialer Wirtschaften siehe Frederick Cooper, »Africa and the World Economy«, in: Ders. u.a., *Confronting Historical Paradigms*.

98 Conklin, *A Mission to Civilize*; J. P. Daughton, »Missionaries, Colonialists, and French Identity, 1885–1914 (Indochina, Madagascar, French Polynesia)«, PhD Dissertation, University of California, Berkeley, 2002.

relegitimieren und neu zu beleben, ausgebildetes Personal erforderten, das sie nicht herangebildet hatten, und neue Formen der politischen Inkorporation, die sie zuvor zu verhindern wussten.

Soll man koloniale Kampagnen gegen indigene Formen der Sklaverei, Witwenverbrennungen oder Kinderehen als Teil einer kohärenten Kampagne betrachten, rückständigen Kulturen ein universelles Konzept des mit gewissen Rechten ausgestatteten Individuums aufzuzwingen? Oder steckt in diesen kolonialen Initiativen nicht etwas Klägliches, das Eingeständnis, dass ihre Ambitionen zur Umgestaltung niemals verwirklicht werden konnten, dass sie allenfalls gewisse »rückständige Praktiken« brandmarken und den Versuch unternehmen konnten, sie aus dem Gesamtkontext einer »traditionellen Gesellschaft« herauszulösen, wobei man das Scheitern dieser Bemühungen dann als Beweis für die unverbesserliche Rückständigkeit der Kolonisierten präsentieren konnte?[99] In den ersten Jahrzehnten nach der Eroberung entwickelten einige politische Entscheidungsträger sowohl im französischen als auch im britischen Teil Afrikas ehrgeizige Pläne, Sklaverei in Lohnarbeit zu verwandeln und neue Gebiete für den Handel zu erschließen, doch mussten sie sehr schnell lernen, dass der Manipulierung afrikanischer Produktionssysteme Grenzen gesetzt waren.[100] In den 1920er und 1930er Jahren erwogen und verwarfen Frankreich und Großbritannien Pläne, die die Verwendung von Ressourcen des Mutterlandes zum Aufbau einer besseren Infrastruktur in den afrikanischen Kolonien vorsahen, und begnügten sich mit einer weniger dynamischen Vorstellung von kolonialen Wirtschafts- und Arbeitsverhältnissen und der Herrschaft über »traditionelle« Gesellschaften.

Doch in den 1940er Jahren wurde den politischen Entscheidungsträgern in Frankreich und Großbritannien klar, dass es systematischerer Anstrengungen bedurfte, um produktive Ressourcen zu entwickeln, eines sorgfältigeren Programms, um Lohnarbeiter in reguläre Beschäftigungsverhältnisse und urbane Lebensweisen einzubinden, und einer zukunftsweisenderen Darstellung von Kolonialpolitik.[101] Demnach ist es sehr wohl

---

99 Als ein Beispiel für letztere Tendenz präsentiert David Edwards Afghanistan, wo kolonialer Ehrgeiz sich darauf beschränkte, nach »verrückten Mullahs« zu suchen. Die Unmöglichkeit der eigentlichen Transformation Afghanistans wurde zur Begründung für seine koloniale Eroberung. »Mad Mullahs and Englishmen: Discourse in the Colonial Encounter«, in: *Comparative Studies in Society and History* 31 (1989): 649–670.

100 Frederick Cooper, »Conditions Analogous to Slavery: Imperialism and Free Labour Ideology in Africa«, in: Ders./Holt/Scott, *Beyond Slavery*, 107–149.

101 Cooper, *Decolonization*.

möglich, zu gewissen Zeitpunkten koloniale Modernisierungsprojekte zu erkennen, ebenso wie zu anderen Zeitpunkten die Nichttransformation »traditioneller Gesellschaften« eine entscheidende Rolle in der kolonialen Ideologie spielte. Wenn man jedoch das Gesamtbild mit dem Begriff der kolonialen Moderne bezeichnet, nimmt man solchen Sichtweisen die Kraft und schreckt davor zurück, danach zu fragen, warum und durch welche Prozesse sie zu bestimmten Zeitpunkten zum Vorschein kamen. Entscheidend ist jedoch, dass man auf diese Weise leicht jene Momente – wie die Zeit während und nach den beiden Weltkriegen – übersieht, in denen afrikanische Initiativen koloniale Regimes dazu zwangen, ihre Politik neu zu justieren und damit afrikanischen sozialen und politischen Bewegungen die Gelegenheit gaben, neu entstandene Risse im Regime auszuweiten, neuen Herrschaftsstrategien entgegenzuwirken und neue Grundlagen zur Mobilisierung der Massen zu finden.[102]

In der Zeit nach dem Zweiten Weltkrieg identifizierten koloniale Modernisierer noch vor den akademischen Modernisierungstheoretikern eine Reihe sich gegenseitig bedingender Merkmale als Indikatoren für Fortschritt auf einem Pfad, der von der erstarrten Tradition in die dynamische Moderne führte. Die Frage, ob der Missionsschüler, der neu ausgebildete Lehrer oder der Facharbeiter das Paket als Ganzes akzeptierte, wurde nun wichtig. In den 1950er Jahren befürchteten Kolonialbeamte, dass der Afrikaner, der sich die technischen Fertigkeiten angeeignet hatte, um einen bestimmten Beruf auszuüben, dennoch nicht die Motivation und den sozialen Antrieb hätte, sich in allen Aspekten an die industriellen oder urbanen Gegebenheiten anzupassen, und dass er – wie der teilweise bekehrte Christ – rückfällig werden könnte. Einige Beamte hatten ihre Rolle als Modernisierer so verinnerlicht, dass sie Afrikaner, die sich nicht nach dem Drehbuch verhielten, nicht als kuriose Rückständige, sondern als mutwillige Fortschrittsfeinde betrachteten, was die große Brutalität erklärt, mit der

---

102 John Comaroff zeigt, dass es möglich ist, den Widerspruch zwischen modernisierenden und traditionalisierenden Strategien in den Kolonien aufzulösen, indem er auf die zwei Seiten kolonialer Staaten verweist, eine, die zur Schaffung moderner Bürger tendierte, die auf dem modernen Markt funktionieren würden, und eine andere, die Unterschiede vergegenständlichte. Dabei bleibt der doppelzüngige Charakter des Kolonialismus in der Zeitlosigkeit gefangen, ohne eine Möglichkeit, die Situationen, in denen koloniale Regimes sich mit großer Schärfe in die eine oder eine andere Richtung bewegten, zu analysieren. »Governementality, Materiality, Legality, Modernity: On the Colonial State in Africa«, in: Deutsch u.a., *African Modernities*, 129.

angeblich antimoderne Bewegungen, vor allem die Mau Mau-Bewegung, niedergeschlagen wurden.[103] Umfassende historische, ethnologische und soziologische Forschungen zu den Ergebnissen solcher Initiativen haben gezeigt, wie diese Modernisierungsbemühungen *entpackt* wurden. Wie auch schon zuvor konnte die Missionsstation zu einem Ort werden, an dem ältere Muster von Verwandtschaftsbeziehungen und kleinbäuerlicher Produktion ihre Fortsetzung fanden, geschützt vor der Raubgier weißer Siedler oder rivalisierender Gemeinschaften. Die Zahlung von Familienzuwendungen, die dazu vorgesehen war, afrikanische Arbeiter den Ressourcen ihrer Heimatdörfer zu entwöhnen, konnte den Männern stattdessen Ressourcen an die Hand geben, um ihre Familien zu erweitern und Lohnarbeit mit Handelsnetzwerken und kleinbäuerlicher Agrarproduktion zu kombinieren. Urbane Migranten konnten ihre Verbindungen zum Land stärken, statt sie abzubrechen, und innerhalb der Stadt verschiedenartige Netzwerke auf der persönlichen oder der Verbandsebene aufbauen. Westliche Medizin konnte in ein erweitertes Repertoire von Heilmethoden integriert werden. Die Alphabetisierung konnte dazu genutzt werden, die »Tradition« aufzuzeichnen, das Mitwirken Afrikas an der Entwicklung der Menschheit hervorzuheben oder Netzwerke von Briefschreibern oder Bittstellern zu schmieden, die Missionare oder die Regierung herausfordern konnten. Gleichzeitig verschärften Wirtschaftswachstum und Modernisierungsprojekte bestehende Klüfte und Unsicherheiten, und die Menschen bemühten sich verzweifelt, alte und neue soziale Netzwerke zu entwickeln, um unterschiedliche Formen ökonomischer Aktivität miteinander in Einklang zu bringen und die verschiedensten kulturellen Ressourcen nutzbar zu machen, um die Unsicherheit zu verringern, und dies in der Hoffnung, eine bessere Zukunft zu gestalten.[104]

---

103 Cooper, *Decolonization*.
104 Sogar in den 1950er und 1960er Jahren, als Modernisierungstheoretiker ihre einheitlichen Visionen globaler Umgestaltung entwarfen, zeigte die Forschung vor Ort ein komplexeres Bild, das sich bereits in den Beiträgen auf einer UNESCO-Konferenz im Jahr 1954 manifestierte und 1956 unter dem Titel *Social Implications of Industrialization and Urbanization in Africa South of the Sahara*, Paris 1956, veröffentlicht wurde. Die Literatur zu den in den vorangegangenen beiden Absätzen behandelten Punkten ist mittlerweile sehr umfangreich. Gute Beispiele dafür, wie Afrikaner Prozesse sozialen Wandels rekonfigurierten, finden sich in McKittrick, *To Dwell Secure*; J. D. Y. Peel, *Religious Encounter and the Making of the Yoruba*, Bloomington (IN) 2000; Berry, *Fathers Work for Their Sons*; Lindsay, *Working with Gender*; und Vukile Khumalo, »Epistolary Networks and the Politics of

Weder die Zeitmuster noch die Art des Wandels passen zu den kolonialen – oder anderen – Modernisierungspaketen, doch die Geschichte dieses unberechenbaren Augenblicks (siehe Kapitel 7) legt eine andere Sichtweise auf die Sprache der Moderne nahe: sie als ein Mittel zu sehen, um Ansprüche anzumelden. Ein gutes Beispiel für die Nutzbarmachung eines solchen Diskurses sind die Gewerkschaften, die 1946 afrikanische Regierungsangestellte während eines großen Streiks in Senegal repräsentierten. Am Verhandlungstisch brachten die Gewerkschaftssprecher ihre französischen Gesprächspartner mit folgendem Argument zum Schweigen: »Ihr Ziel ist es, uns auf Ihr Niveau emporzuheben; ohne die dazu nötigen Mittel wird das nie gelingen.«[105] Solche Ansprüche waren wirkungsvoll, weil sie gut organisierte soziale Bewegungen mit den Bestrebungen von Kolonialbeamten in Verbindung brachten, die Grundlagen für ein integratives und vereinheitlichendes imperiales Gemeinwesen zu legen, und mit ihrer Hoffnung, dass Afrikaner produktive und kooperative Mitwirkende eines solchen Gemeinwesens werden könnten. Solche Ansprüche sollten schon bald die Illusionen der französischen Regierung in Frage stellen, ein modernisiertes Kolonialreich steuern – und bezahlen – zu können.

Nur indem sie die zentralen Grundsätze des Kolonialreiches aufgab, konnte die französische Regierung den Implikationen ihrer Modernisierungsideologie entkommen, vor allem den Ansprüchen auf französische Ressourcen. Doch wenn Frankreich zu diesem Zeitpunkt auch dazu bereit war, die Logik des Kolonialreiches in Frage zu stellen, so verwarf es doch nicht die Logik der Modernisierung. Tatsächlich akzeptierten die Verantwortlichen das Ende direkter kolonialer Herrschaft teilweise deswegen, weil sie sich selbst davon überzeugten, dass Afrikaner ein begründetes Interesse daran hatten, die von ihnen geschaffenen »modernen« Strukturen zu erhalten, in fortgesetzter Zusammenarbeit mit Frankreich, nur von jetzt an zwischen souveränen Nationen mit ungleichen ökonomischen Ressourcen.[106] Eine solche Sichtweise machte die Dekolonisation vorstellbar, doch

---

Cultural Production in KwaZulu/Natal, 1860-1910«, PhD Dissertation, University of Michigan, 2004.

105 Transkription eines Interviews vom 15. Januar 1946 zwischen Vertretern des Syndikats von Saint-Louis und dem Personal- und Finanzchef des Generalgouvernements, K 405 (132), Archives du Sénégal.

106 Mit der Modernisierungskritik verknüpft ist die Entwicklungskritik, eine Sichtweise, die ebenfalls die Bedeutung des Entwicklungskonzepts für die Anmeldung von Ansprüchen vernachlässigt. Siehe Cooper/Packard, »Introduction«, in: *International Development and the Social Sciences*.

dieselbe Idee, die hinter dem Modernisierungspaket stand, verhinderte, dass sich die Verantwortlichen vorstellen konnten, wie sich postkoloniale afrikanische Gemeinwesen entwickeln würden.

Wir sehen hier, wie die Idee der Modernisierung in einem bestimmten Kontext *angewendet* wurde, und wir können die Folgen ihrer Anwendung und ihre Beziehung zur Politik vor Ort mitverfolgen. Es ist die Intensität dieses historisch verwurzelten Prozesses der Anmeldung von Ansprüchen und Gegenansprüchen im Namen der Modernisierung, die John Comaroff entgeht, wenn er betont, dass die multiplen Modernen, die er untersuchen möchte, »nichts mit Modernisierungsprozessen zu tun haben«.[107]

In der Konstellation der Nachkriegszeit entwarfen britische und französische Regierungen und afrikanische und asiatische soziale und politische Bewegungen verschiedene Modernisierungsprojekte. Dasselbe taten die Regierung der Vereinigten Staaten und ihr Rivale, die gleichfalls modernisierende Sowjetunion. Solche Initiativen führten für eine gewisse Zeit zu einem internationalen Konsens, nach dem Modernisierung und Souveränität zu den Zielen internationaler Organisationen gehörten. Für einige staatliche Akteure bestand das Ziel darin, im Zeitalter der Dekolonisation den Wandel zu gestalten. Für andere hingegen ging es darum, neue Fragen aufzuwerfen, Ansprüche auf die Ressourcen des »entwickelten« Teils der Welt anzumelden. Für Akademiker ergab sich aus dem offenkundigen Bedarf an neuem Wissen und neuen Theorien eine Rolle, die sie in einem globalen Drama spielen.

---

107 Comaroff, »Gouvernementality«: 130, Anm. 40.

Teil III
Die Möglichkeiten der Geschichte

6 Staaten, Imperien und politische Phantasie

General de Gaulle erklärte in seiner Rede in der Normandie am 16. Juni 1946, dass hier »auf dem Boden der Ahnen der Staat wieder in Erscheinung getreten ist«. Nach dem Albtraum der Niederlage konnte der französische Staat nun eine »nationale und imperiale Einheit« neu errichten. Dieser Dualismus von Nation und Imperium kehrte in der Rede beständig wieder: Der Staat werde »alle Kräfte von *la patrie* und der Französischen Union sammeln«; er werde »das gesamte *Empire* und ganz Frankreich« vereinen. De Gaulle unterschied »die Metropole« von den »Überseeterritorien, die auf unterschiedliche Weise der Französischen Union verbunden sind«, und beschwor zugleich die »Zukunft von 110 Millionen Männern und Frauen, die unter unserer Fahne und in einer Organisation von föderaler Form leben«. Die Mehrheit dieser französischen Menschen lebte nicht im europäischen Frankreich.[1]

Der französische Staat, so machte de Gaulle deutlich, war nicht die französische Nation, und die Nation war nicht der Staat. Der Staat, der von seinem Präsidenten und dem Parlament repräsentiert wurde, war das *Empire* unter dem neuen Namen der Französischen Union. Er bestand einerseits daraus, was de Gaulle als Republik, Nation oder *la patrie* bezeichnete, jüngst vermehrt durch die Übersee-Departements, nämlich Frankreichs »alte Kolonien« in der Karibik, die nun den gleichen Status wie die Departements des kolonialen Frankreich erhalten hatten, und andererseits aus France d'Outre-Mer, also Kolonien, die in Überseeterritorien und assoziierte Staaten (frühe Protektorate wie Marokko und Teile Indochinas) umbenannt worden waren. Algerien war territorial Teil der Republik, aber seine Bevölkerung wurde nicht gleich behandelt. Frankreich war 1946 kein Nationalstaat, sondern ein imperialer Staat.

---

1 Rede am 16. Juni 1946 in Bayeux, Wiederabdruck in: *Comité National chargé de la publication des travaux préparatoires des institutions de la V e République. Documents pour servir à la constitution du 4 octobre 1958*, Bd. 1, Paris 1987: 3–7.

Die Gegnerschaft gegen die französische Herrschaft nahm häufig ebenfalls eine solche breite, imperiale Gestalt an. Die nationalen Unabhängigkeitsbewegungen lassen sich nur in Beziehung zu anderen Bewegungen verstehen, die auf der Grundlage ihrer Zugehörigkeit zum Größeren Frankreich als einer einzigen politischen und moralischen Einheit Rechte und Ressourcen beanspruchten. Die anti-kolonialen Bewegungen waren nicht ein Stadium auf dem unausweichlichen Pfad vom Imperium zur Nation, sondern Teil eines breiteren Musters von Kämpfen, deren Höhepunkt in der Vervielfachung von Nationalstaaten situationsabhängig und kontingent war.

In diesem Kapitel will ich zeigen, dass sowohl die Art und Weise, wie die Führer der imperialen Staaten über ihr politisches System dachten, als auch die Formen, in denen politische Streitfragen debattiert wurden, das »Denken als Imperium« widerspiegeln.[2] Das Problem des Gleichgewichts zwischen den Polen der Inkorporierung (der Anspruch des Imperiums, dass seine Untertanen zum Imperium gehörten) und der Differenzierung (der Anspruch des Imperiums, dass seine Untertanen unterschiedlich regiert werden sollten) war Gegenstand von Streitigkeiten und veränderlichen Strategien. Gleichgewichtszustände wurden durch das Handeln von Menschen in den Kolonien beständig gestört. Diese imperiale Perspektive ist weit davon entfernt, in der »modernen Ära« eine anachronistische politische Form darzustellen; sie gilt vielmehr für Frankreich, Großbritannien und andere wichtige Staaten des 19. und 20. Jahrhunderts.

In dieser kurzen, schematischen und selektiven Darstellung der Bedeutung und Dauerhaftigkeit imperialer Systeme werde ich auf die Präzedenzfälle des römischen und des mongolischen Reiches und auf ihren Einfluss auf die späteren imperialen Systeme in ganz Europa und Asien zurückblicken. Meine These lautet, dass imperiale politische Systeme – »alte« wie »neue« – ein System bildeten, in dem jeder ernsthafte Prätendent auf geopolitischen Einfluss gezwungen war, wie ein Imperium zu denken und zu handeln.

Man kann behaupten, dass moderne Imperien Verlängerungen oder Projektionen von Nationalstaaten waren, und manche Befürworter der Kolonisierung haben im späten 19. Jahrhundert auch so argumentiert: Kolonien sollten Ausdruck nationaler Macht sein, und ihre Ressourcen sollten für nationale Zwecke eingesetzt werden. Doch solche Positionen

---

2 Ich verdanke diese Formulierung Jane Burbank. Siehe dies./von Hagen/Remnev (Hg.), *Russian Empire*.

wurden innerhalb von Staaten vertreten, die eine lange Geschichte der Konkurrenz in imperialen Bezügen aufwiesen. Diese Sichtweise war ferner Teil einer stärker aufgefächerten Auseinandersetzung mit der Spannung zwischen Inkorporierung und Differenzierung. Politische Führer in der Metropole waren sich regelmäßig uneins über das Ausmaß, in dem die Imperien Zonen der Ausbeutung oder moralische Räume sein sollten – in denen man sich mit Fragen wie Sklaverei, Zwangsarbeit, religiöser Bekehrung und Bildung auseinandersetzen musste. Das extremste Beispiel dafür, dass das Pendel zur dichotomen Differenzierung anstelle einer Spannung zwischen Inkorporierung und Differenzierung ausschwang, war Nazi-Deutschland, und dort verlief die Trennlinie zwischen deutsch und nicht-deutsch ebenso sehr innerhalb des nationalen Territoriums wie in den eroberten Gebieten. Und das Tausendjährige Reich erwies sich als kurzlebig angesichts der Ressourcen der britischen und sowjetischen imperialen Systeme und des Imperiums wider Willen, der Vereinigten Staaten.

Ich greife auf ältere und neuere wissenschaftliche Arbeiten zurück, die die Bedeutung und Dauerhaftigkeit des Aufbaus und Zerfalls imperialer Staaten herausgearbeitet haben.[3] Die Nation gehörte natürlich spätestens seit dem 18. Jahrhundert zum Repertoire der politischen Bewegungen und politischen Denker. Manche glauben, die Wurzeln der nationalen Idee in Europa reichten weiter zurück in die Zeit, als man begann, die Vorstellung vom Volk von jener des Königs zu trennen.[4] Andere verorten den Ursprung des Nationalismus nicht in Europa, sondern in den weiteren Räumen der europäischen Imperien, weil kreolische Eliten ihre nord- und südamerikanischen »Gemeinschaften« als untrennbar von den imperialen politischen Gemeinwesen ansahen, von denen sie ausgegangen waren.[5] Die Idee einer politischen Struktur, in deren Zentrum die linguistische Homogenität einer Vereinigung von Menschen stand, die ihre »horizontalen«

---

3 Einige neuere Studien: Anthony Pagden, *Peoples and Empires: A Short History of European Migration, Exploration, and Conquest from Greece to the Present*, New York 2001; David Abernethy, *The Dynamics of Global Dominance: European Overseas Empires, 1415–1980*, New Haven (CO) 2000; Dominic Lieven, *Empire: The Russian Empire and Its Rivals*, London 2000; Louis (Hg.), *The Oxford History of the British Empire*.

4 David Bell, *The Cult of the Nation in France: Inventing Nationalism, 1680–1800*, Cambridge (MA) 2001.

5 Anderson, *Die Erfindung der Nation*. Zur Kritik an Anderson: Chatterjee, *The Nation and Its Fragments*; Manu Goswami, »Rethinking the Modular Nation Form: Toward a Sociohistorical Conception of Nationalism«, in: *Comparative Studies in Society and History* 44 (2002): 770–799; und John Kelly/Martha Kaplan, *Represented Communities: Fiji and World Decolonization*, Chicago 2001: Kap. 1.

Verbindungen untereinander im Kontrast zur »vertikalen« Loyalität gegenüber einer höheren Autorität betonten, wurde zu einer Möglichkeit, die politische Führer und Denker in Betracht ziehen und diskutieren konnten und die zu Zeiten die Vorstellungswelt der Menschen erfasste.

Doch die Möglichkeit der Nation wurde nicht von allen politischen Akteuren gewählt, am wenigsten von den militärisch und politisch mächtigsten Staaten dieser Zeit, von Großbritannien, Spanien und Frankreich. Sie hörten nicht auf, wie alte Imperien zu handeln, sich in Nationalstaaten zu verwandeln und dann im Interesse der nationalen Macht neue Territorien zu erobern. Die Geschichte Frankreichs muss beispielsweise die grundlegende Weise verarbeiten, in der die Beziehung zwischen dem nationalen und dem imperialen Raum in Frage gestellt wurde – von der Revolution in Saint Domingue 1791 bis 1804 über die differenzierte Inkorporierung europäischer Räume in das Napoleonische Reich zu den von 1848 bis 1946 andauernden Debatten über den Status von »Staatsbürgern« und »Untertanen« in verschiedenen Teilen des Größeren Frankreichs bis schließlich zur finalen Krise eines supranationalen Frankreich, das ebenso von Menschen herausgefordert war, die einen gleichen Anteil an den imperialen Ressourcen beanspruchten, wie von jenen, die ganz aus dem Imperium herausstrebten. Frankreich wurde erst 1962 zum Nationalstaat, als es mit Algerien das letzte Element aufgab, das für seine imperiale Struktur unerlässlich war.

Eine Entwicklungslinie, die vom Imperium zur Nation verläuft, muss auch aus einem anderen Grund hinterfragt werden. Die Zählebigkeit der alten Imperien Eurasiens – des Habsburgischen, Osmanischen und des Romanow-Reiches – bis 1917 bis 1923 stellt für jene, die die »moderne« Ära als eine Zeit der Nationalstaaten ansehen, ein Problem dar. Das Problem wird gewöhnlich dadurch gelöst, dass diese Imperien als anachronistische Überbleibsel eines Zeitalters der Aristokratie beschrieben werden, die sich gegen die unvermeidlichen nationalen Herausforderungen, welche sich im Verlauf des 19. Jahrhunderts auftürmten, an ihre imperialen Identifikationsmuster klammerten. Die neuere historische Forschung hat die Macht der *imperialen* Vorstellungen unter den Reformern und Oppositionsbewegungen in allen Imperien deutlich herausgearbeitet. Der Nationalismus gehörte zum Repertoire der politischen Opposition, aber er war nicht notwendig dessen wichtigster Bestandteil.

Die Zerstückelung dieser Imperien nach dem Ersten Weltkrieg sollte nicht zurückprojiziert werden. Und der Zusammenbruch des Russischen

Reiches in dieser Periode führte zur Entstehung einer anderen imperialen Form, der Sowjetunion, mit ihrem hochzentralisierten politischen System, das auf die Neugestaltung der Gesellschaft orientiert, jedoch im Innern um die Aufrechterhaltung abgeteilter nationaler Republiken herum organisiert war. Überaus wichtig ist die Überlappung unterschiedlicher politischer Formen: eine Mannigfaltigkeit von Imperien und Staaten mit supranationalen Machtgrundlagen, mit abhängigen Gebieten, Klientelkreisen, annektierten Territorien und untergeordneten Bevölkerungsgruppen hat sich über den größten Teil der Geschichte hinweg die Weltbühne geteilt – einschließlich der jüngeren Vergangenheit.[6]

Imperien haben einen Teil ihrer Untertanen durchaus zu Loyalität und Identifikation angeregt, doch häufiger noch griffen sie auf kontingente Zugeständnisse zurück.[7] Sie riefen Opposition im Namen solidarischer Identifikation unterworfener Völker hervor und ebenso die Opposition von Gruppen, die versuchten, kontingente Arrangements mit anderen Imperien zu erreichen. Häufig wurde ihre Machtposition von ihren eigenen Bevollmächtigten oder von Siedlern untergraben, die Mittel zum Erwerb von Macht und Reichtum fanden, indem sie das imperiale Zentrum umgingen. Die imperialen Führer glaubten manchmal, sie könnten Inkorporierung und Differenzierung perfekt austarieren, aber die größten Imperien

---

6 Diese Koexistenz von einander nicht äquivalenten politischen Einheiten, deren politische Autorität sich auf bestimmten Territorien manchmal überschneidet, ist für eine umfangreiche politikwissenschaftliche Literatur problematisch. Unter diesen Analysen äußert sich die von Stephen Krasner am explizitesten über »Alternativen zu Staaten«, die es immer gegeben habe (vom Heiligen Römischen Reich bis zum Britischen Commonwealth, der Communauté Française und der postsowjetischen Gemeinschaft Unabhängiger Staaten), und zu der routinemäßigen Hinnahme von Verletzungen der Normen der Souveränität. Ein Durchdenken des Ortes der Imperien in der Geschichte mag dazu führen, die Trennlinie zwischen normkonformem und heuchlerischem Verhalten weiter zu verwischen, wenn man die sich wandelnden Einheiten untersucht, in denen Souveränität beansprucht, ausgeübt und bestritten wurde. *Sovereignty: Organized Hypocrisy*, Princeton (NJ) 1999: 228. Siehe auch Hendrik Spruyt, *The Sovereign State and Its Competitors*, Princeton (NJ) 1994.

7 Die These von Michael Doyle, dass eine »imperiale Regierung ein Souverän ohne Gemeinschaft« sei, trifft nur dann zu, wenn Gemeinschaft Homogenität erfordert. Imperiale Gemeinschaften – im Französischen, Osmanischen und Habsburger-Reich – waren nicht gleichbedeutend mit einer einzigen Gesellschaft, konnten aber dennoch unter ihren Einwohnern ein starkes Zugehörigkeitsgefühl hervorrufen. *Empires*, Ithaca (NY) 1986: 36.

wurden Opfer der Hybris, die in der Annahme steckte, sie könnten ihre Kontrolle unbegrenzt ausdehnen.[8] Imperien übten Macht aus, weil sie stark *und* weil sie schwach waren. Terror-Taktiken – massenhafte Gemetzel bei der Eroberung, danach kollektive Bestrafung von Dörfern und Verwandtschaftsgruppen – waren Markenzeichen der Kolonisierung und dauerhafte Bestandteile der Kontrollmechanismen. Dabei wurde bei den Luftbombardements während der Rebellionen im britischen Völkerbund-Mandatsstaat Irak und in Spanisch-Marokko während der 19020er Jahre[9] sowie im britischen Kenia und im französischen Algerien während der 1950er Jahre und im Portugiesischen Afrika in den 1970er Jahren neue Technologie mit einer uralten Taktik verbunden. Dieser Aspekt kolonialer Kontrolle, die Territorien mit Terror zu überziehen und dann weiterzumachen, brachte zum Ausdruck, wie schwach die *routinisierte* Verwaltung und Polizei in den kolonialen Gebieten waren. Ferner manifestierte sich hier die Notwendigkeit, die Kosten der Verwaltung und Disziplinierung ungeachtet aller Ansprüche im Hinblick auf eine Zivilisierungsmission und Herrschaft des Rechtes niedrig zu halten.

Die alten Imperien existierten jahrhundertelang, während die neuen Reiche, wie die afrikanischen Kolonien der Franzosen, Briten und Belgier, nur für Jahrzehnte Bestand hatten. Auf den ersten Blick verfügten die neuen Imperien über effektivere technologische und organisatorische Mittel, um Macht auszuüben und aufrechtzuerhalten. Das Überraschende an solchen Vergleichen ist das Ausmaß, in dem die »modernen« europäischen Staaten in Afrika derartige Macht *nicht* ausübten. Kolonialherrschaft war Imperium in einer Billigversion. Sie schuf einen Flickenteppich wirtschaftlicher Ausbeutung anstelle einer systematischen Transformation und herrschte durch ein verknöchertes System der »Stammes«-Autorität, anstatt zu versuchen, gefügige individuelle Untertanen einer vorgeblich modernen Gouvernementalität zu schaffen (siehe Kapitel 5). Als Frankreich und Großbritannien nach dem Zweiten Weltkrieg endlich begannen, über die Mittelmäßigkeit ihrer Transformationsbemühungen hinauszugehen und energischer auf ein entwicklungsorientiertes Imperium hinzuarbeiten, fiel das gesamte Unternehmen schnell auseinander.

---

8 Jack Snyder, *Myths of Empire: Domestic Politics and International Ambition*, Ithaca (NY) 1991.
9 Für die Beispiele staatlichen Terrors in den 1920er Jahren siehe David E. Omissi, *Air Power and Colonial Control: The Royal Air Force 1919–1939*, Manchester 1990; Sebastian Balfour, *Deadly Embrace: Morocco and the Road to the Spanish Civil War*, Oxford 2002: Kap. 5.

Die Tatsache, dass starke imperiale Staaten es akzeptabel fanden, unter bestimmten Umständen nur relativ schwache Macht auszuüben, ist so erstaunlich, dass manche Kommentatoren sich lieber an die Mythen von der totalen Ausbeutung oder von der modernen Gouvernementalität halten, als die verwirrende Realität zu untersuchen. Man kann einem besseren Verständnis ein Stück näher kommen, wenn man sich die im Zeitverlauf zweideutige Beziehung zwischen Imperialismus und Kapitalismus vor Augen führt. Die Kapitalisten waren flexibel genug, von den Kolonialreichen zu profitieren und sie wieder aufzugeben. Sie verfügten über eine Reihe von Mitteln – und benötigten die Unterstützung durch eine Reihe von Zwangs- und Verwaltungsmechanismen –, um ihre Produktionssysteme in verschiedene Teile der Welt zu integrieren; dabei trafen sie auf Beschränkungen und Hindernisse; sie werden weiter staatliche Strukturen benötigen, um ihnen aus den endlosen Schwierigkeiten zu helfen, die sich aus der Ungleichmäßigkeit des Kapitalismus ergeben; und sie können sich sehr wohl wie im heutigen Europa an neue Formen supranationaler Politik anpassen. Der Verlauf dieser ungleichmäßigen Entwicklung trägt zu der Erklärung bei, warum die westeuropäischen Mächte im späten 19. Jahrhundert in der Lage waren, neue Territorien zu erobern, während das Osmanische und Chinesische Reich sich in der Defensive befanden, und warum die europäischen Mächte ihre Macht nicht vollständig einsetzten, um die Gesellschaften, die sie unterworfen hatten, umzugestalten – entweder, in dem sie diese nach ihrem eigenen Bild geformt hätten oder um ihre Ausbeutung zu maximieren. Zugleich lässt die Tatsache, dass das Imperium eine politische Form war, uns besser verstehen, warum Sklaverei, Zwangsarbeit und Landenteignung im Frankreich und Großbritannien des 19. und 20. Jahrhundert leidenschaftlich diskutiert und nicht einfach als akzeptable Mittel zur Anhäufung von Reichtum hingenommen wurden, solange dies nur »da draußen« passierte.

Trotz der Berufung auf Empire in der jüngsten politischen Debatte in Amerika müssen wir über das Imperium nicht nachdenken, weil es demnächst wiederbelebt werden könnte, sondern weil es für so lange Zeit, bis vor so kurzer Zeit und mit so wichtigen Folgen einen derart wichtigen Bestandteil des politischen Lebens gebildet hat. Wir müssen ernsthaft über das Spektrum alternativer politischer Formen und politischer Phantasie nachdenken, die in unterschiedlichen Situationen im Lauf der Geschichte zur Verfügung gestanden haben.

Alle Wege führen nach Rom – oder in die Mongolei

Der Arc de Triomphe, der gebaut wurde, um an die Eroberungen Napoleons zu erinnern, nutzte die Symbolsprache des Alten Rom zur Verherrlichung des Kaisers, der in den Fußstapfen der Französischen Revolution und der Aufklärung gefolgt war. Das britische Empire griff in einem Großteil seiner offiziellen Architektur und manchmal auch in seiner Rhetorik ebenfalls auf das Römische Reich als Modell zurück, das den Glanz der Eroberung mit einer aufgeklärten Autorität verband, die sich vom zivilisatorischen Zentrum aus ausbreitete.[10] Die imperiale Architektur von Hitler und Mussolini setzte einen lähmenden Klassizismus in Szene, um die Dauerhaftigkeit und Autorität zu symbolisieren, die sie für sich beanspruchten.

Rom erklärte sich zum Universalreich.[11] Seinem Selbstverständnis nach teilte es keinen Raum mit anderen politischen Einheiten und erblickte jenseits seiner Grenzen nur Barbarei. Künftige Imperien mochten die universelle Geltung der von ihnen beanspruchten Prinzipien behaupten, doch mussten sie mit anderen koexistieren, die ähnliche (westliche) oder andere (islamische, chinesische) Universalismen für sich in Anspruch nahmen. Das Römische Reich expandierte nicht nur auf Kosten der Barbaren, sondern bezog auch Sklaven von außerhalb, was seinen reichsten Grundeigentümern Alternativen zur Ausbeutung der eigenen Untertanen des Reiches verschaffte. Das frühe Reich entstand aus einem Stadtstaat, bei dem die Autorität nicht in einer Nationalität verankert war, sondern in einer spezifisch römischen Aristokratie und römischen Bürgerschaft, die ausgewählte Mitglieder neuer Territorien inkorporierte, während sie den Zugang zu Ämtern strikt kontrollierte. Die Römer räumten ihre gemischte Abstammung ein, behaupteten aber, sie seien zu einem »imperialen Volk« geworden, dazu bestimmt, weit und breit zu herrschen.[12]

---

10 C. A. Bayly, *Imperial Meridian: The British Empire and the World 1780–1830*, Harrow 1989; Jean Tulard, »L'empire napoléonien«, in: Maurice Duverger (Hg.), *Le concept d'empire*, 294.

11 Rom war nicht das erste Universalreich. Alexander der Große strebte nicht allein nach der Eroberung des einstmals mächtigen Perserreiches oder danach, die unterworfenen Völker in den Dienst der Griechen zu stellen, sondern, wie Plutarch es formuliert hat, danach, der »Schlichter und Schiedsrichter des Universums« zu sein und die Spannung zwischen Asien und Europa zu beenden. Siehe Pagden, *Peoples and Empires*, 13.

12 Georg Woolf, »Inventing Empire in Ancient Rome«, in: Susan E. Alcock/Terence N. D'Altroy/Kathleen D. Morrison/Carla M. Sinopoli (Hg.), *Empires: Perspectives from Archaeology and History*, Cambridge 2001: 316.

In dem Maße, wie die Kaiser ihre Reichweite ausdehnten, rekrutierten sie ihre Untergebenen aus einem weiteren Umkreis, und die Unterscheidung zwischen Römer und Nicht-Römer wurde zugunsten einer Unterscheidung zwischen Herrscher und Beherrschten reduziert, was durch die Rekrutierung lokaler Eliten vermittelt wurde. Das römische Bürgerrecht wurde in den Außenbereichen des Imperiums leichter zugänglich.[13] J. G. A. Pocock zitiert den Fall des Apostels Paulus, der »Rom niemals gesehen« hatte, aber in der Lage war, seine legalen Rechte als römischer Bürger geltend zu machen. Auf diese Weise »genießt er unter den unterschiedlichen Mustern legal definierter Rechte und Immunitäten, die für Untertanen eines so komplexen, aus vielen Gemeinschaften bestehenden Imperiums vorhanden waren, Zugang zu der einheitlichsten und am höchsten privilegierten Form, die es gibt«. Im Jahre 212 n.Chr. wurden alle Untertanen des Römischen Reiches, die keine Sklaven waren, zu Bürgern.[14] Der imperiale Raum Roms war nicht bloß autoritäre Fiktion. Eliten aus entlegenen Provinzen konnten nach der Führung im Reich streben, wenn sie der Obrigkeit gehorchten, Latein lernten und die nötigen Fertigkeiten und Verbindungen erwarben. Römische Kaiser mussten nicht Römer und noch nicht einmal Italicner sein.

Das Vorbild des imperialen Bürgerrechtes sollte einen Widerhall in Frankreich nach dem Zweiten Weltkrieg finden: Mit der Absicht, die politische und moralische Einheit des Imperiums zu betonen, erklärte Frankreich alle Untertanen zu Bürgern. Es sah sich dann einem Bombardement von Forderungen ausgesetzt, die mit dem Staatsbürgerrecht argumentierten und im 20. Jahrhundert für den Staat sehr viel höhere Lasten mit sich brachten als 1734 Jahre zuvor.

Spezialisten für das antike Rom ergänzen dieses Bild imperialer Ausstrahlung in einer Weise, die parallel zu aktuellen Diskussionen über die Spannungen innerhalb der Kolonialreiche läuft. S. E. Alcock hat den berühmten Dualismus zwischen Kollaboration oder Widerstand gegenüber Eroberungen hinterfragt und argumentiert, dass die Griechen im östlichen Römischen Reich imperiale Strukturen und Ideologien auf subtilere Weise nutzen konnten, indem sie ihre Ansprüche als älteres Imperium ausspielten, Patronage, Dienstleistungen oder wirtschaftliche Nischen im Römi-

---

13 Gary B. Miles, »Roman and Modern Imperialism: A Reassessment«, in: *Comparative Studies in Society and History* 32 (1990): 629–659.

14 J. G. A. Pocock, »The Ideal of Citizenship since Classical Times«, in: Ronald Beiner (Hg.), *Theorizing Citizenship*, Albany 1995: 35.

schen Reich zum individuellen Vorteil oder zu jenem ihrer Familie nutzten und ein gewisses Maß an kultureller Eigenart innerhalb der wirtschaftlichen und kulturellen Strukturen des römischen Systems bewahrten. Die Römer akzeptierten ihre Juniorrolle innerhalb der Genealogie imperialer Kultur, denn, wie es der Dichter Horaz formulierte, »Griechenland, die Gefangene, nahm den wilden Sieger gefangen und brachte die Künste ins dörfliche Latium«.

Dennoch war das Römische Reich ein Modell für künftige Bestrebungen, eine imperiale Kultur in Zeit und Raum, in den öffentlichen Raum und in den Takt des Alltagslebens einzuschreiben: mit seinen Aquädukten und Straßen, die ein Niveau staatlicher Dienstleistungen darstellten, wie es in Westeuropa für Jahrhunderte nicht wieder erreicht wurde, mit seiner Markierung des städtischen Raumes durch Tempel, Arenen und Gehwege, seiner unverwechselbaren privaten Architektur und seinem Kalender und seinem Alphabet. Doch wie Greg Woolf gezeigt hat, war der Einfluss der Unterworfenen auf die Eroberer auch außerhalb von Griechenland beträchtlich. Zwar entstand eine spezifisch römische imperiale Architektur, doch war diese Kultur das Produkt der Interaktion über den Raum des Imperiums hinweg und nicht etwa eine Anzahl von Praktiken, die der Stadt Rom entstammten. Gary Miles spricht von den Institutionen und der Kultur innerhalb des Reiches als »einer Serie regionaler und lokaler Hybride, unter denen ein jeder auf seine eigene Weise römische mit eingeborenen Elementen kombinierte«.[15] Hybridität – dieser Lieblingsbegriff der *postcolonial studies* – scheint ihren Anfang ebenso in Rom genommen zu haben wie die Einschreibung des Imperialismus in eine kolonisierte Landschaft.

Die universalen Ansprüche des Römischen Reiches liefern eine weitere Art von Präzedenzfall: für die Gefahren der Hybris und Überdehnung selbst bei Imperien, die keine Rivalen mit nahezu gleichwertiger Macht haben und in denen »nationale« Revolten keine Rolle spielten.[16] Die Geschichte vom Niedergang und Ende des Römischen Reiches faszinierte die

15 Miles, »Roman and Modern Imperialism«: 653; S. E. Alcock, »Greece: A Landscape of Resistance?«, in: D. J. Marttingly (Hg.), *Dialogues in Roman Imperialism: Power, Discourse, and Discrepant Experience in the Roman Empire*, Portsmouth (RI) 1997: 103–115; Horaz zit. nach Susan E. Alcock, »The Reconfiguration of Memory in the Eastern Roman Empire«, in: Dies., *Empires*, 329; Greg Woolf, »Beyond Romans and Natives«, in: *World Archaeology* 28 (1997): 339–350; siehe auch Peter Garnsey/Richard Saller, *The Roman Empire: Economy, Society and Culture*, Berkeley (CA) 1987.
16 Miles, »Roman and Modern Imperialism«: 630.

britische Elite im 19. Jahrhundert und wird auch heute von den politischen Weisen im Hinblick auf den unipolaren Hegemonismus Amerikas bemüht. Für unsere Zwecke dient diese Geschichte als Erinnerung daran, dass die Betrachtung der Machtausdehnung, ob man sie als Kulturimperialismus, moderne Gouvernementalität oder Globalisierung bezeichnet, immer von der Berücksichtigung ihrer Grenzen begleitet sein sollte.

Ein nicht ganz so altes imperiales System liefert ein anderes Modell und eine andere Ahnenreihe für lange bestehende imperiale Staatensysteme – die Imperien der eurasischen Steppe und ihre Ableger vom 12. bis ins 15. Jahrhundert, also die Mongolenreiche von Dschingis Khan, Kublai Khan, Timur und anderen. Die Bedeutung dieser Systeme ergibt sich nicht allein aus ihrer enormen Ausdehnung – auf ihrem Höhepunkt von den Außenbezirken Wiens bis an den pazifischen Rand Asiens –, die die Annahme Lügen straft, schnelle elektronische Kommunikationsmittel seien die entscheidende Variable für das Schrumpfen des Raumes, sondern auch aus ihrem historischen Einfluss. Die Steppenreiche gaben den Anstoß zur Entstehung von drei der größten Imperien, die bis in das 20. Jahrhundert Bestand hatten: Qing-China, Russland und die Osmanen, ebenso wie Rom am Beginn der mutmaßlichen Genealogien von Byzanz, des Heiligen Römischen Reiches, Großbritanniens, Frankreichs, Spaniens, der Niederlande, Portugals, Österreich-Ungarns und Deutschlands steht. Die Mongolen bieten einen Kontrastfall zu Rom, denn sie hatten kein geographisches Zentrum, verknüpften aber eine große Anzahl geographisch verstreuter, kulturell unterschiedlicher Menschen zu einem Personenverband in politischer Abhängigkeit von einer einzigen Obrigkeit. Die politischen Systeme, die unter dem Einfluss der Steppe heranwuchsen, waren überaus unterschiedlich – von dem zentralisierten, bürokratischen System Qing-Chinas bis zur relativen Autonomie der inkorporierten Gruppen im Osmanischen Reich.

Die Mongolenreiche gingen von nomadischen Gesellschaften an den Rändern der stärker besiedelten Gebiete aus. Ihre Fähigkeit, das Ausmaß politischer Kontrolle zu verändern, ergab sich aus ihrer Mobilität, die es ihnen ermöglichte, außerhalb ihres eigenen Basisgebietes zu plündern – vor allem in Regionen, die besser in der Lage waren, einen landwirtschaftlichen Überschuss zu produzieren – und so Gefolgsleute anzuziehen und Raubzüge und Expansion in Gang zu halten. Die fundamentale Dynamik bestand nicht in ethnischer Solidarität, sondern in der patrimonialen Affinität zu einem Herrscher und in dynastischer Expansion. Die Mongolen vermochten es, Menschen unterschiedlicher Herkunft anzuziehen, aber sie waren verletzbar durch die Gefahr, zu Zeiten der Erbfolge auseinander zu brechen, wenn die Affinität der Untergebenen zur Disposition stand. Diese Reiche bestanden daher über die Zeit hinweg im Plural, obwohl die größten unter den Khanen während ihrer Lebenszeit einzigartige Herrschaften über enorme Territorien errichteten. Die Khane schufen vielfältige Militäreinheiten, die sich gegeneinander ausspielen ließen, die aber zugleich hohe Anreize zur Kooperation mit sich brachten, solange das Reich sich weiter ausdehnte und neue Ressourcen zur Verfügung standen. Ebenso, wie die Konsolidierung der Mongolen von der Symbiose zwischen den nomadischen Räubern und den sesshaften Gemeinschaften abhängig war, die Reichtum produzierten, der sich dann aneignen ließ, wurde die Ideologie ihres Reiches von der Beziehung der mongolischen Krieger zu einer Ethnien überspannenden, universalistischen Religion abhängig, dem Islam. Die mongolischen Gemeinwesen unterschieden sich deutlich von den imperialen Systemen, die der Islam auf der arabischen Halbinsel angeregt hatte, denn sie wurden von Personen aus der Peripherie der islamischen religiösen Inkorporierung regiert. Diese imperialen Führer wurden zu Patronen meist persischsprachiger islamischer Gelehrter und machten die großen Städte in den von den Mongolen eroberten Gebieten wie etwa Samarkand zu Zentren der Gelehrsamkeit und Unterweisung sowie von islamischer Architektur und Kunst.[17]

Um zu überleben, mussten die mongolischen Gemeinwesen expandieren, und das taten sie über außerordentliche Entfernungen hinweg, wobei Reiterstafetten das bewegliche Zentrum auf dem Laufenden hielten. Sie waren hinsichtlich all jenem verwundbar, das die singuläre Richtung patrimonialer Loyalität pluralisierte.

An den Rändern der alten Reiche traten neue Arten von Imperien auf. Die Osmanen, eine türkischsprachige Gruppe mit geringer Macht in der Region, zogen nach Anatolien und übernahmen eine Zone, in der einst Griechen und Römer geherrscht hatten und wo die mediterranen Kaufleute aus Venedig und anderswo lange Zeit Einfluss ausgeübt hatten. Die osmanischen Armeen zogen auf den Balkan und eroberten 1453 Konstantinopel, das selbst ein Produkt imperialer Expansion und Spaltung war.

---

17 Joseph Fletcher, »The Mongols, Ecological and Social Perspectives«, in: *Harvard Journal of Asiatic Studies* 46 (1986): 11–51; Beatrice Forbes Manz, *The Rise and Rule of Tamerlane*, Cambridge 1989; Thomas Allsen, *Culture and Conquest in Mongol Eurasia*, Cambridge 2001.

Diese Eroberungen veränderten Regierung und Verwaltung, aber nicht den multi-ethnischen, inkorporierenden Charakter des Gemeinwesens. Das Zentrum ihrer Macht war in steigendem Maß Istanbul; die Osmanen verbanden militärische Macht, Tribut und Bodeneinkünfte mit einem Handel, der sich über das östliche Mittelmeer quer durch Anatolien und bis nach Mitteleuropa hinein erstreckte. Auch entwickelten sie einen komplizierten Verwaltungsapparat, der auf Erweiterungen des Haushaltes des Sultans beruhte, ferner eine Bürokratie, eine staatlich geförderte Gelehrten-Hierarchie und ein »osmanisches imperiales Idiom in Architektur, Dichtung und Geschichtsschreibung«. Dieses Imperium war wie die Römer in der Lage, Menschen aus unterschiedlichen Regionen zu einer Elite zusammenzuziehen, die vor allem anderen osmanisch war, und es zugleich zu vermeiden, die Menschen, die dem imperialen Zentrum Steuern, Soldaten und andere Ressourcen lieferten, zu assimilieren oder ihre Eigenart zu zerstören. Vielmehr wurden unterschiedliche religiöse und ethnische Einheiten, die als *millet* bezeichnet wurden, als Kollektivitäten innerhalb des Imperiums anerkannt.[18] Am Ende übernahmen die osmanischen Sultane die Verteidigung des Kalifats – des politischen Erbes des islamischen Gemeinwesens Mohammeds.

Das Russische Reich entstand ebenfalls an den Rändern der mongolischen Imperien, und zwar aus dem Vasallenstaat eines peripheren Khanats. Der Erfolg des Großfürstentums Moskau verdeckte seinen Ursprung und führte schließlich dank der von Byzanz ausgehenden Einflüsse zur Entstehung eines Staates, der dem orthodoxen Glauben verpflichtet war. Das entstehende Russische Reich orientierte seine Legitimitätsansprüche mit der Zeit um und richtete sie nun gegen die »mongolischen Horden« oder das »Tatarenjoch«. Als Russland seine expansiven, christianisierenden, integrativen Tendenzen nach Zentralasien richtete, gestand es selten ein, dass seine eigenen politischen Wurzeln in dieser Richtung lagen.[19]

Auch die Qing-Dynastie in China ging von einem mit den Mongolen verwandten Volk aus. Das Alltagswissen hat lange Zeit den differenzierten, imperialen Charakter des chinesischen Gemeinwesens heruntergespielt und die homogenisierenden, sinisierenden Tendenzen des Staates übertrieben. In dieser Lesart gilt zwar die Manchu-Dynastie 1644 als militärische Siege-

---

18 Cemal Kafadar, *Between Two Worlds: The Construction of the Ottoman State*, Berkeley 1995: 153.
19 Donald Ostrowski, *Muscovy and the Mongols: Cross-Cultural Influences on the Steppe Frontier, 1304–1589*, Cambridge 1998.

rin über ihre Vorgänger, aber der Konfuzianismus, das Mandarinat und die Han hätten die Kulturkriege gewonnen und die Eroberer in ein dezidiert chinesisches politisches System hineingezogen. China sei ein Imperium gewesen, das im Begriffe war, zum Nationalstaat zu werden: Groß und mächtig, habe es aber die Differenzierung, von der es ausging, nicht reproduziert. Neuere Forschungen von Historikern, die Manchu-Quellen benutzten, lassen das Bild von der kulturellen Hegemonie der Han-Chinesen und mit ihr des nationalen Charakter Chinas komplizierter erscheinen. Mark Elliott meint, der Kern der Herrschaftsstrategie der Manchu habe darin bestanden, die im wesentlichen aus Han bestehende Bürokratie zu nutzen, aber ihre eigenen Besonderheiten zu unterstreichen. Auf diese Weise sei der Kaiser in der Lage gewesen, die am besten ausgebildeten Bürokraten auf Distanz von den dynastischen und militärischen Quellen der Macht zu halten. Diese Strategie war über Generationen hinweg nur schwer durchzuhalten, aber auf seinem Höhepunkt erhielt dieses enorme Imperium seine Einheit dadurch aufrecht, das es eine systematische Verwaltung mit einer kulturell differenzierten politischen Organisation verband. Noch am Ende des 19. Jahrhunderts griffen Gegner der Kaiserdynastie deren Legitimität an, weil sie Manchu – also ausländisch – sei, und verknüpften so ihre Sache mit den Kämpfen, die anderswo gegen die europäischen Imperialisten geführt wurden.[20]

Ebenso wie die Perspektive des Imperiums eine neue Auseinandersetzung mit den Standardweisheiten der Sinologen für angezeigt erscheinen lässt, legt das Nachdenken über China die Neubefassung mit der konventionellen Verbindung zwischen gewissen Formen von Gouvernementalität und dem nach-aufklärerischen Europa nahe. Die grundlegendsten Aspekte der Foucault'schen Gouvernementalität – die Entwicklung staatlicher Überwachungsinstrumente und die Intervention im Hinblick auf den individuellen Untertan – waren in China bereits einige Jahrhunderte früher entwickelt, darunter besonders Volkszählungen und Kataster, Netzwerke staatlicher Schulen und staatliche Kornspeicher. So schreibt R. Bin Wong: »Dem Manchu-Staat stand ein von früheren Herrschern entwickeltes Re-

---

20 Mark Elliott, *The Manchu Way: The Eight Banners and Ethnic Identity in Late Imperial China*, Stanford (CA) 2001; Peter Perdue, »Comparing Empires: Manchu Colonialism«, und »Boundaries, Maps, and Movement: Chinese, Russian, and Mongolian Empires in Early Modern Central Eurasia«, beide in: *International History Review* 20 (1998): 253–286; Kären Wigen, »Culture, Power and Place: The New Landscapes of East Asian Regionalism«, in: *American Historical Review* 104 (1999): 1183–1201; Karl, *Staging the World*.

pertoire von Strategien zur Schaffung gesellschaftlicher Kohäsion zur Verfügung, das weit über das hinausging, was europäische Herrscher vielsprachiger Imperien sich auch nur vorstellen konnten.«[21] Wenn die Moderne ihre Kriterien hat (Kapitel 5), dann scheint die imperiale Moderne in ihren römischen und chinesischen Varianten uralt zu sein.

Das Imperium als moralische Einheit und Handelsnetzwerk: Theorie und Praxis in frühen westeuropäischen Imperien

Die Literatur über die Unterwerfung der Völker Amerikas durch Spanien und das portugiesische Seereich ist so reichhaltig, dass ein Eindringling sich nur mit Beklommenheit in diesen Bereich vorwagt. Ich möchte nur auf einen einfachen Punkt hinaus: Diese Unternehmungen definierten einen imperialen Raum. Sie waren keine Ausdehnungen nationaler Macht und konnten es auch überhaupt nicht sein.[22] Sie waren riesig, aber nicht global, und darüber hinaus abhängig von der Organisation kommerzieller, politischer und militärischer Netzwerke durch Schlüsselbedeutung besitzende Knotenpunkte, außerhalb derer ihre Macht schnell abnahm. Zudem waren sie durch rivalisierende Netzwerke verwundbar, die die Verbindungslinien durchkreuzen konnten. Doch Imperien konnten auch zu einem moralischen Raum werden, zu einer Einheit, die der Bezugspunkt für Debatten über rechtmäßiges Verhalten war und die einen Rahmen für die Propagierung der Religion bereitstellte. Ungeachtet aller Gewalt im Zuge der Eroberung, der Brutalität des extraktiven Kolonialismus, der Verwüstungen durch eingeschleppte europäische Krankheiten, der kulturellen Gewalt, die kleinen Gemeinschaften und großen indigenen Imperien angetan wurde, und der Ausbeutung und Abhängigkeit, in die indigene Menschen und importierte Afrikaner gebracht wurden, konnte doch wenigstens das spanische Imperium nicht der Macht einer Debatte unter seinen eigenen Ideologen über den politischen Status der Menschen ausweichen, die in dieses einbezogen worden waren. Das berühmte Plädoyer von Barto-

---

21 R. Bin Wong, »Two Kinds of Nation, What Kind of State?«, in: Timothy Brook/Andre Schmid, *Nation Work: Asian Elites and National Identities*, Ann Arbor 2000: 112; Bin Wong, *China Transformed*.

22 Zum nicht-nationalen Charakter der frühneuzeitlichen Imperien siehe J. H. Elliott, »A Europe of Composite Monarchies«, in: *Past and Present* 137 (1992), bes. 56–59.

lomé de Las Casas für die Begrenzung der Unterjochung der indigenen Populationen Amerikas war Teil einer ausgedehnten und leidenschaftlichen Diskussion, die in Spanien unter Juristen und Moralphilosophen geführt wurde. Das spanische Imperium war nicht gänzlich spanisch und sicher nicht national; es war ein »kosmopolitisches Konglomerat«. Seine Herrscher waren aus den Wirren der dynastischen Politik Europas hervorgegangen, und unter Karl V. erstreckte es sich 1519 über einen großen Teil Mittel- und Osteuropas, Burgund, das heutige Holland und Belgien, Kastilien, Aragon, Teile Italiens und die eroberten Gebiete in der Neuen Welt; es war das »ausgedehnteste Reich, das die Welt je gekannt hat«. Es lässt sich aber kaum sagen, dass es diese Territorien integrierte. Sein Kaiser – dessen Muttersprache Französisch war – musste das kastilische Spanisch bei seiner Arbeit lernen.[23]

Sein Anspruch auf moralische Autorität beruhte auf der Verteidigung des Christentums, auf der Idee einer katholischen Monarchie. Seinem Selbstverständnis nach agierte es geleitet von der katholischen Vorstellung des universellen Rechts, und es dehnte den »christlichen Universalismus weit über seine alten Grenzen hinaus« aus.[24] Die neuen Eroberungen begannen kurz nach einem weiteren Konflikt zwischen Imperien: der Vertreibung der Mauren aus Spanien 1492. Beide Institutionen, also die Belohnung der Krieger mit Land und herrschaftlichen Privilegien und der Geist des christlichen Kreuzzuges, hatten Folgen für den überseeischen Machtbereich. Waren der Sieg über die Muslime und die Austreibung der Juden aus Spanien Merkmale eines christlichen Imperiums, so galt dies auch für die trans-europäischen Handelsnetzwerke, die das Imperium möglich machten: finanzielle und militärische Ressourcen, die aus Gegenden kamen, die man später als Italien, Deutschland und die Niederlande kannte und die sogar von Juden stammten. Die Flotte war genuesisch, und die Gelehrten waren in Italien ausgebildet worden.

---

23 David Armitage, »Introduction«, in: Ders. (Hg.), *Theories of Empire 1450–1800*, Aldershot (Eng.) 1998: xviii; Henry Kamen, *Empire: How Spain Became a World Power, 1492–1763*, New York 2003: 50.

24 Pagden, *Peoples and Empires*, 43 f.; Thomas Brady, Jr., »The Rise of Merchant Empires, 1400–1700: A European Counterpoint«, in: James D. Tracy (Hg.), *The Political Economy of Merchant Empires: State Power and World Trade, 1350–1750*, Cambridge 1991: 130; J. H. Elliott, »Empire and State in British and Spanish America«, und David Brading, »The Catholic Monarchy«, beide in: Serge Gruzinski/Nathan Wachtel (Hg.), *Le nouveau monde, mondes nouveaux: L'expérience américaine*, Paris 1996: 365–405.

Die Eroberung Amerikas war von der Fähigkeit kleiner Trupps von Invasoren abhängig, Konflikte innerhalb der amerikanischen Gesellschaften auszunutzen, besonders soweit diese ihre eigenen Imperien betrafen, zumal das der Inka. Die Konquistadoren mordeten, plünderten und terrorisierten; sie schmiedeten auch Bündnisse und heirateten Frauen aus dem indigenen Adel, was ihnen ein Gefühl der mystischen Verbindung mit den Imperien vermittelte, die sie in Wirklichkeit zerstört hatten. Die Kirche tat ebenso viel wie die Krone, um der Regelung Dauer zu verleihen; die Missionen waren ebenso sehr landwirtschaftliche Kolonien wie Orte der Bekehrung, und sie trugen ihren Anteil zur Ausbeutung bei.[25]

Wenn in den amerikanischen Gebieten Besitzer von Landzuweisungen (*encomienda*), die auf die Krone zurückgingen, das Recht beanspruchten, die Indianer, die auf diesen Ländereien wohnten, auszubeuten, so stellten Krone und Kirche sich auf den Standpunkt, das Gegenstück zu diesem Recht sei die Pflicht, ihre Seelen zu betreuen – sie nicht im Sinne einer Dichotomie zwischen Selbst und Anderen zu behandeln, sondern als Teil einer hierarchischen, göttlich sanktionierten Ordnung. Juristen und Philosophen debattierten darüber, ob es denkbar sei, Inka und Maya, die von etwas abstammten, was sie als Zivilisation erkennen konnten, zu beherrschen, aber nicht zu enteignen, während tiefer in der Hierarchie angesiedelte Menschen der legitimen Ausbeutung ihres Landes und anderer Formen des Reichtums unterlägen. Im Vergleich zu anderen Imperien dieser Ära war Neu-Spanien eine raffiniert verwaltete königliche Domäne. Für den Grundbesitzer war in diesem wie in jedem anderen Imperium der König weit weg, und Brutalität ging eng mit patriarchalischer Autorität einher. Doch die Siedler waren dennoch Teil einer imperialen, hierarchisch konturierten Gemeinschaft, in der die juristischen und moralischen Fragen das Imperium als Ganzes betrafen.[26]

Was die Idee eines christlichen Imperiums für die indigenen Menschen in Spanisch-Amerika bedeutete, erweist sich ebenfalls als komplexe Frage: So betont die Forschung, dass beispielsweise die Interaktion zwischen

---

25 Kamen, *Empire*, 5, 13–22, 53–57, 112, 122, 268, 351, 423; John Jay TePaske, »Integral to Empire: The Vital Peripheries of Colonial Spanish America«, in: Catherine Daniels/ Michael V. Kennedy (Hg.), *Negotiated Empires: Centers and Peripheries in the Americas, 1500– 1820*, London 2002: 33 f.

26 Anthony Pagden, *Spanish Imperialism and the Political Imagination: Studies in European and Spanish-American Social and Political Theory 1513–1830*, New Haven (CN) 1990: 1–36, 117– 153; A. J. R. Russell-Wood, »Introduction«, in: Ders. (Hg.), *Government and Governance of European Empires, 1450–1800*, Teil I, Aldershot (Eng.) 2000: xix–lxxxiii.

andischen und europäischen religiösen Vorstellungen nicht einfach zu
einer regionalen Form des Christentums führte, sondern eine ganze Reihe
unterschiedlicher religiöser Praktiken hervorbrachte. Die religiösen Möglichkeiten waren in den Zonen mit Plantagenwirtschaft andere, aber
ebenso komplex. Hierher gelangten mit dem Sklavenhandel afrikanische
religiöse Vorstellungen und Praktiken.[27]

Manche Wissenschaftler stellen dem spanischen, auf der *ecomienda* beruhenden System – das Land und Arbeit inkorporierte – die Orientierung der
Portugiesen auf die See gegenüber. Doch lautet der wesentliche Punkt,
dass sich die imperialen Systeme im Zuge ihrer Entwicklung ausformten
und dabei durch vorher bestehende staatliche Strukturen und Zielsetzungen der Könige beeinflusst, nicht jedoch determiniert wurden. Gewiss
bezog die portugiesische Expansion von Beginn an ihre Stärke aus der
Konzentration einer Flottenmacht, die Knotenpunkte der Handelsnetzwerke des Indischen Ozeans und Südostasiens besetzte, was dann zur
Entwicklung von Handels-Militär-Enklaven führte. Diese Imperien waren
im Gegensatz zum territorialen Zusammenhang der spanischen, britischen
und französischen Besitzungen auf dem amerikanischen Festland weniger
dauerhaft.[28] Mit der Zeit aber wurde die portugiesische Macht zumal in
Brasilien, Angola, Sri Lanka und anderen Gebieten in tiefere Beziehungen
und Konflikte mit indigenen Gemeinwesen hineingezogen, und die Macht
wurde stärker territorialisiert.[29] Die Siedler dort standen vor dem Problem,
Arbeitskräfte zu beschaffen oder zu importieren und zu kontrollieren, und
genau wie in den Handelszentren waren sie von der Interaktion mit indigenen Handelsnetzwerken und Gemeinwesen abhängig. Die spanische Kolonisierung in Amerika war zerrissen zwischen brutaler Ausbeutung vor
allem von Gold und Silber und dem Interesse der Krone und einiger Siedler am Aufbau eines stabileren, besser handhabbaren und produktiven
Neu-Spanien. Diese Aufgabe wurde durch die tödlichen Folgen der
Krankheiten der Alten Welt nicht leichter. Zugleich war Spanien in der

---

27 Interessant hierzu ist die Sichtweise einer Historikerin des antiken Rom, die sich zur
   Spezialistin über die Anden entwickelt hat: Sabine MacCormack, *Religion in the Andes: Vision and Imagination in Early Colonial Peru*, Princeton (NJ) 1991. Siehe auch Serge Gru-
   zinski, *La colonisation de l'imaginaire: Sociétés indigènes et occidentalisation dans le Mexique espagnol
   XVIe–XVIIIe siècle*, Paris 1988; und Rafael, *Contracting Colonialism*.

28 Russell-Wood, *Government and Governance*, lxxiv; Sanjay Subrahmanyam,»Written Water:
   Designs and Dynamics in the Portuguese *Estado de India*«, in: Alcock, *Empires*, 42–69.

29 Sanjay Subrahmanyam, *The Portuguese Empire in Asia, 1500–1700: A Political and Economic
   History*, London 1993: 122 f., 132.

Lage, dem portugiesischen Muster zu folgen und ein regionales Handelssystem anzuzapfen, wie etwa auf den Philippinen. Unterschiedliche Formen der Ausübung imperialer Macht hatten ebenso viel mit den Unterworfenen zu tun wie mit den Eroberern. Die Ära der sogenannten Frühen Neuzeit war auch Zeugin des Aufstiegs der Niederländischen Ostindien-Kompanie, der Britischen Ostindien-Kompanie und ähnlicher Körperschaften. Diese unternehmerischen Akteure – mit nationalen Freibriefen ausgestattet, aber primärer Verantwortlichkeit gegenüber ihren Anteilseignern – gingen nach der Etablierung von Handelsposten, Handelsnetzwerken und manchmal produktiven Unternehmungen zur Ausübung administrativer Gewalt über Territorien und Menschen über, um schließlich imperiale Staaten zu schaffen. Sie verhielten sich gegenüber der Entwicklung territorialer Imperien selektiver als bei der Etablierung und Kontrolle von Seerouten. Vor allem in den ersten Jahrzehnten ihrer Existenz war die Wirtschaftskraft der Handelskompanien von ihrer Fähigkeit abhängig, bestehende Systeme des Handels, der Produktion und der Kapitalbildung anzuzapfen. Die reine Tatsache, dass sie Menschen und Territorien verwalteten, zog die Kompanien in eine zusehends gouvernementale, imperiale Handlungsweise hinein. Kerry Ward beschreibt die transozeanischen Bestrafungsstrategien der Niederländischen Ostindienkompanie – Exilierung unterworfener Herrscher oder Verbannung niederländischer Diener aus Südostasien nach Südafrika, Bestrafung südafrikanischer Sklaven durch Zwangsarbeit auf nahe gelegenen Inseln –, welche die Region um den Indischen Ozean zu einem Raum imperialer Disziplin machten.[30] Die Wissenschaft zeigt heute ein komplexeres Bild als die alte Dichotomie zwischen in Nordeuropa beheimateten Imperien, die hauptsächlich auf der rationalen Ausbeutung wirtschaftlicher Verbindungen beruhten, und südeuropäischen Imperien, die auf Macht durch die Ausdehnung eines monarchischen, katholischen politischen Systems aus waren. Alle imperialen Zielsetzungen waren von Anfang an unterschiedlich und wechselhaft.[31]

---

30 Die indigenen Ursprünge der indischen kolonialen Ökonomie werden in C. A. Bayly, *Rulers, Townsmen and Bazaars*, hervorgehoben; zu Exil und Aufbau von Imperien siehe Kerry Ward, »'The bounds of bondage': Forced Migration from Batavia to the Cape of Good Hope during the Dutch East India Company Era, c. 1652–1795 (South Africa, Indonesia)«, PhD. diss., University of Michigan, 2002.

31 Sanjay Subrahmanyam/Luís Filipe F. R. Thomaz, »Evolution of Empire: The Portuguese in the Indian Ocean during the Sixteenth Century«, in: James D. Tracy (Hg.), *The Political Economy of Merchant Empires*, Cambridge 1997: 298–331.

Es wäre irreführend, wollte man die Welt nach Kolumbus als Entfaltung einer einzigen Expansionsdynamik verstehen. Der Erfolg überseeischer Imperien war davon abhängig zu wählen, wo man sein Engagement vertiefte – unter kontrollierter Nutzung der zunehmenden militärischen Ungleichheiten gegenüber nicht-europäischen Gemeinwesen – und wo man seinen Ehrgeiz zügelte.[32] Die Imperien waren gegenüber den noch immer mächtigen indigenen Gemeinwesen, die sie umgaben, verwundbar, aber auch durch Abschwünge in den Handelssystemen, die sie nicht vollständig kontrollierten, durch die Wechselfälle der Kriege zwischen den Imperien und die Möglichkeit – bedingt durch die Tatsache, dass ihre Stärke in einem auf Amsterdam oder Lissabon ausgerichteten Netzwerk bestand –, dass ihre eigenen Beauftragten und Siedler Interesse entwickelten, eine Nische in einem anderen Teil des übergreifenden Handelssystems zu suchen.[33] Überseeimperien boten seit Magellans Weltumsegelung einen Vorstellungsraum, der global war, aber ein Machtfeld, das begrenzt und anfällig war.

Die unterschiedlichen Formen, in denen Kolonien errichtet wurden, reichten von der Handelsenklave über die Plantagen-Zone bis zur Ansiedlung und diversen Kombinationen innerhalb dieses Spektrums. Sie alle waren mit unterschiedlichen Problemen der Regierung, Verteidigung und Expansion verbunden. Kolonien mit Sklavenplantagen in der Karibik waren vom imperialen Zentrum abhängig, um die Sklaven von Revolten abzuschrecken und hochwertiges Land vor anderen Imperien zu schützen. In Nordamerika jedoch sorgten die Entwicklung der Gemeinschaften und die diese begleitenden Erwartungen, die sich aus britischen Vorstellungen von Regierung ergaben, dafür, dass Fragen der Siedler-Autonomie in den Vordergrund rückten, die eines Tages zur Explosion führen sollten. Außer in Fällen, in denen Siedler eine wesentliche Rolle bei der Verwaltung der Kolonien einklagen konnten, hatten die Imperien wenig Alternativen zu jener Option, die unterworfenen indigenen Gemeinschaften durch eine Form dessen zu regieren, was später als *indirect rule* bezeichnet wurde – sie hatten nicht die Institutionen und vor allem auch nicht die Ressourcen, um

---

32 Die militärische Ungleichheit unterstreicht Geoffrey Parker, der dennoch Sorge trägt (179), das Ausmaß des Eroberungswillens nicht zu überschätzen. »Europe and the Wider World, 1500–1700: The Military Balance«, in: Tracy, *Merchant Empires*, 161–195.

33 Zum letzten Punkt siehe Julia Adams, »Principals and Agents, Colonialists and Company Men: The Decay of Colonial Control in the Dutch East Indies«, in: *American Sociological Review* 61, 1 (1996): 12–28.

selbst allzu viel Regierungstätigkeit zu entfalten. Dies erforderte Zurückhaltung, was die Steigerung der Ansprüche anging, sowie den Rückgriff auf
Obrigkeitssysteme, deren Verankerung in lokalen oder universalen Religionen und anderen Glaubensformen der kolonisierenden Macht fremd sein
konnte.[34] Handelsimperien traten wegen der Vitalität früherer kommerzieller Netzwerke ins Leben, aber diese Netzwerke entwickelten sich nicht
notwendig nach den Bedürfnissen einer bestimmten imperialen Macht.

Trotz all der Begrenztheit der Macht der Imperien vor 1800 und ihres
Ehrgeizes, für Veränderungen zu sorgen, hatten die frühen Kolonisierungen einen enormen Einfluss auf die spätere Expansion und Konsolidierung. John Darwin betont die Bedeutung der »Brückenköpfe« bei der Expansion des britischen Empire in der viktorianischen Ära: Eine pragmatische Regierung, die entschied, wo sie unterschiedliche Strategien zum
wirtschaftlichen und diplomatischen Vorteil verfolgen sollte, konzentrierte
ihre territorialen Ambitionen auf Gebiete, die bereits in wirtschaftliche
Netzwerke integriert waren, wobei sie manchmal von Kaufleuten, Siedlern
oder Militärs vor Ort zu aggressiverem Handeln gedrängt wurde.[35] In
ähnlicher Weise war Portugals Kolonisierung des Inneren von Angola und
Mosambık zwar Teil des »scramble for Africa« am Ende des 19. Jahrhunderts, aber seine Fähigkeit, nach innen vorzurücken, war Ausdruck früherer Formen des Imperiums in dieser Region.

Ich möchte hier einen Schnitt machen und zur Krise des spanischen
Imperiums in der Neuen Welt zu Beginn des 19. Jahrhunderts übergehen.
Benedict Anderson hat diese Revolutionen im Kern seiner Interpretation
des »kreolischen Nationalismus« angesiedelt, der aus den »vorgestellten«
Gemeinschaften« der kolonialen Siedler hervorging, deren »Kreisläufe«
zunehmend an Spanien vorbeiliefen, während die durch den Buchdruck
erfolgende Kommunikation eine nationale Vorstellungswelt definierte.
Aber das Muster der Revolution schränkt die Gültigkeit dieser Erzählung
ein: Die *imperiale* Vorstellungswelt war unter den kreolischen Eliten bis weit
in den revolutionären Prozess hinein lebensfähig und zwingend. Nach
Napoleons Eroberung Spaniens 1808 blieben die Kolonien ein Hort der
der spanischen Monarchie günstig Gesinnten. Als die spanischen Eliten
sich um die Restauration der Monarchie bemühten, kam es zur Spaltung

---

34 Michael H. Fisher, »Indirect Rule and the British Empire: The Foundation of the Resi-
   dency System in India (1764–1858)«, in: *Modern Asian Studies* 18 (1984): 393–428.
35 John Darwin, »Imperialism and the Victorians: The Dynamics if Territorial Expansion«,
   in: *English Historical Review* 112 (1997): 614–642.

zwischen »Peninsulares« (den Leuten aus dem metropolitanen Spanien) und Kreolen. Dies lag weniger daran, dass die Menschen getrennte, nationale Wege gegangen waren, sondern resultierte aus einem Disput über die Verteilung von Macht und die Kontrolle über den Handel. Die spanische gesetzgebende Körperschaft (die Cortes), der Vertreter beider Regionen angehörten, erklärte sich zum Teil »einer einzigen Monarchie, einer einzigen Nation und einer einzigen Familie,« versäumte es dann aber, das Versprechen der Gleichheit innerhalb des Imperiums einzulösen, zumal was die Vertretung in den Cortes und den Schutz der wirtschaftlichen Interessen der Kreolen anging. Die Kreolen fürchteten auch, das metropolitane Spanien werde die notwendigen Schritte nicht unternehmen, um eine radikalere Revolution zu vermeiden: besser eine Revolution nordamerikanischen Typs als eine haitianische.[36] Der kreolische Nationalismus war weniger eine Ursache für die Krise von 1810–1812 als vielmehr eine Folge des Zusammenbruchs der einzigen imperialen Familie. Danach entwickelten die Kreolen angesichts starker Spannungen innerhalb der neuen amerikanischen Staaten eine neue Sprache der Nationalität.[37] Das Auseinanderbrechen eines Imperiums durch die Unfähigkeit seiner Herrscher, mit einem imperialen politischen System umzugehen – in dem unterschiedliche Kategorien von Menschen für sich das Recht in Anspruch nahmen, über wieder andere zu herrschen –, war den Krisen des britischen Empire in Nordamerika und des französischen in Saint Domingue nicht unähnlich und gab einen Vorgeschmack auf das Ende des französischen und britischen Kolonialreiches 150 Jahre später.

---

36 Anderson, *Die Erfindung der Nation*, betont das Wachstum einer »tiefen Kameradschaft« unter den Kreolen und unterschätzt die vertikalen Spannungen. Er bemerkt, dass die kreolischen Eliten glaubten, sie könnten Bauern und Sklaven kenntnisreicher behandeln als die Beamten aus der Metropole, aber er ist auch so sehr von der horizontaler Affinität innewohnenden Macht überzeugt, dass er darauf besteht, dass Sklaverei und Knechtschaftsverhältnisse in Amerika »weichen musten«. Damit übergeht er eine schmerzvolle und ziemlich lange Geschichte: 16, 51, 79.

37 Diese Argumentation verdankt viel jenen Papieren, die Jeremy Adelman auf der Grundlage seines Buches *Sovereignty and Revolution in the Iberian Atlantic*, Princeton (NJ) 2006, an der New York University vorgestellt hat. Siehe auch Timothy E. Anna, »Spain and the Breakup of Imoerial Ethos: The Problem of Equality«, in: *Hispanic American Historical Review* 62 (1982): 254–272; Jaime E. Rodríguez, *The Independence of Spanish America*, Cambridge 1998; und John Lynch (Hg.), *Latin American Revolutions 1808–1826: Old and New World Origins*, Norman 1994; Christopher Schmidt-Nowara, *The Conquest of History: Spanish Colonialism and National Histories in the Nineteenth Century*, Pittsburgh 2006.

Das erste moderne Imperium?
Napoleon zwischen dem neuen und dem alten Regime

Das napoleonische Imperium sollte einen herausragenden Platz in allen Überlegungen zum Imperialismus in der auf die Aufklärung und die Französische Revolution folgenden Ära einnehmen. Doch hatte Napoleon die missliche Eigenschaft an sich, Erzählungen über die nach-aufklärerische Moderne durcheinander zu bringen.

Es wäre für die Geschichte von der Nation einfacher gewesen, wären Napoleons imperiale Abenteuer auf das Engagement des französischen Staatsbürgers für seine Nation und seine Bereitschaft gegründet gewesen, für seine Herrschaft über andere Menschen zu kämpfen. Leichter zu erzählen wäre sie auch dann gewesen, wenn Napoleons Offenheit für wissenschaftliche Ideen und rationale, meritokratische Organisation in vollständiger Weise einen individuellen französischen Untertan direkt in Beziehung zum Staat konstruiert hätte, ohne vermittelnde Statusgruppen und Hierarchien. Doch Napoleons Geschichte war ambivalent. Die Französische Revolution hatte in der Tat den Wert der Aufstellung einer Freiwilligenarmee gesehen, die motiviert war, für »la patrie en danger« zu kämpfen, doch hatte sie diese Idee, lange bevor Napoleon die Macht ergriff, aufgegeben. Massenaushebungen von Soldaten setzten 1793 ein, die systematische Wehrpflicht wurde 1798 eingeführt. Die Vorstellung, das Nationalgefühl bedeute, junge Männer würden willig für ihr Land sterben, mag Gelehrte des 20. Jahrhunderts überzeugen, aber es war für die nachrevolutionären Führer unzureichend. Napoleon systematisierte die Wehrpflicht – sie war tatsächlich einer der primären Mechanismen, mit denen der Staat die Gesellschaft durchdrang –, aber die Gesellschaft, die sie durchdrang, war nicht spezifisch französisch. Napoleons Eroberungen erforderten eine Maschinerie der Wehrpflicht in allen eroberten Territorien und fütterten sie zugleich mit Nachschub. Nur ein Drittel der Armee, die 1812 Russland angriff, stammte aus Gebieten, die vor der Revolution Teil Frankreichs gewesen waren. Innerhalb wie außerhalb »Frankreichs« bildeten der Widerstand gegen die Rekrutierung und die Desertion erhebliche Probleme. Dass sie mit der Zeit zurückgingen, ist weniger Ausdruck des Triumphs einer nationalen Ordnung als vielmehr der Konsolidierung der Staatsmacht im gesamten Imperium.[38] Michael Broers weist die Vorstellung vom napoleonischen Imperium als »lediglich eine Erweiterung Frankreichs, de la Grande Nation« zurück und argumentiert vielmehr, einige Teile des heutigen Frankreich wie die Vendée hätten außerhalb des Kernbereichs gelegen, während Napoleons »inneres Imperium« Teile Westdeutschlands, Norditalien und die Niederlande einschloss und so eine territoriale Konzeption zum Ausdruck brachte, die im früheren Imperium Karls des Großen wurzelte. Das napoleonische System wurde im Kerngebiet zur gleichen Zeit aufgebaut wie in den nicht-französischsprachigen Teilen des Imperiums.[39] Das Imperium – das auf seinem Höhepunkt 40 Prozent der Bevölkerung Europas umfasste[40] – war ein differenzierter Raum. Teile des Kerngebietes wurden in Departements wie in Frankreich verwandelt; in anderen Gegenden herrschte das dynastische Prinzip – Napoleons eigene Familie als lokale Herrscher –, und in wieder anderen arbeitete Napoleon mit dem hegemonialen Prinzip und behielt eine untergeordnete, verbündete Dynastie sowie die Fiktion nach wie vor eigenständiger Staaten unter seiner Oberherrschaft bei.

Das napoleonische Regime zeigte die Arroganz des revolutionären Musters: dass Frankreich, genauer Paris Quell der Formel für die Verwaltung von Territorien sei und dass die lokalen Traditionen städtischer oder regionalen Regierens zugunsten der Verwaltung durch Präfekten hinweggefegt werden sollten. Napoleons Beamte verachteten die Italiener, betrachteten Teile Deutschlands als rückständig und feudalistisch und bewunderten andere Teile Deutschlands, die wie Frankreich zu sein schienen.[41] Sowohl die Volksreligion als auch die Macht der Kirche sollten unterdrückt werden; der Code Napoléon sollte als Modell für das bürgerliche Recht im

---

38 Alan Forrest, *Conscripts and Deserters: The Army and French Society during the Revolution and Empire*, New York 1989; ders., *Napoleon's Men: The Soliders of the Revolution and Empire*, London 2002; Isser Woloch, *The New Regime: Transformations of the French Civic Orderm 1789–1820s*, New York 1994.

39 Michael Broers, »Napoleon, Charlemagne, and Lotharingia: Acculturation and the Boundaries of Napoleónic Europe«, in: *Historical Journal* 44 (2001): 136; ders., »Europe under Napoleon«, Konferenz über »Empires in Modern Times«, Institut des Hautes Études Internationales, Genf, März 2003.

40 Pagden, *People and Empires*, 136.

41 Michael Broers, »Cultural Imperialism in a European Context? Political Culture and Cultural Politics in Napoleonic Italy«, in: *Past and Present* 170 (2001): 152–180.

gesamten Imperium dienen; Wehrpflicht und Besteuerung wollte man verallgemeinern. Diese Maßnahmen sollten eine Verwaltung unterstützen, die in der Lage wäre, das Zentrum mit allen Örtlichkeiten zu verbinden. Eine Zeitlang war dieses Projekt für gewisse Eliten in den eroberten Territorien anziehend, die in Napoleon den Befreier von lokaler Tyrannei und feudalen Aristokratien sahen.[42] Ungeachtet seines Interesses an der Nutzung von Geographie, Ethnographie und anderer Formen wissenschaftlicher Erkenntnis für die Sache einer rationalen Verwaltung war Napoleons Denken doch zugleich auch von einer älteren Vorstellung vom Imperium geprägt; und daraus leitete sich die Faszination her, die Rom und Karl der Große auf ihn ausübten. Napoleon behielt viele Aspekte eines Imperiums des *ancien régime* bei. Er erhob viele seiner Generäle und wichtigsten Helfer und auch einige Vertreter der Eliten in den eroberten Territorien in den Adelsstand. Die am meisten Begünstigten unter ihnen erhielten Fürsten- und Herzogtümer als nach Primogenitur erbliche Großlehen. Seine Armeen hatten wie von alters her das Recht zu undisziplinierter Ausbeutung und untergruben so die Anziehungskraft, die eine aufgeklärte Herrschaft in vielen eroberten Gebieten für anti-aristokratische »Patrioten« besaß.[43] In denjenigen Teilen des Imperiums, in denen Kompromisse mit den regionalen Aristokratien notwendig waren, wurde Napoleons ansonsten unermüdliches Vorgehen gegen Feudal- und Kirchenmacht aufgegeben und der Fortbestand der Adelsprivilegien zugelassen.[44]

Am aufschlussreichsten war Napoleons Entscheidung von 1802, die Sklaverei auf den karibischen Inseln zu restaurieren. Die Abschaffung der Sklaverei war 1793/94 auf Debatten hin erfolgt, die Paris von der haitischen Rebellion aufgezwungen worden waren und davon handelten, ob die Menschen- und Bürgerrechte im Imperium ebenso wie in der Metropole Geltung hätten. Sie war zugleich Ausdruck des Kalküls, Frankreich benötige die Unterstützung der ehemaligen Sklaven, um sich in Saint Domingue gegen die aristokratische Konterrevolution sowie gegen die Invasion rivalisierender Imperien (Großbritannien und Spanien) zu verteidigen. Die Logik der Staatsbürgerschaft – die Erwartung der Unterstützung im Aus-

42 Broers, »Europe under Napoleon«. Von Napoleons Auffassung des ländlichen Frankreich als faktisch selbst einem Gegenstand ethnographischer Beobachtung siehe Marie-Noëlle Bourguet, *Déchiffrer la France: La statistique départementale à l'époque napoléonienne*, Paris 1988.

43 Stuart Woolf, *Napoleon's Integration of Europe*, London 1991: 17, 20, 27, 43, 178–181.

44 Ebd.: 129.

tausch gegen die Anerkennung des legitimen Platzes einer Person im politischen System – und die Logik des Imperiums verbanden sich im postrevolutionären Imperium auf eine nicht vorauszusehende Weise.[45] Napoleon versuchte, all dies rückgängig zu machen, womit er nach einem langen, verwickelten Kampf in Haiti scheiterte, aber trotz Widerstands 1802 auf Martinique und Guadeloupe erfolgreich war. Dies war ein Schritt zur Restauration im vollsten Sinne des Wortes: In ihm kamen die Verbindungen Napoleons zu einer Gruppe von dem *ancien régime* anhängenden Pflanzern auf den Inseln (einschließlich, freilich jedoch kaum darauf zu reduzieren, der Verbindungen seiner Frau Joséphine, die die Tochter von Zuckerpflanzern war) ebenso zum Ausdruck wie die ältere Vorstellung von Kolonien als außerhalb des Normalen stehenden Orten, wohingegen die Revolution dazu tendiert hatte, die universelle Geltung ihrer Prinzipien und Gesetze zumindest in Erwägung zu ziehen.

Der Widerstand gegen die Herrschaft Napoleons lässt sich nicht in die Dichotomie von Nation und Imperium einpassen. Obwohl Napoleon die Unterstützung der lokalen Patrioten, die er anfänglich genossen hatte, einbüßte, gewann er größere Unterstützung durch die Kooptation lokaler Eliten in eine eher imperiale als französische Aristokratie. Es gab bewaffneten Widerstand, vor allem in Spanien, Kalabrien und Tirol, aber dieser richtete sich ebenso sehr gegen regionale Eliten, die sowohl mit Napoleon kollaborierten, als auch lokale Ressourcen enteigneten, wie er gegen die »fremde« Herrschaft gerichtet war.[46] Intellektuelle Oppositionelle – am berühmtesten ist Benjamin Constant – setzten dem Bild des napoleonischen Militarismus, der Gier und der Zerstörung die Vorstellung von Nationen entgegen, die friedlich miteinander Handel trieben und zusammenarbeiteten.[47] Was Napoleon aber Einhalt gebot, waren andere Imperien, vor allem die beiden supranationalen Imperien an den Rändern des konti-

---

45 Laurent Dubois, »The Price of Liberty«: Victor Hugues and the Administration of Freedom in Guadeloupe, 1794–1798«, in: *William and Mary Quarterly* 56, 2 (April 1999): 363–392; ders., *Les esclaves de la République: L'histoire oubliée de la première émancipation 1789–1794*, Paris 1998.

46 Woolf, *Napoelon's Ingtegration of Europe*, 226–237.

47 Biancamarfia Fontana, »The Napoleonic Empire and the Europe of Nations«, in: Anthony Pagden (Hg.), *The Idea of Europe: From Antiquity to the European Union*, Cambridge 2002: 124–127.

nentalen Europas, Großbritannien und Russland, die beide auf Ressourcen außerhalb der umkämpften Region zurückgreifen konnten.[48] Napoleons einzige wichtige Niederlage gegen etwas, das sich als nationale Befreiungsbewegung bezeichnen ließe, erfolgte gegen Haitis buntscheckige und häufig gespaltene Armeen von Sklaven, ehemaligen Sklaven und freien Farbigen mit etwas Unterstützung durch Frankreichs imperiale Feinde und die nennenswertere Hilfe durch tropische Mikroben. Die andere Übersee-Unternehmung Napoleons, die Eroberung Ägyptens 1798, erwies sich als kurzlebig, wobei die britische Intervention eine Rolle dabei spielte, dass das Territorium einer anderen imperialen Macht überlassen wurde, dem Osmanischen Reich. Seine Motive in Ägypten waren eine eigentümliche Verkettung des Wunsches, seine imperiale Ahnenreihe auf die Pharaonen zurückzuführen, und der Ambition, Wissenschaft und rationale Herrschaft in einen Teil des rückständigen Osmanischen Reiches zu bringen.[49] In keinem der Fälle lag das Ergebnis in seiner Hand. 1803 soll Napoleon gesagt haben: »Verflucht sei Zucker, verflucht sei Kaffee, verflucht die Kolonien!« – und beschloss, sein größtes Stück Grund in der Neuen Welt, Louisiana, an die Vereinigten Staaten zu verkaufen, um sich Bargeld zur Finanzierung seiner anderen imperialen Träume zu besorgen.[50] Uns bleibt das Bild eines der größten Projekte der Staatenbildung in der nach-revolutionären Ära, das einen Staat geformt hat, der weder eine Nation noch ein Imperium darstellte, das klar zwischen einem nationalen Kern und einer untergeordneten Peripherie unterschieden hätte, sondern vielmehr eine feiner ausdifferenzierte Einheit, deren französischer Charakter sowohl enger (persönlich, dynastisch, auf Paris zentriert) als Frankreich war wie auch weiter (mit dem Anspruch, die französischen Werte seien universal).

Die imperiale Vorstellung von Frankreich fand später ein Echo in einem Regime, das sich als *Second Empire* bezeichnete (1852–1871) und dessen Herrscher sich Napoleon III. nannte: Die juristischen und administrativen Innovationen des ersten Napoleon hatten ebenfalls einen weitreichenden

---

48 Dominic Lieven, »Empire's Place in International Relations«, Konferenz über »Empires in Modern Times«, Institut des Hautes Études Internationales, Genf, März 2003.

49 Juan R. Cole, »Empires of Liberty? Democracy and Conquest in French Egypt, British Egypt and American Iraq«, in: Calhoun/Cooper/Moore (Hg.), *Lessons of Empire*. Siehe auch Henri Laurens, *L'expédition d'Egypte. 1798–1801*, Paris 1989. Zu Haiti nach wie vor die klassische Darstellung von James, *The Black Jacobins*.

50 Zit. in Jon Kukla, *A Wilderness So Immense: The Louisiana Purchase and the Destiny of America*, New York 2003: 249.

Einfluss in Europa, in rivalisierenden Imperien ebenso wie in seinem eigenen. Die Eroberungen Napoleons eröffneten eine Debatte darüber, was Europa selbst denn sei, wo sich seine angemessenen Grenzen befänden und welche Regierungsart legitime Autorität beanspruchen könne. Der Wiener Kongress von 1815, auf dem die Sieger über eine nach-napoleonische Zukunft berieten, war ein Wendepunkt, weil er die politischen Führer in eine bewusste Debatte darüber verwickelte, wie über eine solche Zukunft zu entscheiden sei. Der Anspruch des Kongresses war es, die legitimen Souveräne zu restaurieren, aber er reduzierte die Anzahl der kleinen Staaten und erlaubte es Frankreich, ein großer zu bleiben. Er erließ Deklarationen über staatliche Moral, etwa ein Insistieren darauf, dass die Staaten den Sklavenhandel verhindern sollten. Wichtige Akteure auf dem Kongress waren das britische, deutsche, russische und österreichisch-ungarische Imperium, wobei es bei weitem nicht klar war, dass das neue Europa ein Europa der Nationen sein würde. Es würde ein Europa mit einer kleinen Anzahl wichtiger Akteure sein, die miteinander interagierten, konkurrierten und manchmal kämpften, wobei jeder zum Überleben supranationale Ressourcen einsetzte. Die Idee eines europaweiten Konsenses zwischen den wichtigen Akteuren wurde später im 19. Jahrhundert auf der Berliner (1884–1885) und der Brüsseler Konferenz (1890–1891) verstärkt, als die Regeln der Expansion der Übersee-Imperien festgelegt und die Definition von Grenzen fixiert wurden. Die Schaffung von Imperien war ein grundlegendes Element der Geschichte Europas im 19. Jahrhundert.

Imperien als Akteure der Transformation: Das französische und das britische Kolonialreich

Die Hauptströmungen der französischen und britischen Historiographie haben lange Zeit die Kolonien als etwas »da draußen« behandelt, das für eine Geschichte, die national blieb, nur ein Randphänomen darstellte, oder aber sie als Projektion nationaler Kultur und Macht geschildert. Die erste Perspektive wurde durch ausgezeichnete Studien konterkariert, die Metropole und Kolonie in dasselbe analytische Feld stellten,[51] aber die letztere

---

51 Zu den besten gehören Conklin, *A Mission to Civilize*, und Catherine Hall, *Civilising Subjects: Metropole and Colony in the English Imagination 1830–1867*, Chicago 2002.

erhielt neues Leben durch die These, das britische *Empire* stelle ein Modell für die Verbreitung von Marktwirtschaften, Ordnung und demokratische Werte dar.[52] Solche Argumente hatten in der Geschichte des französischen und des britischen Kolonialreiches ihren festen Platz. In Frankreich war das Argumentationsmuster der zivilisierenden Mission besonders lebendig nach 1871 während der Dritten Republik. Frankreich würde Freiheit, Gleichheit und Brüderlichkeit verbreiten. Bis in die schlimmsten Tage des Algerienkrieges hinein überzeugten derartige Argumente einen Teil der französischen Linken von der Möglichkeit eines »colonialisme du progrès«, der die aktuelle, ausbeuterische Version des Kolonialismus und den indigenen »Feudalismus« ersetzen werde. Ganz ähnlich wurde ein Großteil der Linken in der Labour Party in England, so sehr sie sich auch gegen Landraub und den Rassismus weißer Siedler wandten, Mitte des 20. Jahrhundert von der Idee einer britisch angeleiteten Entwicklung und britisch inspirierten Selbstverwaltung verführt.[53]

Die Vorstellung von einer nationalen Mission war Teil eines größeren Spektrums von Kolonisierungsideologien. Ich möchte hier die von vornherein imperiale Konzeption des britischen und französischen Gemeinwesens unterstreichen. Großbritannien wurde durch Schottland, Wales, Irland, Jamaika, die Dreizehn Kolonien und Indien geschaffen. Großbritannien wuchs aus einer europaweiten Erfahrung der zusammengesetzten Monarchie heraus – also aus den Wechselfällen, denen die Souveräne durch Eroberung und Annexion, dynastische Verschmelzung und Spaltung ausgesetzt waren. David Armitage schreibt hierzu: »Die Herrscher zusammengesetzter Monarchien hatten es mit Problemen zu tun, die all denen vertraut erscheint, die mit der Verwaltung eines Imperiums befasst sind: die Notwendigkeit, von einem mächtigen Zentrum aus weit entfernte abhängige Gebiete zu regieren; Zusammenstöße zwischen den Gesetzgebungsorganen der Metropole und der Provinzen; die Notwendigkeit, unterschiedlichen und häufig widerspenstigen Populationen gemeinsame Normen von Recht und Kultur aufzuerlegen; und daher der Rückgriff der Zentralregierung auf die Kooptation lokaler Eliten.« Was ein Imperium britisch sein ließ, wurde sowohl von den Einwohnern der Metropole als auch der Provinz bestimmt, und die gleichen Vorstellungen von Politik, die zur Entstehung des britischen Imperiums führten, führten auch zur ameri-

---

52 Ferguson, *Empire*.
53 Stephen Howe, *Anticolonialism in British Politics: The Left and the End of Empire, 1918–1964*, Oxford 1993.

kanischen Revolution.[54] Frankreich wurde durch Saint Domingue, die
französischen Eroberungen und Verluste in Nordamerika, das napoleonische Abenteuer und später durch Algerien, Afrika und Südostasien geschaffen. Und die Macht, seinen Revolutionen und den Reaktionen darauf
Grenzen zu setzen, lag nicht allein in Paris.

Die Ideen, die die französischen oder britischen Zielvorstellungen bestimmten, traten ihrerseits im Raum des Imperiums auf, wo über die Bedeutung von Rechten, Pflichten und Verantwortlichkeiten für unterschiedliche Kategorien von Menschen debattiert wurde. Im französischen Fall
formulierte die haitische Revolution von 1791 die Argumente, die bis zum
Ende des Algerienkrieges 1962 virulent blieben, während im britischen Fall
der abolitionistische Angriff auf die »Sklaverei unter britischer Flagge« zur
Grundlage vieler Argumentationslinien über Missbräuche und Verantwortlichkeiten innerhalb des Imperiums wurde.

Wenn man sagt, die Imperien seien Einheiten der politischen und ethischen Debatte gewesen, so bedeutet dies nicht, derartige Debatten hätten
zu einem stetigen Druck in Richtung der Einbeziehung kolonisierter Menschen in eine universalistische, egalitäre Konzeption der politischen Ordnung geführt. Ganz im Gegenteil: Der Angriff auf das Prinzip der Hierarchie innerhalb der europäischen politischen Systeme veranlasste manche
politischen Denker, schärfer zwischen denen zu unterscheiden, die drinnen
waren, und denen, die es nicht waren. In solchen Debatten kamen Befürchtungen hinsichtlich sozialer Konflikte – aufgrund von Alter, sozialem
Geschlecht, Rasse, Klasse, Status und persönlichem Wohlverhalten – innerhalb des Gemeinwesens sowie zahlreiche Ängste im Hinblick auf die
Bestimmung seiner Grenzen zum Ausdruck.[55] Die Unsicherheiten, die sich
in diesen Debatten im Verlauf des 19. und 20. Jahrhunderts zeigten, gaben
Anlass zu einigen Bemühungen, die Mission der »zivilisierten« Mächte zu
klären, sowie zu anderen Bestrebungen, über die Abgrenzung zwischen
einer rassisch und kulturell definierten Gesellschaft und jenen zu wachen,
die zwar dem nationalen Interesse dieser Gesellschaft dienlich sein mochten, ihr gegenüber aber keine Ansprüche zu stellen hatten. Es gab viele

---

54 David Armitage, *The Ideological Origins of the British Empire*, Cambridge 2000: 8–23, das
Zitat 23. Siehe auch Linda Coley, *Britons: Forging the Nation, 1707–1837*, New Haven
(CN) 1992, und Bayly, *Imperial Meridian*.

55 Zu den einflussreichsten Arbeiten über die Konstruktion von Grenzen und Hierarchie
in Bezug auf Rasse und soziales Geschlecht gehört Ann Stoler, *Carnal Knowledge and Imperial Power: Race and the Intimate in Colonial Rule*, Berkeley (CA) 2002.

Positionen zwischen diesen Polen – und in der Praxis eine Menge an Improvisation, Streit und Unsicherheit.

Zu den Kontroversen über die Sklaverei kam es in einer entscheidenden Periode der Ausformung staatlicher Strukturen in Frankreich und Großbritannien. Zusammen mit den Debatten, die in Großbritannien über die Verantwortung des Parlaments für das Handeln der Britischen Ostindienkompanie geführt wurden, zwang dies die Regierenden zu klären, was es für sie bedeutete, ein Imperium zu regieren. Lauren Benton meint, dass der »Rechtspluralismus« – unterschiedliche Prozesse und unterschiedliche Regeln für Menschen innerhalb des imperialen Raumes –, der von den europäischen Imperien schon lange praktiziert wurde, zunehmend unter staatliche Kontrolle geriet. Dies hat zwar keineswegs die Getrenntheit der Rechtssysteme beseitigt, sehr wohl aber die Macht verstärkt, die der Staat über die differenzierten juristischen Systeme ausübte. Dies war Teil eines weiterreichenden Prozesses, in dem die staatliche Autorität konsolidiert wurde, hatte aber nicht allein selbst seine Grenzen (siehe unten), sondern auch widersprüchliche Folgen. Die Gerichte wurden zu einem weiteren Instrument, mit dem indigene Menschen (die unterschiedliche Klagen vorbrachten und kolonialen Initiativen Widerstand entgegensetzten) die Möglichkeit hatten, den Versuch zu unternehmen, die Rechtssysteme zu manipulieren und selbst zu »Akteuren im rechtlichen Raum« zu werden. Die Anstrengungen des kolonialen Staates – bruchstückhaft wie sie waren –, die Regelhaftigkeit seiner Macht festzustellen, Regeln zu erlassen und Ordnung zu definieren, prägten auch die Möglichkeiten darüber zu streiten, wie weit diese Macht gehen konnte.[56]

Jede Untersuchung eines imperialen politischen Systems muss vor dem Hintergrund der Kolonisierung erfolgen, wie sie an Ort und Stelle abgelaufen ist. Auf den folgenden Seiten werde ich mich auf das Beispiel des französischen Imperiums beziehen, um die Zweideutigkeiten der Staatsbürgerschaft auf imperialer Ebene zu illustrieren, sowie auf das Beispiel des britischen Imperiums, um die Ambivalenz der Beziehung zwischen Imperialismus und Kapitalismus zu veranschaulichen.

Fangen wir in Paris an – und in Saint Domingue. Die Frage, auf welches Universum die Menschen- und Bürgerrechte, wie sie in Paris 1789

---

56 Lauren Benton, *Law and Colonial Cultures: Legal Regimes in World History, 1400–1900*, Cambridge 2002: bes. 257 ff. Siehe auch Emanuelle Saada, »The Empire of Law: Dignity, Prestige, and Domination in the ›Colonial Situation‹«, in: *French Politics, Culture, and Society* 20 (2002): 47–76.

ausformuliert worden waren, sich bezogen, wurde sogleich von den weißen Pflanzern, dann von den Pflanzern gemischter Herkunft und dann von den Sklaven in Saint Domingue aufgeworfen. Sie wurde dann zum Gegenstand eines transatlantischen Argumentations- und Kampfmusters. Schwarze Rebellen und weiße Revolutionäre wurden an Wendepunkten dieser Auseinandersetzung zu Verbündeten und schufen für kurze Zeit »ein Modell für eine andere Art imperialer Beziehung«, in der Freiheit und Staatsbürgerschaft für Sklaven der Lohn dafür sein sollten, dass diese die Revolution gegen ihre royalistischen und imperialen Feinde unterstützt hatten.[57] Erst als Napoleon den Versuch unternahm, diese Errungenschaften rückgängig zu machen, nahm der Befreiungskampf einen klaren Kurswechsel in Richtung Unabhängigkeit vor. Die Schaffung des Staates von Haiti 1804 machte einen Versuch von Seiten der französischen Regierung – mit ängstlicher Zustimmung anderer Mächte – so gut wie unausweichlich, Haiti als gefährliche Anomalie zu behandeln, als einen Fall schwarzen Mutwillens und nicht etwa als Avantgarde, die die Bedeutung der Französischen Revolution ausweitete. Sklaven und Ex-Sklaven, die sich in der Großregion der Karibik in recht beträchtlichem Maße bewegten, verbreiteten eine stärker emanzipatorische Botschaft.[58]

Das Problem, die Dimensionen der Inklusion und der Differenzierung im Raum eines imperialen Staates miteinander zu vereinbaren, sollte bis zum Ende des Imperiums auch weiter im Mittelpunkt scharfer Auseinandersetzungen stehen. Für einige schien die Zweideutigkeit durch die Unterscheidung zwischen Staatsbürger und Untertan aufgelöst, wobei ersterer unfreiwillig inkorporiert und mit Pflichten, aber keinen Rechten und keiner öffentlichen Stimme ausgestattet war, während letzterer Teilhabe als Mitglied des politischen Gemeinwesens besaß (aber nicht eines homogenen Gemeinwesens – man denke an die Exklusion der französischen Frauen vom Wahlrecht vor 1944). Doch war die Beziehung immer komplizierter und instabiler als dieses Schema. Die Unterscheidung zwischen Untertan und Staatsbürger wurde in Algerien zwischen 1830, als die Eroberung einsetzte, und 1865 ausgearbeitet, als die Regierung des *Second Empire* das Staatsbürgerrecht der christlichen Siedler in Algerien anerkannte (später ausgedehnt auf Juden) und zugleich erklärte, die muslimischen Algerier

---

57 Dubois, *Avengers of the New World*, 4.

58 James, *Black Jacobins*; Trouillot, *Silencing the Past*; David Barry Gaspar/David Patrick Geggus (Hg.), *A Turbulent Time: The French Revolution and the Greater Carribean*, Bloomington (IN) 1997.

seien französischer *Nationalität*, könnten die *Staatsbürgerschaft* aber nur nach Ermessen der Regierung erlangen und nur dann, wenn sie das Recht aufgaben, ihre Zivilangelegenheiten einschließlich Ehe, Abstammungsfragen und Erbrecht nach islamischem Recht zu regeln. Wenige Muslime akzeptierten diese Beschränkung: Einer noch kleineren Zahl wurde das Staatsbürgerrecht zugestanden. Die Fiktion, Algerien sei keine Kolonie, sondern ein Teil Frankreichs, war von Anfang an durch die Tatsache belastet, dass die Mehrheit seiner nicht-muslimischen Siedler keineswegs spezifisch französische Wurzeln besaß, sondern aus dem gesamten Mittelmeerraum stammte, und dass ferner die große Mehrheit seiner Bevölkerung aus Muslimen bestand, deren Affinitäten Bindungen an Araber und Osmanen sowie eine stärker lokal definierte beduinische Identifikation zum Ausdruck brachten.[59] Die Regierung verfolgte die alte imperiale Strategie, eine stark mit der Metropole verbundene Minderheiten-Bevölkerung in der Hoffnung aufzubauen, eine andere Bevölkerung auf einer anderen Grundlage zu kontrollieren – und legte dieser Strategie den Bezugsrahmen des 19. Jahrhunderts von Nationalität und Staatsbürgerschaft zugrunde.

In den älteren Kolonien verfolgte Frankreich jedoch eine andere Strategie. Nach der Revolution von 1848 in Europa wurden die Sklaven im Imperium schließlich endgültig befreit und in die rechtliche Kategorie des »Bürgers« eingereiht, also nicht in einen Zwischenbereich und unabhängig davon, welche Vorurteile Franzosen über die afrikanische Herkunft oder die bedrängte soziale Lage der ehemaligen Sklaven auch immer hegen mochten. In den kleinen kolonialen Vorposten, die Frankreich im Senegal besaß, erhielten die dort lange ansässigen Bewohner, die als »originaires« bezeichnet wurden, einen Großteil der politischen Bürgerrechte einschließlich des Rechtes zur Wahl von gesetzgebenden Versammlungen. Diese Rechte weiteten sich zum Recht auf die Wahl eines Deputierten für das französische Parlament aus, zunächst eines Mulatten, aber nach der Wahl von Blaise Diagne 1914 eines schwarzen Afrikaners.

In diesen kleinen Kolonien war die Ausübung staatsbürgerlicher Rechte anders als in Algerien nicht abhängig vom Widerruf des Zivilstatus als Moslem. Dies war Ausdruck des Bedürfnisses einer winzigen Anzahl französischer Beamter und Kaufleute, die angesichts einer sie umgebenden viel

---

59 Benjamin Stora, »The ›Southern‹ World of the *Pieds-noirs*«, Beitrag für die Konferenz über »Settler Colonialism in the Twentieth Century«, Harvard University, Oktober 2002; John Ruedy, *Modern Algeria: The Origins and Development of a Nation*, Bloomington (IN) 1992.

größeren afrikanischen Bevölkerung die Absicht verfolgten, eine indigene Gemeinschaft »auf die Seite« des Imperiums zu bringen. Doch als Frankreich seit den 1870er Jahren begann, große Teile West- und Zentralafrikas zu erobern, wurden die unterworfenen Völker zu Untertanen. Dem staatsbürgerlichen Ideal der Dritten Republik wurde durch die Behauptung Genüge getan, dass Indigene in dem Maße, wie sie »zivilisiert« wurden, die Staatsbürgerschaft beantragen konnten, vorausgesetzt, sie schworen den indigenen Formen des Zivilrechts ab und genügten den Standards der Assimilation. Diese erwiesen sich bald als so hoch, dass nur wenige sie erreichen konnten.[60]

Im imperialen französischen System bestand der Status als Untertan neben dem der Staatsbürgerschaft. Letztere Kategorie war theoretisch erreichbar, wurde praktisch jedoch vorenthalten. Das Konzept einer *imperialen* Staatsbürgerschaft wurde über Jahrzehnte hinweg in Frankreich ausgearbeitet und enthielt die Möglichkeiten sowohl einer engen, kulturspezifischen Vorstellung von Französischsein und einer stärker staatszentrierten Vorstellung, die vor allem Rechte und Pflichten in einem komplexen politischen System betonte. Es konnte sein, dass der Staat es nötig hatte, auf unterschiedliche Aspekte der Staatsbürgerschaft zurückzugreifen, es konnte aber auch sein, dass er sich mit Forderungen konfrontiert sah.[61]

Die Kolonialregimes benötigten die Kollaboration »lokaler Notabeln«, gebildeten Personals und vor allem kolonialer Soldaten. Im Ersten Weltkrieg ergab sich ein akuter Bedarf an Soldaten, um Frankreich zu verteidigen. Der senegalesische Deputierte Blaise Diagne war in der Lage zu fordern, dass im Austausch für seine Rekrutierungsanstrengungen unter den *originaires* im Senegal deren Ausübung staatsbürgerlicher Rechte in dem Sinne erweitert wurde, dass sie eindeutig zu Staatsbürgern erklärt wurden. Der Krieg führte demnach zu einer Ausweitung des Staatsbürgerrechtes

---

60 Conklin, *Mission to Civilize*; Ruth H. L. Dickens, »Defining French Citizenship Policy in West Africa, 1895–1956«, PhD. diss., Emory University 2001; Mamadou Diouf, »The French Colonial Policy of Assimilation and the Civility of the Originaires of the Four Communes (Senegal): A Nineteenth Century Globalization Project«, in: *Development and Change* 29 (1998): 671–696.

61 Auf anregende Weise werden die Auswirkungen der Vorstellung einer imperialen Staatsbürgerschaft auf die »rassisch gemischten« Kategorien in den Kolonien behandelt bei Emmanuelle Saada, »La xquestion des métis« dans les colonies françaises: Socio-histoire d'une catégorie juridiuqe (Indochine et autres territoires de l'Empire français: années 1890–années 1950)«, Dissertation, École des Hautes Études en Sciences Sociales Paris, 2001.

innerhalb des Imperiums, dessen Beitrag zur Rettung Frankreichs in das Standardrepertoire der imperialen Vorstellungswelt in Frankreich einging.

Eugen Weber hat betont, wie lange es dauerte, um »Bauern« im europäischen Frankreich zu Franzosen zu machen, zu Leuten, deren auf die Provinz bezogene Weltsicht der Teilnahme an einer nationalen politischen Kultur Platz gemacht hatte. Er argumentiert, die Armee und die Schule hätten Schlüsselrollen bei diesem Integrationsprozess übernommen, der zur Zeit des Ersten Weltkrieges Früchte trug. Doch dieselben Institutionen, die Weber als in einem so hohen Maße als nationale Institutionen betrachtet, waren auch im französischen Imperium am Werk. Sie produzierten kein homogenes Französischsein, sondern unterschiedliche Grade der Akkulturation, unterschiedliche Weisen, den französischen Interessen zu dienen, und vor allen Dingen ein kombiniertes Gefühl von Bindung, Ressentiment und frustrierten legitimen Ansprüchen unter den am meisten betroffenen Bevölkerungsteilen, den Veteranen und Schulabsolventen (évolués).[62]

Staatsbürgerliche Rechte – vor allem, wenn sie erreichbar waren, aber schließlich doch nicht ganz – erwiesen sich verstärkt nach dem Ersten Weltkrieg als eine allzu attraktive Vorstellung. Afrikanische, vietnamesische und arabische ehemalige Soldaten waren nicht einfach Objekte einer Welle von Sentimentalität im Hinblick auf die »imperiale Gemeinschaft«; sie forderten Anerkennung. Die Forderungen, die mit steigender Tendenz in Senegal, Nordafrika und Indochina sowie unter den aus den Kolonien stammenden Studenten und Arbeitern in Frankreich – die während und nach dem Krieg eine zunehmend sichtbare Größe darstellten – erhoben wurden, waren bedrohlich. Während der 1920er Jahre versuchte die französische Regierung die Ausweitung der Staatsbürgerschaft zu beenden und einen alternativen Mythos zu betonen: das Imperium als Zusammenführung unterschiedlicher Kulturen und Nationalitäten unter einem imperialen Schirm, der Frieden und die Fähigkeit garantierte, abgegrenzte Kulturen und Traditionen zu bewahren.[63] In Afrika erhielten Häuptlinge den amtlichen Segen als Verkörperungen authentischer Autorität, während Afrika-

---

62 Eugen Weber, *Pesants into Frenchmen: The Modernization of Rural France, 1870–1914*, Stanford (CA) 1976; Conklin, *Mission to Civilize*.

63 Die Kolonialausstellung von 1931 hob das Thema hervor, dass Frankreich einer Mischung von Kulturen vorstehe, deren Integrität garantiert sei. Das wurde von Studenten aus den Kolonien und anderen Gruppen in Paris heftig bestritten. Siehe Herman Lebovics, *True France: The Wars over Cultural Identity, 1900–1945*, Ithaca (NY) 1992.

ner, die am weitesten auf dem Weg der Assimilation vorangeschritten waren, herablassend behandelt wurden. Bildungsbestrebungen dümpelten dahin; ein Vorschlag für ein nachhaltiges Programm zum Aufbau wirtschaftlicher Infrastruktur wurde abgelehnt. In vielen Gegenden waren Afrikaner Opfer der Zwangsarbeit und willkürlicher Akte der Grausamkeit durch Siedler und Beamte. Wenn auch manche (ihrem Selbstverständnis nach progressive) Kolonialideologen dachten, *manche* Afrikaner könnten als gleichwertig mit metropolitanen Franzosen behandelt werden und andere seien als Verkörperung klar abgegrenzter Kulturen zu respektieren, so lautete die vorherrschende Ansicht doch, dass Afrikaner in abgegrenzten und primitiven Stämmen lebten.[64]

All dies änderte sich erneut nach dem Zweiten Weltkrieg, wie in Kapitel 7 genauer untersucht wird. Der französische Staat sah sich der Notwendigkeit gegenüber, die Ressourcen des Imperiums effektiver für den Wiederaufbau Frankreichs nach dem Krieg zu nutzen. Zugleich war er mit einem internationalen Klima konfrontiert, in dem Selbstbestimmung zu einem wichtigen Prinzip wurde, sowie mit antikolonialen Bewegungen, die in Nordafrika und Indochina bereits ernste Herausforderungen darstellten. In dieser Lage nahm der französische Staat eine entschiedene Position ein. In der Hoffnung, »das einige und unteilbare Frankreich« zum alleinigen Angelpunkt politischen Handelns zu machen, optierte er entschieden für Inklusion anstelle der Differenzierung. Anfang 1946 wurde die verhasste Sondergerichtsbarkeit für Untertanen abgeschafft. Zwangsarbeit wurde für illegal erklärt. Endlich setzte man ehrgeizige Programme zur Entwicklung der Wirtschaft und des Bildungswesens in Gang. Im Mai 1946 wurden alle Untertanen unabhängig von ihrem zivilrechtlichen Status zu Staatsbürgern erklärt. Die Verfassung von 1946 bestimmte, dass die Französische Union – der neue Name für das Imperium – eine unauflösbare Körperschaft sei, die Einheiten unterschiedlicher Art umfasse: voll in das politische System eingegliederte Übersee-Departements, »assoziierte Staaten« unter französischem Schutz und Übersee-Territorien, deren Modernisierung ein staatliches Projekt war. Sie sollte eine Körperschaft von Staatsbürgern sein mit

---

64 Das Auf und Ab lässt sich bei Conklin, *A Mission to Civilize*, verfolgen. Ein weiteres Beispiel für partielle Öffnungen und partielle Schließungen im Diskurs um Staatsbürgerschaft behandelt Thompson, *Colonial Citizens*.

Vertretungen im Pariser Parlament, in territorialen Vertretungsorganen und in einer besonderen Versammlung der Französischen Union.[65] Die französische Regierung musste bald feststellen, dass die Logik der imperialen Staatsbürgerschaft – die rechtliche Gleichwertigkeit aller Staatsbürger unabhängig von ihrem rechtlichen Status und ihren kulturellen Praktiken – zur Grundlage für Forderungen nach wirtschaftlicher und sozialer Gleichwertigkeit wurde: nach gleichen Löhnen, gleichen Sozialleistungen, gleicher Bildung, gleichen sozialen Diensten und gleichem Lebensstandard. Manche afrikanischen Deputierten hofften, der französische Imperialismus werde sich zu einer Art Föderalismus entwickeln – zu einem multinationalen französischen Gemeinwesen, das über die Vormundschaft der Metropole hinausgehe. In Algerien offerierte die Politik der Staatsbürgerschaft zu wenig zu einem allzu späten Zeitpunkt und wurde von den Siedlern systematisch unterminiert. Die algerische Revolution war eine komplexe Form nationaler Mobilisierung, die von einem Radikalismus vermittelt wurde, in dem sich die Erfahrungen von Algeriern als Arbeiter in Frankreich mit den Aktivitäten von transnationalen islamischen Organisationen überschnitten. Die französische Regierung war zwischen zwei Bedrohungen gefangen: einmal, dass die Politik der imperialen Staatsbürgerschaft scheitern, zum andern aber, dass sie allzu erfolgreich sein könnte. 1956 waren Politiker zu dem Schluss gekommen, dass die imperiale Staatsbürgerschaft nicht zu bezahlen und dass die Übertragung der Macht an die Übersee-Territorien der Logik der Gleichwertigkeit innerhalb eines unauflösbaren imperialen Staates vorzuziehen sei.[66]

Im Hinblick auf Großbritannien möchte ich auf eine andere Dimension des Imperiums abheben, die seit dem 18. Jahrhundert bestand: die Beziehung zwischen Imperium und Kapitalismus.[67] Manche politischen Philoso-

---

65 Siehe die erschöpfenden Debatten über die Verfassung im *Journal Officiel der Assemblée Nationale Constituante*, April–Mai sowie August–September 1946.

66 Fredrick Cooper, *Decolonization and African Society: The Labor Question in French and British Africa*, Cambridge 1996; Matthew Connelly, *A Diplomatic Revolution: Algeria's Fight for Independence and the Origins of the Post-Cold War Era*, New York 2002. Léopold Senghor aus Senegal befürwortete die Verwandlung des Imperiums in eine Föderation, aber französische Beamte bemächtigten sich der Idee und bogen sie zur »Territorialisierung« um, die die wirkliche Macht den einzelnen Kolonien übertrug, aber die Möglichkeiten einer Politik für die gesamte Föderation – oder das Erheben von Ansprüchen auf Ressourcen der Metropole – unterband. Siehe Kapitel 7.

67 Im britischen Imperium war die Regierung weniger zentralisiert, und der staatsbürgerliche Status war nicht spezifiziert: Alle waren Untertanen des Königs oder der Königin. Doch auch dies rief dauerhafte Gefühle hervor, die durch die für Untertanen geltenden

phen des 18. und frühen 19. Jahrhunderts stellten der friedlichen Interaktion von Kaufleuten die kriegerischen Tendenzen von Gründern von Imperien gegenüber – die »Interessen« den »Leidenschaften«. In neuerer Zeit wurden Imperium und Kapitalismus miteinander in Verbindung gebracht, entweder als etwas Gutes – durch die Integration von Menschen in Märkte – oder als etwas Schlechtes, als Ausbreitung der Ausbeutung auf der gesamten Erde.[68] Aber der wechselhafte und häufig widersprüchliche Charakter dieser Beziehung muss im Zeitverlauf untersucht werden. Die Sklaven-Plantagen des 17. und 18. Jahrhunderts entwickelten sich in Kolonien: Arbeitskräfte konnten in einem solchen Ausmaß und über solche Entfernungen hinweg (inmitten gewalttätiger imperialer Rivalitäten) nicht ohne einen gut geschützten Zielort transportiert werden, und das Zwangspotential der Staaten war erforderlich, um die Disziplin großer Ansammlungen von Sklaven auf den im industriellen Maßstab betriebenen Zuckerplantagen zu gewährleisten. Das Gesamtsystem verband die Produktion mittels Sklaven in den Kolonien mit der Produktion und Konsumtion durch Nicht-Sklaven in der Metropole (sowie in anderen Kolonien, die den Plantagen Nahrungsmittel lieferten), und dies zusammen mit den Herkunftsgebieten von Sklaven in Afrika außerhalb des Imperiums, wo die Mechanismen oder die Konsequenzen der Versklavung sowie der

---

niedrigen Zugangsbarrieren zu den Britischen Inseln verstärkt wurden. David Gorman meint, der Anstoß zu stärkeren Einschränkungen sei aus den Dominions gekommen, wo die Gefühle territorialer Solidarität und kultureller sowie rassischer Exklusivität am stärksten waren. Nachdem jedoch Truppen aus dem Commonwealth im Zweiten Weltkrieg eine entscheidende Rolle gespielt hatten, verabschiedete die britische Regierung ein Nationalitätengesetz, das Menschen aus den Kolonien und Dominions weitgefasste Einreiserechte ins Vereinigte Königreich und privilegierten Zugang zur britischen Nationalität verlieh. Siehe Daniel Gorman, »Wider and Wider Still? Racial Politics, Intra-imperial Immigration and the Absence of an Imperial Citizenship in the British Empire«, *Journal of Colonialism and Colonial History* 3, 2 (2002), im Internet: muse.jhu.edu/journals, und Kathleen Paul, *Whitewashing Britain: Race and Citizenship in the Postwar Era*, Ithaca (NY) 1997.

68 Albert Hirschman, *The Passions and the Interests: Political Arguments for Capitalism before Its Triumph*, Princeton (NJ) 1997. Die klassische Argumentation zur Ausbeutung ist enthalten in V. I. Lenin, *Der Imperialismus als höchstes Stadium des Kapitalismus*, in: *Werke*, Bd. 22, Berlin (Ost) 1971 (Originalausgabe 1916): 189–309, während die Behauptung, das britische Imperium habe die globalen Märkte geöffnet, zuletzt von Ferguson, *Empire*, vertreten wurde..

Transport der Sklaven zum Ort ihres Verkaufs an der Küste die britischen Beamten oder Pflanzer nicht kümmerten.[69] Das atlantische System wies eine brutale Dynamik auf: Billiger Zucker wurde zum normalen Bestandteil der Ernährung britischer Lohnarbeiter und förderte so die fabrikmäßige Produktion; unersättliche Sklavenmärkte begünstigten die am stärksten militarisierten unter den west- und zentralafrikanischen Gesellschaften.[70] Doch ebenso wie die Sklavenwirtschaft in gewissen – jedoch nicht sämtlichen – ihrer Dimensionen von staatlicher Macht abhängig war, hätte in Großbritannien selbst das Aufkommen einer Klasse von Eigentümern, die in der Lage waren, ihren exklusiven Zugang zu Land und anderen Eigentumstiteln zu verteidigen und die Verteidigung des Eigentums zu einem routinemäßigen, legitimen Aspekt des Rechtssystems werden zu lassen, ohne einen starken Staat nicht so effektiv stattgefunden. Und dessen Apparat war auf den Britischen Inseln, in der Karibik, in Indien und Nordamerika mit den Ressourcen des Imperiums aufgebaut worden.

Kenneth Pomeranz vertritt die Auffassung, dass die Fähigkeit Großbritanniens zur Industrialisierung sich von der Fähigkeit Chinas erst um 1800 unterschieden habe. Im britischen Fall machte die Komplementarität, die durch den Zucker ermöglicht wurde, einen wichtigen Faktor aus: ein wesentlicher Anteil der Kalorien, um die anwachsende Arbeiterklasse zu ernähren, konnte hergestellt werden, ohne auf die Ressourcen der Metropole an Land und Arbeitskraft zurückzugreifen (der andere entscheidende Faktor war die leichte Verfügbarkeit von Brennstoff). Der Kern des Chinesischen Reiches dehnte sich dagegen in erster Linie auf andere Regionen aus, die landwirtschaftlich und kommerziell aktiv waren. Sie produzierten Einkommen, aber keine Komplementaritäten zu Land und Arbeitskraft, die die Opportunitätskosten für die industrielle Produktion gesenkt hätten.[71]

---

69 Die Pionierstudie zu den atlantischen Ursprüngen des Sklavenhandels ist Williams, *Capitalism and Slavery*. Viele der Überlegungen von Williams wurden überzeugend kritisiert, aber seine Zusammenschau von Sklaverei und Kapitalismus, der heimischen Ökonomie Großbritanniens und der atlantischen Welt sowie der Prozesse innerhalb und außerhalb der Imperien bleibt ein beeindruckender Bezugsrahmen.

70 Mintz, *Sweetness and Power*.

71 Pomeranz, *The Great Divergence*. Siehe zu diesen komplizierten Fragen das Forum »Asia and Europe in the World Economy«, *American Historical Review* 107 (2002): 419–480, mit Beiträgen von Patrick Manning, Kenneth Pomeranz, R. Bin Wong und David Ludden.

Das bloße Vorhandensein des Imperiums erklärt noch nicht den wirtschaftlichen Sprung, den Großbritannien gegenüber anderen europäischen Gesellschaften vollbrachte, die ebenfalls tropische Imperien besaßen. Eine Erklärung, die auf die Interaktionen zwischen Veränderungen im Heimatland und im transozeanischen Bereich achtet, kann jedoch zu einer Erklärung beitragen, warum Großbritannien sein Imperium auf diese dynamische Weise nutzte. Der imperiale Handel und der Staat drückten einander ihren Stempel auf: Militärausgaben zwangen den Staat zur fiskalischen Konsolidierung und zur Förderung der Bankenbranche; militärische Erfolge, zumal der Flotte, machten den ausgreifenden Handel sicherer; externe Profitquellen ließen die Kaufleute weniger abhängig von den paternalistischen oder korporatistischen heimischen Bindungen werden und versetzten die besitzenden Eliten eher in die Lage, den Widerstand gegen Landenteignung oder gegen die Wegnahme von Rechten der Handwerker zu überwinden, während die daraus folgende Kapitalakkumulation Großbritannien größere Fähigkeiten zur Produktion billiger Waren für die Märkte in Übersee verschaffte; und der wirtschaftliche Erfolg flößte den politischen Führern Zutrauen in die Argumente der politischen Ökonomie für Freihandel und den universellen Wert einer Arbeitskraft ein, die ebenso frei wie diszipliniert war.[72]

Das späte 18. Jahrhundert bedeutete jedoch eine Krise des Imperiums, verursacht durch den Verlust der Dreizehn Kolonien. Gerade die Stärke der imperialen Idee hatte zur Amerikanischen Revolution beigetragen, weil die Kolonisten sich als Teil des britischen imperialen Gemeinwesens fühlten und daher auch als Träger von Rechten, die ihnen verweigert wurden.[73] Eliga Gould meint, die Niederlage im Revolutionskrieg habe der britischen Öffentlichkeit ein »stärker eingeschränktes Gefühl des Nationalen« vermittelt, eine Überzeugung, es sei akzeptabler, die Kolonien aufzugeben, als

---

72 Thomas Brady trennt allzu scharf zwischen den »beiden Gesichtern der Schöpfer von Europas Imperien: Plünderer, Sklavenhändler und Wucherer in der Ferne; sorgfältige und gesetzestreue Geschäftsleute zu Hause« (»The Rise of Merchant Empires, 1400–1700: A European Counterpoint«, in: Tracy, *Merchant Empires*, 160). Die kapitalistische Entwicklung war auch zu Hause brutal, und die Herrschaft des Gesetzes war in Übersee ein Instrument der Akkumulation und Konsolidierung. Siehe Benton, *Law and Colonial Cultures*.

73 Jack Greene, »Transatlantic Colonization and the Redefinition of Empire in the Early Modern Era: The British-American Experience«, in: Daniels/Kennedy (Hg.), *Negotiated Empires*, 267–282.

die Dinge zu Hause zu verändern.[74] Das verbleibende Imperium wurde in geringerem Maße als Teil der britischen Gesellschaft betrachtet und daher »autoritärer« regiert. Die Abfolge ist wichtig: Das stärker auf Großbritannien ausgerichtete Konzept des Imperiums trat vor dem Hintergrund einer imperialen Geschichte in Erscheinung, und die imperiale Geschichte baute nicht etwa auf einer nationalen auf. Doch die Einengung der Vorstellungen vom Britischsein muss näher spezifiziert werden. Gould berichtet von der Aufregung, die in den 1790er Jahren das Buch und das öffentliche Auftreten von Olaudah Equiano auslösten, dessen Geschichte von Versklavung und Befreiung sich im Raum des Imperiums abgespielt hatte. Dieser ehemalige Sklave trug zu etwas bei, das damals in Großbritannien sichtbar zu werden begann: eine Anti-Sklavereibewegung, die das Imperium als Einheit eines moralischen Diskurses behandelte. Nicht nur Vertreter der politischen Ökonomie wie Adam Smith, sondern auch ein nicht geringes Gewicht besitzender Flügel des Protestantismus äußerten sich kritisch über die Art, wie das Imperium geführt wurde. Der Schatten von Saint Domingue lag über den britischen Sklaveninseln, wo beständige Spannungen und periodische Sklavenrebellionen den Sachverhalt offenlegten, dass die Ausübung von Macht über kolonisierte Menschen Zwang, Ausgaben und Gefahr ebenso bedeutete wie Profit. In Indien wurde die britische Politik durch Skandale über die Käuflichkeit und Brutalität der Britischen Ostindienkompanie in die Fragen der Kolonialregierung just zu einem Zeitpunkt hineingezogen, als die Verwicklung der Kompanie in Südasien sich vertiefte und erweiterte und damit der Raum, in dem britische Ansprüche auf politische Hegemonie und moralische Überlegenheit zur Debatte standen, vergrößert wurde. Diese Debatten waren ebenso wie der weiterhin autokratische, hierarchische Stil des britischen Imperialismus Teilaspekte des Imperiums im Zeitalter der Entwicklung des Kapitalismus.[75]

Der Zuwachs an wirtschaftlicher Stärke war – neben Großbritanniens Sieg über Napoleon und den politischen und militärischen Vorteilen, die er auf Jahrzehnte einbrachte – einer der Gründe, wegen denen Großbritannien einen Großteil des 19. Jahrhunderts hindurch in der Lage war, von dem zu profitieren, was Ronald Robertson und Jack Gallagher mit ihrer

---

74 Eliga Gould, *The Persistence of Empire: British Political Culture in the Age of the American Revoltuion*, Chapel Hill 2000: 199, 208.
75 Gould, *The Persistence of Empire*, 210–213; Bayly, *Imperial Meridian*, 136–163.

berühmten Formel des »Freihandelsimperialismus« bezeichnet haben.[76] Sie
verstehen Imperialismus breiter als lediglich als die institutionalisierte Inkorporierung in ein politisches System; was sie beschreiben, ist jedoch weniger
als eine außenpolitische Doktrin. Es geht darum, dass die britischen Behörden ein Repertoire an Methoden entwickelten, mit denen sie in der
Lage waren, Macht in Übersee auszuüben. Dieses gesamte Repertoire war
für einen Staat von Bedeutung, der über mobilem Kapital und Fernhandel
thronte. Wegen der entscheidenden Rolle der Finanzmärkte der City of
London sowie der britischen Flotte konnte Großbritannien häufig durch
die gelegentliche Entsendung eines Kanonenbootes anstelle von Verwaltungsbeamten und Polizisten seinen Willen durchsetzen. Auch konnte es
die osmanische oder chinesische Regierung unter Druck setzen, damit
diese ungleiche Verträge unterschrieben, die Extraterritorialität, Handels-
privilegien und die unmittelbare britische Aufsicht über Zollerträge und
Schuldendienste gewährten. Es konnte für den Freihandel eintreten und
doch häufig etwas stärker Reguliertes praktizieren. P. J. Cain und A. G.
Hopkins verorten die Bedeutung des Imperiums – als institutionalisierte
Herrschaft – im Rahmen einer größeren Reihe imperialer Praktiken, in
deren Zentrum Finanz- und Handelsdienstleistungen stehen. Diese versetzten Großbritannien in eine günstige Lage, um asymmetrische Wirtschaftsbeziehungen zwischen wirtschaftlich verwundbaren Imperien (dem
osmanischen und chinesischen), expandierenden Ökonomien ehemaliger
Kolonien (Kanada, Australien), Produzenten von Primärprodukten in
Lateinamerika sowie industriellen Konkurrenten und Partnern (Europa,
Vereinigte Staaten und zunehmend Japan) zu koordinieren.[77]

Die Brückenköpfe des formellen wie des informellen *Empire*, die Großbritannien zuvor errichtet hatte oder die seine Handels-Avantgarde Mitte
des 19. Jahrhunderts gründete, wurden zur Basis für die territoriale Kolonisierung in Afrika, Asien und im Pazifik. In Indien zeigte die britische Herrschaft vor allem nach der *Great Mutiny* von 1857 und der formellen Übernahme der Regierungsverantwortung, die bislang von der Britischen Ostindienkompanie wahrgenommen worden war, weniger Toleranz gegenüber
indischen Handlungsweisen. Doch – gegen Marx wie auch gegen die Befürworter der Marktexpansion – scheute die britische Regierung noch
immer vor einer Transformation der produktiven Basis der indischen Wirt-

---

76 Ronald Robinson/Jack Gallagher, »The Imperialism of Free Trade«, in: *Economic History Review* NF 6 (1953): 1–15.
77 Cain/Hopkins, *British Imperialism*.

schaft zurück, denn sie musste sich nach wie vor von indigenen Obrigkeiten Huckepack nehmen lassen, und deren Beziehungen zu ihren landlosen Untergebenen lösten sich nicht in kapitalistische Produktionsverhältnisse auf.[78] Der Imperialismus mag aus einem komplexen Gefüge transnationaler kommerzieller und finanzieller Verbindungen mit unterschiedlichen Arten institutioneller Arrangements bestanden haben, aber er war mehr als das.

Großbritanniens Initiative zur Abschaffung des Sklavenhandels durch seine Staatsbürger (1807) und der Sklaverei in seinen Kolonien (1834) und zusätzlich der Einsatz seiner Diplomatie und Flottenmacht, um andere zur Aufgabe des Sklavenhandels zu bewegen, lassen sich nicht in strikt wirtschaftlichen Kategorien erklären. Die Sklavenbefreiung fügte der Zuckerwirtschaft auf Großbritanniens karibischen Inseln schweren Schaden zu und nutzte der spanischen Kolonie Kuba, die die Sklavenproduktion bis 1886 aufrechterhielt.[79] David Brion Davis hat die These vertreten, die ideologischen und nicht die im engen Sinne ökonomischen Konsequenzen der kapitalistischen Entwicklung seien die Triebkräfte hinter der Anti-Sklavereibewegung gewesen. Die Bewegung war genauso sehr eine atlantische Erscheinung wie die Sklaverei selbst; sie speiste sich aus dieser zunehmenden Bedeutung des protestantischen Nonkonformismus in den Mittel- und Oberklassen und gewann die Unterstützung von Handwerkern, Arbeitern und ehemaligen Sklaven. Ihr Erfolg war Ausdruck der ideologischen Bedürfnisse der Elite: Wenn sie eine kohärente Weltsicht vortragen sollte, die die Lohnarbeit – entkleidet der Schutzmechanismen der Gemeinschaft und des Paternalismus – zu einem naturalisierten Aspekt des Lebens machte, konnte sie schwerlich im gleichen Atemzug die Sklaverei verteidigen. Es hatte für wichtige Teile der britischen Öffentlichkeit eine Bedeutung, dass Sklaven, mit denen sie im Übrigen nur wenig kulturelle Berührungspunkte teilten und die in einer britischen Besitzung lebten, die sie niemals gesehen

---

78 Washbrook, »Law, State and Agrarian Society in Colonial India«. Der britische Imperialismus verhielt sich kostenbewusst, weil er die Folgen von Militärlasten für den heimischen Steuerzahler und die heimische Wirtschaft fürchtete, und berücksichtigte auch unterschiedliche Meinungen innerhalb der politischen Elite darüber, wie aggressiv man in Übersee vorgehen solle. Das führte zu einer Bündnispolitik, die den imperialen Ehrgeiz zügelte. Snyder, *Myths of Empire*, Kap. 5.

79 Seymour Drescher, *Econocide: British Slavery in the Era of Abolition*, Pittsburgh 1977.

hatten, auf eine Weise behandelt wurden, die die britische Flagge befleckte.[80] Zur Zeit der Sklavenbefreiung wurde die Vorstellung, Sklaven und ihre Nachkommen könnten zu rationalen Akteuren in der Marktwirtschaft oder gar zu Teilnehmern an der Politik lokaler Gesetzgebungsorgane werden, von humanitären Aktivisten und Teilen der herrschenden Elite zumindest bedacht. Wie Thomas Holt und Catherine Hall gezeigt haben, hegten befreite Sklaven nicht unbedingt die Absicht, sich ein Leben in diesem Rahmen aufzubauen. Die Tatsache, dass die Zuckerproduktion auf den Inseln so drastisch zurückging, wurde von manchen als Anzeichen einer rassisch begründeten Ausnahme zu den Gesetzen der Wirtschaft verstanden, während die Verteidigung einer anderen Lebensweise durch die ehemaligen Sklaven als Gefahr für die politische Ordnung gesehen wurde. Manche Missionare fuhren fort, das Emanzipationsprojekt als moralisches Gut zu verteidigen, wohingegen andere davon überzeugt waren, dass selbst christliche Ex-Sklaven ohne Beaufsichtigung von Weißen auf ihren alten Stand zurückgleiten würden. In der Begegnungssituation nach der Sklavenbefreiung selbst entwickelten sich zunehmend schroffe Ansichten über die Unwandelbarkeit der Rassen sowie über minderwertige Rassen.[81]

Diese erfahrungsorientierte, historisch verankerte Sicht auf den ansteigenden Rassismus sollte neben dem Ansatz berücksichtigt werden, der das Wachstum des »wissenschaftlichen Rassismus« als Teil der Geistesgeschichte Westeuropas seit dem 18. Jahrhundert betrachtet. Die Kategorien der Aufklärung wurden in Wirklichkeit verwendet, um eine ganze Reihe von Theorien zur Rassenfrage zu erarbeiten und zu debattieren, darunter auch antirassistische.[82] Im Verlauf des 19. Jahrhunderts bildeten Argumente für eine unveränderliche Rassenhierarchie in zunehmender Weise einen Resonanzboden für die koloniale Erfahrung vor Ort und verstärkten diese ihrerseits; doch sollte man darüber nicht das Ausmaß der Debatte vergessen. Einige Autoren wiesen im 19. Jahrhundert darauf hin, dass Afrikaner an sämtlichen Küsten intensiveren Austausch mit europäischen

---

80 Davis, *The Problem of Slavery*; Seymour Drescher, *Capitalism and Antislavery: British Mobilization in Comparative Perspective*, New York 1987. Frühe Kritiker der Sklaverei bezogen sich ausdrücklich auf die Vorstellung, der Sklave sei ein Untertan des *Empire*, den man nicht einfach wie ein Stück Vieh behandeln dürfe. Christopher L. Brown, »Empire without Slaves: British Concepts of Emancipation in the Age of the American Revolution«, in: *William and Mary Quarterly* 56 (1999): 273–306.

81 Holt, *The Problem of Freedom*; Hall, *Civilising Subjects*.

82 Muthu, *Enlightenment against Empire*.

Kaufleuten pflegten, und verstanden dies als Zeichen für einen möglichen Fortschritt von Handel, Zivilisation und Christentum.[83] Antirassismus war nicht gleichbedeutend mit Antiimperialismus; manche traten für eine wohlmeinende Kolonisierung zur »Hebung« der Afrikaner ein. Und rassistische Argumente ließen sich gegen den Imperialismus verwenden – um nämlich das *Empire* nicht schwärzer werden zu lassen.[84] Die Debatte über Rasse wurde auch von afrikanischen und afro-amerikanischen Intellektuellen sowie zunehmend durch koloniale Untertanen erweitert, die Teil des intellektuellen Lebens in London, Paris und anderen europäischen Zentren wurden.[85] In der Art und Weise, wie die Auseinandersetzungen über Rasse und Universalität im Einzelnen ausgetragen wurden, kamen konkrete Probleme und spezifische Kämpfe zum Ausdruck.

Zögerliche ebenso wie eifrige Imperialisten mussten sich mit einer afrikanischen Realität befassen, die in einem Zeitalter zunehmenden, aber unsicheren Handels entlang der Küsten Afrikas in schneller Veränderung begriffen war. Die »periphere« Theorie von Robinson und Gallagher zum Imperialismus des späten 19. Jahrhunderts besagt, dass die Eroberungen nicht von einer Reihe von Imperativen ausgingen, deren Ursprung in Europa lag, sondern von den Spannungen innerhalb der älteren Formen euro-afrikanischer Interaktion. Sie hätten zu einem Zusammenbruch innerhalb der Peripherie selbst geführt, der wiederum – angesichts der hochgradig

---

83 Mary Kingsley vertrat Ende des 19. Jahrhunderts diese Ansicht an führender Stelle, und wie Mary Louise Pratt schreibt, war sie in der Lage, »sich im Projekt des *Empire* zu verorten« und sich zugleich gegen »Herrschaft und Ausbeutung« zu wenden. *Imperial Eyes: Travel Writing and Transculturation*, London 1992: 215. Pratt verdeutlicht auch die Bedeutung der Dimension des sozialen Geschlechts für Kingsleys Argumentation gegen männliche Macht- und Verfügungsphantasien.

84 Einen nützlichen Überblick über unterschiedliche Meinungen und Argumentationsweisen gibt Raul Rich, *Race and Empire in British Politics*, Cambridge 1986. Rassistischer Antiimperialismus bildet einen Teil der Geschichte, die Christopher Schmidt-Nowara erzählt: *Empire and Antislavery: Spain, Cuba, and Puerto Rico, 1833–1874*, Pittsburgh 1999. Zwei neuere Studien über die Debatten zu Wissenschaft und Rasse in Frankreich sind Emmanuelle Saada, »Race and Sociological Reason in the Republic: Inquiries on the Métis in the French Empire (1908–37)«, in: *International Sociology* 17 (2002): 361–391; und Alice Conklin, »Civil Society, Science, and Empire in Late Republican France: The Foundation of Paris's Museum of Man«, in: *Osiris* 17 (2002): 255–290.

85 Westafrikanische Intellektuelle wie Africanus Horton begannen Ende des 19. Jahrhunderts zu argumentieren, Afrikaner könnten anders sein, ohne deshalb minderwertig zu sein. Ab 1900 umrissen die Panafrikanischen Kongresse ein antirassistisches Programm, während Jomo Kenyatta in London und Léopold Senghor sowie Aimé Césaire in Paris während der 1930er Jahre sowohl Gleichheit als auch Differenz verteidigten.

ungleichen militärischen Machtverhältnisse – zur Eroberung geführt habe.[86] Wir müssen einen Moment innehalten. Der »neue« Imperialismus, zumal das »scramble for Africa« von den 1870er bis zu den 1890er Jahren, ist nicht zu verstehen ohne die Berücksichtigung »alter« Rivalitäten zwischen den Imperien. Der Idee eines Zusammenbruchs des Freihandelsimperialismus an der Peripherie muss man die beiden ideologischen Verschiebungen hinzufügen, die es möglich machten, dass Europäer, die sich ihres Platzes bei der Entfaltung menschlichen Fortschritts zunehmend bewusst waren, Dinge unternahmen, denen der Geruch des Militarismus alten Stils anhaftete. Ob nun das wirtschaftliche Interesse an kolonialen Ressourcen auch auf anderem Wege hätte befriedigt werden können – die Existenzweise des Kapitals bezog sich eindeutig auf den Zusammenhang einer umfassenderen Welt; es war ständig auf der Suche nach neuen Möglichkeiten und hatte ein besonderes Bedürfnis nach tropischen Waren. Zusammenbrüche an der Peripherie können nicht erklären, warum Großbritannien überhaupt an der Peripherie präsent war, es ist jedoch wichtig, das Spektrum von Optionen im Auge zu haben, die sich der Ausübung wirtschaftlicher und politischer Macht darboten. Es gab einflussreiche Parteien innerhalb der europäischen Gesellschaften – ob nun die »Gentleman-Kapitalisten« von Cain und Hopkins oder der »parti colonial« von Charles-Robert Ageron –, die auf energische staatliche Intervention und zuweilen auf territoriale Kontrolle aus waren.[87] Ihr Einfluss war desto größer, wenn sie auf bestehende Interessen verweisen konnten, und daraus ergibt sich die argumentative Bedeutung der Brückenköpfe.[88]

Am wichtigsten ist die alte Tatsache des Imperiums auf der Weltbühne: Das Europa der 1870er Jahre war nicht ein Europa von Nationalstaaten, sondern eines von alten und Möchtegern-Imperien. Genau dieser Sachverhalt, dass die wichtigen Akteure zahlenmäßig wenige waren und supranational dachten, bewirkte, dass aus wirtschaftlicher Interaktion ein Gedränge, ein *scramble* wurde. Großbritannien hatte eine Vielzahl von Möglichkeiten, an tropische Ressourcen heranzukommen, und konnte eine Vielzahl von

---

86 Ronald Robinson, »Non-European Foundations of European Imperialism: Sketch for a Theory of Collaboration«, in: Roger Owen/Bob Sutcliffe (Hg.), *Studies in the Theory of Imperialism*, London 1972): 117–142; Ronald Robinson/John Gallagher, *Africa and the Victorians: The Official Mind of Impeiralism*, New York 1961.
87 Cain/Hopkins, *British Imperialism*; Ageron, *France coloniale ou parti colonial?*
88 Darwin, »Imperialism and the Victorians«.

Fehlschlägen aushalten. Es fürchtete jedoch, andere imperiale Mächte könnten exklusiven Zugang zu Quellen lebenswichtiger Güter oder lukrativen Handels erlangen, und die Tatsache, dass eine kleine Anzahl europäischer Mächte mit schwächeren und zersplitterten afrikanischen Gemeinwesen Handel trieb, führte dazu, dass, wenn einmal eine europäische Macht begann, territoriale Ansprüche zu erheben oder exklusiven Zugang zu Teilen Afrikas zu fordern, auch die anderen ihre vorsorgliche Kolonisierung verstärken mussten.

Das instabilste internationale System ist weder eine Welt mit relativ gleichen Souveränen noch eine Ordnung mit einem einzigen Hegemon, sondern eines mit einer kleinen Anzahl mächtiger Akteure.[89] Hier wurde der Umstand bedeutsam, dass Großbritannien dabei war, seinen Vorsprung als Wirtschaftsmacht einzubüßen, weil sich Deutschland sowie in hohem Maß auch Frankreich und Belgien industrialisierten. Es ist nicht überraschend, dass Großbritannien sich nicht als erstes in Afrika bewegte und am Ende doch die besten Stücke des Kuchens bekam. Das Paradox der imperialen Konkurrenz bestand darin, dass jede Macht nach imperialen Ressourcen strebte und fürchtete, von anderen imperialen Räumen ausgeschlossen zu werden, dass sie aber auch fürchteten, die Zuteilung von zu umfangreichen Ressourcen für die imperiale Verteidigung und Entwicklung könne die Metropole in Gefahr bringen. Daraus ergab sich die Doktrin, die Kolonien sollten für sich selbst aufkommen – einschließlich der Kosten für die Repression.

Die Zögerlichkeit Deutschlands beim Aufbau eines Imperiums entsprach seiner Position als Nachzügler, seinem Bedürfnis, wirtschaftliches Fortkommen zu einem spezifisch deutschen Projekt im Gegensatz zum britischen Imperium zu machen, das von seinem ökonomischen Vorsprung leben und sich auf dieser Grundlage auch verteidigen konnte.[90] Philipp Ther hat zwingend dafür argumentiert, Deutschland im späten 19. Jahrhundert im Rahmen »einer imperialen, nicht einer nationalen Geschichte« zu betrachten. Er verweist darauf, dass das Deutsche Reich aus Stücken benachbarter imperialer Gemeinwesen in Europa zusammenge-

---

89 Manche Wissenschaftler bezweifeln das Ausmaß, in dem die britische Macht im 19. Jahrhundert hegemonial war. Siehe Patrick Karl O'Brian/Armand Clesse (Hg.), *Two Hegemonies: Britain 1846–1914 and the United States 1941–2001*, London 2003.

90 Die Schlüsselfigur in der Kampagne für eine nationale Strategie, um Deutschland zum Aufholen zu befähigen, war damals Friedrich List. Siehe Roman Szporluk, *Communism and Nationalism: Karl Marx versus Friedrich List*, New York 1988.

setzt worden war und damit aus Menschen, die »sich eindeutig nicht als Deutsche betrachteten«. Der Staatsapparat war eher deutsch als die Gesellschaft. Das Staatsprojekt des Aufbaus eines Imperiums dehnte sich nach Übersee aus, und dort nahm das Streben nach Ressourcen, Prestige und Absatzmöglichkeiten wegen des Bewusstseins, spät in die Rivalität eingestiegen zu sein, eine größere Schärfe als im Fall Großbritanniens an. Der Rassismus gegen Afrikaner ging Hand in Hand mit dem Rassismus gegen europäische »Andere«, zumal gegen Polen. Das Deutsche Reich, so behauptet Ther, »wollte ein homogener Nationalstaat werden«, war aber keiner und – wenn es mit Großbritannien konkurrieren wollte – konnte kein solcher werden.[91]

Japan, ein weiteres sich spät industrialisierendes Land und gleichfalls später Kolonisator, steckte in der gleichen Problematik des späten 19. Jahrhunderts: Dies waren die beiden Mächte, deren imperiale Projekte dem Aufbau eines Imperiums ausgehend von einem nationalen Kern am nächsten kamen, abgeschwächt freilich durch Japans Bestreben, sich als »asiatisch« zu bezeichnen, wie auch Deutschlands Bestrebungen unter dem Gesichtspunkt der Unsicherheit spezifiziert werden müssen, wo in Europa das Deutschtum überhaupt seinen Ort hatte.[92] An Ort und Stelle in Afrika sah Deutschland sich den gleichen Zwängen gegenüber wie andere Mächte auch. Trotz all seiner Brutalität bei der Unterdrückung der Herero- und Maji Maji-Revolten musste Deutschland, wie John Iliffe am Beispiel Tan-

91 Philipp Ther, »Imperial Instead of National History: Positioning Modern German History on the Map of European Empires«, in: Alexei I. Miller/Alfred J. Rieber (Hg.), *Imperial Rule*, Budapest/New York 2004: 47–68. Zum anti-polnischen Rassismus siehe Robert Nelson, »Unsere Frage ist der Osten: Representations of the Occupied East in German Soldier Newspapers, 1914–1918«, in: *Zeitschrift für Ostmitteleuropa-Forschung* 51 (2001): 276–303; dagegen meint George Steinmetz, eher als eine spezifisch deutsche Form des Rassismus seien unterschiedliche Positionen in unterschiedlichen Situationen aufgetreten. Siehe »The Devils Handwriting: Precolonial Discourse, Ethnographic Acuity, and Cross-Identification in German Colonialism«, in: *Comparative Studies in Society and History* 45 (2003): 41–95.
92 Louise Young, *Japan's Total Empire: Manchuria and the Culture of Wartime Imperialism*, Berkeley 1998, hebt hervor, wie die japanische Regierung während der 1920er und 1930er Jahre den Aufbau des Imperiums nutzte, um ein totalisierendes Bild eines japanischen Projektes zu schaffen. Y. Tak Matussaka, »The Japanese Hegemony in East Asia, 1895–1945«, Beitrag für die Konferenz über »Empires in Modern Times«, Genf, März 2003, arbeitet die Komplexitäten heraus, die vor Ort mit der Kontrolle des imperialen Raums in Asien verbunden waren. Siehe auch Robert Eskildsen, »Of Civilization and Savages: The Mimetic Imperialism of Japan's 1874 Expedition to Taiwan«, in: *American Historical Review* 107 (2002): 388–418.

ganyikas zeigt, Kompromisse mit indigenen Eliten eingehen, um das Imperium bezahlbar und kontrollierbar zu machen.[93] Diese Überprüfung anhand der Realität spielte für Deutschland nach dem Ersten Weltkrieg keine Rolle mehr, da es seine Kolonien an die siegreichen Imperien verloren hatte. Als selbstbewusste Kolonialmacht ohne Kolonien empfand Deutschland nicht nur Groll gegenüber den anderen europäischen Imperien, sondern auch ein Gefühl der Überlegenheit, das nicht mehr durch die Komplexitäten gezügelt war, die sich durch die tatsächliche Ausübung von Herrschaft über Menschen vermittelten. Nicht, dass das Herrschen über reale Afrikaner und Asiaten anstelle fiktiver Kolonisierter den britischen Eliten eher ein stärkeres Verständnis für das Menschsein der Leute gegeben hätte, die sie beherrschten; vielmehr verlieh das Herrschen über »Andere« den Briten ein realistischeres Gefühl für die Grenzen ihrer Macht.[94]

Wir stehen hier der zentralen Paradoxie der Geschichte des Kolonialismus gegenüber: den Grenzen, mit denen die kolonisierenden Mächte, ausgestattet mit der scheinbar größten Handlungskapazität und dem vollsten Vertrauen in ihre Macht zur Transformation, dennoch konfrontiert waren. Kolonialstaaten, und unter ihnen auch der britische, waren fragil: Sie bedurften der Legitimität und des Zwangspotentials lokaler Obrigkeiten, um Steuern einzutreiben und Arbeitskräfte zusammenzutrommeln, und sie benötigten lokales Wissen. Wenn die Kategorie des Häuptlings unter der Kolonialverwaltung ehemalige Könige, Provinzführer, Häupter von Verwandtschaftsgruppen, Dorfälteste oder manchmal auch Leute umfasste, von denen die Kolonialherren fälschlich angenommen hatten, sie besäßen Einfluss, so mussten diese Leute doch – unter der Androhung, abgesetzt zu werden oder von noch Schlimmerem – der kolonialen Macht Geltung verschaffen; doch durften sie nicht zu weit getrieben werden, weil

---

93 John Iliffe, *Tanganyika under German Rule, 1905–1912*, Cambridge 1969.

94 Diese Unterbrechung von Deutschlands Karriere als Imperium, seine erzwungene Schrumpfung zurück zum Status eines Nationalstaates wird in Überlegungen missverstanden, die eine unmittelbare Linie von der rassenbezogenen Brutalität der Kolonisierung zur rassenbezogenen Brutalität Nazi-Deutschlands ziehen. Indem sie eine derartige Entwicklungslinie in den Kontext des Totalitarismus einbettet, nimmt Hannah Arendt in ihrer aufschlussreichen Bearbeitung dieser Fragen nicht die Grenzen der kolonialen Macht wahr – Grenzen, mit denen Herrscher mit imaginären Kolonien sich nicht auseinanderzusetzen brauchten. Siehe *Imperialismus* in *Elemente und Ursprünge totaler Herrschaft*, 4. Aufl., übersetzt von Hannah Arendt, München/Zürich 1995 (Originalausgabe 1951). Siehe auch Lora Wildenthal, »Notes on a History of ›Imperial Turns‹ in Modern Germany«, in: Burton (Hg.), *After the Imperial Turn*, 144–156.

sie sonst mehr an Kredit verloren hätten, als dem Regime dienlich war.[95] Die Struktur der Herrschaft verstärkte und verfestigte die Unterschiede zwischen den untergeordneten politischen Einheiten innerhalb der Imperien. Der Kolonialismus förderte in Afrika die Ethnisierung.[96] Während der Rückgriff der Kolonialverwaltungen auf indigene Obrigkeiten es diesen ermöglichte, die patriarchalischen Dimensionen älterer gesellschaftlicher Strukturen zu verstärken und zu kodifizieren, versuchten die Missionare, Frauen in ihre eigenen Vorstellungen von Häuslichkeit einzupassen, die sie gegen die Grausamkeiten gegen Frauen bei Heiden, Muslimen und anderen Nicht-Europäern absetzten.[97] Die Neubestimmung des sozialen Geschlechts als Teil einer imperialen, nach Rasse bestimmten Ordnung steht im Mittelpunkt von einigen der besten wissenschaftlichen Arbeiten über die Imperien des 19. und 20. Jahrhunderts. Der Aufbau der Imperien im 19. Jahrhundert war eine ebenso (und in mancher Hinsicht stärkere) maskuline Operation, wie sie es im 16. Jahrhundert gewesen war: Männer mit Gewehren, Männer auf Schiffen, Männer, die Bergwerke und Plantagen leiteten und widerspenstige und gefährliche Eingeborene disziplinierten, Männer, die Bürokratien am Laufen hielten, Männer, die ihre Wissenschaft, ihre Vorstellungen darüber, wie Gesellschaften und Ökonomien funktionieren sollten, in »dunkle Länder« brachten. Doch das Imperium zu einer Lebensweise zu machen, erschien vielen als eine genuin weibliche Aufgabe: Die Anwesenheit der Frauen würde die Männer davon abhalten, mit Eingeborenen anzubändeln, verhindern, dass die »alten« Triebe der Männer zu militärischer und sexueller Eroberung der Zivilisierungsmission und der Schaffung einer bürgerlichen Kultur in den Kolo-

---

95 Lonsdale/Berman, »Coping with the Contradictions«: 487–506; Sara Berry, »Hegemony on a Shoestring: Indirect Rule and Access to Agricultural Land«, in: *Africa* 62 (1992): 327–355; A. E. Afigbo, *The Warrant Chiefs: Indirect Rule in Southeastern Nigeria, 1891–1929*, London 1972; Charles Ambler, *Kenyan Communities in the Age of Imperialism. The Central Region in the Late Nineteenth Century*, New Haven (CN) 1988.

96 Diese These wurde mit Entschiedenheit von Mahmood Mamdani vertreten, vielleicht allzu entschieden. Er verweist zu Recht auf die kolonialen politischen Strategien, die die Schaffung »dezentralisierter Despotismen« zum Ziel hatten, durch die sie herrschen konnten, aber er unterschätzt das Ausmaß sich überschneidender Zusammenhänge und verfehlt die Bedeutung der Mobilisierung, zu der es um Vorstellungen von Staatsbürgerschaft herum während der finalen Krise der Kolonialherrschaft kam. *Citizen and Subject.* Siehe auch Leroy Vail (Hg.), *The Creation of Tribalism in Southern Africa*, Berkeley 1989.

97 Martin Chanock, *Law Custom and Social Order: The Colonial Experience in Malawi and Zambia*, Cambridge 1985; Comaroff/Comaroff, *From Revelation to Revolution*; Karen T. Hansen (Hg.), *African Encounters with Domesticity*, New Brunswick (NJ) 1992.

nien in die Quere gerieten, und ein Beispiel für die einheimischen Frauen bieten, welche Rolle sie in der sozialen Reproduktion einzunehmen hätten. Diese Rollen zogen Widersprüche und Konflikte nach sich, wie dies etwa Lora Wildenthal am Beispiel der deutschen Kolonien herausgearbeitet hat, wo die Vorstellungen von Männern, das Recht zu haben, alles zu tun, was sie wollten – einschließlich der Zeugung von Nachkommen mit lokalen Frauen und in manchen Fällen deren Legitimierung –, mit den Vorstellungen von Frauen über Beherrschung und häusliche Ordnung in Konflikt standen, die in Begriffen der Rasse und des sozialen Geschlechts formuliert wurden.[98] Eine stabile Geschlechterordnung erwies sich als ebenso schwer zu erreichen wie eine stabile Rassenordnung: Wie Luise White für Nairobi in der Zwischenkriegszeit gezeigt hat, konnten kolonisierte Frauen an kolonialen Orten Nischen finden, wo ihre Tätigkeiten – bei der Versorgung mit Wohnung und Nahrung ebenso wie mit Sex – zu effektiv und unternehmerisch waren und anscheinend die falsche Sorte städtischer Arbeiterklasse reproduzierten. Der dann folgende Versuch der Kolonialregime, die kolonisierte Arbeiterklasse zu »stabilisieren« – indem man die Arbeiter von ihren ländlichen Herkunftsgebieten trennte und neue Generationen in der Nähe des Arbeitsplatzes heranzog, wo sie unter den wachsamen Augen der Gesundheits- und Erziehungsbürokratien in Familien lebten –, besaß gleichfalls seine Widersprüche. Die ordentliche Beziehung zwischen dem männlichen Brotverdiener und der weiblichen Hausfrau brach nicht nur im »informellen Sektor« zusammen, wo nicht überwachte Arbeitsverhältnisse Frauen eine größere, aber konfliktreiche unternehmerische Rolle verschafften, sondern auch in den Arbeiterhaushalten selbst, wo der Inhalt der Lohntüte sowohl zum Unterhalt einer veränderten Form des Patriarchats verwendet werden konnte wie auch für eine stärker unternehmerische

---

98 Lora Wildenthal, *German Women for the Empire, 1884–1945*, Durham (NC) 2001; Forschungen über das Verhältnis von sozialem Geschlecht und Imperium finden gute Ausgangspunkte in Stoler, *Carnal Knowledge*; Clancy-Smith/Gouda (Hg.), *Domesticating the Empire*; Sonderheft über »Gendered Colonialism in African History« von *Gender and History* 8, 3 (1996); Pamela Scully, *Liberating the Family? Gender and British Slave Emancipation in the Rural Western Cape, South Africa, 1823–1853*, Portsmouth (NH) 1997; Mrinalini Sinha, *Colonial Masculinity: The ›Manly‹ Englishman and the ›Effeminate Bengali‹ in the Late Nineteenth Century*, Manchester 1995.

Rolle der Ehefrau, als dies die offizielle Ideologie zuließ.[99] Die Möglichkeiten, die sich Frauen und Männer durch die erfolgreiche Kombination von Aktivitäten innerhalb eines erweiterten Haushalts eröffneten, erhöhten zugleich die Verwundbarkeit von Frauen gegenüber den Wechselfällen der Treue der Männer, ihrer Gesundheit (selbst vor der Zeit von HIV) und Erfolgen der Männer innerhalb der häufig grausamen kolonialen Wirtschaft. Die Erforschung von Fragen des sozialen Geschlechtes im »modernen« Imperium fördert daher weniger ein Terrain zutage, auf dem koloniale Kategorien und strikte Ordnung erfolgreich durchgesetzt wurden, als vielmehr ein Terrain des Konflikts sowie von umstrittenen Rollendefinitionen.[100]

Wir sollten uns hüten, weder die Einschreibung der Ordnung in die Kolonisierten allzu sehr zu betonen, noch die kulturelle Anpassungsfähigkeit und Autonomie übertrieben zu feiern, und wir sollten gewiss nicht vergessen, dass die Beschränkungen der kolonialen Macht bei der Verwaltung und Veränderung ihres Herrschaftsbereiches häufig als Willkür und Brutalität erfahren wurden. Die Eroberung war von der Fähigkeit der Invasorenarmeen abhängig gewesen, ihre Feuerkraft zu konzentrieren, einzuschüchtern und weiterzuziehen. Die Aufrechterhaltung der Kontrolle angesichts von kleinen und großen Rebellionen zog exemplarische Strafaktionen nach sich, die in Fällen wie dem Herero-Krieg die Ausmaße eines Völkermordes erreichten. Körperstrafen, Kollektivsanktionen gegen Gemeinschaften, deren Mitglieder die koloniale Ordnung verletzt hatten, und strafrechtliche Sanktionen für die Verletzung von privaten Verträgen blieben Standardmaßnahmen der kolonialen Disziplinierung auch da, wo die Beamten anerkannten, dass moderne Regierungen so etwas eigentlich nicht tun. Auch exemplarische Repressionen verschwanden nicht im Lauf der Zeit, wie die Beispiele von Sétif in Französisch-Nordafrika 1945, im französischen Madagaskar 1947 oder im britischen Zentral-Kenia nach 1952 zeigen, ganz zu schweigen vom Algerienkrieg 1954–1962. Vorstellungen

---

99 Luise White, *The Comforts of Home: Prostitution in Colonial Nairobi*, Chicago 1990; Lindsay, *Working with Gender*; Aili Mari Tripp, *Changing the Rules: The Politics of Liberalization and the Urban Informal Economy in Tanzania*, Berkeley (CA) 1997.

100 Die neueste Forschung zur afrikanischen Geschichte akzentuiert weniger die Erzwingung von Rollen durch Missionare, Lehrer und Gesundheitspersonal als die Art, wie Personen in der Mitte der Beziehungen zwischen Kolonisator und Kolonisiertem diese Kategorien umarbeiteten und angriffen. Siehe Hunt, *A Colonial Lexicon*; McKittrick, *To Dwell Secure*; Carol Summers, *Colonial Lessons: Africans' Education in Southern Rhodesia, 1918–1940*, Portsmouth (NH) 2002.

von Polizeiarbeit und Überwachung nach neuesten Erkenntnissen hatten gleichfalls ihren Platz, aber die geringe Dichte der Kolonialverwaltungen und ihr Insistieren darauf, dass kolonisierte Menschen die Kosten ihrer eigenen Unterdrückung zu zahlen hätten, schränkten ihre Möglichkeiten ein.[101]

Die Rohheit und Erniedrigung, die mit der Unfähigkeit der Kolonialregime einhergingen, Kontrolle und Autorität in veralltäglichter Weise durchzusetzen, befanden sich in unbehaglicher Koexistenz mit dem anderen Pol des Imperialismus, der Vorstellung vom Imperium als eines legitimen Gemeinwesens, an dem alle Mitglieder Anteil hatten. Diese Seite trat besonders deutlich während der Kriege in Erscheinung. Eine Million Inder dienten Großbritannien im Ersten Weltkrieg; ungefähr dieselbe Zahl kam aus den weißen Dominions. Zwei Millionen Afrikaner dienten, meist mit wenig Wahlmöglichkeit und meist als Träger und einfache Arbeiter, etwa ein Fünftel davon starben an Krankheiten. Im Zweiten Weltkrieg sollte der Beitrag des *Empire* sowohl von den Kolonien wie von den Dominions noch größer sein.[102]

Auf den Ersten Weltkrieg folgten in Britisch- wie Französisch-Afrika Versuche, die Geister der imperialen Zugehörigkeit wieder in die Flaschen einzufangen, aus denen sie aufgestiegen waren. Schon zuvor hatten die Vorhaben, zu zivilisieren oder zu christianisieren, Sklaven zu Lohnarbeitern und Subsistenzbauern zu Exportfarmern zu machen, ihre Überzeugungskraft verloren. Derartige Bemühungen hatten sich als allzu frustrierend erwiesen, während»detribalisierte« Afrikaner allzu fordernd auftraten. Während der 1920er Jahre lehnte Großbritannien genau wie Frankreich Programme zur»Entwicklung« ab, bei denen die Geldmittel der Metropolen zur Verbesserung der Infrastruktur oder zur Ermöglichung einer rationaleren Ausbeutung der Kolonien eingesetzt worden wären. Es machte aus der Not eine Tugend, indem es seine Mission als einer zur Bewahrung traditioneller Obrigkeiten definierte.

Während dieser ganzen Zeit wurden Inseln der Exportproduktivität geschaffen: Bergwerkszonen, umgeben von riesigen Einzugsgebieten für Arbeitskräfte, Orte weißer Siedlung, wo die Farmer staatliche Hilfe zur Re-

---

101 Zu den Anfängen einer Geschichte der Polizei in der späten Kolonialzeit siehe David M. Anderson/David Killingray (Hg.), *Policing and Decolonisation: Politics, Nationalism and the Police 1917–65*, Manchester 1992; und zum fortgesetzten Einsatz strafrechtlicher Sanktionen Cooper, *Decolonization and African Society*, 367 f.
102 Ferguson, *Empire*, 301 ff.

krutierung und Disziplinierung von Arbeitskräften erhielten, und Anbaugebiete für afrikanische Klein- oder Mittelbauern, die die Arbeitskraft ihrer Familie, von Pächtern oder Klienten und manchmal auch Lohnarbeit einsetzen. Versuche, einen indigenen oder aber einen Siedlerkapitalismus zu schaffen, scheiterten an dem Umstand, dass die meisten Afrikaner in einem gewissen Maß über Landressourcen verfügten, selbst wenn sie durch Enteignung unter Druck gerieten. Sie erlitten Schiffbruch auch dadurch, dass die kolonialen Ökonomien neue Nischen eröffneten, die Alternativen zur Dienstbarkeit gegenüber einem Grundeigentümer boten, und dass die Grundeigentümer selbst nicht unbedingt die Regeln einer auf Lohnarbeit beruhenden Wirtschaftsweise befolgen wollten. Die kolonialen Ökonomien trugen zur Entstehung eines städtischen Sektors bei, nicht aber zur Herausbildung einer städtischen Gesellschaft mit den materiellen und gesellschaftlichen Ressourcen, mit denen Arbeiter ihr Leben bestreiten und Beamte es formen konnten. Derartige Strukturen erlaubten es manchen Unternehmen, große Profite zu machen, aber sie boten auch den Afrikanern jeden Anreiz, Alternativen zur vollständigen Einbeziehung in die Sektoren der Lohnarbeit oder der landwirtschaftlichen Produktion für den Markt zu suchen.[103]

Mitte der 1930er Jahre zeigte die berühmte Studie von S. Herbert Frankel, eine wie geringe Rolle das »New Empire« im Rahmen der britischen Gesamtinvestitionen spielte: Das meiste Kapital floss in die alten, »weißen« Kolonien und zu Großbritanniens Handelspartnern außerhalb des Kolonialreiches. Weder Lenins Vorstellung vom Imperialismus als höchstem Stadium des Kapitalismus noch die Vorstellung der Apologeten vom Kolonialismus als Motor der Entwicklung einer sich vorwärts bewegenden Marktwirtschaft entsprachen der Realität.[104]

Die mittelmäßige wirtschaftliche Leistung der Kolonien erleichterte es den Kolonialmächten, die Folgen der Depression von 1929 auf ländliche Gebiete abzuwälzen. Doch gegen Ende des Jahrzehnts begannen die briti-

---

103 Eine umfangreiche Literatur verdeutlicht jetzt die übergreifenden Themen und wichtigen Variationen in unterschiedlichen Teilen Afrikas, doch die generellen Überlegungen gehen hervor aus Frederick Cooper, »Africa and the World Economy«, in: Ders. u.a., *Confronting Historical Paradigms*. Zu agrarischen Eigentumsverhältnissen siehe Berry, *No Condition Is Permanent*.

104 S. Herbert Frankel, *Capital Investment in Africa: Its Course and Effects*, London 1938. Zur ambivalenten Haltung französischer und britischer Investoren gegenüber Investitionen in den Kolonien siehe Cain/Hopkins, *British Imperialism*; sowie Marseille, *Empire colonial et capitalisme français*.

schen Beamten zu erkennen, dass es selbst in schwachen Kolonialökonomien in Afrika und Westindien zu gesellschaftlichen Verwerfungen kam, zumal in den schmalen Kommunikationskanälen und den Inseln der Produktion mit Lohnarbeit. Als die Produktion zögerlich (und begleitet von Inflation) wieder anzog, setzte von Barbados bis Mombasa eine Streikwelle ein. Das Colonial Office begann endlich, sich ernsthaft mit einem Programm wirtschaftlicher Entwicklung zu befassen. In Indien folgte das Interesse der Regierung an entwicklungsorientierten Interventionen erst infolge der Anstrengungen des India National Congress, wirtschaftliche Entwicklung zum politischen Thema zu machen.[105] Der Zweite Weltkrieg war ein Wendepunkt. Zu seinen tiefgreifenden Auswirkungen gehörten die Erschütterung des Selbstvertrauens der Europäer und die Erfahrung von Afrikanern und Asiaten – nicht zuletzt derer, die in Armeen kämpften, die einige Imperien gegen andere verteidigten – mit der Kontingenz imperialer Herrschaft. Der Verlust Indonesiens und Indochinas an das Japanische Reich unterbrach die Kontinuität der niederländischen und französischen Macht in einer Weise, von der zu erholen sie nicht in der Lage waren. Dies führte zu zwei antikolonialen Revolutionen, die in den Köpfen vieler auf Dauer eines der Modelle der Entkolonisierung darstellten.[106] In Indien war die Hoffnung auf Freiheit angestiegen und mit ihr die Gefahr des Konflikts, während der starke Rückgriff Großbritanniens auf indische Truppen und Ressourcen während des Krieges ihm wirtschaftliche und politische Schulden aufbürdete, von denen es sich nicht erholen konnte.[107] Die Ereignisse der 1940er Jahre erschütterten die scheinbare Normalität des imperialen Staates.

---

105 Moses Ochonu, »A Colony in Crisis: Northern Nigeria, British Colonialism, and the Great Depression«, Ph.D. diss, University of Michigan 2004; Sugata Bose, »Instruments and Idioms of Colonial and National Development: India's Historical Experience in Comparative Perspective«, und Frederick Cooper, »Modernizing Bureaucrats, Backward Africans, and the development Concept«, beide in: Ders./Packard (Hg.), *International Development*, 45–92.

106 Die Ängste, die dieses Modell Ende der 1940er Jahre auslöste, können zur Erklärung für das Vorherrschen ausgehandelter Entkolonisierungen während der 1950er und 1960er Jahre beitragen. Unter den einhundert Ländern, die nach dem Zweiten Weltkrieg unabhängig wurden, spielten anhaltende bewaffnete Aufstände in weniger als einem Dutzend eine Rolle. David Abernethy, *The Dynamics of Global Dominance: European Overseas Empires 1415–1980*, New Haven (CN) 2000: 147.

107 Clive Christie, *A Modern History of Southeast Asia: Decolonization, Nationalism and Separatism*, London 1996; Marc Frey/Ronald Preussen/Tan Taiu Yong (Hg.), *The Transformation of Southeast Asia: International Perspectives on Decolonization*, London 2003; Pierre Brocheux/

Aber Frankreich und Großbritannien reagierten anfangs auf die Folgen des Krieges durch Versuche, sich diejenigen Teile ihrer Imperien, die ihnen geblieben waren, erneut abzusichern und sie neu zu beleben, und zwar vor allem in Afrika: die Idee der Entwicklung in einen Mechanismus zu verwandeln, um die Legitimität ihrer Herrschaft zu proklamieren, die mitgenommene imperiale Wirtschaft aufzubauen und den Lebensstandard der kolonialen Bevölkerung zu heben. Das Erklären ihres Scheiterns bei diesem Unternehmen erfordert es nicht nur, den sich wandelnden Charakter des Nachkriegs-Kapitalismus – und vor allem die mächtige Rolle der Vereinigten Staaten – zu untersuchen, sondern auch die Unfähigkeit der Kolonialmächte, selbst unter den Bedingungen des beträchtlichen Wirtschaftswachstums der Nachkriegsdekade die koloniale Entwicklung zu einem politisch nachhaltigen Projekt in den afrikanischen Kolonien zu machen.[108]

In Französisch- und Britisch-Afrika zerfielen die Kolonialregime in dem Maße, wie sie sich zwischen zwei Polen verfingen: der Gefahr einer revolutionären Konfrontation und der Eskalation von Forderungen, die die Rhetorik imperialer Legitimität in Ansprüche nach gleichen Rechten, Mitsprache und gleichem Lebensstandard umzumünzen drohten. Wenn das Billig-Imperium politisch nicht mehr möglich war, so mussten die Regierungen die Steuerzahler zu Hause fragen, ob sie bereit seien, die Kosten dafür zu tragen, die imperiale Inkorporierung für die ärmsten der imperialen Untertanen mit Sinn zu erfüllen sowie diejenigen zu unterdrücken, die aus dem Imperium ausscheren wollten – oder höchstwahrscheinlich beides.[109] Die kapitalistischen Unternehmen wogen die Vorteile, innerhalb eines imperialen Systems zu operieren, gegen die Möglichkeiten anderer Beziehungen zu Staatensystemen ab – und gegen die Kosten aller solcher Arrangements.[110] Die während des Nachkriegsjahrzehnts eskalie-

---

Daniel Hémery, *Indochine: La colonisation amibiguë, 1858–1954*, Paris 1995; David Marr, *Vietnam 1945: The Quest for Power*, Berkeley 1995; Sugata Bose/Ayesha Jalal, *Modern South Asia: History, Culture, Political Economy*, London 1998: 107–200.

108 Der erste Erklärungsansatz ist stärker verbreitet, etwa in den oben zitierten Arbeiten von Cain/Hopkins, Ferguson und Marseille; für den Anfang einer Erklärung, die die Spannungen in den Mittelpunkt stellt, die dabei waren, Afrika tatsächlich zu verändern, siehe jedoch Cooper, *Decolonization and African Society*.

109 Wm. Roger Louis und Ronald Robinson bezeichnen als »Billig-Imperium« die »metropolitanen Vertragsbedingungen« mit den Wählern. »The Imperialism of Decolonization«, in: *Journal of Imperial and Commonwealth History* 22 (1994): 464.

110 Cain/Hopkins, *British Imperialism*, untersuchen die Bedeutung des Finanzsektors für die sich wandelnden Kalküle über das Imperium und die sich bietenden Alternativen so-

renden Forderungen nach besseren materiellen Bedingungen – neben den Forderungen nach kultureller Selbstentfaltung und politischer Macht – forderten die europäischen Behörden heraus, richteten sich aber auch an die von ihnen gehegte Hoffnung, die kolonialen Gesellschaften würden wirklich »moderner«, produktiver und kalkulierbarer werden. Während des Nachkriegsjahrzehnts kam es zu einem kostspieligen Zusammenfließen der Logiken des Imperiums, der Entwicklung und der Sozialdemokratie.

Mitte der 1990er Jahre dachten dann sowohl die französische als auch die britische Regierung genauer als je zuvor über die Kosten und den Nutzen einzelner Kolonien sowie auch der Kolonien im Allgemeinen nach. Die potentiellen Vorteile erschienen als unsicher, die potentiellen Kosten dagegen als hoch. 1956 und 1957 dann waren Großbritannien und Frankreich auf der Suche nach Möglichkeiten, ihre Verpflichtungen – und ihre Macht – an die aufstrebenden Eliten in den Kolonien zu übertragen in der Hoffnung, eine positive postkoloniale Beziehung werde nützlicher sein als eine umstrittene und teure koloniale.[111]

Zu diesem Zeitpunkt waren Indien, Indonesien und andere ehemalige Kolonien dabei, sich in einem Block zu organisieren, um die Vereinten Nationen in ein Forum des antikolonialen Diskurses zu verwandeln. Und sie versuchten mit einigem Erfolg, die Rivalitäten des Kalten Krieges zu nutzen, um Forderungen im Namen der »Dritten Welt« zu erheben. So wichtig die Neukonfiguration der Nachkriegswirtschaft auch war, so erforderte der Niedergang des Imperiums doch auch eine Veränderung der Art, wie Politik gedacht und verstanden wurde – also das Entfernen der Aura, die dem Imperium für Jahrtausende angehaftet hatte. Zu dieser Veränderung kam es durch eine Verbindung zwischen der Mobilisierung in den Kolonien, internationaler Interaktion und innenpolitischen Entwicklungen in den Metropolen, wo moralische Bedenken und finanzielle Sorgen, die sowohl mit der Unterdrückung als auch mit der Reform in den Kolonien verbunden waren, die imperialen Projekte unterminierten.

In Afrika war es nicht der Kolonialismus als versteinertes, unveränderliches Gebäude, sondern der Kolonialismus mit seinem interventionistischen Moment, der zuerst zusammenbrach. Wenn die indische und die indochinesische Revolution frühzeitig die Gefahren verdeutlichten, die mit dem Versäumnis verbunden waren, den politischen Bewegungen in den

---

wohl im Hinblick auf Indien 1947 wie auch auf Afrika in den 1950er Jahren. Siehe auch Marseille, *Empire colonial et capitalisme français.*
111 Cooper, *Decolonization and African Society*, Kap. 10.

Kolonien Raum zu gewähren, so versetzten die relativ gewaltlosen Ent-
kolonisierungen in Afrika südlich der Sahara die Rückzugsposten, zumal
Algerien und die Siedlerkolonien im südlichen Afrika, in eine Situation der
Verwundbarkeit.[112]

Eine imperiale Konzeption der Geopolitik und eine gewisse imperiale
Sentimentalität lagen auch noch später der Politik der Förderung der französischen oder britischen Kultur in den Ex-Kolonien, der Vorzugsbe-
handlung von Waren aus dem ehemaligen Imperium durch die europäischen Zollbehörden und eine Zeitlang auch den Einwanderungsbestim-
mungen zugrunde, mit denen versucht wurde, die Bedürfnisse nach
Arbeitskraft innerhalb des alten Imperiums zu befriedigen. Eben derselbe
Prozess jedoch, der die Nationalstaaten in Afrika und Asien auf den Plan
rief, machte auch Großbritannien und Frankreich auf eine Weise zu nationalen Einheiten, wie sie es zuvor nicht gewesen waren. Bei der Frage, wer
in den Sozialstaat einbezogen werden sollte und wer nicht, ging es um viel.
Wenn manche Leute in Großbritannien und Frankreich hofften, die andauernde Präsenz von Menschen, die ursprünglich aus den Kolonien
stammten, auf dem nationalen Territorium würde zu einer gewendeten,
nun kulturell-pluralistischen Auffassung der Nation beitragen, so propagierten andere – Enoch Powell in Großbritannien und Jean-Marie Le Pen
in Frankreich – eine nationale, xenophobe Sicht eines genuinen Frankreichs oder Großbritanniens, eine Form ausschließenden Rassismus, der
sich von der imperialen Konzeption, die Menschen mit niedrigerem Status
innerhalb des Gemeinwesens zu halten, deutlich unterschied.[113]

Die Siedlerkolonien – zumal Südrhodesien und Algerien – stellten die
schwierigsten Fälle dar, denn die Siedler hatten sich die repräsentativen

---

112 Wie Connelly, *A Diplomatic Revolution*, zeigt, war das brutale Vorgehen Frankreichs gegen
die algerische Revolution militärisch weitgehend erfolgreich, politisch aber 1962 gescheitert. Die Dekolonisierung in Afrika – Ende der 1960er Jahre weitgehend ein *fait ac-
compli* – machte Algerien zur Anomalie und schuf zugleich Zufluchtsorte für die algerischen Guerilleros (wie es später auch in den weißen Siedlerstaaten des sub-saharischen
Afrika geschah). Die antikolonialen Bestrebungen des neuen Blocks unabhängiger Staaten, das Interesse der Vereinigten Staaten, die sich entkolonisierenden Staaten vom
kommunistischen Lager fernzuhalten, und die Skandale, die in Frankreich über die Folter ruchbar wurden, trugen alle dazu bei, Französisch-Algerien unhaltbar zu machen.
113 Simon Gikandi bringt dies gut zum Ausdruck:»In der imperialen Zeit […] war das
Wesen der britischen Identität aus der Totalität aller Menschen abgeleitet, die durch das
Empire zusammengeführt worden waren; dagegen findet sich in der postimperialen Zeit
ein wohlberechneter Versuch, Englischsein unter Ausschluss seiner kolonialen Mündel
zu konfigurieren.« *Maps of Englishness*, 71.

Institutionen des Imperiums und die Ideologie der Entwicklung angeeignet. In Algerien versuchten die hartnäckigsten Elemente unter den Siedlern und aus dem Militär einen Coup gegen eben den Staat, gegenüber dem sie beanspruchten, ihm in Loyalität verbunden zu sein, während die weißen Siedler in Rhodesien ihre Unabhängigkeit erklärten, weil das Imperium, das sie hervorgebracht hatte, nicht mehr bereit war, ihre Rassenprivilegien zu verteidigen. In beiden Fällen – und schließlich auch in Südafrika – führte das Bestehen der Siedler darauf, dass sie nicht einfach ihre eigene Spielart einer »vorgestellten Gemeinschaft« seien, sondern die überseeische Avantgarde der Zivilisation, des Christentums und des wirtschaftlichen Fortschritts, am Ende dazu, dass sie vom Mutterland verstoßen und von der internationalen öffentlichen Meinung verurteilt wurden. Das Prinzip des Imperiums war und blieb bis in die 1960er Jahre Teil eines globalen Systems, und als dieses System seine politische und moralische Kraft einbüßte, konnten seine letzten verbleibenden Bruchstücke sich nicht mehr selbst aufrechterhalten.

Dieser Teil des vorliegenden Kapitels hat sich mit Themen befasst, die von der neueren, sehr reichhaltigen wissenschaftlichen Literatur über koloniale Gesellschaften am besten abgedeckt wurden: den »modernen« überseeischen Imperien. Was diese Arbeiten am besten geleistet haben, besteht darin, die ineinander verwobene Art in den Blick zu nehmen, in der Europa sich selbst und die kolonialen Räume in Beziehung zueinander definierte. Die Forschung hat gezeigt, wie diese kolonialen Regimes Afrikaner als Körper konstruierten, die, um in die moderne Welt zu passen, zu nach Rasse und sozialem Geschlecht definierten Selbstbildern umgearbeitet werden mussten, die in eine bestimmte Nische in der kolonialen Wirtschafts- und Gesellschaftsordnung eingeordnet wurden; oder Afrikaner wurden zur Fleisch gewordenen Alterität erklärt. In diesen Arbeiten wurde der Kolonialismus als ein bestimmter Typ sozialer Ordnung untersucht, versehen mit geistigen Landkarten, um unterschiedlichen Völkern ihren Platz zuzuweisen, sowie mit Methoden zur Überwachung der zwischen ihnen verlaufenden Grenzen. Mir ging es hier in erster Linie darum zu zeigen, wie die Aufmerksamkeit für die Imperative, denen das Denken nach Art eines Imperiums unterliegt, zu einem vollständigeren Bild der Übersee-Imperien des 19. und 20. Jahrhunderts beitragen kann, indem die Zeitperspektive sowohl ausgeweitet als auch eingegrenzt wird. Sie ist auszuweiten, weil in neuen wie in alten Imperien die Probleme der Herrschaft über große, entfernte und expandierende Bevölkerungen in Formen, die sowohl Inkorporierung als auch Differenzierung institutionalisierten, die Möglichkeiten zur Durchführung jeglicher Vorhaben der Herrscher einschränkten. Auszuweiten ist sie auch deshalb, weil die Ausmaße und die Uneinheitlichkeit des imperialen Raumes unweigerlich Spannungen unter den kolonialen Eliten und zwischen den verschiedenen kolonisierenden Ideologien und Interessen hervorriefen. Sie ist einzugrenzen, weil die Analyse der Konstruktion von Kolonisator und Kolonisierten dann am wertvollsten ist, wenn sie nicht im Sinne einer generalisierten »Moderne« gelesen wird, sondern vor dem Hintergrund der veränderlichen Bedürfnisse und Zwänge, mit denen es die kolonialen Regimes in spezifischen Augenblicken zu tun hatten, ebenso wie der unterschiedlichen Fähigkeit kolonisierter Menschen, all diese Projekte zu verändern und umzuinterpretieren, und der Ressourcen, die den Mechanismen des sozialen Umbaus tatsächlich zur Verfügung gestellt wurden. Ungeachtet der Betonung der militärischen, technologischen, bürokratischen und kulturellen Macht der letzten Welle imperialer Staatskonstrukteure bleibt die Geschichte von den Imperien doch immer eine Geschichte von ihren Grenzen.

Als die französische und britische Politik höchst nachdrücklich – wenn auch noch immer in inkonsistenter Weise – das Ziel der Modernisierung der kolonisierten Gesellschaft auf ihre Fahnen schrieb, als sie ihr früheres Insistieren auf dem unveränderlichen Unterschied zu den kolonisierten Menschen endlich aufgaben und als sie sich entscheidend dem inkorporierenden Pol imperialer Systeme zuneigten, waren die Imperien definitiv unhaltbar geworden. In den 1960er Jahren entstand endlich eine Welt der Nationalstaaten, mehr als drei Jahrhunderte nach dem Westfälischen Frieden, 180 Jahre nach der Französischen und der Amerikanischen Revolution und 40 Jahre nach Woodrow Wilsons Erklärungen zur nationalen Selbstbestimmung.

Alte Imperien in einer neuen Welt: Osmanen, Habsburger und Romanows

Der Umstand, dass Verkörperungen dynastischer, nicht-demokratischer, multinationaler Gemeinwesen noch nahezu eineinhalb Jahrhunderte nach dem offensichtlichen Anbruch des Zeitalters der Nationalstaaten fortexistieren konnten, passt nur schlecht zum teleologischen Bild »vom Imperium zur Nation«.[114] Vielleicht sollten wir, anstatt die große Erzählung zu konservieren, indem wir diese Imperien als merkwürdig atavistisch abtun, vielmehr ihre Geschichte nutzen, um die Erzählung selbst neu zu durchdenken. Die neuere Forschung hat durchaus das Wechselspiel zwischen imperialen und lokalen Eliten sowie imperialen und nationalen Ideologien innerhalb dieser Imperien bis zu ihrer erzwungenen Auflösung erhellt.

Spezialisten zum Osmanischen Reich haben das Bild eines dynamischen Imperiums auf zwei Ebenen gezeichnet: Sie zeigen, welche Bedeutung die osmanischen Reformanstrengungen im 19. Jahrhundert für Kritiker ebenso wie für hohe Beamte besaßen; der »Osmanismus« war für eine kosmopolitische Elite eine überzeugende Perspektive. Mehmed Ali Pascha, der zuweilen als der Gründer des »modernen Ägyptens« bezeichnet wird, war ein zutiefst osmanisierter Mann aus dem Balkan, der an der Spitze einer Verwaltung stand, die aus unterschiedlichen Teilen des Imperiums stammte und deren Weltsicht durch ihre imperiale Erfahrung geprägt war. Es gab Spannungen zwischen den türkisch- und arabischsprachigen Bestandteilen der ägyptischen Elite und zwischen dem Pascha und dem Sultan – wie sie zwischen übermächtigen regionalen Instanzen und dem obersten Herrscher in jedem Imperium bestanden. Mit dem Aufbau einer Armee durch Mehmed Ali in Ägypten und seinen Anstrengungen zur Umstrukturierung der ägyptischen Gesellschaft stand der Charakter des Imperiums in Frage, es handelte sich aber nicht um einen Konflikt zwischen Ägypten und den Osmanen. Als im weiteren Verlauf des Jahrhunderts britischer Druck auf Ägypten zu einer Rebellion führte, entstand die entscheidende Dynamik aus der Wahrnehmung von Ägyptern – nämlich dass die osmanische Elite es versäumt habe, sie gegen einen anderen Imperialismus zu schützen. Dieser Aufstand war ebenso sehr eine Auseinandersetzung zwischen zwei Imperien wie ein spezifisch ägyptischer Konflikt.[115]

---

114 Imperien, die es »nicht vermochten, zu Nationalstaaten zu werden«, waren »zum Untergang verurteilt,« schreiben Geoff Eley und Ronald Suny. »Introduction«, in: *Becoming National: A Reader*, New York 1996: 19. Eric Hobsbawm bemerkt jedoch, die Periode von 1875–1914 sei »vermutlich die Periode der modernen Weltgeschichte, in der die Anzahl der Herrscher, die sich offiziell selbst ›Kaiser‹ nannten oder von westlichen Diplomaten dieses Titels als würdig betrachtet wurden, sich auf ihrem Höchststand befand.« *Das imperiale Zeitalter 1875–1914*, Frankfurt am Main 1977: 56 f.

115 Khaled Fahmy, *All the Pasha's Men: Mehmed Ali, His Army and the Making of Modern Egypt*, Kairo 1997; Juan Cole, *Colonialism and Revolution in the Middle East: Social and Cultural Origins of Egypt's 'Urabi Movement*, Princeton (NJ) 1993.

Wie Selim Deringil argumentiert, stellte die Reform des 19. Jahrhunderts angefangen mit dem Tanzimat von 1839 den Versuch einer »Zivilisierungsmission« parallel zu denjenigen Frankreichs und Großbritanniens dar: mit Bestrebungen, Nomaden sesshaft zu machen und lese- und schreibunkundige Populationen zu unterrichten, sowie Plänen, jene Bereiche der osmanischen Gesellschaft, die bisher den lokalen Eliten und unterschiedlichen Populationen überlassen geblieben waren, zu »durchdringen«. Die Osmanen borgten teils westeuropäische Techniken, um diesen Imperien besser entgegentreten zu können, die Übergriffe auf osmanische Territorien auf dem Balkan und in Nordafrika unternahmen, und suchten andernteils Kompromisse mit französischen und britischen Forderungen nach Anerkennung von Staatsbürgerrechten für Christen und Schutz für westeuropäische Handelsinteressen zu finden. Die »Jungen Osmanen« und andere Eliten artikulierten zunehmend radikale Forderungen nach politischer Veränderung und orientierten sich dabei an der Französischen Revolution, an der Russischen Revolution von 1905 und an der Meiji-Revolution als Vorbildern. Doch ging es ihnen nach wie vor darum, das Imperium als Ganzes neu zu beleben.

Diese Verbindung zwischen Druck von außen und imperialer Reform hatte komplexe Folgen: Sultan Abdul Hamid schwächte aufgrund der territorialen Verluste auf dem Balkan das *millet*-System zugunsten einer spezifischer islamischen Ideologie des Imperiums, und die Forderungen nach Anerkennung christlicher Gruppen führten manchmal zu sektiererischen Reaktionen. Diese Probleme stellten sich im imperialen Raum und im Zusammenhang mit der akuten Rivalität zwischen dem Osmanischen Reich und den benachbarten Reichen der Habsburger und Russlands sowie unter dem Druck Großbritanniens, das bestrebt war, das Russische Reich von einer weiteren Expansion abzuhalten und die Rückzahlung der Schulden des Imperiums sicherzustellen.[116]

Die zweite Tendenz in der Historiographie zum Osmanischen Reich bezieht sich auf die Beziehung zwischen Istanbul und den Provinzen des

---

116 Selim Deringil, »They Live in a State of Nomadism and Savagery«: The Late Ottoman Empire and the Post-Colonial Debate«, in: *Comparative Studies in Society and History* 45 (2001): 311–342; Nader Sohrabi, »Global Waves, Local Actors: What the Young Turks Knew about other Revolutions and Why It Mattered«, in: *Comparative Studies in Society and History* 44 (2002): 45–79; Usuma Makdisi, *The Culture of Sectarianism: Commjnity, History, and Violence in Nineteenth Century Ottoman Lebanon*, Berkeley 2000; Selim Deringil, *The Well Protected Domains: Ideology and the Legitimation of Power in the Ottoman Empire, 1876–1909*, London 1998. Zur Schuldenfrage siehe Cain/Hopkins, *British Imperialism*, 343–347.

Imperiums. Studien über die arabische Levante, Ostanatolien, den Jemen und Albanien machen das Bild einer aufgezwungenen Reform komplizierter. Sie zeigen, dass die Eliten, deren Machtbasis lokal war, ein Interesse an selektiver Anpassung an die Forderungen der Osmanen entwickelten. Die lokalen und regionalen Eliten transportierten einerseits die osmanistischen Vorstellungen in ihre Gebiete und entwickelten andererseits lokale Interpretationen dessen, was es bedeutete, Teil des Imperiums zu sein. So formten sie das, was Michael Meeker eine »osmanistische Provinzgesellschaft« nennt.[117]

Man kann ähnliche Überlegungen zum Habsburger und zum Russischen Reich anstellen: Imperien, die von rivalisierenden Mächten und durch sozialen Wandel im Inneren herausgefordert wurden, darauf mit Reformprojekten auf imperialer Ebene reagierten und sich einer Opposition gegenüber sahen, die sowohl national als auch imperial orientiert war. So gehörten zu den Kritikern des Konservatismus der Habsburger viele, die in der imperialen Einheit eine Möglichkeit erblickten, die reformgesinnten Intellektuellen, Juden und anderen, die nach einem größeren Betätigungsfeld suchten, als nationale Einheiten es darstellten, durchaus etwas zu bieten hatte. Die »Doppelmonarchie«, die den ungarischen Eliten innerhalb des Imperiums große Autonomie zugestand, war sowohl eine Konzession gegenüber dem Machtstreben der vernakularen Eliten als auch ein Mechanismus, der die Kooperation zwischen deutsch- und ungarischsprachigen Mitgliedern der herrschenden Schicht verstärkte. Denn letztere fürchteten, ihr eigener »nationaler« Herrschaftsbereich könne angesichts der Bedeutung der in ihm lebenden Nicht-Ungarn aufsplittern; sie hatten außerdem Grund zur Sorge über das Schicksal der Ungarn, die außerhalb der ungarischen Grenzen lebten – und die gemeinsame Inklusion in einem durch die Habsburger definierten Gemeinwesen trug dazu bei, dieses Problem im Griff zu behalten.[118]

117 Hasan Kayali, *Arabs and Young Turks: Ottomanism, Arabism, and Islamism in the Ottoman Empire, 1908–1918*, Berkeley 1997; Michael Meeker, *A Nation of Empire: The Ottoman Legacy of Turkish Modernity*, Berkeley 2002: xxii; Isa Blumi, *Rethinking the Late Ottoman Empire: A Comparative Social and Political History of Albania and Yemen 1878–1918*, Istanbul 2003.
118 Robin Okey verweist darauf, dass, wenn das Habsburger Reich im 19. Jahrhundert in seine nationalen Bestandteile zerfallen wäre, »die einzelnen Staaten unweigerlich über die Zugehörigkeit umstrittener Gebiete einander an die Gurgel gegangen wären«. »The Habsburg Empire«, Beitrag für die Konferenz »Empires in Modern Times«, Genf, März 2003. Siehe auch Pieter Judson, *Exclusive Revolutionaries: Liberal Politics, Social Experience, and National Identity in the Austrian Empire, 1848–1914*, Ann Arbor 1996; Karen

Jane Burbank verweist zu Recht darauf, dass bei der Analyse des Russischen Reiches »die Verwendung von Imperium und Nation als eindeutige und antagonistische Kategorien problematisch und behindernd« ist. An einigen ihrer Grenzen musste die russische Autokratie ihre Herrschaft gegen ebenso imperiale Nachbarn konsolidieren. Anderswo galt es, eine über große Gebiete verteilte und an Ressourcen arme Bevölkerung zu regieren. Die politische Macht war sowohl zentralisiert als auch schwach, denn die Ressourcen, über die lokale Eliten infolge ihrer Zusammenarbeit mit dem Zentrum verfügen konnten, waren von entscheidender Bedeutung. Russische Regierungen bedienten sich verschiedener politischer Strategien, um ihre nichtrussischen Bestandteile in unterschiedlicher Weise einzubinden. Mit deutschen und französischen Intellektuellen teilten die russischen Eliten ein geographisches und ethnographisches Interesse an der komplexen kulturellen Zusammensetzung des Reiches. Sowohl in ihren Kerngebieten als auch an der Peripherie konnte sich die russische »Autokratie nicht dazu durchringen, zu diesem kritischen Zeitpunkt, die Riesenschritte hin zum Bürgerrecht, zur eingeschränkten Monarchie, zum politischen Repräsentativsystem und zu einem auf Zugehörigkeit basierenden Programm kultureller Disziplinierung zu unternehmen, die für die erfolgreichen Nationsbildungsprojekte im Europa des 19. Jahrhunderts von so entscheidender Bedeutung gewesen waren.« Nicht nur der mittelasiatische Muslim, sondern auch der »russische« Bauer war ein »Anderer«, und die Regierung war eher autokratisch als national. Der Konkurrenzkampf innerhalb des Imperiums führte dazu, dass im Russischen wie auch im Osmanischen Reich des 19. Jahrhunderts eine Reihe von ehrgeizigen Projekten zur »Zivilisierung« der entlegeneren Gegenden in Angriff genommen wurden, doch angesichts der Schwäche der Herrschaftskonstellationen, die der Ausübung von administrativer und rechtlicher Gewalt in abgelegenen Teilen des Reiches tatsächlich zugrunde lagen, konnten Zivilisierung und Russifizierung nur bis zu einem bestimmten Punkt gelingen. Die Ambiguität von Imperium und Nation spielte im Bewusstsein kritischer Intellektueller wie auch der herrschenden Autokratie eine wichtige Rolle.[119]

Barkey/Mark von Hagen (Hg.), *After Empire: Multiethnic Societies and Nation-Building: The Soviet Union and the Russian, Ottoman, and Habsburg Empires*, Boulder (CO) 1997.

119 Jane Burbank, »The Imperial Construction of Russian and Soviet Citizens«, Vortrag beim Jahrestreffen der Social Science History Association in Chicago am 20. November 1998, veröffentlicht in russischer Sprache unter dem Titel: »Imperiia I grazhdanskoje obshchestvo: Imperskaia konstruktsiia Rossii I Sovetskogo Soiuza«, in: P. I. Savel'ev (Hg.), *Imperskii stroi Rossii v regional'nom izmerenii (XIX-nachalo XX veka)*, Moskau 1997:

Die drei alten Imperien hatten eine wesentlich längere Lebensdauer als die neuen Kolonialreiche in Afrika, und das Russische Reich verwandelte sich nach seinem Zusammenbruch in ein ebenso imperiales politisches Gebilde: die Sowjetunion.[120] Diese Imperien schwanden nicht allmählich dahin, sie wurden im Ersten Weltkrieg zerstört – zu einem Zeitpunkt, als Großbritannien und Frankreich alle Kräfte ihrer imperialen Systeme anspannten, um in einem Krieg zu bestehen, dessen Ausgang bis zum Eingreifen einer anderen transozeanischen Macht, der Vereinigten Staaten, alles andere als gewiss war. Dabei war das Osmanische Reich, das sich unvorsichtigerweise mit dem Deutschen Reich verbündet hatte, noch immer in der Lage, den britischen Streitkräften bei den Dardanellen und im Irak eine Reihe von Lektionen hinsichtlich der Grenzen eines vermeintlich modernen Imperiums zu erteilen.

Jene Imperien hatten wesentliche Schwächen und blieben vor allem hinter der wirtschaftlichen Dynamik Westeuropas zurück. Was über einen langen Zeitraum hinweg eine Stärke des osmanischen Systems gewesen war – die Einbeziehung verschiedener Gemeinschaften, die verschiedene Nischen im imperialen Gemeinwesen und in der Wirtschaft besetzten und von ihrem Zusammenschluss in dieser größeren Einheit profitierten – verwandelte sich in eine Schwäche, denn die Händler, die am ehesten dazu in der Lage waren, das Osmanische Reich in den Welthandel zu integrieren, waren Christen (Griechen, Armenier usw.) oder Juden. Und als sich das wirtschaftliche Gleichgewicht immer mehr in Richtung Westeuropa verschob, waren sie immer weniger daran interessiert, ihre Beziehungen zur osmanischen Elite zu festigen. Da der Sultan die Bedeutung westlichen Wissens zwar anerkannte, seine Folgen jedoch einzudämmen suchte, waren jene, die auf französische, englische oder amerikanische Schulen gegangen waren, versucht, sich in Bezug auf ihre Netzwerke und Vorlieben ebenfalls

---

19–35. Jane Burbank/David L. Ransel (Hg.), *Imperial Russia: New Histories for the Empire*, Bloomington (IN) 1998; Mark Bassin, »Inventing Siberia: Visions of the Russian East in the Early Nineteenth Century«, in: *American Historical Review* 96 (1991): 763–794, Daniel Browner/Edward Lazzerini (Hg.), *Russia's Orient: Imperial Borderlands and Peoples, 1700-1917*, Bloomington (IN) 1997; Dietrich Geyer, *Russian Imperialism: The Interaction of Domestic and Foreign Policy. 1860-1914*, übersetzt von Bruce Little, New Haven (Conn.) 1987; Yuri Slezkine, *Arctic Mirrors: Russia and the Small Peoples of the North*, Ithaca (NY) 1994.
120 Ronald Grigor Suny, »The Dialectic of Empire: Russia and the Soviet Union«, Vortrag auf der Konferenz »Empires in Modern Times« in Genf, März 2003.

in andere Richtungen zu bewegen.[121] Besonders nach den territorialen Verlusten auf dem Balkan betonte der Sultan seine Rolle als Führer der islamischen Gläubigen – eine Strategie, um seine Bindungen zu den noch immer sehr heterogenen arabischen, türkischen und anderen Völkern innerhalb seines Herrschaftsbereiches zu festigen – und legte weniger Gewicht auf seine Rolle als Oberhaupt eines multinationalen Gemeinwesens. Hier lag ein wichtiger wunder Punkt des Reiches: die Gefahr der Entstehung von alternativen Netzwerken, Quellen von Reichtum und Klientel-Beziehungen. Es bestand nicht nur die Gefahr einer Sezession oder der Zersplitterung eines multinationalen Gebildes in homogene nationale Blöcke, sondern auch die Gefahr der Bildung von Netzwerken über religiöse oder kulturelle Grenzen hinweg und unter Umgehung des imperialen Zentrums.

Die Situation im Zeitraum vom letzten Viertel des 19. Jahrhunderts bis zum Ersten Weltkrieg lässt sich nicht entschlüsseln, indem man einfach nur Imperien miteinander vergleicht. Die Umstände waren außergewöhnlich. Die Zahl der wichtigen Akteure war gering, und jeder konnte potentiell auf Ressourcen zurückgreifen, die nicht auf die jeweilige Bevölkerung beschränkt waren. Diese Ressourcen wurden nicht unbedingt freiwillig zur Verfügung gestellt, und die großen, aus Indern, Arabern und Afrikanern sowie aus Kanadiern, Neuseeländern und Australiern bestehenden Kontingente, die auf britischer und französischer Seite kämpften – ganz abgesehen von den durch verschiedene Formen des Arbeitszwangs erlangten materiellen Ressourcen –, waren Elemente der entscheidenden Belastungsprobe für diese imperialen Systeme.

Dies war auch eine Zeit, in der Staaten – d.h. imperiale Staaten – gewisse soziale Experimente durchführten, um den inneren Zusammenhalt und die Stärke ihrer Gesellschaften zu erhöhen, und Versuche unternahmen, Bevölkerungsgruppen nutzbar zu machen, deren Andersartigkeit und Unterordnung offensichtlich waren. Die kleine Zahl der Akteure und die Vielgestaltigkeit ihrer Zusammensetzung – mit dem Risiko, dass menschliche und materielle Ressourcen des Reiches geschwächt werden oder an rivalisierende imperiale Gebilde verloren gehen könnten – trugen zur Instabilität bei, dies um so mehr, als damit andere Akteure ermutigt wurden, imperiale Strategien zu verfolgen.

---

121 Fatma Müge Göcek, *Rise of the Bourgeoisie, Demise of Empire: Ottoman Westernization and Social Change*, New York 1996.

Die Folgen des Ersten Weltkrieges waren vielfältig: der erzwungene Untergang des Osmanischen und des Habsburgischen Reiches, die Transformation des Russischen Reiches in ein neues – aber noch immer imperiales – Gebilde, die Abspaltung von Teilen des Deutschen und die Übernahme von Teilen des Osmanischen Reiches durch andere Imperien, die Bildung von kleinen und verwundbaren Nationalstaaten in Mitteleuropa und die Artikulierung einer Doktrin der nationalen Selbstbestimmung, die von Anfang an durch die Tatsache unterlaufen wurde, dass sie in den wichtigsten Imperien keine Bedeutung hatte. Die grundlegende Aussage, die Donald Quataert in Bezug auf das Osmanische Reich trifft, gilt auch für die Imperien der Habsburger und der Romanows: »Weder der türkische noch der arabische, armenische oder kurdische Nationalismus stießen einen sterbenden Osmanischen Staat 1914 über die nationalistische Klippe.«[122] Der Nationalstaat ging nicht triumphierend aus diesem Krieg und aus dem Versailler Vertrag hervor.[123] Es entstanden vielmehr zwei Möchtegern-Imperien, Nazideutschland und ein wiederbelebtes Japan, die unter den neuen schwachen Staaten in Mitteleuropa verheerenden Schaden anrichteten, sowie eine Mischung aus Staaten, Kolonien und Halbkolonien in Fernost und in Südostasien. Sie bedrohten die alten Imperien und stießen mit den beiden Mächten zusammen, die weltumspannende Imperien besaßen, jedoch vehement behaupteten, etwas anderes zu sein.

Das Imperium wider Willen: Die Vereinigten Staaten

Bis vor kurzem schrieben nur wenige – von einigen als linke Spinner abgetan – über die Vereinigten Staaten als ein Imperium. Das ist nicht mehr der Fall.[124] Zudem ist das Wort *Imperium* (Empire) in der politischen De-

---

122 Donald Quataert, *The Ottoman Empire, 1700–1922*, Cambridge 2000: 189. Siehe auch von Hagen/Barkey, *After Empire*, und Erik-Jan Zürcher, »The Ottoman Empire 1850–1922 – Reasons for Failure«, Vortrag auf der Konferenz »Empires in Modern Times«, Genf, März 2003.

123 Rogers Brubaker spricht von der »Entmischung von Menschen« in Mitteleuropa nach dem Ersten Weltkrieg, denn die neuen nationalen Gebilde, die die Imperien ersetzten, passten schlecht zu der Verteilung der Menschen, was zu gewaltsamen Versuchen, die Menschen in die Staaten einzupassen, und zu anhaltenden Spannungen führte. *Nationalism Reframed*, 148–169.

124 Der vehementeste Verfechter dieses Standpunktes war William A. Williams, *The Tragedy of American Diplomacy*, Cleveland 1959, und *Empire as a Way of Life: An Essay on the Causes*

batte aufgetaucht, wo es nicht nur von jenen gebraucht wird, die der amerikanischen Selbstherrlichkeit kritisch gegenüberstehen, besonders hinsichtlich des Widerspruchs zum demokratischen Selbstbild, sondern auch von konservativen Gelehrten, die darauf hoffen, dass die Vereinigten Staaten die Macht gebrauchen, die sie haben. Beide Extrempositionen bergen die Gefahr in sich, das Wort *Imperium* als eine Metapher für extreme Machtausübung mit dem Begriff *Imperium* als einem analytischen Konstrukt für ein bestimmtes Gemeinwesen zu verwechseln. Ich möchte zwei einfache Thesen vorbringen. Erstens: Die wichtigste Feststellung bezieht sich möglicherweise auf den der amerikanischen Geschichte innewohnenden Widerspruch zwischen Vorstellung und Realität, zwischen einer strikt »nationalen« Sichtweise auf das Gemeinwesen und der praktischen Ausübung von Macht, die dieser Sicht zu kritischen Zeitpunkten entgegenstand. Der Widerspruch beeinflusst eventuell die Wahrnehmung politischer Entscheidungsfindung und die Art und Weise, in der sie der Öffentlichkeit präsentiert wird. Zweitens: Das Konzept vom Imperium muss nicht notwendigerweise ein statisches sein – es kann sich um eine *Phase* handeln, die ein Gemeinwesen durchläuft. Die Vereinigten Staaten sind möglicherweise gerade deshalb ein Nationalstaat geworden, weil sie vorgaben, einer zu sein.

Wie Richard White zeigt, sollte man die Ausgrenzung der Ureinwohner Nordamerikas im 19. Jahrhundert ebenso wenig in einen von widerspruchsloser Andersartigkeit ausgehenden Gründungsmythos überführen, wie man einen auf der Idee nationaler Einheit basierenden Gründungsmythos akzeptieren sollte. In der Zeit vor der Revolution waren die Machtverhältnisse an den Grenzen europäischer Siedlungsgebiete noch nicht von einer so extremen Ungleichheit geprägt, und über einen bestimmten Zeitraum hinweg interagierten rivalisierende europäische imperiale Staaten mit verschiedenen – ebenfalls multinationalen und imperialen –

---

and *Character of America's Present Predicament*, New York 1980. Einen guten Überblick über die neue Welle von Empire-Studien geben zwei Aufsatzsammlungen: Amy Kaplan/Donald E. Pease (Hg.), *Cultures of the United States Imperialism*, Durham (NC) 1993; und Gilbert Joseph/Catherine C. LeGrand/Ricardo Salvatore (Hg.), *Close Encounters of Empire: Writing in the Cultural History of U.S.-Latin American Relations*, Durham (NC) 1998). Siehe auch Ann Stoler, »Tense and Tender Ties: The Politics of Comparison in North American History and (Post) Colonial Studies«, mit Reaktionen von Ramón Gutiérrez, Lori Ginzberg, Dirk Hoerder, Mary Renda und Robert McMahon, in: *Journal of American History* 88 (2001): 809–897, und Neil Smith, *American Empire: Roosevelt's Geographer and the Prelude to Globalization*, Berkeley 2003.

indianischen Staaten durch Handelsbeziehungen, Militärbündnisse, kulturelle Verbindungen und sexuelle Beziehungen. Diese Verhältnisse änderten sich, »als Indianer nicht mehr die Macht besaßen, um den Weißen einen Mittelweg aufzuzwingen«.[125] Zu einem späteren Zeitpunkt nannte man die Indianer »einheimische abhängige Nationen«, was eine klassisch imperiale Verknüpfung von Einbindung, Unterordnung und Differenzierung suggeriert. Die Beziehungen zwischen der amerikanischen Regierung und den Indianern wurden durch Verträge geregelt, die den fiktiven Verträgen, in denen afrikanische Herrscher im 19. Jahrhundert freiwillig ihre Ländereien und Untertanen an die Vertreter europäischer Staaten abtraten, nicht unähnlich waren. In den von Widersprüchen geprägten Grenzgebieten des Südwestens, in denen die Folgen spanischer Kolonisation, amerikanischer Expansion und die wechselhaften Schicksale verschiedener indianischer Gemeinwesen einen Raum kultureller Überlappung und Interaktion schufen, zielte die Regierungspolitik im 19. Jahrhundert darauf ab, die Grenzgebiete langsam »auszuweiden« und die Grenze dann in südlicher Richtung zu verschieben.[126]

Der Unterschied bestand nicht nur in den Ressourcen, die das kontinentale nordamerikanische Imperium besaß, sondern auch darin, dass sich der amerikanische Staat weigerte, sich so zu sehen, wie es für europäische Kolonialmächte selbstverständlich war: als Kolonialregime, das den Status eroberter Gebiete als nicht gleichberechtigte Teile des Gemeinwesens *beibehielt*. Die amerikanischen Institutionen waren auf der einen Ebene assimilierend und inkorporierend: Menschen konnten zu Amerikanern werden, und neue Gebiete konnten eine Reihe von Etappen durchlaufen, um am Ende zu gleichberechtigten Bundesstaaten zu werden.[127] Die Idee

---

125 Richard White, *The Middle Ground: Indians, Empires, and Republics in the Great Lakes Region, 1650-1815*, Cambridge 1991: xv. Siehe auch Gregory Dowd, *War under Heaven: Pontiac, the Indian Nations, and the British Empire*, Baltimore (MD) 2002.

126 D. W. Meinig, *The Shaping of America: A Geographical Perspective on 500 Years of History*, New Haven (Conn.) 1986; Jeremy Adelman/Stephen Aron, »From Borderlands to Borders: Empires, Nation States, and the Peoples in Between in North American History«, in: *American Historical Review* 104 (1999): 814–841, Zitat: 829.

127 Im Südwesten führte die Ablösung des einen Imperiums durch das andere zu Konflikten hinsichtlich des Eigentumsverständnisses: Während die spanische Vorstellung davon ausging, dass der Grundbesitzer eine Autoritätsperson mit gesellschaftlichen Verpflichtungen sei, betonten nordamerikanische Vorstellungen das absolute Besitzrecht des Eigentümers und erkannten die Rechte anderer nicht an. Daraus erwuchsen lange und erbitterte Auseinandersetzungen um die Frage des Zugangs marginalisierter Menschen zu

eines sich von Küste zu Küste erstreckenden Staates, wie er in der Zeile »From sea to shining sea« in Katherine Lee Bates' patriotischem Lied »America the Beautiful« (1893) zum Ausdruck kommt, vermittelte die Vorstellung, dass die amerikanischen Grenzen in gewisser Hinsicht natürlich seien, und verdeckte die Debatten über die Frage, wie weit die Grenzen des kontinentalen Imperiums reichen würden. Dass die Vereinigten Staaten zur selben Zeit wie andere Mächte – in den 1890er Jahren – eine Reihe von Eroberungen in Übersee machten, negiert nicht die Tatsache, dass es nur wenige waren und dass sie nicht einer Doktrin imperialer Herrschaft Vorschub leisteten, was umso erstaunlicher ist, wenn man die militärischen und wirtschaftlichen Möglichkeiten des Landes in Rechnung stellt.[128] In den Kolonialgebieten verfolgte die US-Regierung ähnliche Strategien und unterlag ähnlichen Beschränkungen wie andere Kolonialmächte, doch ihre bevorzugten Methoden der Machtausübung in Übersee oder südlich der Grenze bestanden nicht im Erobern und Einverleiben. Stattdessen entsandte man Truppen, schaltete unerwünschte Herrscher aus, ersetzte sie durch Eliten, die man dazu zwang, den amerikanischen Bedingungen zuzustimmen (wie in dem demütigenden Vertrag mit Kuba), und zog sich danach zurück, um eventuell zu einem späteren Zeitpunkt zurückzukehren. Das in der Strategie des Zuschlagens und Wegrennens zum Ausdruck kommende Verständnis von Machtausübung in Übersee nimmt noch immer einen wesentlichen Platz im amerikanischen Repertoire ein.[129]

Land. Siehe Maria Montoya, *Translating Property: The Maxwell Land Grant and the Conflict over Land in the American West, 1840-1900*, Berkeley 2002.

128 Meinig, *The Shaping of America*; Julian Go, »Chains of Empire, Projects of State: Political Education and U.S. Colonial Rule in Puerto Rico and the Philippines«, in: *Comparative Studies in Society and History* 42 (2000): 333–362; ders., »Imperial Power and Its Limits: America's Colonial Empire in the Early Twentieth Century«, in: Calhoun/Cooper/Moore, *Lessons of Empire*. In Bezug auf die Philippinen, Puerto Rico und die amerikanischen Pazifikinseln kommt Go zu folgendem Schluss: »[Was] als ehrgeiziger Versuch zur Schaffung eines besonders wohlwollenden Schutzimperiums begann, wurde am Ende zu einem Imperium wie jedes andere. [...] Was sie dort fanden [...] waren die der Macht gesetzten Grenzen.« Ebd.: 14.

129 Dasselbe galt natürlich für das britische Empire. Dies ist kein beliebter Vergleich bei jenen, die – wie Ferguson – darauf hoffen, dass die Vereinigten Staaten in die alten imperialen Schuhe Großbritanniens schlüpfen. Dennoch gibt selbst Ferguson zu, dass derartige – wie er es nennt – »Schlächter-und Bolzer«-Methoden im britischen Kolonialismus von Bedeutung waren. *Empire*, 179.

Die Kehrseite dieses Prozesses des Imperiums als Übergangsstufe war die Härte, mit der jene, die nicht hineinpassten, ausgeschlossen wurden. Indianer wurden zu Opfern rücksichtsloser Massaker, und Überlebende endeten in Reservaten, zusammengehalten von einer fiktiven Form der Souveränität und einer realen Marginalisierung. Für einige wenigstens gab es einen Weg, aus dem Reservat zu entkommen – jedoch nur über die individuelle Assimilierung in das, was die Amerikaner als Mainstream verstanden. Im 18. Jahrhundert wurden Indianer, ebenso wie Schwarze, nicht in demselben Maße ausgegrenzt wie später, doch die Bemühungen eine republikanische Bewegung zu gründen, veranlassten die Eliten dazu, die Grenzen genauer zu definieren. Das Wachstum einer Sklavenwirtschaft und die Ausdehnung des Wahlrechts auf weiße Männer sollten diese Unterscheidungen noch verstärken.[130] Nach dem Bürgerkrieg suggerierten die Verfassungszusätze 13, 14 und 15, dass es für Schwarze nur eine Stellung in der amerikanischen Gesellschaft gab, nämlich eine gleichberechtigte. Dies war einer der Gründe für die emsigen Machenschaften gewisser Leute, Mechanismen zur Ausgrenzung zu finden.

Die Vereinigten Staaten haben zahlreiche, weit über das Militärische hinausgehende Mechanismen entwickelt, um Macht und Einfluss in Übersee auszuüben. Obwohl die Außenpolitik der derzeitigen US-Regierung immer einseitiger wird, verweisen die Interventionen in Afghanistan und im Irak darauf, dass man vor eben jenen territorialen und auf langfristige souveräne Verantwortung ausgerichteten Vorstellungen, wie sie ein Imperium mit sich bringt, noch immer zurückschreckt. Die größten Ähnlichkeiten zu einer imperialen Vergangenheit weisen die Taktiken des schnellen Zuschlagens und Weiterrückens auf, die das Vorgehen imperialer Militärs von Dschingis Khan bis zu den Briten kennzeichneten, sowie der »Imperialismus des Freihandels«. Seit dem Zweiten Weltkrieg – wie auch ohne Erfolg und mit katastrophalen Folgen nach dem Ersten Weltkrieg – stellten sich die Vereinigten Staaten als Anwalt einer aus Nationalstaaten bestehenden Welt dar. Sie positionierten sich als vorsichtige Kritiker der französischen und britischen Imperien und als erbitterte Gegner des Sowjetimperiums. Sie unterstützten multilaterale Vereinbarungen und bilaterale Abkommen, die sowohl die Souveränität der neuen und alten Nationen anerkannten, als auch Einfluss auf und manchmal Macht über sie ausübten. Doch zu mehr waren sie nicht bereit. Die Vereinigten Staaten tun sich einerseits als

130 Morgan, *American Slavery, American Freedom*.

mächtigster Akteur auf der Weltbühne hervor, sind andererseits aber auch der Industriestaat, der den geringsten Prozentsatz seines Bruttoinlandsproduktes für Entwicklungshilfe ausgibt.

Die neueren Entwicklungen sind also Teil einer längeren Geschichte des amerikanischen Imperiums in Übersee: Nachdem sich die Vereinigten Staaten im 19. Jahrhundert als eines der großen kontinentalen Imperien etabliert hatten – vergleichbar allenfalls mit Russland und der Sowjetunion (und früher China) –, sind sie seitdem durch ihren Widerwillen aufgefallen, das, was sie taten, beim Namen zu nennen: die Schaffung eines selbstdefinierten Nationalstaates, der durch Fiktionen gleichberechtigter Einbeziehung und Strukturen krasser Ausgrenzung gekennzeichnet ist, ebenso wie durch gegensätzliche Wahrnehmungen der Bedeutung einseitiger Macht, eine an Regeln gebundene, institutionalisierte Kooperation und informelle Vereinbarungen in einem internationalen System, das nicht länger eine Welt miteinander rivalisierender Imperien oder die eines bipolaren Konfliktes ist, sondern eine Welt extremer Ungleichheiten, was Wohlstand und Macht angeht.

Verbindungen und Vorstellungen im Imperium, gegen das Imperium und zwischen den Imperien

Die langen Arme und schwachen Finger imperialer Staaten bildeten bisher den Schwerpunkt dieses Kapitels. Dennoch wäre es irreführend, lediglich einen einfachen Gegensatz zwischen der globalen Reichweite des Imperialismus oder Kapitalismus und einer Gemeinschaft, die ihre Autonomie verteidigt und sich gegen äußere Kräfte wehrt, zu konstruieren. Aggressive Imperien und sich ihnen widersetzende Gemeinschaften gehören ebenso zur Geschichte wie andere Formen der Verbindung, die sich über Ozeane und Kontinente, über kulturelle und sprachliche Unterschiede hinweg erstrecken und sich mit den Fernverbindungen der Imperien kreuzen, wobei sie diese manchmal ergänzen und manchmal durchtrennen. An dieser Stelle kann ich lediglich einige der Verbindungen benennen, die durch widersprüchliche Beziehungen zu den Imperien gekennzeichnet waren.

Es ist naheliegend, mit Handelsnetzwerken zu beginnen, etwa mit den muslimischen Gruppen, die die Sahara, den Indischen Ozean, die arabische

Halbinsel, Mittelasien, die malaiische Halbinsel und die Inseln Südostasiens durchquerten. Solche Netzwerke bestanden innerhalb islamischer Gemeinwesen und verbanden die von anderen beherrschten Umschlaghäfen miteinander. Ebenso bildeten chinesische Kaufleute dichte Netzwerke in Südostasien und wagten sich bis nach Ostafrika vor. Es ist keineswegs sicher, dass die portugiesischen und niederländischen Imperien des 16. Jahrhunderts ohne die islamischen und chinesischen Handelssysteme in der Lage gewesen wären, genügend Mittel anzuzapfen, um ihre administrative und maritime Infrastruktur unterhalten zu können. Die Britische Ostindien-Kompanie lebte anfangs als Parasit in den durch indische Handelsgemeinschaften aufgebauten Netzwerken. Südasiatische Händler waren in Ostafrika bereits vor der kolonialen Eroberung etabliert, wurden dann aber zu wichtigen Maklern wirtschaftlicher Entwicklung innerhalb der britischen Besitzungen. Im Osmanischen Reich waren Armenier, Griechen und Juden wichtige Verbindungsleute im Handelsbereich und wurden als nützliche, aber eigenständige Gemeinschaften innerhalb des osmanischen Systems betrachtet. Im französischen und britischen Afrika des 20. Jahrhunderts nahmen Syrer und Libanesen eine besondere Stellung sowohl im urbanen als auch im ländlichen Handel ein. Abner Cohen hat darauf verwiesen, dass ethnische Verwandtschaft einerseits die Grundlage von Fernhandelsbeziehungen bildete und andererseits durch sie verstärkt wurde, denn die Kaufleute mussten entlang der gesamten Handelsroute Beziehungen zu Leuten aufbauen, die auf gegenseitigem Vertrauen beruhten. Zudem benötigten sie die Unterstützung einer hinreichend großen und bedeutenden Gemeinde an der Schnittstelle zwischen Handelsweg und weniger mobilen, lokalen Gemeinschaften. Doch der Aufbau eines Imperiums bedeutete, viele Orte an einen zu binden. Daher waren Handelsmechanismen zwar von entscheidender Bedeutung für alte und neue Imperien, konnten jedoch relativ autonom und möglicherweise von Nutzen für imperiale Rivalen sein. Sie bargen die Möglichkeit einer Umgehung des imperialen Zentrums und der Verminderung seiner Bedeutung in sich.[131]

---

131 Abner Cohen, »Cultural Strategies in the Organization of Trading Diasporas«, in: Meillassoux (Hg.), *The Development of Indigenous Trade and Markets in West Africa*, 266–284; Philip Curtin, *Cross-Cultural Trade in World History*, Cambridge 1984; Denys Lombard/ Jean Aubin (Hg.), *Asian Merchants and Businessmen in the Indian Ocean and the China Sea*, New Delhi 2000. Ozeanische Perspektiven mit dem Schwerpunkt auf Netzwerken ersetzen allmählich Festland-Perspektiven, die sich auf Herrschaft konzentrieren. Siehe Subrahmanyam, »Notes on Circulation and Asymmetries«.

Die Religion wurde durch das Imperium verbreitet und durchschnitt das Imperium. Der Zusammenprall rivalisierender Universalismen regte die Kreuzzüge, die Auseinandersetzungen im Spanien des 15. Jahrhunderts und später innerhalb des spanischen Imperiums sowie die Konflikte des 21. Jahrhunderts an. Die Missionierung ist ein Bestandteil imperialer Geschichte, doch oft durchkreuzten Missionare imperiale Linien und waren nicht in der Lage, die religiösen Netzwerke, die sich unter den Bekehrten bildeten, zu kontrollieren. Das Verhältnis zwischen Islam und Imperium war seit dem Fall des frühen Kalifats zwiespältig. Bisweilen legten die Osmanen den Mantel der Kalifen und Verteidiger des islamischen Rechts an, um dann wieder die Rolle multikonfessioneller Kaiser zu spielen. Das Imperium war somit ein Raum, in dem sich unterschiedliche Bedeutungen mit dem Islam verbanden und verschiedene Formen der Organisation und Mobilisierung entwickelt wurden. Die islamischen Pilgerfahrten und die Ausbildung islamischer Gelehrter an verschiedenen Orten der islamischen Welt formten ein gewaltiges Netz von Verbindungen innerhalb der Imperien und über ihre Grenzen hinweg. Weitere Elemente des unklaren Verhältnisses zwischen Religion und Imperium bilden die Ausbreitung des Islam und die Fähigkeit islamischer Führer, sich auf einen *modus vivendi* mit kolonialen Herrschern zu einigen, deren Haltung zu ihren eigenen Klerikern ebenso ambivalent war wie zu denen anderer Religionen. Afroamerikanische Missionare beeinflussten das afrikanische Christentum, und afrikanische Religionen und der afrikanische Islam beeinflussten Afroamerikaner in Brasilien, in der Karibik und in den Vereinigten Staaten. Transatlantische religiöse Verbindungen führten zu der Vorstellung von afrikanischen »Nationen« jenseits territorialer oder politisch definierter Bedeutungen.[132]

Die Bewegungen von Menschen sind weitaus komplizierter als die im Konzept der Siedlung enthaltene Bedeutung. Die Implikationen der Bewegungen kolonialer Beamter und Militärs – von Missionaren, technischen Experten und Firmenvertretern ganz zu schweigen – von Kolonie zu Kolonie verdienen besondere Betrachtung. Europäische Siedler in den Kolo-

---

132 Engseng Ho, »Empire through Diasporic Eyes: A View from the Other Boat«, in: *Comparative Studies in Society and History* 46 (2004): 210–246; J. Lorand Matory, *Black Atlantic Religion: Tradition, Transnationalism and Matriarchy in the Afro-Brazilian Candomblé*, Princeton (NJ) 2005; Peel, *Religious Encounter and the Making of the Yoruba*; David Robinson, *Paths of Accommodation: Muslim Societies and French Colonial Authorities in Senegal and Mauritania, 1880–1920*, Oxford 2000; Campbell, *Songs of Zion*.

nien waren Teil der imperialen Dynamik, die Produktion wie Handel transformierte, neue Arbeitsformen hervorbrachte (die ihrerseits von freiwilliger oder unfreiwilliger Migration über lange und kurze Distanzen abhingen) und neue verwandtschaftliche, religiöse und auf Vertrauen basierende Bindungen über den Raum hinweg produzierte – und damit das wirtschaftliche Zusammenspiel erleichterte, wie auch die Bildung transkontinentaler, auf einer ähnlichen Geisteshaltung beruhender Gemeinschaften begünstigte. Kreolen rieben sich bisweilen an der fortgesetzten Herrschaft von Regierungen, die ihre Siedlungen vermehrt hatten, und verwandelten Kolonien manchmal in unabhängige Staaten. Ein derartiger Prozess veränderte die Stellung der Siedler innerhalb imperialer wirtschaftlicher und gesellschaftlicher Netzwerke, wenn er sie auch nicht notwendigerweise schwächte. Er führte jedoch zur Umgestaltung internationaler Normen von Souveränität und Selbstbestimmung. Diese konnten von jenen genutzt werden, die durch die Siedler ausgebeutet und in eine untergeordnete Sonderstellung innerhalb imperialer Gesellschaftsformationen gedrängt worden waren. In Territorien wie Algerien oder Rhodesien stellte sich heraus, dass man die Siedler nicht so schnell loswerden konnte, wenn sie den imperialen Interessen nicht mehr dienten: Zu den Folgen zählten andauernde Gewalt und das Chaos, das oft die »Rückkehr« europäischer Siedler begleitete (die berüchtigtsten Beispiele lieferten das niederländische Indonesien, das französische Algerien und die portugiesischen Kolonien Angola und Mosambik).[133]

Der Sklavenhandel brachte Menschen gegen ihren Willen in die Imperien, und Vertragsarbeitssysteme brachten sie von einem Ort zum anderen, wobei man sich der administrativen Strukturen der Imperien bediente, um die zum Teil auf Zwang gründenden Arbeitsverträge durchzusetzen. Die Imperien versuchten oft, Arbeitsmigranten innerhalb ihrer Grenzen zu halten, hatten damit jedoch nicht immer Erfolg. Die vieldiskutierten postkolonialen Ströme von Arbeitern aus den ehemaligen Kolonien nach Großbritannien und Frankreich hatten ihre Wurzeln in älteren Migrationsmustern. Nach dem Zweiten Weltkrieg suchte Frankreich nicht nur Immigranten im Allgemeinen, sondern speziell Immigranten aus den Kolonien – aus Nordafrika und dem subsaharischen Afrika. Da diese jedoch einem imperialen Gemeinwesen angehörten und nach 1946 Bürger der Französischen Union waren, hatten sie Rechte und Ansprüche innerhalb

---

133 Andrea L. Smith (Hg.), *Europe's Invisible Migrants*, Amsterdam 2003.

dieses Gemeinwesens, die vor der Dekolonisation und für eine gewisse Zeit danach sinnvoll waren, jedoch im Zuge der Umwandlung Frankreichs in ein eher nationales Gemeinwesen vermehrt zu Spannungen führten.[134] Solche Bewegungen, wie auch die von Seeleuten und anderen mobilen Arbeitern in imperialen Häfen, sowie die Aufenthalte von Studenten und Berufstätigen mit kolonialen Wurzeln in europäischen Städten führten zu interkolonialen Beziehungen, die die Grundlage für politische Bewegungen bildeten, in denen Asiaten, Afrikaner, Afroamerikaner und andere zusammenkamen, bevor die Bandung-Konferenz die Vorstellung von der »Dritten Welt« hervorbrachte. Imperien formten gewisse Konzepte von Räumen und führten dazu, dass bestimmte Orte (London, imperiale Hafenstädte) Knotenpunkte für Kommunikation und Phantasie wurden.[135] Darüber hinaus kommt jenen Netzwerken, die sich auf transnationale Fragen konzentrieren und innerhalb der Imperien grenzübergreifend und gegen die Imperien wirkten, eine besondere Bedeutung zu, die die Vorstellung von Imperium und Eroberung auf der einen und von Gemeinschaft und Widerstand auf der anderen Seite widerlegt.[136] Die Antisklaverei-Bewegung war das Vorbild: Sie begann im späten 18. Jahrhundert unter britischen Protestanten, die vornehmlich der Mittelschicht entstammten, enthielt jedoch einige wichtige Elemente aus der Arbeiterklasse. Sie überquerte den Atlantik und wurde zu einer angloamerikanischen Bewegung, die durch die Überzeugungen und symbolische Bedeutung von ehemaligen Sklaven wie Olaudah Equiano und später Frederick Douglass gestärkt wurde und über Missionsstationen mit Sklavenkolonien verbunden war. Diese komplexe soziale Bewegung zeigte, dass das Imperium zu einem Raum werden konnte, in dem ein moralischer Diskurs möglich war.

Antikoloniale und Anti-Apartheidbewegungen folgten dem nach. In Gebieten wie Algerien oder Südafrika lässt sich die Geschichte politischer Mobilisierung nicht mit einer zwangsläufigen, auf die gemeinsame Erfah-

---

134 François Manchuelle, *Willing Migrants: Soninke Labor Diasporas, 1848–1960*, Athen 1997; Laura Tabili, *»We Ask for British Justice«: Workers and Racial Difference in Late Imperial Britain*, Ithaca (NY) 1994; Paul Gilroy, *The Black Atlantic: Modernity and Double Consciousness*, Cambridge 1993; Patrick Weil, *Qu'est-ce qu'un français? Histoire de la nationalité française depuis la Révolution*, Paris 2002.

135 Zur »interkolonialen Mobilisierung«, vornehmlich von Menschen aus verschiedenen Teilen des französischen Imperiums, die in Paris zusammenströmten, siehe Brent Hayes Edwards, »The Shadow of Shadows«, in: *Positions* 11 (2003): 11–49.

136 Keck/Sikkink, *Activists beyond Borders*.

rung der Unterdrückung folgenden Einheit erklären. Vielmehr gab es eine Reihe aktivistischer Haltungen und möglicher Verbindungen, die bisweilen durch interne Konflikte unterbrochen waren. Der Erfolg der antikolonialen und Anti-Apartheidbewegungen lässt sich nicht erklären, indem man Kolonie für Kolonie einzeln betrachtet. Er beruhte auf einer umfassenderen, durch bestimmte Umstände bedingten Assoziierung von Menschen innerhalb und außerhalb der Metropolen und Kolonien, die sich gegenseitig davon überzeugten, dass die Vorstellung von der scheinbaren Normalität des Kolonialismus oder der weißen Vorherrschaft nicht aufrechterhalten werden konnte.[137]

Die Beziehungen dieser Bewegungen untereinander waren Veränderungen unterworfen, ebenso wie sie sich zu bestimmten Zeitpunkten auf die Ersetzung der Imperien durch Nationalstaaten konzentrierten, um dann wieder andere Formen der politischen Solidarität zu entwickeln, wie den Panafrikanismus, den Panislamismus, den Pan-Asianismus oder diverse Diaspora-Vorstellungen. Die Herausbildung einer Welt von Nationalstaaten in den 1960er Jahren ergab sich beinahe zufällig aus einer Reihe anderer Bestrebungen und schloss nicht die Möglichkeit der Entstehung neuer Formen der Assoziierung über weite Entfernungen aus, die sich in aktiven Netzwerken und Institutionen manifestieren.[138]

Schlussfolgerungen

Die wichtigste These, die in diesem Kapitel vorgebracht wurde, ist auch die einfachste, nämlich dass den Imperien bis vor kurzem in der Weltgeschichte eine grundlegende Bedeutung zukam. Wir müssen uns ernsthaft damit beschäftigen, was es für ein Gemeinwesen bedeutete, *wie ein Imperium zu denken*, Inkorporierung und Abgrenzung zu konjugieren, sich mit den Problemen der Ausdehnung über weite Entfernungen konfrontiert zu

---

137 Connelly, *A Diplomatic Revolution*. Karl, *Staging the World*, beschreibt, wie die chinesischen Gegner der Mandschu-Dynastie ihre Sache mit derjenigen der Gegner imperialistischer Expansion in anderen Teilen der Welt verbanden. Zu Südafrika siehe Beinart/Bundy, *Hidden Struggles in Rural South Africa*, und Audie Klotz, *Norms in International Relations: The Struggle against Apartheid*, Ithaca (NY) 1995.

138 Daraus ergibt sich die Notwendigkeit, nationale Formen politischer Mobilisierung in einer historisch spezifischen Art und Weise zu erklären, wie z.B. in Manu Goswami, *Producing India: From Colonial Economy to National Space*, Chicago 2004.

sehen und die Grenzen zu erkennen, die der Kontrolle großer und heterogener Bevölkerungsgruppen gesetzt waren. Es bedeutete nicht dasselbe, in imperialen und in nationalstaatlichen Maßstäben zu denken: Während das territoriale und kulturelle Verständnis von »der Nation« in einigen Situationen wirkungsvoller als in anderen war – und bisweilen katastrophale Folgen hatte –, schränkte die Notwendigkeit, als imperialer Staat zu agieren, den Handlungsspielraum erheblich ein.

Obwohl wir die langfristige Bedeutung von Imperien in der Geschichte der Neuzeit erkennen müssen, sollten wir uns nicht zu sehr auf die Macht der Imperien konzentrieren, im Sinne einer nostalgischen Sichtweise oder ihres Gegenteils, der Vorstellung vom Imperium als totalisierender Macht. Stattdessen sollten wir die Grenzen imperialer Macht verstehen und insbesondere die Beschränkungen, die sich aus der imperialen Struktur selbst ergaben. Aufgrund ihrer Größe und der langen Kommunikationswege waren Imperien auf diverse Mittelsmänner angewiesen, auf Missionare, Siedler, Glücksritter und lokale Eliten, die Interesse an imperialen Wirtschafts- und Machtkreisläufen hatten. Damit waren Imperien verwundbar: nicht nur was Autonomiebestrebungen und Widerstände gegen die zentrale Autorität anbelangte, sondern auch im Hinblick auf die Entwicklung von Kreisläufen, die das imperiale Zentrum umgingen. Da Imperien kulturelle Unterschiede eher reproduzierten als absorbierten, mussten sie sich innerhalb ihrer Grenzen mit Kollektivitäten und Netzwerken auseinandersetzen, die diese Grenzen überschritten. Sowohl alte als auch neue Imperien hatten Probleme damit, ein stabiles Gleichgewicht zwischen der Inkorporierung und Abgrenzung der kolonisierten Bevölkerungen zu finden, zwischen der Ausnutzung älterer und dem Aufbau neuer wirtschaftlicher Strukturen, zwischen der Aufrechterhaltung direkter, bürokratischer Herrschaft und der Machtausübung über die Ankoppelung an bestehende Klientel-Strukturen, Netzwerke und Herrschaftsidiome in den eroberten Territorien. Imperiale Herrschaftsstrategien stellten Kolonialvölker vor das große Problem, einige Elemente ihres Lebensstils zu bewahren und gleichzeitig Möglichkeiten zu finden, innerhalb der neuen Machtverhältnisse zu agieren. Die sich daraus ergebenden Konfrontationen hatten Folgen, die weder Herrscher noch Beherrschte voraussehen konnten, und führten zu komplexeren und vielgestaltigeren politischen Beziehungen als zu einer Dichotomie zwischen Vorgesetzten und Untergebenen oder zu der für den Nationalismus charakteristischen horizontalen Assoziierung. Neue Imperien waren nicht notwendigerweise erfolgreicher bei der Lösung von Herr-

schaftsproblemen, und wenn sie auch bisweilen größeren Umgestaltungs-
ehrgeiz bekundeten, so hatten ihre Eingriffe doch unvorhersehbare Folgen:
Die Kolonialvölker waren nämlich in der Lage, sich solchen Bemühungen
zu widersetzen, sie sich auf ihre Weise anzueignen, ihnen eine andere
Richtung zu geben oder sie umzuformen.

Imperien wie das Römische Reich erlebten ihren Niedergang, als sie
keine gleichwertigen Rivalen mehr besaßen, und brachen unter dem Druck
ihrer Feinde endgültig zusammen. Die Rolle, die die nationale Mobilisierung gegen die Imperien spielte, ist nur ein Teil dieses Musters. Die kolonialen Imperien der westeuropäischen Mächte nehmen einen relativ kleinen
Teil des historischen Horizonts ein, und ihr Zusammenbruch folgte nach
nur drei Jahrzehnten dem der vermeintlich archaischen Imperien der Osmanen, der Habsburger und der Romanows. Die Ereignisse nach dem
Zweiten Weltkrieg waren nicht die erste ineinandergreifende, auf das System bezogene Krise der Imperien: Die revolutionären Bewegungen in
Nord- und Südamerika, die Revolution in Haiti und die napoleonischen
Kriege wirkten mit den Krisen in islamischen Imperien zusammen und
brachten die Machtverhältnisse im frühen 19. Jahrhundert durcheinander,
ohne jedoch etwas an der in entscheidendem Maße durch den Konkurrenzkampf der Imperien bestimmten Struktur der Rivalitäten zu ändern.[139]

Der Erste Weltkrieg entstand aus einem Konflikt von Imperien, von
denen jedes die Möglichkeit hatte, in destabilisierender Weise auf Ressourcen jenseits des eigenen Territoriums zurückzugreifen. Nach dem Krieg
wurden nur einige Imperien aufgelöst, und neue Formen imperialer Herrschaft, die eine stärkere Unterscheidung zwischen einem nationalen Kern
und internen und externen »Anderen« beinhalteten, führten innerhalb eines
Systems ungleichwertiger Staaten zu einer Krise, die die vorherige noch
übertraf.

Schließlich bildete sich in den 1950er und 1960er Jahren ein generali-
siertes System von Nationalstaaten heraus, die formal gleichwertig, tatsächlich jedoch durch Ungleichheit und asymmetrische Machtverhältnisse gespalten waren. Dieser grundlegende Bruch in der Organisation globaler
Macht war ein komplexer Vorgang und lässt sich nicht auf das Aufkeimen
des Nationalbewusstseins oder das willensmäßige Scheitern bzw. das militärische und wirtschaftliche Versagen der durch zwei Weltkriege oder den
Aufstieg neuer und miteinander rivalisierender Supermächte geschwächten

---

139 Die Krise dieser Epoche wird von Bayly, *Imperial Meridian*, 164–192, hervorgehoben.

alten Imperien reduzieren. Er stellte auch eine Krise der imperialen Staatsform selbst dar, die stets innerhalb der durch Inkorporierung und Differenz definierten Pole befangen war, sich jetzt jedoch zwei Entwicklungen
mit langer Vorgeschichte gegenüber sah, die in der Nachkriegskonstellation
zusammenwirkten. Die erste war die Krise einer auf Rassendenken basier-
ten Ordnung, die der Kampf gegen den Nationalsozialismus mit sich gebracht hatte. Die Versuche Frankreichs und Großbritanniens, einen jenseits von Vorstellungen von Rassenunterschieden legitimierbaren Kolonialismus zu schaffen, stellten sich schnell als instabil heraus, da sie keine
überzeugende Antwort auf die Frage nach dem Sinn der Herrschaft eines
Volkes über andere geben konnten.

Zweitens warfen die Konsolidierung des Wohlfahrtsstaates und der sozialen Demokratie in Frankreich und Großbritannien die Frage auf, ob das
»Soziale« innerhalb der Grenzen des Nationalstaates oder der des Imperiums definiert werden würde. Die dem imperialen Staat innewohnende
Ungewissheit hinsichtlich von Zugehörigkeit und Gleichwertigkeit bereitete nicht nur den Regierenden Sorgen, sondern bildete auch den Brenn-
punkt einer Welle der Mobilisierung in den kolonialen Gesellschaften. Die
Bedrohung der Imperien resultierte nicht nur aus der Gefahr der Sezession
– damit waren die Imperien bereits zuvor konfrontiert und fertig geworden
–, sondern auch aus der Tatsache, dass ihr Zusammenhalt nicht mehr fi-
nanzierbar war. Im Nachkriegskontext mussten sich die Imperien nicht nur
mit Unabhängigkeitsbewegungen auseinandersetzen, sondern auch mit
Bewegungen, die die Gleichwertigkeit der Völker im Rahmen einer imperialen Staatsbürgerschaft forderten – ohne dass es eine klare Grenze gab, an
der solche Forderungen aufhörten. Manchmal – wie in den britischen Kolonien Malaya und Kenia – wurden gewaltsame Befreiungsbewegungen
erfolgreich niedergeschlagen und den betreffenden Territorien kurz darauf
die Unabhängigkeit gewährt. Jene imperialen Mächte, die sich als besonders fortschrittlich verstanden, zerbrachen zuerst, doch da koloniale Systeme innerhalb eines Systems imperialer Staaten existierten, hatten die
überlebenden Kolonien Schwierigkeiten, inmitten ihrer unabhängigen
Nachbarn zu überleben.

Die Vorstellung von der Generalisierung nationaler Souveränität in den
1950er und 1960er Jahren muss relativiert werden. Ein Grund für die Bereitschaft der französischen Eliten, Mitte der 1950er Jahre kritisch über
Kosten und Nutzen von Kolonien zu reflektieren, bestand darin, dass sie
bereits die Möglichkeiten eines anderen supranationalen Gebildes erörter-

ten, dem man einen Teil nationaler Souveränität abtreten würde: der Europäischen Wirtschaftsgemeinschaft. Die ehemaligen Kolonien mussten feststellen, dass ihre Souveränität durch weniger freiwillige Mechanismen beeinträchtigt wurde, wie die Verschuldung gegenüber internationalen Finanzorganisationen und der mehrdimensionalen Asymmetrie internationaler Beziehungen.[140]

Nach jahrzehntelangem Ringen setzte sich 1994 in Südafrika das Mehrheitsprinzip durch – der letzte Akt in der langen Geschichte eines auf Rassenvorstellungen basierenden Imperialismus. 1989 gab die Sowjetunion ihren Einfluss in Osteuropa auf und wenig später in einem Großteil der mittelasiatischen Gebiete, die sie vom Zarenreich geerbt hatte. Südafrikanische politische Bewegungen hatten vielfältige Ziele, waren ausdauernd und mutig in ihren Bemühungen, doch ihren Erfolg verdankten sie am Ende der Tatsache, dass sie den Kampf um Verbindungen für sich entscheiden konnten – diese Bewegungen, und nicht die selbsternannten Verteidiger einer weißen, christlichen Zivilisation, drängten ihre Unterdrücker in eine isolierte, einem Belagerungszustand gleichende Situation. Südafrika ist nun ein multiethnisches, multikulturelles, demokratisches Gemeinwesen. Ob es einen Weg hin zu sozialer und wirtschaftlicher Gerechtigkeit finden wird, ist weiterhin fraglich. In der Sowjetunion zerfiel das kommunistische System ausgehend von seinem Kern, und zwar aufgrund der Unzufriedenheit der Eliten angesichts scheinbar größerer Möglichkeiten in einem anderen System wie auch infolge einer langen Geschichte engagierter Opposition und der Konkurrenz mit rivalisierenden Mächten. Doch der Prozess des Abblätterns von Teilen des Sowjetimperiums in Osteuropa und Mittelasien, der in manchen Gebieten gewaltsam, anderswo überraschend friedlich verlief, war möglich, weil es sich tatsächlich um ein aus Einzelkomponenten bestehendes Imperium handelte. Die Russische Föderation selbst ist noch immer ein multinationales Gebilde, und es wird sich herausstellen, ob sie pluralistisch sein wird. Diese beiden Beispiele folgenschweren Wandels in der jüngeren Vergangenheit zeigen nicht nur, wie wichtig es ist, präzise und historisch über die Verwundbarkeit von Machtstrukturen und die Möglichkeiten politischer Mobilisierung nachzudenken, sondern verweisen auch auf die Möglichkeiten für zukünftigen Wandel.

Die wichtigste, die Imperien betreffende Tatsache ist ihr Verschwinden. Darüber nachzudenken, wie es dazu kam, hilft uns, vieles zu erkennen und

---

140 Marseille, *Empire colonial et capitalisme français*; Krasner, *Sovereignty*.

zu verstehen: die Grenzen der Macht, gerade dort, wo sie am umfassendsten war, die Fähigkeit der Menschen, Nischen und Risse in Systemen zu finden, die auf Kontrolle und Einschränkung gegründet waren, den Konservatismus jener Staaten, die sich am entschiedensten dem Fortschritt verschrieben hatten, und die Anpassungsfähigkeit von vermeintlich in der Tradition befangenen Menschen. Ungleiche – bisweilen extrem ungleiche – Machtverhältnisse bestehen in anderer Form und unter anderen Namen weiter. Diese Formen werden in der Zukunft ebenfalls Mobilisierungsprozessen unterworfen sein, die sich über Räume und Unterschiede hinweg erstrecken, und das, was heute normal ist, wird morgen vielleicht unmöglich sein.

7 Arbeit, Politik und das Ende des Imperiums in Französisch-Afrika

Nachdem der größte Teil dieses Buches sich mit begrifflichen Problemen und historischen Streitfragen befasst hat, die weite Zeitspannen und Räume abdecken, wende ich mich nun einer spezifischen Situation zu. Es handelt sich um einen kleinen Ausschnitt aus einer größeren Geschichte, aber ich möchte sie mit genügend erzählerischer Dichte präsentieren um deutlich zu machen, dass sich die Auseinandersetzung mit Primärquellen zur Politik der Dekolonisierung lohnt, und um Interesse an der Bearbeitung ähnlicher Themen anzuregen.[1] Dies ist aber nicht einfach eine beliebige Fallstudie. Die Konstellation des Zweiten Weltkrieges – etwas vor seinem Beginn bis ein Jahrzehnt danach – war eine Zeit definitiver Veränderungen, was die politischen Formen anging, die den Baumeistern von Staaten zur Verfügung standen. Ich vertrete die Auffassung, dass das Ende des Imperiums nicht einfach durch den titanischen und gewaltsamen Kampf eines unversöhnlichen Kolonialismus gegen die Kräfte der nationalen Befreiung herbeigeführt wurde, sondern auch durch Prozesse innerhalb des Systems: Politische Risse innerhalb der imperialen Strukturen wurden von politischen und sozialen Bewegungen in den Imperien genutzt und erweitert. Es geht in dieser Geschichte also darum, wie afrikanische Arbeiterführer im Dialog und im Streit mit europäischen Beamten die

---

1 Wer noch mehr Dichte wünscht, sei verwiesen auf: Cooper, *Decolonization and African Society*; ders., »The Senegalese General Strike of 1946 and the labor Question in Post-War French Africa«, in: *Canadian Journal of African Studies* 24 (1990): 165–215; ders., »»Our Strike: Equality, Anticolonial Politics and the 1947–48 Railway Strike in French West Africa«, in: *Journal of African History* 37 (1996): 91–118. Folgende Abkürzungen für archivalische Quellen werden in den Anmerkungen verwendet: AP (Affaires Politiques), AE (Affaires Économiques) und IGT (Inspection Générale du Travail), Archives d'Outre-Mer (AOM, Aix-en-Provence); weiter K (Travail) und 17G (Politiques) sowie D (Territorialregierung Senegals) Archives du Sénégal und CAC (Centre d'Archives Contemporaines, Fontainebleau).

Parteien auf beiden Seiten der kolonialen Trennlinie an einen Punkt
brachten, wo Mitte der 1940er Jahre keine der beiden hingewollt hatte.

Die Bedeutung der Arbeiterbewegungen in der Geschichte der Dekolonisierung besteht nicht darin, dass sie etwa die notwendige Avantgarde
einer nationalen Bewegung gebildet hätten; die Arbeiten im Bereich der
Subaltern Studies haben sich zu Recht gegen Narrative gewandt, die »westliche« Modelle klassenorientierter oder nationalistischer Führerschaft privilegieren oder die Enttäuschungen mit der politischen Entwicklung mit dem
Fehlen solcher Tendenzen erklären (siehe Kapitel 1). Die antikoloniale
Politik in Afrika speiste sich aus Zorn, Sehnsucht und Affinitäten, die in
einem breiten Spektrum von Idiomen Ausdruck fanden. Diese reichten
von Vorstellungen über die Genesung des Landes von seinen Übeln bis
hin zu chiliastischen Visionen von einer neuen Ordnung oder zur Vereinigung neuer und alter Vorstellungen von sozialen Rollen unter Menschen in
der sozialen »Mitte« wie Lehrern oder öffentlichen Bediensteten. Eine
überzeugende Interpretation des Erfolgs derjenigen politischen Parteien,
die die Kolonialherrschaft in Afrika in Frage stellten, besagt, dass sie wie
politische Maschinen funktionierten und für eine gewisse Zeit unterschiedliche Gruppen von Menschen zusammenführten, deren Beschwerden und
Hoffnungen sich vor allem auf den Staat richteten.[2] Dieser Prozess war
kontingent und situationsabhängig.

Der organisierten Arbeiterbewegung kam in zweierlei Hinsicht besondere Bedeutung zu. Erstens gab die Enge der kolonialen Ökonomien einer
relativ kleinen Anzahl von Arbeitern an den Knotenpunkten von Transport und Kommunikation sowie in Bergwerken die Möglichkeit, die Ex-
port- und Importwirtschaft empfindlich zu stören. Damit drohten sie, die
Kosten der beständig angepriesenen Nachkriegsanstrengungen zur wirtschaftlichen Entwicklung in den Kolonien in die Höhe zu treiben und
deren Legitimität zu untergraben. Zweitens machte der von den Arbeiterbewegungen in der Nachkriegs-Ära lancierte Diskurs – Ansprüche auf
Ressourcen in jener Sprache zu formulieren, in der die imperiale Herrschaft jetzt ihre eigene Rechtfertigung suchte – es schwierig, sie zu bekämpfen, ohne das Modernisierungsprojekt in Frage zu stellen, das Frankreich und Großbritannien mit so hohem Einsatz betrieben. Die Arbeiterbewegungen machten den Kolonialmächten klar, dass ihnen Gefahren
nicht nur durch politische Fehlschläge – wie durch die Revolutionen in

---

2 Aristide Zolberg, *Creating Political Order: The Party States of West Africa*, Chicago 1966.

Indochina und Algerien – drohten. Sie drohten ihnen vielmehr auch durch politische Erfolge, wenn soziale Bewegungen innerhalb der ideologischen und institutionellen Strukturen operierten, die die Nachkriegs-Regimes aufzubauen versuchten, und diese nutzten, um ein fortschrittlicheres, stärker egalitäres imperiales System zu fordern. In der internationalen politischen Konstellation der Nachkriegszeit machte die Frage der Veränderung des Lebensstandards von Afrikanern – im Hinblick auf Gesundheit, Bildung, Landwirtschafts- und Industriepolitik ebenso wie auf die Lage der Arbeiter – die Grenzen der Argumente deutlich, die da lauteten, die Kolonisierung werde das Leben der Kolonisierten verbessern, aber der Kolonisator würde das Ausmaß und die Mittel für diese Verbesserungen bestimmen. Dieses Kapitel beschreibt einen Fall, in dem die koloniale Kontrolle auf einem politischen Territorium zerfiel, von dem das Regime glaubte, es sei sein eigenes.

Gerade weil diese Geschichte kontingent und situationsabhängig ist, verdient sie genaues Hinsehen. Während der 1950er Jahre entstand eine akute Spannung zwischen der Arbeiterbewegung und nationalistischen politischen Bewegungen. Damit wurden wichtige Debatten über den Charakter des Kampfes und diejenige Art von Gesellschaft eröffnet, die die Aktivisten aufzubauen beabsichtigten. Doch der Beginn nationaler Herrschaft, der 1958 in Guinea einsetzte, war von dem Versuch der neuen Führer begleitet, diese Spannung aufzulösen, indem sie darauf bestanden, dass die Vielfalt der Mobilisierungen der Aufgabe untergeordnet werde, eine wahrhaft afrikanische Nation zu schaffen. Die Arbeiterbewegung spielte unter den sozialen Bewegungen, die dazu beigetragen hatten, die Kolonialautorität herauszufordern, eine besonders wichtige Rolle. Deshalb bemühten sich die neuen Herrscher, sie zu zähmen oder zu unterdrücken, um nicht ihrerseits genauso herausgefordert zu werden. Die Geschichte von der Öffnung eines politischen Raumes endet so mit der Schließung dieses Raumes. Sie verweist auf die Grenzen einer bestimmten Art von Entkolonisierung.

Die Öffnung der Nachkriegszeit

Gegen Kriegsende begannen führende Vertreter der französischen Exilregierung die Notwendigkeit anzuerkennen, in der Kolonialpolitik eine neue

Seite aufzuschlagen. Das taten sie dann auch, aber es handelte sich nicht um die Buchseite, die aufzuschlagen sie beabsichtigt hatten. Die Streikbewegung in Dakar, der Hauptstadt von Französisch-Westafrika, dauerte vom Dezember 1945 bis zum Februar 1946. Sie zwang die französischen Beamten dazu, sich mit den sozialen Folgen der Kolonialherrschaft auseinanderzusetzen, entzog einigen wesentlichen Grundannahmen des kolonialen Denkens über Afrikaner die Basis und unterstrich in einem entscheidenden Moment der Verfassungsdebatte nach dem Krieg die Notwendigkeit einer systematischen politischen Reform.

Anfangs waren die Reformvorstellungen des Freien Frankreich sehr begrenzt: »Évolués«, also gebildeten Afrikanern, sollte ein bescheidener Platz in gesetzgebenden Versammlungen eingeräumt werden; Zwangsarbeit, übermäßige Besteuerung der ländlichen Bevölkerung, außergerichtliche Strafen und weitere besonders verhasste Aspekte der Verwaltung sollten (teilweise allmählich) aufgegeben werden; es sollte Geld für die Entwicklung der Infrastruktur ausgegeben werden, die für eine größere Wirtschaftsdynamik der Kolonien erforderlich war; Bildung und andere Dienstleistungen sollten ausgeweitet werden. Über Lohnarbeiter wurde sehr wenig gesprochen. Noch 1945 hoffte der Generalgouverneur von Französisch-Westafrika, die Gefahren eines »indigenen Proletariats« ließen sich vermeiden. Die amtliche Soziologie Afrikas enthielt zwei Kategorien, *évolué* und *paysan* (Bauer). Wirtschaftliche Entwicklung sollte – ebenso wie der erhoffte Zuwachs der afrikanischen Bevölkerung – innerhalb des »hergebrachten« Milieus erfolgen.[3]

Die Arbeiter Dakars sprengten diese dualistische Vorstellungswelt. Die von ihnen herrührende Herausforderung nahm ihren Ausgang von einer kleinen Öffnung, der Wiederbelebung der seit 1938 oder 1939 eingeschlafenen Gewerkschaftsaktivitäten vor allem in Dakar und besonders im öffentlichen Dienst.[4] Die in Dakar ansässigen Familien von *évolués* waren relativ gut in das städtische Leben integriert, und die ersten Gewerkschaftsführer wie Abbas Guèye von der Metallarbeitergewerkschaft, Papa Jean Ka von der Handelsgewerkschaft und Lamine Diallo, der die Dachorganisa-

---

3 Auszüge aus einem Brief des Generalgouverneurs vom 26.7.1945, AP 960. Zur Kolonialpolitik nach dem Krieg, besonders hinsichtlich des Planungstreffens von Beamten in Brazzaville 1944, siehe. Cooper, *Decolonization*, Kap. 5.

4 In der kurzen Periode der Volksfrontregierung in Frankreich (1936–1938) waren die Gewerkschaften anerkannt worden und hatten nennenswerte Aktivitäten entfaltet; sie führten mehrere Streiks durch. Der Sturz der Volksfront führte zur Unterdrückung der afrikanischen Gewerkschaftsbewegung vor allem unter dem Vichy-Regime.

tion der Gewerkschaften in Dakar leitete, kamen aus alteingesessenen Familien in den Gegenden, die seit dem 18. Jahrhundert unter französischer Kontrolle gestanden und deren Einwohner das Bürgerrecht erhalten hatten (siehe Kapitel 6). Sie waren in der Lage, mit dem französischen Gewerkschaftsbund Confédération Générale du Travail (CGT) in Verbindung zu treten, und erhielten Hilfe bei der Errichtung von Gewerkschaftsorganisationen französischen Typs.[5]

In den Jahren 1944 und 1945 forderten die Gewerkschaften im öffentlichen Dienst höhere Löhne, und der führende senegalesische Politiker, Lamine Guèye, trat für die Gleichheit der Afrikaner als öffentliche Angestellte ein, die er als Erfüllung der Versprechungen französischer Beamter betrachtete. Guèye, französischer Staatsbürger und Sozialist sowie früherer Verbündeter der Volksfront, setzte seinen Kampf an der Stelle fort, wo er ihn vor dem Krieg unterbrochen hatte. Er sollte bald von den französischen Staatsbürgern im Senegal zum Deputierten der Konstituierenden Nationalversammlung in Paris gewählt werden, wo er eine wichtige Rolle bei der Ausarbeitung derjenigen Verfassungsartikel spielte, die sich mit der Union Française befassten. Insoweit passten die Forderungen der öffentlichen Angestellten Senegals in den französischen Bezugsrahmen, nachdem *Évolués* nun verstärkt eine egalitäre Behandlung einforderten. Die Verwaltung versuchte die Lohnforderungen niedrig zu halten und reorganisierte zugleich die Hierarchie, womit Afrikaner Zugang zu besser bezahlten Posten erhielten. Zugleich wurden die Standards erhöht, denen die Kandidaten zu entsprechen hatten. Die Reform führte jedoch zu Aufregung unter den öffentlichen Bediensteten, die fürchteten, auf der falschen Seite der Qualifikationsbarriere zu landen.[6]

Die Arbeiter auf allen Gehaltsstufen litten derweil unter hoher Inflation – nahezu 300 Prozent seit Kriegsbeginn – und der Knappheit an Importgütern wie etwa Stoffen. Obwohl es während dieser Zeit ein paar Lohnanpassungen gab, versuchten die Regierungen des Freien Frankreich sowohl

5 Cooper, »Senegalese General Strike«; Omar Guèye, »La grève de 1946 au Sénégal«, mémoire de maîtrise, Université Cheikh Anta Diop de Dakar, 1990.
6 Lamine Guèye an Generalgouverneur, 23.2.1944, AP 872/3; Exposé sommaire de la situation politique de l'A.O.F. et du Togo pendant le mois d'août 1944, 15.11.1944, AP 872/18; Gouverneur Senegal an Generalgouverneur, 29.4.1945, 17G 126 ; Generalgouverneur an Minister, 16.7.1945, K 405 (132).

1943 wie auch 1945, Lohnsteigerungen mit dem Argument abzublocken, dass Zurückhaltung nötig sei, um die Produktion wiederzubeleben.[7] Im Dezember 1945 streikten nach ein paar Episoden der »agitation« und kurzen Streiks von Manufakturarbeitern in verschiedenen Teilen Französisch-Westafrikas etwa 2.800 Hafenarbeiter, Metallarbeiter und einfache Arbeiter in Dakar und forderten bessere Bezahlung und Sozialleistungen. Die Beamten versuchten, den Streik durch den Einsatz von Arbeitern zu brechen, die für die Nichtkombattanten-Einheiten des Militärs rekrutiert worden waren – eine verdeckte Form öffentlicher Zwangsarbeit –, doch erwies sich dies als unzureichend, so dass die Regierung schnell Zugeständnisse machen musste. Eine Woche später gingen die Streikenden zurück an die Arbeit mit einer Lohnskala, die sowohl erweitert als auch angehoben worden war, und zwar von einer Spanne von 2 bis 7,75 Francs in der Stunde auf 5,45 bis 20,45 Francs. Die Beamten hörten den Slogan »Gleicher Lohn für gleiche Arbeit« und klagten, dass »jeder dem Europäer assimiliert werden möchte, im Gehalt, bei Entschädigungen, in der Rangfolge beim Krankenhauszugang usw.«. Das Erheben des Anspruchs auf Gleichheit war ansteckend: Die Begehrlichkeiten »schufen eine Art Forderungs-Psychose«.[8]

Anfang Januar 1946 streikten die im Syndicat des Employés du Commerce, d'Industrie et des Banques (EMCIBA) organisierten Angestellten und Arbeiter in Dakar und paralysierten Handel und Industrie. Ihr Streik regte die Metallarbeiter zu einem weiteren Ausstand an. Der erste instinktive Impuls der Verwaltung war autoritärer Natur: Streikende Arbeit wurden »dienstverpflichtet« und vorübergehend zum Militär eingezogen. Aber die Arbeiter missachteten den Befehl.

Inzwischen handelten verschiedene Gewerkschaften, aufeinander abgestimmt durch die Union des Syndicat Confédereés unter der Führung von

---

7 Dakar, Inspection du Travail, Jahresbericht 1944, 1945; Soldes de Personnel du Gouvernement Général, Entscheidung vom 12.9.1943 und Conclusions de la Commission d'Évalutation des Salaires Normaux, 23.6.1943, K 273 (26).
8 Administrator, Dakar, an Generalgouverneur, 8.12.1945, und Exposé chronologique sur la crise, 12.1.1946, K 327 (26); Generalgouverneur an Minister, 16.1.1946, IGT, 9; AOF, Direction Générale des Affaires Politiques, Administratives et Sociales, Note sur l'évolution des salaires en vigueur à Dakar avant et après les grèves de Décembre 1945 et Janvier 1946, September 1946, K 325 (26); Löhne nach A.O.F., *Journal Officiel*, 8.1.1946, Exemplar in AFOM 381/63/9, AOM; Renseignements, Senegal, Dezember 1943, 17G 138. Zur gleichen Zeit streikten in einem großen Teil Französisch-Westafrikas die Postarbeiter, merkwürdigerweise aber nicht in Dakar. Gouverneur, Senegal, an Generalgouverneur, 2.3.1946, K 325 (26); Generalgouverneur an Minister, 16.1.1946, IGT, 9.

Lamine Diallo. Auf einer Massenversammlung in der Rennbahn hörten die Arbeiter den Aufruf zum »Generalstreik im absolutesten Sinne des Wortes«, der in drei Tagen beginnen sollte. Diallo schickte dem Generalgouverneur eine Resolution, in der ihm erklärt wurde, dass »die zunehmende Entwicklung der Arbeiterklasse an Organisation und Bewusstsein es ihr erlaubt, eine entscheidende Rolle als Motor und Führer aller proletarischen Kräfte in Französisch-Westafrika zu spielen«. Er listete die Forderungen der Union des Syndicats auf: »Gleicher Lohn für gleiche Arbeitsproduktivität«, Beteiligung der Gewerkschaft an der Klassifizierung der Jobs, gleiche Entschädigungsquoten für Familien und Wohnungen für öffentliche Bedienstete ohne Ansehen ihrer Einklassifizierung, einschließlich der Tagelöhner und Hilfsarbeiter. Die Gewerkschaft drohte: »Diese Bewegung wird sich am Ende über die gesamte Förderation ausbreiten« (d.h. über das ganze Französisch-Westafrika).[9]

Wie angekündigt, brach der Generalstreik aus. Er erfasste die meisten Teile der Arbeiterklasse mit Ausnahme der Eisenbahnarbeiter und der Lehrer. Die Stadt kam zum Stillstand, von der Bürokratie über den Hafen bis zu den Hausangestellten und den Märkten für die Europäer. Zwei Tage später erreichte der Streik Saint-Louis (den Sitz der Territorialregierung des Senegal, während Dakar das Hauptquartier der Föderation von Französisch-Westafrika war) und brachte den Handel und die Regierungsaktivitäten zum Erliegen. Er weitete sich auf den Hafen von Kaolack aus, von dem aus ein Teil der wichtigen Erdnussernte des Senegal exportiert wurde, und weiter auf kleinere senegalesische Städte. Der Streik in Dakar dauerte zwölf Tage. Beamte beschrieben die Atmosphäre als »ruhig«, geprägt von Zurückhaltung auf beiden Seiten und von nur relativ wenigen Zwischenfällen begleitet.

Noch bevor der Streik sich zu einem Generalstreik ausgeweitet hatte, räumte der Gouverneur ein, dass er wenig Kontrolle darüber hatte, und telegraphierte nach Paris: »Es besteht fast keine Hoffnung mehr auf eine günstige Erntwicklung des Konfliktes. Im Gegenteil scheinen einige Hinweise die Vorhersage zu erlauben, dass die indigenen öffentlichen Bediensteten sich dem gegenwärtigen Streik anschließen werden.«[10] Der

9 Resolution, 11.1.1946, beigefügt zu Generalgouverneur an Minister, 16.1.1946, IGT 13/3, AOM und Renseignements, 11.1.1946, K 328 (26).

10 Generalgouverneur an Minister, Telegramm, 11.1.1946, K 328 (26). Der Generalgouverneur meinte, er könne wegen der internationalen Aufmerksamkeit, die vor allem durch die Vereinten Nationen gegeben sei, nicht zu »brutalen Zwangsmaßnahmen« greifen.

Minister sah im Kontext der kolonialen Obrigkeit keine Lösungsmöglichkeiten und entsandte einen anderen Typus von Beamten, den Kolonialinspektor Masselot, »der sich auf Fragen des Arbeitskonfliktes spezialisiert hat« und vor kurzem einen Konflikt auf Martinique beigelegt hatte.[11] Masselot bemühte sich um die Aushandlung von Verträgen mit jeder Gruppe von Arbeitern auf der Grundlage französischer Vorbilder in der Hoffnung, bei den Arbeitern Interesse an ordentlichen Tarifverhandlungen innerhalb ihrer jeweiligen Berufsgruppe zu wecken.

Die afrikanischen Gewerkschafter lernten schnell den Umgang mit den Institutionen und der Rhetorik der industriellen Beziehungen und begannen, dem Dialog ihren Stempel aufzudrücken. Die Beamten hatten mit Verhandlungen über ein *minimum vital* begonnen, die Berechnung der minimalen Bedürfnisse eines Arbeiters, die dann den Mindestlohn bestimmen sollte. Aber Papa Jean Ka an der Spitze des EMCIBA politisierte die Debatte: Er protestierte gegen »europäische Berechnungsmethoden« und argumentierte, die Listen, die die Beamten für ihre Berechnungen verwendeten, unterstellten, es gebe einen afrikanischen Lebensstandard, der sich vom einem europäischen unterscheide, und dies widerspreche der Wirklichkeit wie auch französischen Prinzipien. Er wandte sich im Grunde gegen die Vorstellung einer afrikanischen Lebensweise – eine bisher unhinterfragte Annahme, die in die getrennten Berechnungen für Afrikaner und Europäer einging.[12] Die sich lang hinziehenden Verhandlungen enthüllten die Hintergründe des amtlichen Versuchs zur Festsetzung eines objektivierten Mindestlohns.

In der Rhetorik von Diallo und anderen Streikführern mischte sich ein Appell an die Sprache des Patriotismus für ein Größeres Frankreich mit Positionen des proletarischen Internationalismus. Diallo erinnerte jeden daran, dass »die Schwarzen das Mutterland verteidigt hätten, jetzt würden sie *ihren Boden* verteidigen, *wo sie nicht als Fremde angesehen werden wollten*«. Und die Union des Syndicats konstatierte, dass »die zunehmende Entwicklung der Arbeiterklasse an Organisation und Bewusstsein es ihr erlaubt, eine entscheidende Rolle als Motor und Führer aller proletarischen Kräfte Französisch-Westafrikas zu spielen«. Sie richtete ihr Augenmerk auf unterschiedliche Maßstäbe für Gleichheit: Im Privatsektor ging es ihr vor allem um das *minimum vital* für Manufakturarbeiter und um eine faire Lohnskala;

---

11 Minister an Generalgouverneur, 12.1.1946, Télégrammes 903, AOM.
12 Zusammenfassender Arbeitsbericht der Commission chargée d'évaluer le coût minimum de la vie pour un manœuvre à Dakar, A. Beq, Président, 19.1.1946, K 327 (26).

im öffentlichen Sektor war die zentrale Frage die Verwendung gleicher Berechnungsgrundlagen für Sozialleistungen für alle Arbeiter ohne Ansehen von Herkunft und Position.[13]

Die Gewerkschaftsfunktionäre in Saint-Louis legten eine ihren Kollegen in Dakar ähnliche Fertigkeit an den Tag, den französischen Diskurs zu manipulieren. Auf einer Verhandlungssitzung wendete ein Vertreter der Verwaltungsangestellten die assimilationistische Rechtfertigung der französischen Herrschaft auf die Arbeiterfrage an: »Die Evolution dieses Landes, der lange Kontakt des Afrikaners mit Weißen, hat Bedürfnisse bei ihm geschaffen. Wir haben Gewohnheiten, die wir nicht aufgeben können, Bedürfnisse, die ernst zu nehmen sind. Wenn wir Kinder haben, möchten wir sie zur Oberschule schicken, wir wollen nicht, dass sie in den *cadres locaux* bleiben, und genauso wollen wir Komfort für uns selbst. All das erfordert eine kostspielige Lebenshaltung, und wir benötigen das Geld, das wir von Ihnen verlangen.« Einer seiner Kollegen fügte hinzu: »Ihr Ziel ist es, uns auf Ihr Niveau emporzuheben; ohne die Mittel dazu werden wir das nie erreichen.« Die amtlichen Verhandlungsführer machten diese Argumente sprachlos, aber sie berichteten sie exakt ihren Vorgesetzten.[14]

Der Streik zwang die französischen Beamten dazu, darüber nachzudenken, ob sie wirklich glaubten, französische Modelle wiesen den Weg zur Lösung sozialer Probleme. Unter dem Einfluss des Arbeitsexperten Masselot kehrte der Verhandlungsprozess die Formeln der französischen industriellen Beziehungen um: Die mit Arbeitsbeziehungen befassten Beamten strebten Tarifvereinbarungen in den wichtigen Branchen an, die hierarchische Löhne auf der Grundlage des *minimum vital* vorsahen, während die höheren Positionen »mit ähnlichen Gehältern wie diejenigen« dotiert sein sollten, »die den europäischen Bediensteten gezahlt werden«. Im öffentlichen Sektor war die Zulassung von Afrikanern in Jobkategorien, die weitgehend von Europäern besetzt waren, nicht die entscheidende Frage, weil die Beamten nicht annahmen, dass allzu viele den Qualifikationsanforderungen genügten. Worum es ging, war die Frage, ob diejenigen Leistungen, die die besser gestellten Arbeiter erhielten, auf Beschäftigungskategorien ausgedehnt werden sollten, die zwar formal nicht rassisch definiert, jedoch weitgehend mit Afrikanern besetzt waren. Die Sozialleistun-

---

13 Renseignements, 11.1.1946, K 328 (26).
14 Niederschrift der Unterredung am 13.1.1946 zwischen Vertretern der Union des Syndicats von Saint-Louis und dem Personaldirektor und Finanzdirektor des Generalgouvernements, K 405 (132), AS.

gen, auf die sich die Gewerkschaftsfunktionäre konzentrierten und die den Beamten am meisten Kopfzerbrechen bereiteten, waren die Familienzulagen und die Zonen-Entschädigungen: Zulagen, die auf den Löhnen beruhten und einen Ausgleich für den Unterhalt einer Familie (berechnet aufgrund der Kinderzahl) und für das Wohnen in Gebieten mit unterschiedlichen Lebenshaltungskosten schaffen sollten. Die Gewerkschaften des öffentlichen Sektors forderten gleiche Löhne auf allen Ebenen des öffentlichen Dienstes bis hinunter zum einfachen Wachmann vor einem Regierungsbüro. Dies war eine anspruchsvolle Forderung – nicht nur wegen der monetären Konsequenzen. Es ging um einen Durchbruch auf konzeptioneller Ebene: Einem beim Staat angestellten Arbeiter – nicht notwendig einem *évolué* – Familienzulagen zu zahlen, bedeutete, dass die Bedürfnisse einer afrikanischen Familie ähnlich denen einer europäischen waren und dass der Staat für die Reproduktionskosten seines afrikanischen öffentlichen Dienstes aufkommen sollte. Derartige Vorstellungen waren von den Beamten lange Zeit verächtlich abgetan worden. Sie beriefen sich auf Stereotypen über afrikanische Familien – mehrere Frauen, viele Kinder, Kinderarbeit –, und wenn der Generalgouverneur derartige Ausschmückungen des Bildes auch nicht mehr vertrat, so glaubte er doch, dass»die Lebensbedingungen der riesigen Mehrheit der afrikanischen öffentlichen Bediensteten nicht mit denen ihrer europäischen Kollegen vergleichbar sind«.[15]

Doch der Streik zog sich hin. Masselots Bezugnahme auf die französischen Formeln für Tarifvereinbarungen gewann selbst bei engstirnigen französischen Arbeitgebern mehr und mehr an Gewicht. Das Problem bestand darin, die Formeln auf Afrikaner anzuwenden: Die Weigerung der Arbeiter im kommerziellen Sektor, darin einzuwilligen, dass der Mindestlohn an einem vorgeblich afrikanischen Lebensstandard ausgerichtet würde, und das Insistieren der öffentlichen Bediensteten, dass afrikanische Familien nicht etwas so Besonderes seien, als dass sie nicht von einer Familienzulage profitieren könnten, setzte die Beamten unter Druck, sich zu einem Sprung zu entschließen – was sie dann auch wirklich tun sollten.

In den Verhandlungen der Arbeiter im kommerziellen Sektor griff der Generalgouverneur ein, um einen klassischen Kompromiss auf der Ebene der Lohnhöhe vorzuschlagen, und arbeitete sich dann zurück zu den Zahlen, um die gewährte Summe zu rechtfertigen. Er machte einen Betrag von

---

15 Generalgouverneur an Minister, 16.1.1945, IGT 13/3.

7,40 Francs pro Stunde bekannt, eine beträchtliche Steigerung gegenüber den 5,45 Francs, die damals in Kraft waren und gegenüber den 2,50 Francs aus der Zeit vor dem Dezemberstreik.[16] Dies sollte nach einer weiteren Verhandlungswoche dazu beitragen, den Streik beizulegen, und steckte zugleich die künftige Schlachtordnung ab: Es ging nun um die Elemente des *minimum vital.*

Im Hinblick auf die Familienzulagen für öffentliche Bedienstete war Generalgouverneur Cournarie klar, dass er auf prinzipieller Ebene würde einlenken müssen und nur noch versuchen konnte, die Kosten in Grenzen zu halten. Nach fünf Tagen Generalstreik bot Cournarie den öffentlichen Bediensteten der untersten Kategorie (*cadres locaux*) Zulagen in Höhe von 20 Prozent der Summe an, die auf dem höchsten Niveau des kolonialen Dienstes (*cadres généraux* und *cadres communs supérieurs*) gezahlt wurden; auf den mittleren Rängen (*cadres communs secondaires*) sollte es 40 Prozent des Spitzensatzes geben.[17]

Es war Diallo – nachdem er dazu beigetragen hatte, dass sich die staatlich beschäftigten Arbeiter dem Streik anschlossen –, der nun auch half, sie wieder aus dem Streik herauszuführen und die Phase des Generalstreiks zu beenden. Die Geheimberichte des Sicherheitsdienstes über die täglichen Versammlungen der Streikenden auf dem Champ de Courses belegen, dass es eine Massenbewegung gab – die städtische Bevölkerung versammelte sich als eine einzige Kollektivität – und dass zugleich Spannungen innerhalb der Führungsgruppe bestanden. Am 16. Januar deutete Diallo auf der täglichen öffentlichen Massenversammlung an, dass eine Lösung in Reichweite sei. Am 18. Januar fasste die Menge die Ausweitung des Streiks auf Saint-Louis als positives Zeichen auf. Am 19. Januar erklärte der Metallarbeiterführer Abbas Guèye vor der Menge:»Macht Euch keine Illusionen: Für die Streikenden ist noch nichts erreicht worden.« Aber Diallo trat mit einem Streikführer aus Saint-Louis auf, mit dem er in ständigem Kontakt gewesen war, bekräftigte die Solidarität aller Streikenden und berichtete ihnen von seinem Treffen mit Spitzenbeamten und den Fortschritten, die gemacht wurden. Am nächsten Tag erklärte Diallo, der Streik werde enden,

---

16 Zusammenfassender Arbeitsbericht der Commission chargée d'évaluer le coût minimum de la vie pour un manœuvre à Dakar, A. Beq, Président, 19.1.1946, K 327 (26); Generalgouverneur an Minister, 16.1.1946, IGT 13/3.

17 Ebd.

wenn »er, Lamine Diallo« dazu den Befehl gebe. Er kritisierte Abbas
Guèye wegen dessen Pessimismus und nannte ihn »ein Nichts«.[18]
Schließlich berichtete Diallo am 25. Januar auf der Versammlung, die
allgemeinen Streitfragen seien beigelegt. »Er ›befahl‹ den öffentlichen Bediensteten, Hilfsarbeitern, Tagelöhnern und allen anderen Kategorien, die
keine besonderen Forderungen erhoben hatten, u.a. Bäckern, Köchen,
Hausangestellten, Fahrern usw. [...] an ihre Posten zurückzukehren. Trotz
dieser Rückkehr ist die Union [des Syndicats Confédérés] auf der Seite
derer, die weiter streiken.« Damit waren EMCIBA und die Metallarbeitergewerkschaft gemeint.[19] Der entscheidende Durchbruch bestand aus den
Zugeständnissen des Generalgouverneurs: höhere Mindestlöhne für gewöhnliche Arbeiter – womit er sich an der prinzipiellen Frage des Standards zur Messung der Bedürfnisse der Arbeiter vorbeimogelte – plus
Familienzulagen und andere Entschädigungen für alle regulären staatlich
Beschäftigten bis hinunter zu Ordonnanzen, Wachleuten, Briefträgern und
Seeleuten in Höhe von 25 bis 30 Prozent der Summe, die den höchstrangi-
gen öffentlichen Bediensteten gezahlt wurde, d.h. 5 und 10 Prozent über
dem früheren Angebot des Generalgouverneurs.[20]

Im Hafen gingen die Angestellten, Büro- und Hilfsarbeiter auf die An-
weisung Diallos hin am 25. Januar wieder an die Arbeit; der Hafen blieb
jedoch blockiert, weil die Mitglieder der EMCIBA noch nicht vor Ort
waren, um die Arbeiter zu registrieren und zu beaufsichtigen. Einige Unternehmen hielten sich nicht an die Abmachung, die Arbeiter wieder einzustellen. Papa Jean Ka, der Führer des EMCIBA, forderte die Arbeiter auf,
den Streik weiterzuführen. Es entstand eine erhebliche Spannung zwischen
Ka, Diallo und Abbas Guèye, und am 30. Januar kamen immerhin noch
fünftausend Menschen zu den Versammlungen.[21]

Der EMCIBA erklärte sich schließlich am 4. Februar bereit, die Belegschaften in sieben Kategorien einzuteilen. Die Lohnskala sollte von 1.540
(das *minimum vital*) bis zu 9.500 Francs im Monat reichen, zuzüglich Senio-
ritätszulagen in Höhe von 5 bis 10 Prozent des Grundlohns. Zu der Einigung kam es in einer Situation, in der die Arbeitgeber sich angesichts der

---

18 Renseignements, 16.-20.1.1946, K 328 (26).
19 Ebd., 25.1.1946.
20 Generalsekretär A.O.F. an Lamine Diallo, 20.1.1946, K 325 (26), bestätigt eine bei
   Treffen am 18. und 19. Januar getroffene Vereinbarung.
21 Commissariat special du Port et de l'Aéroport, Renseignements, 26.1.1946, K 328 (26);
   Renseignements, 26., 31.1.1946, K 328 (26).

Hartnäckigkeit der Streikenden spalteten, wobei eine Vereinigung das Abkommen akzeptierte und die andere es ablehnte, nur um die Regierung im Bestreben, den Arbeitsfrieden wiederherzustellen, die Regelung als gültig für den gesamten kommerziellen Sektor erklären zu lassen.[22]

Der Metallarbeiterstreik zog sich hin, und Masselot bemerkte dazu: »Die Widerstandsfähigkeit der Streikenden wurde länger als erwartet aufrechterhalten.« Schließlich machten die Arbeitgeber am 12. Februar Lohnzugeständnisse, die etwas über ihrem früheren Angebot lagen, und erklärten sich bereit, die Streikenden unter der Voraussetzung wieder einzustellen, dass die endgültige Tarifvereinbarung einen Senioritätsbonus und Entschädigungen bei Entlassung enthalten werde. Der Streik in Saint-Louis jedoch wurde fortgeführt, als Dakar bereits seine Einigung erzielt hatte, und die öffentlichen Bediensteten in dieser Stadt führten den Ausstand weiter, um die Arbeiter im kommerziellen Sektor zu unterstützen, selbst als ihre eigenen Streitpunkte auf der Grundlage des in Dakar erreichten Abkommens beigelegt waren. Schließlich nahm die Chambre de Commerce de Saint-Louis am 4. Februar eine Vereinbarung mit den Arbeitern im kommerziellen Sektor auf der Grundlage des Modells von Dakar an. Die Streikbewegung hatte insgesamt mehr als zwei Monate gedauert.[23]

Der Generalgouverneur bemerkte dazu: »So endete die wichtigste Bewegung von Arbeitern, die je in Französisch-Westafrika registriert wurde, in äußerster Ruhe und ohne auch nur einen Faustschlag.« Die Polizei zollte widerwillig Lob: »Die Masse der indigenen Arbeiter, die von etwa hundert Anführern geleitet wurde, erwies sich als perfekt diszipliniert.« Der Gouverneur von Senegal verstand den Streik als ernsthaften Schlag gegen die Autorität der Regierung, doch zugleich auch als etwas, das schlimmer hätte sein können – und noch schlimmer hätte werden können: »Wenn die Bewegung von den Bauern unterstützt worden wäre, hätten wir den wirtschaftlichen und finanziellen Zusammenbruch des Senegal erlebt. Aber wenn die Gefahr vorerst gebannt ist, so besteht sie dennoch fort, und wir müssen sie abwehren. Denn der plötzliche Ausbruch dieses Generalstreiks

---

22 Renseignements. 29.1., 4.2.1946, K 328 (26); Inspecteur des Colonies Masselot an Minister, 23.2.1946, AP 960/syndicalisme; Generalgouverneur an Minister 23.2.1946, K 325 (26).

23 Masselot an Minister, 23.2.1946, APM 960.

hat die Existenz einer Organisation an den Tag gebracht, deren Verästelungen bis in die hintersten Ecken des Busches reichen.«[24] Dies war eine ernsthafte Herausforderung für die Kolonialmacht. Generalgouverneur Cournarie war vorsichtiger, wenn er darauf hinwies, dass die Auseinandersetzung strikt im Bereich der Arbeitsbeziehungen verblieben sei und dass die führende Figur in der Politik, Lamine Guèye, »die Streikenden enttäuscht« habe, weil er jegliche Situation vermied, in der er hätte Position beziehen müssen. Masselot als Experte im Bereich der Arbeitsbeziehungen sah den Streik als »Bewegung für tiefgehende Emanzipation«, auch wenn er sich hauptsächlich mit arbeits- und lohnpolitischen Fragen befasst hatte. Für ihn bestand die Herausforderung darin, Streiks zu antizipieren und nicht darauf zu reagieren, und er erwartete, dass die Tarifvereinbarung, zu deren Zustandekommen er beigetragen hatte, die Grenzlinien von Konflikten festigen und die Streitfragen in einer Weise definieren werde, in der sie sich würden handhaben lassen. Die Lohnhierarchien »werden zur Folge haben, dass die Arbeiter in jedem Betrieb nach genau festgelegten Kategorien klassifiziert werden, [und] werden eine sehr klare Verbesserung im Vergleich zur früheren Situation bedeuten [...]. Für die Organisation der Arbeit gibt es wie für alles andere auch eine Technik, und dies lässt sich nicht improvisieren.«[25]

Die Geschichte des Streiks weist vor allem Veränderungen während des Konfliktes selbst auf. Das koloniale Denken Frankreichs war im Februar 1946 nicht dasselbe, das es im Dezember 1945 gewesen war, und darin kommt die Hartnäckigkeit der Arbeiterbewegung zum Ausdruck. Die Stärke dieser Bewegung bestand nicht so sehr in einem unversöhnlichen Gegensatz zu allem, das im Geruch stand, französisch zu sein, als vielmehr in der Auseinandersetzung damit – in der Umschmelzung der französischen Nachkriegsrhetorik in eine Sprache von Ansprüchen, im Eintauchen in die Details der französischen Modelle zu Vereinbarungen im Arbeitsleben, um Verbesserungen für Kolonisierte einzufordern. Bei den täglichen Versammlungen auf dem Champ des Courses schwankte die Bewegung zwischen Bekundungen der Massensolidarität und einem Pragmatismus, in

24 Generalgouverneur an Minister, 13.2.1946, K 28 (10); Renseignements 12.2.1946, K 328 (26); Commissaire de Police an Commandant du Cercle, Bas-Sénégal, Februar 1946, K 327 (26); Gouverneur Senegal an Generalgouverneur, 9.2.1946, beigefügt Generalgouverneur an Minister, 23.3.1946, AP 960/syndicalisme.

25 Generalgouverneur an Minister, 211.2.1946, 16.3.1946, 17G 132; ders. an dens., 16.1.1946, IGT 13/3; ders. an dens., 23.3.1946, AP 960/syndicalisme; Masselot an Minister, 23.2.1946, AP 960/syndicalisme.

einer Situation materieller Not das zu bekommen, was erreichbar war. Lamine Diallo war in der Lage, nicht nur das Gleichgewicht zwischen diesen beiden Tendenzen aufrechtzuerhalten, sondern aus dieser Spannung auch in der Auseinandersetzung mit den französischen Beamten Vorteile zu schlagen. Er konnte ihnen mit einem massenhaften Aufstand drohen und mit ihnen zugleich in einer Sprache verhandeln, die sie verstanden.

Innerhalb der französischen Bürokratie konnte die Inspection du Travail durch die Ereignisse Anfang 1946 und durch die Befürchtung, diese könnten sich wiederholen, einen Machtzuwachs verzeichnen. Die Inspekteure trugen eindeutige Überlegungen für ihre Klassifikation von Arbeitsplätzen und auch für die Verwendung dieser Modelle in den Tarifverhandlungen mit den Gewerkschaften vor. Für sie war eine in sich differenzierte Arbeiterschaft der Schlüssel, um »Schwierigkeiten im sozialen Bereich und einen Streik« zu vermeiden, »der sich schnell zum Generalstreik entwickeln würde«, sowie zugleich »eine afrikanische Elite auszusondern und dementsprechend die Attraktivität der gehobenen Positionen aufrechtzuerhalten«.[26] Diese Vorstellung von Stabilität, Anreizen und Hierarchie war in der Metropole nichts Neues, aber ihre Anwendung auf Französisch-Afrika signalisierte eine dramatische politische Wendung.

Inzwischen stützte sich die Arbeiterbewegung auf den Streikslogan »Gleicher Lohn für gleiche Arbeit« und verwandelte die Sprache wissenschaftlicher industrieller Beziehungen in eine Sprache der Anrechte. Sie kämpfte für bessere Löhne, für die Angleichung der Familienzulagen und für deren Ausweitung auf den Privatsektor. Die Verwaltung konnte der mit Gleichheit operierenden Argumentation nicht unmittelbar widersprechen – nicht nur, weil es sich um die Anwendung der assimilationistischen Ideologie handelte, mit der die imperiale Herrschaft jetzt gerechtfertigt wurde, sondern auch, weil die Beamten hofften, die Afrikaner würden am Ende so handeln, wie man es von industriell geprägten Männern erwarten konnte. Generalgouverneur Cournarie schrieb im März 1946 – im Rahmen der amtlichen Korrespondenz: »Die Verwaltung hat sich immer für die Anwendung des Prinzips ›Gleicher Lohn für gleiches Ergebnis‹ eingesetzt.« Er warnte vor »jeglichem Unterschied in der juristischen Behandlung« zwi-

26 Pierre Pélisson, »Rapport sur l'organisation de l'inspection du Travail en A.O.F et au Togo«, 4.2.1946, IGT (AOF); »Rapport Semestriel«, premier semestre 1947, IGT (AOF); Rundschreiben an Territorialinspektoren 30.9.1948, IGT 75/1; Inspecteur du Travail, Senegal, an Generalsekretär, AOF, 13.5.1947, und »notes d'études sur l'appel de la sentence surarbitrale du 24 avril 1947«, 29.4.1947, IGT 13/4.

schen den Rassen und verwies auf die nach Rassenkriterien spezifizierte Gesetzgebung in Ost- und Südafrika als negative Beispiele. Das war eine eigennützige Version der Geschichte der Arbeit, aber dass sie erzählt wurde, setzte den Rahmen, in dem andere Ansprüche gegenüber dem Staat geltend gemacht werden konnten.[27] Gewerkschaften und afrikanische Politiker konnten die egalitären Aussagen der Regierung nutzen und versuchen, sie in die Tat umzusetzen: Dem öffentlichen Dienst gelang es, durch eine Gesetzesverordnung 1950 die Gleichheit bei Lohn und Zusatzleistungen – einschließlich Familienzulagen – zu erreichen; Gewerkschaften und politische Führer nahmen dies zum Ausgangspunkt für Forderungen nach einem nicht-diskriminierenden Arbeitsrecht und Familienzulagen für den Privatsektor (siehe unten).

Wie andere Aktionen seiner Zeit war auch der Streik in Dakar nicht ausschließlich das Werk eines hochgradig organisierten und qualifizierten Proletariats; er verlief quer zu den Trennlinien zwischen Berufen, Status, Lese- und Schreibfähigkeit und vereinte so die meisten der 15.000 Lohnarbeiter Dakars. Die Regierung reagierte mit dem Versuch, die Ähnlichkeit der Lebensumstände aufzuweichen, dies auch auf Kosten des Zugeständnisses substantieller Lohnerhöhungen und der Entwicklung stärker gespreizter Lohnhierarchien für die einzelnen Berufskategorien. Indem sie den niedrig eingestuften Staatsangestellten eine Art Familienzulage einräumten, erkannten die Beamten an, dass die städtische Arbeiterschaft komplex aufgebaut war und dass ihren Produktions- und Lebensbedingungen entscheidende Bedeutung für Kontrolle, Ordnung und Produktivität zukam. Der schnelle Umschlag in der Rhetorik der französischen Regierung – von der Hoffnung, eine kleine gebildete Elite in der Annahme an ihre Herrschaft binden zu können, die Bauern würden ihre Zukunft innerhalb ihres eigenen Lebensmilieus erblicken, hin zu einer Situation, in der Afrikaner und Europäer über die Einzelheiten der Bedürfnisse von Lohnarbeitern stritten und in der Gleichheit zu einem machtvollen Begriff für ein breites soziales und kulturelles Spektrum wurde – verwies auf die grundsätzliche Instabilität des Anspruchs der Kolonialregierung, sie würde zum Anwalt des Fortschritts innerhalb der Strukturen und Ideologien des Imperiums werden.

---

27 Generalgouverneur an Minister, 30.3.1946, K 327 (26).

Imperiale Gleichheit im Pariser Parlament

Was der Streit um Gleichheit innerhalb des Größeren Frankreichs in den Jahren 1946 bedeutete, lässt sich sowohl an den Debatten über Verfassung und Gesetzgebung in Paris als auch an den fortdauernden Auseinandersetzungen über Fragen der Arbeit in Afrika selbst ablesen. Ich möchte zunächst kurz die Dimension der Gesetzgebung zusammenfassen, um dann etwas ausführlicher die nächste wichtige Episode der sozialen Kämpfe in Französisch-Westafrika zu untersuchen.

Das Jahr 1946 ist bemerkenswert, weil damals lang bestehende Axiome der französischen Kolonialpolitik über den Haufen geworfen wurden. Das war das Werk von etwa zwanzig Afrikanern in der Assemblée Nationale Constituante, die im November 1945 gewählt worden war, um die Verfassung der französischen Nachkriegs-Republik auszuarbeiten und in der Zwischenzeit auch Gesetze zu beschließen. Es gab eine Reihe von Problemen, die lange nicht sichtbar geworden waren. Als sie jedoch einmal von einer wenn auch noch so kleinen Minderheit von Deputierten, die an den Sitz der Macht gelangt waren, forciert thematisiert wurden, konnte die Angelegenheit, als sie einmal in die Öffentlichkeit gelangt war, nicht lange liegen bleiben. Der verhasste *indigénat*, der Komplex von Dekreten, der den lokalen Verwaltungsbeamten die Macht verlieh, koloniale Untertanen nach Belieben zu bestrafen, wurde ohne großen Widerspruch zu Beginn des Jahres durch eine Reihe von Gesetzgebungsakten und Dekreten abgeschafft. Im März war dann die Initiative von Aimé Césaire, dem Aktivisten der Zwischenkriegszeit, Dichter der Négritude und Deputierten von Martinique, erfolgreich, den Kolonien in Westindien den Status von Departements zu verleihen. Im April schaffte das mit dem Namen Houphouët-Boigny, des Deputierten aus der Elfenbeinküste, verknüpfte Gesetz die Zwangsarbeit in den Kolonien ab – eine lange geübte Praxis, die mit Hinweisen, die Entwicklung der Afrikaner könne nicht von ihrer Bereitwilligkeit abhängig gemacht werden, für Lohn zu arbeiten, entweder verschleiert oder gerechtfertigt worden war. Im Mai beseitigte das nach Lamine Guèye, dem Deputierten aus Senegal, der es eingebracht hatte, benannte Gesetz die Unterscheidung zwischen Staatsbürger und Untertan, die ein Jahrhundert lang das organisatorische Schlüsselprinzip der französischen Kolonialgesellschaft gewesen war. Das Gesetz richtete sich ganz ausdrücklich gegen den Punkt, der in der Vergangenheit am meisten dazu beigetragen hatte, die Ausbreitung und Attraktivität der Staatsbürgerschaft einzugrenzen: Die

Menschen wurden unabhängig von ihrem Zivilstatus zu Staatsbürgern, und ihre persönlichen und privaten Angelegenheiten durften weiter nach islamischem Recht oder anderen lokalen Kodizes geregelt werden.[28] All dies wurde in Gesetzesform gebracht, während die Debatten über die Verfassung in Gang waren, in deren Verlauf Lamine Guèye, Léopold Senghor, Césaire und andere Deputierte aus den Kolonien eine besonders aktive Rolle bei den intensiven Auseinandersetzungen über die Institutionen für die Regierung der Union Française spielten, wie das Imperium nun genannt wurde.

Die afrikanischen Abgeordneten befürworteten mit allerdings nur begrenztem Erfolg starke, auf Wahlen beruhende Institutionen und relative Autonomie *innerhalb* ihrer Kolonien, waren aber mit ihrer Forderung erfolgreicher, keinen Unterschied zwischen den bürgerlichen Rechten der kolonialen und metropolitanen Staatsbürger innerhalb des gesamten Imperiums zu machen. Weiße Siedler wünschten sich Lokalverwaltungen mit großer Handlungsfreiheit, während Pariser Progressive stärker zentralisierte Institutionen anstrebten, die die Siedler nicht würden kontrollieren können und die ihrerseits eine aktive Sozialpolitik betreiben könnten. Die algerischen Deputierten hatten am wenigsten Erfolg von allen, denn es war so gut wie unmöglich, ihre Forderungen nach Autonomie, das Insistieren der europäischen Siedler auf ihrer Vormachtstellung und die französischen Vorstellungen von einer unauflöslichen Union miteinander in Einklang zu bringen. Die Debatten über die Einzelheiten des Wahlrechts und der gewählten Versammlungen zogen sich durch den Sommer 1946 und über zwei Verfassungsreferenden hin.

Trotz aller Zweideutigkeiten, die diesen Diskussionen innewohnten, enthielten die Verfassungsdebatte und das Staatsbürgergesetz – auf das sich Spitzenbeamte und führende afrikanische Politiker einigten – doch die Botschaft der Gleichheit. Alle sollten dem gleichen strafrechtlichen Regime unterliegen und das gleiche Rede- und Versammlungsrecht genießen; Bezeichnungen wie *indigène* wurden aus amtlichen Veröffentlichungen verbannt; jeder Staatsbürger durfte das europäische Frankreich betreten, und alle durften sich um Stellen im französischen öffentlichen Dienst bemühen; schließlich sollten alle französischen Staatsbürger gleichwertige Kenn-

28 Eine Zusammenfassung der Debatten und der Gesetzgebung enthält François Borella, *L'évolution politique et juridique de l'Union Française depuis 1946*, Paris 1958).

karten besitzen.[29] Gleichheit konnte in Anspruch genommen werden, ohne Differenz aufzugeben, denn das Staatsbürgerrecht war von dem Zivilrecht unabhängig, nach dem das persönliche Leben geregelt wurde. Man konnte beispielsweise in Familienangelegenheiten dem muslimischen Recht unterliegen, seine Stimme bei einer französischen Wahl abgeben und Anspruch auf gleiche Bezahlung in einem Arbeitsverhältnis haben. Das politische Büro des Außenministeriums konstatierte denn auch:»Der Gesetzgeber wollte die vollständige Gleichheit aller im öffentlichen Leben festhalten, nicht jedoch die vollständige Identität der Franzosen der Metropole und der Übersee-Franzosen.«[30]

Die Verfassung setzte einen Rahmen für Debatten, lieferte aber keine Methode, die aufgeworfenen Probleme zu lösen: Manche politischen Akteure würden später versuchen, die französischen Institutionen so zu beeinflussen, dass sie die Privilegien weißer Siedler und Verwaltungsbeamter in den Überseeterritorien aufrechterhalten konnten; andere bemühten sich, das Prinzip der Gleichheit zu einem für das Leben der einfachen Leute bedeutsamen zu machen; wiederum andere waren bestrebt, sich ganz von Frankreich zu trennen. Doch Ende der 1940er Jahre war der Ausgang der Geschichte noch nicht bekannt, und es wäre ein Fehler, wollten Wissenschaftler aus dem breiten Strom der Unabhängigkeit in den 1960er Jahren herauslesen, dies sei bereits der allgemeine Fixpunkt politischer Bestrebungen zu einem früheren Zeitpunkt gewesen. Was im Hinblick auf Französisch-Westafrika auffällt, ist die Art und Weise, wie die Rhetorik der

---

29 Rundschreiben des Innenministers an Commissaires de la République und Préfets, 20.2.1946, CAC 770623/83 zu den Kennkarten; Dekrete vom 23.12.1945, 20.2.1946 und 30.4.1946 über die Abschaffung der Beschränkungen der persönlichen Freiheit und des separaten Gerichtsregimes. Zu den administrativen Schwierigkeiten, ein einheitliches strafrechtliches Regime, aber vielfältige zivilrechtliche Systeme zu organisieren, siehe »Situation de la Justice en Afrique: Rapport de M. le Président Sedille, Membre du Conseil Supériere de la Magistrature«, 1952, CAC 940167/7.

30 AOF, Directeur Général des Affaires Politiques, Administratives et Sociales (Berlan), Notiz, 14.7.1946, 17G 152. In der Präambel der Verfassung hieß es: »Frankreich bildet zusammen mit den Völkern in Übersee eine Union auf der Grundlage der Gleichheit von Rechten und Pflichten ohne Unterschied der Rasse und Religion. Die Union Française besteht aus Nationen und Menschen, die ihre Ressourcen und Anstrengungen zusammenfassen und koordinieren, um ihre jeweiligen Zivilisationen zu entwickeln, ihren Wohlstand zu mehren und ihre Sicherheit zu garantieren. Juristische Kommentare wiesen jedoch schon bald darauf hin, dass die Institutionen der Union differenziert und nicht homogen seien. Die Präambel lasse sich als »Aussicht auf die Zukunft« lesen, nicht als Beschreibung der Gegenwart. Louis Rolland/Pierre Lampué, *Précis de droit des pays d'outre-mer (territoires, départements, états, associés)*, Paris 1952: 76 f.

Gleichheit sich *innerhalb* des imperialen Systems bewegte, vor allem mit Bezugnahmen auf Lohnhöhe, Sozialleistungen und Lebensstandard in Frankreich.

Im Nachgang zu den gesetzgeberischen Durchbrüchen und dem Generalstreik von 1946 setzte sich der Dialog zwischen Beamten und Gewerkschaftern in der Kampagne um ein Arbeitsgesetzbuch fort, die ich an anderer Stelle analysiert habe.[31] Kurz gesagt wollte die Inspection, dass das Gesetzbuch Ordnung – eine Ordnung auf französischer Grundlage – am Arbeitsplatz schaffe. Sie wollte, dass eine bestimmte Reihe von Fragen gesetzlich geregelt werde und andere durch wohl geregelte Verhandlungsprozesse. Sie verstand die Gewerkschaften in Afrika ebenso wie in Frankreich als legitime Bestandteile des sozialen Lebens. Sie war nicht erfreut davon, dass die meisten westafrikanischen Gewerkschaften sich dazu entschlossen, der mit den Kommunisten verbundenen französischen gewerkschaftlichen Dachorganisation Confédération Générale du Travail (CGT) beizutreten, doch selbst diese Verbindung brachte die Gewerkschaften auf vertrautes, französisches Terrain.

Die Arbeiterbewegung verstand das Arbeitsgesetzbuch als Garantie für bestimmte Anrechte, die unabhängig von den Möglichkeiten der Arbeitenden war, mit den häufig feindlich gesinnten Arbeitgebern zu verhandeln. Man wollte ein Gesetz, das einen Mindestlohn auf der Grundlage messbarer Kriterien für die Notwendigkeiten des Lebens garantierte, den Arbeitstag begrenzte und bezahlten Urlaub zusicherte sowie ausdrücklich das Recht vorsah, sich zu organisieren und zu streiken. Kurzum, die Gewerkschaften wollten die metropolitane Rechtslage in die Kolonien bringen, sicher mit Anpassungen, aber doch ohne Verwässerung ihrer Substanz. Afrikanische Deputierte in der Nationalversammlung übernahmen diese Position und verteidigten sie entschieden im Verlauf langer Debatten.

Selbst die Arbeitgeber wollten ein Gesetzbuch, denn sie hatten 1946 unmittelbar erfahren, welche Risiken von chaotischen, ungeregelten Konstellationen bei der Formulierung und Aushandlung von Forderungen ausgehen konnten. Aber sie insistierten weiter darauf, Afrika sei in einer besonderen Lage und das Gesetzbuch solle nicht die metropolitane Version abbilden. Vielmehr sollten die Kolonialbeamten mehr Macht zugesprochen bekommen, um demagogische Gewerkschaften im Zaum zu

---

31 Cooper, *Decolonization and African Society*, Kap. 7.

halten und die Regelungsmechanismen den kolonialen Bedingungen anzupassen.

Die kolonialen Arbeitgeber vermochten es, das Gesetzbuch aufzuhalten – die Debatten zogen sich über sechs Jahre hin –, aber sie konnten sich nicht durchsetzen. Der Druck wurde nicht nur durch afrikanische Deputierte aufrechterhalten, die drohten, gegen das Gesetzbuch zu stimmen und so seine Legitimität zu untergraben, wenn Bestimmungen, die ihnen wichtig waren, nicht darin enthalten seien. Dies geschah auch durch symbolische Streiks, Versammlungen, Zeitungsartikel und andere Aktionen, die in Französisch-Westafrika während des gesamten Zeitraums stattfanden. Die kollektive Aktion wurde zwischen den Abgeordneten in Paris und westafrikanischen Aktivisten koordiniert und gipfelte in einem eintägigen Streik im November 1952, der ganz Französisch-Westafrika gerade zu dem Zeitpunkt erfasste, als die letzten und kontroversesten Entscheidungen fielen. In einer dieser Debatten fiel die berühmte Bemerkung von Senghor: »Wie Sie wissen, sind die Afrikaner jetzt von der Mystik der Gleichheit ergriffen. In diesem Bereich wollen sie ebenso wie in anderen, dass von Anfang an dieselben Prinzipien in den Übersee-Territorien gelten wie in der Metropole.«[32]

Das Gesetzbuch kam der Einlösung dieser Ziele in formaler Hinsicht erstaunlich nahe, und seine Verabschiedung machte den Gewerkschaften Mut, Druck auszuüben, damit seine Vorschriften in ihrem Sinne umgesetzt würden. Ein riesiger Streik, der 1953 in Guinea stattfand, gehörte zu den am meisten beachteten Aktionen, die darauf folgten; doch trat er bald zurück hinter jene Mobilisierungen, die ganz Westafrika erfassten und das Ziel verfolgten, die Punkte zu präzisieren, die das Gesetzbuch bewusst im Unklaren gelassen hatte: Dies betraf in erster Linie die Familienzulagen im Privatsektor. Es erforderte mehrere Streiks und Streikdrohungen sowie diverse Zeitungskampagnen, aber 1956 markierte die Verallgemeinerung

---

32 Assemblée Nationale, *Débats*, 22.11.1952, 5502–5505. Senghor verwendete diese Formulierung auch im Druck, und der Generalgouverneur von Französisch-Westafrika benutzte sie, um seinen Beamten die zentrale Leidenschaft zu vermitteln, mit der sie sich zu arrangieren hatten; dies tat gleichfalls ein führender französischer Jurist, der dies als grundlegend betrachtete für die Anziehungskraft, die die Herrschaft des Rechts auf Afrikaner ausübte.»Allocution prononcée par Bernard Cornut-Gentille, Haut Commissaire, à la séance d'ouverture de la deuxième session 1954 du Grand Conseil de l'Afrique Occidentale Française, 13 Octobre 1954«: 20; P. F. Gonidec,»Une mystique de l'égalité : Le code du travail des territoires d'Outre-Mer«, in: *Révue Juridique et Politique de l'Union Française* 2 (1953): 176–196.

der Familienzulagen für regulär angestellte Arbeiter im Privatsektor einen weiteren Sieg der Arbeiterbewegung.[33]

Imperiale Gleichheit bei der Französich-Westafrikanischen Eisenbahn

Wenden wir uns nun dem dramatischsten Arbeitskampf in Afrika zu. Der Eisenbahnarbeiter-Streik, der im Oktober 1947 begann, erfasste nahezu 20.000 Arbeiter, ihre Familien und ihre Gemeinschaften; er dauerte in den meisten Regionen fünfeinhalb Monate. Seine Bedeutung wurde noch durch den Roman *Gottes Holzstücke* von Ousmane Sembène vergrößert, der den Streik als gewaltigen Schritt innerhalb eines umfassenderen Kampfes der Volksklassen gegen den Kolonialismus darstellt.[34] Doch die Effektivität des Streiks lag weniger in der schroffen Konfrontation zwischen subalterner und kolonialer Macht als in der Fähigkeit der Streikenden, die Risse *innerhalb* der Institutionen und der Ideologie des Nachkriegskolonialismus auszuweiten. Die Streikenden nutzten gleichzeitig ihre Integration in weiterreichende Gemeinschaften gegenseitiger Unterstützung in Westafrika und ihre Teilhabe an einer Gemeinschaft von Eisenbahnern, die durch den gemeinsamen Arbeitsplatz vereint, durch rassische Spannungen jedoch gespalten waren. Auch zogen sie Nutzen aus ihrer Erkenntnis, was die amtliche Rhetorik mit ihrer Erklärung der staatsbürgerlichen Rechte innerhalb der Union Française bedeutete, ebenso wie die Hoffnungen der Verwaltungsbeamten, die Afrikaner würden sich wirklich als die produktiven, ordentlichen Arbeiter erweisen, die die imperialen Modernisierer sich wünschten. Der Teilerfolg, den der Streik erreichte, vermittelte den afrikanischen Arbeitern ein Gefühl der Macht – und trug so zum antikolonialen

---

33 Cooper, *Decolonization and African Society*, Kap. 7.
34 Übersetzt. und mit einem Nachwort von Peter Schunck, Frankfurt am Main: Lembeck 1988. Die französische Originalausgabe erschien im Jahr 1960. Dieser Abschnitt beruht auf meinem Aufsatz »Our Strike«. Siehe auch Mor Sene, »La grève des cheminots du Dakar Niger, 1947–48«, memoire de maîtrise, Ecole Normale Supérieure, Université Cheikh Anta Diop, 1986/87; Jean Suret-Canale, »The French West African Railway Workers' Strike, 1947–48«, in: Robin Cohen/Jean Copans/Peter C. W. Gutkind (Hg.), *African Labor History*, Beverly Hills (CA) 1978: 129–154; und James A. Jones, *Colonial Labor in the Industrial World: The African Workers of the Chemin de Fer Dakar-Niger*, Portsmouth (NH) 2002.

Kampf bei –; aber der Charakter der Forderungen und der Streikprozess selbst banden die Arbeiter enger als zuvor an ihren industriellen Arbeitsplatz sowie an die Institutionen des imperialen Staates und führten so dazu, dass sie sich stärker als zuvor von den Lebensbedingungen von Menschen unterschieden, die ihnen so sehr geholfen hatten.

Der Streik drehte sich um den *cadre unique*, die Forderung der afrikanischen Eisenbahner nach einer Arbeitsplatzhierarchie frei von Rassekriterien, mit gleichen Zulagen für alle Mitglieder, einschließlich der komplizierten Zuschläge für lokale Lebenshaltungskosten und familiäre Verpflichtungen. Die Forderung ergab sich aus dem Sieg der öffentlichen Bediensteten beim Streik in Dakar 1946 – einschließlich der Familienzulagen –, der im größten Teil des öffentlichen Dienstes in Französisch-Westafrika übernommen worden war. Der *cadre unique* wurde frühzeitig im Prinzip zugestanden; der Streik entzündete sich eigentlich an seiner Umsetzung, und sein wesentlicher Gegenstand war die Machtfrage, ob afrikanische Arbeiter innerhalb einer nicht-rassischen Struktur wirklich eine Stimme von Gewicht darstellen könnten.

1946 hatte die Regierung die Régie des Chemins de Fer de l'Afrique Occidentale Française zu einem halbstaatlichen Unternehmen gemacht, das von einem Vorstand geleitet wurde, in dem die Regierungsbeamten die Mehrheit besaßen, aber auch Gewerkschaften und kommerzielle Interessen vertreten waren.[35] Dabei vereinte die Fédération des Travailleurs Indigènes des Chemins de Fer de l'A.O.F. die Gewerkschaften auf den einzelnen regionalen Linien, aus denen das Eisenbahnsystem bestand: Dakar–Niger (Senegal und Sudan); Bénin–Niger (Dahomey), Conakry–Niger (Guinea), Abidjan–Niger (Elfenbeinküste).[36] Dakar-Niger war die mächtigste Einzelorganisation, und das Hauptquartier der Fédération befand sich in Thiès, einem landeinwärts von Dakar gelegenen Eisenbahnknotenpunkt und

---

35 Monique Lakroum,»Chemin de fer et réseaux d'affaires en Afrique occidentale: Le Dakar-Niger (1883–1960)«, thèse, Doctorat d'etat, Université de Paris VII, 1987: 300 f.

36 Diese Gewerkschaft war von allen gewerkschaftlichen *centrales* unabhängig, zum Teil deshalb, weil die CGT als die größte vom Rassismus in der in ihr organisierten weißen Eisenbahner behaftet war. Die Unterstellung, die seinerzeit und auch später erhoben wurde, der Streik sei auf Geheiß der Kommunistischen Partei – die Ende 1947 in einen Eisenbahnerstreik in Frankreich verwickelt war – erfolgt, ist unzutreffend; siehe C. H. Allen,»Union-Party Relationships in Francophone West Africa: A Critique of the ›Téléguidage‹ Interpretations«, in: Richard Sandbrook/Robin Cohen (Hg.), *The Developmebt of an African Working Class*, London 1975: 104–109. Sudan bezieht sich auf den heutigen unabhängigen Staat Mali, Dahomey auf das heutige Benin (Anm. des Übersetzers).

Ausbesserungswerk. Der Syndicat des Travailleurs Indigènes du Dakar-Niger bestand seit den 1930er Jahren. Er war die wichtigste Organisation gewesen, die sich 1946 aus dem Generalstreik herausgehalten hatte, und zwar weitgehend deshalb, weil sein Anführer, François Gning, mit den Sozialisten in Verbindung stand, die damals in Frankreich die Regierungsmacht innehatten, und damit auch enge Beziehungen zum Generalgouverneur in Dakar unterhielt. Seine Haltung führte zu einer Revolte jüngerer Gewerkschafter.

Der Sturz von Gning wurde von einer Gruppe aus der Union des Jeunes de Thiès organisiert, die zugleich aktive Mitglieder der Eisenbahnergewerkschaft waren. Hier kam es zu einem Zusammentreffen zwischen den politischen Idealen junger gebildeter Männer und einer Belegschaft, die weitgehend aus Analphabeten bestand. Die Union des Jeunes stand seit Mitte 1945 unter der Führung eines Angestellten (Abdoul Karim Sow) und eines Lehrers (Mory Tall), und zu den Mitgliedern zählten Leute, die als Angestellte bei der Eisenbahn arbeiteten. Ihre Zielsetzungen waren gleichzeitig politisch, kulturell und intellektuell – wie sich einer der Führer erinnerte, bestanden sie in der Förderung »unserer allgemeinen Entwicklung«.[37] Ihre Treffen zeigten im Gegensatz zu der von den Mitgliedern empfundenen Lethargie der älteren senegalesischen Politiker jugendliche Energie und eine neue Kampfeslust gegenüber den Franzosen, obwohl weder die Union des Jeunes noch eine andere wichtige politische Gruppe zu diesem Zeitpunkt die Forderung nach Unabhängigkeit erhob.[38] Die Anführer der Organisation waren Muslime, und einer von ihnen, Ibrahim Sarr, stammte aus einer Familie mit Verbindungen zu Marabouts, den Führern der muslimischen Bruderschaften, die im ländlichen Senegal über großen Einfluss verfügten. Sarr war Absolvent der führenden Handelsschule und seit 1938 »écrivain« im *cadre local supérieure*.[39] Die Aktivisten der Union des Jeunes

---

37 Mory Tall, Interview Thiès, 9.8.1994, geführt von Aminata Diena, Biram NDour, Alioune Ba und Frederick Cooper.

38 Tall erklärte auf einer der ersten Versammlungen der Union des Jeunes, es sei notwendig, »in kurzer Zeit in allen Bereichen die völlige Assimilierung mit den Europäern und eine größere Beteiligung des indigenen Elements an der Verwaltung des Landes zustande zu bringen«. Renseignements, 26.6.1945, 11 D 1/1396; Chef du 2e Secteur du Sûreté an Commandant de Cercle, 13.10.1945, 11 D 1/1396.

39 Zu Sarrs Hintergrund siehe Sene, »Grève des cheminois«. Über seinen Aktivismus in der Zeit vor dem Streik berichteten Polizeispitzel. Siehe Chef de 2e Secteur de Sûreté de Thiès an Commandant de Cercle, 9.7.1945, Notiz des Chef de la Police Spéciale du Réseau Dakar-Niger, 7.8.1945, 11 D 1/1396. Sarr wurde in dem letztgenannten Dokument unter den Herausgebern von *Jeunesse et Démocratie* genannt. Seine Verbindung zu einem

bildeten die Speerspitze einer »Revolution« innerhalb der Eisenbahnergewerkschaft und griffen Gnings wenig kämpferische Haltung sowie sein
Desinteresse an den Arbeitern an, die nicht zur Elite zählten.[40] Nach
öffentlichen Versammlungen und Demonstrationen trat Gning zurück; er
wurde durch Sarr ersetzt, der von einem Comité Directeur unterstützt
wurde, an dessen Spitze weitere Angestellte standen, zu dessen Mitgliedern
aber Vertreter aller Abteilungen gehörten.[41]

Sarr zeigte mit seiner ersten Rede, dass auch er imstande war, die imperiale Reformrhetorik in eine Richtung zu lenken, die nicht unbedingt beabsichtigt war. Er forderte »die Abschaffung der antiquierten kolonialen
Methoden, die selbst von dem neuen und wahren Frankreich verurteilt
werden, das wünscht, dass alle seine Kinder, gleichgültig auf welcher Breite
sie wohnen, nach Pflichten und Rechten gleich und *dass die Entschädigung für
Arbeit allein eine Funktion des Verdienstes und der Fähigkeit* sein sollen«.[42]

Sarr brach aus der an den *evolués* orientierten Denkweise Gnings aus,
um die Hilfsarbeiter in nennenswerter Weise in die Gewerkschaft einzubeziehen. 1946 beschäftigte die Eisenbahn 478 Europäer, 1.729 Afrikaner in
verschiedenen *cadre*-Kategorien und 15.726 Hilfsarbeiter. Viele Hilfsarbeiter – die auch nach Jahren noch als temporäre Arbeitskräfte behandelt
wurden – verrichteten die gleiche Arbeit wie Mitglieder von *cadres*, doch
besaßen sie keine Arbeitsplatzsicherheit oder eine bezahlte Wohnung und
bekamen auch keine anderen Zuwendungen.

Sarrs Coup fand vor allem in Thiès statt, einem Eisenbahnknotenpunkt, an dem Arbeiter aus verschiedenen Teilen Senegals und des Sudan
gemeinsame Arbeits- und Lebensbedingungen hatten und von wo aus sich
die bei der Arbeit etablierten Beziehungen entlang der Eisenbahnlinie von
Dakar bis Bamako und zurück entfalten konnten. Noch während des Mo-
nats nach seiner Übernahme der Organisation begann Sarr eine Reihe von
Besuchen, angefangen vom Sudan im Juni 1946 mit dem Höhepunkt einer

---

führenden muridischen Marabout wurde von einem gut informierten Veteranen des
Streiks beschrieben. Mansour Niang, Interview, Dakar, 4.8.1994, geführt von Makhali
NDiaye, Aminata Diena, Alioune Ba und Frederick Cooper.

40 »Revolution« war das Wort, das der Streikveteran Abdoulaye Souleye Sarr benutzte;
Interview, Thiès, 22.7.1990, geführt von Mor Sene, Babacar Fall und Frederick Cooper.

41 Renseignements, 22., 23., 24., 25.5.1946, 11 D 1/1392. Diese Geschichte und Erklärung
ist ziemlich ähnlich zu der unserer Informanten, im Einzelnen Oumar Ndiaye, Amadou
Bouta Guèye (Thiès, 9.8.1994), Mansour Niang (Dakar, 4.8.1994) und Abdoulaye Souleye Sarr (Thiès, 22.7.1990).

42 Renseignements, 29.5.1946, K 352 (26).

Reise zu den anderen Eisenbahnlinien am Vorabend des Streiks von 1947. Er agitierte für eine Kooperation über Unterscheidungen innerhalb der Belegschaften hinweg und für die Unterstützung der Gewerkschaft und ihrer Streikkasse. Die Gewerkschaftsorganisationen an den unterschiedlichen Eisenbahnlinien schlossen sich in der Fédération des Syndicats des Cheminots Africains zusammen und verwiesen die zentrale Leitung an den Comité Directeur der Abteilung Dakar-Niger mit Hauptquartier in Thiès.[43]

Die Eisenbahnergewerkschaft stellte unter Sarr im August 1946 eine doppelte Forderung auf: einmal nach der Einführung des *cadre unique* und dann nach der Einbeziehung der dauerhaft beschäftigten Hilfsarbeiter in den *cadre*. Diese Forderung ging an die Commission Paritaire, jene Körperschaft, die gemäß der gesetzlichen Regelung der industriellen Beziehungen in Frankreich für die Verhandlungen vorgesehen war, und im April 1947 lag sie dort noch immer. Die zwanzig Sitzungen der Kommission waren »konfus, ermüdend, unterbrochen durch stürmische Diskussionen«. Die offene Ablehnung des *cadre unique* durch die Gewerkschaften der weißen Arbeiter machte die Situation nicht einfacher. Dann inszenierte die Gewerkschaft einen wirkungsvollen Coup. Während einer Visite des Präsidenten der Republik und des Kolonialministers Marius Moutet organisierte sie einen dreitägigen Streik.[44]

In Gegenwart wichtiger Honoratioren konnte der Generalgouverneur sich nicht öffentlich gegen das Prinzip der Gleichheit aussprechen. Die Commission Paritaire akzeptierte daraufhin den *cadre unique*, während die Gewerkschaft die Forderung der Régie nach einer Strukturreform der Eisenbahn und der Verminderung der Beschäftigtenzahl akzeptierte. Die Kommission sollte die Einzelheiten regeln.[45]

Im Kern ging es um Macht: Bei der Frage, wie viele Hilfsarbeiter integriert werden und wie die Lohnskalen in einen einzigen *cadre* integriert wer-

---

43 Syndicat des Travailleurs Africains de la Région Dakar-Niger, Niederschrift der Assemblée Générale vom 9.2.1947 in K459 (179); Sene, »Grève des cheminots«: 47–50; Renseignements, 20.6., 2.7.1946, 11 D 1/1392 ; A.O.F., Inspection Générale du Travail, Jahresberichte 1947, 1948. Die politische Situation der Gewerkschaften an den einzelnen Eisenbahnlinien bleibt ebenso noch zu klären wie die Gründe, aus denen sie bereit waren, ein so hohes Maß an Kontrolle an Thiès abzugeben.

44 Inspecteur Général du Travail, »La Grève des Cheminots de l'A.O.F. (1/10/47–16/3/48)«, IFT 13/2; A.O.F. Inspection Général du Travail, Jahresbericht 1947: 60; Renseignements, 19.8.1946, 611 D1/1392; Suret-Canale, »Railway Workers' Strike«: 134 f.

45 Protocole de fin de grève, 19.4.1947, K 377 (26).

den sollten, stand eine Menge auf dem Spiel. Der Vorstand der Régie lehnte die von der Commission Paritaire vorgeschlagene Konfliktlösung ab. Die Gewerkschaft fühlte sich durch die Ablehnung hintergangen und mobilisierte für einen Streik, der für den 10. Oktober geplant war. Die endgültige Liste der gewerkschaftlichen Forderungen – die von der Régie abgewiesen wurden – enthielt eine rückwirkende Geltung der Integration der Hilfsarbeiter, die Überarbeitung der Äquivalenztabelle, mit der die Leute in die Lohnhierarchie des *cadre unique* eingeordnet wurden, die Beseitigung gewisser Aufstiegsbarrieren innerhalb des *cadre*, Vorkehrungen für familiäre Notfälle zusätzlich zum Jahresurlaub, die Verfügbarmachung von Wohnungen für Hilfsarbeiter und nicht nur für *cadres* sowie die Gewährung einheitlicher und nicht hierarchisch abgestufter Zuschläge zum Ausgleich für die lokalen Schwankungen bei den Lebenshaltungskosten. Der Streik sollte sich nicht an den großen Prinzipien der Gleichheit festmachen, sondern vielmehr formal an einer Reihe enger gefasster, an sich banaler Streitfragen.[46]

Der Streik am 10. Oktober war nahezu total. Generalgouverneur Barthes bestand darauf, der Streik sei illegal, weil sich die Angelegenheit vor einem Vermittler befand. Er weigerte sich daher zu verhandeln. Nach drei Wochen Streikdauer waren 38 Afrikaner bei der Arbeit erschienen. Die Streikfront blieb bis in den Januar bemerkenswert geschlossen, als die Region Abidjan-Niger ausscherte und die Arbeit wieder aufnahm. Auch das führte nicht dazu, dass die Übrigen den Mut verloren, obwohl einige Wenige zur Arbeit zurückkehrten und eine Menge Streikbrecher eingestellt wurden. Der Streik dauerte fünf Monate.

Die Fähigkeit der Streikenden, so lange durchzuhalten, lässt sich am besten durch ihre Integration in städtisch orientierte sowie familienzentrierte Netzwerke erklären. Über ihre familiären Verbindungen hatten die Arbeiter Zugang zu landwirtschaftlichen und zu Fischprodukten: Der Streik fand vermutlich bewusst nach der Ernte statt. Einige Eisenbahner kehrten in ihre Heimatdörfer zurück, um die Belastung der städtischen Ressourcen zu verringern. Frauen spielten bei der Beschaffung von Res-

---

46 Es kann sein, dass sich die Position der Verwaltung nach dem Ende der kommunistischen Regierungsbeteiligung im Mai 1947 verhärtete. Im Oktober war Frankreich selbst von einer Serie großer Streiks überzogen. Ende April und im Mai erneuerte das Kolonialministerium zudem seine Anstrengungen, Löhne und Preise niedrig zu halten. Alle von der staatlichen Seite delegierten Mitglieder im Vorstand der Régie einschließlich derjenigen, die in der Commission Paritaire saßen, stimmten für die Ablehnung des Vorschlags der Kommission. Sene, »Grève des cheminots« 55 ff.

sourcen eine entscheidende Rolle, obwohl es keine Belege dafür gibt, dass der Marsch von Frauen, der den Höhepunkt in Sembenes Roman bildet, jemals stattgefunden hat. Die bisher gesammelten Augenzeugenberichte unterstreichen die Rolle von Frauen innerhalb der Familieneinheiten – ihre Anstrengungen, Nahrungsmittel zu besorgen, ihre Arbeit beim Verkauf auf den lokalen Märkten und bei anderen nicht entlohnten Tätigkeiten zur Aufbesserung des Familieneinkommens.[47] Sie dichteten Lieder zur Unterstützung des Streiks und seiner Führer und beschimpften die Streikbrecher.[48] Kaufleute in den Eisenbahnstädten steuerten Geld, Nahrungsmittel und Transportfahrzeuge für die Streikenden bei. Die Zeitung *L'A.O.F.* verlieh dem Streik viel Publizität und sammelte Spenden, und die französische CGT übergab der Gewerkschaft eine Großspende, die freilich nur ausreichte, um eine so riesige Belegschaft für etwa eine Woche zu versorgen. Die Gewerkschaft selbst hatte in Thiès einen Kooperativladen eröffnet und mit Waren bestückt und überließ den Streikenden drei Monate lang Dinge, die sie benötigten, gegen Kredit. Ein Mitglied des Streikkomitees brüstete sich ironisch damit, die Streikenden seien jetzt wie Marabouts: »Wir arbeiten nicht, aber wir haben zu essen.«[49]

Die Disziplin der Streikenden beeindruckte sogar ihre Gegner. Sarr hatte seine Anhänger angewiesen, »zuhause zu bleiben und sich nicht auf Demonstrationen oder irgendwelche Sabotage einzulassen«.[50] In Thiès hielten die Streikenden täglich offene Versammlungen ab, bei denen Zweifel und Sorgen erörtert und der Druck der Kollegen aufrechterhalten wurde. Wann immer es Anzeichen für ein Schwanken entlang der Dakar-

---

47 Interview mit Khady Dia, die Erdnüsse in der Nähe des Bahnhofes von Thiès verkaufte, Thiès, 9.8.1994, geführt von Aminata Diena, Alioune Ba, Omar Guèye und Frederick Cooper, sowie die Interviews mit Abdoulaye Sarr (22.7.1990), Oumar Ndiaye und Amadou Bouta Guèye (9.8.1994).

48 Gendarmerie Nationale, Thiès, Bericht 23.12.1947, K 379 (26); Sene, »Grève des cheminots« 91.

49 N'Diaye Sidya, zit. in Renseignements, 29.10.1947, K 457 (179). Es gibt auch Hinweise auf Unterstützungsnetzwerke, die sich entlang der Eisenbahnlinien im Sudan, in Dahomey und anderen westafrikanischen Territorien entwickelten. Inspection du Travail, Dahomey, an Inspection Générale du Travail, 4.11.1947, K 457 (179); Renseignements, 31.10., 7.11.1947, K 379 (26); Jones, *Colonial Labor in the Industrial World.*

50 Renseignements, 25.10.1947, K 43 (1); *Réveil,* 20.11.1947; Renseignements, Bamako, 11.10.1947, K 43 (1).

Niger-Linie gab, machte Sarr sich auf die Reise und bekräftigte die persönlichen Bindungen und Gruppenloyalitäten.[51] Nach allen Maßstäben war dies ein langer Streik, und er brachte Mühsal und Not mit sich. Die Bemerkung des *inspecteur général du travail* Pierre Pélisson vom Januar 1948 ist hier aufschlussreich: »Hier sind die Verteidigungsmittel sehr viel anders – und entschieden effektiver – als bei Streiks in der Metropole.«[52] Wie Pélisson konstatierte, war es die Unvollständigkeit, mit der die Arbeiter in die proletarische Gesellschaft integriert waren, die ihnen vielfältigere Wurzeln verschaffte, als ihre französischen Genossen sie besaßen. Über fünf Monate hinweg hielten Arbeiter unterschiedlicher Herkunft, die bei der Eisenbahn unter unterschiedlichen Bedingungen arbeiteten, zusammen, bewahrten die gewerkschaftliche Disziplin und hielten ihre Unterstützungsnetzwerke in den Eisenbahnstädten und den Dörfern der Umgebung aufrecht.

Die Möglichkeit, zur Unterstützung der Eisenbahner einen Generalstreik auszurufen, kam im November 1947 bei Gewerkschaftsversammlungen in Dakar, Abidjan und Conakry zur Sprache, aber jedes Mal wurde der Solidaritätsstreik verworfen, wenn auch mehrere Gewerkschaften die Streikenden mit Geld versorgten. In Dakar plädierten einige Veteranen von 1946 – Abbas Guèye und Lamine Diallo – für einen Generalstreik, aber die Union des Syndicats de Dakar weigerte sich mitzumachen. Es gab drei Gründe für das Ausbleiben der Einheit der Arbeiterklasse: Die Eisenbahnergewerkschaft hatte sich selbst nicht am Generalstreik vom Januar 1946 beteiligt; die Eisenbahnergewerkschaft gehörte keiner Gewerkschaftsföderation an, während die meisten anderen Gewerkschaften sich der CGT angeschlossen hatten; und die Gewerkschaften von Dakar und anderswo steckten zu eben diesem Zeitpunkt mitten in Verhandlungen über ihre eigenen Tarifverträge. Denn die von der Inspection du Travail nach 1946 eingeschlagene Politik begann sich bezahlt zu machen: Jede Berufsgruppe hatte eine Menge zu gewinnen, wenn sie sich im Rahmen der durch die Profession vorgezeichneten Grenzen hielt.

Die politischen Parteien verhielten sich distanziert. Die auf das gesamte Französisch-Westafrika bezogene politische Partei, die RDA, spielte bei

---

51 Renseignements, 13.11.1947, K 457 (179) im Hinblick auf Sarrs Reise in den Sudan. Es gibt ausführliche Berichte von Polizeispitzeln über die Versammlungen in Thiès und anderswo. Siehe beispielsweise Renseignements 29.10., 25.12.1947, ebd., und Renseignements, 16.10.1947, K 43 (19).
52 IGT an den Deputierten Dumas, 6.1.1948, in IGT, Bericht, 24.1.1948, IGT 13/2.

dem Streik keine Rolle, und ihre Zeitung zeigte zwar Sympathie mit der
Sache der Streikenden, betonte aber, dass Sarr »nicht die R.D.A. ist«, und
meinte: »Es war Sache der Eisenbahner und der Eisenbahner allein, ihre
Verantwortung wahrzunehmen.« Über Senghor erinnern sich ehemalige
Teilnehmer des Streiks, er sei am Vorabend des Arbeitskampfes privat zum
Streikkomitee gekommen, um seine Unterstützung zum Ausdruck zu bringen, aber auch um deutlich zu machen, er werde sich nicht öffentlich zugunsten des Streiks äußern.[53] Erst im Dezember handelten die führenden
afrikanischen Politiker: Anlässlich der Tagung des Grand Conseil (die le-
gislative Versammlung Französisch-Westafrikas) in Dakar versuchten Houphouët-Boigny und andere, den Generalgouverneur zu einer Intervention
mit dem Ziel zu bewegen, den Konflikt beizulegen. Sie trugen Sorge, »ihr
Bemühen« klarzustellen, »keine Politik in eine Angelegenheit hineinzu-
bringen, die sich strikt im Bereich der beruflichen Beziehungen halten
muss, und einfach aus Entgegenkommen ihr Teil dazu beizutragen, einen
Konflikt zu lösen, der von erheblicher Bedeutung für das Land ist«. Der
Generalgouverneur war nicht bereit, sich zu bewegen, und der Grand Conseil selbst war so durch das Parteiengezänk zerrissen, dass er nicht einmal
in der Lage war, einen farblosen Aufruf zu einer Einigung zu verabschieden.[54]

Zu Hause übte Houphouët-Boigny Kritik an den Streikenden, weil sie
ihn nicht konsultiert und zur falschen Zeit und zudem ungeschickt gehandelt hätten und weil sie nicht ein Lösungsmodell akzeptiert und zu einem
späteren Zeitpunkt für ihre weitergehenden Forderungen gearbeitet hätten.
Als der Streik in der Elfenbeinküste Anfang Januar 1948 zu Ende ging –
mehr als zwei Monate früher als anderswo – bemerkten amtliche Stellen:
»Nach unseren Informationen geht dieses Ergebnis auf den Herrn Deputierten Houphouët-Boigny zurück, dem es gelang, die afrikanischen Eisenbahner trotz der Gegenpropaganda von Herrn Sarr zur Rückkehr an die
Arbeit zu bewegen.«[55] Das Gewicht, das in Houphouët-Boignys Partei die
Bauern aus der Elfenbeinküste besaßen, war hier unzweifelhaft von Bedeutung: Sie mussten durch eine Fortsetzung des Streiks Verluste be-

---

53 *Voix de la R.D.A.*, Sonderteil des *Réveil*, 5.2.1948. Die Beteiligung der RDA wird auch
   abgetan von Allen, »Union-Party Relationships«. Die Belege zu Senghor stammen von
   Amadou Bouta Guèye und Oumar Ndiaye, Interviews, Thiès 9.8.1994.
54 IGT an Generalgouverneur, 12.12.1947, K 457 (179); Grand Conseil, *Procès Verbal*,
   23.12.1947: 80 f.; 31.1.1948: 320 f.
55 *Réveil* 268 (15.12.1947), 269 (18.12.1947); Renseignements, Elfenbeinküste, 5.,
   18.11.1947, K 379 (26), AS; IGT an M. le Deputé Dumas, 6.1.1948, IGT 13/2.

fürchten. Derweil schrieb Senghor im Namen der Nation einen geschickten Brief an den Minister für das Überseeische Frankreich und appellierte an ihn im Sinne einer Lösung, die »auf der Gleichheit der Rechte und Pflichten, ohne Diskriminierung aufgrund von Rasse oder Religion« beruhe, doch scheute er vor einer Befassung mit den handfesteren Einzelheiten des Arbeitskonfliktes zurück.[56]

Das Streikkomitee kritisierte sowohl Senghor als auch Lamine Guèye, »weil sie sich auf die Seite der Verwaltung geschlagen haben«.[57] Im Januar versuchte der sudanesische Deputierte Fily Dabo Sissoko eine Intrige mit Regierungsbeamten auszuhecken, um die bedeutendsten sudanesischen Arbeiter von ihren senegalesischen Genossen auf dem militantesten Abschnitt Dakar-Niger abzuspalten. Sarr war angesichts der Gefahr der Spaltung besorgt genug, um kurz zu überlegen, ob er die Initiative Sissokos aufnehmen sollte, aber sein Streikkomitee instruierte ihn, sie abzulehnen. Als Sissoko in seiner Verärgerung über die Weigerung der Gewerkschaft versuchte, die sudanesischen Eisenbahner zur Rückkehr an die Arbeit zu bewegen, meldeten sich in der sudanesischen Hauptstadt nur sieben Eisenbahner.[58] Erst nach Ende des Streiks, als Einfluss und Bedeutung der Eisenbahnergewerkschaft deutlich geworden waren, begann Senghor als der Geschickteste unter den Angehörigen der politischen Elite damit, Sarr und andere Gewerkschaftsführer in seinen Umkreis zu ziehen.

Man mag sich fragen, warum die Regierung es zuließ, dass ein so einschneidender Streik sich so lange hinzog, ohne dass sie die nicht gerade allzu umfassenden Probleme gelöst oder ihre Macht eingesetzt hätte, ihn systematisch zu brechen. Die Regierung verpflichtete die Streikenden nicht zum Militär; sie wartete einen Monat, bevor sie anfing, Ersatzleute einzustellen, und tat dies dann zaghaft und ohne große Wirkung. Erst Mitte November verfolgte sie Sarr, weil er einen illegalen Streik angeordnet habe, und obwohl er verurteilt wurde, saß Sarr seine Strafe niemals ab. Die Régie spielte auch eine andere Karte, über die sie verfügte, nicht aus. Sie entließ

56 Léopold Senghor an Minister, 26.11.1947, K 457 (179).
57 Resneignements, 17.12.1947, K 457 (179).
58 Sissoko plante sein Vorgehen mit Beamten. Notiz von Pillot für den Direktor der Régie, von diesem an den Präsidenten des Conseil d'Administration der Régie weitergeschickt, 19.1.1948, K 457 (179), und Generalsekretär des Generalgouvernements an Sissoko, 29.1.1948, Kopie in Inspection du Travail, Bamako, an IGT, 7.2.1948, ebd. Zu den Reaktionen der Gewerkschaften siehe Moussa Dhirra namens des Comité Directeur, Telegramm an Sarr, 29.1.1948, Renseignements, 4.2.1948, und Inspection du Travail, Bamako, an IGT, 7.2.1948, K 457 (179).

ihre Arbeiter nicht und warf auch nicht – trotz gelegentlicher Drohungen –
eine große Anzahl von Bewohnern der Eisenbahnerhäuser vor die Tür.[59]
Die Vorsicht der Régie und der Verwaltung gingen sehr stark auf die
Konstellation nach dem Krieg zurück. Die Eisenbahner verkörperten am
ehesten die Hoffnung auf eine stabile, zunehmend qualifizierte Arbeiterschaft, wie die Beamten sie aufzubauen gedachten. Doch gerade die lange
Dauer des Streiks brachte den Umstand zutage, dass die Eisenbahnarbeiter
mit dem anderen Fuß in einer anderen Art sozialer Realität verankert waren, so dass die Régie fürchtete – in vermutlich übertriebener Weise –, die
Eisenbahner könnten sich völlig vom Arbeitsmarkt zurückziehen. Dabei
ging es um konzeptionelle ebenso wie um praktische Fragen. Nachdem es
sich einmal auf ein an den industriellen Beziehungen orientiertes Modell
der Kontrolle der Arbeitskraft eingelassen hatte, war es für das Kolonialregime schwierig, wieder auf kolonialistische Methoden alten Stils zurückzugreifen.[60]

Der einzige Punkt jedoch, an dem die Verwaltung nahezu bis zum
Schluss festhielt, war ihre Interpretation der Regeln, die in der neuen Ordnung der industriellen Beziehungen gelten sollten. Generalgouverneur
Barthes hatte in letzter Gelegenheit vor dem Streik noch versucht, die
Gewerkschaftsführer über »die gesetzlichen Bedingungen und meine Absicht sicherzustellen, dass sie eingehalten werden«, zu belehren. Selbst noch
am 3. Februar bestand die Verwaltung darauf, die ganze Angelegenheit
solle »durch die vollständige Durchführung der Schiedsgerichtsentschei-
dung« gelöst werden, und lehnte es ab, dem Inspektor zu erlauben, mit der
Gewerkschaft über auszuhandelnde Alternativen zu sprechen.[61]

Die Blockade wurde aufgelöst, als Ende Januar mit dem neuen
Generalgouverneur Paul Béchard ein sozialistischer Politiker anstelle eines
Kolonialfunktionärs die Nachfolge von Barthes antrat. Anfang März
machte er eine Reihe von Vorschlägen. Er wollte die von der Régie prakti-

---

59 Cooper, »Our Strike«; Sene, »Grève des cheminots«; Suret-Canale, »Railway Workers'
   Strike«.

60 Robert Delavignette, einer der führenden Progressiven im Ministerium, argumentierte
   ganz gezielt so: »Die Anwendung des starken Stils gegenüber den Streikenden wird das
   Problem nicht lösen [...], wenn die Regierung den Eindruck erweckt, sie bewege sich
   nach einem Schlenker zur Gewerkschaftsfreiheit und Abschaffung der Zwangsarbeit
   wieder nach rückwärts.« »Grève des chemins de fer et des wharfs en A.O.F.«,
   13.12.1947, IGT 13/2.

61 Generalgouverneur an Minister, 11.10.1947, IGT 13/2; Affaires Courantes, Dakar, Telegramm an Generalgouverneur Béchard, 13.2.1948, IGT 13/2.

zierte hierarchische Skala von Entschädigungen und ihre Weigerung beibehalten, Wohnungen für Hilfsarbeiter bereitzustellen, zeigte sich aber kompromissbereit, was das Einsatzdatum für die Integration der Hilfsarbeiter, einige Details der Neuklassifizierung und die Urlaubspolitik anging. Es sollte keine Bestrafung für den Streik geben; alle Arbeiter in den *cadres* sollten wieder eingestellt werden, und streikende Hilfsarbeiter würden ebenfalls bis zum Erreichen der Belegschaftshöchstgrenze wieder aufgenommen, wobei allerdings die während des Streiks eingestellten Arbeiter bei entsprechender Qualifikation gehalten wurden. Nach einer positiven, wenn auch immer noch kritischen Reaktion der Gewerkschaft stimmte Béchard zu, dass die Gewerkschaft an der Aufstellung einer neuen Belegschaftstabelle – nach einer Übereinkunft im April sollte die Belegschaftsstruktur rationalisiert und reduziert werden – und an der Entscheidung beteiligt werden solle, welche Arbeiter nicht wieder einzustellen seien. Die Arbeiter erhielten auch eine Lohnsteigerung von 20 Prozent, die offiziell als Ausgleich für die gestiegenen Lebenshaltungskosten gelten sollte. Endlich wurde eine Übereinkunft erzielt und die Arbeit am 19. März wieder aufgenommen. »Es gibt weder Sieger noch Besiegte«, schloss Béchard. »Wir werden die Arbeit ruhig und diszipliniert wieder aufnehmen«, waren Sarrs abschließende Worte, und wie seine früheren Aufrufe wurden sie systematisch befolgt.[62]

Das Nachspiel zum Streik – das sich sogar noch länger hinzog als das Hauptereignis – bildeten die Verhandlungen über die Reduzierung der Belegschaft. Der Prozess muss die Eisenbahner an die Gründe erinnert haben, wegen denen sie so hart gekämpft hatten, um ihre kollektive Kraft deutlich zu machen. Die Eisenbahn hatte anfangs behauptet, sie benötige nur 13.500 statt 17.000 Mann. Nach einer Diskussion ließ sie sich auf 15.000 ein, und nach weiteren Debatten sowie Ermüdungserscheinungen unter den Streikbrechern waren nur noch sehr wenige Hilfsarbeiter in Gefahr, ihre Arbeitsstelle zu verlieren. Am Ende gestand Pélisson ein, dass die Gewerkschaft »ihre Pflicht bei der Verteidigung der Eisenbahner erfüllt« habe. Der Prozess der Wiedereingliederung der Hilfsarbeiter in den *cadre unique* verlief so langsam wie die Reduzierung der Belegschaft. Aber dennoch hatte die Gewerkschaft etwas für ihre Anstrengungen vorzuwei-

---

62 Bericht des Hochkommissars über den Streik, 1.4.1948, K 458 (179), AS Renseignements, 16.3.1948, K 458 (179); Sene »Grève des cheminots«: 104, 112.

sen: 1950 waren mehr als 30 Prozent der Eisenbahnarbeiter im *cadre* –
gegenüber 12 Prozent am Vorabend des Streiks.[63]
Die Verwaltung war sich darüber im Klaren, dass eine Umstrukturierung des kolonialen Arbeitssystems afrikanische Akteure ebenso sehr erfordern würde wie imperiale Planung. Als sich später ein schneidiger Inspektor darüber beschwerte, dass die Integration der Hilfsarbeiter in den
cadre unique die Frachtraten bei der Eisenbahn hochtreibe, erinnerte ihn ein
höherer Beamter daran, dass gute Arbeitsbeziehungen im größten Unternehmen der Region,»wie der Streik von 1947 gezeigt hat, für das gute
Funktionieren der Régie selbst notwendig [sind]. Ich glaube, technischer
und sozialer Fortschritt sind voneinander nicht zu trennen.«[64]
Der Eisenbahnerstreik von 1947–1948 war vor allem ein Machtkampf
innerhalb eines Systems industrieller Beziehungen, das erst vor kurzem
nach Französisch-Westafrika gekommen war. Der Durchbruch, Arbeit,
Arbeiter und Arbeiterorganisationen als Teil der sozialen Wirklichkeit
Afrikas zu akzeptieren, war mit dem Generalstreik von 1946 und dem
Abkommen vom April 1947 vollzogen worden. Die Arbeitsplatzstruktur
bei der Eisenbahn würde wie eine französische und nicht wie die rassisch
bestimmte Struktur eines rückständigen Kolonialismus aussehen. Aber es
war noch nicht geklärt, wie die Macht *innerhalb* dieser Ordnung ausgeübt
werden sollte, und eben deshalb kam es zum Streik.
Die Eisenbahnarbeiter bewiesen, dass sie ihrer Stimme Gehör verschaffen konnten. Die Regierung bewies gleichfalls das, worauf es ihr ankam:
dass die afrikanischen Gewerkschaften kämpfen und auch gewinnen
konnten, aber dies im Rahmen gewisser gesetzlicher und institutioneller
Strukturen. Gerade diese Schlacht war es, die beide Seiten tiefer in diese
Strukturen hineinführte, und der Streik wurde weder zum Befreiungskampf
der Volksklassen noch zur Übung in kolonialer Repression. Ende 1948
lobte ein Regierungsbericht die Form, in der beide Seiten in den Konflikt
hineingegangen waren:»Der soziale Friede kann von einer solchen Kristallisierung der Kräfte um zwei Pole herum nur gewinnen. Gewiss stehen sie
im Gegensatz zueinander, aber sie kennen sich besser und erkennen an,

63 IGT,»Règlement de la grève des chemins de fer africain de l'A.O.F.«, 24.9.1948, IGT
   13/2; IGT an Inspecteur Général des Colonies, 6.9.1948, K 458 (179), Directeur Fédéral
   de la Régie an IGT, 30.6.1950, K 43 (1).
64 Directeur Général des Finances an Inspecteur Monguillot, 5.5.1952, und Hochkommissar an Monguillot, 17.6.1952, AP 2306/7.

dass sie Kontakt halten müssen, um über Tarifvereinbarungen und Arbeitsbedingungen zu sprechen.«[65]

Epilog: Die beiderseitige Verweigerung der Bezugnahme auf Frankreich

Die mächtige Dynamik, die auf diesen Seiten beschrieben wurde, manövrierte sowohl die französische Regierung als auch die westafrikanische Arbeiterbewegung während der 1950er Jahre in Situationen, die sich von ihren Ausgangslagen deutlich unterschieden. Die Regierung war von der Prämisse ausgegangen, die Einheit und Unauflöslichkeit des Größeren Frankreich sei das oberste Handlungsprinzip. Daraus folgte die Bereitwilligkeit, die Staatsbürgerschaft zu verallgemeinern und die Gleichwertigkeit afrikanischer und europäischer Franzosen anzuerkennen – zum Preis von Kosten, die 1946 nicht vollständig vorhergesehen wurden, nämlich der enormen Ausgaben, die entstanden, als arme Menschen begannen, Gleichheit im Hinblick auf den französischen Lebensstandard zu definieren. Diese Frage wurde akut, als afrikanische Arbeiter und die Gewerkschaftsführer sie forcierten, weil sie die abstrakte, politisch inspirierte Vorstellung der Gleichheit unter Staatsbürgern in konkrete Forderungen ummünzten und diese Forderungen Resonanz sowohl auf den Straßen Dakars als auch in den Sälen der Nationalversammlung in Paris fanden. Mitte der 1950er Jahre sah sich der französische Staat zwischen der Vorstellung von der Gleichheit der Staatsbürger und jener von der Unauflöslichkeit des Imperiums gefangen. Er konnte sich die Gleichheit nicht leisten und musste das Imperium neu konzipieren.

Die Gewerkschaftsführung sah sich ebenfalls in der Logik ihrer Position gefangen. Forderungen nach Gleichbehandlung verorteten beständig afrikanische und französische *Lohnarbeiter* in derselben Kategorie. In dem Maße, wie diese Forderungen erfüllt wurden, vergrößerte dieser Prozess die soziale Distanz zwischen diesen Arbeitern und dem Rest Afrikas, obwohl doch für den Erfolg der Streiks von 1946 und 1947/48 die Unterstützung breiterer Gemeinschaften entscheidende Bedeutung gehabt hatte.

65 »La vie syndicale en A.O.F. au cour de l'année 1948«, 31.1.1949, AP 3406/1.

Zudem erkannte ein bedeutender Teil der Führungsgruppe der Gewerkschaften, dass aufgrund der Ausdehnung des Wahlrechts und der zunehmenden Bedeutung gesetzgebender Körperschaften auf unterschiedlichen Ebenen der Union Française das Streben in politische Ämter eine Mehrung der politischen Erfolge mit sich bringen konnte – und sie damit über eine günstige Ausgangsbasis verfügten, um diese Option auch in die Tat umzusetzen. Doch hier bestand ein Problem: Die Gewerkschaften boten ihnen ein Sprungbrett, doch gerade der Erfolg der Gewerkschaftsbewegung trennte ihre Basis von der breiteren – und jetzt mit abstimmenden – Öffentlichkeit ab. Der Guineer Sékou Touré, einer der effektivsten radikalen Arbeiterführer im Kampf um die Verabschiedung und danach um die Umsetzung des Arbeitsgesetzbuches, war einer der ersten, denen dies klar wurde, als er 1953 für die territoriale gesetzgebende Versammlung kandidierte. 1955 und 1956 bewegten sich er und einige seiner einflussreichen Kollegen bereits in eine andere Richtung: Sie begannen den Klassenkampf von der Perspektive der afrikanischen Einheit abzulösen und letztere zum Fluchtpunkt ihrer ideologischen Position zu machen.

Dies hatte Folgen innerhalb der Gewerkschaftsbewegung selbst, denn Sékou Touré stand an der Spitze von Bestrebungen, die afrikanischen Gewerkschaften aus ihrer engen Verbindung mit französischen Partnerorganisationen herauszulösen, sie auf eine Identifikation mit den Bauern, Hirten und Fischern zu orientieren und so die Einheit Afrikas dem Kolonialstaat gegenüberzustellen.[66] Sékou Touré insistierte:»Wenn sich die Klassen der metropolitanen und europäischen Bevölkerungen auch gegenseitig bekämpfen und einander feindlich gegenüberstehen, gibt es doch nichts, was die sozialen Klassen in Afrika trennt.« Der neue afrikanische Gewerkschaftsbund, den er mit aufbaute, löste die Verbindungen der Gewerkschaften Französisch-Westafrikas mit ihren französischen Partnerorganisationen und beschloss – mit beträchtlichem Unbehagen und großen Unstimmigkeiten –, die Liquidierung des Kolonialismus solle »gegenüber dem Klassenkampf Vorrang haben«.[67]

---

66 Dieser Teil der Geschichte wird im Einzelnen erzählt in Cooper, *Decolonization*, Kap. 11. Siehe auch Philippe Dewitte, »La CGT et les syndicats d'Afrique occidentale française (1945–1957)«, in: *Le Mouvement Social* 117 (1981): 3–32.

67 Senegal, Sûreté, Renseignements, 21.2.1956, 21G 215, Gouverneur Dahomey an Hochkommissar, 22.1.1957, K 421 (165), AS: Bericht von der Konferenz der Union Générale des Travailleurs de l'Afrique Noire (UGTAN).

Eine Dimension dieser Veränderung bestand darin, dass die Karten, die die Gewerkschaftsführer ausgespielt hatten, um Forderungen gegenüber dem französischen Staat zu erheben, nun gleichfalls als fremdartig und demütigend angesehen werden konnten. Dies bedeutete nämlich, sich auf Frankreich als Bezugspunkt zu orientieren. Das konnte für einen Eisenbahnarbeiter sinnvoll sein, dessen Arbeitsalltag parallel zu dem eines französischen Eisenbahnarbeiters verlief, auch wenn sein häusliches Leben anders aussah; aber es würde einem Hirten, der fünfzehn Kilometer entfernt vom Eisenbahndepot wohnte, nicht notwendig als positiv erscheinen. Wir müssen mehr über die politische Kultur auf lokaler Ebene wissen, um zu verstehen, wie Wahrnehmung und Rhetorik sich Mitte der 1950er Jahre veränderten. Es gab zweifellos große Unterschiede, je nachdem, ob man gewerkschaftliche Arbeiter und Armeeveteranen (für die mit dem Bezug auf Frankreich eine Menge auf dem Spiel stand) betrachtet; oder Bauern, die den Zusammenhang nicht einsehen konnten, oder auch Menschen, die ganz in islamischen oder lokal definierten Netzwerken verortet waren und deren Bezugspunkte woanders lagen; oder schließlich Intellektuelle, die sich mühten, sich zwischen unterschiedlichen Vorstellungen von Zugehörigkeit zurechtzufinden und neue Rollen für sich zu definieren. Wir wissen durchaus, dass die Ausweitung des Wahlrechts und das zunehmende Tempo der Mobilisierung von Wählern zu einer Verlagerung weg von der Rhetorik der Gleichheit führte, die Ende der 1940er und Anfang der 1950er Jahre so zentral gewesen war. Sie wurde nun durch eine Rhetorik ersetzt, die stärker die Einheit und Besonderheit Afrikas betonte und Frankreich als fremde und überhebliche Macht darstellte. Innerhalb der Arbeiterbewegung gibt es wenig Hinweise, dass der Anstoß für die Abkehr vom Klassenkampf von den einfachen Mitgliedern kam. Vielmehr verweist das Quellenmaterial auf die Führungsgruppen, die sich von den Problemen des Arbeitslebens abwandten und in die durch Wahlen bestimmte Politik gingen. Damit ist auf die Bedeutung ebenso wie auf die weite Verbreitung des Gefühls der Erniedrigung, das die Politiker sich anzusprechen bemühten, ebenso verwiesen wie auf das Ausmaß, in dem die Gewerkschaftsbasis noch immer glaubte, sie hätte etwas zu gewinnen, wenn sie Ansprüche innerhalb des Bezugsrahmens der Auseinandersetzungen erhob, wie er in dem Jahrzehnt nach 1946 abgesteckt worden war.[68]

---

68 Siehe ausführlicher und mit Belegen zu diesen Punkten Cooper, *Decolonization*, bes. 413–424.

Die französischen Beamten waren gut genug über Gewerkschaften und Gewerkschafter informiert, um zu erkennen, dass der zunehmende Nationalismus von Leuten wie Sékou Touré eine Alternative zu dem Kreislauf an Forderungen darstellen konnte, die ihnen vorgetragen wurden. Nachdem sie 1946 – in der Hoffnung, Forderungen nach nationaler Autonomie auf diese Weise den Boden zu entziehen – die Tür für Forderungen nach Gleichheit geöffnet hatten, begrüßten sie 1956 die Forderungen nach nationaler Autonomie, um die Forderungen nach Gleichbehandlung abzuschneiden. Die Formel, auf die sie stießen, lautete »Territorialisierung«. Damit war die Abgabe von Macht von der Assemblée Nationale in Paris an die einzelnen kolonialen Territorien gemeint. Nach dem Gesetz, das die Assemblée Nationale 1956 verabschiedete, sollte jede Territorialversammlung nach allgemeinem Wahlrecht gewählt werden und ihrerseits ein Kabinett wählen, das mit einem französischen Gouverneur zusammenarbeitete. Der Führer sollte eine Art Junior-Premierminister sein und die Versammlung wirkliches Budgetrecht genießen. Das hieß, politische Führer, die von den Stimmen der Steuerzahler abhängig waren, würden entscheiden, ob sie Forderungen nach höheren Löhnen für Regierungsangestellte, nach mehr staatlichen Schulen, mehr Gesundheitsstationen oder mehr geteerten Straßen nachgeben sollten. Der Rahmen für die Gleichwertigkeit der Staatsbürger wäre dann nicht das Größere Frankreich – dessen Ressourcen aus der Sicht Afrikas als enorm, aus jener von Paris aber als begrenzt erschienen –, sondern die Ressourcen der einzelnen Territorien selbst. Führende Regierungsvertreter äußerten sich recht eindeutig zu dieser Abkehr von der auf Einheit und Assimilation setzenden Stoßrichtung der Kolonialpolitik der Nachkriegszeit: »Wenn man mit unseren Landsleuten in den Übersee-Territorien über Assimilation spricht, so verstehen sie dies in allererster Linie als wirtschaftliche und soziale Assimilation und als Assimilation des Lebensstandards. Und wenn man ihnen sagt, dass Frankreich in Übersee die Assimilation verwirklichen will, dann antworten sie: Gut, gebt uns unverzüglich Gleichheit bei Löhnen, Gleichheit bei der Arbeitsgesetzgebung, bei Sozialleistungen, Gleichheit bei Familienzulagen – kurz, Gleichheit beim Lebensstandard.«[69] Die französische Regierung konnte die Last eines Imperiums der Staatsbürger nicht schultern.

---

69 Pierre-Henry Teitgen, Assemblée Nationale, *Débats*, 20.3.1956: 1072 f. Diese Logik fand ein paar Jahre später ihren Widerhall im Hinblick auf Algerien, als Präsident de Gaulle sagte:»Seit dem Ersten und vor allem seit dem Zweiten Weltkrieg sind die Kosten der

Kritik an der Territorialisierung kam von der Gewerkschaft der öffentlichen Bediensteten, die erkannten, dass die Schatzämter der einzelnen Territorien viel weniger in der Lage sein würden, ihre Gehaltsforderungen zu befriedigen als das französische, sowie von Senghor, der einsah, dass Territorialisierung »Balkanisierung« bedeuten würde – die Aufteilung Afrikas in Einheiten, die zu klein sein würden, um sich gegen die europäischen Staaten zu behaupten. Doch die Kritiker standen auf verlorenem Posten, denn die Ressourcen, die das Gesetz an die Territorien übertrug, waren real, und in jedem einzelnen Fall – einschließlich Senghors Senegal – passte sich die erste Generation der neu gewählten Politiker schnell an die Möglichkeiten an, die diese Art des Zugangs zu Ressourcen ihnen bot. Nach den Wahlen von 1957 übernahmen Regierungen mit afrikanischer Mehrheit in ihren jeweiligen Territorien die Macht in inneren Angelegenheiten einschließlich des Staatshaushaltes, und Gewerkschafter wurden an herausragender Stelle in Ministerien platziert. Sékou Touré wurde Regierungschef in Guinea.

Diesmal hatte die politische Führung Frankreichs richtig gelegen. Als es ganz unausweichlich in Dahomey, Guinea, Senegal und anderen Territorien zu Arbeitskonflikten kam, bemühten sich die neuen Regierungen darum, die Forderungen der Arbeiter im Namen der nationalen Entwicklung in Grenzen zu halten. So sagte Sékou Touré: »Eine Gewerkschaftsbewegung um ihrer selbst willen ist unter den gegenwärtigen Bedingungen historisch undenkbar, eine klassenorientierte Gewerkschaftsbewegung genauso [...]. Die Gewerkschaftsbewegung hat die Pflicht, sich so umzustellen, dass sie den Bedürfnissen der Emanzipation entspricht.«[70] Sein Arbeitsminister, Camara Bengali, erläuterte der Arbeiterbewegung ebenfalls, was es bedeutete, dass Afrikaner Verantwortung übernahmen: Von der Arbeiterbewegung wurde erwartet, dass sie zu »den wertvollen Mitar-

---

Verwaltung gestiegen. Das Drängen der indigenen Völker nach sozialem Fortschritt hat zugenommen; und das ist natürlich. Der Nutzen deckt die Kosten nicht mehr. Die Zivilisierungsmission, die zunächst nur ein Vorwand war, ist zur einzigen Rechtfertigung geworden, um die Kolonisierung fortzusetzen. Doch wenn sie so kostspielig ist, warum sie aufrechterhalten, wenn die Mehrheit der Bevölkerung nichts mehr davon wissen will?« Nach Gesprächsnotizen aus dem Jahr 1959 in Alain Peyrefitte, *C'était de Gaulle*, Bd. I, Paris 1994: 57.

70 »Exposé du M. le Vice-Président Sékou Touré à l'occasion de la conférence du 2 février 1958 avec les responsables syndicaux et délégués du personnel RDA«, »Le RDA et l'action syndicale dans la nouvelle situation politique des T.O.M.«, PDG (9)/dossier 7, Centre de Recherche et de Documentation Africaine, Paris.

beitern der authentischen, gewählten Obrigkeit des Volkes und genauer des jungen Conseil de Gouvernement in seiner Mission [wird], das Glück aller Guineer durch Arbeit zu verwirklichen, die in Liebe verrichtet wird [...]. [D]ie Orientierung unserer Gewerkschaftsbewegung muss notwendig den allgemeinen politischen Richtlinien entsprechen, die unsere Bevölkerung wünscht. Jegliche Vorstellung einer Gewerkschaftsbewegung, die dieser Orientierung widerspricht, muss aufgegeben und mutig bekämpft werden, damit sie definitiv beseitigt wird.«[71] Derartige Ansichten blieben nicht unwidersprochen. David Soumah, Rivale und einstiger Mitarbeiter von Sékou Touré in der guineischen Gewerkschaftsbewegung, antwortete:»Eine Einheit, die die Stimme der freien Gewerkschaftsbewegung erstickt, bedeutet einen Rückschlag für die Emanzipation der arbeitenden Massen, anstatt diese zu erleichtern.«[72] Aber die neuen Regierungen verfügten jetzt über die Patronagemechanismen, um ein paar Gewerkschaftsführer zu kooptieren, die physische Macht, um andere unter Kontrolle zu halten, und wenigstens eine Zeit lang auch über das öffentliche Renommee, um im Namen der Nation Einheit einzufordern. Die Gewerkschaftsbewegung in Guinea, die einst eine Plattform gebildet hatte, von der aus ihre Anführer ihre polischen Karrieren starteten, wurde kurz nach der Unabhängigkeit scharf unterdrückt. Ähnliche Geschichten ließen sich über andere ehemaligen Kolonien in Französisch-Westafrika erzählen. Ein Gewerkschaftsführer, der seiner Überzeugung während eines langen Streiks in Dahomey treugeblieben und von einer Regierung besiegt worden war, deren Arbeitsminister selbst ein ehemaliger Gewerkschafter war, bemerkte voller Bitterkeit:»Es war leichter, vom europäischen Inspecteur du Travail Genugtuung zu bekommen als jetzt von einem afrikanischen Minister.«[73] Sékou Touré meinte in mehr als einer Hinsicht das, was er sagte. Als er erst einmal Vice-Président du Conseil in Guinea war, zwang er die Arbei-

---

71 Rede von Camara Bengaly vor dem Congrès Constitutif de l'UGTAN, Conakry, 23.–25.5.1958, sous-dossier UGTAN, K 421 (165), AS.

72 Bericht von Generalsekretär David Soumah an den Congrès de la CATC, Abidjan, 10.–12.3.1958, 17G 610, AS.

73 Dahomey, Renseignements, Oktober 1957 bis April 1958, 17G 588. Zur Unterdrückung der Gewerkschaftsbewegung in Guinea siehe Claude Rivière,»Lutte ouvrière et phénomène syndical en Guinée«, in: Cultures et Développement 7 (1975): 53–83. Zur nuancierteren Lage in Senegal siehe Geoffrey Hansen Bergen,»Unions in Senegal: A Perspective on National Development in Africa«, Ph.D. diss., University of California, Los Angeles 1994.

terbewegung des Landes, seiner Linie der Einheit und afrikanischen Authentizität zu folgen. Aber wenn diese Handlungsweise den französischen Erwartungen entsprach, so waren doch sein Antikolonialismus und sein Glaube an die Herrschaft durch Afrikaner nicht weniger ehrlich und aufrichtig. Als Präsident de Gaulle die afrikanischen Territorien vor die Wahl zwischen einer gewissen Autonomie innerhalb der Communauté Française (wie die Union Française seit 1958 nach deren Umbenennung hieß) und einem völligen Bruch mit Frankreich stellte, überzeugte Sékou Touré als einziger unter den afrikanischen Führern das Volk seines Territoriums, für den totalen Bruch zu stimmen. Guinea wurde 1958 unabhängig, während der Rest von Französisch-Westafrika 1960 sich auf einen stärker auf Konsens und Verhandlungen beruhenden Weg begab.

Es ist vollkommen einsichtig, wenn argumentiert wird, dass die relativen Errungenschaften, die die Arbeiterbewegung Mitte der 1950er Jahre erreicht hatte, die Aussagen ihrer Führer absolut nachvollziehbar machten, dass nun Bauern, Hirten und Fischer besondere Aufmerksamkeit verdienten. Aber Sékou Touré ging es nicht um eine Debatte über Prioritäten. Er nahm nicht die Spannungen zwischen den unterschiedlichen Arten von Hoffnung in einer vielfältigen Bevölkerung und zwischen Bewegungen wahr, die zur politischen Mobilisierung beigetragen hatten. Er benutzte die Rhetorik der Einheit und Authentizität, um der Arbeiterbewegung jegliche Autonomie abzusprechen, auch nur im Entferntesten anzuerkennen, dass Arbeiter besondere Forderungen zu stellen hatten. Die Ironie in dieser Situation bestand darin, dass das Auseinanderbrechen Französisch-Westafrikas in getrennte, unabhängige Territorien die Verbindungen lockerte, die zuvor zwischen unterschiedlichen Gewerkschaftern in ganz Französisch-Westafrika bestanden hatten.

Der neue afrikanische Staat sollte sich nicht allein durch die Grenzen der kolonialen Territorien auszeichnen und nicht einfach nur durch eine Art brüchiger, autoritärer Herrschaft, die dort weitermachte, wo die koloniale Obrigkeit aufgehört hatte. Er wurde geprägt durch Aufstieg und Niedergang einer alternativen Art der Politik, bei der unterschiedliche Arten von sozialen und politischen Bewegungen, unter denen die Arbeiterbewegung eine herausragende Rolle spielte, einen Raum schufen, in dem der imperialen Obrigkeit Forderungen gestellt werden konnten – Forderungen, die sich am Ende für den kolonialen Staat als zu hoch erwiesen, als dass er sie annehmen konnte, und als zu bedrohlich für seine nationalen Nachfolger, als dass sie derartigen Bewegungen gestatten konnten, weiter zu existieren. Der *Prozess* der Dekolonisierung und nicht einfach das Erbe des Kolonialismus waren prägend für die Muster postkolonialer Politik.

Als die führenden französischen Politiker 1956 beschlossen, sich vor den Implikationen der imperialen Staatsbürgerschaft in Sicherheit zu bringen, gaben sie in Wirklichkeit das auf, was die Union Française unbesiegbar machen sollte: die Vorstellung, Frankreich sei die einzige Einheit, in der die wirkliche Macht begründet sei und auf die sich alle Hoffnungen richten könnten. Die Territorialisierung war – obwohl dies damals nicht amtlich zugegeben wurde – der entscheidende Schritt zur Dekolonisierung. Entweder musste die Staatsbürgerschaft mit ihren Prämissen der Gleichwertigkeit weichen oder das Imperium, und es war das Imperium, das verschwand.

Was die Afrikaner bekamen, war die Souveränität. Das war nicht die einzige Forderung, die aus der politischen Mobilisierung der 1940er und 1950er Jahre hervorging, jedoch war dies die Forderung, die Frankreich am Ende zuzugestehen bereit war. Die afrikanischen Arbeiterbewegungen hatten 1946 erzwungen, dass die Frage eines gleichen Lebensstandards auf die imperiale Tagesordnung gesetzt wurde, und Frankreich versuchte ein Jahrzehnt später, diese Frage wieder von der Tagesordnung zu streichen. Aber die Fragen von Löhnen, Arbeitsbedingungen, Armut und Chancen verschwanden niemals vollständig hinter den Schranken der nationalen Souveränität – als sich an afrikanische und asiatische Regierungen richtende Fragen, für die Außenseiter nicht verantwortlich waren –, und sie verschwanden auch nie wirklich in der Anonymität des Weltmarktes, der die globalen Ressourcen auf eine angeblich immer bessere Weise zuteilte. Diese Fragen befinden sich noch immer im Mittelpunkt von Debatten und politischer Mobilisierung.

8 Schluss: Kolonialismus, Geschichte, Politik

Wie jemand Geschichte betreibt, bestimmt, wie jemand über Politik denkt, und die Art, wie jemand Politik macht, hat Auswirkungen darauf, was jemand über Geschichte denkt. Ich habe im gesamten Verlauf dieses Buches dafür plädiert, eine Geschichte über den Kolonialismus mit voller Aufmerksamkeit für die wechselhaften Entwicklungsbahnen historischer Interaktion zu erzählen, für das Spektrum an Möglichkeiten, die sich Menschen zu jeder Zeit für sich selbst vorstellen konnten, und für die Beschränkungen, denen ihre Phantasie und die Möglichkeiten unterlagen, ihre Ziele und Vorstellungen Wirklichkeit werden zu lassen. Die Geschichte lässt sich nicht allzu gut in eine Erzählung vom Fortschritt hin zur »Moderne« oder als das Voranschreiten der »Globalisierung« angesichts von Leuten erzählen, die versuchen, ihrer »Identität« gegen die auf sie einströmenden Kräfte Geltung zu verschaffen. Sie lässt sich auch nicht besonders gut als Geschichte des stetigen Vordringens des Nationalstaates gegen das Imperium erzählen. Derartige Darstellungen erklären nicht die spezifische Konstellation, in der das Imperium tatsächlich verschwand und eine Welt ungleicher Nationalstaaten eben zu jenem Zeitpunkt schließlich zur Norm wurde, als andere Arten supranationaler Institutionen und Bestrebungen, die die Normen internationaler Entwicklung sowie die universellen Menschenrechte zu etablieren suchten, die Souveränität beeinträchtigten, die gerade eben verallgemeinert worden war.

Wie man über den Kolonialismus schreibt, bestimmt die Art und Weise, wie man über die Politik denkt, die die kolonialen Herrscher herausforderte. Vielleicht hatte die Fiktion von einem manichäischen Kolonialstaat ihren Wert, auch wenn sie die Art und Weise, wie die koloniale Macht ausgeübt wurde, ebenso vereinfachte wie die Methoden, mit denen die Menschen, die in den Kolonien lebten, versuchten, aus der Situation, mit der sie konfrontiert waren, etwas zu machen. Diese Perspektive privilegierte bestimmte Formen der Opposition und verweigerte anderen die

Legitimität: eine Politik unbeugsamen Kampfes gegen ein undurchdringliches koloniales Bollwerk anstelle von Formen politischen Handelns und des Erhebens von Forderungen, die von einander überlappenden Idiomen und der Interaktion zwischen Kolonisierer und Kolonisierten abhängig waren. Beide Arten von Politik hatten in der kolonialen Geschichte ihren Platz, und es ist nicht abzusehen, ob die eine die weitere Lebensfähigkeit der Kolonialimperien ohne die andere hätte gefährden können. Die eine Art von Politik bedrohte die kolonialen Regimes mit nicht enden wollender Gewalt und der Möglichkeit einer vereinten Opposition; die andere forderte sie mit der Möglichkeit heraus, dass politisches Handeln zu konkreten Gewinnen für unterschiedliche Kategorien von Menschen innerhalb einer Kolonie führen, dass Ideologien neu konfiguriert und dass die Vorstellungen über das politisch Mögliche und Ausgeschlossene sich verlagern würden. Bei der historischen Analyse kann es nicht darum gehen, eine Art der Politik zu loben oder eine andere zu verurteilen, sondern darum, das Spektrum der Möglichkeiten auszuloten, die unterschiedlichen Konsequenzen, die eine jede Politik nach sich ziehen würde, und die Möglichkeiten unterschiedlicher Entwicklungslinien, die aus bestimmten Kombinationen von Handlungen folgten.

Die Geschichte des Kolonialismus und der gegen ihn gerichteten Herausforderungen sollten meiner Ansicht nach den politischen Kämpfen großen Raum einräumen, die Grenzlinien der Geographie und der Selbst-Identifizierung oder der kulturellen Solidarität überschritten – teils durch die Mobilisierung politischer Netzwerke, teils durch das Zusammentreffen unterschiedlicher politischer Handlungszusammenhänge in kritischen Situationen. Die Anti-Sklavereibewegungen des späten 18. sowie des 19. Jahrhunderts waren hier Pioniere; die Bewegung von Ideen und manchmal auch die Kooperation über den Atlantik hinweg hatten entscheidende Bedeutung dafür, dass aus einer Institution, die zuvor ein normaler, akzeptierter Bestandteil des Imperiums gewesen war, das Symbol für Gefühllosigkeit, Gier und Korruption wurde. Die Attacke gegen die Sklaverei bestand aus unterschiedlichen, einander überlappenden sowie gemeinsamen Kämpfen von Sklaven und Abolitionisten, die an unterschiedlichen Orten und in unterschiedlichen Idiomen agierten. Die abolitionistische Mobilisierung in der gesamten atlantischen Welt wurde tief von der Haitischen Revolution beeinflusst, wobei manche versuchten, diese zu einem Warnsignal gegen jegliche Herausforderung von Autorität zu machen, und andere ich darum bemühten, die Botschaft ihres emanzipatorischen Potentials zu verbreiten. Die darauffolgende geschichtliche Entwicklung hatte weitgehende Auswirkungen auf die Art und Weise, wie das Problem des Kolonialismus später formuliert werden sollte.

Es ist richtig und wichtig, auf die Gefahr hinzuweisen, die Geschichte der Sklaverei auf eine Weise zu schreiben, die übersieht, dass die Kennzeichnung der Sklaverei (und später des Kolonialismus) als etwas Böses zugleich andere Formen der Ausbeutung von Arbeit und der sozialen Diskriminierung als etwas Akzeptables adelte. Eine derartige Geschichtsschreibung über die Sklaverei kann aber die Art und Weise verfehlen, wie manche Abolitionisten die Schwierigkeiten der Ex-Sklaven, sich auf dem »freien« Arbeitsmarkt zu behaupten, als Ergebnis ihrer Fehler und Unzulänglichkeiten erscheinen ließen. Eine derartige Kritik vermag noch immer nicht das Ausmaß zu erfassen, in dem neu konfigurierte Diskurse der Befreiung, des Fortschritts und der Ordnung übernommen und in etwas anderes umgewandelt werden konnten. Die Praxis der Sklavenemanzipation setzte ebenso sehr wie die Sklaverei bestimmte Fragen auf die internationale Tagesordnung.

Imperium war noch 1935 eine genauso normale Tatsache des politischen Lebens, wie es die Sklaverei im 18. Jahrhundert gewesen war. 1955 stand dann die Legitimität eines jeden kolonialen Imperiums in hohem Maße in Frage. 1965 war das koloniale Spiel vorbei. Die beiden wichtigsten nach globaler Macht strebenden Prätendenten stellten ihre Macht in anderen Bezugssystemen dar und übten sie mit anderen Mitteln aus. 1935 waren manche politische Bewegungen bestrebt, die koloniale Ordnung im Namen neuer Nationen umzustürzen, andere wiederum wollten die imperiale Staatsbürgerschaft ausweiten und mit Sinn erfüllen, und wieder andere träumten von der Nation im nicht-territorialen Sinne der Diaspora. In den 1960er Jahren war der Nationalstaat dann im Begriff, endlich zur vorrangigen Einheit politischer Organisation zu werden.

Doch der Verlauf der Dekolonisierung warf grundlegende Fragen auf, die sich aus der Ordnung der Welt nicht einfach ausschließen ließen – über den Charakter dieser kulturellen, politischen und wirtschaftlichen Ordnung ebenso wie über die Zugangsmöglichkeiten ehemals kolonisierter Menschen zu den Wohltaten, die ihnen von dieser versprochen wurde. Probleme der Armut und Ausbeutung, die einst imperial gewesen waren, sind jetzt sowohl national wie international. Sie regen innenpolitische Opposition gegen Regierungen, die ihre Versprechungen eines besseren Lebens nicht erfüllt haben, ebenso an wie neue transnationale Netzwerke und

Organisationen, die sich darum bemühen, lokale Aktivisten mit einer weltweiten Debatte über Ungleichheit in Verbindung zu setzen. Auch nähren sie Befürchtungen unter den führenden Politikern der reichen Länder, die bestehende Weltordnung könne für ihre Interessen nicht stabil und produktiv genug sein. Es gibt heute mächtige Akteure, die gleichzeitig das, was sie für ein westliches Modell der Weltordnung halten, wie auch das hohe Maß an Ungleichheit des Zugangs zu diesem Modell verteidigen. Und es gibt Akteure, die Einspruch gegen beides erheben. Koalitionen auf der ganzen Welt formulieren für sich und andere Forderungen nach einem Zugang zu Medizin zur Behandlung tödlicher Krankheiten, im Hinblick auf die verschiedenen Formen des Missbrauchs im Kontext von Kinderarbeit sowie hinsichtlich Geschlechterungleichheit, Umweltzerstörung und der negativen Folgen der internationalen Handelsregeln für die Armen. Andere stellen philosophisch und ethisch schwierige Fragen darüber, wie Formen friedlicher Interaktion – innerhalb nationaler Grenzen wie über sie hinaus – gefördert und zugleich kulturelle Differenz respektiert werden kann. Es besteht gegenwärtig kein Grund zur Hoffnung über das Ergebnis dieser Debatten und Kämpfe, aber die Vergangenheit gibt wenig Grund zu der Schlussfolgerung, solche Auseinandersetzungen könnten niemals handfeste Resultate für diejenigen hervorbringen, die am meisten betroffen sind. Je mehr man heute das enorme Ungleichgewicht an politischer Macht und das Potential der kapitalistischen Konzerne unterstreicht, desto wichtiger ist es, daran zu erinnern, dass Imperien, die einst dauerhaft und mächtig erschienen, sich am Ende als verwundbar und vergänglich erwiesen.

Nicht alle Erklärungen für die Nöte der Gegenwart erfassen die Entwicklungslinien, die uns dahin geführt haben, wo wir heute stehen. Eine Erklärungsweise naturalisiert die Marginalität der Armen: In Europa hatte die Fähigkeit zu wissenschaftlicher und technologischer Innovation, zur effektiven Reaktion auf Marktchancen und zur Entwicklung von Institutionen, die Fortschritt und Effizienz unterstützen, die langfristige Ausweitung von wirtschaftlichen Ressourcen und Wohlstand zur Folge. In anderen Teilen der Welt würden sich Menschen, denen diese Fähigkeiten fehlen, hingegen von der Teilhabe an einer Globalisierung ausschließen (oder von *ihren* politischen Führern davon ausgeschlossen werden), die ebenso unausweichlich wie wohltuend ist.[1] Diese historische Sichtweise steht hin-

---

1 Die Argumente über die wirtschaftlichen und politischen Vorzüge der europäischen Gesellschaften sind alt, aber neue Varianten wachsen in anspruchsvollen Diskussionszu-

ter der Politik des Abschreibens: Es lässt sich nur wenig »für« Menschen –
meist Afrikaner – tun, die nicht dazu in der Lage sind (mit Ausnahme des
Umstandes, ihre Regierungen wirtschaftlicher Disziplin zu unterwerfen),
deren Staatsbürger, die sich um Zugang zu besseren Arbeitsmärkten bemühen, herauszuhalten und ihre Regime unter Quarantäne zu stellen, wenn
sie sich wie »Schurkenstaaten« oder »zusammenbrechende Staaten« benehmen. Die Politik des Abschreibens ist zugleich eine Politik der Etikettierung.

Eine zweite Erklärung konzentriert sich auf diejenigen, die selbstbewusst die Welt neu ordnen wollten. Ihr Projekt ist gescheitert: Es war ein
Versuch, unterschiedlichen Völkern eine unerwünschte Moderne und un-
gewollte Formen gesellschaftlichen und wirtschaftlichen Lebens aufzuzwingen. Dies ist eine wertvolle Kritik an der Arroganz und dem Eurozentrismus in kolonialen und postkolonialen Institutionen, die geplante
Veränderungen gefördert haben, auch wenn es keineswegs sicher ist, ob
ein solches Modernisierungsprojekt je existiert hat. Wie ich in den Kapiteln
5 und 6 gezeigt habe, standen die kolonialen Herrscher Veränderungen
zutiefst ambivalent gegenüber, und die Praktiken, die sich daraus ergaben,
waren Gegenstand von Selektivität, Aneignung und Umlenkung ebenso
wie von Widerstand. Afrikaner ebenso wie andere kolonisierte Menschen
waren in der Lage, den Diskurs der Modernisierung in eine Sprache von
Forderungen zu verwandeln. Als die Entwicklung als selbstproklamiertes,
von den Metropolen finanziertes koloniales Projekt einsetzte, geschah dies
angesichts ernsthafter Herausforderungen in Westindien und Afrika während der 1930er und 1940er Jahre. Der entwicklungsorientierte Kolonialismus wurde in der Nachkriegskonstellation weiter vorangetrieben, als die
kolonialen Staaten sowohl ihre Legitimität neu begründen, als auch sicher-
stellen mussten, dass die Produktion der Kolonien effizienter und geregel-
ter wurde – wofür weder »der Markt« noch die vorangegangene Periode
kolonialer Herrschaft gesorgt hatten. In Wirklichkeit führten die Entwick-
lungsinitiativen zu mehr Konflikten, als sie diese zu lindern vermochten,
und die eskalierenden Forderungen, die afrikanische Arbeiter, Bauern,
Studenten, Marktfrauen und andere Gruppen erhoben, stellten die Kolonialregimes vor Aufgaben, denen sie nicht gewachsen waren.

---

sammenhängen beständig nach. Siehe David Landes, *Wohlstand und Armut der Nationen:
warum die einen reich und die anderen arm sind*, übersetzt von Ulrich Enderwitz, Darmstadt
2000 (Originalausgabe: *The Wealth and Poverty of Nations*, New York 1998), und Ferguson,
Empire.

Das Stellen derartiger Forderungen hat sich, wie Steven Robins hinsichtlich Südafrikas konstatiert, nicht verflüchtigt: »In Wirklichkeit ist der Ruf nach Entwicklung im gesamten südlichen Afrika zum Fanal für die Volkskämpfe der städtischen und ländlichen Armen geworden, die in einer Situation von Arbeitsplatzverlusten, drückender Armut und neoliberaler Fiskalausterität nach Häusern, Gesundheitszentren und mehr staatlichen Ressourcen verlangen.«[2] Diese anhaltenden Anstrengungen werden von manchen der heutigen Kritiker nicht ernst genug genommen, wenn sie, wie Stuart Hall es formuliert, ihre »massive, gigantische und eloquente Zurückweisung« des Eurozentrismus kundtun, nicht aber alternative Projekte und alternative Sprachen zum Erheben von Forderungen formulieren.[3] Ablehnung und Kritik führen nicht zu einem hinreichenden Verständnis der Kämpfe in all ihrer Konkretheit – weder jener der Vergangenheit noch der Zukunft.

Eine ahistorische Sicht auf die Vergangenheit ist Ausdruck eines apolitischen Ansatzes im Hinblick auf die Gegenwart und fördert diesen ihrerseits. Wenn man die Moderne für die Übel des Kolonialismus wie für die Ausschlussmechanismen und Ungerechtigkeiten unserer eigenen Zeit verantwortlich macht, so setzt diese These so grundlegend an, als sei an diesen Zuständen nur wenig zu ändern. Wenn man einem linearen Bild des unaufhaltsamen Fortschritts die Sicht auf zwei Jahrhunderte der nach-aufklärerischen Rationalität entgegensetzt, so vernebelt man historische Augenblicke und Kontexte, in denen politische Wahlentscheidungen getroffen wurden, und gewinnt wenig Einsicht in die Fragen von heute, in denen es um Wahl und Verantwortung geht. Damit wird die Verantwortlichkeit derjenigen Individuen und Kollektivitäten ins Abstrakte gehoben, die sich dazu entschlossen, brutale Akte der Besatzung zu unterstützen, die Gründe fanden, Zwangsarbeit und Landenteignung zu rechtfertigen, und die auf politische Mobilisierung mit Repression und Folter reagierten. Bei der Kritik der Moderne oder der nach-aufklärerischen Rationalität geht es mehr um *Standpunkte* als um Auseinandersetzung und Engagement.

---

2 Steven Robins, »Whose Modernity? Indigenous Modernities and Land Claims after Apartheid«, in: *Development and Change* 34 (2003): 281. Robins' Aufsatz ist als Kritik an Kritikern der Entwicklung wie Arturo Escobar und Wolfgang Sachs konzipiert, denen er vorwirft, sie verfehlten die konkreten Probleme und politisierten die Fragen der Entwicklung in allzu hohem Maß.

3 Stuart Hall, »When Was ›the Post-colonial‹?«: 258.

Zugleich verwendet das Loblied auf die progressive Stoßkraft westlicher Kultur – einschließlich neuerer Überlegungen, die das Prinzip des Imperiums an die Förderung globaler Integration angleichen – eine fiktive Vorstellung von der Vergangenheit als Modell für die Zukunft. In diesem Sinne treffen sich die Verteidiger eines mutmaßlichen europäischen Modernisierungsprojektes mit dessen Kritikern, vor allem aber in ihrem Unwillen, sich mit der Besonderheit ökonomischer und gesellschaftlicher Situationen zu befassen.[4]

Am Anfang dieses Buches wies ich auf die Möglichkeit hin, dass die wertvollen Bemühungen mancher Gelehrter, die Bedeutung der kolonialen Frage für die Weltgeschichte hervorzuheben, eine generische Vorstellung vom Kolonialismus in Stellung bringen könnten, die dann europäischen Behauptungen entgegenstünde, die treibende Kraft des Fortschritts zu sein. Damit wäre die Aufgabe verfehlt, eine umstrittene und kontingente Geschichte herauszuarbeiten. Ich habe auch auf verbreiteten Arten aufmerksam gemacht, über die Vergangenheit nachzudenken, die dennoch ahistorisch sind: das Geschichtensammeln, chronologische Sprünge, rückwärts blickende Geschichtskonstruktionen und den Epochen-Trugschluss. Sie alle trennen das Handeln von seinen Konsequenzen ab. Sie ermöglichen es, Widerstand zu feiern. Doch ist dies dadurch erkauft, dass sie sich von den beständigen Auseinandersetzungen distanzieren, in denen die Kolonialherrschaft sowohl von denen geprüft, begrenzt und manchmal umgeformt wurde, die nach Nischen innerhalb der Systeme kolonialer Macht suchten, wie auch von jenen, die sie bekämpften.

Man kann Uday Mehta sogleich zustimmen, wenn er schreibt:»Ich behaupte nicht, der Liberalismus *müsse* imperialistisch sein, nur, dass ihm der Trieb dazu *innewohne*.«[5] Man könnte ebenso gut schreiben:»Ich behaupte nicht, der Liberalismus *müsse* antiimperialistisch sein, nur, dass ihm der Trieb dazu *innewohne*.« Wie im Fall des englischen Liberalismus lassen sich auch heute die entscheidenden Probleme von Befreiung und Demokratisierung nicht im Rahmen einer epistemologischen Kritik lösen. Sie drehen sich vielmehr um die konkreten Möglichkeiten, die unsere politische, ökonomische und gesellschaftliche Konstellation zulässt, und um die Wahlent-

---

4 Ausführlicher zu Entwicklung entlang dieser Argumentationslinie siehe Cooper/Packard,»Introduction«, in: Dies. (Hg.) *International Development and the Social Sciences*, 1–41.

5 Uday Singh Mehta, *Liberalism and Empire: A Study in Nineteenth Century British Liberal Thought*, Chicago 1999: 20 (Hervorhebung im Original).

scheidungen, die die Menschen treffen. Welcher Liberalismus? Wessen
Aufklärung? Was für eine Art von Entwicklung? Wessen Fortschrittsvision? Welche Vorstellung von der islamischen *umma*? Wessen Gemeinschaft? Welches Netzwerk von Verbindungen, das sprachliche und kulturelle Trennlinien überschreitet?

Kritische Wissenschaftler verweisen zu Recht auf die Gefahr, dass sich
sogar Befreiungsbewegungen in den Rahmungen westlicher Kategorien
verfangen können. Aber das Umgekehrte gilt gleichfalls: Die Moderne als
das Problem der Welt von heute zu definieren, bedeutet, die Nicht-Mo-
derne zur Alternative zu erklären oder aber alternative Modernen zu be-
fürworten, was wiederum bedeutet, dass all diejenigen, die Anspruch erheben, eine solche Moderne darzustellen, ihre eigene wesenhafte Schicksals-
bestimmung haben, die sie verfolgen, während andere ihren eigenen
Alternativen nachjagen. Es ist heilsam, vor den Gefahren zu warnen, die
Annahmen innewohnen, Termini wie *Wahldemokratie* und *offene Märkte*
seien die einzigen, mit denen sich politische Möglichkeiten untersuchen
ließen. Dies verdeckt die verwickelte Geschichte, durch die diese Termini
in die einmal kolonisierte Welt gelangten, und verstellt die Suche nach
einem weiter gespannten Repertoire. Doch wir verlieren gleichfalls eine
Menge, wenn wir annehmen, diese Begriffe seien ein statisches Paket und
die Machtlosen könnten in der Ideologie der Mächtigen keine Werkzeuge
finden, die sich nützlich gegen die Tyrannen zuhause und in der Fremde
wenden ließen. So sehr wir auch westliche Idealisten kritisieren, die in
fremde Länder aufbrechen, um Frauen zu emanzipieren und die Umwelt
zu retten, so sollten wir doch nicht die Möglichkeit vernachlässigen, dass
Menschen, die gegen Intoleranz und Ungleichheit kämpfen, die den meisten Gemeinschaften innewohnen, außerhalb ihrer Grenzen auf nützlichen
Widerhall und auf Hilfe treffen können.

Doch drehen wir die Frage um. Was können wir aus einer präziseren
historischen Sichtweise auf Kolonisierung und Dekolonisierung lernen?
Kann das historische Nachdenken über koloniale Situationen uns dabei
helfen, politisch über gegenwärtige Nöte nachzudenken?

Die Geschichte hält keine Antworten bereit, und Historiker geben
keine besseren Propheten ab als andere Leute. Es ist schon schwer genug,
handwerklich gute Arbeit auf seinem eigenen Spezialgebiet zu leisten, sich
mit der Ungleichmäßigkeit und den Schlagseiten von Archiven und oralen
Traditionen auseinanderzusetzen und sich dabei nicht lähmen zu lassen,
sich vorzustellen, wie Menschen zu unterschiedlichen Zeiten und in ver-

schiedenen Kontexten gedacht und gehandelt haben, und die Vorannahmen im eigenen Begriffsapparat aufzuspüren. Doch wenn man Besseres vermag als das Geschichtensammeln, chronologische Sprünge, rückwärts blickende Geschichtskonstruktionen und Epochen-Trugschlüsse zu vollführen, kann man zumindest die Entfaltung historischer Prozesse angehen.

Die historische Analyse macht auf zwei Dinge aufmerksam, die es lohnt, im Auge zu behalten, wenn man Probleme der Gegenwart bedenkt: das Spektrum von Möglichkeiten und Zwängen, denen sich zu jedem einzelnen Zeitpunkt unterschiedliche politische Akteure gegenübersehen, und die unterschiedlichen Entwicklungslinien von Möglichkeit und Zwang, die auf das Handeln in unserer eigenen Zeit folgen.

Erstens ist die grundlegendste Tatsache, mit der wir es heute zu tun haben, dass die Welt miteinander zusammenhängt und ungleich ist. Das ist nichts Neues, aber die Art und Weise, wie Zusammenhang und Ungleichheit konfiguriert sind, wurden immer wieder durch die Handlungen der Mächtigen wie ihrer Untergebenen an den sehr spezifischen sozialen Orten wie in den weitesten Horizonten der Phantasie verändert.

Der Kapitalismus lieferte Lösungsmittel, die in die Abgeschlossenheit von Zusammenhängen eindringen, in denen Menschen produziert und Austausch betrieben haben, aber er hat den Sachverhalt nicht an ein Ende gebracht, dass jegliches Produkt irgendwo hergestellt wird, dass Dienstleistungen irgendwo durchgeführt werden und dass die Bewegungen von Gütern und Ideen von Mechanismen abhängig sind, deren Ausmaß und Macht in irgendeiner Weise begrenzt sind. Genauso wie die Sklavenplantage des 18. Jahrhunderts – obwohl sie aus transozeanischen Zusammenhängen erwuchs und von ihnen geprägt wurde – von der Ausübung von Zwang und Gewalt gegenüber Menschen abhängig war, die an einem Ort eingeschlossen waren, werfen die heutigen Produktionsprozesse Fragen der Arbeitsdisziplin, des Familienlebens und der sozialen Ordnung in Räumen auf, die deshalb, weil sie miteinander verknüpft sind, um kein bisschen weniger spezifisch sind. Die Welle von Generalstreiks im kolonialen Afrika während der 1940er Jahre, die ich in Kapitel 7 behandelt habe, waren weder Kopien der europäischen Geschichte der Arbeiterbewegung, noch unterschieden sie sich vollständig davon, nur weil sie sich in Afrika ereigneten. Wenn man sie versteht, erhellt dies nach wie vor die Möglichkeiten der Mobilisierung, die heute in der neu konfigurierten Organisation der kapitalistischen Produktion bestehen. Fragen der sozialen Reproduktion der Arbeitskraft (Unterhalt der Arbeiter und das Heranziehen neuer

Generationen von Arbeitern), der Beziehung zwischen Exportproduktion und regionaler Ökologie sowie die Beziehung von Handels- und Migrationsnetzwerken zu kulturellen Affinitäten und Unterschieden bleiben. Die Besonderheit dieser Fragen wechselt über die Zeit hinweg, aber sie verschwinden nicht, weil verkündet wird, dies sei eine »Epoche« der Kapitalmobilität, der alles determinierenden Disziplin des Weltmarktes oder eines »post-fordistischen« Produktionsregimes. Die Neukonfigurierung des Kapitals im Raum entfesselt eine Politik der Grenzen und Grenzüberschreitungen, nicht aber eine Politik der Grenzenlosigkeit.

Zweitens liefert die lange Geschichte der Anti-Sklavereibewegung, der antikolonialen sowie der Anti-Apartheidbewegung wichtige Präzedenzfälle für das Nachdenken über politische Fragen der Gegenwart. Alle diese Bewegungen waren mit der – energischen und mutigen – Mobilisierung von Opfern der Imperien verbunden, doch sie waren nicht nur aus dem Grunde erfolgreich, dass lokale Mobilisierungen die geordnete Normalität der Kolonialregime angriffen, sondern weil die Mobilisierungen über Räume hinweg Resonanz fanden und Zusammenhänge herstellten. Sklaverei, Kolonialherrschaft und weiße Dominanz waren durchweg abhängig von Verbindungen über große Entfernungen hinweg und von ideologischen Konstrukten, die Ozeane überspannten: vom Gefühl der Normalität und des Anspruchs kolonialer Pflanzer, Siedler und Beamter sowie von Öffentlichkeiten in Europa, die derartige Zustände als legitimen Bestandteil eines imperialen Gemeinwesens, einer globalen Wirtschaft und der westlichen Zivilisation akzeptierten. Die Haitische Revolution der 1790er Jahre und die Kolonialrevolutionen der 1940er und 1950er Jahre in Indonesien und Indochina waren prägende Bestandteile dieser Neukonfiguration. Das gilt aber genauso für zahllose große und kleine Aufstände, die erfolgreich unterdrückt wurden, sowie für Mobilisierungen – wie jene der westafrikanischen Arbeiterbewegungen –, die die kolonialen Herren lehrten, dass Veränderung innerhalb »ihrer« kolonialen Rahmenbedingungen ebenso kostspielig sein konnte wie die Beendigung der Kolonialherrschaft.

Man kann völlig zu Recht auf die Beschränkungen all dieser Bewegungen verweisen: Sie machten der Ungleichheit und Unterordnung kein Ende, und sogar ihr Erfolg nährte – zumindest in der Sicht einiger Autoren – die Interpretation eines aufgeklärten Westens, der seine Rückständigkeit überwand und andere aus der ihren befreite. Doch war die Dekolonisierung nicht ein Augenblick, der plötzlich einen verallgemeinerten postkolonialen Zustand hervorbrachte, sondern ein Prozess, in dessen Verlauf sich neue Möglichkeiten der Veränderung von Institutionen und Diskursen eröffneten – manchmal nur, um durch neue Beschränkungen abgewürgt oder in die eigennützigen Winkelzüge der politischen Eliten kooptiert zu werden. Eine ironische Haltung gegenüber der Sprache von Gleichheit und wirtschaftlichem Fortschritt, die im Verlauf der Kämpfe um Dekolonisierung auftrat, sollte nicht den Blick darauf verstellen, dass diese Vorstellungen hohe Anziehungskraft ausübten und dass Enttäuschung und Desillusionierung Platz griffen, als diese Hoffnungen nicht erfüllt wurden. Vor allem aber veränderten sich diese Konzepte, als die Menschen in den Kolonien sie für sich selbst beanspruchten und in Beschlag nahmen.

Doch die Veränderung der internationalen Normen im Hinblick auf einige der grundlegendsten Aspekte menschlicher Existenz ist dennoch Teil der Geschichte. Das war teilweise die Leistung von politischen Führern, die den Status von Helden verdienen, und von unbekannten Menschen, die schufteten und litten und anonym in den Archiven, Zeitungen und Memoiren auftauchen, sowie schließlich auch die Konsequenz der Kämpfe von Menschen, die etwas anderes anstrebten als nationale Befreiung – höhere Löhne, volle Staatsbürgerrechte im imperialen Kontext, ein gewisses Maß an Sozialstatus oder Anerkennung in einer sich wandelnden gesellschaftlichen Situation. Es handelte sich nicht einfach um die Errungenschaften derer, die bereits einer Meinung waren, der sozial Identischen, der über Kolonialismus, Globalisierung oder Moderne triumphierenden Gemeinschaft. Wir können viel von dem Lehrer oder der Lehrerin in einer afrikanischen Kolonie lernen, die Anerkennung für das haben wollten, was sie geleistet hatten, die auf Englisch die Tradition von Menschen festhielten, mit denen sie sich identifizierten und denen gegenüber sie für sich eine gewisse Distanz geschaffen hatten, und die eine Gewerkschaft organisierten und für bescheidene Gehaltserhöhungen kämpften. Vielfach multipliziert erweiterten diese Menschen die Risse in dem dünnen und überdehnten Apparat des kolonialen Staates. Es gibt Sinnloseres als darüber nachzudenken, wie sich heute analoge Risse in nationalen Regimes, transnationalen Konzernen und internationalen Systemen auftun können, die gerade eben aufgrund des Ausmaßes der gegenseitigen Verkoppelung und Mobilität verwundbar sind.

Drittens legt es die Betonung, die dieses Buch auf die Begrenzungen imperialer Macht gelegt hat, nahe, die Sprache einer sehr aktuellen Debatte in der internationalen Politik zu überdenken. Empire und Kolonialismus werden als totalisierende Begriffe benutzt, als Bilder der Extreme von

kultureller ebenso wie von materieller Macht. Einerseits findet sich eine
Interpretation der Geschichte des Kolonialismus im 19. und 20. Jahrhundert als das Aufzwingen der Moderne, die die Regeln festlegte und dann
die kolonisierten Menschen abwertete, weil sie unfähig seien, sich entsprechend zu verhalten. Andererseits wird argumentiert, das Imperium sei
etwas Gutes, es habe Präzedenzfälle für die Intervention in umnachteten,
von Konflikten zerrissenen Gesellschaften geschaffen, und dieser Praxis
solle heute die einzige Macht folgen, die dazu in der Lage sei, die Position
des Imperiums einzunehmen, die Vereinigten Staaten. Manche sind skep-
tisch, ob die Vereinigten Staaten es mit den hohen Standards aufnehmen
können, die das britische Empire gesetzt hat, aber der entscheidende Punkt
dieser Lektüre der Geschichte ist dennoch wichtig: Sie wird ausdrücklich
dazu benutzt, um neue Formen der Ausweitung der Macht Amerikas zu
unterstützen.[6]

Die historische Argumentation, auf die sich diese Überlegungen stützen, ist zutiefst fehlerhaft, und ihre Fehler sind das Spiegelbild jener Unzulänglichkeiten, die sich in der postkolonialen Kritik finden. Während
letztere das Imperium benutzt, um die Moderne zu diskreditieren, wird hier
die Moderne benutzt, um dem Imperium Kredit zu verschaffen. Vom
Imperium wird gesagt, es bringe eine aufgeklärte Herrschaft, erzwinge
Frieden und schaffe die Möglichkeit, regionalen und interkontinentalen
Handel unter sicheren und vorhersehbaren Bedingungen zu treiben. Da
macht es nichts, dass die Vorstellung von aufgeklärter und fairer Herrschaft auf einem Stereotyp beruht, das zutiefst von Rassenkonzepten geprägt ist – manche Autoren beziehen sich gar auf das Bild des Engländers
im Tropenhelm oder die Bürde des weißen Mannes von Rudyard Kipling.
Es macht auch nichts, dass die Gewalt, die durch die kolonialen Eroberungen tatsächlich beendet wurde, nämlich jene, die mit Sklavenjagden und
Sklavenhandel zusammenhing, auf der euro-afrikanischen Seite zu verbuchen ist und keineswegs eine spezifisch afrikanische Vorliebe darstellt.
Eine derartige Argumentation ignoriert die Art und Weise, wie die Kolonialherrschaft die Unterscheidungen zwischen Rechtssystemen verschärft

---

6 Niall Ferguson, »The Empire Slinks Back: Why Americans Don't really Have What It
  Takes to Rule the World«, in: *New York Times Magazine*, 17.4.2003: 52–57; Deepak Lal,
  »In Defense of Empires«, Rede vor dem American Enterprise Institute, 30.10.2002, Text
  im Internet: www.aei.org; Max Boot, *The Savage Wars of Peace: Small Wars and the Rise of
  American Power*, New York 2002. Eine skeptische Position gegenüber beiden Seiten der
  augenblicklichen Debatte um »Empire« vertritt G. John Ikenberry, »Illusions of Empire:
  Defining the New American Order«, in: *Foreign Affairs* 83, 2 (2004): 144–154.

anstatt aufgebrochen und wie sie kulturelle Differenz ethnisiert hat. Die Argumentation zugunsten des Imperiums hat mit der Argumentation gegen die Moderne eine seichte Lektüre der Geschichte wirklicher Imperien gemeinsam, die weder die Verantwortlichen für die Kolonisierung der Köpfe noch die Beförderer der Herrschaft des Rechts und der Marktwirtschaft waren. Die Imperien, die wirklich bestanden, das britische und französische ebenso wie das osmanische und chinesische, waren selten so widerspruchsfrei. Und wenn sie wie etwa in der Zeit nach dem Zweiten Weltkrieg versuchten, sich wirtschaftlich stärker zu entwickeln und politisch besser zu legitimieren, waren sie nicht in der Lage, die Eskalation der Forderungen auszuhalten, die ihre Handlungsweise provozierte, ebenso wenig wie die Spannungen, die aus ihren wirtschaftlichen Interventionen folgten, und die hohen Kosten des Versuchs, das Imperium zu einer sinnerfüllten Einheit der Zugehörigkeit zu machen. Am Ende gaben Großbritannien und Frankreich die Verantwortung für ihre koloniale Geschichte dadurch auf, dass sie die Macht an die Nationalstaaten abtraten, die aus dem Dekolonisierungsprozess hervorgingen, und darauf bestanden, alles, was schief gehen würde, sei auf der afrikanischen Seite der historischen Bilanzaufstellung zu verbuchen.

Weder die Argumentation zugunsten des Imperiums noch die Denunziation einer abstrakt gefassten Kolonialität geben einem der zentralsten Charakterzüge der Geschichte der Imperien viel Gewicht: ihren Beschränkungen. Und keine von beiden möchte sehen, dass diese Grenzen am schlagendsten an den modernsten und am stärksten modernisierenden Imperien zu beobachten sind, jenen der westeuropäischen Mächte im späten 19. und 20. Jahrhundert. Kapitalistische Imperien in Indien wie in Afrika erwiesen sich am Ende als doch nicht so eindeutig kapitalistisch, bürokratische Herrschaft als nicht so durchgängig bürokratisch und die Herstellung der kolonialen Untertanen als nicht so widerspruchsfrei in ihren Vorstellungen davon, welche Art von Untertan dort produziert werden sollte.

Nicht einfach nur Kolonien, nicht einfach nur Imperien, sondern selbst die Kategorie des Imperiums wurde in den beiden Jahrzehnten nach dem Zweiten Weltkrieg zunichte gemacht, in einer Zeit des Wirtschaftswachstums und der systematischen Anstrengungen eines *social engineering* in den Wohlfahrtsstaaten Europas wie in ihren Kolonien. Die grundlegenden Fragen über die Beziehung zwischen der weltweiten Sozialordnung und der Institution, durch die Macht ausgeübt wird, verschwinden nicht: Das Kapital benötigt nach wie vor Schutz und Regulierung und operiert daher in den verschiedenen politischen Einheiten auf höchst unterschiedliche Weise. Kommunikationsnetzwerke und Bewegungen von Menschen, Kapital und Ideen laufen in unkontrollierbare Zonen, deren wertvolle menschliche und materielle Ressourcen nicht vollständig ausgebeutet werden und die Kräfte beherbergen, die für die reichen Staaten gefährlich sind. Afrika ist nach wie vor ein Gebiet, in dem sich systematische, vorhersehbare, ausgedehnte Ausbeutung schwer organisieren lässt, doch passen auch andere historische Brennpunkte von Imperien – der Nahe und Mittlere Osten, Zentralasien, Ostasien – schlecht in das Bild einer kontinuierlichen, nach überallhin ausgeweiteten Globalität.

Der Nutzen des Nachdenkens über Imperien besteht nicht darin, dass sie etwa gute Modelle für die Zukunft oder eine Form politischer Macht darstellten, deren Wiederbelebung wir nicht zu fürchten brauchten.[7] Der Wert der Geschichte besteht im Erzählen, in der Art, wie wir über historische Entwicklungslinien sprechen, über die Öffnung und den Ausschluss von Möglichkeiten, über die Transformation von Begriffen, wie sie von unterschiedlichen Leuten aufgegriffen wurden, und über die Beziehung zwischen Kämpfen an bestimmten Orten und der Neukonfigurierung weltweiter Sichtweisen dessen, was normal und was unvorstellbar ist. Imperien mögen ein Ding der Vergangenheit sein, aber multinationale Gemeinwesen sind es nicht. Die Ungleichheit von Macht ist uns nach wie vor gegenwärtig. Souveränität ist noch immer ein Begriff, der ungeachtet seiner scheinbaren Unteilbarkeit höchst kompromittiert und ungewiss ist. Wenn man die Geschichte als Bewegung vom Imperium zum Nationalstaat erzählt – ob man nun den Westfälischen Frieden im 17., Frankreich im späten 18. oder die beiden Amerikas an der Wende vom 18. zum 19. Jahrhundert oder die Wiener Kongressakte 1815 zum Ausgangspunkt nimmt –, erhält die Fabel zu viel Vorwärtsbewegung, zu viel Gewicht auf dem Begriff der Nation. Dadurch wird der Umstand verdeckt, dass der Nationalstaat den Vorstellungsraum mit anderen Formen von territoriale Grenzen überschreitenden Phantasien teilte. Wir sollten weder die Bedeutung des

---

7 Man sollte vor jeder Andeutung zurückscheuen, die Imperien der Vergangenheit könnten Modelle für die Zukunft abgeben, weil jemand eine solche Behauptung ernstnehmen könnte; der *New York Times* zufolge gab die Bush-Administration eine Studie über die Herrschaftspraktiken früherer Imperien in Auftrag, die bis zu Rom und Dschingis Khan zurückreichen soll. Maureen Dowd, »What Would Genghis Do?«, in: *New York Times*, 5.3.2003: A23.

Nationalstaates in der Vergangenheit noch seinen Niedergang in der Gegenwart übertreiben.

Selbst die Verallgemeinerung des Nationalstaates trat zu einem Zeitpunkt ein, als die Staaten, die ihre Imperien aufgaben, bereits die Beteiligung an einer sehr anderen Art supranationaler Institution in Erwägung zogen, der Europäischen Wirtschaftsgemeinschaft. Sie brachte ferner die Fähigkeit der ersten unter den »neuen« Nationen zum Ausdruck, sich in internationalen Körperschaften Gehör zu verschaffen und die scheinbare Normalität der Imperien anzugreifen: Die Imperien wurden von innen wie von außen, von unten und oben in Frage gestellt, und ihr schließliches Ende war Ausdruck der Neukonfigurierung der Normen der Macht in einem ganzen System, nicht nur der Niederlage eines bestimmten Staates. Dieser Prozess eröffnete Räume für internationale Debatten über Entwicklung sowie über wirtschaftliche und soziale Rechte – Debatten, die noch nicht zu Ende sind.

Craig Calhoun hat dafür plädiert, Solidarität nicht unter organischen, sondern unter prozessualen Gesichtspunkten zu betrachten: als etwas, das aus kollektivem Handeln, der Schaffung von Verfassungen sowie Anstrengungen wächst, ein politisches System zu etwas zu machen, das es zuvor nicht gewesen ist. Er wirft die wichtige Frage auf, ob solche kollektiven Anstrengungen auf internationaler Ebene auch nur entfernt so effektiv gewesen sind wie auf nationaler. Er sorgt sich, dass im Vergleich zu anderen Formen internationalen Handelns, wie etwa der Regulierung von Märkten oder den Interventionen internationaler Organisationen, die nicht sonderlich demokratisch verfasst sind, »die globale Öffentlichkeit drastisch zurückliegt«.[8] Die Geschichte der Imperien zeigt wichtige Beispiele dafür, wie aus räumlich diskontinuierlichen, kulturell unterschiedlichen, politisch uneinheitlichen Räumen eine Einheit politischer Mobilisierung werden konnte. Das ist der Grund, warum es lohnt, sich der Bemühungen eines Toussaint L'Ouverture zu erinnern, die zentralen Forderungen der Französischen Revolution nach Haiti zu bringen und sie dabei zu transformieren; ebenso der Reformer innerhalb der osmanischen Elite und der Jungen Osmanen, die ihnen entgegentraten, im Osmanischen Reich Verfassungsreformen durchzuführen und zugleich seine multinationale Konfiguration beizubehalten; und auch der Anstrengungen eines Léopold Sédar Senghor oder eines Aimé Césaire, das französische Staatsbürgerrecht für das Impe-

---

8 Craig Calhoun, »Imagining Solidarity: Cosmopolitanism, Constitutional Patriotism, and the Public Sphere«, in: *Public Culture* 14 (2002): 147–171, das Zitat 171.

rium mit Sinn zu erfüllen, sie zur Grundlage zu machen, um Ansprüche auf soziale Gleichheit und kulturelle Anerkennung zu erheben. Dies macht es schließlich auch zu einem lohnenswerten Unterfangen, über das französische Imperium hinauszugehen, um in universalistischer Perspektive den Beitrag Afrikas zur Weltzivilisation zu betonen.

Während der Nachkriegsjahrzehnte machten die Regierenden des französischen und britischen Imperiums – und jene der Vereinigten Staaten – klar, dass es ihnen leichter fiel, die Ansprüche von Nationalisten zu tolerieren, Nationalstaaten zu regieren, als den weniger abgegrenzten Formen der Beanspruchung von Ressourcen des Imperiums oder auch der Ressourcen der Weltwirtschaft nachzugeben. Aber eben dieser Kampf brachte von Indien bis Algerien eine weltweite Debatte mit sich, auf die es durch die Verallgemeinerung der Souveränität keine Antwort gab und die unablässig zu den Fragen der wirtschaftlichen Ausbeutung, der Geschlechterungleichheit und des Zugangs zu grundlegenden Ressourcen zurückkehrte. Transnationale soziale Bewegungen und internationale Organisationen haben, wie ineffektiv sie auch zu Zeiten gewesen sein mögen, diese Debatten am Laufen gehalten. Die Forschung zum Kolonialismus hat auf ihre eigene Weise unterstrichen, dass sich diese Probleme nicht von der Geschichte ablösen lassen, die sie einst definiert hat. Dabei wurde auch klar, wie viel davon abhängt, wie diese Probleme formuliert werden. Die wissenschaftliche Auseinandersetzung mit der Kolonialgeschichte erinnert uns daran, dass Menschen in den bedrückendsten politischen Systemen nicht einfach nur Nischen fanden, in denen sie sich verstecken und für sich selbst zurechtkommen konnten, sondern Handhabungen, mit denen sich das System selbst in Bewegung versetzen ließ.

Globalgeschichte

John Darwin
Der imperiale Traum
Die Globalgeschichte großer
Reiche 1400–2000
2010. 544 Seiten
ISBN 978-3-593-39142-7

Globalgeschichte

Sebastian Conrad, Andreas Eckert,
Ulrike Freitag (Hg.)
Globalgeschichte
Theorien, Ansätze, Themen
2007. 347 Seiten, Band 1, ISBN 978-3-593-38333-0

Steffi Richter (ed.)
Contested Views of a Common Past
Revisions of History in
Contemporary East Asia
2008. 422 Seiten, Band 3, ISBN 978-3-593-38548-8

Sören Urbansky
Kolonialer Wettstreit
Russland, China, Japan und
die Ostchinesische Eisenbahn
2008. 263 Seiten, Band 4, ISBN 978-3-593-38771-0

Alexander Engel
Farben der Globalisierung
Die Entstehung moderner Märkte
für Farbstoffe 1500 - 1900
2009. 386 Seiten, Band 5, ISBN 978-3-593-38869-4

Hubertus Büschel, Daniel Speich (Hg.)
Entwicklungswelten
Globalgeschichte der
Entwicklungszusammenarbeit
2009. 325 Seiten, Band 6, ISBN 978-3-593-39015-4

Daniel Hedinger
Im Wettstreit mit dem Westen
Japans Zeitalter der Ausstellungen 1854 - 1941
2011. 458 Seiten, Band 7, ISBN 978-3-593-39400-8

Nina Elsemann
Umkämpfte Erinnerungen
Die Bedeutung lateinamerikanischer
Erfahrungen für die spanische Geschichts-
politik nach Franco
2011. 372 Seiten, Band 8, ISBN 978-3-593-39519-7
Ausgezeichnet mit dem Walter-Markov-Preis
für Geschichtswissenschaften 2011

Christoph Kalter
Die Entdeckung der Dritten Welt
Dekolonisierung und neue
radikale Linke in Frankreich
2011. 567 Seiten, Band 9, ISBN 978-3-593-39480-0

Ulrike Lindner
Koloniale Begegnungen
Deutschland und Großbritannien als
Imperialmächte in Afrika 1880 - 1914
2011. 533 Seiten, Band 10, ISBN 978-3-593-39485-5
Ausgezeichnet mit dem Ernst-Reuter-Preis
der Freien Universität Berlin 2011

campus

www.campus.de/wissenschaft

Frankfurt. New York